MANUAL
DE DIREITO
EMPRESARIAL

O GEN | Grupo Editorial Nacional – maior plataforma editorial brasileira no segmento científico, técnico e profissional – publica conteúdos nas áreas de concursos, ciências jurídicas, humanas, exatas, da saúde e sociais aplicadas, além de prover serviços direcionados à educação continuada.

As editoras que integram o GEN, das mais respeitadas no mercado editorial, construíram catálogos inigualáveis, com obras decisivas para a formação acadêmica e o aperfeiçoamento de várias gerações de profissionais e estudantes, tendo se tornado sinônimo de qualidade e seriedade.

A missão do GEN e dos núcleos de conteúdo que o compõem é prover a melhor informação científica e distribuí-la de maneira flexível e conveniente, a preços justos, gerando benefícios e servindo a autores, docentes, livreiros, funcionários, colaboradores e acionistas.

Nosso comportamento ético incondicional e nossa responsabilidade social e ambiental são reforçados pela natureza educacional de nossa atividade e dão sustentabilidade ao crescimento contínuo e à rentabilidade do grupo.

GLADSTON MAMEDE
ROBERTA COTTA MAMEDE

MANUAL DE DIREITO EMPRESARIAL

19ª edição revista e atualizada

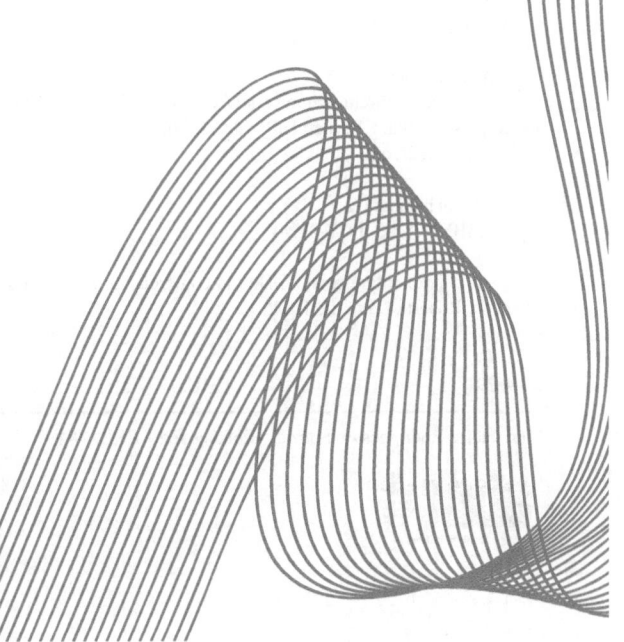

- Os autores deste livro e a editora empenharam seus melhores esforços para assegurar que as informações e os procedimentos apresentados no texto estejam em acordo com os padrões aceitos à época da publicação, e todos os dados foram atualizados pelos autores até a data de fechamento do livro. Entretanto, tendo em conta a evolução das ciências, as atualizações legislativas, as mudanças regulamentares governamentais e o constante fluxo de novas informações sobre os temas que constam do livro, recomendamos enfaticamente que os leitores consultem sempre outras fontes fidedignas, de modo a se certificarem de que as informações contidas no texto estão corretas e de que não houve alterações nas recomendações ou na legislação regulamentadora.

- Fechamento desta edição: 11.02.2025

- Os autores e a editora se empenharam para citar adequadamente e dar o devido crédito a todos os detentores de direitos autorais de qualquer material utilizado neste livro, dispondo-se a possíveis acertos posteriores caso, inadvertida e involuntariamente, a identificação de algum deles tenha sido omitida.

- **Atendimento ao cliente: (11) 5080-0751 | faleconosco@grupogen.com.br**

- Direitos exclusivos para a língua portuguesa
  Copyright © 2025 by
  Editora Atlas Ltda.
  Uma editora integrante do GEN | Grupo Editorial Nacional
  Travessa do Ouvidor, 11 – Térreo e 6º andar
  Rio de Janeiro – RJ – 20040-040
  www.grupogen.com.br

- Reservados todos os direitos. É proibida a duplicação ou reprodução deste volume, no todo ou em parte, em quaisquer formas ou por quaisquer meios (eletrônico, mecânico, gravação, fotocópia, distribuição pela Internet ou outros), sem permissão, por escrito, da Editora Atlas Ltda.

- Capa: Aurélio Corrêa

- **CIP-BRASIL. CATALOGAÇÃO NA PUBLICAÇÃO**
  SINDICATO NACIONAL DOS EDITORES DE LIVROS, RJ

M231m
19. ed.

    Mamede, Gladston
        Manual de direito empresarial / Gladston Mamede ; Roberta Cotta Mamede. - 19. ed., rev. e atual. - Barueri [SP] : Atlas, 2025.
        552 p. ; 24 cm.

    Inclui bibliografia
    ISBN 978-65-5977-717-4

    1. Direito empresarial. 2. Direito comercial. 3. Sociedades comerciais. I. Mamede, Roberta Cotta. II. Título.

25-96291   CDU: 347.72

Meri Gleice Rodrigues de Souza - Bibliotecária - CRB-7/6439

Deus nos dê, a toda a humanidade,
paz, luz e sabedoria,
amor, felicidade e saúde.

NOTA À PRIMEIRA EDIÇÃO

    Está impresso o livro. Mais um sonho que se realiza; mais um projeto que se concretiza, um medo, um receio que se descarta. Essencialmente, trabalho e fé, disciplina, confiança e, para a autocrítica, desconfiança e, principalmente, verdade. Afinal, a pior mentira que se conta é aquela dita a si mesmo; mentir para si é a própria ruína.

    Há alguns dias, encontrei algumas palavras que escrevi há muito tempo, numa folha amarela empoeirada pelo descaso, guardada entre tantas outras nas gavetas daquele arquivo que mantenho lá nos fundos. Ali estão coisas que me são queridas e que darão trabalho aos herdeiros, que talvez guardem algumas por algum tempo, talvez por nenhum tempo: possuem valor para mim e, quando eu morrer, serão fragmentos de uma vida inexistente: estarão mortos comigo. Estão aqui: sempre que parto, acabo ficando. Vai um eu, fica outro, esperando que o tempo venha soterrar-lhe. Sinto isso forte no caminho de volta. Estou ali atrás, sozinho, preso àquele tempo, querendo conter a marcha dos minutos, querendo eternizar tudo o que se passou. Volta um eu amputado de si. Minha vida é sempre assim: cindir: partir e ficar. Estou soterrado em inúmeros lugares onde encontrei a inevitabilidade de partir, esperando o tempo voltar. Nietzsche pareceu-me tê-lo prometido, quando cuidou do mito do eterno retorno. E nem me falem que tudo isto permanecerá vivo nas lembranças: lembranças preservam tanto quanto o formol: sem vida. Por isso, reputo certo quem me exige viver o presente: só realmente existe o que é agora e aqui: o passado está morto, passou, é saudade ou alívio ou sofrimento ou qualquer coisa assim, opondo-se ao futuro, que ainda não existe (quando muito existirá): é esperança ou medo ou sonho ou sei lá o quê.

    Sim, eu estava mergulhado em saudade e medo; um futuro não vivido, descartado: não é isso o condicional que a gramática portuguesa chama de futuro do pretérito? O futuro que seria, mas que não foi. À frente, um futuro que talvez fosse, mas desconhecido e temido. E eu me perguntava se tinha feito a coisa certa. No que é está implícito o que não é, hegelianamente. Das escolhas que faço, restam vidas que não serão vividas. Isso recomenda prudência. Mas é uma realidade maravilhosa, divina. Tantas vezes eu tive medo, eu duvidei e sofri, mas no fim está e estará a Luz. Piegas, eu sei. Mas é preciso, vez em quando, aceitar a existência de uma beleza cuja descrição é sempre *kitsch*. Está no mesmo texto empoeirado: Recordo-me bem dos meus olhos se ferindo no amarelo-dourado do capim seco que, na estrada, via envolver troncos negros, porque queimados, de árvores marrom-desfolhadas, retorcidas, porque árvores de cerrado. Também barracos de tijolos cor escura de laranja, com seus telhados precários, negro-acinzentados de fumaça: ilhas de miséria habitadas por pessoas que me olhavam curiosas, as peles queimadas pelo trabalho ao sol (digno por seu ângulo, indigno pelo ângulo de seus exploradores). E o amarelo na poeira das estradas laterais, das feridas no cerrado, amarelo do céu e do sol nos fins de tarde.

Embora policie muito o estilo alheio, não me importo em descambar para o *kitsch*, para a estética fácil do que é popular. Confesso, por exemplo, que já assisti várias vezes Roberto Carlos, a 300 quilômetros por hora. Mais: sempre choro no final. O enredo é bobinho e sem qualquer sofisticação, eu sei. Mas fazer o quê? Gosto do filme, apesar de alguma culpa estética. Roberto Carlos é Lalo, mecânico apaixonado pela namorada do patrão, Luciana, que nem sabe da sua existência. O patrão é a grande esperança brasileira para uma corrida internacional, mas está com medo de acidentar-se. Lalo é um ótimo piloto e vê nas pistas um meio de conquistar Luciana, no que é ajudado por Pedro Navalha (Erasmo Carlos), em treinos secretos com o veículo do patrão, um bólido vermelho chamado Luciana; esse carro, usado no filme, é um Chrysler de edição limitada, preparado por Avalone, que, aliás, foi dublê de Roberto em algumas cenas do filme. No fim, o patrão desiste de correr e Lalo toma o seu lugar, vencendo espetacularmente a corrida. Mas não consegue conquistar Luciana. Ela o abraça, mas prefere ir a Paris, encontrar-se com o namorado rico, hospedado no Plaza Athenée. O avião parte e se ouve a única música que Roberto canta no filme: De tanto amor: "Ah, eu vim aqui amor / só pra me despedir / e as últimas palavras desse nosso amor / você vai ter que ouvir. / Me perdi de tanto amor. / Ah, eu enlouqueci. / Ninguém podia amar assim e eu amei / E devo confessar: / Aí foi que eu errei. / Vou te olhar mais uma vez / Na hora de dizer adeus. / Vou chorar mais uma vez / Quando olhar nos olhos seus. / A saudade vai chegar / E, por favor, meu bem, / Me deixe pelo menos só te ver passar. / Eu nada vou dizer. / Perdoa se eu chorar". E eu choro.

Lembro-me da primeira vez que vi o filme. Em Belo Horizonte, no bairro de Santa Efigênia, menino à frente do Telefunken colorido. Eu me perguntava se conseguiria. Se mesmo Lalo, vencendo a corrida, perdeu Luciana, o que seria de mim? Tolo. Hoje, quando choro, tenho outro motivo: sei que o sonho é possível. Eduarda está ali, mais bela que Luciana. Eu não venci qualquer corrida. Ela apenas me escolheu, como fazem as deusas, perfumou a minha vida e explicou o meu sorriso. E vou cantar todas as músicas em que eu possa dizer o quanto a amo.

E – permita-o Deus! – viveremos felizes para sempre.

Com Deus,
Com Carinho,
Mamede

NOTA À 19ª EDIÇÃO

Diz-se que o fruto não cai longe da árvore. Não creio. Sim, filho de peixe, peixinho é; mas isso é genética e tem um alcance limitado. Somos seres que vão além das imposições genéticas, embora, sim, sofrendo suas imposições. Não somos cópias ou reafirmações. Há bons e maus peixes, filhos de bons e maus peixes e gerando bons ou maus peixes. Todos temos o poder de ir além ou aquém. A isso serve a educação, inclusive a que se dá em casa, embora não só ela. A história nos forma, o tempo de cada um (de cada geração). E não vou seguir elencando o que mais entra nessa conta, salvo um último fator: há um espaço para a autoconstrução, a *autopoiésis*. E isso inclui o espaço para a ética. Os pais do facínora não devem ser responsabilizados por seus crimes. Nem seus filhos. Há cafajestes gerando homens íntegros e vice-versa.

Virtudes (e vícios) constituem um universo próprio. A virtude é uma construção, não uma herança. Não devemos nos fiar nas conquistas de nossos antepassados, nem temer por suas derrotas. Nossos descendentes não devem se fiar em nosso acervo, nem o temer. Somos o que somos, como resultado de múltiplos fatores – a incluir a herança genética, não vou negar, assim como a educação. Mas o patronímico e o matronímico não salvam ou condenam. Melhor: não devem salvar, nem devem condenar. Não é o sangue, é o ser humano. Por isso sou republicano da ponta dos fios do cabelo à epiderme das solas dos pés.

Aind'outro dia, conversava com Don'Elma (mamãe!) sobre os filhos. Ela falava em sucesso como motivo de realização pessoal, o que recusei. Esperar o sucesso dos filhos – e por sucesso, refiro-me à glória, fama e fortuna e coisas do tipo – é atribuir-lhes um fardo injusto e desonesto. Espero realização *coerente e responsável*. Serem pessoas que se amoldem à vida que escolheram, que se sustentem nessa proposta, com integridade, com ética, com cidadania: fazemos parte de um corpo social e devemos dar a nossa contribuição. Isso é *ser*; não guarda relação com *ter*. Conheço grandes homens e mulheres em todas as classes sociais e nas mais diversas funções. Em oposição, a fama e a fortuna de pulhas e cafajestes não lhes perdoam os vícios.

É disso o que estou falando: construir para si uma vida que seja coerente e responsável, sustentável, íntegra, positiva. Não sei se estou sendo claro. As palavras resolveram não ajudar: resistem, abstêm-se. É custoso falar disso, ao menos para mim. Meus olhos marejam fácil e, para tais águas, não há pontes fáceis. Mas é isso: dá para fazer a vida completamente diferente, fazendo isso ou aquilo, omitindo aquil'outro etc. Prudência, sabedoria, denodo, disciplina etc. Isso conta, sei pelo que vivi, aprendi vivendo: não só acertando, mas errando muito. E errei muito. Aquela história do Djavan, "só eu sei as esquinas por que passei" é de uma verdade dolorosa. Mas é isso: há espaço para precaução, para escolhas, para salvar-se.

Vou transbordando de felicidade: a partir dessa edição, Roberta, minha filha, se torna minha coautora. Não porque seja fruto que não caiu longe da árvore; porque fez por onde; porque está fazendo por onde. Sinto-me gratificado por sua ajuda, por seu auxílio, por sua contribuição. Uma vez graduada em Direito, podendo escolher diversos caminhos – e sei que se sentiu tentada a outros cenários –, optou por contribuir com o trabalho dos pais. Escolha fácil? Jamais! Sempre lhe imputarão os pais como ônus, como descrédito, como desconto nos méritos do seu trabalho. Já o fizeram, fazem e sei que farão; inundam-se meus olhos nessa consciência; sem pontes, sem barcos ou barcaças. Mas todos nós – meus três filhos e todos os outros seres humanos – estão diante do mesmo desafio: o mundo e a humanidade. Mas esses são outros arrebóis; deixemos para lá.

Sua intervenção não foi pequena nesta edição; trouxe vários casos novos para atualizar os exemplos que cumprem um papel de facilitadores didáticos. E essa contribuição se ampliará a partir de agora. Como já está acontecendo com outros livros – antes escritos só por mim e Eduarda, agora com a sua contribuição – ela chegou e vai *pisando nesse chão devagarinho*, com respeito, mas, o tempo mostrará, com firmeza. Parte de uma vergonha delicada que é sábia, um comedimento que é educado, mas oferece surpresas em lugares previstos e imprevistos. Nós, que lhe proporcionamos uma atmosfera de abrigo, já vamos (a mãe e eu) nos sentindo abrigados. E sobre isso só posso dizer: graças a Deus, senão, antes, Deus conserve, Deus permita, Deus ajude. Eu ouvi um *amém*? Obrigado.

Com Deus,
Com Carinho,
Mamede

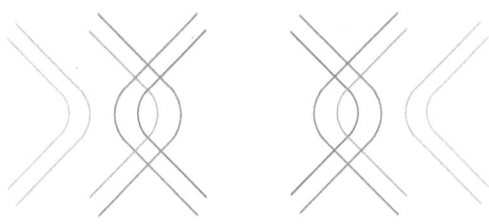

SOBRE OS AUTORES

Gladston Mamede é bacharel e Doutor em Direito pela Universidade Federal de Minas Gerais. Membro do Instituto Histórico e Geográfico de Minas Gerais.

Roberta Cotta Mamede é bacharel em Direito pela Pontifícia Universidade Católica de Minas Gerais e advogada.

LIVROS DOS AUTORES

Livros publicados de Gladston, Eduarda e Roberta Cotta Mamede

1. *Manual de Redação de Contratos Sociais, Estatutos e Acordos de Sócios*. 8. ed. Barueri: Atlas, 2024. 584p.
2. *Holding Familiar e suas Vantagens*: planejamento jurídico e econômico do patrimônio e da sucessão familiar. 17. ed. Barueri: Atlas, 2025. 368p.

Livros de Gladston e Eduarda Cotta Mamede

1. *Entenda a Sociedade Limitada e Enriqueça com seu(s) Sócio(s)*. São Paulo: Atlas, 2014. 167p.
2. *Empresas familiares*: o papel do advogado na administração, sucessão e prevenção de conflitos entre sócios. 2. ed. São Paulo: Atlas, 2014. 204p.
3. *Blindagem patrimonial e planejamento jurídico*. 5. ed. São Paulo: Atlas, 2015. 176p.
4. *Planejamento Sucessório*: introdução à arquitetura estratégica – patrimonial e empresarial – com vistas à sucessão *causa mortis*. São Paulo: Atlas, 2015. 175p.
5. *Divórcio, Dissolução e Fraude na Partilha dos Bens*: simulações empresariais e societárias. 5. ed. Barueri: Atlas, 2022. 200p.
6. *Estruturação Jurídica de Empresas*: alternativas da tecnologia jurídica para a advocacia societária. Barueri: Atlas, 2024. 232p.

Livros de Gladston Mamede

Livros Jurídicos

1. *Manual prático do inquilino*. Belo Horizonte: Edição dos Autores, 1994. 68p. (em coautoria com Renato Barbosa Dias)

2. *Contrato de locação em shopping center*: abusos e ilegalidades. Belo Horizonte: Del Rey, 2000. 173p.

3. *O trabalho acadêmico em direito*: monografias, dissertações e teses. Belo Horizonte: Mandamentos, 2001. 192p.

4. *IPVA*: imposto sobre a propriedade de veículos automotores. São Paulo: Revista dos Tribunais, 2002. 183p.

5. *Fundamentos da legislação do advogado*: para o curso de ética profissional e o exame da OAB. São Paulo: Atlas, 2002. 174p.

6. *Agências, viagens e excursões*: regras jurídicas, problemas e soluções. São Paulo: Manole, 2003. 178p.

7. *Código Civil comentado*: penhor, hipoteca e anticrese: artigos 1.419 a 1.510. São Paulo: Atlas, 2003. v. 14, 490p. (Coleção coordenada por Álvaro Villaça Azevedo)

8. *Férias frustradas*: manual de auto-ajuda para o turista. São Paulo: Abril, 2003. 98p.

9. *Direito do turismo*: legislação específica aplicada. 3. ed. São Paulo: Atlas, 2004. 176p.

10. *Direito do consumidor no turismo*. São Paulo: Atlas, 2004. 198p.

11. *Manual de direito para administração hoteleira*: incluindo análise dos problemas e dúvidas jurídicas, situações estranhas e as soluções previstas no Direito. 2. ed. São Paulo: Atlas, 2004. 200p.

12. *Comentários ao Estatuto Nacional da Microempresa e da Empresa de Pequeno Porte*. São Paulo: Atlas, 2007. 445p. (em coautoria com Hugo de Brito Machado Segundo, Irene Patrícia Nohara, Sergio Pinto Martins)

13. *Semiologia do Direito*: tópicos para um debate referenciado pela animalidade e pela cultura. 3. ed. São Paulo: Atlas, 2009. 280p.

14. *Mais de 500 questões de Ética Profissional para passar no Exame de Ordem*. São Paulo: Atlas, 2013. 377p.

15. *A advocacia e a Ordem dos Advogados do Brasil*. 6. ed. São Paulo: Atlas, 2014. 324p.

16. *Direito empresarial brasileiro*: teoria geral dos contratos. 2. ed. São Paulo: Atlas, 2014. vol. 5, 463p.

17. *Direito empresarial brasileiro*: títulos de crédito. 11. ed. São Paulo: Atlas, 2019. 344p.

18. *Teoria da Empresa e dos Títulos de Crédito*: direito empresarial brasileiro. 14. ed. Barueri: Atlas, 2022. 512p.

19. *Direito Societário*: direito empresarial brasileiro. 14. ed. São Paulo: Atlas, 2022. 520p.

20. *Falência e recuperação de empresas*: direito empresarial brasileiro. 13. ed. Barueri: Atlas, 2022. 376p.
21. *Manual de direito empresarial*. 18. ed. Barueri: Atlas, 2024. 544p.

Livros de Ficção

1. *Enfim*. São Paulo: Salta: Atlas, 2014. 138p.
2. *Uísque, por favor*. São Paulo: Longarina, 2017. 285p.
3. *Pique-Esconde*: tanto vivo ou morto faz. São Paulo: Longarina, 2017. 180p.
4. *Ouro de Inconfidência*. São Paulo: Longarina, 2018. 238p.
5. *As Pessoas lá de Fora*. São Paulo: Longarina, 2018. 165p.
6. *Inferno Verde*. 2. ed. São Paulo: Longarina, 2019. 131p.
7. *Bah!* crônicas liteiras (ou não) de tempos e temas diversos. São Paulo: Longarina, 2019. 182p.
8. *Eu matei JK*. 2. ed. Belo Horizonte: Instituto Pandectas, 2020. 163p.

Outros

1. *Memórias de Garfo & Faca*: de Belo Horizonte ao mundo, aventuras na cata de um [bom] prato de comida. São Paulo: Longarina; Belo Horizonte: Instituto Pandectas, 2020. 410p.
2. *Fragmentos de um Discurso Manducatório*: questões e meditações [também] culinárias e gastronômicas: as minhas receitas e as nossas mesas. Belo Horizonte: Instituto Pandectas, 2022. 324p.

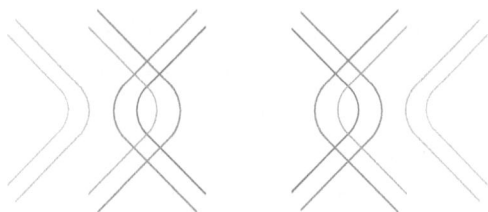

SUMÁRIO

1	**EMPRESA**	1
	1 Empreender	1
	2 Noções históricas	3
	3 Teoria da empresa	5
	4 Registro	10
	5 Direitos da Liberdade Econômica	12
	6 Empresário rural	15
2	**EMPRESÁRIO**	17
	1 Firma individual	17
	2 Capacidade para empresariar	21
	3 Impedimentos	22
	4 Empresário casado	23
	5 Microempresa e empresa de pequeno porte	24
3	**SOCIEDADE**	31
	1 Contrato de sociedade	31
	2 Sociedade em comum	33
	3 Sociedade em conta de participação	36
	4 Personificação da sociedade	39
	5 Sociedades simples e empresárias	41
	6 Sócios	42

		7	Sociedade dependente de autorização	45
		7.1	Autorização para sociedade estrangeira	47
4	**TEORIA GERAL DAS SOCIEDADES CONTRATUAIS**			**49**
	1		Ato constitutivo	49
	2		Contrato social	51
	3		Nome empresarial	54
		3.1	Proteção	57
	4		Objeto social	58
	5		Capital	60
	6		Lucros e perdas	60
	7		Alteração contratual	62
5	**FUNCIONAMENTO DAS SOCIEDADES CONTRATUAIS**			**63**
	1		Relações entre os sócios	63
	2		Contribuições sociais	66
	3		Administração	67
	4		Atuação do administrador	69
	5		Responsabilidade civil do administrador	71
	6		Fim da administração	72
	7		Cessão de quotas	73
		7.1	Sucessão hereditária e separação judicial	76
	8		Penhora de quotas	77
6	**DISSOLUÇÃO E LIQUIDAÇÃO**			**81**
	1		Resolução da sociedade em relação a um sócio	81
	2		Ação de dissolução parcial de sociedade	85
		2.1	Responsabilidade residual	89
	3		Dissolução da sociedade	89
	4		Liquidação	91
	5		Liquidação judicial	94
7	**TIPOS DE SOCIEDADES CONTRATUAIS**			**97**
	1		Sociedade simples	97
	2		Sociedade em nome coletivo	98
	3		Sociedade em comandita simples	100
	4		Sociedade limitada	102
		4.1	Capital social	103
		4.2	Aumento ou redução de capital	106

		4.3 Administração	108
		4.4 Conselho fiscal	110
		4.5 Deliberações sociais	111
		4.6 Dissolução total ou parcial	114

8 SOCIEDADES POR AÇÕES 115

1. Instituição e estatuto 115
2. Sociedade anônima 116
3. Mercado de valores mobiliários 118
4. Constituição da companhia 121
5. Integralização do capital social 124
6. Aumento do capital social 126
7. Redução do capital social 129
8. Subsidiária integral 130

9 TÍTULOS SOCIETÁRIOS DAS COMPANHIAS 133

1. Ações 133
2. Espécies, classes e tipos de ações 135
3. Negociação com ações 139
4. Resgate, amortização e reembolso de ações 142
5. Debêntures 144
6. Partes beneficiárias e bônus de subscrição 149

10 O ACIONISTA 153

1. Acionista 153
2. Direito de voto 154
3. Direito de retirada 156
4. Acionista controlador 158
5. Alienação do controle acionário 161
6. Acordo de acionistas 163

11 ÓRGÃOS DA COMPANHIA 169

1. Assembleia geral 169
   - 1.1 Assembleia geral ordinária 172
   - 1.2 Assembleia geral extraordinária 174
2. Administração 175
   - 2.1 Conselho de administração 176
   - 2.2 Diretoria 179

	2.3 Deveres dos administradores	179
	2.4 Responsabilidade dos administradores	181
3	Conselho fiscal	187
4	Dissolução	189

12 OUTRAS SOCIEDADES INSTITUCIONAIS 193

1	Sociedade em comandita por ações	193
2	Sociedades cooperativas	194
3	Constituição da cooperativa	198
4	Admissão, eliminação e exclusão de cooperados	199
5	Órgãos sociais das cooperativas	201
6	Dissolução e liquidação	203

13 RELAÇÕES E METAMORFOSES SOCIETÁRIAS 207

1	Coligação	207
2	Grupo de sociedades	211
3	Consórcio	213
4	Transformação	215
5	Procedimento comum a incorporação, fusão e cisão	217
6	Incorporação	219
7	Fusão	220
8	Cisão	220
9	Fusão, incorporação e desmembramento de cooperativas	224

14 ESCRITURAÇÃO CONTÁBIL 227

1	Escrituração	227
2	Sigilo da escrituração	230
3	Livros contábeis	232
4	Balanço patrimonial e de resultado econômico	235
5	Sociedades de grande porte	237
6	Lucro, reservas e dividendos	238

15 DESCONSIDERAÇÃO DA PERSONALIDADE JURÍDICA 243

1	Ato físico e ato jurídico	243
2	Distinção de personalidades	244
3	Direito privado	246
4	Direito do consumidor	248
5	Precisão da obrigação e do responsável	251
6	Incidente de desconsideração da personalidade jurídica	253

16	**ESTABELECIMENTO EMPRESARIAL**	257
	1 Conceito	257
	2 Negócios com o estabelecimento	259
	3 Aviamento	261
	4 Clientela, freguesia e ponto empresarial	263
	5 Ação renovatória	265
	6 Penhora	267
17	***SHOPPING* E *FRANCHISING***	269
	1 *Shopping centers*	269
	2 Aspecto imobiliário	271
	3 Aspecto logístico e mercadológico	273
	4 Associação de lojistas	274
	5 Franquia (*franchising*)	277
	6 Contratação da franquia	280
18	**PROPRIEDADE INTELECTUAL**	285
	1 Ativos intangíveis	285
	2 Patentes	286
	2.1 Obtenção da patente	289
	2.2 Exploração da patente	294
	2.3 Topografia de circuitos integrados – *chips*	296
	3 Desenho industrial	298
	4 Marca	301
	4.1 Registro de marca	306
	4.2 Uso da marca	310
	5 Disposições gerais sobre a propriedade industrial	312
	6 *Software*	313
19	**PREPOSTOS**	315
	1 Preposição	315
	2 Responsabilidade civil por ato do preposto	316
	3 Gerência	318
	4 Contabilidade	320
	5 Terceirização	321
	6 Representação comercial	325
20	**TEORIA GERAL DOS TÍTULOS DE CRÉDITO**	331
	1 Títulos de crédito	331

2	Características	332
	2.1 Cartularidade	333
	2.2 Literalidade	334
	2.3 Autonomia	336
3	Requisitos genéricos de qualquer ato jurídico	338
4	Requisitos genéricos dos títulos de crédito	339
5	Outros elementos qualificadores do crédito	343
6	Título emitido com partes em branco	343
7	Vedações genéricas aos títulos de crédito	344
8	Efeitos da invalidação do título	345
9	Falsificações	346

21 CIRCULAÇÃO DOS TÍTULOS DE CRÉDITO ... 347

1	Cambiaridade	347
2	Título ao portador	348
3	Título à ordem	349
4	Título nominativo	352
5	Endosso-mandato	353
6	Endosso-penhor	355
7	Substituição, anulação e reivindicação	358

22 PAGAMENTO E GARANTIA DE PAGAMENTO ... 361

1	Aval	361
2	Efeitos do aval	365
3	Direito de regresso	367
4	Pagamento do título	368
5	Protesto	369
6	Prescrição do título de crédito	373

23 LETRA DE CÂMBIO E NOTA PROMISSÓRIA ... 377

1	Letra de câmbio	377
2	Endosso e aval na letra de câmbio	382
3	Aceite da letra de câmbio	383
4	Pagamento da letra de câmbio	385
5	Intervenção na letra de câmbio	388
6	Vias e cópias de letras de câmbio	389
7	Nota promissória	390
8	Uniformidade de regime com a letra de câmbio	391

24 CHEQUE ... 397
1. Requisitos caracterizadores ... 397
2. Saque ... 399
3. Obrigações oriundas do cheque ... 402
4. Endosso ... 404
5. Aval ... 408
6. Apresentação e pagamento ... 408
   - 6.1 Revogação, sustação e cancelamento ... 410
7. Execução ... 410

25 DUPLICATA ... 413
1. Emissão ... 413
2. Requisitos ... 414
3. Aceite, endosso e aval ... 416
4. Pagamento ... 419
5. Protesto ... 419
6. Exigência judicial ... 420
7. Duplicata eletrônica ... 422

26 NOTAS E CÉDULAS DE CRÉDITO ... 425
1. Conceito ... 425
2. Requisitos ... 426
3. Cédula de crédito bancário ... 428

27 INSOLVÊNCIA EMPRESÁRIA ... 433
1. Empresas com problemas ... 433
2. Créditos submetidos ao juízo universal ... 434
3. Efeitos da constituição do juízo universal ... 439
4. Verificação e habilitação de créditos ... 442
   - 4.1 Impugnação de créditos ... 444
5. Quadro geral de credores ... 447
6. Aspectos penais ... 449

28 SUJEITOS DO JUÍZO UNIVERSAL ... 451
1. Atores processuais ... 451
2. Ministério Público ... 453
3. Administrador judicial ... 453
4. Assembleia geral de credores ... 460
5. Comitê de credores ... 466

	5.1	Competência do comitê de credores na recuperação judicial e na falência	467
	5.2	Competência do comitê de credores, específica na recuperação judicial	467
6		Disposições comuns ao administrador judicial e ao comitê de credores	467

29 RECUPERAÇÃO DE EMPRESAS 469

1. Função social da empresa 469
2. Créditos submetidos 472
3. Pedido de recuperação judicial 474
4. Plano de recuperação judicial 478
   - 4.1 Aprovação, alteração ou rejeição do plano de recuperação judicial ... 480
5. Efeitos da decisão concessiva da recuperação judicial 483
   - 5.1 Administração da empresa recuperanda 484
6. Financiamento do devedor durante a recuperação 488
7. Microempresas e empresas de pequeno porte 489
8. Convolação da recuperação judicial em falência 490
9. Recuperação extrajudicial de empresas 491

30 FALÊNCIA: FASE COGNITIVA 495

1. Falência 495
2. Liquidação coletiva 495
3. Hipóteses de falência 497
4. Decretação da falência 500
5. Efeitos sobre as obrigações do devedor 505

31 FALÊNCIA: LIQUIDAÇÃO PATRIMONIAL 509

1. Ineficácia e revogação de atos anteriores à falência 509
2. Habilitação dos créditos 512
3. Classificação dos créditos 512
4. Arrecadação e custódia dos bens 515
   - 4.1 Pedido de restituição 517
5. Realização do ativo 518
6. Pagamento aos credores 520
7. Encerramento da falência e extinção das obrigações do falido ... 521

REFERÊNCIAS BIBLIOGRÁFICAS 523

EMPRESA

1 Empreender

Sucesso! Todos querem obter sucesso na vida, e, no mercado, todos querem ter sucesso para seus negócios, suas empresas. Mas o que é o sucesso? Sucesso é aquilo que *se sucedeu*, que aconteceu. Poucos percebem isso, assim como poucos percebem que está implícito no *sucesso* a ideia de *suceder*: uma sequência de eventos que *se sucedem* até culminar no resultado desejado. Quis-se algo, planejando sua execução e trabalhando corretamente para, enfim, obter-se sucesso. Descontados os humores da sorte, esse elemento aleatório que impede uma matematização da vida, está implícita no sucesso a ideia de *empreender* e, para os fins de nosso estudo, a ideia de empresa. Sim, esse é um livro que trabalha as regras mínimas para se tocar uma empresa, para se manter uma atividade negocial e, enfim, obter sucesso. Mais do que isso, é um livro voltado àqueles que pretendem atuar no mercado de consultoria, assessoria e defesa de empresas, um mercado vigoroso e ainda com muitas oportunidades para quem efetivamente domine os conhecimentos jurídicos que diversos negócios – de microempresas a empresas de grande porte, incluindo transnacionais, dependem para se fortalecerem e serem mais eficientes. O que os professores de Direito Empresarial ensinam como matérias do curso de Direito – e cobram em prova – é o que o mercado precisa para que empresários e investidores obtenham sucesso: tecnologia jurídica empresarial.

Empreender não é um simples sinônimo de fazer. É mais: empreender é esforçar-se por *realizar*, por *tornar realidade*. Implica almejar, planejar, calcular, administrar, agir – eventualmente, corrigir, refazer, insistir – sempre tendo em vista a realização. Há um tempo do sonho, um tempo do trabalho, um tempo do sucesso. Essa é a base do estudo da empresa e, mais do que isso, a base do estudo da disciplina que cuida do fenômeno mercantil: o Direito Empresarial. Uma disciplina que assusta a muitos, mas que é responsável por carreiras de sucesso: profissionais que trabalham para empresas, das menores às grandes corporações e grupos empresariais, que lhes dão sustentação e viabilidade jurídica, ou seja, peças vitais para o sucesso dos e nos negócios e, justo por isso, merecedoras de remuneração condizente com tal importância. Não é uma disciplina difícil, mas exige dedicação e empenho de quem pretende se beneficiar de oportunidades que estão disponíveis para os que dominam a tecnologia jusempresarialista e, assim, oferecem segurança e, mais que isso, soluções.

Há muito o ser humano se dedica a empreendimentos diversos, buscando sucesso. A própria humanidade, como a conhecemos, é o resultado de um longo empreendimento econômico, fruto do trabalho de gerações que se sucedem há milhares de anos. Muito cedo, porém, percebeu-se ser necessário definir normas para o comportamento individual, evitando que o sucesso de um pudesse representar riscos ou prejuízos para a sociedade. Estabeleceram-se regras jurídicas, normas garantidas pelo Estado, que proibiam alguns comportamentos, determinavam outros, permitindo que, entre *o que não se pode fazer* e *o que se deve fazer*, haja um amplo espaço de *liberdade de ação econômica*, espaço para a *livre iniciativa*. Ao longo dos séculos, essas normas foram evoluindo, tornando-se mais complexas e detalhadas, mas se preservou a regra de que é preciso valorizar a *livre iniciativa*, um dos fundamentos do Estado Brasileiro, segundo o artigo 1º, IV, da Constituição, e fundamento da ordem econômica e financeira nacional, segundo o seu artigo 170. Lembre-se, ainda, do artigo 5º, II, da Constituição, garantindo que "ninguém será obrigado a fazer ou deixar de fazer alguma coisa senão em virtude de lei". É esse o espaço para a criatividade empresarial: de um lado, o que não é obrigatório; do outro, o que não é proibido. E há empresários, advogados, administradores e outros profissionais que fizeram fortuna por exercerem uma criatividade empresarial profícua nesse vasto plano entre o limite negativo e o limite positivo. Por isso é preciso dominar tais limites.

O conhecimento das regras jurídicas aplicáveis à atividade empresarial, portanto, é um requisito indispensável para o sucesso. No planejamento, na organização e na condução da atividade empresarial, é indispensável saber o que é proibido e o que é obrigatório, compreendendo, assim, o amplo espaço que, entre tais limites, se define para a atuação mercantil. Quem domina essas regras, domina um conhecimento de alternativas, evita riscos, oferece possibilidades e caminhos. Quem não domina, corre riscos desnecessários constantemente e namora com o fracasso em seus negócios. Esse conhecimento é essencial.

Não se pense, contudo, que o Direito Empresarial seja uma disciplina para ricos. Sim, ela também serve a empresários e investidores ricos e a grandes empresas. Mas não apenas. A bem da verdade e da precisão, o Direito Empresarial é uma disciplina transformadora: são incontáveis os casos de pessoas que, saindo de situações difíceis, investiram seu dinheiro e seus esforços nessa ou naquela atividade negocial e, obtendo sucesso, conseguiram mudar a sua situação e a situação de sua família. Isso para não falar da importância que as grandes corporações têm na economia, responsáveis por grandes atividades em todos os setores: alimentos, mineração, indústria, transporte etc.

Saber Direito Empresarial é conhecer as regras desse caminho de superação e vitória. Por isso, não se cuida de uma disciplina apenas de ricos e grandes empresas; é uma disciplina sobre investimento e trabalho, sobre construção e transformação: o caminho para o sucesso. Muitos dizem e muitos dirão que é difícil e chato. Muitos não darão ouvidos e irão se preparar para uma matéria que é fascinante para quem a domina, oferecendo instrumentos não apenas para demandas e brigas judiciais, mas para a construção criativa de estratégias vencedoras. E isso não tem preço. A base de tudo é compreender sua lógica específica: a lógica da viabilização de negócios corretos, seguros e lucrativos.

O Direito Empresarial mudou minha vida para melhor. Fez o mesmo com minha esposa e musa, Eduarda. Mudou a vida de muitos, entre empreendedores, advogados, economistas, contadores, administradores etc. Sim. Pode transformar a sua vida, por igual. Basta crer, basta estudar, dominar e colocar em prática. Boa sorte.

2 Noções históricas

As normas jurídicas de controle da propriedade, dos empreendimentos e dos negócios são tão antigas quanto o Direito, o que a Arqueologia deixa claro. Tem-se notícia, hoje, de uma reforma jurídica realizada na cidade de *Lagash*, na Suméria (hoje Iraque), no século XXV a.C., na qual o soberano (*ensi*) local, chamado *Ur-Uinim-Enmgina* (ou, como se disse no passado, *Urukagina*), limita a usura e os monopólios. A legislação mais antiga conhecida até agora, as *Leis de Ur-Nammu*, do século XXI a.C., vigentes também na Suméria, na cidade de Ur, já traziam normas que proíbem o cultivo em terras de propriedade alheia, limitam juros e tabelam preços. O mesmo se verá nas legislações que lhes seguem, de países da mesma região: as *Leis de Lipt-Ishtar*, do século XX a.C., as *Leis de Eshnunna* e as *Leis de Hamurábi*, ambas do século XVIII a.C.[1] Ainda na antiguidade, deve-se reconhecer a importância da atuação e da regulamentação comercial de minoicos, micênicos, hititas, fenícios, gregos e romanos, havendo notícia de normas e, até, de institutos jurídicos que, então inventados, aproveitam-se até os nossos dias, como a moeda, inventada pelos lídios – a Lídia ficava onde hoje é o planalto central da Turquia. São meros vestígios, contudo. O que temos, hoje, como Direito Comercial, Mercantil ou Empresarial tem suas raízes no Medievo.

Na Idade Média, a atenção social voltou-se para o campo, onde a divisão da propriedade rural em grandes estruturas políticas caracterizou o Feudalismo. As cidades, contudo, continuaram a existir e o comércio também. Para a mútua proteção, artesão e comerciantes organizaram-se em corporações de ofício e essas, por seu turno, tomaram para si a função de regulamentar a atividade mercantil, o que fizeram por meio de consolidações de costumes, também chamadas de *consuetudos*. Essas consolidações marcam o início do Direito Mercantil, na medida em que são as primeiras normas integralmente dedicadas ao comércio. São exemplos dessas normas: o *Consulato del Mare* (Espanha, século X), as *Consuetudines* (Gênova, 1056), o *Constitutum usus* (Pisa, 1161), o *Liber consuetudinum* (Milão, 1216), as decisões da *Rota Genovesa* sobre comércio marítimo, o *Capitulare Nauticum* (Veneza, 1255), a *Tabula Amalfitana*, também chamada de *Capitula et Ordinationes Curiae Maritimae Nobilis Civitatis Amalphe* (Amalfi, século

---

[1] Conferir ROTH, Martha T. *Law collections from Mesopotamia and Asia Minor*. 2. ed. Georgia (USA): Scholars, 2000.

XIII), *Ordinamenta et Consuetudo Maris Edita per Consules Civitatis Trani* (Trani, século XIV) e *Guidon de la Mer* (Rouen, século XVI).[2]

Com a superação do feudalismo e o Estado Nacional ganhando renovada importância, essas normas foram utilizadas como referência para a constituição dos chamados Códigos Comerciais. O mais influente deles foi o Código Comercial francês, de 1808, que influenciou a muitas legislações a partir do estabelecimento da *Teoria do Ato de Comércio*. Essa teoria está na raiz da distinção entre o ato civil e o ato de comércio. Assim, qualquer pessoa que praticasse um ato de comércio estaria submetida ao Direito Comercial e não ao Direito Civil. Essa teoria foi repetida no Brasil, com a edição do Código Comercial, em 1850, quando era Imperador D. Pedro II; cuida-se de uma das normas mais duradouras da história brasileira: sua primeira parte, dedicada ao *comércio em geral*, esteve em vigor até 11 de janeiro de 2003, quando passou a viger o Código Civil (Lei 10.406/02).

Desde cedo surgiram juristas defendendo a reunificação do Direito Privado brasileiro; já em 1859, o grande professor baiano Teixeira de Freitas, a quem se pediu a elaboração de um projeto de Código Civil, afirmava que a distinção entre as duas disciplinas não se sustentava, pois o ato civil e o ato comercial mantinham a mesma submissão à Parte Geral do Código Civil, ao Direito das Obrigações e dos Contratos. A distinção estava limitada aos costumes do comércio, que orientavam as práticas mercantis, mas não os demais atos civis. Não havia uma especialidade que justificasse a coexistência de duas disciplinas jurídicas, vez que o respeito aos costumes de cada área social é elemento comum de todas as disciplinas, orientando a atuação individual nos espaços em que não se tenha norma expressa. Muitas dessas práticas e dos institutos delas decorrentes, ademais, foram sendo assimiladas por não comerciantes, a exemplo da emissão de títulos de crédito.

Nos alvores do século XXI, com a edição da Lei 10.406/02, em 10 de janeiro de 2002, a unificação foi enfim concretizada. Reconheceu-se a existência de uma unidade no Direito Privado, superando a distinção entre civil e comercial. Noutras palavras, percebeu-se que os atos jurídicos civis e comerciais têm a mesma natureza jurídica, estando submetidos à Parte Geral do Código Civil, bem como às regras sobre as Obrigações e os Contratos. Isso implicou a necessidade de se substituir a antiga teoria do *ato de comércio* por uma nova referência para as relações negociais. A opção escolhida foi a teoria da empresa. Não focar no ato de comerciar, mas na atividade organizada para empreender, vale dizer, a empresa.

De qualquer sorte, há muito a evoluir. Muito. Há incontáveis normas do Código Civil que refletem cenários já superados do mercado, assim como há normas novas que se mostram confusas, sem muito coerência. Ainda assim, são essas as normas que orientam a criação, a existência, o funcionamento e a atividade de todas as empresas. O desafio do jurista é dominar a tecnologia que o mercado precisa e pede, mesmo apesar da péssima qualidade do legislador. Isso se faz ampliando horizontes para além da letra da lei: a doutrina, a jurisprudência e a própria prática mercantil. Mas não dá para fechar os olhos para o fato de que o Estado Brasileiro, por todos os seus Poderes e vários de seus órgãos, ainda não evoluiu para oferecer previsibilidade, confiança, estabilidade e segurança jurídicas.

---

[2] BULGARELLI, Waldirio. *Direito Comercial*. 16. ed. São Paulo: Atlas, 2001. p. 29-33.

3 Teoria da empresa

No regime do Código Comercial de 1850, a marca distintiva do Direito Comercial era o *exercício efetivo do comércio* (artigo 9º), isto é, *fazer da mercancia profissão habitual* (artigo 4º, parte final). A conceituação logo causou dúvidas, razão pela qual, naquele mesmo ano, editou-se uma norma, o Regulamento 737, que embora cuidasse do processo comercial, trouxe no artigo 19 uma relação de atos que reputava comerciais: "a compra e venda ou troca de efeitos móveis ou semoventes, para os vender por grosso ou a retalho, na mesma espécie ou manufaturados, ou para alugar o seu uso; as operações de câmbio, banco e corretagem; as empresas de fábricas, de comissões, de depósito, de expedição, consignação e transporte de mercadorias, de espetáculos públicos; os seguros, fretamentos, riscos, e quaisquer contratos relativos ao comércio marítimo; e a armação e expedição de navios". Assim, quem montasse uma pequena birosca à beira-mar para vender latinhas de cerveja e lucrar poucas centenas de reais por mês era comerciante e estava submetido ao Direito Comercial: compra e venda de efeitos móveis. Em contraste, uma grande imobiliária, que faturasse milhões por mês, não era considerada comerciante, pois sua atuação não estava incluída na relação do artigo 19 do Regulamento.

Essa estrutura jurídica mostrou-se excessivamente obsoleta ao longo do século XX, com o desenvolvimento da economia brasileira. Ficou claro que a velha compreensão do ato de comércio, mormente engessada pela listagem do artigo 19 do Regulamento 737/1850, não era mais adequada, pois deixava de fora uma parcela significativa de negócios econômicos; enquanto isso, um novo fenômeno ganhava importância no mundo: a empresa, uma nova forma de atuação no mercado, suplantando o que antes se tinha por comércio, percebendo oportunidades, identificando demandas, organizando recursos diversos e, com isso, auferindo vantagens econômicas significativas. Essa percepção tornou necessária uma alteração nos parâmetros jurídicos; por exemplo, em 1976, com a edição da Lei 6.404, que dispõe sobre as sociedades por ações, previu-se no artigo 2º que *qualquer empresa de fim lucrativo* pode ser objeto de uma sociedade por ações, desde que não seja contrária à lei, à ordem pública e aos bons costumes. Por fim, quando da unificação do Direito Privado, a Lei 10.406/02 referiu-se, expressamente, ao Direito de Empresa.

O desafio teórico passou a ser a definição do que seja a empresa. O legislador brasileiro não se ocupou minuciosamente disso, resumindo-se a afirmar que empresários e sociedades empresárias são aqueles que exercem profissionalmente atividade econômica organizada para a produção ou a circulação de bens ou de serviços. Do dispositivo, todavia, extraem-se os elementos que permitem a compreensão jurídica da empresa:

- *Estrutura organizada*: não se atenta mais para o ato (*ato de comércio*), mas para a estruturação de bens materiais e imateriais, organizados para a realização, com sucesso, do objeto de atuação. Esses bens se constituem a partir de um capital que se investe na empresa.
- *Atividade profissional*: não um ou alguns atos, mas atividade, isto é, sucessão contínua de ações para realizar o objeto professado (sua profissão, o motivo para o qual se constituiu a empresa).

- *Patrimônio especificado*: os bens materiais e imateriais organizados para a realização do objeto, e a atividade com eles realizada (conjunto de atos jurídicos), são específicos da empresa: faculdades e obrigações empresariais, que deverão experimentar escrituração (contabilidade) própria.
- *Finalidade lucrativa*: a atividade realizada com a estrutura organizada de bens e procedimentos visa à produção de riquezas apropriáveis, mais especificamente, de lucro, ou seja, de uma remuneração para o capital.
- *Identidade social*: quando o legislador usa a expressão *considera-se empresário*, remete a um aspecto comunitário da empresa, que tem uma existência socialmente reconhecida. Fala-se, por exemplo, que o Bradesco *fez isso ou aquilo*, deixando perceber que a comunidade compreende a empresa como um ente existente em seu meio.

Note-se, todavia, que o legislador, no parágrafo único do artigo 966 do Código Civil, excluiu dessa definição de empresa aqueles que exercem profissão intelectual, de natureza científica, literária ou artística, ainda que com o concurso de auxiliares ou colaboradores; essa exclusão dá-se como regra geral, comportando exceção inscrita na própria norma: se o exercício da profissão constituir elemento de empresa.

Demônios da Garoa

No julgamento do Recurso Especial 1.892.139/SP, surgiu uma questão interessante: a sociedade por meio da qual se organizavam os músicos do grupo Demônios da Garoa, "Demônios da Garoa Produções Artísticas e Representações Ltda", seria uma sociedade simples ou empresária? Os ministros Superior Tribunal de Justiça se debruçaram sobre o tema: "Na hipótese, conquanto a sociedade 'Demônios da Garoa Produções Artísticas e Representações Ltda.' esteja registrada na Junta Comercial e, portanto, tenha natureza empresária, os recorrentes pretendem, sob a alegação de que tem como objeto a prestação de serviços de natureza personalíssima, que a apuração de haveres obedeça aos critérios das sociedades simples. É preciso registrar que o que distingue uma sociedade empresária de uma simples é o seu objeto social: se este for explorado com empresarialidade (profissionalismo e organização dos fatores de produção), a sociedade será empresária. Ausente a empresarialidade, a sociedade será simples (artigo 966 do Código Civil), salvo o caso das sociedades anônimas e as cooperativas, cuja natureza decorre da lei."

Eis a base. Prossegue o julgado: "de fato, para o exercício da atividade empresarial, o empresário articula os fatores de produção, isto é, organiza mão de obra, capital, tecnologia e insumos. Para isso, se mostra necessário constituir um complexo de bens materiais, ainda que de pequena monta, como o aluguel de um espaço, a compra de equipamentos, computadores e insumos, e de bens imaterias, como o registro de uma marca ou a patente de um novo processo industrial, por exemplo. Tem-se o que se chama estabelecimento empresarial." No caso, embora se observasse "a presença da atividade criativa no objeto social", verificou-se que ela servia "à atividade de natureza empresária, pois há a organização dos fatores de produção para a gravação e editoração de CD's, a representação comercial, a produção artística de shows e eventos em geral. Portanto, na hipótese, a atividade intelectual constitui elemento de empresa, nos exatos termos do artigo 966, parágrafo único, do Código Civil."

Existem diversas formas pela qual o ser humano pode atuar economicamente, realizando, com sucesso, as suas metas. Pode trabalhar, sozinho ou em grupo, em atividades autônomas; é o que comumente fazem os profissionais liberais e os artesãos, como exemplo, sendo remunerados por cada serviço que prestam ou cada bem que vendem. Também é possível trabalhar para alguém, estabelecendo uma relação de emprego e sendo remunerado por meio de salário. Por fim, pode-se estruturar uma empresa para otimizar as relações com o mercado, potencializando a concretização de vantagens econômicas; é este último o plano específico do Direito Empresarial.

É preciso redobrado cuidado com a palavra *empresário*, colocada no artigo 966 do Código Civil, pois se aplica tanto àquele que, individualmente, se registra na junta comercial para o exercício de uma empresa, quanto à *sociedade empresária*, isto é, à pessoa jurídica que foi constituída para o exercício da empresa. No primeiro caso, é comum falar-se em *empresário individual*, expressão redundante que, todavia, afasta as dúvidas de que resultam do uso coloquial da palavra *empresário*, erroneamente identificado com a figura do sócio quotista ou acionista de uma sociedade. O sócio, no entanto, não é, juridicamente, um empresário; é apenas o titular de um direito pessoal com expressão patrimonial econômica: uma ou mais frações ideais do patrimônio social, frações essas que são chamadas de quotas, nas sociedades contratuais e na sociedade cooperativa, e de ações, nas sociedades anônimas e nas sociedades em comandita por ações.

Guilherme é bom de computador

Todo mundo fica impressionado como Guilherme entende de computadores. Era rapazote e já fazia programas e, agora, começou a desenvolver uns jogos que estão bombando entre os amigos. Um dia, um amigo lhe disse: "Cara. Você deveria trabalhar com isso, quero dizer, ganhar dinheiro com isso. Isso que você faz é muito bom". A ideia ficou lhe rodeando a cabeça e, conversando com sua irmã, perguntou como, afinal, poderia ganhar dinheiro com programas e jogos para computador.

Trabalho autônomo: Guilherme poderia ser um trabalhador autônomo, prestando serviços a quem os desejasse. O contrato de prestação de serviços é um contrato civil, simples; se por ventura o trabalho for feito para um consumidor final, aplicam-se as regras do Código de Defesa do Consumidor. Detalhe: querendo formalizar sua atuação, Guilherme pode se registrar como MEI – Microempreendedor Individual, assim, terá acesso ao INSS; receberá um CNPJ, poderá emitir nota fiscal, entre outros benefícios.

Relação de emprego: Guilherme pode empregar-se como programador, cumprindo uma jornada de trabalho e atuando segundo as orientações de seu empregador. Seu trabalho, nessa hipótese, será regulado pela Consolidação das Leis Trabalhistas (CLT), devendo ter a carteira de trabalho assinada, recebendo salário e tendo garantidos os direitos assinalados na Constituição da República e na legislação trabalhista.

Empresário: Guilherme pode montar uma empresa cujo objeto social seja o desenvolvimento e o comércio de programas para computador e jogos. Se o fizer, deverá se registrar na Junta Comercial, definindo objeto de sua mercancia, nome da firma (que será baseado em seu nome civil) e o capital que investirá. Todo seu movimento econômico deverá ser devidamente escriturado por um contador.

Sociedade empresária: Guilherme pode constituir uma sociedade empresária, escolhendo entre os vários tipos disponibilizados pela lei. Por exemplo, uma sociedade limitada, que pode ter só um sócio, como se verá adiante. Basta que um advogado elabore o contrato social e o registre na Junta Comercial. Mas há outros tipos, como a sociedade anônima; nesse caso, elabora-se um estatuto social, e, igualmente, leva-se a registro na Junta Comercial. Nesses casos, Guilherme será o sócio ou um dos sócios; quem assumirá o negócio é a sociedade, ou seja, a pessoa jurídica.

O caso de Guilherme é uma ilustração introdutória. Para o Direito Empresarial importarão as duas últimas alternativas: Guilherme opta por *abrir uma empresa*. E, como vimos, poderá fazê-lo como pessoa física (pessoa natural), hipótese em que se registrará como empresário, assim como poderá fazê-lo tornando-se sócio de uma sociedade empresária. Atente-se para o fato de que os conceitos de (1) empresário e (2) sociedade empresária são distintos do conceito de (3) empresa. Em verdade, o empresário e a sociedade empresária são sujeitos personalizados de direitos e deveres; são pessoas. A empresa, por seu turno, não é um sujeito, mas um objeto de relações jurídicas. Para o desenvolvimento dessas relações empresariais, o empresário ou a sociedade empresária manterão um (4) estabelecimento, vale dizer, um complexo de bens organizados. Pode parecer complicado demais, mas não é. Mais complicado é desenvolver jogos para computador e celular. Com um pouco de boa vontade, compreendem-se os conceitos e, mais do que isso, aprende-se como usá-los a bem de empresários e investidores que querem se tornar sócios de sociedades empresárias. Vamos começar com uma figura:

Sócios e Administradores

≠

Empresário e Sociedade Empresária

≠

Empresa

≠

Estabelecimento

No plano das pessoas, temos duas possibilidades: empresário (pessoa natural, física) ou sociedade (pessoa jurídica). Para conseguir atuar, ele organizará bens e formará um complexo organizado a que o artigo 1.142 do Código Civil chama de estabelecimento. Se for uma escola ou faculdade, prédio, carteiras, livros, quadros, computadores, programas etc. E a empresa, o que é? É tudo em funcionamento e vida. Outro exemplo: quem vê o restaurante fechado, vazio, de noite, vê o estabelecimento; quem o vê de dia, funcionando, gente trabalhando, gente pedindo, comendo, pagando, vê a empresa. No estabelecimento há apenas o aspecto estático da empresa. Há uma dimensão dinâmica, e ela faz toda a diferença para o Direito Empresarial. Como assim? Imaginem-se dois estabelecimentos absolutamente iguais, ainda assim, você poderá ter duas empresas diferentes, uma fazendo um sucesso danado, outra mergulhada em crise.

E isso tem importância? Ora, imagine-se que esses dois estabelecimentos iguais sejam duas livrarias. Uma faturando quase nada, outra faturando uma fortuna. Se alguém vai comprar uma, pagará o mesmo pela outra? O Direito evoluiu para não focar apenas no complexo organizado de bens, mas para ir além e compreender que a empresa, ela própria, é um bem diverso, maior, passível de proteção jurídica específica.

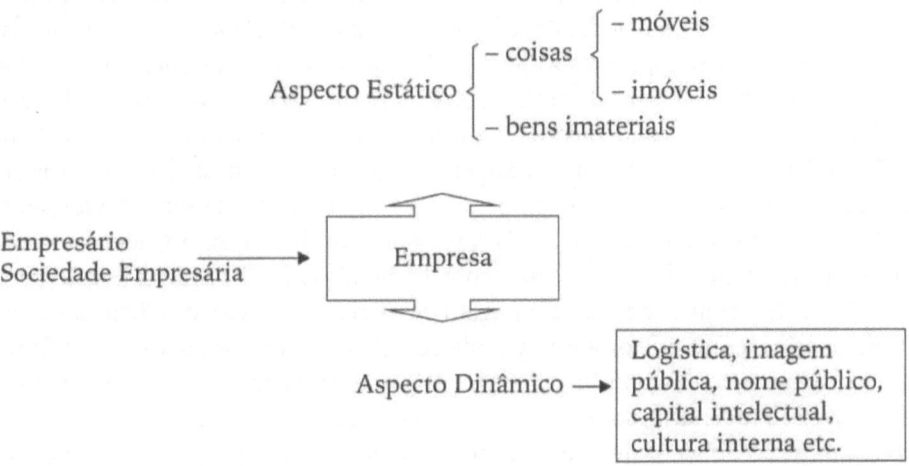

A percepção da empresa como um uma organização não se faz para proclamá-la um sujeito de direitos e deveres, nem mesmo para dar-lhe *status* de pessoa. Apenas se reconhece tratar-se de objeto autônomo de direito, objeto esse que não se reduz, nem se confunde com o estabelecimento (fundo de comércio); o estabelecimento é parte da empresa, ela é mais. A empresa é um bem coletivo apropriável: universalidade de fato (*universitas facti*) e de direito (*universitas iuris*), incluindo contratos e mesmo aspectos intangíveis, a exemplo de uma história, uma cultura interna, rotinas, um relacionamento com a comunidade, imagem e nome públicos, relacionamento interno de seu pessoal etc.

Justamente por isso, desenvolveu-se o conceito de aviamento, ou seja, a forma como os bens e as atividades são organizados na empresa. Um excelente aviamento cria uma empresa mais eficaz, mais lucrativa e, assim, seu valor poderá ser superior ao somatório de seus bens. Há quem prefira usar a expressão em inglês *goodwill of trade* (ou só *goodwill*) com a mesma finalidade de traduzir a vantagem que se pode apurar na forma como se estruturou certa empresa e atividade empresarial. É comum verificar casos em que o valor de mercado de uma empresa é superior ao seu valor patrimonial (valor somado de seus bens). Por exemplo, quando a sociedade empresária norte-americana *Nike Incorporation* adquiriu a sociedade empresária britânica *Umbro PLC*, o valor do negócio foi muito superior ao valor patrimonial da empresa adquirida. Estima-se que 61% a mais. Motivo? A Nike esperava lucrar ainda mais aproveitando-se do mercado detido pela Umbro, sua estrutura e seu aviamento (*goodwill of trade*). O valor de mercado está menos ligado ao valor patrimonial e muito mais à capacidade de gerar resultados positivos: lucro.

O aviamento é passível de proteção: deverá ser levado em conta nas relações jurídicas que digam respeito à empresa, como, por exemplo, na desapropriação do estabelecimento empresarial ou na definição do valor devido ao sócio que está se retirando da sociedade. Mais do que isso, os danos sofridos pelo *goodwill of trade* são indenizáveis. Em todos os casos, usam-se especialistas para avaliar qual é a correspondência da vantagem empresarial, matéria que será discutida entre as partes envolvidas e, ao final, decidida pelo julgador, caso não haja um acordo. Um exemplo é o julgamento do Recurso Especial 1.499.772/DF pela Terceira Turma do Superior Tribunal de Justiça. Os ministros entenderam que, para apurar o valor da empresa e, assim, o valor que seria devido ao sócio que estava se retirando, deveriam ser "levados em consideração, no cálculo da dívida, patrimônios não contabilizados previamente, como o *goodwill*, termo utilizado para designar valores decorrentes de marca, imagem de mercado, carteira de clientes, *know-how* dos funcionários, entre outros e que guarda semelhança com os conceitos de fundo de comércio e aviamento." Para os julgadores, ainda que tais elementos não fossem especificados na decisão judiciária, compõem a empresa e devem ser levados em conta na liquidação (a apuração do valor devido). "Impossível falar, assim, que a liquidação da dívida com inclusão desses valores não contabilizados previamente ultrapassou o comando do título executivo judicial transitado em julgado."

4 Registro

Uma das obrigações elementares para o exercício da empresa é o registro do empresário (pessoa física) ou da sociedade empresária (pessoa jurídica). Esse registro é regulado pelos artigos 967 a 970 do Código Civil e pela Lei 8.934/94, que disciplinam o Registro Público de Empresas Mercantis, a cargo das Juntas Comerciais. As juntas atuam sob a supervisão, orientação e coordenação do Departamento de Registro Empresarial e Integração (DREI). Se há dúvidas na interpretação das leis, dos regulamentos e de demais normas relacionadas com o registro de empresas, serão elas solucionadas pelo DREI, que poderá estabelecer normas (*as instruções normativas*) sobre o tema.

O registro tem por finalidade dar garantia, publicidade, autenticidade, segurança e eficácia aos atos jurídicos das empresas, cadastrando aquelas que estejam em funcionamento no país, nacionais e estrangeiras, e mantendo atualizadas as informações pertinentes. Também estão obrigados a se registrarem nas Juntas Comerciais os chamados *agentes auxiliares do comércio*, profissionais cujas atividades estão diretamente ligadas ao meio empresarial, como leiloeiros, tradutores públicos e intérpretes comerciais, administradores de armazéns gerais e responsáveis por armazéns portuários (chamados de *trapicheiros*).

Há uma junta comercial em cada Estado e no Distrito Federal, com sede na capital, que pode ter delegacias regionais para o registro do comércio, se assim o autorizar a legislação do Estado. Não obstante submetidas tecnicamente ao Departamento Nacional de Registro do Comércio (DNRC), as Juntas Comerciais são órgãos da Administração Pública Estadual. Cada Junta é composta por vogais, com investidura de 4 anos, permitida apenas uma recondução. Os pedidos de registro são examinados por esses vogais. Há todo um processo que consta da Lei 8.934/94, que, de resto, define suas competências. As Juntas desempenham uma importante função de tornar públicos os atos jurídicos que constam de seu registro; assim, se eu quero saber quem são os sócios quotistas de uma sociedade limitada qualquer, ou quem é o seu administrador, basta pedir uma certidão de tal informação.

Por força da Lei 9.613/98 (com as alterações produzidas pela Lei 12.683/12, voltada para o combate e prevenção dos chamados *crimes de lavagem de dinheiro*), as juntas comerciais sujeitam-se às obrigações ali previstas, devendo manter cadastro atualizado, nos termos de instruções emanadas das autoridades competentes, sobre operações realizadas, incluindo transações cujo valor ultrapasse limite fixado pelo Conselho de Controle de Atividades Financeiras (COAF), atendendo às suas requisições. As juntas ainda devem adotar políticas, procedimentos e controles internos, compatíveis com seu porte e volume de operações, que lhes permitam atender às determinações legais, o que inclui o dever de atender ao conteúdo de operações que apresentem *sérios indícios dos crimes previstos* naquela Lei, comunicando ao COAF informações a seu respeito. Isso poderá ocorrer em qualquer operação empresarial levada a registro, incluindo transformações societárias, cisões, incorporações, fusões, alienação de controle societário etc.

Destaque-se, ainda, haver normas que têm o objetivo de propor ações e normas para simplificar e integrar o processo de registro e legalização de empresários (firma individual) e de pessoas jurídicas (sociedades simples e sociedades empresárias), nomeadamente a Lei 11.598/07, que instituiu a Rede Nacional para a Simplificação do Registro e da Legalização de Empresas e Negócios (Redesim). Sua proposta é articular as competências dos órgãos membros, buscando, em conjunto, compatibilizar e integrar procedimentos de registro e de legalização de atividades negociais, de modo a evitar a duplicidade de exigências e garantir a linearidade do processo, da perspectiva do usuário; vale dizer, um processo único, cujos fatos se desencadeiem numa sequência linear, considerado o ponto de vista do cidadão. Isso inclui disponibilização de informações e orientações pela Internet sobre registro ou inscrição, alteração e baixa de empresários e pessoas jurídicas, abertura efetiva do negócio (requisitos de segurança sanitária, controle ambiental, prevenção contra incêndios etc.).

5 Direitos da Liberdade Econômica

Nessa abertura de nossos estudos sobre o Direito Empresarial, é importante dar notícia de algumas normas acessórias que cumprem papel importante na regulamentação e no cadenciamento das relações econômicas e iniciativas empresariais dela. Uma dessas normas é a Lei 13.874/19 que cuidará de uma Declaração de Direitos da Liberdade Econômica. Em termos de ciência jurídica, é norma que se situa na vizinhança entre o Direito Econômico e o Direito Empresarial, aquele muito mais principiológico, esse tradicionalmente mais atento às ferramentas e aos mecanismos jurídicos por meio dos quais se concretiza o agir empresarial dos entes privados, vale dizer, de empresários e sociedades, embora espraiando seus efeitos sobre terceiros fora do mercado, mas por ele alcançados, como aqueles que participam da cadeia de circulação dos títulos de crédito ou aqueles que são atingidos pelas crises financeiras e, assim, atraídos pelo juízo universal da recuperação de empresas ou da falência. Mas esses são temas que estudaremos mais adiante.

Ainda assim, há que festejar e prestigiar as disposições listadas pela Lei de Liberdade Econômica (Lei 13.874/19). Afinal, por meio desse diploma legal, o Estado Brasileiro estabeleceu uma série de normas que visam proteger o princípio constitucional da livre-iniciativa, bem como o livre exercício de atividade econômica. Há nisso algo de fundamental: as normas ali dispostas constituem uma autolimitação legal: o Estado reconhecendo que certos atos não lhe são lícitos, que certos comportamentos não lhe são facultados, que é seu dever respeitar os agentes privados que empreendem. E isso inclui mesmo o exercício de seu poder de agente normativo e regulador, nos termos do inciso IV do *caput* do artigo 1º, do parágrafo único do artigo 170 e do *caput* do artigo 174, todos da Constituição da República. Consequentemente, as balizas inscritas na Lei de Liberdade Econômica devem ser observadas na aplicação e na interpretação do direito civil, empresarial, econômico, urbanístico e do trabalho nas relações jurídicas que se encontrem no seu âmbito de aplicação e na ordenação pública, inclusive sobre exercício das profissões, comércio, juntas comerciais, registros públicos, trânsito, transporte e proteção ao meio ambiente. Mas atenção: a interpretação das normas jurídicas, nomeadamente princípios, é total, holística. Não se está a dar preferência à liberdade econômica em desproveito do dever de proteção ao meio ambiente, ao consumidor, entre outras previsões igualmente de raiz constitucional e com diplomas legais regulamentadores.

Esse tempero das fontes, das disciplinas, pode assustar um pouco no princípio, mas, com o passar do tempo, aprende-se a importância de um equilíbrio, vale dizer, de uma compreensão equânime dos diversos valores constitucionais, a permitir um tratamento e uma aplicação temperada, harmonizadora. E isso resulta de uma cultura jurídica, de um diálogo entre os mais diversos atores e que se expressa na jurisprudência, na doutrina, nos debates acadêmicos e forenses etc. Em meio a tudo isso, a Declaração de Direitos de Liberdade Econômica (Lei 13.874/19) joga luzes sobre os agentes econômicos privados como parte e fator relevantes para que se alcance o bem-estar da sociedade em geral. Os atores privados são a grande força de manifestação e contribuição para um ambiente econômico propício ao desenvolvimento que, por seu turno, acaba por beneficiar o país, ou seja, a todos. Justo por isso, a Declaração estabelece que todas as normas de ordenação pública sobre atividades econômicas privadas devem ser interpretadas em favor da liberdade econômica, da boa-fé e do respeito aos contratos, aos investimentos e à propriedade. É uma orientação hermenêutica imperativa, fruto de disposição legal. A referência oferecida pela compreensão da liberdade econômica, nomeadamente das normas inscritas na Declaração, constitui norma geral de direito econômico e deve ser observado para todos os atos públicos de liberação da atividade econômica executados pelos Estados, pelo Distrito Federal e pelos Municípios, obviamente considerando as demais referências dispostas na Lei Fundamental. Aliás, o legislador ressalvou expressamente o direito tributário e o direito financeiro, no que acabou por expressar uma percepção de que não poderia a lei ordinária dar preferência a certo aspecto, em detrimento de outros, se a Constituição dá a todos a mesma proteção.

Ademais, a Lei 13.874/19 (artigo 3º) enuncia uma Declaração de Direitos de Liberdade Econômica, como tal compreendidas faculdades jurídicas de toda pessoa, natural ou jurídica, essenciais para o desenvolvimento e o crescimento econômicos do país. Essa listagem considera a disposição do parágrafo único do artigo 170 da Constituição da República. As garantias ali inscritas partem do direito de desenvolver atividade econômica sem necessidade de atos públicos de liberação, quando atendidos certos parâmetros, como baixo risco, passando pela faculdade de atuar em qualquer horário ou dia da semana, inclusive feriados, sem que para isso esteja sujeita a cobranças ou encargos adicionais, embora respeitadas normas ambientais (poluição sonora, perturbação do sossego), normas contratuais, condominiais, direito de vizinhança e legislação trabalhista. E chega ao direito de empresário/sociedade definir o preço de seus produtos e serviços, desde que não se trate de mercado regulado e, obviamente, respeitando o restante do sistema jurídico (tributário, consumerista, concorrencial, por exemplo).

Como facilmente se percebe, cuida-se de um estatuto que deve se posicionar em nosso sistema jurídico como afirmação do valor social da livre-iniciativa e como definição normativa de um ambiente favorável para o investimento. É o caso da garantia de receber tratamento isonômico de órgãos e de entidades da administração pública quanto ao exercício de atos de liberação da atividade econômica, hipótese em que o ato de liberação estará vinculado aos mesmos critérios de interpretação adotados em decisões administrativas análogas anteriores, observado o disposto em regulamento (artigo 3º, IV). Liste-se, ainda (inciso V), a faculdade de gozar de presunção de boa-fé nos atos praticados no exercício da atividade econômica, para os quais as dúvidas de interpretação do direito civil, empresarial, econômico e urbanístico serão resolvidas de modo a preservar a autonomia privada, exceto se houver expressa disposição legal em contrário.

Não são, portanto, normas que digam o que fazer ou como fazer para empresariar. São normas que definem o ambiente jurídico que permite aos atores privados atuar. E isso inclui, por exemplo, o direito de desenvolver, executar, operar ou comercializar novas modalidades de produtos e de serviços quando as normas infralegais se tornarem desatualizadas por força de desenvolvimento tecnológico consolidado internacionalmente, nos termos estabelecidos em regulamento, que disciplinará os requisitos para aferição da situação concreta, os procedimentos, o momento e as condições dos efeitos (inciso VI). No plano dos contratos, das relações contratuais, vai-se ao extremo de garantir que os negócios jurídicos empresariais paritários serão objeto de livre estipulação das partes pactuantes, empresários ou sociedades empresárias privadas, de modo a aplicar todas as regras de direito empresarial apenas de maneira subsidiária ao avençado, exceto normas de ordem pública (inciso VIII). É a valorização da autorregulamentação, da construção consensual de normas privadas, sobre as imposições e intervenções estatais.

Como se não bastasse, a norma ainda cuida das solicitações de atos públicos de liberação da atividade econômica, seus prazos e procedimentos, demandando que os entes estatais sejam eficientes, impessoais e célebres, incorporando tecnologias que possam facilitar a iniciativa privada. Noutras palavras, um rol de obrigações estatais e princípios para o cumprimento de obrigações públicas e de vedações à atuação pública como parte da definição de um ambiente propício para a mercancia privada. Note, ademais, que, por força do artigo 2º da mesma Lei 13.874/19, todas essas disposições devem ser interpretadas e aplicadas considerando princípios norteadores específicos, quais sejam: (1) a liberdade como uma garantia no exercício de atividades econômicas; (2) a boa-fé do particular perante o poder público; (3) a intervenção subsidiária e excepcional do Estado sobre o exercício de atividades econômicas; e (4) o reconhecimento da vulnerabilidade do particular perante o Estado.

Para que tais balizas jurídicas sejam alcançadas, o artigo 4º da Lei 13.874/19 prevê ser dever da Administração Pública e das demais entidades que se vinculam àquela norma, exceto se em estrito cumprimento a previsão explícita em lei, evitar o abuso do poder regulatório de maneira a, indevidamente: (1) criar reserva de mercado ao favorecer, na regulação, grupo econômico, ou profissional, em prejuízo dos demais concorrentes; (2) redigir enunciados que impeçam a entrada de novos competidores nacionais ou estrangeiros no mercado; (3) exigir especificação técnica que não seja necessária para atingir o fim desejado; (4) redigir enunciados que impeçam ou retardem a inovação e a adoção de novas tecnologias, processos ou modelos de negócios, ressalvadas as situações consideradas em regulamento como de alto risco; (5) aumentar os custos de transação sem demonstração de benefícios; (6) criar demanda artificial ou compulsória de produto, serviço ou atividade profissional, inclusive de uso de cartórios, registros ou cadastros; (7) introduzir limites à livre formação de sociedades empresariais ou de atividades econômicas; (8) restringir o uso e o exercício da publicidade e propaganda sobre um setor econômico, ressalvadas as hipóteses expressamente vedadas em lei federal; e (9) exigir, sob o pretexto de inscrição tributária, requerimentos de outra natureza de maneira a mitigar o direito de desenvolver atividade econômica de baixo risco, para a qual se valha exclusivamente de propriedade privada própria ou de terceiros consensuais, sem a necessidade de quaisquer atos públicos de liberação da atividade econômica (inciso I do *caput* do art. 3º).

A Lei 14.195/21 ampliou o rol dessas garantias, estabelecendo ser dever da administração pública e das demais entidades que se sujeitam à Lei 13.874/19, na aplicação da ordenação pública sobre atividades econômicas privadas: (1) dispensar tratamento justo, previsível e isonômico entre os agentes econômicos; (2) proceder à lavratura de autos de infração ou aplicar sanções com base em termos subjetivos ou abstratos somente quando estes forem propriamente regulamentados por meio de critérios claros, objetivos e previsíveis; e (3) observar o critério de dupla visita para lavratura de autos de infração decorrentes do exercício de atividade considerada de baixo ou médio risco. À sombra de tais previsões legais, editam-se normas regulamentares, como os decretos presidenciais ou as instruções normativas do Departamento Nacional de Registro Empresarial e Integração (DREI), entre outras, a bem da aplicação e da incidência de conceitos subjetivos ou abstratos, por meio de critérios claros, objetivos e previsíveis.

6 Empresário rural

De acordo com o artigo 971 do Código Civil, o empresário, cuja atividade rural constitua sua principal profissão, pode, observadas as formalidades de que tratam o art. 968 e seus parágrafos, requerer inscrição no Registro Público de Empresas Mercantis da respectiva sede, caso em que, depois de inscrito, ficará equiparado, para todos os efeitos, ao empresário sujeito a registro. Fica claro, portanto, que, ao contrário dos demais empresários, aqueles que se dediquem à exploração da empresa no meio rural (do chamado agronegócio ou, ainda, *agrobusiness*) não estão obrigados ao registro mercantil, excepcionados pela regra geral do artigo 967, que determina a inscrição para o exercício da empresa.

O artigo 970, por seu turno, assegura tratamento favorecido, diferenciado e simplificado ao empresário rural, o que, em boa medida, é assegurado pela Lei 8.171/91, que fixa os fundamentos, define os objetivos e as competências institucionais, prevê os recursos e estabelece as ações e os instrumentos da política agrícola, relativamente às atividades agropecuárias, agroindustriais, e de planejamento das atividades pesqueira e florestal.

Louis Dreyfus Company Brasil S/A × Ivanir, José Antônio e Mateus

Tratamento favorecido e diferenciado. Mas como seria isso? Vamos ao caso. Produtores rurais no Mato Grosso, Ivanir, José Antônio e Mateus registram-se como empresários na Junta Comercial do Estado. Como enfrentavam uma crise econômico-financeira em seus negócios, ajuizaram um pedido de recuperação judicial, nos termos da Lei 11.101/05. Entre os credores alcançados pela pretensão estava a Louis Dreyfus Company Brasil S/A que, no entanto, não concordou com a pretensão: não estariam presentes os requisitos para a concessão dos efeitos recuperatórios, nomeadamente pelo fato de alcançar relações jurídicas anteriores ao registro mercantil.

Por meio do Agravo Interno nos Embargos Declaratórios no Recurso Especial 1.954.239/MT, a questão foi examinada pela Quarta Turma do Superior Tribunal de Justiça que, entrementes, negou provimento às pretensões da Louis Dreyfus Company Brasil S/A. Para os julgadores, "após obter o registro e passar ao regime empresarial, fazendo jus a tratamento diferenciado, simplificado e favorecido quanto à inscrição e aos efeitos desta decorrentes (CC, arts. 970 e 971), adquire o produtor rural a condição de procedibilidade para requerer recuperação judicial, com base no artigo 48 da Lei 11.101/2005 (LRF), bastando que comprove, no momento do pedido, que explora regularmente a atividade rural há mais de 2 (dois) anos". Assim, por força das normas do Código Civil, sua situação seria excepcional, fugindo ao ordinário que se aplica aos demais empresários e sociedades empresárias.

Não é um precedente único. Julgando o Agravo Interno no Recurso Especial 1.798.642/MT, o mesmo tribunal afirmou que "o entendimento prevalente em ambas as Turmas da Segunda Seção desta Corte é de que o produtor rural é 'empresário não sujeito a registro' (CC, artigo 971). Por isso, adquire a condição de procedibilidade para requerer a recuperação judicial após obter o registro mercantil facultativo, desde que comprove, na data do pedido, o exercício da atividade rural há mais de dois anos, admitindo-se o somatório dos períodos antecedente e posterior ao registro empresarial. Além disso, não há distinção de regime jurídico aplicável às obrigações anteriores ou posteriores à inscrição do empresário rural que postula a recuperação judicial, ficando também abrangidas na recuperação aquelas obrigações anteriormente contraídas e ainda não adimplidas. Precedentes".

2

EMPRESÁRIO

1   Firma individual

Em termos jurídicos, técnicos, empresário é a pessoa física (natural) que se inscreve na Junta Comercial para tocar uma empresa. Aliás, o registro é um pressuposto para o desempenho da atividade empresária, individualmente ou por meio de uma sociedade empresária; nesta última hipótese, ademais, o registro dos atos constitutivos (contrato ou estatuto social) é elemento essencial para a criação da pessoa jurídica, como se afere do artigo 45 do Código Civil, segundo o qual começa a existência legal das pessoas jurídicas de direito privado com a inscrição do ato constitutivo no respectivo registro. Mas as sociedades serão estudadas no Capítulo 3, cabendo, por ora, explorar a figura do *empresário*, também chamado de *empresa unipessoal*, *empresa individual* e, mesmo, de *firma individual*, ou seja, a *pessoa natural* (*pessoa física*) que exerce profissionalmente a atividade econômica organizada, nos termos há pouco estudados, embora nada impeça que, simultaneamente, exerça outras atividades ou profissões. Friso: é a pessoa física (pessoa natural) que titulariza a empresa; não há dupla personalidade, ainda que haja multiplicidades de cadastros tributários (CPF e CNPJ), o que se justifica exclusivamente pelos tratamentos fiscais diversos para as operações mercantis. Infelizmente, é muito comum o erro de achar que, por ter recebido um número no CNPJ, cuida-se de uma pessoa jurídica. Não! Recebe um número de CNPJ por razões meramente tributárias; uma ficção jurídica, foi dito no Agravo Interno no Recurso Especial 2.059.044/MG.

Nesse sentido, leia-se o que decidiu o Superior Tribunal de Justiça quando resolveu o Recurso Especial 1.682.989/RS: "1. A controvérsia cinge-se à responsabilidade patrimonial do empresário individual e as formalidades legais para sua inclusão no polo passivo de execução de débito da firma da qual era titular. 2. O acórdão recorrido entendeu que o empresário individual atua em nome próprio, respondendo com seu patrimônio pessoal pelas obrigações assumidas no exercício de suas atividades profissionais, sem as limitações de responsabilidade aplicáveis às sociedades empresárias e demais pessoas jurídicas. 3. A jurisprudência do STJ já fixou o entendimento de que 'a empresa individual é mera ficção jurídica que permite à pessoa natural atuar no mercado com vantagens próprias da pessoa jurídica, sem que a titularidade implique distinção patrimonial entre o empresário individual e a pessoa natural titular da firma individual' (REsp 1.355.000/SP, Rel. Ministro Marco Buzzi, Quarta Turma, julgado em 20/10/2016, *DJe* 10/11/2016) e de que 'o empresário individual responde pelas obrigações adquiridas pela pessoa jurídica, de modo que não há distinção entre pessoa física e jurídica, para os fins de direito, inclusive no tange ao patrimônio de ambos'" (AREsp 508.190, Rel. Min. Marco Buzzi, Publicação em 4/5/2017).

> O requerimento de inscrição do empresário conterá:
>
> 1. seu nome, nacionalidade, domicílio, estado civil e, se casado, o regime de bens;
> 2. a firma, com a respectiva assinatura autógrafa;
> 3. o capital;
> 4. o objeto e a sede da empresa.

O requerimento à Junta Comercial da inscrição como empresário deverá trazer: (1) a qualificação da pessoa natural; (2) a firma sob a qual atuará, com a respectiva assinatura; (3) o capital que será investido na empresa e (4) o objeto e a sede da empresa. Essas informações constam do registro e, sempre que são alteradas, a modificação será também ali averbada. A qualificação incluirá o nome civil, em sua totalidade, a nacionalidade, o domicílio e o estado civil do empresário; se o empresário for casado, deverá informar, ainda, o seu regime de bens, permitindo ao mercado conhecer sua extensão patrimonial. A firma, por seu turno, é o rótulo sobre o qual atuará empresarialmente e a assinatura que corresponde a esse rótulo; esse rótulo é um nome empresarial, formado a partir de seu nome civil, no todo ou em parte (podendo haver abreviaturas) e, mesmo, o acréscimo de *designação mais precisa da sua pessoa ou do gênero de atividade*, como autoriza o artigo 1.156 do Código Civil. A assinatura autógrafa da firma poderá ser substituída pela assinatura autenticada com certificação digital ou meio equivalente que comprove a sua autenticidade (no artigo 968, II, do Código Civil); já o Microempreendedor Individual (MEI) está dispensado do uso da firma, com a respectiva assinatura autógrafa, ou seja, pode atuar com o nome civil. O MEI nada mais é do que um empresário individual (conceito do Direito Empresarial), qualificado como microempresário e que goza de vantagens tributárias e previdenciárias. É instituto (e ferramenta) que parte do Direito Empresarial (sem muita coerência conceitual) para dispor de regimes favorecidos na Administração Pública (Direito Administrativo, Previdenciário e Tributário).

Por exemplo, em meados do século XIX, uma editora estabeleceu-se na Rua do Ouvidor, no Rio de Janeiro, sendo responsável pela publicação das obras de José de Alencar, Gonçalves Dias, Joaquim Nabuco, entre outras. Essa empresa era uma firma individual: *B. L. Garnier – Livreiro-Editor*, nome empresarial formado a partir do nome civil *Baptiste Louis Garnier*, seu titular, um francês que se radicou no Brasil em 1844 e que mudou a história literária nacional, bastando citar ter sido o pioneiro na publicação de Machado de Assis. A firma poderia ser apenas *Baptiste Louis Garnier* ou *Baptiste Louis Garnier – Livreiro-Editor*, *Baptiste Garnier – Livreiro-Editor* etc. Não só o nome empresarial, registra-se também a assinatura, isto é, a forma como será assinado, que será usada para firmar os atos que digam respeito à empresa: notas promissórias, contratos, recibos e outros. No entanto, quando se trata de ato estranho à empresa, assina-se o nome civil: casamento, contratos que não tenham a ver com a empresa, cheques pessoais etc.

Município de Maringá × José Fernando

O Município de Maringá ajuizou uma execução fiscal contra José Fernando pois ele teria prestado serviços sem recolher o imposto sobre prestação de serviços de qualquer natureza (ISSQN). José Fernando se defendeu dizendo que os serviços foram prestados por José Fernando – ME (CNPJ n. tal), e, assim, o título em que se fundava a execução (a certidão de inscrição na dívida ativa – CDA) estaria incorreta. José Fernando seria uma pessoa, José Fernando – ME seria pessoa diversa.

O Tribunal de Justiça do Paraná não concordou: "compulsando-se os documentos dos autos, verifica-se que o requerente desenvolve suas atividades adotando a formatação de empresário individual [...] Nesta formatação escolhida pelo empresário (empresário individual) a atividade é desenvolvida em nome próprio, não havendo, portanto, a criação de uma nova personalidade que passará a desenvolver a atividade empresarial. A rigor, é o próprio empresário individual, em nome próprio, com a integralidade de seu patrimônio, que responde pela atividade desenvolvida. [...] Isso implica dizer que na atividade desenvolvida por empresário individual não existe pessoa jurídica, como núcleo de imputação de responsabilidades. Apenas existe a pessoa física, que desenvolve a empresa em seu nome [...]. Ademais, eventual concessão de inscrição no Cadastro Nacional de Pessoas Jurídicas (CNPJ) ao empresário individual não se faz porque efetivamente existe uma pessoa jurídica passível de imputação de responsabilidades, mas para facilitar as próprias formalidades exigidas.

Fenômeno diverso, a sociedade empresarial, criada por contrato social, estabelece personalidade jurídica como núcleo de imputações de obrigações".

Ainda insatisfeito, José Fernando recorreu ao Superior Tribunal de Justiça (Agravo de Instrumento no Agravo em Recurso Especial 1.669.328/PR). Ali, a Segunda Turma pôs um ponto final na discussão: "A jurisprudência do STJ já fixou o entendimento de que 'a empresa individual é mera ficção jurídica que permite à pessoa natural atuar no mercado com vantagens próprias da pessoa jurídica, sem que a titularidade implique distinção patrimonial entre o empresário individual e a pessoa natural titular da firma individual' (REsp 1.355.000/SP, Rel. Ministro Marco Buzzi, Quarta Turma, julgado em 20/10/2016, DJe 10/11/2016) e de que 'o empresário individual responde pelas obrigações adquiridas pela pessoa jurídica, de modo que não há distinção entre pessoa física e jurídica, para os fins de direito, inclusive no tange ao patrimônio de ambos' (AREsp 508.190, Rel. Min. Marco Buzzi, Publicação em 4/5/2017). Sendo assim, o empresário individual responde pela dívida da firma da qual era titular, sem necessidade de instauração do procedimento de desconsideração da personalidade jurídica (art. 50 do CC/2002 e arts. 133 e 137 do CPC/2015), por ausência de separação patrimonial que justifique esse rito".

Ao requerer o seu registro, o empresário deverá ainda informar qual será o capital investido na empresa, vale dizer, quanto dinheiro será disponibilizado para a constituição do patrimônio empresarial (a empresa em si é um patrimônio especificado), permitindo que sua atividade seja realizada; esse valor registrado (daí se falar em *capital registrado*) constará de sua escrituração contábil, sendo utilizado, conforme a estratégia do empresário ou do administrador empresarial, para aquisição de bens (imóveis, maquinário, instrumental, insumos etc.), pagamento de serviços, empregados etc. Todos esses bens empregam-se numa atividade específica, e não aleatoriamente; essa atividade é o *objeto da empresa*, que também será registrado; a empresa registrada por *Baptiste Louis Garnier* tinha por objeto a edição e a venda de livros, mas poderia ter diversos outros, desde que respeitadas as leis, os bons costumes e a ordem pública. Para complementar, tem-se a exigência do registro da sede empresarial, ou seja, do endereço onde funcionará e no qual poderá ser encontrada. Assim, se o veículo de uma empresa *tromba* no seu, basta ir à Junta Comercial e verificar onde está a sede daquela empresa para, assim, cobrar o ressarcimento.

Se o empresário instituir uma filial, sucursal ou agência, deverá averbar esse estabelecimento secundário no Registro Mercantil; se tal estabelecimento secundário está localizado em outro Estado, também deverá inscrevê-lo na respectiva Junta Comercial, juntando prova de sua inscrição originária. De qualquer sorte, é fundamental repetir o que aprendemos no primeiro capítulo, aplicando ao que estamos vendo agora. Empresário, empresa e estabelecimento são três coisas diversas. Assim, o fim do empresário (a sua morte) não implica o fim da empresa. Seria um contrassenso, um desperdício, considerando a função social e econômica da empresa. É possível haver sucessão na empresa (e, consequentemente, no estabelecimento). Pode haver mesmo uma transformação, como veremos adiante.

A empresa de Francisco

Francisco era empresário. Girava seus negócios sob a firma individual *Francisco Canindé Cavalcanti – ME*. Um pouco depois da sua morte, o Secretário de Tributação do Rio Grande do Norte cancelou sua inscrição estadual, fundando o ato na ausência de recolhimento de ICMS. Seus filhos, contudo, não concordaram e impetraram um mandado de segurança no Tribunal de Justiça potiguar. O Secretário se defendeu: alegou que a firma individual confunde-se com a pessoa de seu titular, de modo que, com a morte deste, extingue-se também o exercício da atividade, transferindo-se aos herdeiros apenas os direitos e obrigações do falecido. O Tribunal entendeu que só o inventariante poderia fazer a defesa de direitos do falecido. Os filhos de Francisco não se conformaram com a decisão e recorreram ao Superior Tribunal de Justiça, alegando que o evento morte faz abrir a sucessão e transfere aos herdeiros legítimos e testamentários do *de cujus* os bens por ele deixados. Nesse sentido, argumentaram que nada impede que os herdeiros, na pendência do inventário, representem o espólio e deem continuidade à atividade comercial da firma individual. Por meio do Recurso Ordinário em Mandado de Segurança 15.377/RN, a Primeira Turma conheceu da controvérsia, mudando o destino da demanda. Para os Ministros, "a firma individual do *de cujus* engendra relações jurídicas transmissíveis aos herdeiros pelo *direito de saisine*, inclusive o *fundo de comércio*. Consequentemente, a esse direito correspondem as ações que o asseguram, inclusive aquela tendente a propiciar a continuação legalizada dos negócios do defunto, o que se verifica na prática. [...] os herdeiros são partes legítimas para pleitearem direitos transmissíveis, pelo *de cujus*, até que, inaugurado o inventário, um deles assuma a inventariança. Ressoa injusto que o direito fique relegado à deriva, por força de mera formalidade, havendo titulares aos quais correspondem, meios judiciais de tutela dos direitos transmissíveis *mortis causa*".

É juridicamente possível que o empresário (firma individual) transforme-se em sociedade empresária, admitindo um sócio. Essa transformação se faz observando as regras específicas de constituição da pessoa jurídica. Detalhe: se o tipo societário escolhido for a sociedade limitada, sequer é preciso admitir um sócio, certo que o Código Civil, com as alterações da Lei 13.874/19 admite a figura da sociedade limitada de um só sócio. E essa transformação pode ocorrer na sucessão por morte: meeiro(a) e/ou herdeiro(s) podem transformar a firma individual em sociedade. O mecanismo de transformação será estudado adiante. Alfim, uma observação óbvia: meeiro(a) e/ou herdeiro(s) não estão obrigados a continuar com a empresa. Se não o desejam, basta fazer a liquidação do patrimônio, pagar os credores e extinguir a firma. Pronto.

2 Capacidade para empresariar

Para registrar-se como empresário, a pessoa deverá estar no pleno gozo da capacidade civil. Noutras palavras, ter mais de 18 anos e não estar interditado. De outra face, é possível que menores de 18 anos, desde que estejam emancipados, registrem-se na Junta Comercial como empresários. A emancipação do maior de 16 anos pode ser: (1) concedida por seus pais; (2) deferida pelo Judiciário, quando o menor tenha um tutor; (3) pelo exercício de emprego público efetivo; (4) pela colação de grau em curso superior; e (5) pelo estabelecimento civil ou comercial, ou pela existência de relação de emprego, desde que, em função deles, o menor com 16 anos completos tenha economia própria. Como o menor não está autorizado a registrar-se, o estabelecimento comercial com economia própria apurar-se-á de fato, e não de direito; estabelecimento, portanto, havido na chamada *economia informal*. Com a emancipação, o menor poderá registrar-se e passar a compor a economia formal. Também haverá emancipação pelo casamento, mas aqui a partir dos 14 anos de idade, desde que haja deferimento judicial de suprimento de idade para se casar.

Se o empresário, já inscrito, é interditado, ou se um incapaz recebe a empresa por herança ou doação, o artigo 974 do Código Civil permite-lhe continuar a empresa antes exercida, desde que por representante, se absolutamente incapaz, ou devidamente assistido, se relativamente incapaz. Essa posição reflete o princípio da preservação da empresa, fundado na constatação de sua função social, ou seja, do benefício econômico de mantê-la. Para tanto, exige-se prévia autorização do Judiciário, ouvido o Ministério Público, devendo ser examinadas as circunstâncias e os riscos da empresa, bem como a conveniência em continuá-la. Em se tratando de sucessão, será o incapaz inscrito como empresário; se há interdição, será ela anotada; em ambos os casos, serão também registrados o representante, a quem caberá o uso da firma, ou assistente, que convalidará os atos do empresário. Para evitar prejuízos aos interesses do menor, o artigo 974, § 2º, do Código Civil, cria um limite de responsabilidade entre o estabelecimento e o patrimônio de seu titular, estabelecendo não ficarem sujeitos ao resultado da empresa os bens que o incapaz já possuía, ao tempo da sucessão ou da interdição, desde que estranhos ao acervo da empresa. Tais fatos deverão constar do alvará que conceder a autorização para prosseguir com a empresa. A qualquer tempo, o Judiciário poderá revogar a autorização, ouvidos os pais, tutores ou representantes legais do menor ou do interdito; essa revogação, todavia, não prejudicará os direitos que tenham sido regularmente adquiridos por terceiros que mantiveram negócios com a empresa.

Normalmente, o representante ou assistente civil do incapaz será quem atuará junto à empresa. No entanto, como se verá no item seguinte, algumas pessoas estão impedidas de empresariar, e, estando o representante ou assistente em um daqueles casos, não poderá atuar junto ao incapaz, devendo haver nomeação de um ou mais gerentes, com a aprovação judicial; aliás, a nomeação de um gerente é faculdade do juiz, sempre que julgue conveniente, mesmo não havendo impedimento do representante ou assistente. Tornando-se capaz o empresário, pela maioridade, emancipação ou pela revogação da interdição, a administração da empresa lhe será entregue, averbando-se no Registro Mercantil.

3 Impedimentos

Nem todos os civilmente capacitados podem empresariar; não pode ser empresário quem está impedido a tanto pela legislação, sendo que o impedido, quando exerce atividade própria de empresário, responderá pelas obrigações que contrair. O próprio

Código Civil, em seu artigo 1.011, § 1º, lista algumas situações que impedem a inscrição como empresário ou, no âmbito das sociedades empresárias, impedem que a pessoa seja escolhida como administradora da empresa. Em primeiro lugar, colocam-se diversas situações específicas de condenação em processo penal, são elas: (1) crimes cuja pena vede, ainda que temporariamente, o acesso a cargos públicos; (2) condenados por crime falimentar; (3) condenados por crime de *prevaricação*: agentes públicos que, indevidamente, não praticaram, ou demoraram a praticar, ato cuja iniciativa lhes competia, bem como os agentes que praticaram atos contra lei expressa, para satisfazer interesse pessoal, ou apenas para satisfazer sentimento próprio, como paixão, ódio, vingança etc.; (4) condenados por crime de *suborno* (também chamado de peita), vale dizer, por *corrupção ativa*: oferecer ou prometer vantagem indevida a funcionário público, para determiná-lo a praticar, omitir ou retardar ato de ofício; (5) condenados por crime de *concussão*: o agente público que exige vantagem indevida, para si ou para outra pessoa, direta ou indiretamente, ainda que fora da função ou antes de assumi-la, mas em razão dela; (6) condenados por *peculato*, que é o crime praticado pelo funcionário público que se apropria de dinheiro, valor ou qualquer outro bem móvel, público ou particular, de que tem a posse em razão do cargo, ou desviá-lo, em proveito próprio ou alheio; (7) condenados por crime contra a economia popular, contra o sistema financeiro nacional, contra as normas de defesa da concorrência, contra as relações de consumo, a fé pública ou a propriedade, enquanto perdurarem os efeitos da condenação.

Para além desses casos, outros há, dispostos em legislações específicas, sendo relevante citar os seguintes: (1) *magistrados*; (2) *membros do Ministério Público*; (3) *servidores públicos*; (4) *militares da ativa*; (5) *o falido*, se não forem declaradas extintas suas obrigações; (6) *estrangeiros com visto temporário*.

4 Empresário casado

Marido e esposa, quando não estão casados pelo regime de separação total de bens, não podem praticar alguns atos, sem ter a autorização do outro, segundo o artigo 1.647 do Código Civil: (1) alienar (vender, doar, trocar) ou gravar de ônus real (hipotecar ou dar em anticrese) os bens imóveis; (2) pleitear, como autor ou réu, acerca desses bens ou direitos; (3) prestar fiança ou aval; (4) fazer doação, não sendo remuneratória, de bens comuns, ou dos que possam integrar futura meação. Tal regra, todavia, não se aplica ao empresário ou empresária casado, já que o artigo 978 do Código Civil permite-lhe alienar os imóveis que integrem o patrimônio da empresa ou gravá-los de ônus real, sem necessidade de autorização conjugal. Essa exceção tem por finalidade óbvia permitir a prática das atividades empresariais, mas está restrita às relações mantidas com o patrimônio especificado, que é a empresa, surgido a partir do capital investido e devidamente historiado na respectiva escrituração contábil.

Justamente em função dos prováveis efeitos das relações empresárias sobre o patrimônio pessoal do titular da empresa, demanda-se o arquivamento e a averbação, no Registro Mercantil, dos atos e declarações antenupciais do empresário, o título de doação, herança, ou legado, de bens clausulados de incomunicabilidade ou inalienabilidade. Da mesma forma, deverão ser levados ao Registro Público de Empresas Mercantis a sentença que decretar ou homologar a separação judicial do empresário e o ato de reconciliação. Sem que haja registro, diz o artigo 980 do Código Civil, tais situações não podem ser opostas a terceiros. Tal regra deve ser interpretada restritivamente, evitando-se permitir que o cônjuge ou o ex-cônjuge, quando de boa-fé, sejam chamados a responder pela inércia do empresário.

5 Microempresa e empresa de pequeno porte

O artigo 170, IX, da Constituição da República garante "tratamento favorecido para as empresas de pequeno porte constituídas sob as leis brasileiras e que tenham sua sede e administração no País". Um pouco adiante, o artigo 179 emenda: "A União, os Estados, o Distrito Federal e os Municípios dispensarão às microempresas e às empresas de pequeno porte, assim definidas em lei, tratamento jurídico diferenciado, visando a incentivá--las pela simplificação de suas obrigações administrativas, tributárias, previdenciárias e creditícias, ou pela eliminação ou redução destas por meio de lei." Na sombra de tais dispositivos, editou-se a Lei Complementar 123/06, estabelecendo uma série de *normas gerais* que alcançam os Poderes da União, dos Estados, do Distrito Federal e dos Municípios, designadamente no que diz respeito ao Direito Tributário (apuração e recolhimento dos impostos e contribuições da União, dos Estados, do Distrito Federal e dos Municípios), incluindo um regime único de arrecadação, tratamento específico no que toca ao cumprimento de obrigações trabalhistas e previdenciárias, acesso ao mercado, preferência nas aquisições de bens e serviços pelos Poderes Públicos, políticas públicas para acesso a crédito e à tecnologia, estímulo ao associativismo, facilitação do acesso à justiça, dentre outras.

Consideram-se microempresa o empresário, a sociedade simples e a sociedade empresária que aufiram, em cada ano-calendário, receita bruta igual ou inferior a R$ 360.000,00; para empresa de pequeno porte, a receita bruta, em cada ano-calendário, deverá ser superior a R$ 360.000,01, mas igual ou inferior a R$ 4.800.000,00. No caso de início de atividade no próprio ano-calendário, esse limite será proporcional ao número de meses em que a microempresa ou a empresa de pequeno porte houver exercido atividade, inclusive as frações de meses. Se a receita bruta superar R$ 360.000,00, mas não R$ 4.800.000,00, a microempresa torna-se empresa de pequeno porte. Em oposição, se a receita bruta de uma empresa de pequeno porte for igual ou inferior a R$ 360.000,00, passará, no ano-calendário seguinte, à condição de microempresa. Por fim, se a receita bruta superar R$ 4.800.000,00, a microempresa ou a empresa de pequeno porte perderá seu enquadramento, o que, todavia, não implica alteração, denúncia ou qualquer restrição em relação a contratos por elas anteriormente firmados, segundo o artigo 3º, § 3º, da Lei Complementar 123/06. Não é só. A microempresa e a empresa de pequeno porte que no decurso do ano-calendário de início de atividade ultrapassarem o limite de R$ 400.000,00 multiplicados pelo número de meses de funcionamento nesse período estarão excluídas do regime especial, com efeitos retroativos ao início de suas atividades. Assim, uma sociedade registrada ao final de fevereiro como microempresa poderá ter uma receita bruta máxima, neste ano inicial, de R$ 4 milhões (R$ 400.000,00 multiplicados por 10 meses); se, em abril ou maio, já tenha uma receita bruta de R$ 4,1 milhões, estará excluída do regime da Lei Complementar 123/06, com efeitos retroativos ao início de suas atividades. Somente quando o limite máximo não seja vencido ao longo do *ano-calendário de início de atividade* se fará necessário, ao fim deste, recorrer à operação de multiplicar *o número de meses de funcionamento* no ano inaugural por R$ 400.000,00 para, então, aferir-se se foi vencido o limite proporcional de receita bruta máxima.

Limite de Faturamento	
Microempresa	Até R$ 360.000,00
Empresa de pequeno porte	Mínima: R$ 360.000,01
	Máxima: R$ 4.800.000,00

O limite de receita bruta não é o único requisito para o enquadramento como microempresa ou empresa de pequeno porte; com efeito, não se inclui no regime diferenciado e favorecido previsto na Lei Complementar 123/06 a pessoa jurídica (1) de cujo capital participe outra pessoa jurídica; (2) que seja filial, sucursal, agência ou representação, no País, de pessoa jurídica com sede no exterior; (3) de cujo capital participe pessoa física que seja inscrita como empresário ou seja sócia de outra empresa que receba tratamento jurídico diferenciado nos termos da Lei Complementar 123/06, desde que a receita bruta global ultrapasse o limite de R$ 4.800.000,00; (4) cujo titular ou sócio participe com mais de 10% (dez por cento) do capital de outra empresa não beneficiada pela Lei Complementar 123/06, desde que a receita bruta global ultrapasse o limite de R$ 4.800.000,00; (5) cujo sócio ou titular seja administrador ou equiparado de outra pessoa jurídica com fins lucrativos, desde que a receita bruta global ultrapasse o limite de R$ 4.800.000,00; (6) constituída sob a forma de cooperativas, salvo as de consumo; (7) que participe do capital de outra pessoa jurídica; (8) que exerça atividade de banco comercial, de investimentos e de desenvolvimento, de caixa econômica, de sociedade de crédito, financiamento e investimento ou de crédito imobiliário, de corretora ou de distribuidora de títulos, valores mobiliários e câmbio, de empresa de arrendamento mercantil, de seguros privados e de capitalização ou de previdência complementar; (9) resultante ou remanescente de cisão ou qualquer outra forma de desmembramento de pessoa jurídica que tenha ocorrido em um dos cinco anos-calendários anteriores; (10) constituída sob a forma de sociedade por ações; (11) cujos titulares ou sócios guardem, cumulativamente, com o contratante do serviço, relação de pessoalidade, subordinação e habitualidade. Note-se que as vedações acima listadas sob os números 4 e 7 não se aplicam à participação no capital de cooperativas de crédito, bem como as centrais de compras, bolsas de subcontratação, consórcio simples e associações assemelhadas, sociedades de interesse econômico, sociedades de garantia solidária e outros tipos de sociedade que tenham como objetivo social a defesa exclusiva dos interesses econômicos das microempresas e empresas de pequeno porte. Na hipótese de a microempresa ou empresa de pequeno porte incorrer em alguma das situações acima, será excluída do regime da Lei Complementar 123/06, com efeitos a partir do mês seguinte ao que incorrida a situação impeditiva.

Atente-se para o fato de que o artigo 970 do Código Civil se refere à figura do *pequeno empresário*. O artigo 68 da Lei Complementar 123/06 dá contorno próprio a tal figura, definindo-o como o empresário individual caracterizado como microempresa na forma desta Lei Complementar que aufira receita bruta anual de até R$ 81.000,00. Este pequeno empresário (Microempresário Individual – MEI) beneficia-se da previsão inscrita no artigo 1.179, § 2º, do mesmo Código Civil, estando dispensado da exigência de seguir um sistema de contabilidade, mecanizado ou não, com base na escrituração uniforme de seus livros, em correspondência com a documentação respectiva, e de levantar anualmente o balanço patrimonial e o de resultado econômico.

Especificamente no que se refere ao registro, estabelece a Lei Complementar 123/06, em seus artigos 4º a 11, que, na elaboração de normas de sua competência, os órgãos e entidades envolvidos na abertura e fechamento de empresas, da União, dos Estados, do Distrito Federal e dos Municípios deverão considerar a unicidade do processo de registro e de legalização de empresários e de pessoas jurídicas, para tanto devendo articular as competências próprias com aquelas dos demais membros, e buscar, em conjunto, compatibilizar e integrar procedimentos, de modo a evitar a duplicidade de exigências e garantir a linearidade do processo, da perspectiva do usuário. Isso inclui a obrigação de manter à disposição dos usuários, de forma presencial e pela Internet, informações, orientações e instrumentos, de forma integrada e consolidada, que permitam pesquisas prévias às etapas de registro ou inscrição, alteração e baixa de empresários e pessoas jurídicas, de modo a prover ao usuário certeza quanto à documentação exigível e quanto à viabilidade do registro ou inscrição. Tais pesquisas prévias à elaboração de ato constitutivo ou de sua alteração deverão bastar a que o usuário seja informado pelos órgãos e entidades competentes (1) da descrição oficial do endereço de seu interesse e da possibilidade de exercício da atividade desejada no local escolhido; (2) de todos os requisitos a serem cumpridos para obtenção de licenças de autorização de funcionamento, segundo a atividade pretendida, o porte, o grau de risco e a localização; e (3) da possibilidade de uso do nome empresarial de seu interesse.

Registro, abertura, fechamento e baixa de atividades negociais:

Unicidade do processo		
Articulação das competências	Compatibilização e integralização de procedimentos	Evitar duplicidade de exigências
Linearidade do processo		

Note-se que, por força do artigo 6º da Lei Complementar 123/06, os requisitos de segurança sanitária, metrologia, controle ambiental e prevenção contra incêndios, para os fins de registro e legalização de empresários e pessoas jurídicas, deverão ser simplificados, racionalizados e uniformizados pelos órgãos envolvidos na abertura e fechamento de empresas, no âmbito de suas competências. Para tanto, os órgãos e entidades envolvidos na abertura e fechamento de empresas que sejam responsáveis pela emissão de licenças e autorizações de funcionamento somente realizarão vistorias após o início de operação do estabelecimento, quando a atividade, por sua natureza, comportar grau de risco compatível com esse procedimento. Na falta de legislação estadual, distrital ou municipal específica relativa à definição do grau de risco da atividade aplicar-se-á resolução do Comitê para Gestão da Rede Nacional para Simplificação do Registro e da Legalização de Empresas e Negócios – CGSIM. A classificação de baixo grau de risco permite ao empresário ou à pessoa jurídica a obtenção do licenciamento de atividade mediante o simples fornecimento de dados e a substituição da comprovação prévia do cumprimento de exigências e restrições por declarações do titular ou responsável. Assim, excetuados os casos em que o grau de risco da atividade seja considerado alto, os Municípios emitirão Alvará de Funcionamento Provisório, que permitirá o início de operação do estabelecimento imediatamente após o ato de registro.

O processo de abertura, registro, alteração e baixa da microempresa e empresa de pequeno porte, bem como qualquer exigência para o início de seu funcionamento, por força do artigo 4º da Lei Complementar 123/06, deverão ter trâmite especial e simplificado, preferencialmente eletrônico, opcional para o empreendedor, no qual poderão ser dispensados o uso da firma, com a respectiva assinatura autógrafa, o capital, requerimentos, demais assinaturas, informações relativas ao estado civil e regime de bens, bem como remessa de documentos, na forma estabelecida pelo Comitê para Gestão da Rede Nacional para Simplificação do Registro e da Legalização de Empresas e Negócios – CGSIM.

Será assegurado aos empresários e pessoas jurídicas (artigo 8º): (1) entrada única de dados e documentos; (2) processo de registro e legalização integrado entre os órgãos e entes envolvidos, por meio de sistema informatizado que garanta (a) sequenciamento das seguintes etapas: consulta prévia de nome empresarial e de viabilidade de localização, registro empresarial, inscrições fiscais e licenciamento de atividade, e (b) criação da base nacional cadastral única de empresas; (3) identificação nacional cadastral única que corresponderá ao número de inscrição no Cadastro Nacional de Pessoas Jurídicas – CNPJ; essa identificação nacional cadastral única substituirá para todos os efeitos as demais inscrições, sejam elas federais, estaduais ou municipais. O sistema informatizado de registro e legalização integrado deve garantir aos órgãos e entidades integrados: (1) compartilhamento irrestrito dos dados da base nacional única de empresas; (2) autonomia na definição das regras para comprovação do cumprimento de exigências nas respectivas etapas do processo. Ademais, é vedado aos órgãos e entidades integrados a tal sistema integrado o estabelecimento de exigências não previstas em lei.

Segundo o artigo 9º da Lei Complementar 123/06, o registro dos atos constitutivos, de suas alterações e extinções (baixas), referentes a empresários e pessoas jurídicas em qualquer órgão dos três âmbitos de governo ocorrerá independentemente da regularidade de obrigações tributárias, previdenciárias ou trabalhistas, principais ou acessórias, do empresário, da sociedade, dos sócios, dos administradores ou de empresas de que participem, sem prejuízo das responsabilidades do empresário, dos titulares, dos sócios ou dos administradores por tais obrigações, apuradas antes ou após o ato de extinção. O arquivamento, nos órgãos de registro, dos atos constitutivos de empresários, de sociedades empresárias e de demais equiparados que se enquadrarem como microempresa ou empresa de pequeno porte, bem como o arquivamento de suas alterações, são dispensados das seguintes exigências: (1) certidão de inexistência de condenação criminal, que será substituída por declaração do titular ou administrador, firmada sob as penas da lei, de não estar impedido de exercer atividade mercantil ou a administração de sociedade, em virtude de condenação criminal; (2) prova de quitação, regularidade ou inexistência de débito referente a tributo ou contribuição de qualquer natureza. Mais do que isso, não se aplica às microempresas e às empresas de pequeno porte a exigência de que seus atos constitutivos sejam visados por advogado.

Também não poderão ser exigidos pelos órgãos e entidades envolvidos na abertura e fechamento de empresas, dos três âmbitos de governo: (1) excetuados os casos de autorização prévia, quaisquer documentos adicionais aos requeridos pelos órgãos executores do Registro Público de Empresas Mercantis e Atividades Afins e do Registro Civil de Pessoas Jurídicas; (2) documento de propriedade ou contrato de locação do imóvel onde será instalada a sede, filial ou outro estabelecimento, salvo para comprovação do endereço indicado; e (3) comprovação de regularidade de prepostos dos empresários ou pessoas jurídicas com seus órgãos de classe, sob qualquer forma, como requisito para deferimento de ato de inscrição, alteração ou baixa de empresa, bem como para autenticação de instrumento de escrituração (artigo 10). Está igualmente vedada a instituição de qualquer tipo de exigência de natureza documental ou formal, restritiva ou condicionante, que exceda o estrito limite dos requisitos pertinentes à essência do ato de registro, alteração ou baixa da empresa (artigo 11).

Lembre-se, no entanto, que, por força do § 4º do citado artigo 9º da Lei Complementar 123/06, a baixa do empresário ou da pessoa jurídica não impede que, posteriormente, sejam lançados ou cobrados tributos, contribuições e respectivas penalidades, decorrentes da falta do cumprimento de obrigações ou da prática comprovada e apurada em processo administrativo ou judicial de outras irregularidades praticadas pelos empresários, pelas pessoas jurídicas ou por seus titulares, sócios ou administradores. Mais do que isso, diz o § 5º, a solicitação de baixa do empresário ou da pessoa jurídica importa responsabilidade solidária dos empresários, dos titulares, dos sócios e dos administradores no período da ocorrência dos respectivos fatos geradores.

Há outras benesses inscritas na Lei Complementar 123/06. Assim, quando se trate de sociedade, simples ou empresária, microempresas e empresas de pequeno porte são desobrigadas da realização de reuniões e assembleias em qualquer das situações previstas na legislação civil; o artigo 70 da Lei Complementar 123/06 permite que tais reuniões e assembleias sejam substituídas por deliberação representativa do primeiro número inteiro superior à metade do capital social, exceto caso haja disposição contratual em contrário, caso ocorra hipótese de justa causa que enseje a exclusão de sócio ou caso um ou mais sócios ponham em risco a continuidade da empresa em virtude de atos de inegável gravidade, hipóteses nas quais realizar-se-á reunião ou assembleia de acordo com a legislação civil. Também estão dispensados da publicação de qualquer ato societário.

Microempresas e empresas de pequeno porte podem se beneficiar do Regime Especial Unificado de Arrecadação de Tributos e Contribuições devidos pelas Microempresas e Empresas de Pequeno Porte, chamado de *Simples Nacional* ou de *Super Simples*. Entretanto, será preciso preencher não só os requisitos acima estudados, mas igualmente requisitos específicos, entre os quais se destacam as vedações inscritas no artigo 17 da Lei Complementar 123/06. Como se não bastasse, nas licitações públicas beneficiam-se de regras próprias, como exigência da comprovação de regularidade fiscal e trabalhista apenas para efeito de assinatura do contrato (artigo 42), além de lhes ser assegurada, como critério de desempate, preferência de contratação (artigo 44), entendendo-se por empate aquelas situações em que as propostas apresentadas pelas microempresas e empresas de pequeno porte sejam iguais ou até 10% superiores à proposta mais bem classificada. Na modalidade de pregão, esse percentual é de 5%. Destaque-se, por fim, que a Lei prevê uma série de medidas de estímulo ao crédito e à capitalização das microempresas e empresas de pequeno porte, incluindo a definição de responsabilidade do Banco Central. Há mais: as microempresas e empresas de pequeno porte, mesmo quando sejam sociedades simples ou empresária (pessoas jurídicas), são admitidas como proponentes de ação perante o Juizado Especial, excluídos os cessionários de direito de pessoas jurídicas.

Exemplo de tratamento diferenciado está no julgamento do Recurso Especial 2.024.779/RS no qual a Primeira Turma do Superior Tribunal de Justiça lembrou que o artigo 179 da Constituição da República prevê tratamento diferenciado para as microempresas e empresas de pequeno porte; assim, nos termos do artigo 55 da Lei Complementar 123/06 está o critério da dupla visita para que seja lavrado um auto de infração; a primeira visita para orientar a forma correta de fazer; somente persistindo a falha, numa segunda visita, a aplicação da multa.

3

SOCIEDADE

1   Contrato de sociedade

Entre nós vige o princípio da livre-iniciativa: estamos livres para ações econômicas e jurídicas, respeitando os limites entre o que a lei proíbe (*o que não se deve fazer*) e o que a lei determina (*o que se deve fazer*). Assim, cotidianamente, estabelecemos relações jurídicas, designadamente contratos, constituindo vínculos jurídicos para com os quais estamos obrigados. Isso é feito mesmo sem a consciência de se estar praticando um ato jurídico: compra e venda (jornais, balas, alimentos), prestação de serviços (transporte). O professor que nos dá aula está cumprindo um *contrato de trabalho*; o aluno que assiste à aula está fruindo um *contrato de prestação de serviços educacionais*. Os telefonemas são fruto de contratos com companhias telefônicas, o uso da água insere-se em contratos com companhias de abastecimento, assim como o uso de qualquer aparelho elétrico implica consumo de energia elétrica, havida, igualmente, no âmbito de um contrato, embora de trato sucessivo, ou seja, um contrato que se prolonga continuamente. Para celebrar um contrato, importa estarem ajustadas as pessoas, não sendo necessário assinar qualquer documento.

Entre os diversos tipos de contrato que podem ser celebrados pelas pessoas está o *contrato de sociedade* (artigos 981 a 985 do Código Civil), que é um negócio plurilateral por meio do qual duas ou mais pessoas, naturais ou jurídicas, ajustam entre si a constituição de uma sociedade, que poderá, ou não, ter personalidade jurídica.[1] De acordo com a definição do próprio Código, celebram contrato de sociedade as pessoas que reciprocamente se obrigam a contribuir, com bens ou serviços, para o exercício de

---

[1]   Veja que essa definição, inscrita no artigo 981 do Código Civil, acaba encontrando exceção, especificamente no que diz respeito à sociedade limitada, por força da Lei 13.874/19 e os parágrafos que incluiu no artigo 1.052 do Código Civil: a possibilidade de sociedade unipessoal, isto é, formada por um só sócio. Chegou-se a falar em *contrato consigo mesmo*. A questão segue em debate.

atividade econômica e a partilha, entre si, dos resultados; essa negociação entre as partes – duas ou mais – pode restringir-se à realização de um ou mais negócios determinados. Essa contratação deve ser livre e consciente, vale dizer, deve efetivamente corresponder à vontade das partes, nenhuma das quais coagida ou pressionada indevidamente a fazê-lo, nem enganada. Isso não significa, contudo, que as partes devam ter consciência de que se trata de um instituto jurídico; precisam apenas realizar a hipótese legalmente prevista.

Com a celebração do contrato de sociedade, os contratantes estabelecem vínculos jurídicos entre si, ficando mutuamente obrigados. É o contrário do que se passa com as associações (artigo 53, parágrafo único, do Código Civil), nas quais não há direitos e obrigações recíprocos entre os associados. Nas sociedades, a reciprocidade é própria da relação jurídica, permitindo que cada parte exija da outra ou outras o cumprimento do ajustado; e o ajustado, lembra bem o dispositivo, pode ir da contribuição em bens (dinheiro) à prestação de serviço, embora também sejam contratáveis assuntos diversos, como a estrutura da sociedade, regras de administração etc.

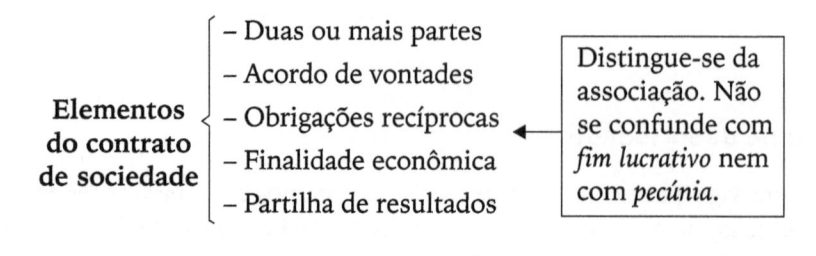

Elementos do contrato de sociedade
- Duas ou mais partes
- Acordo de vontades
- Obrigações recíprocas ← Distingue-se da associação. Não se confunde com *fim lucrativo* nem com *pecúnia*.
- Finalidade econômica
- Partilha de resultados

⇨ Não há forma prescrita ou defesa em lei.
⇨ A personalidade jurídica não é um requisito.

O fim econômico é próprio do contrato de sociedade. Seu objetivo é produzir vantagens que, partilhadas entre os contratantes, serão por eles apropriadas. Para tanto, será desenvolvida uma ou mais atividades específicas, lícitas e morais, que são o objeto do contrato de sociedade. Assim, há contrato de sociedade quando na atuação conjunta de músicos, dividindo o cachê, e mesmo quando colegas organizam uma festa e repartem entre si o saldo positivo do evento. Nos exemplos, têm-se contratos de sociedade com objetos distintos, mas todos com a mesma finalidade de produção de uma vantagem econômica que será partilhada e apropriada entre os contratantes. Essa contratação pode referir-se a um único evento ou a alguns eventos determináveis; pode durar por tempo certo ou por tempo indeterminável, como acontece habitualmente com os conjuntos musicais: duram até que os membros resolvam parar de tocar juntos.

Portanto, os contratos de sociedade podem ou não ter personalidade jurídica. É comum ouvir a expressão *sociedade de fato* para o contrato de sociedade não personificado, o que é um erro. Tem-se uma *sociedade de fato e de direito*, mas sem personalidade jurídica (artigos 981 e seguintes do Código Civil). Sua existência é lícita e produz efeitos jurídicos. Tanto é assim que o Código Civil cuida de dois tipos específicos de sociedade não personificada: a *sociedade em comum* e a *sociedade em conta de participação*.

2 Sociedade em comum

A sociedade em comum foi pensada pelo legislador como um momento anterior à personificação da sociedade, pois, logo no início da norma, usa uma oração subordinada adjetiva restritiva: *enquanto não inscritos os atos constitutivos* (artigo 986 do Código Civil). Portanto, a aplicação dos artigos 986 a 990 aos contratos de sociedade que foram ajustados para existirem sem personificação, isto é, quando os contratantes não têm intenção imediata ou remota de constituírem uma pessoa jurídica, exige alguma cautela, evitando enganos: trata-se de interpretação analógica e extensiva, fora da situação específica que foi visada pelo legislador.

A contratação da sociedade antecede o seu registro. Desde quando as partes ajustaram entre si que irão constituir uma pessoa jurídica para explorar uma atividade negocial, já há um contrato de sociedade: *a sociedade em comum*. Os atos desenvolvidos ao longo do processo de constituição da pessoa jurídica e do estabelecimento em que atuará são atos de execução desse contrato. Quando, enfim, redigem e assinam o contrato social, levando-o ao registro, extingue-se a *sociedade em comum* e, simultaneamente, cria-se a sociedade, ou seja, a pessoa jurídica. Mas há contrato de *sociedade em comum* desde quando as partes se ajustaram, sendo regido artigos 986 a 990 do Código Civil e, supletivamente, pelos artigos 997 a 1.038 do mesmo Código. Contudo, são regras que não se aplicam às hipóteses de constituição de sociedades por ações (*sociedade anônima* ou *sociedade em comandita por ações*), já que há normas específicas para o período de organização de tais companhias, dispostas na Lei 6.404/76 (*Lei das Sociedades por Ações*).

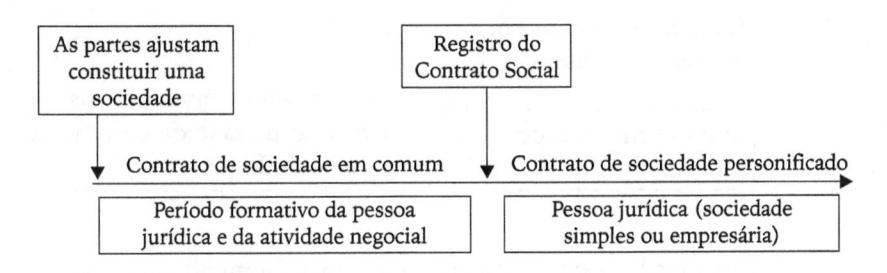

```
As partes ajustam              Registro do
constituir uma              Contrato Social
sociedade
     │                              │
     ▼                              ▼
  Contrato de sociedade em comum │ Contrato de sociedade personificado
  ─────────────────────────────────────────────────────────────────►
  Período formativo da pessoa    │ Pessoa jurídica (sociedade
  jurídica e da atividade negocial │ simples ou empresária)
```

O contrato de sociedade é estabelecido pelo simples acordo entre as partes (os sócios). Não há forma prescrita em lei, ou seja, forma obrigatória para que seja válido. Contudo, a existência de um instrumento de contrato dá maior segurança às relações jurídicas. Assim, o artigo 987 do Código Civil exige dos sócios que a prova da sociedade, nas relações com terceiros, seja feita *por escrito*. Não se requer a apresentação de um instrumento de contrato, sendo suficiente o *começo de prova escrita*, desde que ateste que o terceiro sabia estar negociando não com uma pessoa – o sócio –, mas com a sociedade em comum. Preservam-se, assim, a transparência e a certeza nas relações, protegendo terceiros de boa-fé que negociaram com alguém, sem saber que contratava com uma sociedade. No entanto, a incidência dos artigos 113 e 422 do Código Civil, submetendo os negócios à boa-fé e à probidade, pode conduzir a casos especialíssimos nos quais, mesmo sem começo de prova escrita, não possa o terceiro furtar-se à constatação de que tinha pleno conhecimento de que negociava não com uma pessoa, mas com uma coletividade sem personalidade jurídica.

Em oposição, para a proteção aos terceiros que mantenham relações jurídicas com a sociedade, o artigo 987 garante-lhes a faculdade de provar a existência da sociedade de qualquer modo. Nas relações entre si, os sócios também estão obrigados a provar por escrito a existência da sociedade. A interpretação da norma, igualmente, recomenda cuidado com os parâmetros de boa-fé e honestidade. Por um lado, não me parece adequado permitir que a alegação de ausência de prova escrita (mesmo de *começo de prova escrita*) permita a um dos contratantes enriquecer-se indevidamente à custa do outro ou outros. Para alegações assim, deve-se empregar mais flexibilidade na comprovação da existência da relação jurídica entre as partes, embora sem jamais descuidar que a dúvida deve beneficiar aquele contra quem se alega, sem documentos, a existência de sociedade em comum. De resto, no que tange a cláusulas específicas, que fujam aos usos do lugar e do tipo de contratação, recomenda-se respeito estrito à exigência de prova escrita. De qualquer sorte, fica claro que, para o bom andamento das relações entre os sócios, bem como a preservação dos interesses legítimos e direitos de todos, é recomendável, sempre que contratada a sociedade, fazê-lo por escrito, atendendo de forma estrita o comando do artigo 987 do Código Civil.

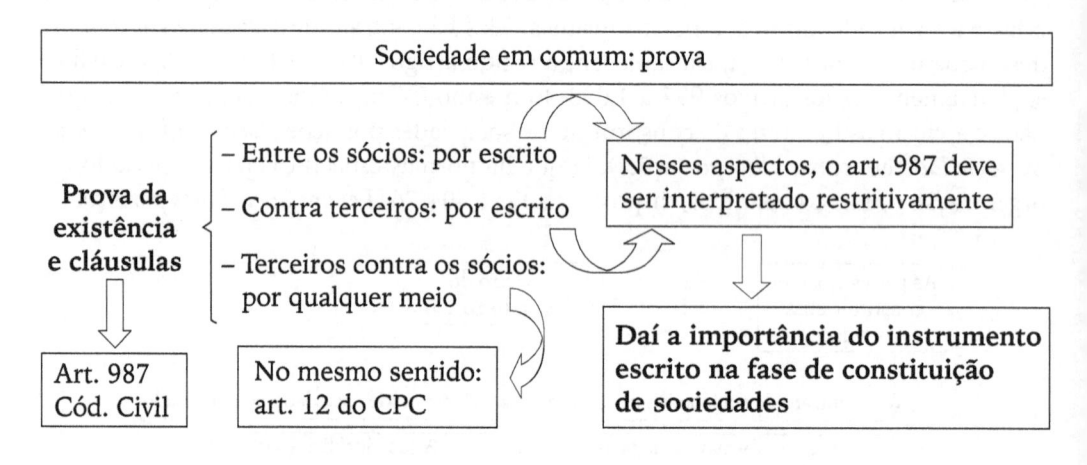

Sociedade em comum: prova

Prova da existência e cláusulas (Art. 987 Cód. Civil)
- Entre os sócios: por escrito
- Contra terceiros: por escrito
- Terceiros contra os sócios: por qualquer meio

No mesmo sentido: art. 12 do CPC

Nesses aspectos, o art. 987 deve ser interpretado restritivamente

Daí a importância do instrumento escrito na fase de constituição de sociedades

Os bens que os membros da sociedade em comum forem adquirindo e as dívidas que façam constituem um patrimônio jurídico especial. Não é patrimônio da sociedade, pois essa não tem personalidade jurídica; não pode, portanto, ser sujeito ativo ou passivo de relações jurídicas. Há uma situação análoga ao do condomínio: os membros da sociedade em comum são titulares em conjunto dos bens (e, havendo, créditos) e das dívidas (artigo 988 do Código Civil). A afirmação legal de um *patrimônio especial* traduz a existência de relações jurídicas destacadas, *coletivas*: todos os sócios são igualmente devedores das obrigações constituídas no âmbito da *sociedade em comum*. Obrigações solidárias e ilimitadas, aliás. Solidárias, pois o credor, provando a sociedade por qualquer meio, pode exigir que qualquer sócio (um, alguns ou todos) pague a dívida, sem que o escolhido possa pretender que aquele que contratou pela sociedade seja executado em primeiro lugar. Ilimitadas, pois o patrimônio pessoal de cada um dos sócios responde pelas dívidas sociais. Por outro lado, todos os sócios são donos dos bens da sociedade em comum, em condomínio; são, também, titulares comuns de seus créditos.

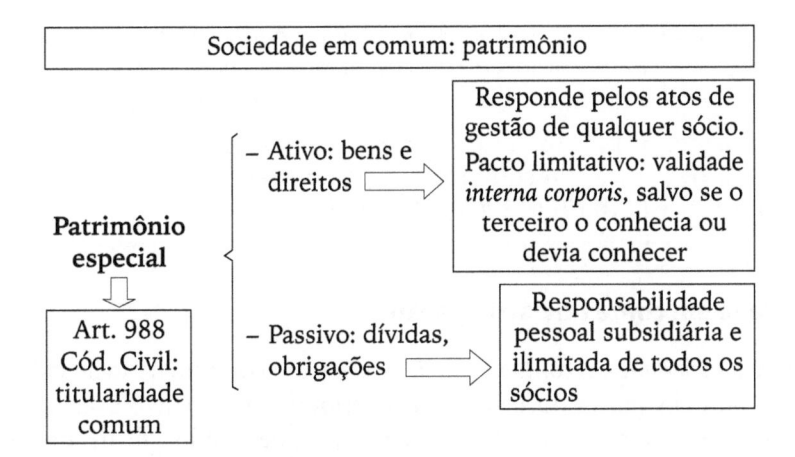

Sociedade em comum: patrimônio

Patrimônio especial
⇩
Art. 988 Cód. Civil: titularidade comum

- Ativo: bens e direitos ⟹ Responde pelos atos de gestão de qualquer sócio. Pacto limitativo: validade *interna corporis*, salvo se o terceiro o conhecia ou devia conhecer

- Passivo: dívidas, obrigações ⟹ Responsabilidade pessoal subsidiária e ilimitada de todos os sócios

No âmbito do *patrimônio especial* da sociedade em comum, a regra geral, disposta no artigo 989 do Código Civil, é que os bens sociais respondem pelos atos de gestão praticados por qualquer dos sócios. É lícito aos sócios pactuarem solução diversa, limitando os poderes para a prática de atos que vinculem o patrimônio comum; mas esse pacto somente poderá ser oposto a terceiro se provado que esse conhecia, ou deveria conhecer, a sua existência.

RKI Recreação e Lazer Ltda.

Itaci moveu uma ação contra Rafael, Débora e RKI Recreação e Lazer Ltda. Alegou que era sócio da pessoa jurídica, da qual se retirou; no entanto, disse, continuou a participar da administração e receber lucros, até que se desentendeu com a sócia. Assim, pediu o reconhecimento da existência de sociedade em comum, com participação no percentual de 22,58% do capital social de RKI Recreação e Lazer Ltda. A sentença indeferiu o pedido: não é possível o reconhecimento de sócio "de fato" em sociedade personificada.

A solução não agradou a Itaci, que apelou; mas o Tribunal de Justiça do Distrito Federal e Territórios negou provimento ao recurso. "A sociedade empresária surge do acordo de vontades de seus sócios, que pode ser formalizado pelo contrato social (sociedade contratual) ou pelo estatuto social (sociedade institucional). Referidos atos constitutivos devem ser registrados na Junta Comercial, nos termos do art. 1.150 do Código Civil. A sociedade sem registro, também chamada de sociedade de fato ou sociedade em comum, é aquela que não adquire personalidade jurídica apta a lhe conferir autonomia patrimonial, embora possua reconhecimento legal, nos termos dos arts. 986 e seguintes do Código Civil. [...] Conforme se extrai dos dispositivos, em uma sociedade em comum, a responsabilidade dos sócios é solidária e ilimitada, regime diferente da sociedade limitada, em que a responsabilidade dos sócios é restrita ao valor de suas cotas (arts. 990 e 1.052 do Código Civil). Em razão da distinção de regimes jurídicos, não é possível admitir a existência de sócio de fato em sociedade limitada. Ademais, no âmbito das sociedades personificadas, dentre as quais se encontram as sociedades limitadas, o registro do contrato social e das alterações posteriores tem caráter constitutivo, nos moldes dos arts. 997 e 999 do Código Civil. [...] Portanto, se formalmente Itaci não mais compõe a sociedade, não há que se falar em reconhecimento da qualidade de sócio de fato e consequente recebimento de lucros".

Com a interposição de recurso especial, tentou-se levar a questão ao Superior Tribunal de Justiça. O recurso foi inadmitido, mas houve agravo, o Agravo em Recurso Especial 2.216.878/DF, que não vingou.[2]

3 Sociedade em conta de participação

Também a *sociedade em conta de participação* é um contrato de sociedade, por meio do qual duas ou mais partes obrigam-se a contribuir, em bens e/ou serviços, além de atuar conjuntamente para a realização de certo objeto, definindo a forma de distribuição dos resultados sociais. Essa sociedade tem por finalidade estabelecer negócios com terceiros, mas sem apresentar-se como sociedade. Um dos sócios assume uma *posição ostensiva* e, assim, negocia com terceiros, em seu nome individual e sob sua própria e exclusiva responsabilidade. Os terceiros, portanto, mantêm relações apenas com o sócio ostensivo. No entanto, os demais sócios, chamados *sócios ocultos*, participam da realização da prestação contratada e partilham os respectivos resultados. Dessa maneira, a *sociedade em conta de participação* é assunto exclusivo de seus sócios, sendo estranha para os terceiros que estabelecem relações exclusivamente com o *sócio ostensivo*.

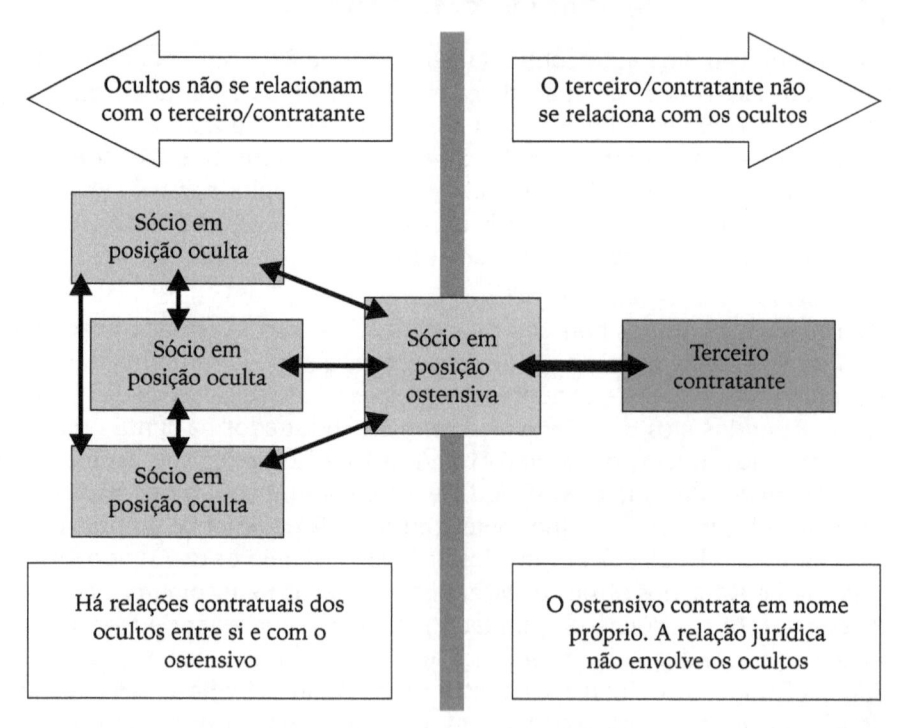

---

[2] Atente para o fato de que o autor não pretendeu uma sociedade em comum **com** a pessoa jurídica; pretendeu uma sociedade em comum **na** pessoa jurídica, pretensão que lhe foi recusada.

A relação jurídica do terceiro contratante é apenas com o sócio ostensivo. Por seu turno, os sócios ocultos mantêm relações jurídicas apenas com o sócio ostensivo. Para o mercado e a comunidade em geral, existe apenas o sócio ostensivo, não a *sociedade em conta de participação*. Uma sociedade em conta de participação constitui-se independentemente de qualquer formalidade, por escrito ou não. Seus sócios podem prová-la por qualquer meio lícito, incluindo testemunhas. Obviamente, é mais seguro fazê-lo por escrito, expressando cláusulas que podem solucionar eventuais conflitos. De qualquer sorte, só produz efeitos entre os sócios. Em hipótese alguma, lhe será atribuída personalidade jurídica, mesmo se for registrada: é da sua natureza jurídica não ter personalidade e ser o ajuste limitado aos contratantes e, consequentemente, estranho a terceiros. Para tanto, é fundamental que os sócios ocultos não participem dos negócios sociais. Se tomam parte das relações do sócio ostensivo com terceiros, estarão vinculados a elas e responderão solidariamente pelas obrigações advindas dos negócios em que participaram. Destaco, porém, que a vedação de participar dos negócios sociais não impede que os sócios ocultos fiscalizem a sua gestão; pelo contrário, têm esse direito, podendo até usar da ação de prestação de contas para tanto.

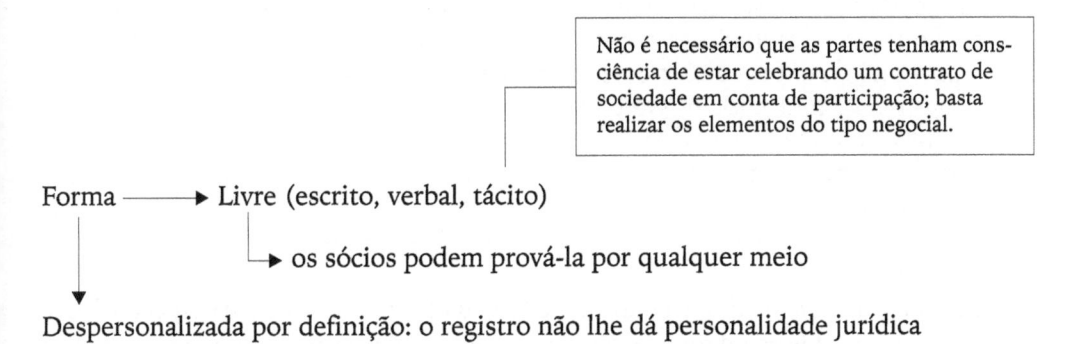

> Não é necessário que as partes tenham consciência de estar celebrando um contrato de sociedade em conta de participação; basta realizar os elementos do tipo negocial.

Forma ⟶ Livre (escrito, verbal, tácito)
　　　　　↳ os sócios podem prová-la por qualquer meio

Despersonalizada por definição: o registro não lhe dá personalidade jurídica

A sociedade em conta de participação é regida pelas cláusulas firmadas por seus membros, em conformidade com os artigos 991 a 996 do Código Civil, além dos dispositivos que regem os atos jurídicos em geral e os contratos, em especial. Por exemplo, o artigo 995 veda ao sócio ostensivo admitir novo sócio sem o consentimento expresso dos demais; o legislador, porém, permite seja estipulada cláusula que licencie o sócio ostensivo, antecipadamente, a admitir novos participantes, independentemente do consentimento dos demais. Essa previsão é muito útil para alguns negócios, nos quais o sócio ostensivo é verdadeiro captador de investidores. De qualquer sorte, se as cláusulas contratuais e os artigos 991 a 996 forem omissos em relação a algum aspecto, aplicam-se subsidiariamente as regras que cuidam da sociedade simples (artigos 997 a 1.038), desde que compatíveis.

Com a contratação da sociedade em conta de participação forma-se um *patrimônio especial*: os bens e os créditos da sociedade, bem como suas dívidas, constituirão um conjunto em separado, objeto de uma *conta de participação*, formada considerando a participação de cada sócio nos negócios sociais: suas contribuições e sua parte nos resultados econômicos. Esse patrimônio especial, contudo, diz respeito apenas aos participantes, não produzindo qualquer efeito em relação a terceiros, cujas relações estão limitadas ao sócio ostensivo.

Morumbi Business Apart Hotel

A sociedade em conta de participação tem sido muito utilizada nas incorporações imobiliárias para constituição de *apart-hotéis*. Uma empresa de hotelaria assume a posição de sócio ostensivo, negociando com fornecedores e com clientes, repartindo os resultados econômicos com os proprietários dos apartamentos, sócios ocultos do contrato. No Recurso Especial 168.028/SP, o Superior Tribunal de Justiça examinou o caso de uma empresa fornecedora de mobiliário – *Qualitá Indústria e Comércio de Móveis Ltda.* – que forneceu móveis para um *apart-hotel*: o *Morumbi Business Apart Hotel*. Como não recebeu do sócio ostensivo o valor contratado, emitiu duplicatas contra os proprietários dos apartamentos. O Superior Tribunal de Justiça declarou que a duplicata não podia ser exigida, pois na sociedade em conta de participação o sócio ostensivo é quem se obriga para com terceiros pelos resultados das transações e das obrigações sociais, realizadas ou empreendidas em decorrência da sociedade, nunca o sócio participante ou oculto que nem é conhecido dos terceiros nem com estes nada trata. Portanto, tendo a *Qualitá* contratado com a sócia ostensiva, administradora do *apart-hotel* – Conceito Assessoria e Hotelaria –, a duplicata somente poderia ser emitida contra ela e apenas dela cobrada.

Falindo um *sócio oculto*, o contrato de sociedade em conta de participação ficará sujeito às normas que regulam os efeitos do concurso de credores, o que não implica a dissolução da sociedade, mas sua resolução em relação ao insolvente, sendo apurados seus haveres; se há saldo positivo, será ele entregue para a massa; se há saldo negativo, será ele habilitado, pelo sócio ostensivo, junto à massa. Já a falência do *sócio ostensivo* cria uma situação distinta: a sociedade deverá ser dissolvida, liquidando-se a respectiva conta; o saldo favorável aos sócios participantes (*sócios ocultos*), isto é, a parte que lhes é devida no negócio, deverá ser habilitado como crédito quirografário[3] no juízo concursal.

A dissolução da sociedade em conta de participação e a liquidação do patrimônio especial, para definir a parte que cabe a cada contratante, faz-se extrajudicialmente por mútuo acordo ou por meio de ação de prestação de contas, ajuizável por qualquer sócio, ostensivo ou oculto, contra os demais. Se há mais de um sócio ostensivo, as respectivas contas serão prestadas e julgadas no mesmo processo. A partir das contas prestadas, se

---

[3] Crédito quirografário é o crédito sem qualquer garantia real (penhor, hipoteca ou anticrese), nem privilégio especial. São credores quirografários, como exemplo, o beneficiário de cheque, duplicata etc.

definirão os créditos ou débitos de cada contratante, permitindo acertar as prestações e, assim, resolver o ajuste, extinguindo-o.

4 Personificação da sociedade

Há muito as coletividades são reconhecidas como entes de existência social, distinta da existência de seus membros. Por exemplo, todo mundo sabe o que é a *Máfia*, mas poucos sabem o nome de um de seus membros. A *Máfia* é uma coletividade que é tratada como um ente social, como uma pessoa; fala-se que *"isso é coisa da Máfia"* ou *"ele foi assassinado pela Máfia"*. No âmbito do Direito, essa percepção evoluiu para a constituição de um artifício jurídico: o reconhecimento das coletividades organizadas como pessoas jurídicas, atribuindo-lhes personalidade distinta da personalidade de seus membros, desde que preenchidos certos requisitos definidos em lei. Assim, o cenário das relações jurídicas compõe-se por *pessoas naturais* (ou *pessoas físicas*), que são os seres humanos, e por *pessoas jurídicas (ou pessoas morais)*, coletividades de bens ou de pessoas a quem se atribuiu personalidade jurídica. De acordo com os artigos 40 a 44 do Código Civil, as pessoas jurídicas podem ser de Direito Público interno ou externo, bem como podem ser pessoas jurídicas de Direito Privado: sociedades, associações e fundações.

Pessoas Jurídicas criadas por lei
- de Direito Público
  - Externo: Estados estrangeiros e todas as pessoas regidas pelo Direito Internacional Público
  - Interno:
    - União
    - Estados e Distrito Federal
    - Municípios
    - Autarquias
    - Demais entidades de caráter público
- de Direito Privado
  - Coletividades de pessoas
    - Associações
    - Sociedades
      - Simples
      - Empresárias
  - Coletividades de bens: Fundações

No contexto das pessoas jurídicas de Direito Privado, o Direito Empresarial ocupa-se das sociedades. Cuidam-se de coletividades de pessoas que têm finalidade econômica, sendo regidas não só pela lei, mas também por seu *ato constitutivo*: contrato social ou estatuto social. As sociedades permitem que o saldo positivo da atividade econômica desenvolvida seja distribuído entre seus sócios, seguindo critérios definidos em lei e no ato constitutivo. Sua existência jurídica principia com o arquivamento de seu contrato ou estatuto social no órgão registrador competente; a partir desse registro, terá existência, personalidade e patrimônio próprios, distintos da existência, personalidade e patrimônio dos sócios.

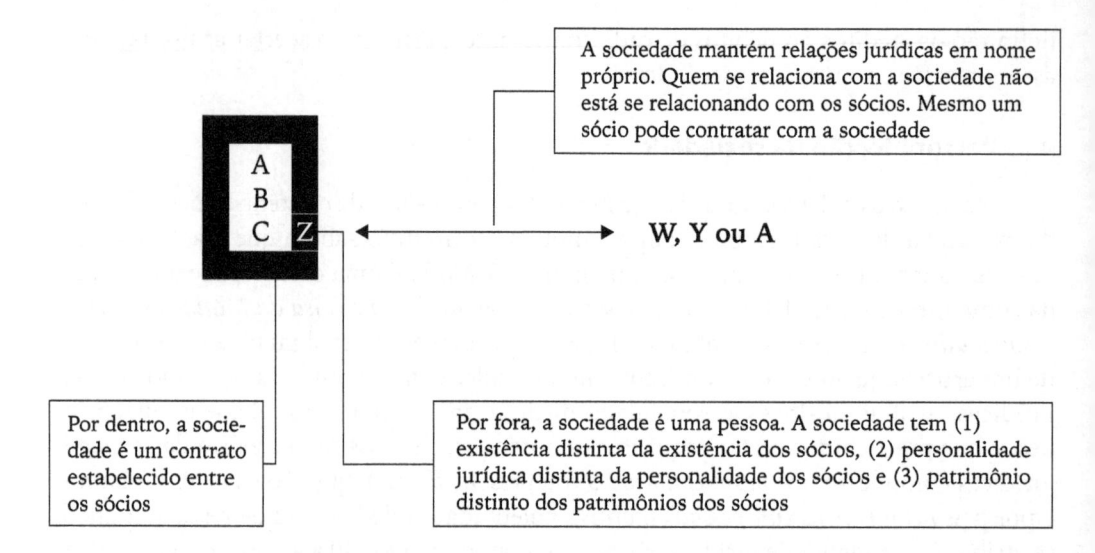

A sociedade mantém relações jurídicas em nome próprio. Quem se relaciona com a sociedade não está se relacionando com os sócios. Mesmo um sócio pode contratar com a sociedade

A
B
C Z   ◄──────►   W, Y ou A

Por dentro, a sociedade é um contrato estabelecido entre os sócios

Por fora, a sociedade é uma pessoa. A sociedade tem (1) existência distinta da existência dos sócios, (2) personalidade jurídica distinta da personalidade dos sócios e (3) patrimônio distinto dos patrimônios dos sócios

Como são pessoas diversas, na frase "Sigaud, Bianco e Portinari são sócios da Exemplo Ltda." há quatro pessoas distintas, embora apenas três seres humanos. Mas pode ser diferente. Na frase "Croc Ltda. e Roca S/A são sócias de VerbiGratia Ltda." há três pessoas distintas, todas pessoas jurídicas. Também na frase **Jonatan constituiu uma sociedade limitada** são duas pessoas: Jonatan e a sociedade limitada. Daí estabelecer o artigo 49-A do Código Civil, incluído pela Lei 13.874/19, que a pessoa jurídica não se confunde com os seus sócios, associados, instituidores ou administradores. Quem está obrigado para com a sociedade, não está obrigado para com os sócios. Por outro lado, o credor do sócio não é credor da sociedade. São patrimônios diversos. Por fim, se todos os sócios morrerem, a sociedade não acabará: são existências diversas. Os herdeiros dos sócios mortos assumirão as quotas ou ações da sociedade que continuará existindo.

Engenho Santana

Agro Pecuária Santana S/A pretendeu ser indenizada por danos morais pelo Instituto Nacional de Colonização e Reforma Agrária – Ingra, que desapropriara um imóvel rural em Pernambuco. O "Engenho Santana", em Socorro, Jaboatão de Guararapes, foi classificado como propriedade rural improdutiva. Argumentava que no imóvel havia uma casa e uma igreja nas quais repousariam os restos mortais de familiares, com desrespeito ao direito de culto e sentimento religioso. A sentença negou o pedido, e o Tribunal Regional Federal da 5ª Região confirmou, pela falta de prova da existência dos restos mortais; ademais, tratava-se de pessoa jurídica e não física, daí por que não podia alegar danos morais por violação ao direito de culto aos mortos.

Por meio do Recurso Especial 1.649.296/PR, a questão foi submetida à Segunda Turma do Superior Tribunal de Justiça que, por unanimidade, negou provimento ao recurso. E o fez reconhecendo que a pessoa dos sócios é diversa da pessoa da sociedade. "A mera circunstância de esses restos mortais encontrarem-se dentro dos limites do imóvel desapropriado e de este ser de propriedade da sociedade anônima de capital fechado não confere automaticamente a esta companhia o direito de propor demanda para reparar direito que não lhe é próprio, muito menos de um direito considerado como da personalidade, ainda que da companhia sejam sócios diversos membros da família supostamente ofendida. Vejam, por exemplo, que se dentro do imóvel desapropriado se encontrassem bens móveis de propriedade titularizada pelos sócios, também aqui não haveria dúvida em se afirmar que eventual direito reparatório por danos causados, por assim dizer, a um automóvel antigo, item de colecionador, deveria ser buscado pelo seu dono legítimo, e não por aquele titular da propriedade na qual se encontrava o automóvel. Com muito mais razão a hipótese presente, que trata de direito em tese personalíssimo, ao qual se atribui o predicado da intransmissibilidade (art. 11 do Código Civil)".

Atenção para o parágrafo único do artigo 49-A do Código Civil, incluído pela Lei 13.874/19, ao estabelecer que a autonomia patrimonial das pessoas jurídicas é um instrumento lícito de alocação e segregação de riscos, estabelecido pela lei com a finalidade de estimular empreendimentos, para a geração de empregos, tributo, renda e inovação em benefício de todos. Noutras palavras, é lícita a constituição de estruturas jurídicas voltadas ao planejamento jurídico, incluindo por meio de sociedades (ou outros tipos de pessoas jurídicas), ao contrário de tendência que vinha se cristalizando no Direito Brasileiro.

5 Sociedades simples e empresárias

As sociedades dividem-se em simples e empresárias. Ambas exercem atividade econômica e tem finalidade econômica. Mas as sociedades empresárias exercem atividade econômica organizada para a produção ou a circulação de bens ou de serviços, nos moldes estudados no Capítulo 1. Já nas sociedades simples não se verifica tal organização de bens materiais e imateriais, de procedimentos, como meio para a produção ordenada de riqueza; pelo contrário, há trabalho não organizado, quase autônomo, sendo desempenhado por cada um dos sócios sem conexão maior com a atuação dos demais. É o que se teria, por exemplo, numa sociedade entre três dentistas, cada qual com sua clientela própria; não há uma empresa.

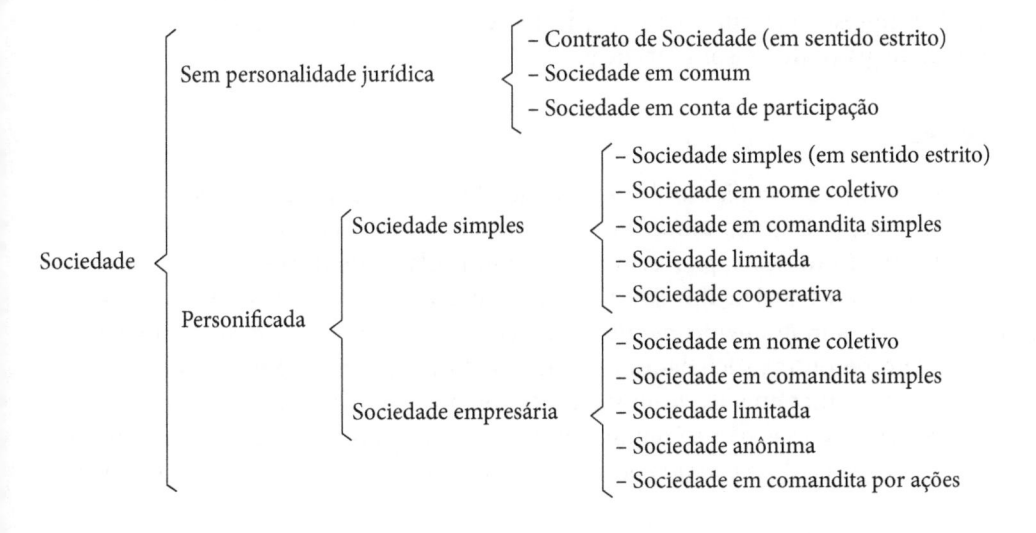

- Sociedade
  - Sem personalidade jurídica
    - Contrato de Sociedade (em sentido estrito)
    - Sociedade em comum
    - Sociedade em conta de participação
  - Personificada
    - Sociedade simples
      - Sociedade simples (em sentido estrito)
      - Sociedade em nome coletivo
      - Sociedade em comandita simples
      - Sociedade limitada
      - Sociedade cooperativa
    - Sociedade empresária
      - Sociedade em nome coletivo
      - Sociedade em comandita simples
      - Sociedade limitada
      - Sociedade anônima
      - Sociedade em comandita por ações

Em alguns casos, a distinção entre sociedade simples e empresária é feita pelo próprio legislador, considerando o tipo societário ou, mesmo, a atividade a ser desempenhada. Assim, por força do artigo 982, parágrafo único, as *sociedades por ações* são sempre empresárias e as *sociedades cooperativas* são sempre sociedades simples. Isso, independentemente da atividade negocial existente em concreto. Por exemplo, é comum ouvir que a *Ibituruna* é uma das maiores empresas de *laticínios* de Minas Gerais; no entanto, não se trata, juridicamente, de uma empresa, mas de uma sociedade simples: *Cooperativa Agropecuária Vale do Rio Doce*. Em contraste, quando se constitui uma sociedade de advogados, aplicam-se os dispositivos da Lei 8.906/94, que lhe vedam forma empresária; tais sociedades, por determinação legal, serão sempre sociedades simples, organizadas sob a forma de sociedades em nome coletivo, com registro nas Seções da Ordem dos Advogados do Brasil.

As *sociedades empresárias* registram-se nas *Juntas Comerciais*; também o são as *sociedades cooperativas*, não obstante serem *sociedades simples*, por força da Lei 8.934/94. As *sociedades simples* registram-se nos Cartórios de Registro de Pessoas Jurídicas. As sociedades de advogados registram-se na Ordem dos Advogados do Brasil, por determinação da Lei 8.906/94.

O Código Civil foi cauteloso em relação ao agronegócio. Assim, possibilitou o ingresso da atividade rural no âmbito do Direito de Empresa, mas não tornou obrigatório esse ingresso. Também no que se refere às sociedades que se dedicam à atividade rural essa facultatividade se afirma: poderá ser constituída sob a forma de sociedade empresária ou como sociedade simples. Na primeira hipótese, irá requerer inscrição no Registro Público de Empresas Mercantis da sua sede; na segunda hipótese, o registro será feito no Cartório de Registro de Pessoas Jurídicas.

6 Sócios

A sociedade é um conjunto de pessoas (lembrando que o Direito Brasileiro aceita, em alguns casos, o *conjunto unitário*); essas pessoas são os seus sócios, ou seja, investiram na formação de seu capital social e que são titulares de frações (partes ideais) de seu patrimônio. Nas sociedades em que o capital está dividido em quotas, fala-se em *sócio quotista* ou, simplesmente, *quotista*; é o que se passa com a sociedade limitada, por exemplo, além de outras sociedades contratuais. Nas sociedades por ações, fala-se em *sócio acionista* ou, meramente, *acionista*. As cooperativas também têm seu capital social dividido em quotas, mas não é comum referir-se a quotistas; fala-se, isto sim, em *sócio cooperado*, em associado *cooperado* ou, apenas, em cooperado; mas a sociedade cooperativa constitui uma sociedade bem distinta, assentada sobre princípios especialíssimos: o trabalho do sócio, e não o valor (o capital) por ele investido, é o critério para determinar as vantagens econômicas que ele auferirá.

Sob o enfoque patrimonial, a quota ou ação é um bem jurídico, com valor econômico, isto é, ela vale dinheiro. O sócio é o titular de uma fração do patrimônio da sociedade, o que lhe dá direito a receber uma parcela do saldo, numa eventual dissolução e liquidação, além de participar dos lucros, como exemplos. Aliás, a sociedade existe justamente para isso: realizar uma atividade negocial, produzindo saldos positivos (superávit) que, retirados do patrimônio social, são distribuídos aos sócios, remunerando o capital que investiram para a constituição da pessoa jurídica. Por outro lado, a quota e a ação são títulos sociais: permitem ao seu titular exercer direitos sobre a sociedade, participar das deliberações sociais, ser cobrado por deveres relativos à sociedade. Essa regra geral, todavia, conhece variações específicas em cada tipo societário, como se estudará ao longo deste livro; todavia, variações construídas em torno desse eixo comum.

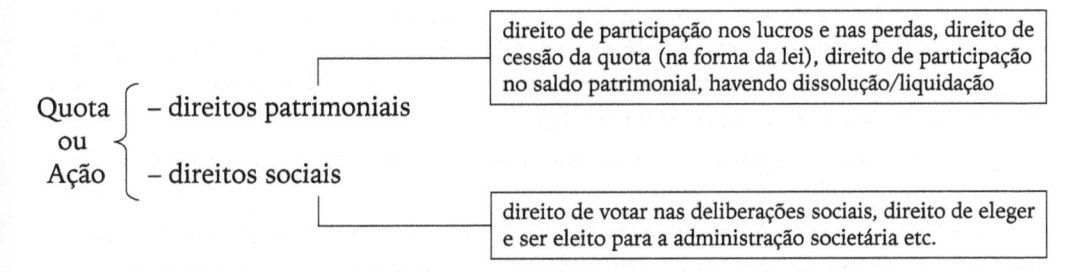

Quota ou Ação
- direitos patrimoniais: direito de participação nos lucros e nas perdas, direito de cessão da quota (na forma da lei), direito de participação no saldo patrimonial, havendo dissolução/liquidação
- direitos sociais: direito de votar nas deliberações sociais, direito de eleger e ser eleito para a administração societária etc.

As quotas ou ações são bens jurídicos que compõem o patrimônio econômico de cada sócio. Se a sociedade se dissolve, sobrando valores após o pagamento de todos os credores, o sócio terá direito a uma fração correspondente à sua participação no capital social; se tinha 10% e, ao final da liquidação, sobraram dez milhões de reais, um milhão será seu. Excetuam-se as sociedades cooperativas; por sua natureza jurídica, permitem apenas a indenização daquilo que o cooperado investiu, com correção monetária e juros; se as sobras superam tal valor, deverão ser destinadas a uma entidade sem fins lucrativos ou aos cofres públicos.

Justamente por serem bens jurídicos, as quotas ou ações podem ser negociadas (comportam *cessão*), embora haja restrições em alguns casos: (1) nas cooperativas, a quota somente pode ser transferida àquele que, preenchendo as condições para ser um cooperado, é admitido na sociedade; (2) nas sociedades por quotas constituídas em função das pessoas (*intuitu personae*), a condição de sócio é fruto de um mútuo reconhecimento e aceitação pela coletividade social; nesse caso, aquele que adquire as quotas (*cessionário*) somente será membro da sociedade se for aceito pelos demais sócios.

O artigo 977 do Código Civil faculta aos cônjuges contratar sociedade, entre si ou com terceiros, mas veda a sociedade entre cônjuges quando casados no regime da comunhão universal de bens, ou no da separação obrigatória. Portanto, tem-se que: (1) é possível ao cônjuge, marido ou mulher, contratar sociedade com terceiros; (2) marido e mulher podem contratar a sociedade entre si, quando casados pelo regime da comunhão parcial de bens, regime de participação final nos aquestos e regime de separação voluntária de bens; (3) é lícito aos cônjuges, ainda, contratar sociedade, ambos, com outras pessoas, o que é até comum: são diversos os casos nos quais o marido, assim como a esposa, são titulares de ações de uma sociedade anônima, no que não há qualquer nulidade. O legislador apenas vedou a sociedade constituída apenas pelos cônjuges casados pelo regime da comunhão universal de bens, a meu ver refletindo uma concepção econômica e social ultrapassada; também vedou a sociedade entre cônjuges casados pelo regime da separação obrigatória de bens (conferir artigo 1.641 do Código Civil).

Como os incapazes podem ser titulares de bens, podem também titularizar quotas ou ações de sociedades simples ou empresárias. A Lei 12.399/11 acrescentou um § 3º ao artigo 974 do Código Civil, para dispor sobre o registro de contratos e alterações contratuais de sociedade que seja integrada por sócio incapaz. De acordo com a norma, o Registro Público de Empresas Mercantis a cargo das Juntas Comerciais deverá registrar contratos ou alterações contratuais de sociedade que envolva sócio incapaz, desde que atendidos, de forma conjunta, os seguintes pressupostos: (1) o sócio incapaz não pode exercer a administração da sociedade; (2) o capital social deve ser totalmente integralizado; (3) o sócio relativamente incapaz deve ser assistido e o absolutamente incapaz deve ser representado por seus representantes legais.

Embora o incapaz possa ser sócio, isso não implica sua aceitação pela coletividade social. É preciso diferenciar a *sociedade de pessoas* da *sociedade de capital*. São consideradas *sociedades de pessoas* (sociedades *intuitu personae*) aquelas nas quais a condição de sócio resulta de mútuo reconhecimento e aceitação: têm um papel predominante a identidade e a atuação pessoal dos sócios. Em contraste, são *sociedades de capital* (sociedades *intuitu pecuniae*) aquelas nas quais dá-se maior atenção ao capital investido na empresa do que à pessoa do sócio; importa manter o investimento (capital), não estando os sócios preocupados com quem seja o titular da quota ou ação. Assim, nas sociedades *intuitu pecuniae*, a livre circulação dos títulos implica, sim, a necessidade de aceitação do incapaz. Já na sociedade *intuitu personae* é distinto. A incapacidade superveniente do sócio cria uma questão relevante: saber se os demais sócios aceitam que o sócio que foi interditado permaneça na sociedade. O mesmo se dá com a transferência de quota a incapaz, implicando aceitação dos demais sócios.

Não é necessário a autorização judicial para que o incapaz seja sócio de sociedade em que haja limite de responsabilidade, a exemplo da sociedade limitada e da sociedade anônima, já que seu patrimônio estará devidamente protegido. No entanto, quando haja responsabilidade subsidiária, a exemplo da sociedade em nome coletivo, essa autorização será indispensável e terá um efeito curioso: mesmo em se tratando de sociedades nas quais não haja previsão legal ou contratual de responsabilidade limitada, esse limite existirá no que diz respeito ao patrimônio do incapaz e às obrigações da sociedade, como prevê o artigo 974, § 2º, do Código Civil. Aliás, a proteção constitucional e legal ao incapaz é de tal ordem que mesmo havendo desconsideração da personalidade jurídica, como previsto no artigo 50 do Código Civil ou 28 do Código das Relações de Consumo (Lei 8.078/90), não se poderá alcançar o seu patrimônio. Nas sociedades de capital não há falar em aceitação pelos demais sócios, já que não têm poder de vetar o ingresso de qualquer sócio. Nessa hipótese, a interdição do sócio ou a transferência das quotas ou ações a incapaz somente desafiará o problema da proteção de seu patrimônio, exigindo autorização do Judiciário se o tipo societário implica responsabilidade subsidiária do titular das quotas ou ações. O sócio incapaz será representado ou assistido nas reuniões ou assembleias sociais pelos pais, genitor sobrevivente, tutor ou curador, conforme o caso.

7 Sociedade dependente de autorização

Algumas sociedades, em virtude de previsão legal, dependem de autorização do Poder Executivo Federal para funcionarem. Um exemplo são as instituições financeiras, que dependem de autorização do Banco Central para funcionar, transferir controle acionário e promover reorganização societária; outro exemplo são as sociedades seguradoras que devem ter seu funcionamento autorizado pela Superintendência de Seguros Privados (SUSEP), autarquia vinculada ao Ministério da Fazenda. Trata-se, todavia, de medida excepcional, que não pode ser banalizada. A Constituição da República, em seus artigos 1º e 170, consagra os princípios da livre-iniciativa e livre concorrência, estabelecendo um sistema econômico de mercado livre, embora regulado; nesse sentido, lê-se o parágrafo único do artigo 170, assegurando a todos o livre exercício de qualquer atividade econômica, independentemente de autorização de órgãos públicos, salvo nos casos previstos em lei.

O procedimento de autorização para registro e/ou funcionamento varia em função da nacionalidade da sociedade. Note-se que não é uma questão de nacionalidade de capital, distinção suprimida pela Emenda Constitucional 6/95. Apenas excepcionalmente há limitação sobre nacionalidade dos sócios ou origem de capital, a exemplo de companhias aéreas, hipótese na qual ficará arquivada na sede da sociedade uma cópia autêntica do documento comprobatório da nacionalidade dos sócios. Assim, é nacional a sociedade organizada de conformidade com a lei brasileira e que tenha no País a sede de sua administração; isso, mesmo que seu capital e sócios sejam estrangeiros. Será brasileira a sociedade que um iraniano, residente em Londres, e um chinês, naturalizado neozelandês, mas residente em Tóquio, registrem no Brasil, seguindo as leis brasileiras e com sede no país. Em contraste, será estrangeira uma sociedade que brasileiros constituam, com capital brasileiro, em país estrangeiro, segundo leis estrangeira e com sede no exterior. Via de consequência, a *Toyota do Brasil Ltda.* é uma sociedade nacional; o *Banco Itaú Argentina S.A.* é uma sociedade estrangeira.

O requerimento de autorização de sociedade nacional deve ser acompanhado de cópia do contrato, assinada por todos os sócios, ou, tratando-se de sociedade anônima, de cópia, autenticada pelos fundadores, dos documentos exigidos pela lei especial. Se a sociedade tiver sido constituída por escritura pública, bastará juntar-se ao requerimento a respectiva certidão. As sociedades anônimas nacionais de capital aberto, que dependam de autorização do Poder Executivo para funcionar, não poderão ter subscrição pública de ações para a formação do capital sem que tenham, previamente, obtido a respectiva autorização. Os fundadores deverão juntar ao requerimento de autorização cópias autênticas do projeto do estatuto e do prospecto. Obtida a autorização e constituída a sociedade, proceder-se-á à inscrição dos seus atos constitutivos. Recebendo o pedido de autorização, devidamente acompanhado dos instrumentos pedidos, o Poder Executivo poderá exigir que se procedam a alterações ou aditamento no contrato ou no estatuto, devendo os sócios, ou, tratando-se de sociedade anônima, os fundadores, cumprir as formalidades legais para revisão dos atos constitutivos, e juntar ao processo prova regular. Ao Poder Executivo é facultado recusar a autorização, se a sociedade não atender às condições econômicas, financeiras ou jurídicas especificadas em lei.

Expedido o decreto de autorização, cumprirá à sociedade publicar os atos de constituição, em 30 dias, no órgão oficial da União, cujo exemplar representará prova para inscrição, no registro próprio, dos atos constitutivos da sociedade. A sociedade promoverá, também no órgão oficial da União e no prazo de 30 dias, a publicação do termo de inscrição. A sociedade deverá entrar em funcionamento nos 12 meses seguintes à respectiva publicação; se não o fizer, a autorização será considerada caduca. Leis específicas para determinados setores, bem como atos do poder público, podem estipular outros prazos, hipótese em que tais prazos específicos prevalecerão sobre o prazo geral de 12 meses. Por outro lado, ao Poder Executivo é facultado, a qualquer tempo, cassar a autorização concedida a sociedade nacional ou estrangeira que infringir disposição de ordem pública ou praticar atos contrários aos fins declarados no seu estatuto. Note-se, porém, que não podem ser atos arbitrários do Estado. A concessão, a negativa de concessão e a cassação de autorização para registro e/ou funcionamento são atos administrativos que devem atender aos requisitos constitucionais e legais para a sua validade, entre os quais devo destacar o direito de petição aos poderes públicos, direito de ampla defesa do administrado, direito ao devido processo administrativo, direito a decisão fundamentada (com indicação precisa dos fundamentos fáticos e jurídicos), além dos princípios da legalidade e da publicidade. Como se não bastasse, afirma-se acima de todos esses elementos próprios do processo administrativo a regra estampada no artigo 5º, XXXV, da Constituição da República, que garante acesso ao Judiciário para reagir a lesão ou ameaça a Direito, inclusive por meio de instrumentos processuais específicos, como o mandado de segurança.

A mudança da nacionalidade de sociedade brasileira exige o consentimento unânime dos sócios ou acionistas. Por outro lado, dependem de aprovação as modificações do contrato ou do estatuto de sociedade sujeita a autorização do Poder Executivo, salvo se decorrerem de aumento do capital social, em virtude de utilização de reservas ou reavaliação do ativo.

7.1 Autorização para sociedade estrangeira

A sociedade estrangeira, ou seja, a sociedade que seja constituída no exterior, onde mantém sua sede, seguindo a legislação de país estrangeiro, não pode funcionar no País sem autorização do Poder Executivo, qualquer que seja o seu objeto e mesmo por estabelecimentos subordinados. Nada impede, todavia, que a sociedade estrangeira seja titular de quotas ou ações de sociedade brasileira ou, mesmo, que detenha seu controle societário, desde que não se trate de sociedade que explore atividade para a qual se exija capital nacional, como ocorre com as empresas nacionalísticas. Ao requerimento de autorização para funcionar no país, a sociedade estrangeira deverá juntar: (1) prova de se achar a sociedade constituída conforme a lei de seu país; (2) inteiro teor do contrato ou do estatuto; (3) relação dos membros de todos os órgãos da administração da sociedade, com nome, nacionalidade, profissão, domicílio e, salvo quanto a ações ao portador, o valor da participação de cada um no capital da sociedade; (4) cópia do ato que autorizou o funcionamento no Brasil e fixou o capital destinado às operações no território nacional; (5) prova de nomeação do representante no Brasil, com poderes expressos para aceitar as condições exigidas para a autorização e (6) o último balanço. Os documentos serão autenticados, de conformidade com a lei nacional da sociedade requerente, legalizados no consulado brasileiro da respectiva sede e acompanhados de tradução para o português.

O Poder Executivo pode estabelecer condições convenientes à defesa dos interesses nacionais como requisito para a concessão da autorização de funcionamento. Aceitas as condições, expedirá o Poder Executivo decreto de autorização, do qual constará o montante de capital destinado às operações no País, cabendo à sociedade promover a publicação dos documentos apresentados com o pedido de autorização, além do ato concessivo desta. Na sequência, deverá inscrever-se no registro próprio do lugar em que se deva estabelecer, acompanhado de exemplar da publicação acima referida, além de documento do depósito em dinheiro, em estabelecimento bancário oficial, do capital ali mencionado. Arquivados esses documentos, a inscrição será feita por termo em livro especial para as sociedades estrangeiras, com número de ordem contínuo para todas as sociedades inscritas, do qual constarão: (1) nome, objeto, duração e sede da sociedade no estrangeiro; (2) lugar da sucursal, filial ou agência, no País; (3) data e número do decreto de autorização; (4) capital destinado às operações no País; (5) individuação do seu representante permanente. O registro será publicado e, somente então, a sociedade poderá iniciar sua atividade no País.

A sociedade estrangeira funcionará no território nacional com o nome que tiver em seu país de origem, podendo acrescentar as palavras "do Brasil" ou "para o Brasil"; os atos e operações que praticar aqui ficam sujeitos às leis e aos tribunais brasileiros, razão pela qual dela se exige um representante permanente no Brasil, com poderes para resolver quaisquer questões e receber citação judicial pela sociedade; esse representante somente pode agir perante terceiros depois de arquivado e averbado o instrumento de sua nomeação.

Qualquer modificação no contrato ou no estatuto dependerá da aprovação do Poder Executivo, para produzir efeitos no território nacional. As publicações que, segundo a sua lei nacional, a empresa estrangeira seja obrigada a fazer relativamente ao balanço patrimonial e ao de resultado econômico, bem como aos atos de sua administração, deverão ser reproduzidas no Diário Oficial, sob pena de lhe ser cassada a autorização; deverá, igualmente, publicar o balanço patrimonial e o de resultado econômico das sucursais, filiais ou agências existentes no País.

Prevê o artigo 1.141 do Código Civil que a sociedade estrangeira admitida a funcionar no País pode nacionalizar-se, transferindo sua sede para o Brasil, desde que tenha autorização brasileira para tanto, apresentando requerimento instruído com prova da realização do capital, pela forma declarada no contrato, ou no estatuto, e do ato em que foi deliberada a nacionalização. Aqui também se permite ao Poder Executivo impor as condições que julgar convenientes à defesa dos interesses nacionais. Aceitas as condições pelo representante, proceder-se-á, após a expedição do decreto de autorização, à inscrição da sociedade e publicação do respectivo termo. A norma é estranha, já que bastaria a constituição de sociedade no Brasil, segundo as leis brasileiras, mesmo com sócios e capital estrangeiro, desde que não se esteja diante de objeto que, por norma constitucional, torne a exploração da atividade privativa de brasileiros e capital brasileiro.

4
TEORIA GERAL DAS SOCIEDADES CONTRATUAIS

1 Ato constitutivo

A sociedade adquire personalidade jurídica com a inscrição, no *registro* próprio e na forma da lei, dos seus *atos constitutivos*. É o mesmo princípio aplicado às associações e às fundações, ou seja, a todas as pessoas jurídicas de Direito Privado. O ato constitutivo lista seus elementos identificadores (nome, sede etc.), delimita seu objeto social (a atividade negocial que desenvolverá) e as regras de seu funcionamento, incluindo as normas aplicáveis à sua administração. Esse documento será registrado na Junta Comercial, em se tratando de sociedade empresária, ou no Cartório de Registro de Pessoas Jurídicas, em se tratando de sociedade simples (com exceção das cooperativas, que são registradas nas Juntas Comerciais, como determina a legislação específica). Também nesse registro serão averbadas todas as alterações jurídicas a que seja submetido o ato constitutivo.

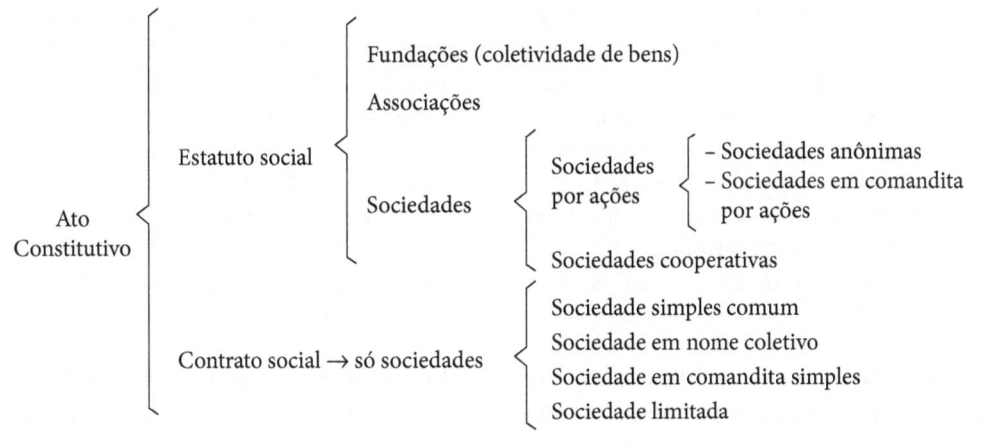

Ato Constitutivo:
- Estatuto social:
  - Fundações (coletividade de bens)
  - Associações
  - Sociedades:
    - Sociedades por ações:
      - Sociedades anônimas
      - Sociedades em comandita por ações
    - Sociedades cooperativas
- Contrato social → só sociedades:
  - Sociedade simples comum
  - Sociedade em nome coletivo
  - Sociedade em comandita simples
  - Sociedade limitada

Como já vimos anteriormente, é lícito ao empresário e também à sociedade empresária instituir filiais, ou seja, girar seus negócios em estabelecimento principal (*matriz*) e em estabelecimento(s) secundário(s): filial, sucursal, agência etc. Em se tratando de pessoas jurídicas, a criação de estabelecimento secundário se faz por meio de alteração contratual que será arquivada no registro mercantil em que está inscrita a sociedade. Se porventura a sucursal, filial ou agência for funcionar no território submetido a outra jurisdição (território de outra junta comercial), será preciso arquivar a alteração em ambas as juntas: onde está o registro principal e na junto em cujo território funcionará o estabelecimento secundário. Note-se que, em qualquer hipótese, a filial não constitui outra pessoa jurídica: ela é parte de uma só sociedade, compõe sua estrutura e seu patrimônio.

Fazenda Nacional × Errete

A Fazenda Nacional ajuizou uma execução fiscal contra Errete Comércio de Pneus Ltda. – Microempresa, no curso da qual pediu ao juiz o bloqueio eletrônico de depósitos bancários de titularidade da executada. A Justiça Federal do Rio Grande do Sul indeferiu o pedido uma vez que a dívida tributária trazia a matriz (e seu respectivo número no Cadastro Nacional de Pessoas Jurídicas – CNPJ) como devedora, ao passo que os valores encontrados correspondiam a contas de filiais, com os respetivos números diversos de CNPJ. A Fazenda Nacional recorreu ao Tribunal Regional Federal da 4ª Região, mas a Corte regional manteve a decisão, diferenciando matriz e filiais quanto às obrigações e sua execução.

Por meio do Recurso Especial 1.355.812/RS, os ministros da Primeira Seção do Superior Tribunal de Justiça reformaram tais entendimentos. Para os julgadores, "a filial é uma espécie de estabelecimento empresarial, fazendo parte do acervo patrimonial de uma única pessoa jurídica, partilhando dos mesmos sócios, contrato social e firma ou denominação da matriz. Nessa condição, consiste, conforme doutrina majoritária, em uma universalidade de fato, não ostentando personalidade jurídica própria, não sendo sujeito de direitos, tampouco uma pessoa distinta da sociedade empresária. Cuida-se de um instrumento de que se utiliza o empresário ou sócio para exercer suas atividades."

Assim, entenderam ser perfeitamente possível a penhora de valores depositados em nome das filiais para fazer frente a obrigações da matriz: a "discriminação do patrimônio da empresa, mediante a criação de filiais, não afasta a unidade patrimonial da pessoa jurídica, que, na condição de devedora, deve responder com todo o ativo do patrimônio social por suas dívidas". Mais do que isso, esclareceram adiante, "a obrigação de que cada estabelecimento se inscreva com número próprio no CNPJ tem especial relevância para a atividade fiscalizatória da administração tributária, não afastando a unidade patrimonial da empresa, cabendo ressaltar que a inscrição da filial no CNPJ é derivada do CNPJ da matriz."

O ato constitutivo será um *estatuto social* nas chamadas *pessoas jurídicas institucionais* ou *estatutárias*: associações, fundações e, no âmbito específico das sociedades, as sociedades por ações (sociedade anônima e sociedade em comandita por ações) e as sociedades cooperativas. A grande marca nas sociedades institucionais é o foco instituição e não em seus membros que, justamente por isso, não estão listados no ato constitutivo; listam-se apenas aqueles que participaram de sua fundação. Não há um reconhecimento e uma aceitação mútuos: os membros ingressam e saem sem que haja alteração – por tal motivo – do ato constitutivo e, assim, da instituição (a pessoa jurídica).

O ato constitutivo será um *contrato social* nas chamadas *sociedades contratuais* ou *sociedades por quotas*: *sociedade simples comum, sociedade em nome coletivo, sociedade em comandita simples* e *sociedade limitada*, indiferentemente de serem elas *simples* ou *empresárias*. A sociedade surge de um contrato, constando os sócios como contratantes que assumem, entre si, obrigações e faculdades recíprocas. Observe: um sócio acionista não mantém relação jurídica de reciprocidade com outro acionista; ambos têm direitos e deveres apenas para com a sociedade; em contraste, um sócio quotista mantém relação direta com os demais sócios quotistas: todos estão reciprocamente obrigados, nos termos do contrato social que assinaram. Se um sócio quotista sai da sociedade contratual, o contrato social deverá ser alterado, retirando o seu nome; se um novo sócio ingressa na sociedade contratual, haverá também alteração; mesmo quando haja mera alteração na participação de cada sócio no capital social, sem alteração na pessoa dos sócios, será necessário alterar o contrato social. Em todos os casos, a alteração deverá ser levada a registro. Nos capítulos seguintes, estudaremos as sociedades contratuais. Mais adiante, avançaremos pelas sociedades estatutárias.[1]

2 Contrato social

O contrato social, para constituir uma sociedade personificada, será escrito em documento particular ou público (escritura pública), o que é indiferente. Desse instrumento constarão as cláusulas que regerão a sociedade, devendo preencher os requisitos gerais para todas as pessoas jurídicas de Direito Privado (artigo 46 do Código Civil) e os requisitos específicos para as sociedades contratuais (artigo 997). Tanto as sociedades simples, cujo contrato registra-se no Cartório de Registro de Pessoas Jurídicas, quanto as sociedades contratuais, registradas nas Juntas Comerciais. Ambas são sociedades contratuais, também chamadas de *sociedades por quotas*, já que as frações com que cada sócio participa do capital social são chamadas de quotas.

Requisitos específicos dos contratos sociais:

1. nome, nacionalidade, estado civil, profissão e residência dos sócios, se pessoas naturais, e a firma ou a denominação, nacionalidade e sede dos sócios, se jurídicas;
2. denominação, objeto, sede e prazo da sociedade;
3. capital da sociedade, expresso em moeda corrente, podendo compreender qualquer espécie de bens, suscetíveis de avaliação pecuniária;

---

[1] MAMEDE, Gladston; MAMEDE, Eduarda Cotta. *Estruturação Jurídica de Empresas*: alternativas da tecnologia jurídica para a advocacia societária. Barueri: Atlas, 2024.

4. a quota de cada sócio no capital social e o modo de realizá-la;
5. as prestações a que se obriga o sócio, cuja contribuição consista em serviços;
6. as pessoas naturais incumbidas da administração da sociedade, seus poderes e atribuições;
7. a participação de cada sócio nos lucros e nas perdas;
8. se os sócios respondem, ou não, subsidiariamente, pelas obrigações sociais.

Essa lista contém o mínimo indispensável. Os sócios podem colocar outras cláusulas no contrato social. Tem-se aqui um espaço para o bom profissional aproximar o instrumento de contrato das particularidades de cada caso, ouvindo os sócios e traduzindo as particularidades de sua avença. Tais ajustes devem constar do instrumento de contrato social, sendo levadas a registro, sob pena de não terem eficácia perante terceiros. Qualquer pacto em separado, não registrado, é ineficaz em relação a terceiros, embora seja válido e eficaz entre as partes signatárias, se lícito.

MODELO BÁSICO DE CONTRATO SOCIAL[2]

[Nome completo], [nacionalidade], [estado civil; se casado, o regime de bens], [profissão], CPF nº [...], [documento de identidade e seu órgão expedidor; pode-se usar: carteira de identidade, certificado de reservista, carteira de identidade profissional, Carteira de Trabalho e Previdência Social, Carteira Nacional de Habilitação], [domicílio: tipo e nome do logradouro, número, bairro/distrito, município, Unidade Federativa e CEP], e [repetir a qualificação para cada um dos sócios]

Ajustam entre si a constituição de uma sociedade [natureza (simples ou empresária) e tipo societário], que se regerá pela legislação vigente e pelas cláusulas e condições seguintes:

Cláusula primeira: A sociedade adota o nome [...].

Cláusula segunda: O objeto social é [...].

Cláusula terceira: A sociedade tem sede na [tipo e nome do logradouro, número, bairro/distrito, município, Unidade Federativa e CEP].

Cláusula quarta: A sociedade terá prazo de vigência indeterminado.

Cláusula quinta: O capital social é de R$ .... (................... reais) dividido em .... quotas de valor nominal R$ .... (................ reais), assim divididas:

[Listar cada um dos sócios, o respectivo número de quotas e o valor total da participação social; ex.: Fulano de Tal: 300 quotas no valor de R$ 100,00 (cem reais), totalizando R$ 30.000,00 (trinta mil reais)]

Cláusula sexta: O capital social será integralizado [especificar a forma: a vista ou em prazo ou termo certo; em dinheiro ou em bens]

---

[2] MAMEDE, Gladston; MAMEDE, Eduarda Cotta; MAMEDE, Roberta Cotta. *Manual de redação de contratos sociais*, estatutos e acordos de sócios. 8. ed. Barueri: Atlas, 2024. Parte II, Capítulo 8: modelo básico de contrato social.

Cláusula sétima: A responsabilidade de cada sócio é restrita ao valor de suas quotas, mas todos respondem solidariamente pela integralização do capital social.

Cláusula oitava: A administração da sociedade cabe a [colocar o nome, se sócio; se não for um sócio, qualificar: [Nome completo], [nacionalidade], [estado civil; se casado, o regime de bens], [profissão], CPF nº [...], [documento de identidade e seu órgão expedidor; pode-se usar: carteira de identidade, certificado de reservista, carteira de identidade profissional, Carteira de Trabalho e Previdência Social, Carteira Nacional de Habilitação], [domicílio: tipo e nome do logradouro, número, bairro/distrito, município, Unidade Federativa e CEP].

Cláusula nona: O administrador representa a sociedade, judicial e extrajudicialmente, ativa e passivamente, podendo usar o nome empresarial, sendo vedado, no entanto, em atividades estranhas ao interesse social ou assumir obrigações seja em favor de qualquer dos quotistas ou de terceiros, bem como onerar ou alienar bens imóveis da sociedade, sem autorização do outro sócio.

Cláusula décima: O administrador receberá pró-labore mensal no valor de R$ .... (.................... reais).

Cláusula décima primeira: O administrador declara, sob as penas da lei, de que não está impedido de exercer a administração da sociedade, por lei especial, ou em virtude de condenação criminal, ou por se encontrar(em) sob os efeitos dela a pena que vede, ainda que temporariamente, o acesso a cargos públicos; ou por crime falimentar, de prevaricação, peita ou suborno, concussão, peculato, ou contra a economia popular, contra o sistema financeiro nacional, contra normas de defesa da concorrência, contra as relações de consumo, fé pública, ou a propriedade.

Cláusula décima segunda: O exercício social iniciará em 1º de janeiro e terminará em 31 de dezembro de cada ano, quando o administrador deverá proceder ao inventário, elaborando o balanço patrimonial e as demonstrações financeiras.

Cláusula décima terceira: Os sócios participarão dos lucros na proporção de suas quotas.

E por estarem assim justos e contratados, os sócios assinam o presente instrumento em ... vias.

[Local e data]

[Assinatura de cada um dos sócios, sobre o respectivo nome]

[Assinatura de duas testemunhas, sobre o respectivo nome]

[Assinatura (visto) de advogado, sobre o respectivo nome e número de inscrição na OAB]

Há uma grande – e saudável – preocupação com as cláusulas obrigatórias. No entanto, a excelência jurídica está justamente nas cláusulas facultativas. Em fato, é o contrato social que rege a vida societária e empresarial. Quando determinado tema ou situação não está ali contemplado, recorre-se às regras gerais do Código Civil: primeiro, normas específicas do tipo societário; depois, normas societárias de regência suplementar; em seguida, normas da teoria geral do Direito Societário e das pessoas jurídicas; se ainda não há solução, o julgador recorrerá às normas de Direito Contratual e Obrigacional e, assim, por diante: em face do *Princípio da Indeclinabilidade de Jurisdição*, a ausência de norma específica não escusa o dever de julgar o conflito. Daí a importância de o advogado ouvir as partes, pesquisando as particularidades societárias para, enfim, compor um ato constitutivo à altura de suas necessidades e em harmonia com sua individualidade.[3]

Atenção: julgando o Recurso Especial 1.368.960/RJ, os Ministros da Terceira Turma do Superior Tribunal de Justiça que a assinatura das partes, por si ou por seus representantes com poderes suficientes para tanto (artigo 116 do Código Civil) é elemento essencial dos atos societários (contratos, estatutos e respectivas alterações), não se aceitando, sequer, convalidação posterior, expressa ou tácita. Aliás, as informações sobre a composição societária devem ser verdadeiras, respondendo os sócios pela eventual falsidade, civil e criminalmente.

O instrumento (público ou privado) de contrato social deverá ser levado ao registro: à Junta Comercial, em se tratando de sociedade empresária ou sociedade cooperativa, ou ao Cartório de Registro de Pessoas Jurídicas, se sociedade simples. A partir do registro, surge a pessoa jurídica, sendo públicos os elementos sob os quais se estrutura. O pedido de inscrição deverá ser feito com o original do contrato; se algum sócio firmou o contrato por meio de contrato, a procuração também acompanhará o pedido; por fim, nas hipóteses em que é necessário autorização, será juntada a prova de que a constituição foi autorizada pela autoridade competente. Se o pedido ocorrer nos 30 dias subsequentes à data do contrato, os efeitos do registro retroagirão àquela data. Vencido esse prazo, a inscrição somente produzirá efeito a partir do seu deferimento, respondendo o causador da demora por eventuais perdas e danos.

Para a criação de um estabelecimento secundário (sucursal, filial ou agência), faz-se uma alteração no contrato social, prevendo sua criação, devendo ser igualmente averbada no registro público. Se a filial está no território de outro Estado, deverá ser arquivado na respectiva Junta Comercial.

3 Nome empresarial

A cada pessoa corresponde um nome, regra que alcança mesmo as pessoas jurídicas. O nome é um direito próprio da personalidade, dando identidade e individualidade à pessoa, elementos vitais no âmbito do mercado, sendo certo serem preferidas as empresas que *têm bom nome na praça*, sendo difícil encontrar quem esteja disposto a negociar com *alguém que esteja com o nome sujo*. O nome de uma sociedade pode ter duas formas: (1) *firma social*, também chamada de *razão social* ou (2) *denominação*.

---

[3] É vasto o espaço percorrível pelas cláusulas de um contrato social, ou seja, há muito que pode ser previsto para regrar a convivência entre os sócios. Neste sentido, publicamos um repertório de modelos de cláusulas: MAMEDE, Gladston; MAMEDE, Eduarda Cotta; MAMEDE, Roberta Cotta. *Manual de Redação de Contratos Sociais, Estatutos e Acordos de Sócios*. 8. ed. Barueri: Atlas, 2024.

A *firma* tem por base o nome civil do empresário ou dos sócios da sociedade; daí falar-se em *razão social*, pois dá a conhecer, ao menos em parte, a composição societária. É o que ocorre com empresário, que deverá adotar *firma individual* baseada no seu nome civil, expressando uma *razão empresarial*. Também a *firma social* deverá expressar a *razão social*: deve refletir a realidade da composição societária, compondo-se do nome de um ou mais sócios responsáveis pela sociedade, no todo ou em parte, hipótese em que será obrigatório constar o patronímico (*sobrenome*). Trata-se do princípio da veracidade. Justamente por isso, o nome de sócio que vier a falecer, for excluído ou se retirar não pode ser conservado na firma social. Assim, sendo sócios José da Silva, João Gomes e Joaquim de Souza, pode-se adotar o nome *João Gomes & Cia.*; mas seria possível que na razão social estivesse o nome José da Silva ou de Joaquim de Souza. Seria lícito usar o nome de dois sócios ou, mesmo, o nome dos três, embora neste último caso, não se poderia usar "e companhia" (abreviação: & *Cia.*), já que não seria verdadeiro: não há outra pessoa além dos três que já constam da razão social. Seria possível, até, usarem somente os sobrenomes: *Gomes, Silva e Souza*.

A firma social (ou razão social) é de uso obrigatório nas sociedades nas quais os sócios respondam subsidiariamente (com o seu patrimônio pessoal) pelas dívidas da pessoa jurídica. Não é necessário colocar o nome de todos esses sócios; basta colocar o nome de um ou alguns e acrescentar a expressão *e companhia* ou sua abreviatura (*e Cia.* ou *& Cia.*). Na sociedade em comandita simples, na qual uma das categorias de sócios não responde subsidiariamente pelas obrigações sociais, somente o nome daqueles que respondem pessoal e ilimitadamente pelas dívidas da sociedade deverá constar da razão social. Também a sociedade limitada pode usar firma social, embora não haja responsabilidade subsidiária dos sócios pelas obrigações sociais; mas, em respeito ao princípio da veracidade, será preciso que do nome conste a palavra final *limitada* ou a sua abreviatura (*ltda.*); na sua falta, os administradores da sociedade e aqueles sócios cujos nomes constam da razão social responderão pelas obrigações sociais.

A denominação não se submete ao princípio da veracidade: é possível usar qualquer palavra ou expressão para o nome empresarial, desde que se atenda ao princípio da novidade, ou seja, desde que não seja igual ao nome de outra sociedade já registrada, nem parecido ao ponto de dar margem à confusão. É possível utilizarem-se, por exemplo, expressões de fantasia, como em *MMX Mineração e Metálicas S.A.*, *Indústria e Comércio de Conservas Alimentícias Predilecta Ltda.* ou *KS Pistões Ltda*. Não se admite, todavia, o uso de termos que contrariem a moral pública, como palavrões, palavras que firam o pudor, nomes ou apelidos de pessoas naturais que não tenham expressamente admitido a sua utilização, termos ou expressões que possam enganar ou confundir o público, nomes empresariais já registrados, termos ou expressões protegidos por direito autoral de outra pessoa ou que sejam marca registrada, nome de órgãos públicos.

Vejamos, agora, como se compõe o nome da sociedade, de acordo com o tipo societário:

Sociedade em nome coletivo: usará firma (razão social), composta pelo nome de um, algum ou todos os sócios, no todo ou em parte (o patronímico). Quando os nomes de todos os sócios não estejam presentes, emprega-se a expressão *e companhia* ou sua abreviação (*e Cia.* ou *& Cia.*) ao final do nome da sociedade. Ex.: *João da Silva & Cia.*

Sociedade em comandita simples: usará firma (razão social), nos mesmos moldes da sociedade em nome coletivo, embora composta apenas pelo nome daquele ou daqueles que respondem pessoal e ilimitadamente pelas obrigações sociais (sócios comanditados). O uso do nome de sócio comanditário implica a sua responsabilização pessoal e ilimitada pelas obrigações sociais, mesmo diante de previsão contrária no ato constitutivo.

Sociedade limitada: pode usar firma ou denominação, com acréscimo obrigatório da palavra *limitada*, por extenso ou abreviada (*ltda.*). Optando pelo uso de firma, deverá atender ao princípio da veracidade, refletindo a razão social. Ex.: *João da Silva & Cia. Ltda.* Optando os sócios pela utilização de denominação, o nome deverá trazer o objeto social. Ex.: *KS Pistões Ltda.*

Sociedade cooperativa: denominação, com acréscimo obrigatório da palavra *cooperativa*, além da descrição de seu objeto social. Não se admite denominação que se assemelhe à razão social, nem o uso da palavra *banco* nas cooperativas de crédito. Ex.: *Colulati – Cooperativa Sul-riograndense de Laticínios Ltda.*

Sociedade anônima: denominação. Deve designar o tipo societário: (1) por meio da expressão *sociedade anônima* (ainda que abreviada: *S.A.* ou *S/A*), colocada em qualquer posição (no início, no meio, ou no fim do nome); ou (2) por meio da palavra *companhia* (pode ser abreviada: *Cia.*), desde que colocada no princípio ou no meio do nome empresarial. Exemplo: *Companhia Siderúrgica Nacional, Acesita – Companhia de Ações Especiais Itabira, Cerâmicas Nacionais Reunidas S.A.* Da denominação pode constar o nome civil do fundador, de um acionista ou mesmo de pessoa que haja concorrido para o bom êxito da formação da empresa, desde que ela – ou, na sua ausência, seus familiares, concordem com isso. É facultativa a designação do objeto social.

Sociedade em comandita por ações: firma (razão social) ou denominação. Se firma, será usado apenas o nome daquele ou daqueles acionistas que têm responsabilidade pessoal e ilimitada pelas obrigações sociais, ou seja, diretores ou gerentes; a presença do nome de quem não esteja em tal situação implica responsabilidade pessoal e ilimitada pelas obrigações sociais. Do nome empresarial, ademais, deverá constar a expressão *comandita por ações*. Optando-se por denominação, para além da expressão *comandita por ações*, faculta-se designar o objeto da sociedade.

É preciso estar atento ao artigo 35-A da Lei 8.934/94, incluído pela Lei 14.195/21, pois prevê que "o empresário ou a pessoa jurídica poderá optar por utilizar o número de inscrição no Cadastro Nacional de Pessoa Jurídica (CNPJ) como nome empresarial, seguido da partícula identificadora do tipo societário ou jurídico, quando exigida por lei". Nesse caso, não se trata de firma, nem de denominação, mas de alternativa extraordinária criada pelo legislador: identificação pelo número cadastral.

Em qualquer caso, não se deve confundir o nome empresarial com o *título do estabelecimento*. O nome é a identificação do empresário (*firma individual*) ou da sociedade empresária (*firma social* ou *denominação*). Título do estabelecimento é o rótulo que se dá ao estabelecimento mercantil, vale dizer, o nome que consta da loja. Veja, por exemplo, o restaurante *Oro*, do chef Felipe Bronze, que funciona no Leblon, Rio de Janeiro. Oro é apenas o título do estabelecimento; a empresa é de responsabilidade de Oropratabronze Restaurantes Ltda. – uma denominação, portanto –, sociedade empresária que tem por administrador societário Felipe Loureiro Bronze. Aliás, em 2022, a sociedade tinha dois sócios: uma pessoa natural, Fábio, e uma pessoa jurídica: Bronze Gastronomia e Participações Sociedade Ltda.; e essa sociedade era unipessoal: seu único sócio era Felipe Loureiro Bronze. O fascinante do Direito Societário é permitir a criação dessas estruturas e, assim, permitir que as pessoas façam planejamentos jurídicos lícitos que atendam a necessidades/interesses diversos.

Então, esteja atento: o nome empresarial (firma ou denominação) é uma coisa, o título do estabelecimento é outra e, por fim, a marca é uma terceira coisa. Mas marca é coisa que vamos estudar mais adiante. De qualquer sorte, fique atento: são três coisas diversas: nome, título de estabelecimento e marca. Podem ter o mesmo conteúdo? Sim. Veja a sociedade *Fiat Automóveis S/A* (nome empresarial) adota o título de estabelecimento *Fiat* e usa a marca registrada Fiat. Mas poderiam ser os três diferentes: um nome empresarial que não tem nada a ver com o título do estabelecimento que, por seu turno, é diverso de marca(s) registrada(s) titularizada(s) pelo empresário ou sociedade empresária.

3.1 Proteção

O nome empresarial identifica o empresário ou sociedade empresária, garantindo a concorrência entre os atores mercantis e preservando direitos e interesses de consumidores, fornecedores e da praça em geral, evitando enganados. Por isso, deve ser distinto dos já inscritos no mesmo registro (princípio da novidade). A inscrição do empresário, ou dos atos constitutivos das pessoas jurídicas, ou as respectivas averbações, no registro próprio, asseguram o uso exclusivo do nome nos limites do respectivo Estado, diz o artigo 1.166 do Código Civil. Seu parágrafo único prevê a extensão da proteção a todo o território nacional quando registrado *na forma da lei especial*; tal lei especial, todavia, ainda não existe;

portanto, a proteção ao nome empresarial está marcada pelo *princípio da territoriedade*, salvo nomes notórios. Mesmo que um empresário tenha nome civil idêntico ao de outro, não poderá haver registro igual: o segundo a pedir o registro mercantil deverá acrescentar ao seu nome empresarial elementos distintivos. Se já há registro de João da Silva, o registro de seu homônimo deverá fazer-se com firma distinta, com designação mais precisa de sua pessoa (alcunha) ou atividade: *J. Silva, o João da Bia ou João da Silva – Padeiro*.

O prejudicado pelo registro posterior de nome igual ou que, por ser similar ao seu, possa levar confusão ao mercado, pode pedir à Junta Comercial a anulação do registro. Ademais, pode ajuizar ação para anular a inscrição do nome empresarial que desrespeita o princípio da novidade. Foi o que ocorreu no julgamento pelo Superior Tribunal de Justiça do Recurso Especial 16.923/SP, no qual *Tirreno Indústria e Comércio de Produtos Químicos Ltda.* ajuizou ação contra *Tirreno Veículos Ltda.*, ao fundamento de estar a ré fazendo o uso indevido do nome registrado da autora. Contudo, a ação foi julgada improcedente, certo que "o nome empresarial não é apenas a expressão de fantasia, mas o conjunto, considerado em toda a sua extensão". No caso, as empresas detinham o direito do uso do nome *Tirreno* em atividades bem diferentes, não havendo confusão possível para o consumidor.

Diferente foi o que aconteceu quando *Real Turismo e Viagens Ltda.* ajuizou ação contra *Real Turismo Ltda.* Em sua defesa, a ré alegou que o adjetivo *real* é nome privativo de ninguém e, ademais, havia uma distinção entre as atividades desempenhadas pelas empresas: uma era uma agência de turismo, a outra uma transportadora turística. A Terceira Turma do Superior Tribunal de Justiça, julgando Recurso Especial 62.770/RJ, julgou a ação procedente, considerando que o emprego de nomes capazes de causar dúvida e gerar confusão entre usuários ou consumidores que procurem o produto ou serviço (quer pela grafia, pronúncia ou qualquer elemento) deve ser afastado de imediato.

O nome empresarial é elemento inerente à personalidade jurídica da sociedade, motivo pelo qual não pode ser alienado, mesmo se tratando de denominação. Quando muito, permite-se ao adquirente de estabelecimento, por ato entre vivos, usar o nome do alienante, precedido do seu próprio, com a qualificação de sucessor, se o contrato o permitir (artigo 1.164 do Código Civil). Mas o nome pode ser alterado e, mesmo, cancelado em função de se ter dado baixa no registro do empresário ou da sociedade. Nessa hipótese, qualquer interessado poderá requerer esse cancelamento. Já o título de estabelecimento pode, sim, ser transferido com o restante do complexo organizado de bens; por fim, lembre-se que também a marca pode ser cedida a terceiros.

4 Objeto social

As pessoas jurídicas são *seres finalísticos*, ou seja, a personalidade lhes é atribuída para uma finalidade e um objetivo específicos. Todas as sociedades têm finalidade econômica, assim se distinguindo das demais pessoas jurídicas de Direito Privado (associações e das fundações). Cada sociedade, contudo, tem um objeto social próprio: a atividade específica que será realizada visando à obtenção de vantagens econômicas. Esse objeto social deverá estar especificado no contrato social; por exemplo: o comércio de gêneros alimentícios, prestação de serviços de advocacia, fabricação e comércio de peças automotivas etc. Não é preciso esclarecer as atividades-meios, mas apenas as atividades finais. O objeto social de uma construtora é a incorporação e construção de imóveis comerciais e/ou habitacionais; se em sua estrutura mantém um restaurante industrial completo para a produção de refeições a serem distribuídas entre os operários, essa atividade não será parte do seu objeto; no entanto, se passar a fornecer refeições também para terceiros, será preciso alterar o objeto social para incluir a produção e comércio de refeições. Portanto, é lícito aos sócios deliberarem atuar em outra atividade e, mesmo, abandonar a que até então desempenhavam. Mas será necessário fazê-lo por alteração contratual, mudando a cláusula sobre o objeto social, devidamente levada ao registro.

De qualquer sorte, o objeto social deve ser verdadeiro e preciso, indicando a atividade negocial que efetivamente será desempenhada pela sociedade. Afinal, os atos que dizem respeito ao objeto social compreendem-se como tendo sido praticados pela sociedade; em contraste, os atos que excedam o objeto social podem ser atribuídos pessoalmente àqueles que os praticaram, implicando sua vinculação direta com os resultados respectivos. Mais do que isso, o objeto social declarado produz efeitos fora da sociedade, incluindo administrativos e tributários.

Bio Care × ANS

Bio Care Clube de Benefícios S.C. Ltda. foi ao Judiciário contra a *Agência Nacional de Saúde – ANS*. Alegou que, indevidamente, a agência a teria qualificado como uma operadora de plano de assistência médica e feito sua inscrição compulsória nos cadastros da ANS (artigo 1º da Lei 9.656/98), submetendo-a às suas normas. Isso não estaria correto, já que a sociedade não teria por objeto, absolutamente, a exploração de planos de saúde. A ANS defendeu-se afirmando o anverso: a Bio Care seria, sim, uma sociedade que operaria planos de saúde e, destarte, deveria estar inscrita na agência. O Judiciário resolveu a questão pela interpretação do contrato social atual da autora, do qual constava: *"O objeto social da sociedade passa a ser o de exploração das atividades de: agenciamento e parcelamento de cirurgias e de procedimentos odontológicos de médio e alto custo e administração de convênios com indústria, comércio, empresas prestadoras de serviço e profissionais liberais."* Concluiu o Judiciário: "Ora, pretende senão a autora a utilização dos atrativos da prestação de assistência suplementar à saúde como meio publicitário para captação de clientes, esquivando-se, no entanto, da submissão aos rigores da ANS, o que, por óbvio, não se pode admitir sob pena de deixar os consumidores desamparados em área de relevante interesse público, qual seja, a saúde." Por meio do Recurso Especial 986.332/SC, a questão foi submetida ao Superior Tribunal de Justiça que confirmou tal entendimento.

5 Capital

O contrato especificará, em moeda corrente nacional, o capital que os sócios estão investindo na sociedade. O valor global do capital social será dividido em partes, chamadas de *quotas*. O contrato social definirá o número de quotas e seu valor, admitindo-se quotas de mesmo valor ou de valores distintos, devendo o somatório das quotas corresponder ao valor total do capital social. Assim, se o capital social é de R$ 100 mil, Asdrúbal é responsável por 60% e Teodósio por 40%, pode haver duas quotas (uma de R$ 60 mil, outra de R$ 40 mil), 50 quotas (no valor de R$ 2 mil), 100 quotas (no valor de R$ 1 mil) etc. O contrato deverá especificar o número e o valor da quota ou quotas de cada sócio. É possível alterar o valor do capital social, o valor das quotas ou a titularidade dessas: deve-se fazer uma alteração contratual e levá-la a registro.

Subscrição	→ ato de assumir certo número de quotas no capital de uma sociedade
Integralização	→ ato de transferir dinheiro, bens ou créditos para a sociedade, no valor correspondente às quotas subscritas

O contrato social deverá especificar quantas quotas cada sócio subscreve e, ademais, como elas deverão ser integralizadas (realizadas), isto é, quando e como deverão transferir para a sociedade o valor das quotas que lhes correspondem. A integralização poderá fazer-se por meio de: (1) pagamento em dinheiro; (2) cessão de crédito, inclusive endosso de títulos de crédito; (3) transferência de bens imóveis ou móveis, incluindo direitos pessoais com expressividade econômica, a exemplo da titularidade de marca ou patente; e (4) serviços que devam ser prestados pelo sócio (contribuição em serviços), hipótese admitida apenas para alguns tipos societários (sociedade simples em sentido estrito, sociedade em nome coletivo e sociedade em comandita simples). Prevendo contribuição em serviço, deverá especificar as prestações a que se obriga o sócio (artigo 997, V, do Código Civil), sendo que não poderá, salvo convenção em contrário, empregar-se em atividade estranha à sociedade, sob pena de ser privado de seus lucros e dela excluído (artigo 1.006).

O contrato também estabelecerá o tempo de realização, que pode ser no ato de constituição da sociedade ou depois (em parcelas), devendo ser fixado o respectivo prazo ou termo. A integralização do capital será desenvolvida na seção 2 do Capítulo 5.

6 Lucros e perdas

No contrato social, os sócios estabelecerão a participação de cada um nos lucros e nas perdas resultantes das atividades sociais, não sendo possível, todavia, excluir qualquer um, quer dos lucros, quer das perdas; excetua-se o sócio cuja contribuição consiste em serviços, somente participa dos lucros na proporção da média do valor das quotas (artigo 1.007 do Código Civil). O mais comum é verificar-se distribuição de lucros e perdas correspondendo à participação de cada sócio no capital social. Mas permite-se a estipulação de outra regra, desde que não haja abuso de direito ou outra ilicitude. Assim, exemplifico, uma sociedade em nome coletivo pode haver participação nos resultados em função da clientela de cada sócio: o responsável pelo cliente ficaria com 50% do valor, destinando os outros 50% para um fundo comum, usado para pagamento de despesas e, havendo sobras, para a distribuição de lucros.

O legislador exige, no artigo 997, VIII, do Código Civil, que o contrato social estabeleça se os sócios respondem subsidiariamente pelas obrigações sociais, ou não. Essa previsão deverá constar de cláusula expressa no ato constitutivo, embora somente seja legítima e válida se houver previsão legal do limite de responsabilidade para aquele tipo societário. Nos demais casos, a previsão no contrato ou estatuto social não será válida, por falta de suporte legal.

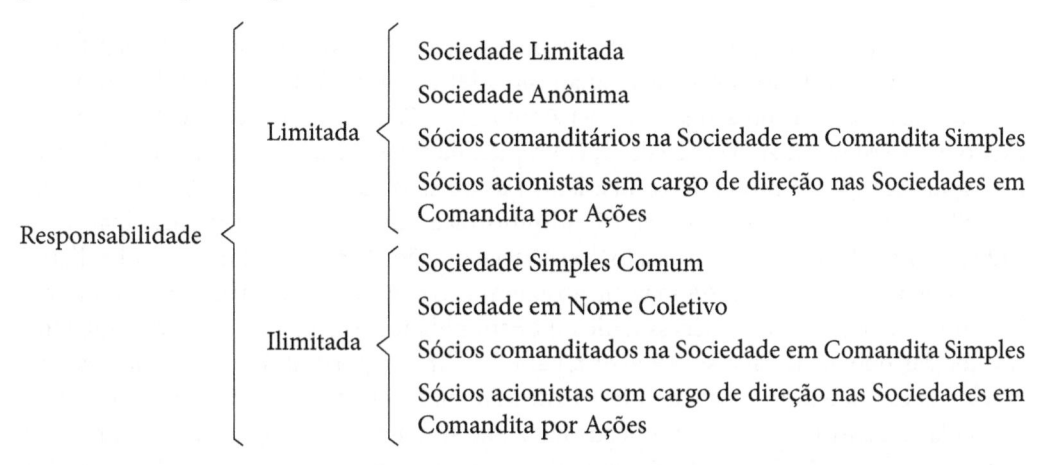

Responsabilidade
- Limitada
  - Sociedade Limitada
  - Sociedade Anônima
  - Sócios comanditários na Sociedade em Comandita Simples
  - Sócios acionistas sem cargo de direção nas Sociedades em Comandita por Ações
- Ilimitada
  - Sociedade Simples Comum
  - Sociedade em Nome Coletivo
  - Sócios comanditados na Sociedade em Comandita Simples
  - Sócios acionistas com cargo de direção nas Sociedades em Comandita por Ações

As sociedades limitada e anônima são tipos societários nos quais todos os sócios não respondem subsidiariamente pelas obrigações sociais. Na sociedade simples comum e na sociedade em nome coletivo, todos os sócios respondem subsidiariamente por tais obrigações. Nas sociedades em comandita, simples ou por ações, tem-se um regime misto: os sócios comanditários, na primeira, e os meramente acionistas, na segunda, têm responsabilidade limitada; os sócios comanditados e os diretores, respectivamente, têm responsabilidade pessoal subsidiária. As sociedades cooperativas, como se verá, podem ter, ou não, responsabilidade limitada.

Quando não haja limite de responsabilidade, o sócio responderá subsidiariamente pelas obrigações sociais. Diz-se *responsabilidade subsidiária* (ou *obrigação subsidiária*), pois essa obrigação pessoal dos sócios surge apenas quando o patrimônio da própria sociedade não seja suficiente para fazer frente à dívida. Portanto, os bens particulares dos sócios não podem ser executados por dívidas da sociedade, senão depois de executados os bens sociais. Quando ocorra de a sociedade não conseguir adimplir uma obrigação, os sócios poderão ser executados, manifestando-se sua *responsabilidade pessoal* e ilimitada: embora o patrimônio da sociedade (e, portanto, suas dívidas) seja distinto do patrimônio dos sócios, esses responderão com o seu *patrimônio pessoal* pelas perdas sociais. Todo o patrimônio de cada um dos sócios responde pelas obrigações sociais, excetuados os bens impenhoráveis. Assim, de acordo com o artigo 1.023 do Código Civil, se os bens da sociedade não lhe cobrirem as dívidas, respondem os sócios pelo saldo, na proporção em que participem das perdas sociais, salvo cláusula de responsabilidade solidária.

Nas sociedades em que há limite de responsabilidade, em contraste, se o patrimônio da sociedade não é suficiente para saldar as suas obrigações, entra-se em processo de falência (se sociedade empresária), liquidação extrajudicial (se instituição financeira) ou insolvência civil (se sociedade simples), sendo que os credores que não conseguirem receber os valores que lhes são devidos não poderão se voltar contra o patrimônio dos sócios, por mais ricos que sejam, excetuada a hipótese de desconsideração da personalidade jurídica, como se estudará adiante.

7 Alteração contratual

O contrato social pode ser alterado pelos sócios. Como regra geral, demandam o consentimento de todos os sócios (unanimidade) as alterações nas cláusulas mínimas obrigatórias, inscritas no artigo 997 do Código Civil. São elas: (1) sócios; (2) denominação, objeto, sede e prazo da sociedade; (3) capital da sociedade; (4) a quota de cada sócio no capital social, e o modo de realizá-la; (5) as prestações a que se obriga o sócio, cuja contribuição consista em serviços; (6) administração da sociedade; (7) participação de cada sócio nos lucros e nas perdas; (8) existência, ou não, de responsabilidade subsidiária. Para as demais matérias, basta maioria absoluta, se o contrato social não prever um mínimo superior ou, mesmo, a necessidade de unanimidade. Os *votos* são contados segundo o valor das quotas de cada sócio; assim, para formar a maioria absoluta, são necessários votos correspondentes a mais de metade do capital. Havendo empate, a proposta estará rejeitada face à exigência de maioria absoluta, não se aplicando as regras de desempate do artigo 1.010, § 2º, do Código Civil (estipulando prevalecer a decisão sufragada por maior número de sócios e, se persistir o empate, decisão judicial). Tais exigências visam à proteção dos sócios minoritários, sendo aplicáveis à *sociedade simples comum* e às sociedades, simples ou empresárias, dos tipos *sociedade em nome coletivo* e *sociedade em comandita simples*. Na sociedade limitada, nas sociedades por ações (anônima e em comandita) e nas sociedades cooperativas, há regras próprias, embora, nos pontos em que sejam omissas, aplicam-se as disposições relativas às sociedades contratuais simples, agora estudadas.

É preciso cuidado na aplicação da exigência de unanimidade. A alteração da sede, quando se trate de uma necessidade (p. ex.: despejo do imóvel locado, desapropriação do imóvel próprio), dispensa a unanimidade. Já a alteração do prazo de duração da sociedade, quando não se trate de redução do prazo anteriormente estipulado, dispensa a unanimidade, desde que se garanta aos votos dissidentes o direito de retirada; é o que recomenda o princípio da preservação societária, reconhecendo o interesse público na manutenção das atividades econômicas. Àqueles que pretendam prosseguir no negócio deve-se garantir tal direito, permitindo-se a resolução do contrato social em relação àquele(s) insiste(m) no fim da sociedade, no prazo ou na data contratados.

A alteração contratual poderá ser realizada por instrumento particular ou público, independentemente da forma adotada na constituição da sociedade, e será obrigatoriamente levada a registro; se o pedido de registro é feito nos 30 dias subsequentes à data do ato, seus efeitos retroagirão àquela data. Ultrapassado esse prazo, a alteração produzirá efeitos somente a partir do deferimento do pedido para que sejam arquivadas.

5
FUNCIONAMENTO DAS SOCIEDADES CONTRATUAIS

1   Relações entre os sócios

A sociedade não se confunde com seus sócios, mas eles a compõem. A existência e o funcionamento da sociedade resultam das deliberações dos sócios. Há direitos e deveres que surgem do contrato social, sendo válidos e eficazes a partir da assinatura do instrumento, mesmo antes do registro, salvo estipulação em sentido contrário. Esses direitos e deveres perduram até uma eventual saída do sócio, com resolução do contrato social em relação a si (dissolução parcial), ou extinção da sociedade (dissolução total), embora haja relações pós-executórias que se estendam mesmo além.

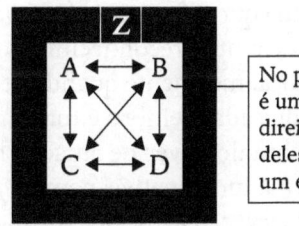

> No plano interno (*ad intra*) a sociedade é um espaço de contrato, implicando direitos e deveres (1) entre eles e (2) deles para com a sociedade. É, também, um espaço de deliberação social.

Como se trata de um contrato (relação jurídica plurilateral), as cláusulas ajustadas são exigíveis por cada sócio e de cada sócio, contratantes que são. Quando digam respeito diretamente a um dos contratantes, ele as poderá exigir – até judicialmente – em nome próprio e para benefício próprio. Quando digam respeito à sociedade (pessoa jurídica que é, com direitos e deveres próprios), tais direitos e deveres devem ser exigidos pela sociedade ou da sociedade, conforme o caso. Essa regra exige atenção e cuidado para impedir que o poder dos controladores da sociedade acabe por prejudicar os direitos e os interesses legítimos da sociedade e dos sócios minoritários.[1] Eis por que, cremos, é recomendável reconhecer a legitimidade de qualquer sócio, por menor que seja a sua participação no capital social para exigir, em nome próprio, mas a favor da sociedade, o cumprimento do contrato social, certo que os sócios se obrigaram mutuamente. Não se deve aceitar que a maioria exerça seu poder para lesar direitos e interesses legítimos da minoria ou de terceiros, em prejuízo da sociedade (a pessoa jurídica). Tal posição, no entanto, não é dominante na jurisprudência.

A atuação dos sócios é elemento relevante. Nas sociedades simples, por exemplo, o sócio não pode ser substituído no exercício das suas funções por outra pessoa, sem que haja o consentimento dos demais sócios (de todos os demais), expresso em modificação do contrato social (artigo 1.002 do Código Civil). Essa previsão é condizente com a própria natureza societária, que recusa a organização própria da empresa para preferir um tipo de atuação pessoal, isto é, que dá relevo à pessoa de cada sócio como agente da atividade societária, em oposição ao que se verifica nas sociedades empresárias. Por exemplo, numa sociedade de dentistas, não pode um deles, sem autorização expressa dos demais, simplesmente colocar outro profissional no seu consultório, trabalhando por si. O artigo 1.002 não o permite.

Outra obrigação de todos os sócios é a atuação harmônica, a bem da realização do objeto social. Exige-se comprometimento dos sócios. Para traduzir essa dimensão da existência societária, fala-se em *affectio societatis*, vale dizer, uma *afeição societária* ou *afeição para a sociedade* ou *afinidade societária*. Não se trata de relação emocional, mas da percepção de que a existência da sociedade pressupõe uma harmonia, sem o que não se podem alcançar seus objetivos. Em suma, é preciso que todos manifestem, não apenas na contratação, mas durante toda a existência social, um ânimo para a atuação societária, comum, hábil a atingir os fins contratados. Noutras palavras, um dever de fidúcia societária, de atuação coerente com a condição de sócio: os sócios devem se fazer confiáveis.

A compreensão da harmonia societária comporta níveis diversos, conforme se trate de (1) sociedade que tem por referência o mútuo reconhecimento e aceitação dos sócios (sociedade *intuitu personae*) ou de (2) sociedade constituída que tem por referência primordial a integralização do capital e não a pessoa que o faz (sociedade *intuitu pecuniae*). Nas sociedades *intuitu personae*, a necessidade de mútuo reconhecimento e aceitação implica um nível mais rígido de harmonia societária, mormente quando se tratar de sociedades simples, nas quais a atuação individual de cada membro é marcante, sendo usual não apenas a dissolução da sociedade pela quebra do dever de atuação harmônica, mas igualmente a exclusão de sócio que atua de forma incompatível com a *affectio societatis*, medida que se justifica pela necessidade de preservação da pessoa jurídica e, com ela, da atividade negocial desempenhada. Já nas sociedades *intuitu pecuniae*, os sócios não precisam manter relações pessoais constantes, principalmente nas sociedades empresárias;

---

[1] Para facilitar o trabalho de advogados, contadores, administradores e outros consultores, constituímos um repertório com centenas de cláusulas para contratos sociais, incluindo sugestão de disposições que regulam direitos e deveres de sócios e administradores. Conferir: MAMEDE, Gladston; MAMEDE, Eduarda Cotta. *Manual de redação de contratos sociais, estatutos e acordos de sócios*. 6. ed. Barueri: Atlas, 2022. Parte II, Capítulo 8: modelo básico de contrato social.

não precisam sequer se conhecer, o que é comum nas grandes sociedades por ações. Nessas, o dever de fidúcia societária compreende-se não como capacidade de convivência reiterada, mas como respeito aos ajustes constitutivos, além de disposição para a realização da finalidade e do objetivo societário.

No entanto, em qualquer hipótese afirma-se o dever daquele que compõe uma sociedade (contratual ou estatutária) de agir de forma coerente com a condição de sócio, ou seja, atuar como um partícipe de um empreendimento comum, fundado necessariamente na adesão a um ente comum, resultado de uma construção plurilateral. Atuação, portanto, de boa-fé, a favor do sucesso do empreendimento. Consequentemente, o desrespeito a tal dever pode conduzir à responsabilidade civil pelos danos causados à sociedade ou a qualquer um dos demais sócios.

Engrebox Ltda.

Em Contagem, Minas Gerais, Walter ajuizou uma ação de dissolução de sociedade contra João e Engrebox Ltda. A petição inicial narrou que Walter e João constituíram a Egrebox Ltda. para atuar no comércio varejista de peças e acessórios em geral para veículos automotores, bem como prestação de serviços de reposição de peças e acessórios para autos em geral. No entanto, ao longo do tempo, os sócios tiveram diversas discussões e desentendimentos, dificultando o exercício comum das atividades da empresa. Walter *deu um tempo*: na tentativa de resolver diferenças pessoais, afastou-se do dia a dia da empresa, que foi conduzida apenas por João. Mas as coisas não se resolveram. Assim, notificou seu sócio, informando a sua intenção de se retirar do quadro societário da empresa, entretanto, João fez de conta que não era com ele: nada fez, nada resolveu. Não sendo possível uma dissolução amigável, Walter ajuizou a ação argumentando com a quebra da *affectio societatis* entre ambos.

A sentença julgou procedente o pedido inicial e, diante da Apelação Cível 1.0079.03.106570-3/001, o Tribunal de Justiça de Minas Gerais confirmou tal solução: "Para a caracterização da sociedade empresária é indispensável a participação nos lucros e nas perdas, a contribuição dos sócios para o capital social e o 'affectio societatis', consistente na vontade de cooperação ativa dos sócios, a vontade de atingir um fim comum. No que toca à sociedade limitada, impende ressaltar que sua constituição se dá em razão das pessoas, que se relacionam na consecução dos objetivos sociais e na partilha dos lucros. A constituição dessa espécie de sociedade está atrelada à relação pessoal dos sócios e, sendo assim, se a causa do pedido de dissolução societária é a impossibilidade de convívio entre eles, motivo não há para que continue existindo com a composição atual. [...] O argumento da parte requerente/apelada para sustentar o pedido de dissolução parcial da sociedade, é que não haveria mais condições de convivência entre os sócios, em razão de vários desentendimentos, que não foram superados, mesmo diante do seu afastamento de fato das atividades da empresa. Pelo conjunto probatório, é possível concluir ser incontroversa a quebra da 'affectio societatis' entre os sócios, não havendo mais a necessária convergência de vontade entre eles, com vistas a concretizar os interesses da sociedade, de forma a mantê-la próspera, tornando, portanto, sua existência insustentável".

2 Contribuições sociais

O patrimônio da sociedade forma-se a partir de contribuições dos sócios, de acordo com o que foi estipulado no contrato social, ao qual se obrigaram. Essas contribuições caracterizam investimento: fazem-se visando à obtenção de lucro; espera-se que as atividades sociais produzam saldos positivos que sejam distribuídos aos sócios. No contrato se define o número e o valor das quotas, além dos sócios que as subscrevem, ou seja, que as assumem. Ninguém está obrigado a subscrever quotas; mas quem as subscreve, assinando o contrato social, está obrigado a integralizá-las (realizá-las), ou seja, a entregar à sociedade a prestação a que se obrigou, no respectivo tempo e modo. É o contrato que especificará o modo pelo qual cada sócio deve integralizar suas quotas, podendo adotar prever mais de uma, até para um mesmo sócio. Assinando o contrato, o sócio estará obrigado àquela prestação e só poderá integralizar por outro meio se houver aprovação da alteração contratual.

Dependendo do que tenham acordado os sócios, a integralização das quotas pode fazer-se com a transferência de bens imóveis ou bens móveis, inclusive direitos patrimoniais com expressão econômica, como patentes, marcas, *softwares* etc. É possível mesmo transferir apenas a posse ou só uso de um bem por tempo estipulado, atribuindo-lhe um valor. Mas a transferência deve, efetivamente, corresponder à realização do capital subscrito, devendo o bem-estar em condição de compor o acervo empresarial, servindo à sociedade; assim, o sócio responde por vícios redibitórios e, mesmo, pela evicção (artigo 1.005 do Código Civil), ou seja, pela perda judicial da coisa para outra pessoa que tem direito prejudicial sobre ela (artigo 447 do Código Civil).

Na mesma linha, se a integralização se fez pela transferência de crédito, seja por meio de endosso de títulos de crédito, seja por cessão de crédito, o sócio responderá pela solvência do devedor, garantindo, assim, que o crédito transferido ingresse, efetivamente, no capital social. De outra face, a integralização de quotas por meio de prestação de serviços à sociedade merece redobrada cautela para que não caracterize mascaramento de uma relação de emprego, o que conduziria a uma pesada indenização trabalhista. O contrato especificará os serviços a serem prestados, pressupondo-se o dever de exclusividade na prestação do trabalho, quando não haja previsão em contrário no ato constitutivo. O descumprimento desse dever de exclusividade, segundo o artigo 1.006 do Código Civil, conduz à privação do direito, à participação nos lucros e, até, à exclusão da sociedade.

Está inadimplente aquele que deixa de contribuir para a sociedade, na forma e no prazo previstos no contrato social. Em se tratando de prestação líquida e certa, como o pagamento de certa quantia em dinheiro, a sociedade poderá executar o contrato social contra o sócio devedor (*sócio remisso*). Poderá, ainda, notificá-lo de sua mora, assinalando-lhe prazo de 30 dias para saldá-la, sem o que responderá pelo dano que a sociedade sofreu pelo inadimplemento. Os demais sócios, por outro lado, poderão preferir à indenização a exclusão do sócio remisso, ou mesmo a redução de sua quota ou quotas ao montante já realizado. Essa deliberação será tomada pela maioria simples dos demais sócios, aplicado o artigo 1.004, parágrafo único, do Código Civil.

Sócio remisso	→ sócio que não adimpliu, no tempo e modo contratados, suas contribuições sociais, deixando de integralizar as quotas que subscreveu

Nas sociedades em que não há limite de responsabilidade entre as obrigações sociais e o patrimônio dos sócios, bem como na sociedade em comandita simples, em relação aos comanditados, o dever de reposição das perdas sociais, resultado da responsabilidade subsidiária pelas obrigações sociais. Assim, para além da integralização do capital social, sempre que se verificarem perdas, os sócios deverão contribuir para a sua reposição, nos termos do contrato. Essa obrigação alcança, inclusive, o sócio admitido em sociedade já constituída, pois o artigo 1.025 do Código Civil não o exime das dívidas sociais anteriores à admissão.

3 Administração

Como a pessoa jurídica é um *ente de existência ideal*, sua atuação pressupõe seres humanos que a representem e executem os atos físicos e jurídicos de sua existência. Entre esses, destaca-se o administrador societário, a quem cumpre a representação da sociedade e a definição dos atos executórios de seu objeto social. Cuida-se de uma ou mais pessoas naturais, nomeadas no contrato social, ou segundo as regras do contrato social, em documento apartado. Mas o administrador, nomeado por instrumento em separado, deve averbá-lo à margem da inscrição da sociedade, e, pelos atos que praticar, antes de requerer a averbação, responde pessoal e solidariamente com a sociedade (artigo 1.012 do Código Civil). Não podem ser administradores, além das pessoas impedidas por lei especial, os condenados a pena que vede, ainda que temporariamente, o acesso a cargos públicos; ou por crime falimentar, de prevaricação, peita ou suborno, concussão, peculato; ou contra a economia popular, contra o sistema financeiro nacional, contra as normas de defesa da concorrência, contra as relações de consumo, a fé pública ou a propriedade, enquanto perdurarem os efeitos da condenação (artigo 1.011, § 1º).

O contrato social deverá disciplinar a forma de administração da sociedade, incluindo o número de administradores, seus poderes e atribuições do administrador estão dispostos no contrato social. Tem-se, assim, a constituição de uma relação jurídica de representação. Consequentemente, nos limites da lei e do contrato, a atuação física do(s) administrador(es), sempre que esteja contida nos limites da atribuição de competência e poder que se encontra no contrato social, vincula o seu patrimônio societário e não o patrimônio do administrador: não é ele quem pratica o ato jurídico, mas a sociedade. Com o arquivamento do contrato na Junta Comercial, essa atribuição de competências e poderes se torna pública e eficaz em relação a terceiros. Consultando o registro, qualquer pessoa pode saber quem é o administrador e representante da sociedade, quais são suas atribuições e poderes.

Quando, por lei ou pelo contrato social, competir aos sócios decidir sobre os negócios da sociedade, as deliberações serão tomadas por maioria de votos, contados segundo o valor das quotas de cada um; para formação dessa maioria absoluta são necessários votos correspondentes a mais de metade do capital, sendo que prevalece a decisão sufragada por maior número de sócios no caso de empate (independentemente do valor de suas quotas), e, se este persistir, decidirá o juiz (artigo 1.010 do Código Civil), embora seja juridicamente possível prever-se o recurso à arbitragem, tornando a solução do impasse mais célere. O sócio que, tendo em alguma operação interesse contrário ao da sociedade, participar da deliberação que a aprove graças a seu voto, responde por perdas e danos, norma que reflete o dever de atuação harmônica e coerente com os fins comuns, societários. Note que o legislador não proibiu o voto, nem disse que seria nulo; apenas se previu o dever de indenizar (1) quando o voto reflita um *interesse contrário* ao societário; (2) sendo vitorioso graças ao peso de seu voto na deliberação; esse dever de indenizar, por seu turno, exige a demonstração de que ocorreu um dano e de que esse dano é devido ao comportamento ilícito do sócio, que votou em conflito de interesse.

A administração da sociedade, nada dispondo o contrato social, compete separadamente a cada um dos sócios (*administração coletiva* ou *administração simultânea*), sendo que cada um pode impugnar operação pretendida por outro, cabendo a decisão aos sócios, por maioria de votos (artigo 1.013). A mesma solução aplica-se quando a administração competir separadamente a vários administradores, mas não à totalidade dos sócios. Em qualquer dos casos, responde por perdas e danos perante a sociedade o administrador que realizar operações, sabendo ou devendo saber que estava agindo em desacordo com a maioria.

Em oposição, o contrato poderá estabelecer *administração conjunta*, hipótese na qual os atos de administração e representação exigem a participação de todos os administradores, sem o que não são válidos (artigo 1.014). Somente se permite a prática de atos sem a coparticipação de todos os administradores quando se tratar de casos urgentes, em que a omissão ou retardo das providências possa ocasionar dano irreparável ou grave para a sociedade. No entanto, responde por perdas e danos perante a sociedade o administrador que realizar operações, sabendo ou devendo saber que estava agindo em desacordo com a maioria, regra também aplicável à hipótese de administração coletiva, anteriormente examinada.

É lícito à sociedade ter apenas um administrador, o que é comum. Na sociedade simples comum e na sociedade em nome coletivo, esse administrador deverá ser, em virtude do modelo societário, qualquer um dos sócios, desde que pessoa natural. Na sociedade em comandita simples, o administrador será, obrigatoriamente, sócio comanditado; se um sócio comanditário for conduzido à posição de administrador, de fato ou de direito, passará a responder com seu patrimônio pessoal pelas obrigações societárias. Por fim, na sociedade limitada, o administrador poderá ser um dos sócios ou, mesmo, um terceiro (não sócio).

Município de Blumenau x Brasil Propaganda Ltda.

No âmbito de uma execução fiscal em curso, o Município de Blumenau argumentou contra atos que teriam sido praticados em nome da executada, Brasil Propaganda Ltda. Tais atos seriam irregulares, disse, já que o advogado que os praticou não teria poderes para tanto. O motivo? A procuração que a sociedade lhe outorgou estava assinada por um administrador societário que já falecera; assim, disse, seria necessário regularizar a representação processual para que os atos fossem válidos. O Superior Tribunal de Justiça, contudo, não concordou. Julgando o Agravo Interno no Recurso Especial 1.997.964/SC, a Corte lembrou à recorrente que "a personalidade jurídica da sociedade empresária é distinta da personalidade jurídica de seus sócios e de seus representantes legais. Assim, a procuração outorgada pela pessoa jurídica aos seus patronos não perde a validade com o falecimento do sócio ou do representante legal que assinou o instrumento."

É mesmo lícito aos sócios, nas sociedades contratuais e estatutárias, constituírem administradores provisórios, atribuindo-lhes poderes com objetivos específicos e/ou por tempo específico, como para a superação de crises econômico-financeiras, para substituírem administrador impedido ou afastado temporariamente. É uma mera questão de estipular, no ato constitutivo, cláusulas que definam a abrangência dessa constituição (tempo, poderes, limites etc.), levando ao registro público a alteração do contrato ou estatuto para que tenha eficácia perante terceiros.

4 Atuação do administrador

No exercício de suas funções, o administrador da sociedade deverá ter o cuidado e a diligência que todo o ser humano ativo e honesto costuma empregar na administração de seus próprios negócios (artigo 1.011 do Código Civil). O contrato deve estipular a competência e os poderes atribuídos ao administrador. Se o contrato não especifica essa competência e poder, entende-se que o administrador poderá praticar todos os atos comuns (ordinários) de gestão da sociedade, conforme seu objeto, sendo que, para os assuntos extraordinários, cabe decisão pela maioria ou unanimidade dos sócios, conforme o caso. É o que ocorre, por exemplo, com a venda de bens imóveis ou a constituição de ônus reais sobre eles, sempre que não seja esse o objeto da atividade negocial da sociedade, como ocorreria com uma construtora, por exemplo.

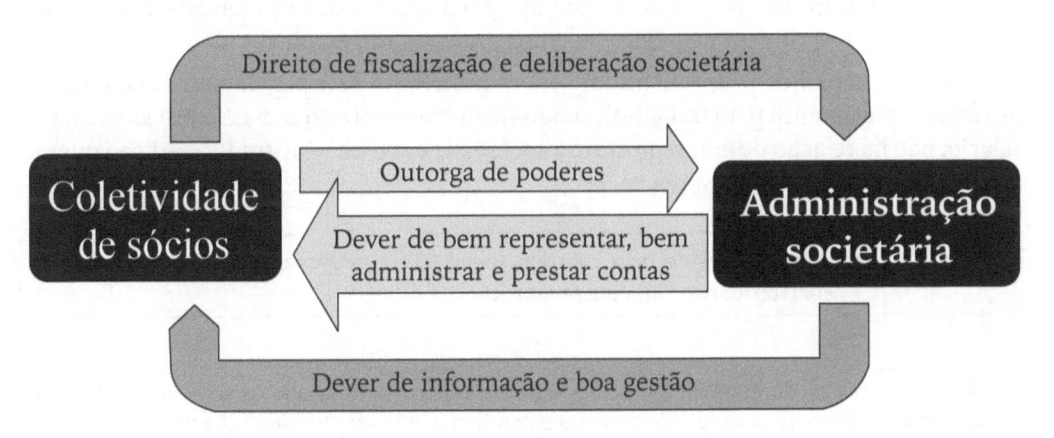

Nos limites da lei e do contrato social, os atos dos administradores são atos da sociedade, já que atuam como meros representantes;[2] por isso, sua atividade é regulada, supletivamente, pelas disposições concernentes ao mandato (artigos 653 e seguintes do Código Civil). Dessa forma, os atos que pratiquem, nos limites dos poderes que lhe foram atribuídos, não vinculam o seu patrimônio pessoal, mas apenas o patrimônio societário. Em oposição, são ineficazes em relação à sociedade os atos que o administrador praticar excedendo os poderes que lhe foram conferidos (ato *ultra vires*, ou seja, para além dos poderes conferidos), expressamente constantes do contrato social ou de alteração devidamente levada a registro. O administrador fica pessoalmente obrigado, perante a sociedade e terceiros, por atos *ultra vires*, embora seja lícito à sociedade ratificar posteriormente o ato.

Ato *ultra vires*	→ ato que o administrador pratique excedendo os poderes que lhe foram concedidos pelo ato constitutivo da sociedade

Note-se que a jurisprudência tem interpretado restritivamente esse parâmetro de ausência de responsabilidade da sociedade por atos praticados, pelo administrador, com excesso de poderes. Esses julgados destacam que a sociedade responde pela escolha do administrador (culpa *in eligendo*), bem como pelo dever de fiscalizar e vigiar a sua atuação (culpa *in vigilando*), designadamente quando se trate de relações jurídicas que, para os terceiros que delas participem, tenham aparência de regularidade. Daí parecer-me que a desvinculação do patrimônio societário dos atos praticados pelo administrador, excedendo os seus poderes, exige a constatação de que o terceiro que participou do ato conhecia a limitação ou deveria conhecê-la (a exemplo das instituições financeiras, habituadas ao manejo de atos constitutivos para a realização de seus negócios).

No exercício de suas funções, veda-se ao administrador fazer-se substituir por outra pessoa. Quando muito, permite-se-lhe constituir mandatários da sociedade para negócios ou atos específicos, desde que tenha poderes para tanto, conferidos pelo contrato social ou pelo instrumento de nomeação devidamente averbado no registro público. Se o faz, deverá tomar o cuidado de especificar no instrumento os atos e as operações que poderão praticar (artigo 1.018 do Código Civil), não se exigindo a averbação desse documento no registro público. Exemplo é a constituição de representante comercial, como se estudará no Capítulo 16. É preciso cautela com a escolha de tais mandatários, já que o administrador responderá pelo dolo ou culpa grave na sua escolha.

Por seu trabalho, o administrador será remunerado. Esse pagamento é chamado de *pro labore* (pagamento pelo trabalho), sendo fixado no contrato social. O *pro labore* não é salário; não há relação de emprego entre a sociedade e seu administrador; seu pagamento será contabilizado como despesa social.

Pro labore	→ valor estipulado pelo contrato social para a remuneração do administrador societário; não caracteriza salário

---

[2] Há uma divisão na doutrina do Direito Societário brasileiro entre os que compreendem que o administrador *representa* a sociedade e os que entendem não haver representação em sentido estrito (*mandato*). Como se vê, optou-se aqui pela primeira corrente.

5 Responsabilidade civil do administrador

O administrador responde perante a sociedade e os terceiros prejudicados pelos danos resultantes de atos dolosos (ato ilícito consciente) e culposos (ato negligente ou imprudente) praticados no desempenho de suas funções; havendo mais de um administrador, essa responsabilidade é solidária. O dever de administrar com honestidade, cuidado e operosidade assume uma faceta nova por esse ângulo. Essa atuação ética e moral inclui o dever de abster-se de participar dos negócios e das deliberações nas quais o interesse do administrador seja contrário ao interesse da sociedade, sob pena de responsabilidade civil, além da possibilidade de ser afastado motivadamente da função e, eventualmente, até excluído da sociedade. Também responderá perante a sociedade o administrador que, sem consentimento escrito dos sócios, aplicar créditos ou bens sociais em proveito próprio ou de terceiros; em tais hipóteses, terá de restituí-los à sociedade, ou pagar o equivalente, com todos os lucros resultantes e, se houver prejuízo, por ele também responderá (artigo 1.017 do Código Civil).

Justamente em função dessa responsabilidade – e por estar administrando, diretamente, os direitos e os interesses da sociedade e, indiretamente, interesses e direitos dos sócios –, o administrador submete-se à fiscalização de seus atos pelos sócios, aos quais está obrigado a prestar contas. Judicialmente, por meio de *ação de prestação de contas*. Extrajudicialmente, apresentará, anualmente, *inventário, balanço patrimonial* e *demonstração de resultado econômico*, demonstrativos contábeis. Aos sócios é também facultado, a qualquer tempo, examinar os livros e os documentos, bem como o estado da caixa e da carteira da sociedade, embora o contrato social possa estipular época determinada para o exercício de tal faculdade. Nesse caso, para ter acesso aos livros fora das épocas marcadas, será necessário ajuizar ação pedindo-os, apresentando motivos relevantes para excepcionar a limitação, a exemplo de indícios de fraude, risco de falência etc.

Auto Aviação Água Verde Ltda.

Altamir ajuizou uma ação judicial contra Adilson e Edison, requerendo a prestação de contas da sociedade empresária Auto Aviação Água Verde Ltda., administrada pelos réus, argumentando que, segundo informes por ele obtidos, o ativo societário ultrapassaria a casa de R$ 24.000.000,00. Os réus contestaram o pedido alegando, entre outras coisas, que o autor não teria interesse no pedido uma vez que participava das reuniões de sócios.

A sentença deferiu o pedido com os seguintes fundamentos: "(i) ser a ação de prestação de contas a via adequada em virtude de o autor ter notificado extrajudicialmente os sócios administradores para prestar contas em outubro de 2014, apenas ingressando judicialmente em julho de 2015; (ii) se os documentos estivessem à disposição do autor, não haveria necessidade de ingressar em juízo; (iii) os requeridos, ora agravantes, poderiam ter exibido as contas, 'comprovando de forma documental tal conduta, qual seja, a de que os documentos sempre estiveram à sua disposição', e (iv) considerando que o pedido compreende o período de

2010 a 2015, a legitimidade do réu Edison Martini para prestar contas estende-se até 31/1/2011, data em que deixou de fazer parte da sociedade".

Os réus apelaram para o Tribunal de Justiça do Paraná, mas a Corte confirmou a sentença, pois, comprovado que os réus exerceram a administração da sociedade limitada, era seu dever prestar contas para sócios não administradores. Os documentos que comprovavam a participação em reuniões de sócios "não se prestam à comprovação de que foram prestadas as contas na forma solicitada nos presentes autos". De fato, os documentos se referiam à prestação de contas, mas não se referiam ao passivo indicado pelo autor. "Não bastasse, é necessário registrar que não se está aqui senão a reconhecer que os embargantes têm o dever de prestar as contas solicitadas, cujo ônus decorre de expressa disposição legal, tal qual registrado na decisão embargada".

Por meio do Agravo Interno no Agravo em Recurso Especial 1.551.175/PR, a questão foi submetida à Terceira Turma do Superior Tribunal de Justiça, que assim se manifestou: "não há como acolher a tese de que o agravado não possui interesse de agir, pois como sobejamente mencionado no aresto proferido na origem, não se buscou com a ação a exibição de documentos e, sim, esclarecimentos a respeito do expressivo passivo da empresa, incompatível com o ativo da sociedade. Ademais, embora notificados extrajudicialmente, os agravantes quedaram-se inertes na obrigação que possuem de prestar contas na qualidade de sócios administradores". Citou-se outro precedente da Corte: o Agravo Interno no Agravo em Recurso Especial 906.284/SP: "O entendimento desta Corte é no sentido de que o sócio tem legitimidade e interesse para exigir a prestação de contas contra quem exerce a administração da empresa".

O administrador é igualmente responsável pela distribuição regular dos lucros, sendo pessoalmente responsável pela distribuição de lucros ilícitos ou fictícios; havendo mais de um administrador, essa responsabilidade será solidária entre eles (artigo 1.009). Essa responsabilidade é, inicialmente, civil; no entanto, dependendo do contorno assumido pelos fatos, poderá caracterizar-se a responsabilidade penal do administrador. Os sócios somente responderão pela distribuição indevida de lucros se conheciam ou deviam conhecer sua ilegitimidade. A meu ver, o desconhecimento não afasta a obrigação de restituição pelos sócios do que receberam indevidamente, sempre que em prejuízo de terceiros, fruto do dever genérico de não se enriquecer indevidamente.

6 Fim da administração

Na sociedade simples, os poderes conferidos ao sócio para administração, por meio de cláusula no contrato social, são irrevogáveis (artigo 1.019 do Código Civil), sendo a destituição judicial o único meio de retirá-lo do cargo e da função, quando não concorde voluntariamente em sair. A ação que pede a destituição poderá ser ajuizada por qualquer dos sócios, por menor que seja a sua participação no capital societário. Trata-se de ação ordinária (processo de conhecimento), podendo ser formulado pedido de antecipação de tutela, quando estejam presentes os requisitos para tanto, bem como, em processo cautelar, outras medidas voltadas a garantir a eficácia do provimento final (apreensão de livros etc.). Na sociedade limitada, que será estudada adiante, a destituição de sócio nomeado administrador no contrato somente se opera pela aprovação de titulares de quotas correspondentes a mais da metade do capital social, salvo disposição contratual diversa (artigo 1.063, § 1º).

Em oposição, são revogáveis a qualquer tempo os poderes de administração que sejam conferidos a (1) sócio, por meio de documento em apartado e (2) a *não sócio* (nas sociedades limitadas), haja nomeação pelo contrato ou por documento em apartado. Basta deliberação pela maioria do capital social, sem necessidade de fundamentação: a destituição imotivada, nesses casos é uma faculdade da maioria do capital social. Isso não afasta a possibilidade de o sócio, não importa o valor de sua participação societária, pedir judicialmente o afastamento do administrador por justa causa, a exemplo de gestão ruinosa, entre outras motivadoras.

> ➜ Se o sócio foi investido na condição de administrador por meio de cláusula expressa do contrato social, só poderá ser destituído por deliberação unânime (incluindo o seu voto) ou por justa causa, reconhecida judicialmente.

> ➜ O sócio nomeado por meio de documento em apartado e o não sócio (nomeado por qualquer meio) podem ser destituídos a qualquer tempo, bastando decisão da maioria do capital social.

É um direito do administrador, sócio ou não, renunciar aos poderes de administração que lhe foram conferidos, abandonando a função e seus deveres, sem precisar motivar o seu ato. A administração não é um ônus de exercício obrigatório e infinito. Ademais, a administração também terminará com a morte ou interdição do administrador e com dissolução da sociedade. Em qualquer hipótese, por destituição judicial ou extrajudicial ou por renúncia à função, os efeitos jurídicos da mudança de administrador em relação a terceiros estão condicionados ao registro da alteração contratual ou à averbação do documento respectivo.

7 Cessão de quotas

As quotas são bens jurídicos que podem ser transferidos a terceiros, que passam à condição de sócios. Essa transferência se faz por meio de *cessão de quota*; aquele que cede (transfere) é chamado *cedente* e aquele que recebe é chamado de *cessionário*. A cessão pode ser *total ou parcial* (artigo 1.003 do Código Civil), ou seja, pode-se transferir a totalidade da participação no capital da sociedade, ou apenas uma parte. Para tanto, é indiferente se a sociedade adota uma quota por sócio, no valor total de sua participação no capital (p. ex.: uma quota de R$ 60.000,00 e uma quota de R$ 40.000,00), o que é raro, ou se adota quotas fracionadas de mesmo valor (p. ex.: 1.000 quotas de R$ 100,00, um sócio com 600 quotas, outro com 400 quotas). Em qualquer caso, será preciso alterar o contrato social para refletir a nova participação societária, haja saída ou ingresso de sócio, haja mera alteração na participação de cada sócio no capital social, arquivando a alteração no registro respectivo.

A cessão total ou parcial de quotas, todavia, coloca uma questão interessante para a análise: a possibilidade, ou não, de os demais sócios se oporem a ela. A regra geral, colocada no Código Civil (artigos 997 e 999), é da necessidade de aprovação pela totalidade dos sócios, ressalvada a sociedade limitada, que tem regra própria (aprovação por 75% do capital social: artigo 1.057). Presume-se, portanto, que as sociedades são contratadas *intuitu personae*, vale dizer, sociedade constituída em função das pessoas, sendo o mútuo reconhecimento e aceitação um elemento vital para a convivência social. No entanto, é lícito aos sócios estabelecerem outro percentual de aprovação, menor ou maior, e até constituírem uma sociedade totalmente em função do capital (*intuitu pecuniae*), ou seja, dando menor importância para a identidade do sócio e preferindo atentar para o aporte de capital, não fazendo distinção de quem será o sócio, desde que o capital seja integralizado e as cláusulas do contrato social sejam respeitadas; basta preverem que a cessão de quotas independe da aprovação dos demais sócios.

> ➥ A cessão de participação societária exige alteração do contrato social, devidamente levada ao registro respectivo, para que tenha validade perante terceiros.

Até dois anos depois de averbada, o cedente da quota ou quotas responde solidariamente com o cessionário, perante a sociedade e terceiros, pelas obrigações que tinha como sócio (artigo 1.003, parágrafo único). Trata-se de responsabilidade objetiva, prescindindo da verificação de má-fé na transferência; a presença de má-fé, aliás, caracterizaria simulação e tornaria nula a transferência, permitindo a responsabilização do cedente, mesmo após vencido o prazo de dois anos.

Barber Shop Cabeleireiro Ltda.

O ano de 2007 dobrou-se ao meio, julho se foi, agosto chegou: era o dia 10, quando André cedeu às quotas que tinha na *Barber Shop Cabeleireiro Ltda.*, sociedade empresária que exerce suas atividades na cidade maravilhosa do Rio de Janeiro. No entanto, o instrumento de alteração contratual não foi prontamente levado à Junta Comercial. Só em 11 de setembro de 2008, a alteração foi arquivada.

Repetindo o parágrafo único do artigo 1.003 do Código Civil, o instrumento de alteração contratual, com a cessão das quotas, trazia a previsão de que o cedente responderia pelas obrigações sociais pelo prazo de dois anos. E foi assim que, em 14 de agosto de 2009, a sociedade (*Barber Shop Cabeleireiro Ltda.*) ajuizou ação de cobrança contra o ex-sócio, ora recorrido, postulando o recebimento de R$ 11.583,24, relativos a uma dívida trabalhista. O juízo de origem julgou procedente o pedido, mas o Tribunal de Justiça do Rio de Janeiro deu provimento à apelação de André, acolhendo a prejudicial de decadência. Afinal, a cessão de quotas foi assinada em 10.ago.2007 e a ação de cobrança foi ajuizada em 14.08.09, isto é, quatro dias após o prazo decadencial de dois anos, previsto no artigo 1.003 do Código Civil.

Inconformada com tal solução, *Barber Shop Cabeleireiro Ltda*. interpôs recurso especial que foi examinado, em junho de 2016, pela Terceira Turma do Superior Tribunal de Justiça: Recurso Especial 1.415.543/RJ. Os ministros pautaram o julgamento pelos artigos 1.003 e 1.057 do Código Civil:

> **Art. 1.003.** *A cessão total ou parcial de quota, sem a correspondente modificação do contrato social com o consentimento dos demais sócios, não terá eficácia quanto a estes e à sociedade.*
>
> **Parágrafo único.** *Até dois anos depois de averbada a modificação do contrato, responde o cedente solidariamente com o cessionário, perante a sociedade e terceiros, pelas obrigações que tinha como sócio.*
>
> **Art. 1.057.** *Na omissão do contrato, o sócio pode ceder sua quota, total ou parcialmente, a quem seja sócio, independentemente de audiência dos outros, ou a estranho, se não houver oposição de titulares de mais de um quarto do capital social.*
>
> **Parágrafo único.** *A cessão terá eficácia quanto à sociedade e terceiros, inclusive para os fins do parágrafo único do art. 1.003, a partir da averbação do respectivo instrumento, subscrito pelos sócios anuentes.*

Os ministros destacaram que a disposição do artigo 1.003 deixa expressamente estabelecido que o termo inicial do prazo decadencial seria a data da averbação da alteração contratual. O Tribunal de origem, contudo, entendeu que o prazo fluiria a partir da data da assinatura, pois, desde então, o contrato já produziria efeitos entre as partes, embora não os produzisse perante terceiros. Com isso, os efeitos também seriam produzidos contra a sociedade, uma vez que a cessão contou com a anuência expressa de todos os sócios. É a distinção entre a produção de efeitos nas relações internas e nas externas, no âmbito do direito societário, já teorizada, no século XIX, pelo grande jurista Augusto Teixeira de Freitas.

Os ministros reconheceram que essa distinção é claramente aplicável na relação jurídica entre o cedente e o cessionário, de modo que o contrato já produz efeitos entre eles desde a data da assinatura. Porém, decidiram, "na hipótese em tela, o que se questiona são os efeitos na relação jurídica do cedente com a sociedade, não com o cessionário. O Tribunal de origem tratou essa relação jurídica como interna, talvez porque o instrumento de cessão tenha contado com assinatura de todos os sócios. Contudo, deve-se observar que a sociedade não é parte do negócio jurídico de cessão de cotas. Ademais, mesmo que todos os sócios tenham anuído à cessão, não se pode afirmar que a sociedade, (uma pessoa jurídica autônoma), tenha participado do negócio jurídico, de modo a estar subordinada (ou beneficiada) por seus efeitos."

Mais do que isso, afirmou o Superior Tribunal de Justiça que, "sob outro prisma, observa-se que o legislador dedicou especial atenção ao regime jurídico da cessão de cotas, para evitar a prática de fraudes em prejuízo de terceiros e da própria sociedade. Assim, considerando a distinção entre a pessoa jurídica e a pessoa dos sócios, bem como o objetivo de evitar fraudes, a melhor solução para o caso dos autos é interpretar estritamente o disposto nos artigos 1.003 e 1.057, no sentido de que os efeitos da cessão com relação à sociedade somente se operem depois da efetiva averbação na Junta Comercial."

Dessa forma, consideraram que o prazo decadencial iniciou-se em 11 de setembro de 2008, quando a alteração foi arquivada, não tento se operado a decadência quando a ação foi ajuizada, em 14 de agosto de 2009. Assim, André foi condenado ao pagamento dos R$ 11.583,24 cobrados pela sociedade.

7.1 Sucessão hereditária e separação judicial

A participação societária também pode ser transferida a outrem em virtude da morte do sócio (sucessão hereditária) ou da partilha de bens, resultante de separação judicial. Com a morte, findam-se as relações jurídicas do falecido e seus bens são imediatamente transferidas aos herdeiros (artigo 1.784 do Código Civil). É o que ocorre com as quotas societárias, que são bens jurídicos. Nas sociedades *intuitu pecuniae*, essa transferência é incondicional: os herdeiros recebem as quotas e, assim, assumem a condição de sócios. Já nas sociedades *intuitu personae*, para que o(s) herdeiro(s) assuma(m) a condição de sócio, será preciso haver a anuência dos demais sócios, no quórum previsto no contrato ou em lei.

Se o(s) herdeiro(s) não é(são) aceito(s) pelos demais sócios, ou se não deseja(m) ingressar na sociedade, far-se-á a liquidação da(s) quota(s), com a resolução da sociedade em relação à participação do falecido (artigo 1.028 do Código Civil). A resolução do contrato e liquidação da(s) quota(s) será estudada no Capítulo 6 e seu resultado é entregar ao espólio o valor correspondente à participação do morto no patrimônio societário. Preservam-se o direito do herdeiro ao valor patrimonial das quotas e o direito dos demais sócios a admitir na sociedade somente quem desejem. O contrato social, todavia, poderá trazer outra disposição, como a garantia da sucessão hereditária da condição de sócio.

Laboratório Simões Ltda.

O contrato social de Laboratório Simões Ltda. previa que a cessão de quotas exigia aprovação pelos demais sócios (sociedade *intuitu personae*). Assim, quando o sócio Fábio morreu, os sócios sobreviventes, usando da faculdade legal e contratual, preferiram não aceitar a viúva e os herdeiros como sócios, notificando-os para o recebimento dos haveres pertinentes às quotas societárias titularizadas pelo sócio falecido, tomando por base os balanços patrimoniais realizados 57 dias antes da morte. Descontentes com a solução, a viúva e os herdeiros ajuizaram uma ação pedindo a apuração de haveres para liquidação das quotas sociais. A sentença julgou o pedido procedente, determinando devida apuração de haveres na data do óbito. A decisão foi confirmada pelo Tribunal de Justiça do Rio de Janeiro e, por meio do Recurso Especial 282.300/RJ, submetida ao Superior Tribunal de Justiça. A Terceira Turma confirmou a decisão: "a apuração de haveres, no caso de dissolução parcial de sociedade de responsabilidade limitada, há de ser feita de modo a preservar o valor devido aos herdeiros do sócio, que deve ser calculado com justiça, evitando-se o locupletamento da sociedade ou dos sócios remanescentes". Em seu voto, o Ministro Antônio de Pádua

Ribeiro ponderou: "os balanços, realizados antes do falecimento do sócio, não tinham por objetivo a apuração de haveres e nem poderiam servir de referência para a dissolução da sociedade".

Também é possível, em face da morte de um sócio, que os demais prefiram dissolver a sociedade (artigo 1.028, II, do Código Civil), liquidando seu patrimônio, partilhando os resultados e dando baixa em seu registro. Outra possibilidade é estabelecerem um acordo com os herdeiros para a substituição do sócio falecido: um herdeiro ou herdeiros em especial ou um terceiro que lhes adquira a quota ou quotas.

Outro desafio é a separação conjugal do sócio, quando as quotas façam parte do patrimônio comum do casal. Nesse caso, parte da participação na sociedade poderá ser atribuída ao ex-cônjuge na partilha do patrimônio do casal. Na sociedade *intuitu pecuniae*, o ex-cônjuge pode assumir a condição de sócio, ceder as quotas para terceiros ou pedir a resolução do contrato em relação à participação que recebeu. Já na sociedade *intuitu personae*, o ex-cônjuge somente se tornará sócio se houver deliberação favorável dos demais, no percentual estipulado pelo contrato social ou pela lei. Situação similar ocorrerá quando falecer o cônjuge do sócio, estando as quotas no patrimônio comum do casal. A metade que caberia ao cônjuge falecido será transferida aos seus herdeiros, repetindo-se os parâmetros, conforme haja sociedade *intuitu pecuniae* ou *intuitu personae*.

Em ambos os casos, não havendo admissão no quadro social, o artigo 1.027 do Código Civil veda a exigência desde logo da *parte que caberia na quota social*; portanto, não é possível simplesmente tomar a quota pelo valor contratual ou, mesmo, na proporção da participação societária, calculada sobre o patrimônio líquido, conforme o último balanço social. O cônjuge ou os herdeiros do cônjuge falecido deverão pedir a liquidação da quota ou quotas até que esta ocorra, terão direito à participação nos lucros da sociedade.

O mesmo acontecerá havendo sociedade limitada unipessoal (com um só sócio), permitida pelo artigo 1.052, § 1º, a partir da Lei 13.874/19. Se morre o único sócio, a(s) quota(s) da sociedade que ele titularizava integralmente comporão o inventário. Se há morte do cônjuge ou separação judicial, havendo comunhão em virtude do regime de bens, tal(is) quota(s) comporão o acervo a partilhar: não as faculdades societárias, mas as faculdades patrimoniais (o bem). Não há direito de ingressar no quadro societário (salvo previsão contratual diversa), nem de exigir desde logo da *parte que caberia na quota social*. Aqui também, não é possível simplesmente tomar a quota pelo valor contratual ou calculada sobre o patrimônio líquido, conforme o último balanço social. O cônjuge ou os herdeiros do cônjuge falecido deverão pedir a liquidação da quota ou quotas até que esta ocorra e terão direito à participação nos lucros da sociedade.

8 Penhora de quotas

Como a quota é um bem jurídico e tem valor econômico, se uma execução judicial é movida contra o sócio, sua quota ou quotas na sociedade podem ser penhoradas e, até, levadas a leilão. O artigo 835, IX, do Código de Processo Civil, lista ações e quotas de sociedades simples e empresárias como bens sobre o qual a penhora poderá recair. Mesmo em se tratando de sociedade limitada com um só sócio, a penhora de quota(s) é possível, como decidiu o Superior Tribunal de Justiça no Recurso Especial 1.982.730/SP.

O problema são os efeitos da penhora sobre a sociedade. Antes de mais nada, de acordo com o artigo 799, VII, do Código de Processo Civil, incumbe ao exequente requerer a intimação da sociedade, no caso de penhora de quota social. Ademais, como anteriormente estudado, aquele que arremata a quota ou quotas, em se tratando de sociedade constituída privilegiando o capital e não as pessoas dos sócios (sociedade *intuitu pecuniae*), assumirá a condição de sócio. Mas em se tratando de sociedade constituída privilegiando o mútuo reconhecimento e aceitação entre os sócios (sociedade *intuitu personae*), o arrematante só poderá assumir a condição de sócio se os demais sócios o aceitarem: todos, na sociedade simples comum, sociedade em nome coletivo e sociedade em comandita simples; ou pelo menos 75%, nas sociedades limitadas, se outro percentual não estiver estipulado no contrato social. Se não aceitam, a solução será liquidar as quotas penhoradas e leiloadas, entregando ao arrematante o valor apurado em balanço especial.

Note-se, porém, que o artigo 1.026 do Código Civil, para proteger a própria sociedade, condiciona a penhora sobre as quotas, em primeiro lugar, à insuficiência de outros bens do devedor. Não havendo outros bens livres e desembaraçados, a execução deverá fazer-se, preferencialmente, sobre a participação do devedor nos lucros da sociedade, e não sobre sua quota. Obviamente, é preciso que os lucros por distribuir sejam suficientes para satisfazer o crédito executado. Somente se outros bens não são suficientes e se os lucros também não o são, penhoram-se as quotas, leiloam-nas e assegura-se ao arrematante o direito de as liquidar; o valor apurado será depositado em dinheiro, no juízo da execução, até 90 dias após aquela liquidação.

Procurando solucionar a questão, o artigo 861 do Código de Processo Civil estabelece que, penhoradas as quotas ou as ações de sócio em sociedade simples ou empresária, o juiz assinará prazo razoável, não superior a três meses, para que a sociedade: (1) apresente balanço especial, na forma da lei; (2) ofereça as quotas ou as ações aos demais sócios, observado o direito de preferência legal ou contratual; (3) não havendo interesse dos sócios na aquisição das ações, proceda à liquidação das quotas ou das ações, depositando em juízo o valor apurado, em dinheiro. Para os fins dessa liquidação, o juiz poderá, a requerimento do exequente ou da sociedade, nomear administrador, que deverá submeter à aprovação judicial a forma de liquidação (§ 3º).

Para evitar a liquidação das quotas ou das ações, diz o § 1º do artigo, a sociedade poderá adquiri-las sem redução do capital social e com utilização de reservas, para manutenção em tesouraria. Essa regra não se aplica à sociedade anônima de capital aberto, cujas ações serão adjudicadas ao exequente ou alienadas em bolsa de valores, conforme o caso (§ 2º). Não é só. Embora o *caput* do citado artigo 861 fale em *prazo razoável, não superior a três meses*, o § 4º permite ampliação, se o pagamento das quotas ou das ações liquidadas (1) superar o valor do saldo de lucros ou reservas, exceto a legal, e sem diminuição do capital social, ou por doação; ou (2) colocar em risco a estabilidade financeira da sociedade simples ou empresária. Por fim, caso não haja interesse dos demais sócios no exercício de direito de preferência, não ocorra a aquisição das quotas ou das ações pela sociedade e a liquidação das quotas ou das ações (inciso III) seja excessivamente onerosa para a sociedade, o juiz poderá determinar o leilão judicial das quotas ou das ações (§ 5º).

Instituto Presidente de Assistência Social e à Saúde

Nos autos de uma ação de cobrança julgada procedente e em fase de cumprimento de sentença, o Instituto Presidente de Assistência Social e à Saúde apresentou planilha de cálculos do que lhe era devido: R$ 138.576,26. Como não houve pagamento voluntário, foram buscados bens do devedor que poderiam satisfazer o crédito, mas nada se encontrou. Enfim, o juízo determinou a penhora de quotas titularizadas pelo devedor em duas sociedades empresárias: Dona Saúde Clínicas Ltda. e Medical Administradora de Planos de Saúde Ltda. As sociedades resistiram à penhora argumentando que haveria uma quebra da indispensável *affectio societatis* já que os contratos sociais seriam *intuitu personae*, a exigir aprovação pelos demais sócios para que as quotas fossem transferidas a um terceiro.

O Judiciário Paulista rechaçou o argumento: "é plenamente possível a penhora de quotas sociais por dívidas pessoais do sócio, pois o devedor responde para o cumprimento de suas obrigações com a integralidade de seus bens, presentes e futuros, nos termos do art. 789 do Código de Processo Civil, e estas [as quotas] nada mais são do que valores econômicos que são revertidos ao patrimônio dos sócios. O diploma processual, aliás, elenca expressamente as ações e quotas de sociedades simples e empresárias dentre passíveis de penhora (art. 835, inciso IX). O art. 1.026 do Código Civil também é expresso neste sentido. Ainda que haja restrição contratual à livre alienação das cotas dos sócios, estas são penhoráveis por suas dívidas, porquanto o que a lei não proíbe o contrato não pode vedar. Mesmo porque, a penhora não acarreta necessariamente a inclusão de novo sócio, mas apenas o pagamento do débito, facultando-se à sociedade remir a execução ou o bem, devendo ser concedida a ela e aos outros sócios a preferência na aquisição das cotas, consoante o procedimento previsto no art. 861 do Código de Processo Civil. Conclui-se, portanto, que a penhora de quotas sociais não compromete a *affectio societatis*".

Por meio do Agravo Interno no Agravo em Recurso Especial 2.020.546/SP, a questão foi examinada pela Quarta Turma do Superior Tribunal de Justiça. Mas aquela alta corte manteve a decisão: "Constata-se que o acórdão recorrido está em conformidade com a atual jurisprudência do STJ no sentido de que é possível a penhora de quotas da sociedade limitada, não implicando em ofensa ao princípio da *affectio societatis*, nem possui vedação legal, uma vez que não enseja, necessariamente, a inclusão do novo sócio". Citou-se o julgamento do Recurso Especial 1.803.250/SP: "É possível, uma vez verificada a inexistência de outros bens passíveis de constrição, a penhora de quotas sociais de sócio por dívida particular por ele contraída sem que isso implique abalo na *affectio societatis*. Precedentes". Neste precedente, há um acréscimo interessante: "Não há vedação para a penhora de quotas sociais de sociedade empresária em recuperação judicial, já que não enseja, necessariamente, a liquidação da quota".

DISSOLUÇÃO E LIQUIDAÇÃO

1 Resolução da sociedade em relação a um sócio

A sociedade pode ser *descontratada*, dissolvendo-se os vínculos entre os sócios, parcial ou totalmente, com liquidação do patrimônio. A dissolução total implica extinção da pessoa jurídica. A dissolução parcial, por seu turno, traduz uma resolução do contrato em relação a um sócio, mantendo-se o vínculo contratual entre os demais.

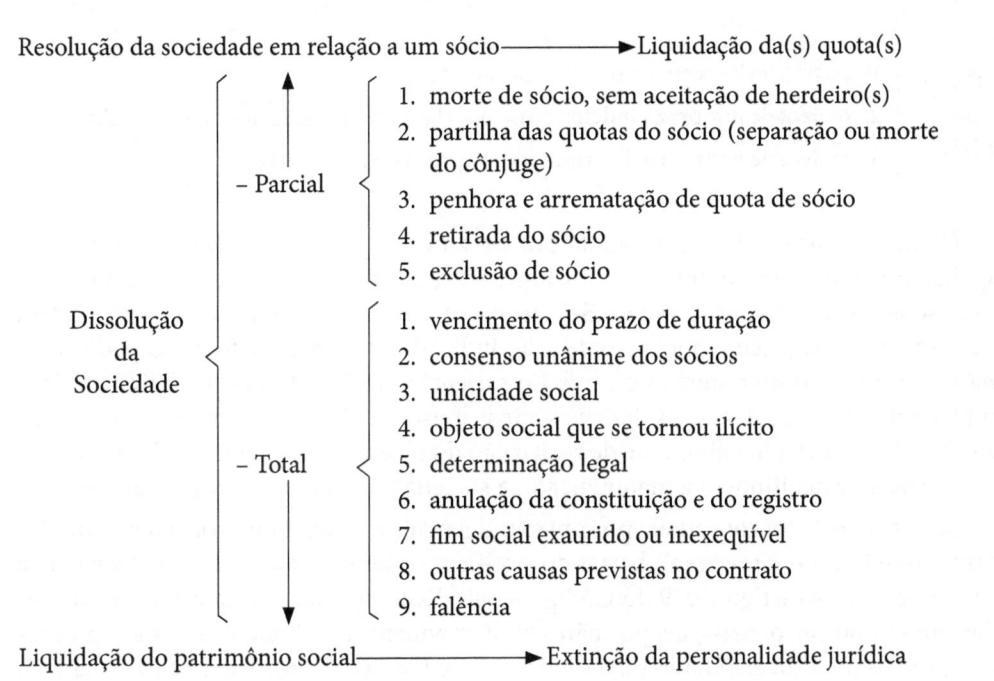

Resolução da sociedade em relação a um sócio ⟶ Liquidação da(s) quota(s)

Dissolução da Sociedade
- Parcial
  1. morte de sócio, sem aceitação de herdeiro(s)
  2. partilha das quotas do sócio (separação ou morte do cônjuge)
  3. penhora e arrematação de quota de sócio
  4. retirada do sócio
  5. exclusão de sócio
- Total
  1. vencimento do prazo de duração
  2. consenso unânime dos sócios
  3. unicidade social
  4. objeto social que se tornou ilícito
  5. determinação legal
  6. anulação da constituição e do registro
  7. fim social exaurido ou inexequível
  8. outras causas previstas no contrato
  9. falência

Liquidação do patrimônio social ⟶ Extinção da personalidade jurídica

Haverá resolução da sociedade em relação a um sócio (dissolução parcial) da sociedade quando: (1) um sócio morrer e seus herdeiros não forem aceitos na coletividade societária; (2) houver partilha das quotas de um sócio, em função de separação, divórcio ou sucessão *causa mortis* do cônjuge, sem aceitação dos sucessores na coletividade societária; (3) a quota ou as quotas de um sócio forem penhoradas e arrematadas em leilão, e o arrematante não for admitido na sociedade; (4) o sócio pede para retirar-se da sociedade e (5) o sócio é excluído da sociedade.

Qualquer sócio pode retirar-se da sociedade, já que o vínculo contratual não é indissolúvel. Essa retirada poderá ocorrer: (1) nos casos previstos na lei ou no contrato; (2) se de prazo indeterminado, mediante notificação aos demais sócios, com antecedência mínima de 60 dias; (3) se de prazo determinado, provando judicialmente justa causa. Examinando o Recurso Especial 1.403.947/MG, o Superior Tribunal de Justiça esclareceu que "O direito de retirada imotivada de sócio de sociedade limitada por tempo indeterminado constitui direito potestativo à luz dos princípios da autonomia da vontade e da liberdade de associação". Emendou, esclarecendo que, "Quando o direito de retirada é exteriorizado por meio de notificação extrajudicial, a apuração de haveres tem como data-base o recebimento do ato pela empresa", devendo respeitar os 60 dias dispostos no artigo 1.029 do Código Civil. Aliás, esclareceram os Ministros, "o Código de Processo Civil de 2015 prevê expressamente que, na retirada imotivada do sócio, a data da resolução da sociedade é o sexagésimo dia após o recebimento pela sociedade da notificação do sócio retirante (art. 605, inciso II)". Por fim, ficou esclarecido que "A decisão que decretar a dissolução parcial da sociedade deverá indicar a data de desligamento do sócio e o critério de apuração de haveres".

Retirada do sócio
1. casos previstos em lei ou no contrato social
2. sociedade por prazo indeterminado → basta notificação aos demais sócios
3. sociedade por prazo determinado → prova de justa causa

Quando a sociedade é contratada por prazo certo, os sócios estarão obrigados a respeitar o prazo ajustado entre si. Obviamente, se todos consentirem, o sócio poderá retirar-se antes de vencido o prazo. Se não há esse consentimento, o sócio só poderá retirar-se antecipadamente por meio de ação judicial, fundamentando o seu pedido em uma causa justa, como a quebra da *affectio societatis*, quebra do dever de fidúcia, inadimplemento de cláusulas pelos demais sócios, abuso de direito pela maioria com lesão a direitos da minoria, inviabilidade de realização do objeto social, ausência de resultados econômicos que justifiquem a manutenção da sociedade, motivos de força maior etc.

Se a sociedade foi contratada por prazo indeterminado, qualquer sócio tem o direito de retirar-se (*direito de recesso*), bastando notificar os demais sócios com antecedência mínima de 60 dias (artigo 1.029 do Código Civil). Essa regra alcança sociedades contratadas por tempo certo, mas que, por não se lhe providenciar a liquidação, foram prorrogadas por tempo indeterminado (artigo 1.033, I, do Código Civil). Trata-se de faculdade do sócio que sequer precisa fundamentar sua decisão. Contudo, nos 30 dias subsequentes à notificação, podem os demais sócios optar pela dissolução da sociedade (artigo 1.029, parágrafo único). Note-se, contudo, que o sócio que pretenda retirar-se motivadamente, em face de motivo grave, não precisará utilizar-se da notificação, podendo ajuizar de imediato ação pedindo a resolução do contrato em relação a si e, mesmo, a antecipação de tutela e/ou medidas cautelares a bem da preservação dos direitos discutidos.

CS Comércio de Sapatos e acessórios Ltda. ME

O Judiciário do Distrito Federal julgou procedente o pedido de Amanda para se retirar da sociedade CS Comércio de Sapatos e acessórios Ltda ME. Carla, outra sócia, não concordou com aquilo e apelou para o Tribunal de Justiça do Distrito Federal e Territórios. Antes de mais nada, disse que o processo de dissolução não poderia prosseguir já que Amanda também ajuizara ação de exigir contas contra ela, administradora societária; argumentou que a prestação de contas seria feito prejudicial à dissolução, com o que não concordou o Judiciário: "Ao contrário do que alega a apelante, não há risco de decisões conflitantes ou prejudicialidade externa que justifique o acolhimento do requerimento de sobrestamento. Isso porque a causa de pedir e o pedido articulados na presente demanda divergem da causa de pedir e do pedido constantes na demanda de exigir contas. Com efeito, com a propositura da presente ação, a apelada pretendeu exercer o direito de retirada da sociedade empresária CS Comércio de Sapatos e Acessórios Ltda ME, nos termos do art. 599 do CPC. Por isso, propôs a anterior ação de exigir contas com o intuito de obter a devida prestação de contas, pela ora apelante, no período em que atuou como sócia administradora da sociedade empresária em questão. É certo que a ação de exigir contas pode resultar em eventual saldo credor ou devedor. No entanto, independe do desfecho a ser dado ao processo respectivo, não há possibilidade de interferir no julgamento da presente demanda, que versa a respeito da dissolução parcial da sociedade, pois a autora, ora apelada, pleiteou apenas a dissolução parcial da sociedade, sem ter elaborado pedido de apuração de haveres, como faculta o art. 599, inciso III, do CPC. Nesse ponto, convém ressaltar, como bem pontuou a douta sentença recorrida, que a eventual influência da ação de exigir contas na apuração de haveres deve ser apreciada quando do início da fase de apuração de haveres, que poderá inclusive não ser instaurada".

Mais do que isso, os desembargadores destacaram que, "pelos mesmos fundamentos já articulados, não pode ser vislumbrada a apontada contradição entre o exercício da faculdade de se retirar da sociedade e o ajuizamento da ação de exigir contas pela apelada. É importante reiterar que o interesse jurídico ostentado pela ora apelada refere-se unicamente à dissolução parcial da sociedade empresária. Esse interesse, no entanto, não é afetado pela propositura de ação de exigir contas em desfavor da apelante. Nesse contexto, também não merece amparo a alegação de falta de interesse de agir, sendo necessário ainda o registro de que o art. 600, inc. IV, do CPC, expressamente legitima o sócio que pretende retirar-se da sociedade a propor ação de dissolução parcial da sociedade se não tiver sido providenciada, pelo sócio remanescente, a alteração contratual consensual formalizando o desligamento, exatamente como ocorreu no caso em deslinde. Convém ressaltar também que a alegação da ocorrência de prejuízos hipotéticos a terceiros não justifica o reconhecimento da ausência de interesse de agir ou a subsequente extinção do processo sem exame do mérito, pois eventual prejuízo efetivamente suportado por terceiro poderá ser objeto de deliberação em demanda autônoma iniciada pela parte interessada. [...] No caso em deslinde, no dia 6 de junho de 2019 (Id. 16731527) a recorrida notificou extrajudicialmente a recorrente a respeito da intenção de retirar-se da sociedade empresária, sendo que a sócia retirante deixou de integrar os quadros societários a partir do dia 5 de agosto de 2019, após o decurso do prazo de 60 (sessenta) dias da notificação".

Carla não concordou com aquilo e, por meio do Agravo Interno no Agravo em Recurso Especial 2.004.292/DF, levou a pendenga para exame pelo Superior Tribunal de Justiça. Ali, a questão foi resolvida pela Terceira Turma: "A jurisprudência do Superior Tribunal de Justiça é no sentido de que o direito de retirada de sócio constitui direito potestativo, à luz dos princípios da autonomia da vontade e da liberdade de associação. Precedentes". Fim da controvérsia.

O sócio poderá ser excluído da sociedade quando não cumprir com sua obrigação de contribuição, mediante deliberação dos demais sócios (artigo 1.004 do Código Civil). Também poderá ser excluído judicialmente, mediante iniciativa da maioria dos demais sócios, por falta grave no cumprimento de suas obrigações, ou, ainda, por incapacidade superveniente (artigo 1.030). Frise-se que a lei não exige maioria do capital social, mas maioria *entre os demais sócios*, permitindo, assim, iniciativas contra o sócio majoritário.

Exclusão do sócio
1. não cumprir com o dever de contribuição
2. falta grave
3. incapacidade superveniente
4. liquidação da quota penhorada por credor do sócio
5. falência ou insolvência civil do sócio

A exclusão por *incapacidade civil superveniente* pressupõe sentença de interdição. Se o sócio já fora incapaz ao tempo de sua admissão na sociedade, não há falar em exclusão; a aceitação anterior não pode ser arbitrariamente alterada, em prejuízo do incapaz. E os sócios podem aceitar a continuidade de quem se tornou incapaz. De qualquer sorte, é preciso atentar ser regra aplicável às sociedades *intuitu personae*, ou seja, naquelas sociedades em que o vínculo social se calca no mútuo reconhecimento e na aceitação das pessoas dos sócios. Nas sociedades *intuitu pecuniae*, os sócios não têm esse poder, certo que o fundamental é o aporte de capital e não a atuação pessoal dos sócios.

Também se permite a exclusão judicial do sócio que pratica *falta grave* (artigo 1.030). A expressão *falta grave* é – e deve ser – ampla: não comporta uma enumeração de casos, mas o exame do caso concreto para aferir-se se houve ou não uma falta e se ela é, ou não, grave. No entanto, é lícito aos sócios estipularem no contrato alguns casos de falta grave, hipótese na qual o Judiciário apenas verificará se a previsão é legal e se o fato previsto efetivamente ocorreu. Por fim, ainda há duas outras hipóteses de exclusão: a liquidação da quota penhorada por credor do sócio, além da falência ou insolvência civil do sócio. Em ambos os casos, a exclusão do sócio é determinada judicialmente, embora não seja fruto do pedido dos demais sócios, nem exija sentença específica, já que resulta de um outro processo: pedido de execução, no primeiro caso, e pedido de falência ou de insolvência civil, no segundo.

2 Ação de dissolução parcial de sociedade

Com a retirada do sócio, em qualquer das hipóteses acima listadas, faz-se necessário liquidar sua quota ou quotas na sociedade. Essa liquidação não se faz pelo reembolso do valor das quotas segundo o contrato social, nem com base no último balanço social, mas com base na situação patrimonial da sociedade, à data da resolução, verificada em balanço especialmente levantado, salvo disposição contratual em contrário (artigo 1.031 do Código Civil), desde que legitimamente estatuída; com efeito, é essencial que não haja abusos e que o pagamento se faça pelo valor real da participação societária.

Caso as partes não entrem em acordo, será possível recorrer ao Judiciário, caso o contrato social não tenha cláusula de arbitragem. Diz o artigo 599 do Código de Processo Civil que a ação de dissolução parcial de sociedade pode ter por objeto (1) a resolução da sociedade empresária contratual ou simples em relação ao sócio falecido, excluído ou que exerceu o direito de retirada ou recesso; e (2) a apuração dos haveres do sócio falecido, excluído ou que exerceu o direito de retirada ou recesso; ou (3) somente a resolução ou a apuração de haveres. A ação de dissolução parcial de sociedade pode ter também por objeto a sociedade anônima de capital fechado quando demonstrado, por acionista ou acionistas que representem cinco por cento ou mais do capital social, que não pode preencher o seu fim, emenda o § 2º.

A ação pode ser proposta, nos termos do artigo 600 do Código de Processo Civil, (1) pelo espólio do sócio falecido, quando a totalidade dos sucessores não ingressar na sociedade; (2) pelos sucessores, após concluída a partilha do sócio falecido; (3) pela sociedade, se os sócios sobreviventes não admitirem o ingresso do espólio ou dos sucessores do falecido na sociedade, quando esse direito decorrer do contrato social; (4) pelo sócio que exerceu o direito de retirada ou recesso, se não tiver sido providenciada, pelos demais sócios, a alteração contratual consensual formalizando o desligamento, depois de transcorridos dez dias do exercício do direito; (5) pela sociedade, nos casos em que a lei não autoriza a exclusão extrajudicial; ou (6) pelo sócio excluído. Mais do que isso, esclarece o parágrafo único do mesmo artigo 600, o cônjuge ou companheiro do sócio cujo casamento, união estável ou convivência terminou poderá requerer a apuração de seus haveres na sociedade, que serão pagos à conta da quota social titulada por este sócio.

Havendo manifestação expressa e unânime pela concordância da dissolução, o juiz a decretará, passando-se imediatamente à fase de liquidação. Nesse caso, não haverá condenação em honorários advocatícios de nenhuma das partes, e as custas serão rateadas segundo a participação das partes no capital social. É o que prevê o artigo 603 do Código de Processo Civil que, no entanto, ressalva: havendo contestação, observar-se-á o procedimento comum, mas a liquidação da sentença seguirá o rito previsto nos artigos 604 e seguintes.

A petição inicial será necessariamente instruída com o contrato social consolidado, formulando o pedido de dissolução parcial da sociedade. Os sócios e a sociedade serão citados, sendo que a sociedade não precisará ser citada se todos os sócios o forem, mas ficará sujeita aos efeitos da decisão e à coisa julgada (artigo 601). A citação se fará para que, no prazo de 15 dias, os réus concordem com o pedido ou apresentar contestação. Atente-se para o fato de que o artigo 602 do Código de Processo Civil permite à sociedade formular pedido de indenização compensável com o valor dos haveres a apurar. Não há limitação, contudo, se isso se fará na condição de autor do pedido dissolutório ou se réu; assim, a medida é permitida em ambas as posições.

Para apuração dos haveres, respeita-se o artigo 604 do Código de Processo Civil, segundo o qual o juiz: (1) fixará a data da resolução da sociedade; (2) definirá o critério de apuração dos haveres à vista do disposto no contrato social; e (3) nomeará o perito. O juiz determinará à sociedade ou aos sócios que nela permanecerem que depositem em juízo a parte incontroversa dos haveres devidos (§ 1º). O depósito poderá ser, desde logo, levantando pelo ex-sócio, pelo espólio ou pelos sucessores (§ 2º). Detalhe: se o contrato social estabelecer o pagamento dos haveres, será observado o que nele se dispôs no depósito judicial da parte incontroversa (§ 3º).

Em caso de omissão do contrato social, o juiz definirá, como critério de apuração de haveres, o valor patrimonial apurado em balanço de determinação, tomando-se por referência a data da resolução e avaliando-se bens e direitos do ativo, tangíveis e intangíveis, a preço de saída, além do passivo também a ser apurado de igual forma (artigo 606). Aliás, em todos os casos em que seja necessária a realização de perícia, a nomeação do perito recairá preferencialmente sobre especialista em avaliação de sociedades.

A data da resolução e o critério de apuração de haveres podem ser revistos pelo juiz, a pedido da parte, a qualquer tempo antes do início da perícia (artigo 607). Mas se não há motivos para tanto, a data da resolução da sociedade será (artigo 605): (1) no caso de falecimento do sócio, a do óbito; (2) na retirada imotivada, o sexagésimo dia seguinte ao do recebimento, pela sociedade, da notificação do sócio retirante; (3) no recesso, o dia do recebimento, pela sociedade, da notificação do sócio dissidente; (4) na retirada por justa causa de sociedade por prazo determinado e na exclusão judicial de sócio, a do trânsito em julgado da decisão que dissolver a sociedade; e (5) na exclusão extrajudicial, a data da assembleia ou da reunião de sócios que a tiver deliberado.

O balanço especial para liquidação das quotas se faz pelo levantamento de todos os bens, créditos e direitos da sociedade (patrimônio ativo), bem como de todos os seus deveres que comportem expressão pecuniária (patrimônio passivo). Esse levantamento não está adstrito à escrituração contábil, podendo ser apurado que o valor de determinado bem é superior ou inferior àquele constante dos balanços patrimoniais. No patrimônio ativo também se computam as vantagens de mercado, atribuindo-se valor para fatores excepcionais, como ponto empresarial, logística, clientela e outros elementos que compõem o chamado ativo intangível. Parte-se do ativo, subtrai-se o passivo, chegando ao patrimônio líquido; sobre esse patrimônio líquido, calcula-se a proporção correspondente às quotas do sócio que se retira. Até a data da resolução, integram o valor devido ao ex-sócio, ao espólio ou aos sucessores a participação nos lucros ou os juros sobre o capital próprio declarados pela sociedade e, se for o caso, a remuneração como administrador. Após a data da resolução, o ex-sócio, o espólio ou os sucessores terão direito apenas à correção monetária dos valores apurados e aos juros contratuais ou legais (artigo 608 e seu parágrafo único).

Uma vez apurados, os haveres do sócio retirante serão pagos conforme disciplinar o contrato social (artigo 609 do Código de Processo Civil) e, no silêncio deste, a quota liquidada será paga em dinheiro, no prazo de 90 dias, a partir da liquidação, salvo acordo, ou estipulação contratual, em contrário (artigo 1.031, § 2º, do Código Civil). A Terceira Turma do Superior Tribunal de Justiça, julgando o Recurso Especial 143.057/SP, afirmou que "o prazo contratual previsto para o pagamento dos haveres do sócio que se retira da sociedade supõe *quantum* incontroverso; se houver divergência a respeito, e só for dirimida em ação judicial, cuja tramitação tenha esgotado o aludido prazo, o pagamento dos haveres é exigível de imediato". O pagamento do valor da quota ou quotas se fará por meio de redução do capital social, salvo se os demais sócios suprirem o valor da quota ou quotas; pode haver, igualmente, ingresso de um terceiro na sociedade, assumindo o lugar do sócio remisso.

Prontoftalmo Assistência Oftalmológica Ltda. – Empresa de Pequeno Porte

O espólio de Manuel ajuizou ação ordinária contra Guerino, Cristiano e Prontoftalmo Assistência Oftalmológica Ltda – Empresa de Pequeno Porte e Unidade Cirúrgica Oftalmológica S.C. Ltda., pedindo os haveres que seriam devidos ao sócio falecido. Outra ação foi ajuizada por Guerino e Cristiano contra o espólio de Manuel, pedindo a dissolução parcial de sociedade com apuração de haveres. Os dois feitos correram em conexão e foram julgados procedentes: determinou-se a dissolução parcial da sociedade e a liquidação das quotas correspondente ao finado. Mas os termos da sentença não agradaram a ambos os polos da demanda, que, assim, apelaram ao Tribunal de Justiça do Estado de São Paulo. A corte considerou acertada a determinação da decisão quanto a "dissolução como solução para o dissenso instalado entre as partes, de maneira a poder inviabilizar a vida e continuidade dos negócios", mas fez um reparo: seria necessário incluir o fundo de comércio na composição dos haveres a serem apurados. Em outras palavras, uma apuração que incluísse "bens materiais e imateriais".

O acórdão estatual chama atenção para o seguinte ponto: apesar de se tratar de uma sociedade simples, constituiu-se um estabelecimento produtivo (a que os julgadores chamaram, equivocadamente, de *fundo de comércio*), com aviamento (*goodwill of trade*) próprio, valor imaterial que haveria de ser levado em conta na apuração de haveres para que fosse justa. "É que o fato de serem os sócios originários médicos não os impedia de exercer atividade societária de pessoa jurídica que opera na prestação de serviços médicos, recebendo paga pelos mesmos. Sociedades contratuais personificadas e moldadas segundo aquela de responsabilidade limitada afiguram-se presentes em ambas, não só aquele objeto de prestação de serviços como também indiscutivelmente empresarial. O patrimônio societário é composto não só de bens materiais como imateriais, como é o fundo de comércio, que é fator de incremento de prosperidade da sociedade pela facilidade e visibilidade de suas instalações. Sua não inclusão nos bens sujeitos à composição dos haveres é criar injusta situação de desigualdade dos quinhões, privilegiando apenas uma das partes em detrimento da outra que sofre evidente empobrecimento".

Por meio do Agravo Interno no Recurso Especial 1.999.240/SP, o litígio foi examinado pela Terceira Turma do Superior Tribunal de Justiça, argumentando que a sociedade não seria empresária e, assim, não se poderia incluir o fundo de comércio na apuração de haveres. Os Ministros, contudo, aferiram que, no caso concreto, o *modus operandi* de "trabalho" da sociedade "afasta a ideia de exercício de simples profissão intelectual, de natureza científica, literária ou artística, tratada pelo parágrafo único do art. 966 do Código Civil". Ponderaram que, "se o exercício da profissão constituir elemento de empresa, pode vir a ser considerado empresário quem exerce profissão intelectual, de natureza científica, literária ou artística", sendo que, no caso, os "fatores de produção, circulação e a estrutura", considerando a forma como foi organizada a sociedade, "tinham relevo para sobrepor a atuação profissional e direta dos sócios na condução do objeto social da empresa".

Para os julgadores daquela Alta Corte, "a argumentação sobre o Contrato Social formalmente espelhar sociedade simples, registrada no Conselho Regional de Medicina do Estado de São Paulo, não exclui a existência de um *complexo de bens organizado, para exercício da empresa, por empresário, ou por sociedade empresária* (art. 1.142 do CC). Tampouco da alegação de vulneração ao art. 982 do CC, que reza sobre a sujeição da sociedade empresarial ao registro, decorre a exclusão do fundo de comércio da apuração de haveres aplicáveis a todas sociedades (empresárias ou não) e que compreende um conjunto de bens e direitos do ativo, tangíveis e intangíveis referidos expressamente no art. 606 do NCPC". Noutras palavras, embora fosse formalmente uma sociedade simples, havia uma organização para além do trabalho pessoal, um aviamento com valor jurídico e econômico que deveria ser considerado para a apuração de haveres. Ficou esclarecido que nem mesmo o caráter personalíssimo, típico das atividades praticadas ordinariamente sociedades simples, estava presente, destacou o acórdão.

Noutras palavras, não só nas sociedades empresárias deve-se levar em conta os elementos imateriais da atividade profissional, ou seja, o aviamento: organização, logística, penetração de mercado etc. Tais vantagens econômicas apreciáveis (passíveis de avaliação – o mercado, desprezando o vernáculo, prefere falar em *valuation*) não são exclusivamente um elemento de empresa, mas podem se revelar nas atividades econômicas desenvolvidas por sociedades simples, agregando valor às quotas societárias.

É preciso atentar para dois outros precedentes daquela mesma Alta Corte. No julgamento do Recurso Especial 1.877.331/SP, ficou decidido que "não se inclui o aviamento (*goodwill*), que consiste na capacidade (atributo) do estabelecimento, diante da organização de seus bens, de gerar lucros futuros". Some-se o Recurso Especial 1.892.139/SP: "Na apuração de haveres relativa à saída de sócio não pode ser incluído o aviamento, seja pelo viés objetivo ou subjetivo".

2.1 Responsabilidade residual

A retirada, exclusão ou morte do sócio não o exime, ou a seus herdeiros, da responsabilidade pelas obrigações sociais anteriores, até dois anos após averbada a resolução da sociedade; nem nos dois primeiros casos, pelas posteriores e em igual prazo, enquanto não se requerer a averbação (artigo 1.032). A regra merece cautela na interpretação. Em primeiro lugar, é preciso atentar para a existência, ou não, de limite de responsabilidade. Se há limite de responsabilidade (sociedade limitada ou sócio comanditário em sociedade em comandita simples), essa responsabilidade se limitará ao valor recebido na liquidação da quota. Se não houver limite de responsabilidade, afirma-se a regra da responsabilidade subsidiária, que é ilimitada, alcançando todas as obrigações sociais anteriores ao registro da alteração contratual da dissolução parcial.

Aliás, enquanto não se requerer a averbação da alteração contratual, a responsabilidade residual estende-se não só às obrigações anteriores à liquidação, mas igualmente às obrigações sociais posteriores, sendo indiferente tratar-se de retirada ou exclusão. A averbação da alteração torna-a eficaz perante terceiros; assim, se não houve imediata averbação da alteração contratual, a responsabilidade do sócio se estenderá para além da liquidação de suas quotas, em função do princípio da aparência, já que terceiros, examinando o ato constitutivo na Junta Comercial, terão elementos para supor que ele ainda compõe o quadro social. Se há imediata averbação da alteração contratual, não há extensão da responsabilidade residual, limitando-se às obrigações anteriores à sua saída, em prazo decadencial de dois anos. Em se tratando de sociedade simples, essa responsabilidade respeitará os artigos 1.023 e 1.024 do Código Civil, não se limitando ao valor apurado pela quota ou quotas sociais, mas alcançando o restante dos bens do ex-sócio; sendo sociedade limitada, essa responsabilidade se limitará ao valor recebido pela quota ou quotas liquidadas, não mais.

A ausência de registro não prejudica apenas ao sócio, mas igualmente à sociedade. Até que a retirada ou exclusão do ex-sócio seja devidamente disposta no registro peculiar, os atos por ele praticados em nome da sociedade, ainda que indevidamente, são válidos, desde que reflitam os poderes outorgados no contrato social. Tem-se, aqui também, a aplicação dos princípios da aparência e da publicidade, reconhecendo-se a função do registro público de orientar a atuação de terceiros, dando-lhes a conhecer a situação jurídica da sociedade. A sociedade, porém, poderá processar o ex-sócio para dele haver o que indevidamente perdeu.

3 Dissolução da sociedade

A sociedade pode ser dissolvida, resolvendo-se em relação a todos os sócios, conduzindo à liquidação do patrimônio societário e, ao final, à extinção da pessoa jurídica, com baixa no registro. São diversas possibilidades que conduzem a essa alternativa.

Em primeiro lugar, tem-se o *vencimento do prazo de duração*; é lícito aos sócios limitarem no tempo as obrigações sociais e, assim, delimitar a existência da pessoa jurídica. Com o vencimento do prazo de duração, a sociedade deve entrar em liquidação; se isso não ocorre, a sociedade prorroga-se por tempo indeterminado (artigo 1.033, I, do Código Civil). Qualquer sócio pode opor-se à prorrogação, garantindo-se o direito de imediata retirada, com liquidação de sua quota ou quotas, nos moldes acima estudados.

Também se dissolve a sociedade por *consenso unânime dos sócios*, isto é, quando todos concordam em resolver o contrato de sociedade e, assim, liquidar o patrimônio comum e extinguir a pessoa jurídica. A afirmação dessa vontade unânime permite a dissolução mesmo antes de findar-se o prazo determinado originalmente contratado. Diferente será a hipótese de *deliberação da maioria absoluta*. Se a sociedade foi contratada por prazo determinado, ainda não vencido, não tem a maioria o poder de deliberar a dissolução; a minoria tem o direito de exigir a manutenção da sociedade pelo período ajustado. Se há prazo indeterminado, a maioria absoluta dos sócios pode deliberar a dissolução, salvo outro quórum específico, previsto no contrato social. Isso, mesmo que o prazo indeterminado seja resultado da não liquidação da sociedade contratada por tempo certo, que, como visto, prorroga-se por tempo indeterminado. Todavia, o princípio da preservação das atividades negociais, fundado no interesse público na continuidade de sua atuação econômica, recomenda dar-se à minoria vencida a oportunidade de manter a sociedade, resolvendo-se a sociedade em relação à maioria, com liquidação de suas quotas e pagamento de seus haveres.

Ainda deverá haver dissolução da sociedade se o seu *objeto social* se tornar *ilícito* em face de lei posterior, resolvendo-se por iniciativa dos próprios sócios ou por meio de ação civil pública. O mesmo ocorrerá quando lei posterior expressamente determine a dissolução de determinadas sociedades; seria a hipótese, por exemplo, de lei federal que determinasse a dissolução de cooperativas de crédito, não obrigatoriamente pela ilicitude do objeto. Some-se a hipótese de dissolução em face de extinção da autorização para funcionar, desde que respeitados os requisitos necessários para tanto, mormente os princípios do Direito Administrativo. Em todos esses três casos, se os próprios administradores não promoverem a liquidação judicial da sociedade, o Ministério Público deverá fazê-lo; na hipótese de perda da autorização, ademais, a própria autoridade competente poderá nomear um interventor com poderes para requerer a dissolução da sociedade e a administrar, até que seja nomeado o liquidante. A dissolução também poderá ser judicialmente pedida, por meio de ação civil pública, sempre que a atuação da sociedade se mostrar nociva ao interesse público; seria a hipótese, por exemplo, de uma sociedade constituída para a importação e exportação de bens, mas que se comprovasse atuar no tráfico de substâncias entorpecentes etc.

Um pouco distinta será a dissolução em face da *anulação da constituição e do registro* (nulidade relativa), ou da decretação de sua nulidade (nulidade absoluta), conforme o defeito de que padeça. A sentença que defere a anulação ou que declara a nulidade terá o efeito de ato jurídico de dissolução, sendo que sua execução será a liquidação da sociedade, concluindo-se com a extinção de sua personalidade jurídica.

Se o fim social exauriu-se ou se mostra inexequível, isto é, impossível de ser executado, a sociedade deverá ser igualmente dissolvida, quer extrajudicialmente, por acordo entre os sócios, quer judicialmente, por meio de ação proposta por qualquer deles. Isso pode ocorrer em dois níveis distintos: no plano geral, sempre que a sociedade se mostre incapaz de produzir vantagens econômicas que possam ser apropriadas pelos sócios, não distribuindo dividendos entre esses. Não é lícito à maioria pretender que a minoria mantenha seu patrimônio empacado, estático, produzindo apenas despesas ou lucros insuficientes. No plano específico, também haverá de se dissolver a sociedade cujo objeto social definido no contrato tenha sido exaurido ou não possa mais ser realizado. Imagine-se uma sociedade constituída para a compra e venda de veículos, peças automotivas e prestação de serviços de mecânica que, com o passar do tempo, perca as condições necessárias para tanto, passando o seu patrimônio a ser empregado em finalidades diversas: aluguel dos imóveis etc. O mesmo se daria numa sociedade constituída para a prestação de serviços médicos que, com o passar do tempo, abandonasse essa atividade, passando apenas a alugar seu imóvel (hospital ou clínica) para terceiros. Em todos os casos, o fundamental é impedir que a desvirtualização da sociedade – de sua finalidade de produtora de vantagens econômicas apropriadas pelos sócios, no plano geral, ou de seu objeto social específico – beneficie a maioria societária em desproveito da minoria, sujeitada ao alvedrio dos controladores.

Os sócios podem, por meio do contrato social, estabelecer outras causas para a dissolução da sociedade, a exemplo de fatos futuros e incertos; por exemplo, pode-se prever que a sociedade será dissolvida quando se findar determinada concessão comercial ou, em se tratando de empresa de mineração, quando esgotada ou inviabilizada a exploração de determinada lavra. Aqui, também, faculta-se àqueles que desejem preservar a atividade negocial a possibilidade de fazê-lo, desde que viável e sem prejuízo dos que desejam o respeito à previsão contratual de resolução do vínculo contratual.

Como afirmado pelo artigo 1.044 do Código Civil, as sociedades também podem ser dissolvidas por meio de procedimentos de execução coletiva, vale dizer, pela insolvência das sociedades simples ou falência das sociedades empresárias. A falência, entretanto, será estudada mais adiante.

4 Liquidação

Determinada a dissolução, a pessoa jurídica não está, de imediato, extinta; é preciso liquidar o seu patrimônio, ou seja, apurar os elementos de seu ativo (bens e créditos), realizá-los em dinheiro e efetuar o pagamento do passivo, pagando os débitos existentes. Somente com a conclusão da liquidação, extrajudicial ou judicial, tem-se o término da existência jurídica da pessoa jurídica, vale dizer, a extinção de sua personalidade. De imediato, contudo, sua gestão está restrita aos negócios inadiáveis, sendo vedadas novas operações; se novas operações forem realizadas, os administradores responderão solidariamente pelo seu adimplemento, inclusive com o seu patrimônio pessoal. Apenas excepcionalmente, e com autorização judicial, permite-se que a sociedade mantenha, durante o procedimento liquidatório, atividades negociais.

Deliberada a dissolução, os administradores societários devem providenciar imediatamente a investidura de um liquidante, ou seja, uma pessoa física encarregada do procedimento de liquidação. Se não o fazem, qualquer sócio poderá recorrer ao Judiciário para que o procedimento seja devidamente instaurado. Se a dissolução é determinada por sentença judicial, a liquidação se fará judicialmente como execução desta. Se há extinção da autorização para funcionar, os administradores poderão iniciar, em 30 dias, sua liquidação extrajudicial; se não o fizerem, qualquer sócio poderá requerê-la judicialmente. Do contrário, o Ministério Público a pedirá ao Judiciário, tão logo lhe comunique a autoridade competente. Se não o faz, a autoridade nomeará um interventor com poderes para requerer a medida e administrar a sociedade até que seja nomeado o liquidante, segundo o artigo 1.037 do Código Civil.

Agropecuária Macieira S.A.

Quando o Judiciário julgou procedente a ação que oferecera pedindo a dissolução da Agropecuária Macieira S.A., o sócio-acionista Eduardo pretendeu receber a parte que lhe cabia; já que o patrimônio ativo da sociedade teria o valor de R$ 871.966,00, suas ações – representativas de 24% do capital social – lhe dariam direito a R$ 209.269,00. Os demais sócios não concordaram com a pretensão: aquele valor corresponderia apenas ao ativo da sociedade; para se chegar à verdadeira participação de Eduardo, seria necessário apurar-se tanto o ativo quanto o passivo. A Terceira Turma do Superior Tribunal de Justiça conheceu a controvérsia por meio do Recurso Especial 235.640/MG: "Decretada a dissolução da sociedade, proceder-se-á a sua liquidação e só então se saberá qual a exata importância que caberá a cada um dos sócios. Não se justifica seja fixado esse valor no processo em que se postula a dissolução." O relator, Ministro Eduardo Ribeiro, frisou em seu voto não haver razão "para se decidir sobre o valor da quota de um dos sócios, antes de se proceder à liquidação. O máximo que se pode afirmar é que cada um deles tem um percentual sobre o patrimônio líquido". Dessa maneira, será necessário que o liquidante ultime os negócios da companhia, realize o seu ativo, pague o seu passivo e partilhe o remanescente entre os sócios.

Os sócios podem designar no contrato social quem será o liquidante, na hipótese de dissolução da sociedade; se não o fizerem, deverão deliberar quem exercerá a função, podendo ser pessoa estranha à sociedade, hipótese na qual poderá ser destituída, a qualquer tempo, por igual deliberação imotivada dos sócios. No entanto, qualquer sócio, por menor que seja sua participação no capital, poderá requerer judicialmente a destituição, provando a ocorrência de justa causa, qualquer que seja a hipótese de nomeação. Comumente, o liquidante escolhido é o administrador da sociedade; se for outra pessoa, será investido nas respectivas funções, averbando-se no registro respectivo a sua nomeação.

O liquidante representa a sociedade, judicial e extrajudicialmente, com as obrigações e a responsabilidade análogas às dos administradores da sociedade liquidanda, inclusive a submissão à fiscalização de seus atos pelos sócios, além do dever de prestar contas. Pode praticar todos os atos necessários à liquidação, inclusive alienar bens móveis ou imóveis, transigir, receber e dar quitação; excetua-se o poder de gravar de ônus reais os móveis e imóveis, bem como o de contrair empréstimos, salvo quando indispensáveis ao pagamento de obrigações inadiáveis, avaliação que poderá ser judicialmente contestada.

A liquidação poderá seguir a forma disposta no contrato social ou, mesmo, forma que tenha sido deliberada pelos sócios, sendo anotada no instrumento da dissolução, desde que não determine danos a qualquer sócio ou a terceiros. É lícito aos sócios estabelecer cláusula compromissória no contrato social, prevendo que a dissolução da sociedade e/ou a resolução do pacto social em relação a um ou mais sócios se faça por meio de arbitragem, incluindo a definição do rito a ser seguido. Nessa hipótese, a previsão alcançará mesmo os sucessores do sócio, haja sucessão voluntária (cessão onerosa ou gratuita de quotas), haja sucessão *causa mortis*. Não é outro o entendimento do Superior Tribunal de Justiça, como se afere do julgamento do Recurso Especial 1.727.979/MG.

Se não foi estipulada uma forma específica, seguem-se as regras do Código Civil para a liquidação extrajudicial, cabendo ao liquidante:

- Averbar e publicar a ata, sentença ou instrumento de dissolução da sociedade no órgão oficial da União ou do Estado; sem a averbação, tem-se dissolução irregular, pela qual responderá o liquidante.

- Arrecadar os bens, livros e documentos da sociedade, onde quer que estejam, podendo, inclusive, requerer judicialmente sua busca e apreensão. Pode, ainda, pedir a exibição total ou parcial de livros contábeis, se necessária.

- Proceder, nos 15 dias seguintes ao da sua investidura e com a assistência, sempre que possível, dos administradores, à elaboração do inventário e do balanço geral do ativo e do passivo. O inventário é a verificação do que existe no patrimônio da empresa, ou seja, do patrimônio ativo (direitos com expressão econômica) e do patrimônio negativo (dívidas), permitindo formar o balanço de liquidação.

- O liquidante finalizará os negócios da sociedade; sem estar expressamente autorizado pelo contrato social, ou pelo voto da maioria dos sócios, o liquidante não pode prosseguir na atividade social, mesmo que para facilitar a liquidação; se os sócios autorizarem, responderão pessoalmente pelo adimplemento dos negócios, como visto. Os bens do ativo serão alienados (vendidos ou cedidos onerosamente) e, com o valor apurado, o passivo será pago: todas as dívidas sociais, com especial atenção para os direitos dos credores preferenciais; as dívidas ainda por vencer serão pagas com desconto; somente se o ativo for superior ao passivo, poderá o liquidante pagar integralmente as dívidas vencidas sob sua responsabilidade pessoal. Havendo sobra de ativo, o remanescente será partilhado entre os sócios ou acionistas. Depois de pagos os credores, mesmo antes de ultimada a liquidação, os sócios podem deliberar, por maioria de votos, que sejam feitos rateios por antecipação da partilha, à medida que se apurem os haveres sociais.

- Exigir dos quotistas, quando insuficiente o ativo à solução do passivo, a integralização de suas quotas e, se for o caso, as quantias necessárias, nos limites da responsabilidade de cada um e proporcionalmente à respectiva participação nas perdas, repartindo-se, entre os sócios solventes e na mesma proporção, o que seja devido pelo sócio insolvente ou falido.

- Convocar assembleia dos quotistas, a cada seis meses, para apresentar relatório e balanço do estado da liquidação, prestando conta dos atos praticados durante o semestre, ou sempre que necessário.
- Confessar a falência (se sociedade empresária) ou insolvência (se sociedade simples). O Código Civil fala ainda em *pedir concordata* (recuperação da empresa), no que comete um deslize: já estando deliberada ou decidida a dissolução, não há falar em recuperação da empresa.
- Finda a liquidação (realizado o ativo, pago o passivo e partilhado o remanescente), o liquidante convocará a assembleia dos sócios, apresentando-lhes o relatório da liquidação e as suas contas finais. Aprovadas as contas, encerra-se a liquidação, e a sociedade se extingue, ao ser averbada no registro próprio a ata da assembleia. O sócio que discordar do relatório ou das contas terá o prazo de 30 dias, a contar da publicação da ata, devidamente averbada, para promover a ação que couber.
- Averbar a ata da reunião ou da assembleia, ou o instrumento firmado pelos sócios, quando considerar encerrada a liquidação.

Em todos os atos, documentos ou publicações, o liquidante empregará a firma ou denominação da sociedade, sempre seguida da cláusula *em liquidação*, assinando-os com a declaração da sua qualidade de responsável pela liquidação (*liquidante*). O trabalho do liquidante deve ser cuidadoso, respondendo pessoalmente pela prática de atos ilícitos (dolosos ou culposos) que criem danos aos sócios, bem como a terceiros, embora, aqui, responda solidariamente com o patrimônio social.

Uma vez encerrada a liquidação, se houver um credor que não tenha sido satisfeito, poderá exigir dos sócios, individualmente, o pagamento do seu crédito, até o limite da soma por eles recebida em partilha, assim como poderá propor contra o liquidante ação de perdas e danos para ver-se indenizado pelos prejuízos que tenha sofrido em razão de sua omissão, sempre que decorra de ato doloso ou culposo.

5 Liquidação judicial

Se os sócios não estiverem de acordo sobre o procedimento extrajudicial, qualquer um poderá ajuizar ação pedindo para que a liquidação da sociedade se processe judicialmente. O início do feito é bem simples e, por certo, amolda-se ao processo comum: o interessado na liquidação (sociedade, sócio, Ministério Público) ajuizará o pedido de liquidação judicial da sociedade, devendo ser citados os [demais] sócios para, querendo, contestar a pretensão. Em se tratando de dissolução determinada judicialmente, o pedido não deve fazer sob forma de ação, mas sob a forma de pedido de cumprimento de sentença.

Em conformidade com a nova dinâmica processual, o feito será, então, submetido à audiência de conciliação ou de mediação, na busca da definição de um procedimento de liquidação amigável, extrajudicial, fixando-se no acordo as regras para a sua realização; sendo muitos os sócios, a audiência poderá ser substituída por uma assembleia, realizada em lugar adequado a comportar todas as partes, juntando-se ao processo a ata respectiva.

É possível que as regras procedimentais da liquidação estejam previstas no ato constitutivo (contrato social ou estatuto social, conforme o caso). Nessa hipótese, aplicando-se o artigo 604, II, do novo Código de Processo Civil, deverá ser seguido o procedimento estabelecido no ato constitutivo, obviamente se forem válidos o seu estabelecimento (legalidade da manifestação coletiva da vontade) e os seus termos. Se não houver ajuste prévio sobre o procedimento, o juiz decidirá as questões preliminares e nomeará o liquidante responsável pelo procedimento.

Para escolher o liquidante judicial, o juiz verificará, em primeiro lugar, se há indicação contratual, estatutária ou legal de pessoa que deva ocupar a função; não havendo tal disposição prévia, o juiz consultará os sócios, seja por meio de votos entregues em cartório, seja por deliberação na própria audiência ou na assembleia de sócios. A decisão será tomada por maioria, computada pelo capital dos sócios; havendo empate ou divergência sobre o capital, a votação será decidida pelo número de sócios votantes. Deve prevalecer a escolha feita pela maioria do capital social. Somente se houver empate por todos os critérios (votação pela participação no capital e, depois, por cabeça), o juiz fará a escolha. Neste caso, acredito, deve-se preferir pessoa estranha à sociedade, evitando-se uma solução que, injustificadamente, penda para um dos lados da contenda. Note que, sendo o liquidante pessoa estranha ao quadro social, o juiz deverá arbitrar comissão para remunerar o seu trabalho.

Obviamente, é lícito aos sócios, logo após a nomeação do liquidante, impugnar a escolha, apresentando as razões pelas quais o fazem, deliberando o juiz, fundamentadamente, se acata o pedido, nomeando outro liquidante, ou se o rejeita, decisão da qual caberá agravo de instrumento. Não havendo impugnação ou sendo ela rejeitada, o nomeado será intimado para, se aceitá-la, assinar o termo de posse em 48 horas. A todo momento, incorrendo o liquidante em falta grave, poderá ser destituído pelo juízo, de ofício ou por pedido de qualquer dos sócios, devidamente fundamentado. É o que ocorreria, por exemplo, se o liquidante retardar injustificadamente o andamento do processo, se praticar atos ilícitos etc.

A liquidação não atende apenas aos interesses dos sócios, mas também de terceiros, razão pela qual, acredito, o primeiro ato do liquidante deva ser a publicidade do que se passa: alteração, no Registro Público, do nome da sociedade (razão social ou denominação) acrescentando a expressão *em liquidação*. Depois, será preciso inventariar as relações jurídicas societárias, ou seja, levantar um balanço patrimonial: aferir os bens e direitos que compõem o seu ativo, bem como as obrigações que constem de seu passivo. Não há prazo legal para tanto, razão pela qual o liquidante deverá concluir o seu trabalho no prazo fixado pelo magistrado. O Código de 1939 fixava 15 dias, prazo que me parece razoável na maioria das situações.

Apresentados inventário e balanço, os interessados serão intimados para tomar conhecimento, podendo apresentar impugnação. Não há prazo legal para tanto, razão pela qual o juiz deverá defini-lo quando mandar intimar as partes. O Código de 1939 fixava cinco dias, prazo que me parece razoável na maioria das situações. Se o direito de impugnar for exercido, o juiz ouvirá o liquidante e a parte contrária, decidindo a questão.

Passa-se, então, à realização do ativo: execução ou cobrança dos créditos e, sempre precedida de autorização judicial, alienação dos bens do ativo, principiando pelos bens de fácil deterioração ou de guarda dispendiosa. Serão pagas, em primeiro lugar, as obrigações sociais certas e exigíveis, com atenção para a eventualidade de créditos privilegiados, além dos encargos da liquidação, que, contudo, podem ser suportados pelos sócios, se assim desejarem. O liquidante, ademais, praticará os atos necessários de gestão da massa liquidanda, incluindo a representação judicial e extrajudicial, ativa e passiva, da sociedade até a sua extinção.

Verificando que o ativo não é suficiente para satisfazer o passivo, o liquidante exigirá dos sócios as contribuições que lhes são devidas, em se tratando de tipo societário em que não há limitação de responsabilidade: sociedade simples comum, sociedade em nome coletivo e sócios administradores das sociedades em comandita (simples e por ações). Em se tratando de sociedade em que haja limite de responsabilidade (como nas sociedades limitadas) ou não podendo os sócios suportar o passivo aberto, oficiará ao Juízo a existência de condição que recomenda a decretação da falência (se empresa) ou insolvência civil (se sociedade simples). Se, em oposição, houver remanescente do patrimônio social, o liquidante proporá um plano de partilha, sendo os sócios intimados para, querendo, impugná-lo em cinco dias. Decidida a partilha, o liquidante completará o seu trabalho, prestando suas contas.

7
TIPOS DE SOCIEDADES CONTRATUAIS

1 Sociedade simples

Como já visto, as sociedades contratuais podem ser, no que diz respeito à sua natureza, simples (registrada em Cartório de Registro de Pessoas Jurídicas) ou empresárias (registradas nas Juntas Comerciais). Para além disso, podem variar no que se refere ao tipo: (1) sociedade em nome coletivo, (2) sociedade em comandita simples ou (3) sociedade limitada. No entanto, o artigo 983 do Código Civil, quando afirma que a sociedade simples pode ser constituída por qualquer daquelas formas, deixa como alternativa a subordinação "às normas que lhe são próprias", o que nos leva a concluir haver uma sociedade simples comum (ou sociedade simples em sentido estrito), tipo societário que se estrutura seguindo as regras dos artigos 997 a 1.038 do Código Civil, que já foram estudadas neste livro. É um tipo societário extremamente raro. A sociedade simples em sentido estrito surge a partir da inscrição do respectivo contrato (instrumento particular ou público) no Registro Civil das Pessoas Jurídicas do local de sua sede. Se for instituído estabelecimento secundário (filial, sucursal ou agência), deverá haver averbação no Registro Público das Pessoas Jurídicas; se constituída na circunscrição de outro Registro Público, para além daquela averbação, se fará necessária inscrevê-la no Cartório daquela região, fazendo-se acompanhar da prova da inscrição originária. A sociedade simples comum é constituída sob a lógica do reconhecimento e aceitação mútua dos sócios (*intuitu personae*), ressaltando uma maior pessoalidade na afinidade societária (*affectio societatis*). Isso conduz a uma interpretação ainda mais radical do artigo 1.002 do Código Civil, vedando ao sócio fazer-se substituir no exercício das funções, a não ser que haja consentimento dos *demais sócios*, isto é, da unanimidade do capital social, salvo estipulação contratual em contrário. Não se esqueça, por fim, que a sociedade simples não está sujeita à falência, mas à insolvência civil, regulada pelos Códigos Civil e de Processo Civil.

Quase todas as sociedades contratuais existentes no Brasil são do tipo limitada. Sociedades simples em comum, sociedades em nome coletivo e sociedades em comandita simples são raras. E isso é uma falha do sistema jurídico brasileiro, falha essa que não se verifica alhures. No exterior, a forma mais simples e barata de explorar uma atividade negocial é ser empresário (firma individual); tão simples e barato que é a opção da maioria. A sociedade em nome coletivo, na qual os sócios respondem subsidiariamente pelas obrigações societárias, é um pouco mais complexa (demanda o registro do contrato social), mas nem tanto. No exterior, quem opta por um limite de responsabilidade (comandita ou limitada) tem que atender a requisitos mais complexos: capital mínimo, auditoria da contabilidade, forma específica de efetivo desempenho da atividade entre outros. É isso o que faz com que as pessoas acabem não optando por uma sociedade limitada por lá: é caro e complexo, nem sempre vale a pena.

O pior é que a disseminação de tipos com limite de responsabilidade no Brasil, entre sociedades limitadas e sociedades anônimas, conduziu-nos a um enfraquecimento do tipo societário. Multiplicam-se regras tributárias, ambientais, consumeristas, bem como decisões judiciais, nomeadamente trabalhistas, que enfraquecem o instituto. A sociedade limitada virou a regra geral e não uma exceção (correspondente a formalidades e condições mais onerosas); e é um impulso humano procurar e estabelecer exceções a uma regra. *Quando todos forem super-heróis, então ninguém será super-herói*, ensina o Síndrome para o Sr. Incrível no desenho animado *Os Incríveis*.[1] Fomos a um extremo – a irresponsabilidade generalizada. É tempo de reconhecer o desequilíbrio da proposição e começar a conversar sobre um novo sistema em que ônus e bônus se equilibrem a bem do mercado, dos investimentos, das atividades produtivas, mas, por igual, de terceiros: sociedade, trabalhadores, fisco, consumidores etc. Há que ser razoável.

Dito isso, vamos estudar esses tipos raros – a sociedade em nome coletivo e a sociedade em comandita simples –; depois, vamos para a sociedade limitada: cada nove entre dez sociedades brasileiras são limitadas. Nos 10% restantes, a esmagadora maioria é de sociedades anônimas e cooperativas. A falha do sistema pula e grita: ulula, se preferirem.

2 Sociedade em nome coletivo

A sociedade em nome coletivo, simples ou empresária, só pode ter pessoas físicas (naturais) como sócios, sendo regida genericamente pelas mesmas normas que regulam as sociedades simples, somadas aos artigos 1.039 a 1.044 do Código Civil. Trata-se de sociedade *intuitu personae* que, salvo estipulação contratual em contrário, demanda o mútuo reconhecimento e aceitação entre os sócios, ampliando a importância da afinidade societária (*affectio societatis*) entre os membros. Sua marca essencial é a composição do nome (*firma* ou *razão social*), composto pelo nome de um, algum ou todos os sócios, no todo ou em parte; se não estão presentes o nome de todos, emprega-se a expressão *e companhia* ou sua abreviação (*e Cia.* ou *& Cia.*) ao final do nome da sociedade. Ex.: *Klabin Irmãos & Cia*, já que Klabin é um sobrenome: a família Klabin desembarcou no Brasil no final do século XIX. Em 1890, Maurício Freeman Klabin

---

[1] "With everyone super, no one will be." *Os Incríveis* (*The Incredibles*), roteiro e direção de Brad Bird (2004).

fundou a *M. F. Klabin & Irmão*, e, em 1899, junto com primos da família Lafer, foi fundada a *Klabin Irmãos & Cia*.

Klabin

Os sócios respondem subsidiariamente pelas obrigações não satisfeitas pela sociedade (artigo 1.039 do Código Civil). Essa responsabilidade alcança a todos, solidariamente entre si, vinculando seus patrimônios pessoais. É lícito aos sócios estipularem cláusula de limitação de responsabilidade, mas com eficácia restrita a si mesmos, não alcançando o direito de terceiros à plena satisfação de seus créditos. Atente-se para o fato de que se trata de obrigação: (1) subsidiária em relação à sociedade e (2) solidária entre os sócios. As obrigações devem ser exigidas da pessoa jurídica e, somente se esta não puder satisfazê-las, nascerá para o credor, para a satisfação de seu crédito, o direito de voltar-se contra um ou mais sócios, recorrendo ao seu patrimônio pessoal, de forma ilimitada. Se apenas um ou alguns sócios adimplirem a obrigação, haverá direito de regresso: (1) contra a sociedade, pela totalidade da dívida, ou (2) contra os demais, até que se reparta entre todos os ônus do pagamento, na proporção estatuída para a participação nas perdas sociais.

Lembre-se de que mesmo o sócio admitido na sociedade não se exime das dívidas sociais anteriores à admissão (artigo 1.003, parágrafo único, do Código Civil). No entanto, embora não possa impedir que o seu patrimônio responda pela obrigação, poderá exigir dos sócios contemporâneos ao fato que lhe reembolsem integralmente o que pagou. Quando se trate de sócio que se retirou da sociedade, aplica-se a regra da responsabilidade residual, prevista no mesmo artigo e já estudada neste livro. De qualquer sorte, se não há pagamento, nem com o patrimônio da sociedade, nem com o patrimônio dos sócios, será necessário pedir a falência (se sociedade empresária) ou insolvência (se sociedade simples) da sociedade em nome coletivo; o síndico da massa, por seu turno, pedirá a insolvência dos sócios, após realizado o patrimônio social, sem satisfação plena dos credores habilitados.

Somente os sócios podem administrar uma sociedade em nome coletivo, podendo ser indicado um, alguns ou todos para a função. Se há mais de um, poderá haver administração coletiva, que poderá ser conjunta, simultânea ou sucessiva (estipulação de administrador e, para a sua falta, de substituto ou substitutos), na forma estudada no Capítulo 5, seção 3, deste livro. No silêncio do contrato, a administração societária será simultânea, ou seja, competirá a cada um dos sócios, separadamente, sendo que cada um tem a faculdade de impugnar a operação pretendida por outro, tornando a matéria controversa e, assim, afeta à decisão por maioria de votos (artigo 1.013 do Código Civil). A definição da competência e dos poderes do administrador serão dispostas no contrato social. Todavia, sua nomeação poderá ser feita por meio de cláusula do contrato ou por meio de documento apartado, levado ao registro da sociedade.

A contratação iminentemente *intuitu personae* da sociedade em nome coletivo, para além de uma limitação no direito de cessão da quota ou quotas de cada sócio, tem efeitos sobre a penhorabilidade dos títulos. Assim, o credor particular de sócio não pode, antes de dissolver-se a sociedade, pretender a liquidação da quota do devedor, podendo fazê-lo: (1) se a sociedade houver sido prorrogada tacitamente; ou (2) quando, tendo ocorrido prorrogação contratual, for acolhida judicialmente oposição do credor, levantada no prazo de 90 dias, contado: da publicação do ato dilatório (artigo 1.043 do Código Civil). Não se trata, portanto, de impenhorabilidade; apenas não se pode liquidar a quota quando se tenha sociedade contratada por prazo determinado até o seu vencimento, desde que não tenha havido prorrogação tácita, ou se, tendo havido prorrogação expressa (por novo prazo certo), não tenha havido oposição do credor à mesma, no prazo de 90 dias, contado da publicação do ato dilatório. Assim, regram-se os direitos do credor, embora lhe seja garantido, enquanto estiver impedido de liquidar as quotas, participar dos lucros sociais, no que couber ao devedor (artigo 1.026 do Código Civil). Em se tratando de sociedade com prazo indeterminado (originariamente ou em face de prorrogação por tempo indeterminado, expressa ou tácita), as quotas podem ser penhoradas, leiloadas, adjudicadas e, não havendo aceitação do ingresso do novo titular na sociedade, terá ele o direito de pedir a sua liquidação, nos termos estudados no Capítulo 5, seção 8, deste livro.

3 Sociedade em comandita simples

A Klabin S/A tem, entre os acionistas que compõem o seu bloco de controle, outra sociedade muito interessante: a *George Mark Klabin & Cia Sociedade em Comandita*. É um tipo societário raro, mas há outros casos. Em 1997, em Curitiba, foi criada a *D Agostin & comandita – EPP*, uma sociedade em comandita simples cujo objeto social é o comércio de pneus. Esse é um tipo societário muito interessante apesar de pouco utilizado no Brasil.

O verbo *comanditar* traduz a ideia de prover fundos para uma atividade negocial, simples ou empresária, que será gerida por terceiros. A sociedade em comandita simples, assim, tem dois tipos diversos de sócios:

Sócio Comanditário	➞ provém os fundos para a atividade negocial e não tem responsabilidade subsidiária pelas obrigações sociais (responsabilidade limitada)
Sócio Comanditado	➞ administra a sociedade; tem responsabilidade subsidiária pelas obrigações sociais (responsabilidade ilimitada)

É um tipo societário raro em nossos dias, mas que visa diferenciar sócios investidores e sócios administradores (comanditados), atribuindo a esses últimos responsabilidade subsidiária pelas obrigações sociais. O grande incentivo dado aos comanditários (investidores) é não lhes atribuir responsabilidade pelas obrigações da sociedade, desde que tenham integralizado suas quotas. Em oposição, se a sociedade não adimplir suas obrigações, o sócio comanditado deverá fazê-lo, com seu patrimônio pessoal; se há mais de um comanditado, essa responsabilidade será solidária entre eles. A regra alcança até o sócio ou os sócios comanditados que sejam admitidos na sociedade quando o débito já estava constituído, contratual ou extracontratualmente (artigo 1.025 do Código Civil).

O contrato deve discriminar, com clareza, quem são os comanditados e os comanditários. Por serem administradores da sociedade, os sócios comanditados devem ser, obrigatoriamente, pessoas físicas (naturais). Aliás, a administração e a representação da sociedade são privativas dos sócios comanditados, o que preserva principalmente o direito de terceiros contra fraudes. Não pode o comanditário praticar qualquer ato de gestão, nem ter o nome na firma social, sob pena de ficar sujeito às responsabilidades de sócio comanditado (artigo 1.047 do Código Civil). Contudo, os comanditários podem participar das deliberações da sociedade e fiscalizar as operações sociais, o que não se interpreta como ato de gestão, administração ou representação. Também se permite que o comanditário seja constituído procurador da sociedade, para negócio determinado e com poderes especiais, o que não implicará a extensão da responsabilidade subsidiária a seu patrimônio pessoal.

O sócio comanditário não responde subsidiariamente pelas obrigações sociais; mesmo os lucros que lhe tenham sido destinados não podem ser exigidos, em reposição, para a satisfação de dívidas não pagas, desde que recebidos de boa-fé e de acordo com o balanço (artigo 1.049). No entanto, se há diminuição do capital, com distribuição de valores aos sócios, inclusive os comanditários, os credores preexistentes não podem ser prejudicados, razão pela qual podem se voltar até contra o comanditário, embora apenas no limite do que recebeu a título de reembolso do capital social reduzido e, apenas, para obrigações preexistentes. Essa preexistência é aferida pela averbação da modificação do contrato social no Registro Público, a partir do que a alteração produz efeito em relação a terceiros. Diferente é a hipótese de diminuição do capital social por perdas supervenientes; nesse caso, não há falar em ação contra o comanditário. No entanto, quando haja diminuição do capital social por perdas supervenientes, o comanditário não pode receber quaisquer lucros até que o capital registrado seja recomposto (artigo 1.049, parágrafo único).

De resto, aplicam-se à sociedade em comandita simples, no que forem compatíveis, as regras da sociedade em nome coletivo e da sociedade simples, que já foram aqui estudadas, sendo que aos comanditados cabem os mesmos direitos e obrigações dos sócios daquele tipo societário, inclusive as limitações para transferência de quotas. O mesmo não ocorre com os sócios comanditários; no caso de sua morte, a sociedade, salvo disposição do contrato, continuará com os seus sucessores, que designarão quem os represente (artigo 1.050). Também em relação à dissolução, repetem-se as causas já estudadas no Capítulo 6, seção 3, às quais se deve acrescentar uma: quando por mais de 180 dias perdurar a falta de uma das categorias de sócio. Detalhe: se falta sócio comanditado, os comanditários, para não incorrer em responsabilidade subsidiária, nomearão administrador provisório para praticar os atos de administração, mesmo sem assumir a condição de sócio (artigo 1.051, parágrafo único).

4 Sociedade limitada

A maioria das sociedades brasileiras, mais de 90%, organizam-se sob a forma de sociedade limitada. É o tipo mais popular, escolhido por sócios de pequenos empreendimentos até grandes empresas, como são exemplos o Caiapo Bar Ltda., em Jeceaba, MG, e a *Volkswagen do Brasil Ltda.*

Na sociedade limitada, a responsabilidade do(s) sócio(s) pelas obrigações da sociedade é restrita ao valor não integralizado de suas quotas (artigo 1.052 do Código Civil), embora todos sejam solidariamente responsáveis pela integralização total do capital social; assim, se um sócio já integralizou suas quotas, mas há sócios que ainda não o fizeram, todos poderão ser solidariamente demandados por esse valor em aberto. Realizado todo o capital, finda-se a possibilidade de se voltar contra os sócios – e seu patrimônio – para a satisfação de créditos contra a sociedade limitada (simples ou empresária), salvo a desconsideração da personalidade jurídica, que se estudará posteriormente. Esse mecanismo é um incentivo jurídico ao investimento em atividade negocial: os que aceitam participar da sociedade sabem que, agindo licitamente, seu patrimônio pessoal estará protegido; assim, se o negócio não der certo, perderão apenas o que investiram (o valor de suas quotas), não mais.

A sociedade limitada pode ser constituída por uma ou mais pessoas (§ 1º do artigo 1.052 do Código Civil), naturais ou jurídicas. Sim, pode ter um só sócio. Alterações produzidas pela Lei 13.874/19 trouxeram para o Direito Brasileiro essa nova figura de sociedade unipessoal que, portanto, funcionará como uma espécie de conjunto unitário: sociedade de um só sócio, um só quotista. Um exemplo é a Mercearia CR Simões Sociedade Unipessoal Ltda., que funciona na Vila Liviero, em São Paulo. Outro exemplo é a Golden Agri – Resources Brasil Sociedade Limitada Unipessoal, sociedade que atua no Brasil como parte de um grupo internacional, Golden Agri-Resources, sediado em Cingapura e que se dedica ao comércio de alimentos com valor de mercado estimado, em 2022, em quase US$ 4.000.000.000,00. Isso: quatro bilhões de dólares.

A sociedade limitada segue os artigos 1.052 a 1.087 do Código Civil, que lhe são específicos, sendo regidas supletivamente pelas normas das demais sociedades contratuais, estudadas até aqui. Em se tratando de sociedade empresária, o contrato social pode prever, expressamente, que a sociedade se regerá supletivamente pelas normas da sociedade anônima, que serão estudadas no Capítulo 8, o que lhe dará uma estrutura jurídica mais adequada aos grandes empreendimentos. Mesmo se for uma sociedade limitada unipessoal, prevê o § 2º do artigo 1.052 do Código Civil, será necessário haver um contrato social que atenda a todos os requisitos especificados em lei. Está-se diante da figura do denominado *contrato consigo mesmo*, já aceito pelo Direito moderno desde o século XX. Note-se que, por se tratar de ato jurídico levado a registro, acaba funcionando muito mais como uma declaração pública de direitos e deveres e, assim, quase um contrato com o restante da sociedade: o contrato social obriga o sócio, tanto quanto obriga a sociedade, perante o restante da comunidade.

O registro da sociedade limitada se fará no Cartório de Registro Civil das Pessoas Jurídicas, se sociedade simples, ou na Junta Comercial, se sociedade empresária. O contrato social atenderá aos requisitos estudados no Capítulo 4 deste livro, devendo o nome comercial – que poderá ser razão social ou denominação – vir acrescido, obrigatoriamente, da palavra *limitada*, por extenso ou abreviada (*ltda.*).

4.1 Capital social

O capital da sociedade limitada será dividido em quotas, de valor igual ou em valores desiguais, cabendo uma ou diversas a cada sócio. Assim, se da sociedade *Three Stooges do Brasil Ltda.* Moe tem 50% do capital social, Larry tem 30% e Shemp tem 20%, será possível adotar três quotas de valores desiguais: R$ 50.000,00, R$ 30.000,00 e R$ 20.000,00, respectivamente. Mas se poderá adotar 100 quotas de R$ 1.000,00 cada uma, atribuindo 50 a Larry, 30 a Moe e 20 a Shemp; as quotas podem ainda ser 1.000, no valor de R$ 100,00 cada uma, ou 10.000, no valor de R$ 10,00, e assim por diante. A quota é indivisível em relação à sociedade, salvo se, por meio de alteração do contrato social, grupando quotas ou desdobrando-as. Essa indivisibilidade, todavia, não impede a criação de um condomínio sobre a quota ou quotas (artigo 1.056 do Código Civil), ou seja, que duas ou mais pessoas titularizem uma quota ou grupo de quotas. Exemplo é a morte do sócio, quando sua participação é titularizada pelos sucessores, em condomínio, até a partilha. Constituído um condomínio sobre quota, os direitos inerentes a ela serão exercidos por um condômino representante; em se tratando de espólio de sócio falecido, o inventariante exercerá os direitos da quota. Note que, se a quota titularizada em condomínio não estiver integralizada, todos os condôminos serão solidariamente responsáveis pelas prestações necessárias à sua integralização, independentemente do percentual que detenham.

Nas sociedades limitadas, a exemplo do que ocorre com as sociedades por ações, o capital deverá ser integralizado em dinheiro ou bens, não se admitindo contribuição que consista em prestação de serviços. Quando se estabelecer que a integralização se fará pela transferência de bens para o patrimônio da sociedade, os sócios responderão pela exata estimação do valor dos bens; trata-se de responsabilidade solidária entre os sócios, até o prazo de cinco anos da data do registro da sociedade (artigo 1.055).

Se um sócio não integraliza sua quota ou quotas, como contratado, os outros podem deliberar que a participação será transferida para um, alguns ou todos os demais sócios, ou mesmo para outra pessoa, assumindo o pagamento devido. Podem, também, deliberar pela redução da participação do sócio inadimplente (*sócio remisso*) ou por sua exclusão, devolvendo-lhe o que houver pago, deduzidos os juros da mora, as prestações estabelecidas no contrato mais as despesas (artigo 1.058). Essa possibilidade não afasta a responsabilidade do sócio inadimplente pelas perdas e danos que causar à sociedade ou aos demais sócios. Não se esqueça, porém, de que o artigo 1.004 do Código Civil exige que o sócio seja notificado para que cumpra sua obrigação em 30 dias; somente após transcorrido esse prazo, poderá perder direito sobre as quotas subscritas e/ou responder pelos danos emergentes da mora. Aliás, o capital social é elemento vital para a preservação da sociedade, razão pela qual os sócios são obrigados à reposição dos lucros e das quantias retiradas, a qualquer título, ainda que autorizados pelo contrato, quando tais lucros ou quantia se distribuírem com prejuízo do capital (artigo 1.059 do Código Civil). Essa regra, todavia, não impede que o capital da sociedade limitada seja reduzido, como se estudará adiante, embora se deva atender a requisitos fixados em lei para tanto.

A sociedade limitada pode ser constituída *intuitu personae* ou *intuitu pecuniae*. No silêncio do contrato, aplica-se o Código Civil: o sócio pode ceder sua quota, total ou parcialmente, a quem seja sócio, independentemente de audiência dos outros, ou a estranho, se não houver oposição de titulares de mais de um quarto do capital social (artigo 1.057); mas o contrato pode estipular qualquer outro percentual. Mesmo a constituição do condomínio exigirá a aprovação dos sócios, no percentual legal ou contratado, se a sociedade não foi contratada *intuitu pecuniae*. Em todos os casos, a cessão só terá eficácia quanto à sociedade e a terceiros, a partir da averbação do respectivo instrumento, subscrito pelos sócios anuentes. Somente a partir da averbação começa a contar o prazo de dois anos, durante o qual o cedente ainda responderá solidariamente com o cessionário, perante a sociedade e terceiros, pelas obrigações que tinha como sócio. Por fim, recorde-se que o quórum de aprovação não significa impossibilidade de penhora da quota; apenas impede a assunção da condição de sócio por que adjudicar ou arrematar as quotas penhoradas, salvo havendo aprovação por sócios que representem 75% do capital social, se outro percentual não foi contratado. Sem tal aprovação, o adjudicante ou arrematante deverá pedir a resolução contratual em relação à quota, com liquidação e pagamento do valor patrimonial correspondente. Em se tratando de sociedade *intuitu pecuniae*, não haverá como impedir que o adjudicante assuma a condição de sócio.

Central de Álcool Lucélia Ltda.

Michel, Patrícia e Cesar, sócios da Central de Álcool Lucélia Ltda., notificaram a sociedade acerca da intenção da venda de suas quotas, requerendo fossem os demais sócios cientificados a respeito de tal intenção, consignando o valor das quotas, bem como que a transação deveria abranger a totalidade das quotas e que o pagamento deveria ser à vista. Um par de meses depois, enviaram correspondências à Empresa requerida, solicitando que o Conselho Diretor se manifestasse sobre a destinação das quotas postas à venda. Então, o diretor presidente da sociedade lhes comunicou de que somente com a indicação do nome dos interessados na aquisição das quotas haveria manifestação do conselho diretor. Os sócios discordaram: responderam que a exigência do Conselho Diretor não encontrava amparo no contrato social e, não sendo exercido o direito de preferência em tempo hábil, as quotas poderiam ser livremente negociadas.

Diante desses fatos, Michel, Patrícia e Cesar cederam suas quotas para Marcos e Carlos que requereram à sociedade a imediata ratificação da entrada dos novos quotistas e a consequente elaboração da alteração contratual pertinente. Foi convocada uma assembleia de quotistas e os demais sócios votaram contra o ingresso de Carlos e Marcos, em razão de serem sócios de uma empresa concorrente, além deterem adquirido cana do grupo de sócios minoritários, intitulados de dissidentes. Ainda assim, Carlos e Marcos conseguiram que a Junta Comercial de Estado de São Paulo arquivasse o instrumento de cessão das quotas.

Logo depois, requereram a convocação de assembleia para regularização do contrato social, fazendo constar sua participação. A sociedade não aceitou; afinal, o ingresso dos dois havia sido recusado por sócios correspondentes a mais de 50% do capital social, na forma do contrato social. Então, os próprios Carlos e Marcos convocaram uma assembleia geral para que o contrato fosse alterado, constando sua condição de sócios. E nesta assembleia 67,3165% do capital social foram contrários à inclusão dos dois.

Assim, Marcos e Carlos ajuizaram demanda requerendo a declaração de validade e eficácia dos instrumentos de cessão e transferência das quotas, pedindo ao Judiciário para que lhes reconhecesse a faculdade de exercer todos os direitos e deveres inerentes à qualidade de sócio, bem como a regularização do contrato social e respectivo registro na junta comercial. O Judiciário Paulista, em primeira e segunda instância, julgou procedente a ação. Então, a Central de Álcool Lucélia Ltda. Interpôs um recurso especial para o Superior Tribunal de Justiça: Recurso Especial 1.309.188/SP.

Por maioria de votos (quatro favoráveis, um vencido), os Ministros da Quarta Turma do Superior Tribunal de Justiça, reconheceram, em primeiro lugar, que "a cessão de quotas sociais em uma sociedade por responsabilidade limitada deve observar regras específicas, previstas no artigo 1.057 do CC, em cujo *caput* há permissão para que o contrato social franqueie também a terceiros não sócios o livre ingresso na sociedade – aproximando-se, assim, das sociedades de capitais – ou imponha condições e restrições de toda ordem à admissão do novo sócio, priorizando o elemento humano como fator de aglutinação na formação do ente social. De uma forma ou de outra, a previsão contratual em sentido diverso prevalece sobre o aludido preceito legal."

Assim, prosseguiram os julgadores, "quando o instrumento de contrato social silenciar total ou parcialmente - embora a redação do art. 1.057 do CC não seja suficientemente clara –, é possível, desmembrando as suas normas, conceber a existência de duas regras distintas: (i) a livre cessão aos sócios; e (ii) a possibilidade de cessão a terceiros estranhos ao quadro social, desde que não haja a oposição de titulares de mais de 25% do capital social."

No entanto, os julgadores chamaram a atenção para o fato de que, "no caso, a validade do negócio jurídico vê-se comprometida pela oposição expressa de cerca de 67% do quadro social, sendo certo que o contrato social apresenta omissão quanto aos critérios a serem observados para a implementação da cessão de posição societária, limitando-se a mencionar a possibilidade dessa operação na hipótese do não exercício do direito de preferência pelos sócios remanescentes. Outrossim, consta da Cláusula Sétima que a comunicação da intenção de alienação das quotas aos demais sócios far-se-ia acompanhar de 'outros dados que entender úteis'. Desse modo, causa certa estranheza o fato de os sócios remanescentes terem perquirido aos cedentes a qualificação dos cessionários e eles terem se recusado a fornecer, sob a mera alegação de que o contrato não os obrigava a tanto. Afinal, o pedido de esclarecimento consubstanciado na indicação do interessado na aquisição das quotas sociais, conquanto não fosse expressamente previsto no contrato social, era medida previsível e salutar, cujo escopo precípuo era justamente a preservação da *affectio societatis* e, em última instância, da ética, transparência e boa-fé objetiva, elementos que devem nortear as relações interpessoais tanto externa quanto *interna corporis*." Com esses fundamentos, a ação foi julgada improcedente, considerando invalida a transferência das quotas.

4.2 Aumento ou redução de capital

O capital social não é imutável: pode ser reduzido, se superar as necessidades da empresa, ou aumentado, se faltar ou para que seja feita uma expansão da atividade. Se não há regras específicas em lei especial, o aumento de capital é bem simples (artigo 1.081 do Código Civil): basta alteração do contrato social, aprovada por sócios que representem 75% do capital social e registrada, desde que já estejam integralizadas todas as quotas da sociedade. Até 30 dias após a deliberação, os sócios terão preferência para participar do aumento, na proporção das quotas de que sejam titulares. Esse *direito de preferência* pode ser cedido, total ou parcialmente, a qualquer outro sócio; pode também ser cedido a terceiro (não sócio), desde que não haja oposição de titulares de mais de 25% do capital social. Uma vez decorrido o prazo de preferência, havendo quotas que não tenham sido subscritas pelos próprios sócios, serão oferecidas a terceiros, desde que estes contem com a aprovação de titulares de 75% do capital social. Subscrita a totalidade do aumento, haverá reunião ou assembleia dos sócios, para que seja aprovada a modificação do contrato.

É extremamente comum o aumento de capital sem desembolso por parte dos sócios; há mera incorporação de lucros. A sociedade registra superávit contábil e os sócios deliberam que, em lugar de distribuir dividendos, o superávit será incorporado ao capital social, aumentando-o. Em qualquer hipótese, havendo desembolso ou mera incorporação de lucros, o aumento de capital pode fazer-se tanto pelo aumento do número de quotas, conservando-se o seu valor original, quanto pelo aumento do valor das quotas, conservando-se o seu número original. Nada impede que se adote solução mista: aumento no número e no valor das quotas.

Também é possível reduzir o capital social. Foi o que fez a Comset Sistemas e Equipamentos Ltda., sociedade catarinense com sede em Balneário Camboriú, que se dedica ao comércio atacadista de máquinas, equipamentos e peças. Em 2022, os sócios consideram que o capital social de R$ 580.000,00 havia se tornado excessivo para a realização do objeto social e, assim, deliberaram reduzi-lo em R$ 300.000,00, que seriam restituídos aos sócios, na proporção de suas quotas. Assim, as atividades empresariais continuaram, embora sustentadas por um investimento de R$ 280.000,00 (capital social).

C✦MSET
Sistemas e Equipamentos Térmicos

A redução do capital social, em oposição, é um pouco mais complexa (artigo 1.082 do Código Civil), podendo ser deliberada pelos sócios, (1) depois de integralizado o capital, se houver perdas irreparáveis; e (2) a qualquer momento, se verificado que o capital constante do contrato social é excessivo em relação ao objeto da sociedade. Em ambos os casos, a redução faz-se por meio de alteração contratual. Se há perdas irreparáveis, mas há valores a integralizar, deve-se primeiro realizar a integralidade do capital social para assim avaliar adequadamente a existência, ou não, de perdas irreparáveis. Se o capital foi todo integralizado, já há condições para se aferir a existência de *perdas irreparáveis*, ou seja, de déficits contábeis que não se resolvem. A perda irreparável é uma situação e não um processo; é necessário que a sociedade não esteja registrando déficits anuais sucessivos que a possam conduzir à insolvência (sociedade simples) ou falência (sociedade empresária). A perda irreparável é um prejuízo acumulado que não aumenta, nem é resolvido pelo sobrevalor gerado pela atividade negocial. Daí a conveniência de redução, que se fará com a diminuição proporcional do valor nominal das quotas, em prejuízo dos sócios. A operação se torna efetiva a partir da averbação da deliberação no registro da sociedade, civil ou mercantil, conforme seja simples ou empresária.

Diferente será a redução de capital quando verificado que o valor estipulado em contrato é excessivo em relação ao objeto da sociedade, em desacordo com as necessidades da empresa, ou seja, que a empresa conseguiria manter sua atividade e seus resultados econômicos com um capital social menor. A redução não exige que a totalidade do capital social esteja integralizado; pode ser deliberada mesmo quando ainda faltem parcelas a serem realizadas, até para dispensar tal realização. Pode igualmente ser deliberada quando o capital social já está realizado, restituindo-se parte do valor das quotas aos sócios. Em ambos os casos, o efeito é a diminuição proporcional do valor nominal das quotas ou a extinção de quotas na proporção da redução.

A ata da assembleia que aprovar a redução por excessividade será publicada, passando a correr, de então, um prazo de 90 dias para que o credor quirografário, por título líquido anterior a essa data, possa opor-se à redução deliberada. Transcorrido esse prazo, sem que haja impugnação, ou sendo provado o pagamento da dívida ou o depósito judicial do respectivo valor, a redução se tornará eficaz, procedendo-se à averbação, no Registro Público de Empresas Mercantis, da ata que tenha aprovado a redução (artigo

1.084 Código Civil). Creio que tal sistema é caro e ineficaz; a publicação e a ausência de impugnação não eximem a sociedade da responsabilidade pela obrigação, nem os sócios que receberam valores correspondentes à redução de capital, de responderem por eventuais créditos contra a sociedade, no limite do valor do reembolso de capital, diante do inadimplemento da sociedade. Basta aplicar o artigo 158 do Código Civil, pedindo a anulação da redução de capital por caracterizar fraude contra credores, já que se encaixa no conceito de *negócio de transmissão gratuita de bens*.

4.3 Administração

Embora pessoas jurídicas possam ser sócias de uma sociedade, apenas seres humanos (*pessoas naturais físicas*) podem administrá-la, já que se fazem necessários não só atos físicos, mas igualmente compreensão da realidade e expressão da vontade, que se fará em nome da sociedade, a quem o administrador representará. A sociedade limitada, dessa maneira, é administrada por uma ou mais pessoas naturais, que serão designadas no contrato social ou em ato separado, seguindo as regras do contrato. Se a nomeação faz-se por ato em separado, a investidura na administração se fará por meio de *termo de posse* no *livro de atas da administração*, que deverá ser assinado nos trinta dias seguintes à designação, sem o que esta se tornará sem efeito. Nos dez dias seguintes ao da investidura, ou seja, da assinatura do termo de posse, o administrador deve requerer a averbação de sua nomeação no registro da sociedade, mencionando o seu nome, nacionalidade, estado civil, residência, com exibição de documento de identidade, o ato e a data da nomeação e o prazo de gestão (artigo 1.062 do Código Civil).

A sociedade limitada pode ser administrada por uma ou mais pessoas, que estarão nomeadas no contrato social ou em ato separado. O contrato social pode mesmo atribuir a administração a todos os sócios; nessa hipótese, contudo, não se estenderá a condição de administrador aos que adquirirem a condição de sócio posteriormente (artigo 1.060), salvo – é claro – se o contrato expressamente a atribuir. A escolha de um ou alguns (não todos) sócios para administrador se faz por meio de votos que correspondam à maioria do capital social (50% + 1 ou, preferindo-se, a menor unidade acima da metade). Quando se tratar da escolha de uma pessoa que não seja sócia, o artigo 1.061 prevê serem necessários votos correspondentes a, no mínimo, 2/3 dos sócios,[2] enquanto o capital social não estiver totalmente integralizado; quando já estiver totalmente integralizado, basta aprovação por mais da metade do capital social. É possível que a pluralidade de administradores seja composta por *sócios* e por *não sócios*, num modelo misto, implicando quóruns diversos para a escolha de cada categoria, nos moldes vistos. O administrador não poderá ser pessoa impedida de empresariar. Uma vez escolhido o administrador ou administradores, o uso da firma ou denominação lhes será privativo, nos limites dos poderes que tenham sido conferidos pelo contrato social; aplicam-se, ademais, os deveres

---

[2] Não é 2/3 do capital social, mas dos sócios, ou seja, vota-se por cabeça. Afinal, a cabeça do artigo 1.052 do Código Civil prevê que, enquanto não integralizado todo o capital social, todos os sócios respondem solidariamente pelo valor ainda por integralizar. Daí optar-se por uma votação por sócio e não em função do capital social.

e os direitos estudados na seção 4 do Capítulo 5 deste livro, designadamente o dever de bem administrar a atividade negocial, respondendo civilmente pelos prejuízos decorrentes de atos ilícitos dolosos ou culposos que pratique, ativa ou omissivamente. Some-se o dever de proceder à elaboração do inventário, do balanço patrimonial e do balanço de resultado econômico ao término de cada exercício social, como se estudará adiante. Aliás, na condição de representante da sociedade, sendo responsável pela gestão de direitos e interesses alheios, o administrador está obrigado a prestar contas de sua atuação, bem como a submeter-se à fiscalização dos demais sócios, sendo possível ao contrato social estipular épocas específicas para o exame da escrituração societária.

O administrador poderá delegar funções específicas de gerência a preposto ou prepostos. Trata-se de relação jurídica de mandato, atuando o gerente como um mandatário do administrador, nos limites dos poderes que lhe forem outorgados. Essa delegação pode fazer-se no todo, assumindo o gerente as funções de administração, por conta e risco do administrador que lhe transfere os poderes, numa figura que se interpreta como substabelecimento (com reservas, necessariamente) dos poderes e da competência outorgados pelo contrato social, respondendo o administrador/substabelecente pelos atos ilícitos praticados pelo gerente/substabelecido.[3] Há, igualmente, gerência, embora limitada, na delegação de poder e competência para negócios específicos, como a gerência de determinado estabelecimento ou, mesmo, de alguma seção da empresa. Em todos os casos, todavia, é necessária particular atenção para (1) os poderes que foram outorgados pela sociedade, por meio do contrato social ou documento em apartado devidamente registrado ou de conhecimento das partes envolvidas no negócio e (2) para os poderes que foram transferidos pelo administrador ao gerente a quem delegou a administração ou poderes específicos para determinado negócio.

Se o administrador foi eleito para exercer a função por tempo determinado, os poderes para o exercício do cargo cessam quando completado o prazo ou termo respectivo, desde que não haja recondução, conforme seja estipulado no contrato social ou em ato em separado (artigo 1.063). Se o contrato define um mandato certo para o administrador, parece-me que, salvo a ocorrência de justa causa, o administrador que seja sócio terá direito ao exercício da administração. Já o administrador que não seja sócio não terá esse direito; mas a minoria societária terá o direito de exigir sua manutenção no cargo durante o mandato, salvo, uma vez mais, haver justa causa para a destituição. Trata-se, porém, de posições que comportam controvérsia, embora rara, já que a administração por tempo certo é fenômeno raro nas sociedades limitadas brasileiras.

Não havendo tempo definido, o exercício do cargo de administrador cessa pela destituição, que pode ser motivada ou imotivada. A *destituição imotivada do administrador* que é sócio exigirá a aprovação de mais da metade do capital social, salvo disposição contratual diversa, quando sua nomeação foi feita por meio de cláusula no contrato social (artigo 1.063, § 1º, com redação dada pela Lei 13.792, de 2019). Se sua nomeação se deu por meio de documento em apartado, a destituição poderá ser deliberada pela maioria

---

[3] Conferir MAMEDE, Gladston. *Direito empresarial brasileiro*: direito societário: sociedades simples e empresárias. 14. ed. Barueri: Atlas, 2022. v. 2.

simples do capital social; o mesmo se passará quando o administrador não seja sócio. Em todos esses casos, a destituição não carece de qualquer fundamentação: é faculdade discricionária da maioria. Já a *destituição motivada do administrador* independe de tratar-se ou não de sócio, bem como da nomeação pelo contrato social ou por documento em apartado. Qualquer sócio, por menor que seja sua participação societária, poderá pedi-la judicialmente, demonstrando e provando sua alegação.

É lícito ao administrador, sócio ou não, renunciar à administração, ou seja, aos poderes que lhe foram outorgados, abandonando as competências correspondentes. Trata-se de ato unilateral e que não precisa ser motivado, caracterizando afirmação do princípio da livre iniciativa, embora possa caracterizar ilícito contratual, conforme as particularidades do caso concreto. A renúncia se tornará eficaz em relação à sociedade desde o momento em que toma conhecimento da comunicação escrita do renunciante. A eficácia em relação a terceiros, entretanto, somente se verificará após a averbação e publicação do ato. Aliás, a cessação do cargo de administrador, seja por destituição, término do prazo certo previsto ou, mesmo, por renúncia, deverá ser averbada no registro público correspondente, sendo pedida nos dez dias seguintes à sua ocorrência.

4.4 Conselho fiscal

Sem prejuízo dos poderes de fiscalização da reunião ou assembleia dos sócios, pode o contrato instituir conselho fiscal composto de três ou mais membros e respectivos suplentes, sócios ou não, residentes no país (artigo 1.066 do Código Civil). Seus membros não podem pertencer aos demais órgãos da sociedade ou de outra sociedade que seja por ela controlada, nem empregados de quaisquer delas ou dos respectivos administradores, o cônjuge ou parente destes até o terceiro grau; também é vedada a participação daqueles que estão proibidos de comerciar. Trata-se de figura criada pelo Código Civil, mas rara em face do perfil habitual das sociedades limitadas brasileiras. Mas, sendo criado o conselho, assegura-se aos sócios minoritários que representarem pelo menos um quinto do capital social o direito de eleger, separadamente, um dos membros do conselho fiscal e o respectivo suplente. O membro eleito, ou o suplente, é investido nas suas funções assinando termo de posse lavrado no livro de atas e pareceres do conselho fiscal, no qual se mencionará seu nome, nacionalidade, estado civil, residência e a data da escolha. Se o termo não for assinado nos 30 dias seguintes ao da eleição, esta se tornará sem efeito. A investidura perdurará, salvo cessação anterior, até a subsequente assembleia anual.

As funções de conselheiro fiscal são remuneradas em valores fixados anualmente pela assembleia dos sócios que os eleger. Compete-lhes (artigo 1.069), além de outras atribuições determinadas na lei ou no contrato social, os seguintes atos, que praticam individual ou conjuntamente: (1) examinar, pelo menos trimestralmente, os livros e papéis da sociedade e o estado da caixa e da carteira, devendo os administradores ou liquidantes prestar-lhes as informações solicitadas; (2) lavrar no livro de atas e pareceres do conselho fiscal o resultado dos exames referidos no inciso I deste artigo; (3) exarar no mesmo livro e apresentar à assembleia anual dos sócios parecer sobre os negócios e as operações sociais do exercício em que servirem, tomando por base o balanço patrimonial e o de resultado econômico; (4) denunciar os erros, fraudes ou crimes que descobrirem, sugerindo providências úteis à sociedade; (5) convocar a assembleia dos sócios se a diretoria retardar por mais de 30 dias a sua convocação anual, ou sempre que ocorram motivos graves e urgentes; (6) praticar, durante o período da liquidação da sociedade, os atos a que se refere este artigo, tendo em vista as disposições especiais reguladoras da liquidação.

As atribuições e os poderes conferidos pela lei ao conselho fiscal não podem ser outorgados a outro órgão da sociedade, e a responsabilidade de seus membros obedece à regra que define a dos administradores. Para assisti-lo no exame dos livros, dos balanços e das contas, o conselho poderá escolher contabilista legalmente habilitado, mediante remuneração aprovada pela assembleia dos sócios (artigo 1.070).

4.5 Deliberações sociais

Os sócios deliberam sobre a sociedade limitada, simples ou empresária, em reunião ou em assembleia, conforme previsto no contrato social (artigo 1.072 do Código Civil). Se o número de sócios for superior a dez, será obrigatório deliberar por meio de assembleia. A diferença entre a reunião e a assembleia está no formalismo desta última, que é presidida e secretariada por sócios escolhidos entre os presentes antes da instalação, com trabalhos e deliberações lavrados em ata no *livro de atas da assembleia*, com assinatura dos membros da mesa e por sócios participantes da reunião, quantos bastem à validade das deliberações, mas sem prejuízo dos que queiram assiná-la. Cópia dessa ata, autenticada pelos administradores ou pela mesa, será apresentada ao Registro Público para arquivamento e averbação, nos vinte dias subsequentes à reunião. Será entregue cópia autenticada da ata ao sócio que a solicitar (artigo 1.075).

A assembleia de sócios deverá realizar-se ao menos uma vez por ano (artigo 1.079), nos quatro meses seguintes ao término do exercício social, com o objetivo de tomar as contas dos administradores e deliberar sobre o balanço patrimonial e o de resultado econômico, sendo que os documentos respectivos devem ser postos, por escrito, à disposição dos sócios que não exerçam a administração até trinta dias antes da data marcada para a assembleia, o que se comprovará por escrito. Tais documentos serão lidos, e o presidente da assembleia os submeterá a discussão e votação, nesta não podendo tomar parte os membros da administração e, se houver, os do conselho fiscal. Havendo aprovação, sem reserva, do balanço patrimonial e da demonstração de resultado econômico, salvo erro, dolo ou simulação, os membros da administração e, se houver, os do conselho fiscal estarão exonerados de responsabilidade por seus atos. Para as hipóteses de erro, dolo ou simulação, o direito de anular tal aprovação extingue-se em dois anos. Nessa assembleia, ademais, se designarão os administradores, quando for o caso, além de serem tratados quaisquer outros assuntos, devendo estes constar da ordem do dia.

A reunião dispensa tais formalismos, não demandando sequer ata: se é decidida alteração contratual, bastará que os sócios que detenham o capital mínimo necessário para sua aprovação assinem o respectivo instrumento, que será levado ao Registro. Havendo qualquer outra deliberação, bastará tomá-la em documento apartado, assinado pelo número mínimo de sócios necessários para a sua validade, sendo levada a registro quando se deseje a sua publicidade. Aliás, a reunião ou a assembleia torna-se dispensável quando todos os sócios decidirem, por escrito, sobre a matéria que seria objeto delas, expediente que é comumente utilizado (artigo 1.072, § 3º, do Código Civil). Não há previsão de periodicidade mínima para a realização de reunião dos sócios, mas é recomendável convocá-la anualmente para a aprovação das contas do administrador, mormente em face da exoneração de responsabilidade quando haja aprovação.

Cabe ao administrador ou administradores convocar a reunião ou assembleia (artigo 1.072). Também poderá convocar a reunião ou a assembleia (artigo 1.073): (1) o sócio, quando os administradores retardarem a convocação, por mais de sessenta dias, nos casos previstos em lei ou no contrato; (2) sócio ou sócios titulares de mais de um quinto do capital, quando não atendido, no prazo de oito dias, pedido de convocação fundamentado, com indicação das matérias a serem tratadas; (3) o conselho fiscal, se houver, se os administradores retardarem sua convocação anual por mais de trinta dias ou sempre que ocorram motivos graves e urgentes. O anúncio de convocação da assembleia de sócios será publicado por três vezes, ao menos, no órgão oficial da União ou do Estado, bem como em jornal de grande circulação, sendo que, entre a data da primeira inserção e a da realização da assembleia, deverá mediar o prazo mínimo de oito dias, para a primeira convocação, e de cinco dias, para as posteriores (artigo 1.152, § 3º, do Código Civil). No entanto, quando todos os sócios comparecerem ou se declararem, por escrito, cientes do local, data, hora e ordem do dia, tal procedimento – incluindo a publicação – será desnecessário (artigo 1.072, § 2º).

A reunião ou assembleia será instalada com a presença, em primeira convocação, de titulares de no mínimo três quartos do capital social e, em segunda, com qualquer número, sendo que o sócio pode ser representado na assembleia por outro sócio, ou por advogado, mediante outorga de mandato com especificação dos atos autorizados, devendo o instrumento ser levado a registro, juntamente com a ata, quando se trate de assembleia. Dependem da deliberação dos sócios as matérias indicadas em lei e aquelas previstas pelo contrato social. No rol dos assuntos legalmente submetidos à assembleia, estão as matérias listadas no artigo 1.071 do Código Civil:

1. a aprovação das contas da administração;
2. a designação dos administradores, quando feita em ato separado;
3. a destituição dos administradores;
4. o modo de sua remuneração, quando não estabelecido no contrato;
5. a modificação do contrato social;
6. a incorporação, a fusão e a dissolução da sociedade, ou a cessação do estado de liquidação;
7. a nomeação e a destituição dos liquidantes e o julgamento das suas contas;
8. o pedido de recuperação da empresa, embora, havendo urgência na medida, os administradores, com autorização de titulares de mais da metade do capital social, podem requerê-la preventivamente.

As deliberações que sejam tomadas em conformidade com a lei e o contrato social, em reunião ou em assembleia, vinculam todos os sócios, ainda que ausentes, desde que não tenha havido falha na convocação. Vinculam até os sócios que se abstiveram de votar e aqueles que votaram em sentido diverso (artigo 1.072, § 5º). Interpretam-se, portanto, como deliberação da coletividade social e, como tal, da sociedade. Essa regra, obviamente, exige que se atinja o mínimo necessário para aprovação, que será aquele disposto no contrato social. Se o contrato não prevê quóruns próprios, aplica-se o artigo 1.076 do Código Civil, a prever, em geral, mais da metade do capital social, salvo aprovação das contas, que exige metade dos presentes; lembre-se, ademais, que o artigo 1.114 demanda voto da totalidade do capital social para aprovar a transformação, exceto quando já prevista no contrato social.

Um vício comum na prática empresarial e advocatícia brasileira são os contratos sociais de baixa tecnologia jurídica que não tomam o cuidado de trazer quóruns de deliberação próprios. A melhor tecnologia jurídica recomenda ao advogado estudar e investigar a situação de cada sociedade, dialogando com os sócios, expondo os casos que podem ocorrer e estabelecendo um acordo entre eles sobre qual devem ser os quóruns para cada situação.[4] O melhor contrato social é aquele que reflete as particularidades de cada sociedade empresária em concreto. A reiteração de um mesmo modelo para toda e qualquer sociedade é manifestação de baixa tecnologia jurídica e, cá entre nós, uma verdadeira traição profissional.[5]

O exercício do direito de voto nas deliberações sociais faz-se sempre no interesse da sociedade; caracteriza voto abusivo aquele que sobrepõe os interesses individuais ao da coletividade social. Isso não importa dirigismo na deliberação; o sócio pode votar como quiser, desde que tenha por fim específico o bem da sociedade e não o seu bem individual em prejuízo da sociedade. Justamente por isso, o artigo 1.074, § 2º, do Código Civil estabelece que nenhum sócio, por si ou na condição de mandatário, pode votar matéria que lhe diga respeito diretamente. O voto abusivo, incluindo aquele que reflete conflito de interesses com a sociedade, é ato ilícito que determina o dever de indenizar pelos danos decorrentes. Aliás, as deliberações infringentes do contrato ou da lei tornam ilimitada a responsabilidade dos que expressamente as aprovaram (artigo 1.080).

Não é preciso que o encontro se realize com todos os sócios no mesmo lugar. O artigo 1.080-A do Código Civil permite que o sócio participe e vote à distância, seja em reunião ou assembleia, seguidas as regulamentações do DREI. Aliás, por força do mesmo dispositivo, a reunião ou a assembleia poderá ser realizada de forma digital, respeitados

---

[4] Uma fase de compreensão da sintomatologia jurídica envolvida na situação submetida ao advogado. Sobre o tema: MAMEDE, Gladston. MAMEDE, Eduarda Cotta. Holding *familiar e suas vantagens*: planejamento jurídico e econômico do patrimônio e da sucessão familiar. 14. ed. São Paulo: Atlas, 2022.

[5] Em lugar de modelos de contratos, construímos um manual com modelos de cláusulas que podem ser alteradas e combinadas entre si para compor, em cada situação, um espelho da vontade dos sócios em cada caso: MAMEDE, Gladston. MAMEDE, Eduarda Cotta. *Manual de redação de contratos sociais, estatutos e acordos de sócios*. 6. ed. Barueri: Atlas, 2022.

os direitos legalmente previstos de participação e de manifestação dos sócios e os demais requisitos regulamentares.

4.6 Dissolução total ou parcial

A resolução da sociedade limitada em relação a um ou mais sócios, com a consequente dissolução parcial do contrato de sociedade e liquidação das quotas respectivas, poderá ocorrer, em primeiro lugar, pelo acordo mútuo entre todos os sócios para a saída de qualquer deles, o que poderá se dar mesmo que a sociedade tenha sido contratada por prazo certo, caracterizando mero exercício da liberdade de distratar. Já na sociedade por prazo indeterminado, qualquer sócio pode retirar-se da sociedade, imotivadamente, bastando notificar os demais sócios, com antecedência mínima de 60 dias, sendo que os demais sócios, nos 30 dias subsequentes à notificação, podem optar pela dissolução total da sociedade (artigo 1.029 do Código Civil). Tem-se, ademais, o direito de retirada por justa causa, pedido judicialmente, mesmo quando se tenha sociedade por prazo determinado.

A resolução da sociedade limitada em relação a um sócio também poderá decorrer da sua exclusão, fruto da inadimplência com o dever de integralizar as quotas subscritas no tempo e modo a que se obrigou, tendo sido devidamente notificado para fazê-lo, sem que atendesse a tal aviso, como visto anteriormente. O sócio ainda pode ser excluído por *falta grave no cumprimento de suas obrigações* ou *incapacidade superveniente*, mesmo que seja o majoritário. Somem-se as hipóteses de falência ou insolvência do sócio, quando as quotas serão arrecadadas pelo síndico da massa, bem como a penhora das quotas sociais, com adjudicação ou arrematação por terceiro que não seja aceito como sócio. Por fim, têm-se o ex-cônjuge e os herdeiros do cônjuge falecido, quando não sejam admitidos na coletividade social. São todas hipóteses já estudadas, comuns aos demais tipos de sociedades contratuais.

O artigo 1.085 do Código Civil prevê, especificamente para as sociedades limitadas, a resolução da sociedade em relação a sócios minoritários, a partir de deliberação favorável da maioria absoluta do capital social (ressalvado o caso em que haja apenas dois sócios), sob o fundamento de que o sócio está pondo em risco a continuidade da empresa, por meio de atos ou omissões de inegável gravidade. Para tanto, é necessário que o contrato social preveja a exclusão por justa causa. Não se trata de procedimento judicial, já que o dispositivo fala em exclusão *mediante alteração do contrato social*, resultante de *reunião ou assembleia especialmente convocada para esse fim*. Ressalva-se o caso em que haja apenas dois sócios na sociedade (artigo 1.085, parágrafo único, com redação dada pela Lei 13.792/19).

Anote-se, porém, que a lei fala que o acusado deve ser cientificado em tempo hábil para permitir seu comparecimento e o exercício do direito de defesa, deixando claro que a deliberação de excluir um sócio minoritário não pode ser arbitrária; aplicável subsidiariamente, aliás, o artigo 57 do Código Civil, prevendo que a exclusão justificada pela *existência de motivos graves* demanda *deliberação fundamentada*. Se o sócio não concorda com sua exclusão, poderá exercer seu direito constitucional de recorrer ao Judiciário, evitando, assim, que o arbítrio injustificado da maioria lese os seus direitos.

8

SOCIEDADES POR AÇÕES

1 Instituição e estatuto

Estudamos, anteriormente, as sociedades por quotas, que são constituídas sobre a lógica do contrato. Nelas, os sócios ajustam o contrato social entre si, relacionando-se como partes de um ajuste negocial, obrigados reciprocamente com o cumprimento de suas cláusulas. Nas sociedades contratuais, há relações horizontais (entre os sócios) e verticais (entre os sócios e a sociedade).

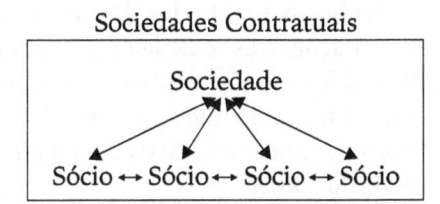

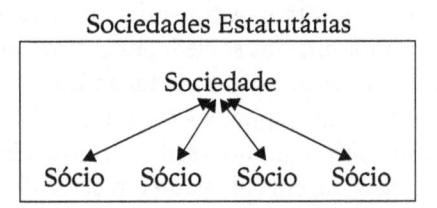

```
        Sociedades Contratuais                    Sociedades Estatutárias
              Sociedade                                  Sociedade
                 ↑                                          ↑
         ↗    ↑    ↖                              ↗      ↑      ↖
  Sócio ↔ Sócio ↔ Sócio ↔ Sócio            Sócio    Sócio    Sócio    Sócio
```

Em oposição, há as chamadas sociedades institucionais ou estatutárias, na qual não há relações horizontais, ou seja, os sócios não mantêm, entre si, direitos e deveres recíprocos. Há apenas relações verticais, entre os sócios e a sociedade. Mesma situação que se passa com as associações, nos termos do artigo 53, parágrafo único, do Código Civil. As sociedades estatutárias (ou institucionais) são constituídas sobre lógica distinta, na qual importa muito pouco o estabelecimento entre os sócios de um ajuste negocial. São criadas como instituições, ofertando a terceiros a possibilidade de adesão. Os sócios, portanto, não são contratantes entre si, mas aderentes a uma proposição que lhes antecede, disposta não em um contrato social, mas num estatuto. Daí falar-se tanto em sociedades institucionais, quanto em sociedades estatutárias.

É comum identificar-se o surgimento dessas sociedades com o alvorecer da Idade Moderna e do Mercantilismo. Os grandes empreendimentos de navegação, para a

Ásia (*Índias Orientais*) ou para a América (*Índias Ocidentais*), demandavam grandes somas de dinheiro. Para financiar tais empresas, os holandeses criaram a *Companhia das Índias Ocidentais* e, depois, a *Companhia das Índias Orientais*, organizando o estatuto e a estrutura das sociedades antes de abrirem a oportunidade para que qualquer um, querendo, investisse na companhia. Diversos anônimos, isto é, pessoas que não eram obrigatoriamente conhecidas dos fundadores, aderiram ao empreendimento, adquirindo títulos societários que lhes davam direito a participar das deliberações da sociedade e a receber parte dos lucros da empresa, tendo por garantia o fato de que, uma vez pago o valor do investimento, não seriam responsabilizados por eventuais prejuízos registrados com o empreendimento.[1] O sucesso da iniciativa marcou a economia e o Direito, sendo assimilado como uma forma específica de sociedade, distinta das sociedades contratuais face ao tipo de relacionamento (1) dos sócios para com a sociedade e (2) dos sócios entre si, por alguns chamadas de sociedades por ações, por outros de sociedades anônimas.

Para ter uma ideia, a Companhia Neerlandesa das Índias Ocidentais (Vereenigde Oost-Indische Compagnie ou simplesmente VOC), fundada em 1621 e liquidada em 1792, pode ter sido a empresa mais valiosa de toda a história da humanidade. Mais do que a Apple Inc., avaliada em US$ 3.000.000.000.000,00 (isso mesmo: três trilhões de dólares), em janeiro de 2022. E, sim, a Apple Inc. também é uma sociedade anônima. Atualmente, são três os tipos de sociedades institucionais no Direito Brasileiro: as sociedades anônimas, as sociedades em comandita por ações e as sociedades cooperativas. Vamos começar pelas sociedades anônimas, companhias como a Petróleo Brasileiro S.A. – Petrobras, cujo capital social era de R$ 7.442.454.142,00, dividido em 13.044.496.930 ações, em 2022, segundo o seu estatuto social. Mas o valor de mercado da companhia, em meados de 2022, era calculado em cerca de R$ 520.000.000,00.

2 Sociedade anônima

Na sociedade anônima, também chamada de *companhia*, o capital social divide-se em ações; seus titulares são chamados de *sócios acionistas* ou, simplesmente, de *acio-*

---

[1] Nesse sentido VALVERDE, Trajano Miranda. *Sociedades por ações*. Rio de Janeiro: Forense, 1953. v. 1, p. 10-12.

nistas. Ao subscrever ações de uma companhia, quando de sua criação, o sócio assume a obrigação de pagar o preço de emissão: seu investimento no capital social da pessoa jurídica; a mesma obrigação tem aquele que, eventualmente, venha a adquirir de terceiro ações cujo preço de emissão ainda não foi totalmente pago. No entanto, a responsabilidade patrimonial do acionista limita-se àquele valor; uma vez integralizado o capital social correspondente às suas ações, o sócio não responderá (subsidiária ou solidariamente) pelas obrigações da sociedade.

É preciso atentar para o fato de que, qualquer que seja o objeto social de uma sociedade anônima, bem como qualquer que seja a forma de estruturação de suas atividades, sempre se tratará de uma empresa, regendo-se pelas leis e usos do comércio. A natureza empresária das sociedades por ações é retirada de sua própria estrutura jurídica; via de consequência, toda companhia é uma sociedade empresária, como, aliás, expressamente afirmam o artigo 2º da Lei 6.404/76 e o parágrafo único do artigo 982 do Código Civil. Sua estrutura de funcionamento estará delineada em seu estatuto social, que, como se verá, é aprovado quando da criação da sociedade, sendo levado ao registro mercantil – ou seja, à Junta Comercial – o documento comprobatório de sua aprovação, dando início à existência da pessoa jurídica. Ao contrário do que se passa com o contrato social, o estatuto não traz o nome dos sócios da empresa, mas apenas registra aqueles que estavam presentes à sua fundação, dispensando alterações quando haja cessão de ações e, com ela, da condição de sócio; essa transferência será feita em livro próprio, já que se trata de uma sociedade absolutamente constituída em função do capital (*intuitu pecuniae*), não importando para a sua essência quem são as pessoas dos sócios. O estatuto, portanto, está longe de ser um contrato – devo reiterar. É o regulamento no qual se registra a estrutura de existência e funcionamento da companhia, pensada como uma instituição que transcende, e muito, à pessoa de seus sócios, cuja transitoriedade chega a ser pressuposta.

O estatuto definirá, de modo preciso e completo, o objeto da companhia, que pode ser qualquer empresa de fim lucrativo, desde que não seja contrária à lei, à ordem pública e aos bons costumes. Esse objeto pode ser, inclusive, participar de outras sociedades, ou seja, atuar como uma sociedade – ou empresa – de participações, comumente chamadas de *holdings*: companhias constituídas para titularizarem quotas ou ações de outras sociedades.[2]

Como já visto, a sociedade será designada por denominação acompanhada das expressões *companhia* ou *sociedade anônima*, expressas por extenso ou abreviadamente (*Cia.* e *S.A.*, respectivamente), sendo vedada a utilização do termo *companhia* ao final, evitando-se confusão com as sociedades contratuais. Para a denominação será escolhido um termo ou expressão *de fantasia*, podendo ser, inclusive, o nome do fundador, de acionista ou de pessoa que por qualquer outro modo tenha concorrido para o êxito da empresa, desde que com sua anuência, face à necessidade de preservação do direito personalíssimo ao próprio nome. São exemplos de companhias que adotam em suas deno-

---

[2] Conferir: MAMEDE, Gladston; MAMEDE, Eduarda Cotta; MAMEDE, Roberta Cotta. *Holding familiar e suas vantagens*. 17. ed. Barueri: Atlas, 2025.

minações nome de pessoas naturais a *Construtora Adolpho Lindenberg S.A.* ou a *Fábrica de Tecidos Carlos Renaux S.A.* A designação do objeto social é facultativa.

Adolpho Lindenberg
CONSTRUTORA

O nome empresarial deverá, ademais, atender ao princípio da inovação, distinguindo-se de outros já existentes; se a denominação for idêntica ou semelhante à de companhia já existente, a prejudicada, beneficiando-se do fato de ter-se registrado anteriormente, poderá requerer a modificação, por via administrativa ou judicial, além de demandar as perdas e danos resultantes.

3 Mercado de valores mobiliários

As ações e outros títulos da sociedade anônima, que serão estudados a seguir, podem ser negociados mediante oferta pública, isto é, no chamado mercado de valores mobiliários, tanto nos balcões das corretoras de valores (chamado de *mercado de balcão*), quanto nas *bolsas de valores*, que são *feiras* permanentes, organizadas pelas corretoras, para a negociação de valores mobiliários, com autonomia administrativa, financeira e patrimonial. É o caso da BOVESPA (B3), a Bolsa de Valores de São Paulo, criada em 1890. Há, ainda, uma figura mais simples – e mais fácil de organizar, portanto – que a bolsa de valores: o chamado *mercado de balcão organizado*, igualmente uma feira aberta à negociação de títulos mobiliários, mas de estrutura menos complexa.

[B]³ BRASIL BOLSA BALCÃO

Quando os títulos de uma sociedade anônima estão admitidos à negociação no mercado de valores mobiliários, fala-se em *companhia aberta*, em oposição à companhia fechada, que não pode negociar seus títulos na bolsa e nos balcões de corretoras. A admissão no mercado aberto é de responsabilidade da Comissão de Valores Mobiliários (CVM), órgão no qual se registram as companhias abertas; nenhuma distribuição pública de valores mobiliários pode ser efetivada no mercado aberto sem prévio registro na Comissão de Valores Mobiliários, o que protege os investidores em geral.

Todo o mercado de valores imobiliários no Brasil está submetido à regulamentação e à fiscalização pela Comissão de Valores Mobiliários, que pode, inclusive, classificar as companhias abertas em categorias, segundo as espécies e as classes dos valores mobiliários por ela emitidos e negociados no mercado, especificando as normas aplicáveis a cada categoria. A Comissão dita normas sobre informações que as companhias devem divulgar ao público, relatório da administração e demonstrações financeiras, padrões de contabilidade, relatórios e pareceres de auditores independentes, divulgação de fatos relevantes ocorridos nos seus negócios e muito mais. Seu poder de fiscalização inclui a faculdade de examinar e extrair cópias de registros contábeis, livros ou documentos, intimar pessoas para prestar informações (como contadores, auditores independentes, consultores e analistas de valores mobiliários etc.), bem como apurar e punir condutas fraudulentas no mercado de valores mobiliários.[3]

Tipos de sociedades anônimas (companhias)	Aberta	⇨ inscrita na Comissão de Valores Mobiliários (CVM); seus títulos (ações e outros) têm circulação ampla, podendo ser oferecidos ao público em geral, sendo negociados na Bolsa de Valores
	Fechada	⇨ sem autorização da Comissão de Valores Mobiliários, seus títulos têm circulação restrita, não podendo ser objeto de oferta pública, não sendo negociados por corretoras, nem na Bolsa de Valores

Sem registro e autorização da Comissão de Valores Mobiliários, portanto, não pode haver emissão e negociação pública de títulos societários, ou seja, não pode a sociedade ou os sócios acionistas utilizarem-se de listas, boletins de venda ou de subscrição, folhetos, prospectos, anúncios ao público, procura de subscritores ou adquirentes por meio de empregados, agentes ou corretores e negociação feita em loja, escritório ou estabelecimento aberto ao público, ou com a utilização dos serviços públicos de comunicação. Somente as companhias abertas, devidamente registradas na Comissão de Valores Mobiliários, seguindo suas normas e submetendo-se à sua fiscalização, podem usar de quaisquer desses expedientes. Assim, em 2022, a Comissão de Valores Mobiliários (CVM) determinou, por meio da Deliberação CVM 884/22, a imediata suspensão de oferta de contratos de investimento coletivo pela Bluebenx Tecnologia Financeira S.A., que estavam sendo oferecidos ao público em geral por meio de página na Internet. A decisão fundou-se no fato de que a oferta pública não foi submetida a registro ou dispensa de registro perante a CVM. Para a hipótese de descumprimento da determinação, foi fixada multa cominatória diária no valor de R$ 100.000,00, sem prejuízo da responsabilidade pelas infrações já cometidas, com a imposição das penalidades cabíveis, nos termos do artigo 11 da Lei 6.385/76.

A admissão de uma companhia no mercado de valores mobiliários pode dar-se logo em sua criação ou, mesmo, posteriormente. Fala-se, em ambos os casos, em subscrição pública de ações, procedimento que se estudará adiante. Não se trata, porém, de situação

---

[3] Para uma análise cuidadosa da estrutura, funcionamento e competência da Comissão de Valores Mobiliários, conferir: MAMEDE, Gladston. *Direito empresarial brasileiro*: direito societário: sociedades simples e empresárias. 7. ed. São Paulo: Atlas, 2015. v. 2.

irreversível: assim como se pode *abrir o capital* de uma companhia, pode-se *fechá-lo*, cancelando o registro para negociação de ações no mercado. A *Cremer S.A.* – empresa que atua na produção e comercialização de produtos hospitalares, médicos e odontológicos – teve seu capital fechado em 2004; sua controladora, *Cremer Participações S.A.* (*Cremepar*), formulou oferta pública de aquisição de ações, em face da qual passou a titularizar 95% do capital total da *Cremer S.A.*, fechando o seu capital. Em 2007, contudo, a companhia resolveu abrir novamente o capital, numa operação que envolveu mais de R$ 551 milhões, sendo alienadas 12 novas ações, além de 17.000 ações pertencentes a seu acionista *Cremer Holdigns LCC*, pessoa jurídica existente e constituída de acordo com as leis do Estado de Delaware, Estados Unidos da América do Norte. Fala-se em *oferta primária* para as ações novas, emitidas para serem distribuídas ao mercado, havendo *oferta secundária* para a venda de ações que já existiam e pertenciam a um ou mais sócios.

Para fechar o capital, a companhia e o sócio ou sócios que a controlam deverão formular Oferta Pública de Aquisição (OPA) da totalidade das ações em circulação no mercado, por preço justo: ao menos igual ao valor de avaliação da companhia. O preço ofertado, todavia, pode ser revisto se titulares de no mínimo 10% das ações em circulação no mercado, nos 15 dias após a divulgação da oferta pública, requererem a convocação de uma assembleia especial dos acionistas titulares de ações em circulação no mercado, para deliberar sobre a realização de nova avaliação, seguindo o mesmo critério ou outro, demonstrando falha ou imprecisão no emprego da metodologia de cálculo ou no critério de avaliação. Se a nova avaliação chegar a um valor inferior ou igual ao valor da oferta pública, os acionistas que requererem a reavaliação e aqueles que votarem a seu favor deverão ressarcir a companhia pelos custos do recálculo. Terminado o prazo da oferta pública, o registro para negociação de ações no mercado será cancelado, se adquiridas todas as ações em circulação; se remanescerem em circulação menos de 5% das ações, faculta-se à assembleia geral deliberar o seu resgate, depositando em estabelecimento bancário autorizado pela Comissão de Valores Mobiliários, à disposição dos seus titulares, o valor da oferta pública.

Fertilizantes Heringer S/A

Em meados de novembro de 2022, Heringer Participações Ltda., sociedade *holding* que controlava a companhia aberta Fertilizantes Heringer S/A, formulou uma oferta para a aquisição de ações (OPA), por R$ 19,00 por ação, com a finalidade de fechar o capital da sociedade. Isso quando a cotação de mercado era de R$ 17,01 por ação. A operação, contudo, foi questionada na CVM por acionistas minoritários que argumentavam que o valor desrespeitava o estatuto social. Afinal, alegaram, o controle indireto[4] da companhia (51,4% do capital social e votante[5]) fora adquirido da família dos fundadores por R$ 20,00 e o estatuto previa a cláusula *tag along* (extensão do prêmio de controle); por essa cláusula, quem adquire o controle societário está obrigado a oferecer o mesmo preço (se o estatuto não prever percentual menor) para os acionistas não controladores.

Para a manutenção da companhia no mercado aberto será necessário haver volume mínimo de seus títulos mobiliários em circulação, permitindo sua cotação, segundo normas expedidas pela Comissão de Valores Mobiliários; se o acionista que controla a companhia eleva sua participação societária a percentual que impeça a liquidez de mercado das ações remanescentes, será obrigado a fazer oferta pública para aquisição da totalidade das ações remanescentes no mercado, nos termos estudados.

4 Constituição da companhia

Para a constituição de uma sociedade anônima faz-se necessário, no mínimo: (1) a subscrição, pelo menos por duas pessoas, de todas as ações em que se divide o capital social fixado no estatuto; (2) o pagamento em dinheiro, como entrada, de no mínimo 10% (se mais não exigir lei especial) do preço de emissão das ações subscritas e (3) o depósito, no Banco do Brasil S.A. ou em outro estabelecimento bancário autorizado pela Comissão de Valores Mobiliários, da parte do capital realizado em dinheiro, a ser efetuado pelo fundador, no prazo de cinco dias contados do recebimento das quantias, em nome do subscritor e a favor da sociedade em organização, que só poderá levantá-lo após haver adquirido personalidade jurídica. Caso a companhia não se constitua em seis meses da data do depósito, o banco restituirá as quantias depositadas diretamente aos subscritores.

Requisitos mínimos para constituição de uma sociedade anônima	Subscrição	⇨ todo o capital social deve ser subscrito por, pelo menos, duas pessoas
	Entrada	⇨ pelo menos 10% do valor do capital social deve ser pago, em dinheiro, pelos subscritores
	Depósito	⇨ em cinco dias, o fundador deve depositar o valor da entrada no Banco do Brasil (ou outro autorizado pela CVM)

Para além desses requisitos comuns, distingue-se a constituição entre subscrição pública, para companhias abertas, e subscrição particular, para companhias fechadas.

---

[4] Há aquisição indireta de controle quando se toma o controle de sociedade controladora. No caso, a EuroChem Group AG, empresa suíça, assumiu o controle da Heringer Participações Ltda. e, com isso, indiretamente o controle (51,4%) da Fertilizantes Heringer S.A.

[5] Só havia ações ordinárias. Portanto, todo o capital social era votante. Como se verá adiante, nas companhias que tenham as ações divididas entre ordinárias e preferenciais, essas últimas podem sofrer restrição de votos a bem de outras vantagens estatutárias.

A constituição de companhia por subscrição pública depende do prévio registro da emissão na Comissão de Valores Mobiliários, e a subscrição somente poderá ser efetuada com a intermediação de instituição financeira. Para o registro, os fundadores apresentarão um estudo de viabilidade econômica e financeira do empreendimento, o projeto do estatuto social e o prospecto, organizado e assinado pelos fundadores e pela instituição financeira intermediária. O prospecto deve mencionar, com precisão e clareza:

Elementos obrigatórios do prospecto

1. As bases da companhia e os motivos que justifiquem a expectativa de bom êxito do empreendimento, como o valor do capital social a ser subscrito, o modo de sua realização e a existência ou não de autorização para aumento futuro.
2. A parte do capital a ser formada com bens, a discriminação desses bens e o valor a eles atribuído pelos fundadores.
3. O número, as espécies e classes de ações em que se dividirá o capital;
4. O valor nominal das ações e o preço da emissão das ações.
5. A importância da entrada a ser realizada no ato da subscrição.
6. As obrigações assumidas pelos fundadores, os contratos assinados no interesse da futura companhia e as quantias já despendidas e por despender.
7. As vantagens particulares, a que terão direito os fundadores ou terceiros, e o dispositivo do projeto do estatuto que as regula.
8. A autorização governamental para constituir-se a companhia, se necessária; as datas de início e término da subscrição e as instituições autorizadas a receber as entradas.
9. A solução prevista para o caso de excesso de subscrição.
10. O prazo dentro do qual deverá realizar-se a assembleia de constituição da companhia, ou a preliminar para avaliação dos bens, se for o caso.
11. *O nome, nacionalidade, estado civil, profissão e residência dos fundadores, ou, se pessoa jurídica, a firma ou denominação, nacionalidade e sede, bem como o número e espécie de ações que cada um houver subscrito.*
12. A instituição financeira intermediária do lançamento, em cujo poder ficarão depositados os originais do prospecto e do projeto de estatuto, com os documentos a que fizerem menção, para exame de qualquer interessado.

A Comissão de Valores Mobiliários pode condicionar o registro a modificações no estatuto ou no prospecto, bem como denegá-lo por inviabilidade ou temeridade do empreendimento ou inidoneidade dos fundadores. Os fundadores e as instituições financeiras que participarem da constituição por subscrição pública responderão, no âmbito das respectivas atribuições, pelos prejuízos resultantes da inobservância de preceitos legais. Aliás, será solidária a responsabilidade dos fundadores por prejuízos resultantes de atos ou operações anteriores à constituição, quando decorrente de culpa ou dolo. Uma vez encerrada a subscrição e havendo sido subscrito todo o capital social, os fundadores convocarão a *assembleia geral de constituição* (ou *assembleia geral dos subscritores*) para deliberar sobre os bens oferecidos para integralização de ações, o que se estudará no item seguinte, bem como sobre a constituição da companhia. Ali se discutirá e votará o projeto de estatuto da companhia, sendo que cada ação, independentemente de sua espécie ou classe, dá direito a um voto; no entanto, a maioria não tem poder para alterar o projeto de estatuto; só a unanimidade dos votos pode alterá-lo. Aprovado o estatuto, o presidente da assembleia verificará se foram observadas as formalidades legais e, não havendo oposição de subscritores que representem mais da metade do capital social, declarará constituída a companhia, procedendo-se, a seguir, à eleição dos administradores e fiscais. A ata da reunião, lavrada em duplicata, depois de lida e aprovada pela assembleia, será assinada por todos os subscritores presentes, ou por quantos bastem à validade das deliberações; um exemplar ficará em poder da companhia e o outro será destinado ao registro do comércio. Até o registro da ata de fundação, a companhia em constituição usará, em seus atos e publicações, a expressão *em organização*, aditada à sua denominação.

Já a constituição da companhia por *subscrição particular* do capital pode fazer-se por deliberação dos subscritores em assembleia geral ou por escritura pública, considerando-se fundadores todos os subscritores. Optando-se pela realização de assembleia geral, serão seguidos os mesmos procedimentos da subscrição pública, entregando-se o projeto do estatuto, assinado em duplicata por todos os subscritores do capital, e as listas ou boletins de subscrição de todas as ações. Se a forma escolhida for a escritura pública, bastará aos subscritores comparecerem a Cartório de Notas, ali requerendo a elaboração de documento público que contenha: (1) a qualificação dos subscritores; (2) o estatuto da companhia; (3) a relação das ações tomadas pelos subscritores e a importância das entradas pagas; (4) a transcrição do recibo do depósito das entradas; (5) a transcrição do laudo de avaliação dos peritos, caso tenha havido subscrição do capital social em bens; e (6) a nomeação dos primeiros administradores e, quando for o caso, dos fiscais.

Após a constituição, por subscrição pública ou particular, os fundadores entregarão aos primeiros administradores eleitos todos os documentos, livros ou papéis relativos à constituição da companhia ou a esta pertencentes. Será desses, os administradores eleitos, a responsabilidade de levar a ata da assembleia de constituição ou a escritura pública de constituição a registro, momento a partir do qual a companhia passará a existir, ou seja, ganhará personalidade jurídica. Nenhuma companhia poderá funcionar sem que sejam arquivados e publicados seus atos constitutivos. Também a criação de sucursais, filiais ou agências, deverá ser arquivada no registro do comércio. Nos dois casos, registro principal ou de filial, cumpre ao registro do comércio examinar se as prescrições legais foram observadas na constituição da companhia, bem como se no estatuto existem cláusulas contrárias à lei, à ordem pública e aos bons costumes, podendo, inclusive, negar o arquivamento, hipótese na qual os administradores deverão providenciar para que as irregularidades sejam sanadas, segundo as prescrições do artigo 97 da Lei 6.404/76.

Os primeiros administradores são solidariamente responsáveis perante a companhia pelos prejuízos causados pela demora no cumprimento das formalidades complementares à sua constituição. Em oposição, a companhia não responde pelos atos ou operações praticados pelos primeiros administradores antes de cumpridas as formalidades de constituição; essa regra, todavia, poderá ser excepcionada se a assembleia geral deliberar em contrário.

5 Integralização do capital social

O capital social poderá ser formado com contribuições em dinheiro ou em qualquer espécie de bens suscetíveis de avaliação em dinheiro. Tendo havido subscrição de ações para integralização em bens, caberá à assembleia geral de subscritores promover a avaliação dos bens oferecidos, aferindo se o seu valor de mercado corresponde ao valor pelo qual o subscritor o ofereceu à sociedade para a realização de suas ações. Essa avaliação será feita por três peritos ou por empresa especializada, nomeados em assembleia geral dos subscritores, por meio de laudo fundamentado, com a indicação dos critérios de avaliação e dos elementos de comparação adotados e instruído com os documentos relativos aos bens avaliados. É preciso atentar para a responsabilidade dos avaliadores, bem como do próprio subscritor que ofereceu o bem ou bens, perante a companhia, os acionistas e terceiros, pelos danos que lhes causarem por culpa ou dolo na avaliação dos bens.

Feita a avaliação, o valor apontado pelos peritos deverá ser aprovado pela assembleia e, igualmente, pelo subscritor que ofereceu os bens. Três hipóteses se colocam: (1) se o valor da avaliação for superior ao valor da oferta, sendo aprovado pela assembleia, o bem será incorporado pelo valor da oferta, realizando as ações subscritas. Os bens não podem ser incorporados ao patrimônio da companhia por valor acima do que lhes tiver dado o subscritor. (2) Se o valor da oferta e da avaliação forem iguais, sendo aprovado pela assembleia, incorpora-se o bem, considerando-se integralizadas as ações. (3) Se o valor da avaliação for inferior ao valor da oferta, e o subscritor o aceitar, haverá incorporação do bem ou bens ao patrimônio da sociedade, cabendo ao subscritor integralizar, em dinheiro, a diferença a menor. Se a assembleia não aprovar a avaliação, ou o subscritor não aceitar a avaliação aprovada, ficará sem efeito o projeto de constituição da companhia. Na falta de declaração expressa em contrário, os bens transferem-se à companhia a título de propriedade; nada impede, porém, que sejam transferidos a outro título, o que deverá estar expresso na oferta.

Se o subscritor aceitar o valor aprovado pela assembleia, os bens incorporar-se-ão ao patrimônio da companhia, competindo aos primeiros diretores cumprir as formalidades necessárias à respectiva transmissão, lembrando que, segundo o artigo 89 da Lei 6.404/76, a incorporação de imóveis para formação do capital social não exige escritura pública. A certidão dos atos constitutivos da companhia, passada pelo registro do comércio em que foram arquivados, será o documento hábil para a transferência, por transcrição no registro público competente, dos bens com que o subscritor tiver contribuído para a formação do capital social, segundo o artigo 98, § 2º, da

Lei 6.404/76; para tanto, a ata da assembleia geral que aprovar a incorporação deverá identificar o bem com precisão, contendo todos os elementos necessários para a transcrição no registro público.

A responsabilidade civil dos subscritores ou acionistas que contribuírem com bens para a formação do capital social será idêntica à do vendedor. Assim, havendo qualquer defeito na relação de propriedade ou no bem que se transferiu, a companhia poderá voltar-se contra o subscritor ou acionista para responsabilizá-lo pelos prejuízos que experimentou. Imagine-se, por exemplo, seja ajuizada contra a companhia uma ação de usucapião do imóvel que se lhe transferiu para integralização final; julgada procedente a ação, declarando-se que o bem já pertencia, por usucapião, a terceiro quando foi transferido à companhia, esta poderá exigir do acionista que lhe indenize pelo valor do bem e, ademais, pelas despesas que sofreu no processo em que foi vencida. O mesmo se diga quando se transferirem créditos para integralização de ações subscritas, hipótese na qual o subscritor ou acionista responderá pela solvência do devedor.

Tendo se obrigado a integralizar o pagamento em dinheiro, o acionista deve realizar a prestação, nas condições previstas no estatuto ou no boletim de subscrição. Considera-se *acionista remisso* aquele que não paga as prestações devidas, nas condições previstas no estatuto ou boletim, ou, na ausência desses, da chamada dos órgãos de administração, independentemente de qualquer notificação, estando obrigado ao pagamento de juros, correção monetária e de multa de até 10% do valor da prestação, fixada pelo estatuto. A companhia poderá, assim, mover execução judicial contra o acionista remisso e devedores solidários, servindo o boletim de subscrição e o aviso de chamada como título extrajudicial. O artigo 107 da Lei 6.404/76, no entanto, faculta-lhe mandar vender as ações em bolsa de valores, por conta e risco do acionista. Essa venda, mesmo em se tratando de companhia fechada, se fará em leilão especial na bolsa de valores do lugar da sede social, ou, se não houver, na mais próxima, depois de publicado aviso, por três vezes, com antecedência mínima de três dias. Do produto da venda serão deduzidas as despesas com a operação e, se previstos no estatuto, os juros, correção monetária e multa, ficando o saldo à disposição do ex-acionista, na sede da sociedade. Aliás, é facultado à companhia, mesmo após iniciada a cobrança judicial, mandar vender a ação em bolsa de valores; por outro lado, a companhia poderá também promover a cobrança judicial se as ações oferecidas em bolsa não encontrarem tomador, ou se o preço apurado não bastar para pagar os débitos do acionista. Se a companhia não conseguir, por qualquer dos meios previstos neste artigo, a integralização das ações, poderá declará-las caducas e fazer suas as entradas realizadas, integralizando-as com lucros ou reservas, exceto a reserva legal. Se, em um ano, não tiver lucros e reservas suficientes, nem conseguir transferir as ações a terceiros, a assembleia geral deliberará sobre a redução do capital em importância correspondente.

A responsabilidade do acionista pela integralização das ações que subscreveu persiste quando negociadas as ações, hipótese na qual se estabelecerá uma responsabilidade solidária entre alienante e adquirente pelo pagamento das prestações que faltarem para integralizar as ações transferidas. Tal responsabilidade cessará, em relação a cada alienante, no fim de dois anos a contar da data da transferência das ações.

6 Aumento do capital social

O capital social da companhia pode ser modificado, devendo-se respeitar o que está disposto não apenas em lei, mas, igualmente, no estatuto da sociedade. Assim, o capital social pode ser aumentado: (1) por deliberação da assembleia geral ou do conselho de administração, observado o que a respeito dispuser o estatuto, nos casos de emissão de ações dentro do limite autorizado no estatuto; (2) por conversão, em ações, de debêntures ou partes beneficiárias e pelo exercício de direitos conferidos por bônus de subscrição, ou de opção de compra de ações; (3) por deliberação da assembleia geral extraordinária convocada para decidir sobre a reforma do estatuto social, no caso de inexistir autorização de aumento, ou de estar a mesma esgotada. Com exceção da conversão, em ações, de debêntures ou partes beneficiárias e pelo exercício de direitos conferidos por bônus de subscrição, ou de opção de compra de ações, o conselho fiscal, se em funcionamento, deverá ser obrigatoriamente ouvido antes da deliberação sobre o aumento de capital. Deliberado o aumento, a companhia requererá ao registro do comércio a sua averbação, nos 30 dias subsequentes à efetivação do aumento; em se tratando de deliberação da assembleia geral extraordinária convocada para decidir sobre reforma do estatuto social, será providenciado o arquivamento da ata da assembleia de reforma do estatuto.

O estatuto pode conter autorização para aumento do capital social independentemente de reforma estatutária. Esta autorização deverá especificar: (1) o limite de aumento, em valor do capital ou em número de ações, e as espécies e classes das ações que poderão ser emitidas; (2) o órgão competente para deliberar sobre as emissões, que poderá ser a assembleia geral ou o conselho de administração; (3) as condições a que estiverem sujeitas as emissões e (4) os casos ou as condições em que os acionistas terão direito de preferência para subscrição, ou de inexistência desse direito. O estatuto pode prever que a companhia, dentro do limite de capital autorizado, e de acordo com plano aprovado pela assembleia geral, outorgue opção de compra de ações a seus administradores ou empregados, ou a pessoas naturais que prestem serviços à companhia ou a sociedade sob seu controle.

O aumento de capital pode dar-se por meio da capitalização de lucros ou de reservas. Foi o que aconteceu com a Itaúsa S.A., companhia aberta de participações societárias. Em fins de 2022, deliberou-se aumentar seu capital social para R$ 63.500.000.000,00, o que se fez por meio de capitalização de reservas contábeis no valor de R$ 12.040.000.000,00. Assim, foram emitidas 881.946.338 ações, entre ordinárias e preferenciais, atribuídas a cada acionista na proporção de uma nova ação para cada dez ações de mesma espécie que detivesse em 10 de novembro daquele ano. Como a capitalização decorreu de incorporação de reservas, os acionistas receberam as ações gratuitamente. Como poderia haver fracionamento em função na proporção, atribuiu-se o período entre 11 e novembro e 10 de dezembro para negociação das frações.

No aumento de capital por meio de capitalização de lucros, se as ações tiverem valor nominal, será preciso (1) alterar o valor nominal ou (2) distribuir novas ações, correspondentes ao aumento, entre acionistas, na proporção do número de ações que possuírem. Se as ações não tiverem valor nominal, a capitalização de lucros ou de reservas poderá ser efetivada sem modificação do número de ações. De qualquer sorte, se na atribuição de novas ações na proporção das já existentes sobrarem frações de ação, não podendo, portanto, ser atribuídas por inteiro ao acionista, a companhia as venderá em bolsa, dividindo-se o produto da venda, proporcionalmente, pelos titulares das frações; antes da venda, a companhia fixará prazo não inferior a 30 (trinta) dias, durante o qual os acionistas poderão transferir as frações de ação. Em qualquer hipótese, no entanto, como as novas ações nada mais são do que frutos das ações até então existentes, às ações distribuídas em virtude do aumento de capital por incorporação dos lucros se estenderão o usufruto, o fideicomisso, a inalienabilidade e a incomunicabilidade que porventura gravarem as ações de que elas forem derivadas, salvo cláusula em contrário dos instrumentos que os tenham constituído.

O estatuto não pode excluir ou restringir o direito das ações preferenciais de participar dos aumentos de capital decorrentes da capitalização de reservas ou lucros, amesquinhando a participação societária de cada acionista; o artigo 17, § 5º, da Lei 6.404/76 estabelece uma única exceção a tal regra: ações com dividendo fixo, face ao impacto que sua multiplicação cria nos resultados econômicos da empresa.

Também pode haver *aumento de capital por meio de subscrição de ações*. Essa hipótese exige que estejam realizados 3/4, no mínimo, do capital social, requisito para que a companhia possa aumentá-lo mediante subscrição pública ou particular de ações. Nessa hipótese, a companhia fixará o preço de emissão das novas ações, sem diluição injustificada da participação dos antigos acionistas, ainda que tenham direito de preferência para subscrevê-las, tendo em vista, alternativa ou conjuntamente, a perspectiva de rentabilidade da companhia, o valor do patrimônio líquido da ação e a cotação de suas ações em Bolsa de Valores ou no mercado de balcão organizado, admitido ágio ou deságio em função das condições do mercado. Aliás, a assembleia geral, quando for de sua competência deliberar sobre o aumento, poderá delegar ao conselho de administração a fixação do preço de emissão de ações a serem distribuídas no mercado. Em qualquer dos casos, a proposta de aumento do capital deverá esclarecer qual o critério adotado para a fixação do preço de emissão, justificando pormenorizadamente os aspectos econômicos que determinaram a sua escolha.

No aumento de capital por subscrição de novas ações, é possível a realização em bens, que deverá seguir o mesmo procedimento aplicável na constituição da empresa. Mas, ao contrário do que se passa na subscrição, as entradas e as prestações da realização das ações poderão ser recebidas pela companhia independentemente de depósito bancário. De resto, ao aumento de capital aplica-se, no que couber, o disposto sobre a constituição da companhia; portanto, sendo subscrição pública, o mesmo procedimento examinado; sendo subscrição particular, o que a respeito for deliberado pela assembleia geral ou pelo conselho de administração, conforme dispuser o estatuto. É um direito do acionista manter a sua participação proporcional no capital social da companhia, não sendo legítimo que o aumento de capital por subscrição de novas ações represente uma diluição de sua participação societária. Justamente por isso, na proporção do número de ações que possuírem, os acionistas terão preferência para a subscrição do aumento de capital. Aliás, os acionistas terão direito de preferência para subscrição das emissões de debêntures conversíveis em ações, bônus de subscrição e partes beneficiárias conversíveis em ações emitidas para alienação onerosa; mas, na conversão desses títulos em ações, ou na outorga e no exercício de opção de compra de ações, não haverá direito de preferência. Esse *direito de preferência* pode ser cedido, gratuita ou onerosamente, pelo acionista; mas seu exercício deve fazer-se no prazo de decadência fixado pelo estatuto ou pela assembleia geral, não inferior a 30 dias. Se há usufruto ou fideicomisso sobre a ação, se o acionista não exerce o direito de preferência até 10 dias antes do vencimento do prazo, o usufrutuário ou fideicomissário poderá fazê-lo para si próprio. No aumento mediante capitalização de créditos ou subscrição em bens, será sempre assegurado aos acionistas o direito de preferência e, se for o caso, as importâncias por eles pagas serão entregues ao titular do crédito a ser capitalizado ou do bem a ser incorporado.

Se o capital for dividido em ações de diversas espécies ou classes e o aumento for feito por emissão de mais de uma espécie ou classe, cada acionista exercerá o direito de preferência sobre ações idênticas às de que for possuidor, no caso de aumento, na mesma proporção, do número de ações de todas as espécies e classes existentes. No entanto, se as ações emitidas forem de espécies e classes existentes, mas importarem alteração das respectivas proporções no capital social, a preferência será exercida sobre ações de espécies e classes idênticas às de que forem possuidores os acionistas, somente se estendendo às demais se aquelas forem insuficientes para lhes assegurar, no capital aumentado, a mesma proporção que tinham no capital antes do aumento. Por fim, se houver emissão de ações de espécie ou classe diversa das existentes, cada acionista exercerá a preferência, na proporção do número de ações que possuir, sobre ações de todas as espécies e classes do aumento.

Na companhia aberta, o órgão que deliberar sobre a emissão mediante subscrição particular deverá dispor sobre as sobras de valores mobiliários não subscritos, podendo mandar vendê-las em bolsa, em benefício da companhia, ou rateá-las, na proporção dos valores subscritos, entre os acionistas que tiverem pedido no boletim ou lista de subscrição reserva de sobras; nesse caso, a condição constará dos boletins e listas de subscrição e o saldo não rateado será vendido em bolsa, nos termos da alínea anterior. Já na companhia fechada, será obrigatório o rateio entre os acionistas que tiverem pedido, na proporção dos valores subscritos; o saldo, se houver, poderá ser subscrito por terceiros, de acordo com os critérios estabelecidos pela assembleia geral ou pelos órgãos da administração.

Há hipóteses legais de exclusão do direito de preferência. O estatuto da companhia aberta que contiver autorização para o aumento do capital pode prever a emissão, sem direito de preferência para os antigos acionistas, ou com redução do prazo decadencial para seu exercício, de ações e debêntures conversíveis em ações, ou bônus de subscrição, cuja colocação seja feita mediante venda em bolsa de valores ou subscrição pública, bem como permuta por ações, em oferta pública de aquisição de controle. Some-se a possibilidade de o estatuto da companhia, ainda que fechada, excluir o direito de preferência para subscrição de ações nos termos de lei especial sobre incentivos fiscais.

7 Redução do capital social

Em duas hipóteses a assembleia geral poderá deliberar a *redução do capital social*: (1) se houver perda, até o montante dos prejuízos acumulados, ou (2) se julgar que o capital social está excessivo. Em ambos os casos, a proposta de redução do capital social, quando de iniciativa dos administradores, não poderá ser submetida à deliberação da assembleia geral sem o parecer do conselho fiscal, se em funcionamento. Sendo submetida e aprovada a redução, a partir da deliberação ficarão suspensos os direitos correspondentes às ações cujos certificados tenham sido emitidos, até que sejam apresentados à companhia para substituição.

Redução de Capital (hipóteses)	– se houver perda, até o montante dos prejuízos acumulados
	– capital social excessivo, segundo deliberação da assembleia geral

Prevendo-se a redução do capital social com restituição aos acionistas de parte do valor das ações, ou pela diminuição do valor destas, quando não integralizadas, à importância das entradas, não poderá ser efetivada, se houver em circulação debêntures emitidas pela companhia, sem prévia aprovação pela maioria dos debenturistas, reunidos em assembleia especial. Também é possível a redução do capital social pelo cancelamento de ações, resgatando ações que estão em circulação – como se estudará no próximo capítulo – ou simplesmente cancelando ações que a companhia mantenha em tesouraria.

A redução do capital só se tornará efetiva 60 dias após a publicação da ata da assembleia geral que a tiver deliberado, prazo durante o qual os credores quirografários por títulos anteriores à data da publicação da ata poderão opor-se à redução do capital, por meio de notificação, de que se dará ciência ao registro do comércio da sede da companhia. Vencidos os 60 dias, os credores decairão deste direito. Essa regra, todavia, não se aplica a duas hipóteses: redução de capital pelo cancelamento das ações do acionista remisso, como estudado, além do exercício do direito de reembolso, como se estudará adiante.

Findo o prazo de 60 dias sem que tenha havido oposição de qualquer credor ou, se tiver havido oposição de algum credor, desde que feita a prova do pagamento do seu crédito ou do depósito judicial da importância respectiva, a ata da assembleia geral que houver deliberado à redução poderá ser arquivada.

BANCO BMG

Banco BMG S.A.

No fim de 2016, os acionistas do Banco BMG S.A. reuniram-se em assembleia extraordinária e aprovaram uma redução de capital no montante de R$ 400 milhões. A companhia tinha vendido para o Itaú Unibanco os 40% que detinha numa sociedade comum (*joint venture*) dedicada a crédito consignado por R$ 1,28 bilhão. Assim, o capital societário excedia, e muito, as necessidades da instituição para tocar suas operações. Em fato, apesar da redução, o banco manteve um índice de capitalização elevado, acima do exigido pelo Banco Central do Brasil.

8 Subsidiária integral

O Direito Brasileiro aceita a figura da subsidiária integral, ou seja, uma sociedade anônima que tenha um único acionista: uma sociedade brasileira. A subsidiária integral é constituída mediante escritura pública, com todas as ações sendo subscritas pela sociedade que deterá o seu controle acionário integral. Também é possível a conversão de uma companhia em subsidiária integral, o que se faz por meio da aquisição, por sociedade brasileira, de todas as suas ações ou, ainda, por meio da incorporação de todas as ações do capital social ao patrimônio de outra companhia brasileira, para convertê-la em subsidiária integral, tornando-se os acionistas da companhia incorporada sócios da sociedade incorporadora.

A operação de incorporação da totalidade das ações, para conversão de uma companhia em subsidiária integral de outra, exige aprovação por assembleias gerais realizadas nas duas companhias, mediante protocolo e justificação, como se estudará no Capítulo 13, quando se falar sobre incorporação de sociedades. A assembleia geral da companhia incorporadora, se aprovar a operação, deverá autorizar o aumento do capital, a ser realizado com as ações a serem incorporadas, e nomear os peritos que as avaliarão; os acionistas não terão direito de preferência para subscrever o aumento de capital, mas os dissidentes poderão retirar-se da companhia, com reembolso do valor de suas ações, como se estudará adiante. A assembleia geral da companhia cujas ações houverem de ser incorporadas somente poderá aprovar a operação pelo voto de metade, no mínimo, das ações com direito a voto, e se a aprovar, autorizará a diretoria a subscrever o aumento do capital da incorporadora, por conta dos seus acionistas; também aqui os dissidentes da deliberação terão direito de retirar-se da companhia, sendo reembolsados pelo valor de suas ações. Aprovado o laudo de avaliação pela assembleia geral da incorporadora, efetivar-se-á a incorporação e os titulares das ações incorporadas receberão diretamente da incorporadora as ações que lhes couberem.

A sociedade controladora pode desfazer-se de parte das ações, desfazendo o *status* de subsidiária integral da companhia controlada. Basta, para tanto, admitir acionistas na subsidiária. Nessa hipótese, na proporção das ações que possuírem no capital da companhia, os acionistas terão direito de preferência para adquirir ações do capital da subsidiária integral, se a companhia decidir aliená-las no todo ou em parte. Preferência, assegura, igualmente, para que os acionistas subscrevam aumento de capital da subsidiária integral, se a companhia decidir admitir outros acionistas.

BANCO DO BRASIL

Em fevereiro de 2013, o *Banco do Brasil S.A.* tinha a União como acionista controladora (59,09% do capital votante), sendo que 50,73% estava sob o poder da Secretaria do Tesouro Nacional. No ano anterior, a companhia constituiu uma subsidiária integral, a *BB Seguridade Participações S.A.*: 100% do capital social da *BB Seguridade Participações S.A.* pertencem ao *Banco do Brasil S.A.* Note que a própria *BB Seguridade Participações S.A.* é titular de duas subsidiárias integrais: a *BB Seguros Participações S.A.* e a *BB Cor Participações S.A.*; esta última, tendo por objeto social a corretagem de seguros. O fato de ser uma subsidiária integral não limita a atuação da empresa; por exemplo, a *BB Seguros Participações S.A.* é uma das sócias da Brasilprev, dentre outras sociedades, que não são subsidiárias integrais.

9
TÍTULOS SOCIETÁRIOS DAS COMPANHIAS

1 Ações

O estatuto social fixará, em moeda nacional, o valor do capital da sociedade anônima, bem como o número de ações em que se divide. Essa divisão implica, por óbvio, um resultado matemático: se o capital social é de R$ 500.000,00 e são 500.000 ações, cada ação terá o valor de R$ 1,00. No entanto, é uma faculdade dar, ou não, um valor nominal às ações, ou seja, dizer ou não qual é o valor de cada ação, registrando, em cláusula estatutária, o resultado da divisão do capital social pelo número de ações; se o fizer, o valor nominal será o mesmo para todas as ações da companhia. Por outro lado, mesmo optando por não dar valor nominal às ações, o estatuto poderá criar uma ou mais classes de *ações preferenciais* com valor nominal. Em qualquer hipótese, o número de ações e o valor nominal das ações somente poderão ser alterados nos casos de modificação do valor do capital social, de (1) desdobramento ou (2) grupamento ou (3) cancelamento de ações, figuras que se estudarão adiante, neste capítulo.

Valor de uma ação

- *Valor contábil*: divisão do capital social pelo número de ações; tanto o capital social, quanto o número de ações, são fixados pelo estatuto, que pode ou não expressar o resultado da divisão. Se o faz, tem-se o *valor nominal* da ação.
- *Preço de emissão*: valor que se cobra por cada ação, quando de sua emissão; não se confunde com o *valor nominal*. Se há *valor nominal*, o *preço de emissão* não pode ser inferior a ele. Quando *preço de emissão* é superior ao *valor contábil* e/ou ao *valor nominal* da ação, a diferença a maior será contabilizada como uma *reserva de capital* da companhia.
- *Valor de mercado*: o valor pelo qual o título é habitualmente negociado no mercado (um valor médio, portanto).

- *Valor de cotação*: valor apurado, dia a dia, numa determinada bolsa de valores ou em mercado balcão; o valor de cotação é suscetível à volatilidade do mercado, podendo haver quedas ou elevações substanciais, verificadas dia a dia.
- *Valor de patrimônio líquido*: o resultado da divisão do patrimônio da companhia (capital, reservas e lucros acumulados) pelo número de ações.

A opção por fixar, ou não, valor nominal tem efeitos práticos; por exemplo, em se tratando de companhia aberta, o valor nominal das ações não poderá ser inferior ao mínimo fixado pela Comissão de Valores Mobiliários. Por outro lado, é vedada a emissão de ações por preço inferior ao seu valor nominal, sob pena de nulidade do ato ou operação e responsabilidade dos infratores, sem prejuízo da ação penal que no caso couber. Não é só; se o preço de emissão for superior ao valor nominal, a diferença constituirá reserva de capital da companhia. Em oposição, quando há ações sem valor nominal, o preço de emissão das ações será fixado, na constituição da companhia, pelos fundadores, e no aumento de capital, pela assembleia geral ou pelo conselho de administração, podendo incluir uma parcela destinada à formação de reserva de capital. Em se tratando de emissão de ações preferenciais com prioridade no reembolso do capital, figura que se estudará na sequência, somente a parcela que ultrapassar o valor de reembolso poderá ter essa destinação. De qualquer sorte, a existência ou não de valor nominal não altera os direitos do acionista e a negociabilidade de seus títulos.

A ação é indivisível em relação à companhia. No entanto, admite-se o condomínio de ação ou grupo (conjunto) de ações, hipótese na qual os direitos conferidos serão exercidos pelo representante do condomínio. A indivisibilidade da ação, todavia, não traduz imutabilidade; por meio de alteração estatutária, as ações podem ser agrupadas (fala-se em *grupamento de ações*) ou desdobradas.

Oi, Kepler Weber e Google

Em novembro de 2022, a Oi S.A., companhia que atua no setor de telecomunicações, convocou uma assembleia geral extraordinária que aprovou a proposta, formulada pelo Conselho de Administração, para o grupamento da totalidade das ações da sociedade na proporção de 10 para uma. Os acionistas concordaram que seria o melhor, já que a ação cotava-se a R$ 0,18 na Bolsa de Valores e, grupada, passaria à cotação de R$ 1,80. A empresa estava em processo de recuperação judicial, o que não impediu a realização da operação.

Mas veja um outro caso. Quando iniciou o mês de maio, naquele mesmo 2022, as ações da Kepler Weber S.A., empresa que constrói silos agrícolas, estavam cotadas a R$ 56,50. Como ações são habitualmente negociadas em lotes de 100, seria preciso desembolsar R$ 5.650,00 para comprar um lote da empresa. Isso dá pouca liquidez ao título e reduz o número de negociações, razão pela qual a companhia desdobrou suas ações na proporção de 1x3 (uma para três). O capital social continuou sendo de R$ 1.800.000.000,00, mas dividido em 89.860.065 ações e não mais em 29.953.355.

Mesmo o Google desmembrou suas ações em meados de 2022, na proporção de 1x20 (uma para vinte); o valor de US$ 2.200,00 por ação estava pesado; US$ 110,00 facilitava os negócios. Isso não alterou em nada o valor de mercado da empresa, cerca de US$ 1.500.000.000,00 (um trilhão e meio de dólares), nem alterou o investimento dos sócios: quem tinha 10 ações no valor total de US$ 22.000,00 passou a ter 200 ações totalizando o mesmo valor. Desse modo é mais fácil de negociar, até em partes. O mercado, que ama palavras em inglês, chama isso de split.

2 Espécies, classes e tipos de ações

As ações, conforme a natureza dos direitos ou vantagens que confiram a seus titulares, são ordinárias, preferenciais ou de fruição. Essa divisão resulta da percepção de que administrar sociedades não interessa a alguns; o interesse específico destes é a vantagem econômica que o empreendimento pode lhes assegurar. Assim, as *ações ordinárias* destinam-se àqueles que se interessam não só pelos resultados sociais, mas igualmente pelos assuntos pertinentes à administração da companhia; já as *ações preferenciais* atendem aos interesses dos meramente investidores, garantindo-lhes acesso preferencial na distribuição de dividendos; por essa vantagem pecuniária, renunciam a algumas faculdades.

São as ações ordinárias, portanto, que permitem o controle de uma companhia. O estatuto, no entanto, pode criar limitações para o controle, vale dizer, é possível estabelecer companhias sem dono, ou, em termos mais técnicos, companhias com controle difuso. Nesses casos, o estatuto social estabelece que todas as ações são ordinárias, mas traz cláusulas limitadoras, como a previsão de que nenhum acionista pode votar com mais de 5% do capital social. É o que consta, por exemplo, do estatuto da Empresa Brasileira de Aeronáutica S.A. (Embraer). As companhias difusas têm uma lógica diversa: o conselho de administração atua com mais força e de forma mais presente: o acionista, por seu turno, é mais relevante, já que seus votos efetivamente decidem as eleições, recomendando redobrada atenção do investidor para os aspectos societários de seus direitos e não apenas para os aspectos patrimoniais, para o que se faz mais necessário o auxílio de especialistas (designadamente advogados). Em oposição, ver-se-á, no capítulo seguinte, que o Direito brasileiro, após a edição da Lei 14.195/21, admite a criação de classes de ações com direito de voto plural, do qual trataremos no Capítulo 10.

Como já dito, é possível criar ações preferenciais. Aliás, é comum as companhias utilizarem-se da dicotomia entre *ações ordinárias* e *ações preferenciais* para opor a participação ordinária nas deliberações sociais (direito de voto) à participação preferencial nos resultados sociais, por outro. No entanto, o número de ações preferenciais sem direito a voto, ou sujeitas a restrição no exercício desse direito, não pode ultrapassar 50% do total das ações emitidas. Já com as *ações de fruição*, há um estado social ou estado contábil: são ações ordinárias ou preferenciais em *estado de fruição*.

As ações ordinárias da companhia fechada e as ações preferenciais da companhia aberta e fechada poderão ser de uma ou mais classes. As ações ordinárias de companhia fechada poderão ser de classes diversas, em função de: (1) conversibilidade em ações preferenciais; (2) exigência de nacionalidade brasileira do acionista; ou (3) direito de voto em separado para o preenchimento de determinados cargos de órgãos administrativos. A alteração do estatuto na parte em que regula a diversidade de classes, se não for expressamente prevista, e regulada, requererá a concordância de todos os titulares das ações atingidas. Nas companhias abertas, haverá uma única classe de ações ordinárias.

Espécies de ações
- Ações ordinárias
- Ações preferenciais
- Ações de fruição

As preferências ou vantagens das ações preferenciais podem consistir em: (1) prioridade na distribuição de dividendo, fixo ou mínimo; (2) prioridade no reembolso do capital, com prêmio ou sem ele; ou (3) acumulação dessas duas preferências e vantagens. Se a ação preferencial goza de prioridade na distribuição de dividendo mínimo, há um *piso*, vale dizer, um percentual definido do lucro líquido do exercício cuja distribuição será obrigatória para os titulares das ações preferenciais; o estatuto fixará tal percentual e, se for omisso, aplica-se o artigo 202 da Lei 6.404/76, que se refere a *metade do lucro líquido*, diminuído das importâncias que sejam destinadas à constituição da reserva legal e à formação da reserva para contingências. Quando se trate de preferência com direito a *dividendo fixo*, o estatuto definirá um valor ou percentual sobre o valor contábil da ação como vantagem na distribuição de lucros aos acionistas. Por exemplo, R$ 0,07 por ação sempre que haja distribuição de dividendos aos acionistas; dessa forma, ao se proceder à divisão, primeiro se pagará R$ 0,07 por cada ação preferencial para, depois, sobrando valores, distribuir dividendos aos titulares de ações ordinárias.

Um exemplo distinto: o estatuto prevê dividendo fixo correspondente a 10% do valor contábil da ação; assim, se o capital social é de R$ 500.000,00 e são 500.000 ações, cada ação terá o valor de R$ 1,00; o dividendo fixo, em face do percentual de 10% assegurado pelo estatuto, será, consequentemente, de R$ 0,10 por ação. Também é possível ao estatuto social, na definição das vantagens outorgadas às ações preferenciais, deferir--lhes o direito de prioridade cumulativa na distribuição de dividendo fixo ou mínimo; no entanto, essa não é a regra geral: se o estatuto não estabelecer disposição em contrário, o dividendo prioritário não é cumulativo, a ação com dividendo fixo não participa dos lucros remanescentes e a ação com dividendo mínimo participa dos lucros distribuídos em igualdade de condições com as ordinárias, depois de a estas assegurado dividendo igual ao mínimo. Os dividendos, ainda que fixos ou cumulativos, não poderão ser distribuídos em prejuízo do capital social, salvo quando, em caso de liquidação da companhia, essa vantagem tiver sido expressamente assegurada. No entanto, o artigo 17, § 6º, da Lei 6.404/76 permite que o estatuto confira às ações preferenciais com prioridade na distribuição de dividendo cumulativo o direito de recebê-lo, no exercício em que o lucro for insuficiente, à conta das reservas de capital.

Para a proteção dos investidores, há regras específicas para as ações preferenciais de companhias abertas. Independentemente do direito de receber ou não o valor de reembolso do capital com prêmio ou sem ele, as ações preferenciais sem direito de voto ou com restrição ao exercício deste direito somente serão admitidas à negociação no mercado de valores mobiliários se a elas for atribuída pelo menos uma das seguintes preferências ou vantagens:

1. direito de participar do dividendo a ser distribuído, correspondente a, pelo menos, 25% do lucro líquido do exercício, correspondendo a 3%, no mínimo, do valor do patrimônio líquido da ação; após o pagamento desse dividendo mínimo prioritário, será feita distribuição de lucros para as ações ordinárias, até igual valor; se ainda houver dividendos a distribuir, ações ordinárias e preferenciais os receberão em igualdade de condições;
2. direito ao recebimento de dividendo, por ação preferencial, pelo menos 10% (dez por cento) maior do que o atribuído a cada ação ordinária; ou
3. direito de serem incluídas na oferta pública de alienação de controle, assegurado o dividendo pelo menos igual ao das ações ordinárias.

Além dessas, deverão constar do estatuto, com precisão e minúcia, outras preferências ou vantagens que sejam atribuídas aos acionistas sem direito a voto, ou com voto restrito. De qualquer sorte, o estatuto da companhia com ações preferenciais declarará as vantagens ou preferências atribuídas a cada classe dessas ações e as restrições a que ficarão sujeitas, e poderá prever o resgate ou a amortização, a conversão de ações de uma classe em ações de outra e em ações ordinárias, e destas em preferenciais, fixando as respectivas condições.

O artigo 111, §§ 1º e 2º, da Lei 6.404/76 prevê que as ações preferenciais adquirirão o exercício pleno do direito de voto se a companhia deixar de pagar os dividendos fixos ou mínimos a que fizerem jus por três exercícios consecutivos, se menor prazo não estipular o estatuto. Conservarão o direito de voto até a volta do pagamento de dividendos, se não forem cumulativos, ou até que sejam pagos os cumulativos em atraso. Enfrentando o Recurso Especial 1.152.849/MG, a Terceira Turma do Superior Tribunal de Justiça sentenciou que, "quando da convocação para a assembleia geral ordinária, não há necessidade de publicação da aquisição temporária do direito de voto pelas ações preferenciais (artigo 111, § 1º, da Lei das Sociedades por Ações – voto contingente). O detentor da ação preferencial que não recebeu seus dividendos conhece essa situação e deve, no próprio interesse, exercer o direito que a lei lhe concede.

Chama-se *golden share*, isto é, *ação de ouro*, aquela à que se atribua um tipo de direito especial, como a *ação ordinária com direito de voto em separado* para o preenchimento de determinados cargos de órgãos administrativos, *ação preferencial com vantagens políticas* (direito de eleger, em votação em separado, um ou mais membros dos órgãos de administração e/ou subordinação de certas alterações estatutárias à aprovação, em assembleia especial de tais preferencialistas), bem como a *ação preferencial com poder de veto* nas companhias objeto de desestatização, ação de titularidade exclusiva do ente desestatizante, à qual o estatuto social poderá conferir os poderes que especificar, inclusive o poder de veto às deliberações da assembleia geral em determinadas matérias. Na Vale S/A, a União detém 12 ações de classe especial (*golden shares*) que lhe garantem direito de veto sobre matérias como denominação social, sede social, objeto social, separação de ativos, entre outros. No que se refere à forma, todas as ações serão nominativas, isto é, o nome do respectivo titular constará do registro da companhia, no *livro de registro de ações nominativas*, presumindo-se a titularidade deste sobre os títulos. A Lei 8.021/90 extinguiu as ações ao portador, bem como as ações endossáveis. Em sua forma única, nominativa, as ações transferem-se por anotação feita no *livro de transferência de ações nominativas*, datada e assinada pelo cedente e pelo cessionário, ou por seus legítimos representantes; em se tratando de ato judicial (herança, arrematação, adjudicação etc.), a averbação faz-se à vista de documento do juízo, que ficará em poder da companhia. Nesses livros devem ser anotadas doações, constituições de usufruto e outros direitos que digam respeito às ações. Se as ações foram adquiridas em bolsa de valores, o cessionário será representado nesses atos, independentemente de instrumento de procuração, pela sociedade corretora, ou pela caixa de liquidação da bolsa de valores.

Independentemente da anotação no *livro de registro de ações nominativas*, é permitido emitir um certificado de ação, desde que já cumpridas as formalidades necessárias ao funcionamento legal da companhia, sob pena de nulidade do certificado e responsabilidade dos infratores. Se as entradas não consistirem em dinheiro, os certificados das ações só poderão ser emitidos depois de cumpridas as formalidades necessárias à transmissão de bens, ou de realizados os créditos. Os certificados são escritos em português e devem conter os requisitos anotados no artigo 24 da Lei 6.404/76 (denominação da sociedade, sede, prazo de duração, valor do capital social, nome do acionista etc.), sendo que a companhia poderá cobrar o custo da substituição dos certificados, quando pedida pelo acionista. Se ele tem diversas ações, pode requerer a emissão de vários certificados, cada qual para certa quantidade de ações; assim, se João tem 10.000 ações, pode pedir a emissão de dois certificados de 3.000 ações cada um, e outros dois de 2.000 ações cada um.

A companhia pode contratar a escrituração e a guarda dos livros de registro e transferência de ações e a emissão dos certificados com instituição financeira autorizada pela Comissão de Valores Mobiliários a manter esse serviço. O estatuto da companhia também pode autorizar ou estabelecer que todas as ações da companhia, ou uma ou mais classes delas, sejam mantidas em contas de depósito, em nome de seus titulares, em instituição financeira autorizada pela Comissão de Valores Mobiliários, sem emissão de certificados (artigo 34 da Lei 6.404/76). Fala-se, então, em ações escriturais. Somente as instituições financeiras autorizadas pela Comissão de Valores Mobiliários podem manter serviços de escrituração de ações e de outros valores mobiliários (redação dada pela Lei 12.810/13).

A propriedade da ação escritural presume-se pelo registro na conta de depósito das ações, aberta em nome do acionista nos livros da instituição depositária (artigo 34); transferência (cessão) opera-se pelo lançamento efetuado pela instituição depositária em seus livros (débito da conta de ações do alienante e crédito da conta de ações do adquirente), à vista de ordem escrita do alienante ou de autorização ou ordem judicial, em documento hábil que ficará em poder da instituição; o estatuto pode autorizar a instituição depositária a cobrar do acionista o custo do serviço de transferência da propriedade das ações escriturais, observados os limites máximos fixados pela Comissão de Valores Mobiliários. A instituição depositária fornecerá ao acionista extrato da conta de depósito das ações escriturais, sempre que solicitado, ao término de todo mês em que for movimentada e, ainda que não haja movimentação, ao menos uma vez por ano. A companhia responde pelas perdas e danos causados aos interessados por erros ou irregularidades no serviço de ações escriturais, sem prejuízo do eventual direito de regresso contra a instituição depositária. Por fim, havendo alteração estatutária criando a figura da escrituração de ações, a conversão em ação escritural dependerá da apresentação e do cancelamento do respectivo certificado em circulação.

3 Negociação com ações

Em meados de 2020, as Lojas Quero-Quero S/A, rede de estabelecimentos especializada na venda de produtos para a construção e para a casa, requereu à Comissão de Valores Mobiliários a realização de oferta pública inicial de ações (o mercado fala em IPO: *Initial Public Offering*). Pretendia, assim, listar seus títulos na Bolsa de Valores de São Paulo (B3), onde seriam – e são – negociados sob o código LJQQ3. Foram oferecidas 22.123.894 ações ordinárias novas (oferta primária), além de 121.288.465 ações já existentes (oferta secundária). Estimava-se que os títulos seriam comprados, no leilão inicial realizado em agosto, entre R$ 11,30 e R$ 14,00. O valor foi de R$ 12,79, vale dizer, a operação totalizou R$ 1,94 bilhão.

QUERO QUERO

CASA E CONSTRUÇÃO

Em fato, as ações são títulos patrimoniais, ou seja, são bens jurídicos e, assim, podem ser negociadas: vendidas, compradas, alugadas, doadas, empenhadas. Quando há grandes lotes de companhias abertas, fazem-se ofertas públicas, mas o comum, no dia a dia do mercado de capitais, são pequenas operações nas quais alguém vende certo número de ações para alguém, recorrendo à bolsa de valores ou ao mercado de balcão, ou mesmo entre si, diretamente, a exemplo do que ocorre nas companhias fechadas. Mas há condições preliminares que devem ser respeitadas. Por exemplo, as ações da companhia aberta somente poderão ser negociadas depois de realizados 30% do preço de emissão; sem que tal percentual seja atingido, a cessão será nula. Superado tal limite, a venda é livre, embora a companhia possa suspender os serviços de transferência de ações, bem como conversão e desdobramento de certificados, por períodos que não ultrapassem, cada um, 15 dias, nem o total de 90 (noventa) dias durante o ano. Para tanto, deverá comunicar a medida às bolsas de valores em que suas ações forem negociadas, além de publicar anúncio nesse sentido. No entanto, a medida não poderá prejudicar o registro da transferência das ações negociadas em bolsa anteriormente ao início do período de suspensão. São medidas excepcionais, a serem tomadas em circunstâncias excepcionais, como grandes crises.

Sempre que se trate de companhia fechada, a circulação das ações pode sofrer limitações impostas pelo estatuto. Tais limitações, para serem válidas, deverão estar minuciosamente reguladas no estatuto e não podem traduzir impedimento de negociação, nem sujeição do acionista ao arbítrio dos órgãos de administração da companhia ou da maioria dos acionistas. O mais comum é a previsão do direito de preferência dos acionistas para a aquisição das ações, cumprindo àquele que as quer vender oferecê-las em primeiro lugar – e em igualdade de condições – à coletividade social. A limitação à circulação criada por alteração estatutária somente se aplicará às ações cujos titulares com ela expressamente concordarem, mediante pedido de averbação no *Livro de Registro de Ações Nominativas*.

A companhia não pode negociar com as próprias ações, excetuando-se as seguintes hipóteses: (1) operações de resgate, reembolso ou amortização previstas em lei; (2) aquisição de ações, para permanência em tesouraria (sem direito a voto, nem dividendo) ou cancelamento, desde que para tanto seja utilizado o valor do saldo de lucros ou reservas de capital, exceto a legal, e sem diminuição do capital social; em se tratando de companhia aberta, devem ser respeitadas as normas da Comissão de Valores Mobiliários, que pode subordiná-la à prévia autorização em cada caso; (3) recebimento de ações que lhe sejam doadas, mantendo-as em tesouraria, igualmente sem direito a voto ou a dividendo; (4) alienação das ações mantidas em tesouraria, fruto de aquisição ou doação, na forma acima; e (5) aquisição de ações quando, resolvida a redução do capital mediante restituição, em dinheiro, de parte do valor das ações, o preço destas em bolsa for inferior ou igual à importância que deve ser restituída. Tais ações serão retiradas definitivamente de circulação.

Em abril de 2022, a *Vale S.A.* anunciou que iria desembolsar até R$ 41 bilhões para recomprar até 500 milhões de suas ações que estavam em circulação no mercado aberto, ao longo de 18 meses, pois considerava que os títulos estavam sendo negociados em preço abaixo do valor que considerava justo, abaixo do seu valor patrimonial. Esse descompasso é fruto das especulações próprias do mercado de ações. Para se ter uma ideia, em meados de 2022, 18 empresas que compunham o Índice Bovespa (Ibovespa) tinham suas ações quotadas abaixo do valor de seu patrimônio. O caso mais grave era o da *Eletrobras* S.A.: considerando o valor do patrimônio, suas ações ordinárias deveriam custar, no mínimo, R$ 18,65; mas estavam sendo comercializadas a R$ 0,99. Essas distorções são próprias do mercado, da oferta e da procura pelos papéis.

As ações podem ser oferecidas em penhor ou em caução, mesmo judicial, devendo o ônus ser averbado no *livro de registro de ações nominativas*. Mas não se permite que a companhia receba em garantia suas próprias ações, exceto para assegurar a gestão dos seus administradores, como se estudará adiante. Em se tratando de ação escritural, o penhor se constitui pela averbação do respectivo instrumento nos livros da instituição financeira, a qual será anotada no extrato da conta de depósito fornecido ao acionista. Em qualquer caso, a companhia, ou a instituição financeira, tem o direito de exigir, para seu arquivo, um exemplar do instrumento de penhor. As ações também podem ser objeto de usufruto, fideicomisso, alienação fiduciária em garantia, entre outras cláusulas ou ônus, que serão igualmente averbados no *livro de registro de ações nominativas*, ou, sendo escriturais, livros da instituição financeira, anotados no extrato da conta de depósito fornecida ao acionista. Mesmo a promessa de venda da ação e o direito de preferência à sua aquisição podem ser averbados em tais livros, o que fará com que sejam oponíveis a terceiros.

O legislador ainda previu a figura da *custódia de ações fungíveis*, permitindo a instituições financeiras autorizadas pela Comissão de Valores Mobiliários receberem ações em custódia, isto é, para guardá-las para o acionista. Nesses casos, as ações de cada espécie e classe da companhia serão recebidas em depósito como valores fungíveis, adquirindo a instituição depositária a propriedade fiduciária das ações, ou seja, embora mera depositária das ações, atuará como se fosse seu titular. Não existem, portanto, *ações fungíveis*, mas sim um estado de fungibilidade de ações, fruto de uma situação jurídica específica, surgida em função dos serviços de custódia prestados pela instituição depositária, que recebe do acionista as ações como bens que podem ser substituídos por outros da mesma espécie (ações da companhia *tal*), qualidade (espécie e classe da ação) e quantidade. O mesmo pode se passar com os demais valores mobiliários (debêntures, bônus de subscrição etc.), que serão estudados na sequência. A instituição depositária não pode dispor das ações e fica obrigada a devolver ao depositante a quantidade de ações recebidas, com as modificações resultantes de alterações no capital social ou no número de ações da companhia emissora, independentemente do número de ordem das ações ou dos certificados recebidos em depósito. Ademais, a instituição fica obrigada a comunicar à companhia emissora das ações, imediatamente, o nome do proprietário efetivo quando houver qualquer evento societário que exija a sua identificação, e no prazo de até dez dias, a contratação da custódia e a criação de ônus ou gravames sobre as ações. A propriedade das ações em custódia fungível será provada pelo contrato firmado entre o proprietário das ações e a instituição depositária, sendo que esta assume as obrigações de depositária, respondendo perante o acionista e terceiros pelo descumprimento de suas obrigações. Em oposição, a companhia não responde perante o acionista nem terceiros pelos atos da instituição depositária das ações.

O depositante pode, a qualquer tempo, extinguir a custódia e pedir a devolução dos certificados de suas ações. Entretanto, enquanto viger o contrato, a instituição financeira representará, perante a companhia, os titulares das ações recebidas custodiadas para receber dividendos e ações bonificadas e exercer direito de preferência para a subscrição de ações. Sempre que houver distribuição de dividendos ou bonificação de ações e, em qualquer caso, ao menos uma vez por ano, a instituição financeira fornecerá à companhia a lista dos depositantes de ações recebidas nos termos deste artigo, assim como a quantidade de ações de cada um. A propriedade das ações nominativas presume-se pelo extrato que seja fornecido pela instituição custodiante, na qualidade de proprietária fiduciária das ações.

4 Resgate, amortização e reembolso de ações

O estatuto ou a assembleia geral extraordinária pode autorizar a aplicação de lucros ou reservas de capital no *resgate* ou na *amortização* de ações, determinando as condições e o modo de proceder-se à operação. O *resgate* consiste no pagamento do valor das ações para retirá-las definitivamente de circulação, cancelando-as, extinguindo-as. Habitualmente, o resgate implica a redução do capital social, no montante correspondente às ações canceladas. Mas quando se utilizam lucros ou reservas de capital para a operação, é possível haver resgate de ação, sem que haja alteração no capital social, aumentando-se o valor contábil de cada ação. Nessa hipótese, se as ações têm valor nominal, o estatuto social será alterado para atribuir novo valor nominal às ações remanescentes. A figura do resgaste foi vista, no item 3 deste capítulo, na oferta pública de aquisição de ações para fechamento do capital da companhia, sempre que restem em circulação menos de 5% das ações, facultando-se à assembleia geral deliberar o seu resgate, depositando em estabelecimento bancário autorizado pela Comissão de Valores Mobiliários, à disposição dos seus titulares, o valor da oferta pública. Nas demais hipóteses, salvo disposição em contrário do estatuto social, o resgate de ações de uma ou mais classes só será efetuado se, em assembleia especial convocada para deliberar sobre essa matéria específica, for aprovado por acionistas que representem, no mínimo, a metade das ações da(s) classe(s) atingida(s).

Já a *amortização* consiste na distribuição aos acionistas, a título de antecipação e sem redução do capital social, de quantias que lhes poderiam tocar em caso de liquidação da companhia, podendo ser integral ou parcial. A amortização pode abranger todas as classes de ações ou só uma dessas classes. As ações integralmente amortizadas poderão ser substituídas por *ações de fruição* (também chamadas *ações de gozo*), com as restrições fixadas pelo estatuto ou pela assembleia geral que deliberar a amortização; em qualquer caso, ocorrendo liquidação da companhia, as ações amortizadas só concorrerão ao acervo líquido depois de assegurado às ações não amortizadas valor igual ao da amortização, corrigido monetariamente.

O resgate e a amortização que não abrangerem a totalidade das ações de uma mesma classe serão feitos mediante sorteio; se forem sorteadas ações custodiadas nos termos vistos, a instituição financeira especificará, mediante rateio, as resgatadas ou amortizadas, se outra forma não estiver prevista no contrato de custódia.

Por fim, tem-se o *reembolso*, que é a operação pela qual, nos casos previstos em lei, que serão estudados na sequência, a companhia paga aos acionistas dissidentes de deliberação da assembleia geral o valor de suas ações. Corresponde, portanto, a um *direito de recesso* (ou *de retirada*), que nas sociedades por ações é mais reduzido do que nas sociedades contratuais. O reembolso é, portanto, a alternativa aplicável no âmbito das sociedades por ações para o que, nas sociedades contratuais, é chamado de *resolução da sociedade em relação a um sócio*, implicando uma situação próxima, mas não igual, à dissolução parcial da sociedade.

A regra geral para o cálculo do valor de reembolso, disposta no artigo 45, § 1º, da Lei 6.404/76, é utilizar o valor de patrimônio líquido da ação constante do último balanço aprovado pela assembleia geral, quando ocorrido há menos de 60 dias. O estatuto social, todavia, pode optar pela utilização de outro critério: (1) o levantamento de balanço especial ou (2) o valor econômico da companhia, a ser apurado em avaliação. O levantamento de balanço especial, como fora uma dissolução da companhia, é igualmente a solução quando o balanço tenha sido aprovado em assembleia realizada há mais de 60 dias, ou sempre que se demonstre haver graves distorções no balanço aprovado, como reservas ocultas de capital. Nesse caso, a companhia pagará imediatamente 80% do valor de reembolso calculado com base no último balanço e, levantado o balanço especial, pagará o saldo no prazo de 120 dias, a contar da data da deliberação da assembleia geral. Alternativamente, se o estatuto determinar que o reembolso se faça a partir da avaliação do valor econômico da companhia, utilizar-se-ão três peritos ou empresa especializada, que deverão apresentar laudo fundamentado, com a indicação dos critérios de avaliação e dos elementos de comparação adotados e instruído com os documentos relativos aos bens avaliados, respondendo civilmente pelos danos que eventualmente causem, por culpa ou dolo, na avaliação dos bens; se o ato caracterizar crime, haverá igual responsabilização penal. Os peritos ou empresa especializada serão indicados em lista sêxtupla ou tríplice, respectivamente, pelo Conselho de Administração ou, se não houver, pela diretoria, e escolhidos pela Assembleia Geral em deliberação tomada por maioria absoluta de votos, não se computando os votos em branco, cabendo a cada ação, independentemente de sua espécie ou classe, o direito a um voto.

O valor de reembolso poderá ser pago à conta de lucros ou reservas, exceto a legal, e nesse caso as ações reembolsadas ficarão em tesouraria; se não há comprometimento do capital social, aliás, também se poderá deliberar pelo cancelamento das ações, aumentando-se o valor nominal das ações remanescentes, se houver. Se assim não ocorrer, a companhia terá cento e vinte dias, a contar da publicação da ata da assembleia que aprovou o reembolso, para substituir os acionistas dissidentes, cujas ações tenham sido reembolsadas à conta do capital social. Vencido esse prazo, não sendo substituídos os acionistas, o capital social se considerará reduzido no montante correspondente, cumprindo aos órgãos da administração convocar a assembleia geral, dentro de cinco dias, para tomar conhecimento daquela redução.

Sobrevindo a falência da sociedade, antes do pagamento do reembolso, os acionistas dissidentes, credores pelo reembolso de suas ações, serão classificados como credores quirografários em quadro separado, e os rateios que lhes couberem serão imputados no pagamento dos créditos constituídos anteriormente à data da publicação da ata da assembleia. As quantias assim atribuídas aos créditos mais antigos não se deduzirão dos créditos dos ex-acionistas, que subsistirão integralmente para serem satisfeitos pelos bens da massa, depois de pagos os primeiros. No entanto, se o reembolso dos ex-acionistas já tiver sido efetuado quando ocorrer a falência, o tratamento será distinto. Se o pagamento se fez em prejuízo do capital social e não houver substituição por outros acionistas, caberá ação revocatória para restituição do reembolso sempre que a massa não bastar para o pagamento dos créditos mais antigos, até a concorrência do que remanescer dessa parte do passivo. A restituição será havida, na mesma proporção, de todos os acionistas cujas ações tenham sido reembolsadas. Não caberá ação revocatória se o reembolso se fez utilizando-se lucros pendentes ou reservas contábeis, sem comprometimento do capital social; também não caberá se, tendo havido redução do capital, as ações tenham sido transferidas a terceiros que as integralizaram.

5 Debêntures

As sociedades anônimas podem emitir *debêntures*, isto é, títulos que conferem aos seus titulares direito de crédito contra elas, nas condições constantes da escritura de emissão e, se houver, do respectivo certificado. Trata-se de uma forma específica para que as sociedades possam se financiar. Segundo dados da Associação Brasileira das Entidades dos Mercados Financeiro e de Capitais (ANBIMA), só entre janeiro e março de 2023, foram emitidas debêntures em valor total de 66 bilhões de reais! E esse volume foi 34,5% menor do que no mesmo período de 2022.

A debênture segue a mesma lógica da ação: dividir o montante em partes pequenas para facilitar a negociação. Se a companhia precisa de um investimento de dez milhões, pode emitir 100.000 debêntures de R$ 100,00, captando assim os recursos necessitados. A companhia poderá efetuar mais de uma emissão de debêntures, e cada emissão pode ser dividida em séries; contudo, as debêntures da mesma série devem ter igual valor nominal e conferirão a seus titulares os mesmos direitos. É mais barato para as companhias do que recorrer a financiamentos bancários; é mais lucrativo para investidores do que fazer aplicações bancárias tradicionais. E há um mercado secundário, ou seja, o titular de debêntures pode vendê-las para outrem se não quer esperar até o vencimento.

A debênture terá valor nominal expresso em moeda nacional, salvo nos casos de obrigação que, nos termos da legislação em vigor, possa ter o pagamento estipulado em moeda estrangeira. Somente com a prévia aprovação do Banco Central do Brasil as companhias brasileiras poderão emitir debêntures no exterior com garantia real ou flutuante de bens situados no País, sendo que somente poderão ser remetidos para o exterior o principal e os encargos de debêntures registradas no Banco Central do Brasil. Por outro lado, a negociação, no mercado de capitais do Brasil, de debêntures emitidas no estrangeiro, depende de prévia autorização da Comissão de Valores Mobiliários. Em qualquer caso, os credores por obrigações contraídas no Brasil terão preferência sobre os créditos por debêntures emitidas no exterior por companhias estrangeiras autorizadas a funcionar no País, salvo se a emissão tiver sido previamente autorizada pelo Banco Central do Brasil e o seu produto aplicado em estabelecimento situado no território nacional.

A companhia fará constar da escritura de emissão, por instrumento público ou particular, os direitos conferidos pelas debêntures, como juros, fixos ou variáveis, participação no lucro da companhia, prêmio de reembolso, garantias e demais cláusulas ou condições, podendo estipular cláusula de correção monetária, com base nos coeficientes fixados para correção de títulos da dívida pública, na variação da taxa cambial ou em outros referenciais não expressamente vedados em lei, bem como assegurar ao debenturista a opção de escolher receber o pagamento do principal e acessórios, quando do vencimento, amortização ou resgate, em moeda ou em bens. A Comissão de Valores Mobiliários pode aprovar padrões de cláusulas e condições que devam ser adotados nas escrituras de emissão de debêntures destinadas à negociação em bolsa ou no mercado de balcão, e recusar a admissão ao mercado da emissão que não satisfaça a esses padrões. A escritura de emissão estabelecerá a maioria necessária, que não será inferior à metade das debêntures em circulação, para aprovar modificação nas condições das debêntures.

As debêntures serão nominativas, anotadas em livro próprio. O certificado de debêntures atenderá aos requisitos do artigo 64 (denominação *Debênture*, denominação, sede, prazo de duração e objeto da companhia, nome do debenturista etc.), sendo lícito ao titular requerer a emissão de *certificados de múltiplos de debêntures*, isto é, que suas debêntures sejam representadas em mais de um título; assim, quem tem 100 debêntures pode requerer dois certificados, cada qual com 50 debêntures, ou três certificados, dois com 30 debêntures, um com 40, e assim por diante. Ademais, nas condições previstas na escritura de emissão com nomeação de agente fiduciário, os certificados poderão ser substituídos, desdobrados ou grupados. Alternativamente, as debêntures podem ser objeto de depósito em instituição financeira autorizada a funcionar como *agente emissor de certificados*, nos moldes estudados no item 5.1 deste capítulo, assim como a escritura de emissão pode estabelecer que as debêntures sejam mantidas em contas de custódia, em nome de seus titulares, na instituição que designar, sem emissão de certificados, em situação de fungibilidade, portanto, como estudado anteriormente.

As espécies de debênture definem-se em face da garantia que oferecem para seus titulares, credores que são da companhia. São elas:

Espécies de debêntures

- *Debênture com garantia real*: seu pagamento é garantido por hipoteca ou por penhor, sobre bens próprios ou de terceiros; a escritura de emissão pode prever a possibilidade de substituição dos bens por outros, desde que se preserve a garantia. A companhia também pode assumir que não alienará ou onerará bens garantidores, o que será oponível a terceiros se houver averbação no registro competente.
- *Debênture com privilégio geral* (ou *debênture com garantia flutuante*): assegura um privilégio geral sobre o ativo da companhia, embora não impeça a negociação dos bens que compõem esse ativo; se a companhia falir, os debenturistas não concorrerão com os credores quirografários, tendo acesso preferencial ao produto da massa, logo após os créditos privilegiados.
- *Debênture sem preferência* (ou *debênture quirografária*): o crédito não tem qualquer garantia especial; na hipótese de falência da companhia, os debenturistas concorrerão com os demais credores quirografários.
- *Debênture subordinada*: torna o crédito inferior aos quirografários; falindo a companhia, somente após pagos todos os credores comuns, havendo sobras, passa-se ao pagamento dos debenturistas. Abaixo deles somente ficarão os acionistas, últimos a terem acesso ao acervo da companhia.

A época do vencimento da debênture deverá constar da escritura de emissão e do certificado, podendo a companhia estipular amortizações parciais de cada série, criar fundos de amortização e reservar-se o direito de resgate antecipado, parcial ou total, dos títulos da mesma série. Ademais, a companhia poderá emitir debêntures cujo vencimento somente ocorra nos casos de inadimplência da obrigação de pagar juros e dissolução da companhia, ou de outras condições previstas no título. A amortização de debêntures da mesma série deve ser feita mediante rateio. Já o resgate parcial de debêntures da mesma série deve ser feito mediante sorteio ou, se as debêntures estiverem cotadas por preço inferior ao valor nominal, por compra no mercado organizado de valores mobiliários, observadas as regras expedidas pela Comissão de Valores Mobiliários. Aliás, faculta-se à companhia adquirir debêntures de sua emissão: (1) por valor igual ou inferior ao nominal, devendo o fato constar do relatório da administração e das demonstrações financeiras; ou (2) por valor superior ao nominal, desde que observe as regras expedidas pela Comissão de Valores Mobiliários (artigo 55 da Lei 6.404/76).

A debênture poderá ser conversível em ações nas condições constantes da escritura de emissão, que especificará: (1) as bases da conversão, seja em número de ações em que poderá ser convertida cada debênture, seja como relação entre o valor nominal da debênture e o preço de emissão das ações; (2) a espécie e a classe das ações em que poderá ser convertida; (3) o prazo ou época para o exercício do direito à conversão; e (4) as demais condições a que a conversão acaso fique sujeita. Nessa hipótese, os acionistas terão *direito de preferência* para subscrever a emissão de debêntures, permitindo que mantenham suas posições acionárias, ou seja, a proporção de sua participação no capital social. A previsão de conversibilidade, todavia, cria algumas restrições sociais, estabelecidas para a proteção dos debenturistas. Assim, enquanto puder ser exercido o direito à conversão, a alteração do estatuto para mudar o objeto da companhia, criar ações preferenciais, ou modificar as vantagens das existentes, em prejuízo das ações em que são conversíveis as debêntures, dependerá de prévia aprovação dos debenturistas, em assembleia especial, ou de seu agente fiduciário.

O agente fiduciário dos debenturistas é pessoa a quem se atribui a função de representar os debenturistas perante a companhia emissora, protegendo seus direitos e interesses, embora sem poderes para acordar modificação das cláusulas e condições da emissão. Sua nomeação é obrigatória quando se trata de emissão pública de debêntures. Somente podem ser nomeadas para a função as pessoas naturais que satisfaçam aos requisitos para exercício de cargo em órgão de administração da companhia e as instituições financeiras que, especialmente autorizadas pelo Banco Central do Brasil, tenham por objeto a administração ou a custódia de bens de terceiros. De qualquer sorte, é facultado à Comissão de Valores Mobiliários estabelecer que nas emissões de debêntures negociadas no mercado o agente fiduciário, ou um dos agentes fiduciários, seja, necessariamente, uma instituição financeira.

Não podem ser agente fiduciário: (1) pessoa que já exerça a função em outra emissão da mesma companhia, a menos que autorizado, nos termos das normas expedidas pela Comissão de Valores Mobiliários; (2) a instituição financeira coligada à companhia emissora ou à entidade que subscreva a emissão para distribuí-la no mercado, e qualquer sociedade por elas controlada; (3) o credor, por qualquer título, da sociedade emissora, ou sociedade por ele controlada; (4) a instituição financeira cujos administradores tenham interesse na companhia emissora; (5) a pessoa que, de qualquer outro modo, se coloque em situação de conflito de interesses pelo exercício da função. Se, por circunstâncias posteriores à emissão, o agente fiduciário ficar impedido de continuar a exercer a função, deverá comunicar imediatamente o fato aos debenturistas e pedir sua substituição (artigo 66 da Lei 6.404/76).

A escritura de emissão estabelecerá as condições de substituição e remuneração do agente fiduciário, observadas as normas expedidas pela Comissão de Valores Mobiliários, a quem cabe fiscalizar o exercício da função, sempre que haja emissões distribuídas no mercado ou debêntures negociadas em bolsa ou no mercado de balcão. O mercado pode até nomear substituto provisório, nos casos de vacância, e suspender o agente fiduciário de suas funções e dar-lhe substituto, se deixar de cumprir os seus deveres. Esses deveres estão listados no artigo 68 da Lei 6.404/76, sendo que, para proteger direitos ou defender interesses dos debenturistas, o agente fiduciário pode usar de qualquer ação, além de: (1) declarar, observadas as condições da escritura de emissão, antecipadamente vencidas as debêntures e cobrar o seu principal e acessórios; (2) executar garantias reais, receber o produto da cobrança e aplicá-lo no pagamento, integral ou proporcional, dos debenturistas; (3) requerer a falência da companhia emissora, se não existirem garantias reais; (4) representar os debenturistas em processos de falência, recuperação de empresa, intervenção ou liquidação extrajudicial da companhia emissora, salvo deliberação em contrário da assembleia dos debenturistas; e (5) tomar qualquer providência necessária para que os debenturistas realizem os seus créditos. Se no exercício das suas funções o agente fiduciário causar prejuízos aos debenturistas, por culpa ou dolo, responderá civilmente por eles, prescrevendo em três anos a ação para haver tal reparação, a contar da publicação da ata da assembleia geral que tiver tomado conhecimento da violação.

A deliberação sobre emissão de debêntures é da competência privativa da assembleia geral, que deverá fixar, observado o que a esse respeito dispuser o estatuto: (1) o valor da emissão ou os critérios de determinação do seu limite, e a sua divisão em séries, se for o caso; (2) o número e o valor nominal das debêntures; (3) as garantias reais ou a garantia flutuante, se houver; (4) as condições da correção monetária, se houver; (5) a conversibilidade ou não em ações e as condições a serem observadas na conversão; (6) a época e as condições de vencimento, amortização ou resgate; (7) a época e as condições do pagamento dos juros, da participação nos lucros e do prêmio de reembolso, se houver; (8) o modo de subscrição ou colocação, e o tipo das debêntures; e (9) o desmembramento, do seu valor nominal, dos juros e dos demais direitos conferidos aos titulares.

O conselho de administração ou a diretoria poderão deliberar sobre a emissão de debêntures não conversíveis em ações, exceto se houver disposição estatutária em contrário. Mais do que isso, o estatuto da companhia aberta poderá autorizar o conselho de administração a, dentro dos limites do capital autorizado, deliberar sobre a emissão de debêntures conversíveis em ações, especificando o limite do aumento de capital decorrente da conversão das debêntures, em valor do capital social ou em número de ações, e as espécies e classes das ações que poderão ser emitidas. Nesses dois casos, a assembleia geral pode delegar ao conselho de administração a deliberação sobre as condições sobre a época e as condições de vencimento, amortização ou resgate; a época e as condições do pagamento dos juros, da participação nos lucros e do prêmio de reembolso, se houver; e o modo de subscrição ou colocação, e o tipo das debêntures (artigo 59 da Lei 6.404/76). Nenhuma emissão de debêntures será feita sem que tenham sido satisfeitos os requisitos listados no artigo 62 da Lei 6.404/76.

Triunfo Participações e Investimentos S/A

Companhia que se dedica à infraestrutura, nomeadamente construção e manutenção de rodovias, portos e afins, a Triunfo Participações e Investimentos S/A convocou, para outubro de 2016, uma Assembleia de Debenturistas, objetivando um acordo para renegociar juros e amortizações que venceriam naquele mês, totalizando R$ 160 milhões. O objetivo seria propor uma prorrogação dos próximos vencimentos de juros e amortizações, relativos à terceira e quarta emissões de debêntures, para que houvesse quitação posterior, com um desconto de 10%. O estoque desses títulos somava, então, R$ 350 milhões.

As negociações entre as partes (companhia e debenturistas) giravam em torno de temas diversos, como a diferença entre o valor de face dos títulos e seu valor de mercado (entre 90% e 95% sobre o valor de face), o oferecimento de garantias adicionais, bem como dúvidas sobre qual a natureza do capital que a empresa receberia, cerca de R$ 550 milhões: participação no capital (ações), dívida conversível em ações ou simplesmente dívida. De qualquer sorte, seria preciso muito empenho: a aprovação das alterações exigiria voto favorável de, pelo menos, 75% das debêntures alcançadas, ou seja, das terceira e quarta emissões. Cada debênture dá direito a um voto.

Os titulares de debêntures da mesma emissão ou série podem, a qualquer tempo, reunir-se em assembleia, organizada nos moldes das reuniões de acionistas, a fim de deliberar sobre matéria de interesse da comunhão dos debenturistas, correspondendo um voto a cada debênture. Podem convocá-la o agente fiduciário, a companhia emissora, debenturistas que representem 10%, no mínimo, dos títulos em circulação e até a Comissão de Valores Mobiliários.

Por último, lembre-se de que as instituições financeiras autorizadas pelo Banco Central do Brasil a efetuar esse tipo de operação podem emitir cédulas de debêntures, que são títulos que concedem o direito de crédito contra a instituição emitente, pelo valor nominal e os juros nela estipulados, sendo garantidos por debêntures por ela mantidas *em carteira*.

6 Partes beneficiárias e bônus de subscrição

Para além das ações e das debêntures, a companhia também poderá emitir partes beneficiárias e bônus de subscrição, títulos que agora se estudarão.

A *companhia fechada* pode criar, a qualquer tempo, títulos negociáveis, sem valor nominal e estranhos ao capital social, denominados *partes beneficiárias*, conferindo aos seus titulares direito de crédito eventual contra a companhia, consistente na participação nos lucros líquidos anuais, em percentual não superior a 10%. Ademais, é vedado às companhias abertas emitir partes beneficiárias. É proibida a criação de mais de uma classe ou série de partes beneficiárias, bem como conferir-lhes qualquer direito privativo de acionista, salvo o de fiscalizar os atos dos administradores. As partes beneficiárias poderão ser alienadas pela companhia, nas condições determinadas pelo estatuto ou pela assembleia geral, ou atribuídas a fundadores, acionistas ou terceiros, como remuneração de serviços prestados à companhia. O estatuto fixará o prazo de duração das partes beneficiárias, o qual não poderá ultrapassar dez anos se forem atribuídas gratuitamente, salvo as destinadas a sociedades ou fundações beneficentes dos empregados da companhia. O estatuto ainda poderá prever o resgate das partes beneficiárias ou a sua conversão em ações; em ambos os casos, deverá ser criada uma reserva contábil especial para esse fim (resgate ou capitalização); o valor utilizado para a formação dessa reserva entra no cálculo do percentual máximo de 10% que pode ser destinado às partes beneficiárias. No caso de liquidação da companhia, solvido o passivo exigível, os titulares das partes beneficiárias terão direito de preferência sobre o que restar do ativo até a importância da reserva para resgate ou conversão.

As partes beneficiárias serão nominativas, sendo escrituradas no *livro de registro de partes beneficiárias*. A companhia emitirá certificados das partes beneficiárias, que serão elaborados respeitando-se as exigências do artigo 49 da Lei 6.404/76 (denominação *parte beneficiária*, denominação da companhia, sua sede e prazo de duração, nome do beneficiário etc.). As partes beneficiárias podem ser objeto de depósito em instituição autorizada a funcionar como agente emissor de certificados. Os direitos conferidos constarão do estatuto, que, quanto a tal aspecto, poderá ser reformado; todavia, a modificação ou redução das vantagens conferidas às partes beneficiárias só terá eficácia quando aprovada pela metade, no mínimo, dos seus titulares, reunidos em assembleia geral especial, na qual cada parte beneficiária dá direito a um voto, não podendo a companhia votar com os títulos que possuir em tesouraria.

Também os *bônus de subscrição* são títulos negociáveis, que podem ser criados e emitidos sempre que o estatuto contenha autorização para aumento do capital social independentemente de reforma estatutária. Os bônus de subscrição conferem aos seus titulares, nas condições constantes do certificado, direito de subscrever ações do capital social, quando do seu aumento e no limite previamente autorizado pelo estatuto para tanto, a ser exercido mediante apresentação do título à companhia e pagamento do preço de emissão das ações. É, portanto, um título que confere o direito de preferência à subscrição de ações, quando forem essas emitidas. Sua forma obrigatória é nominativa, mantendo-se registro dos titulares em livro próprio, bem como de eventuais transferências.

A deliberação sobre emissão de bônus de subscrição compete à assembleia geral, se o estatuto não a atribuir ao conselho de administração. A companhia pode aliená-los, hipótese na qual os acionistas gozarão de preferência para subscrever a emissão de bônus; pode, ademais, atribuí-los como vantagem adicional aos subscritos de emissões de suas ações ou debêntures. Seus certificados atenderão aos requisitos do artigo 79 da Lei 6.404/76, como a denominação *Bônus de Subscrição*, o nome do titular, o número, a espécie e a classe das ações que poderão ser subscritas, o preço de emissão ou os critérios para sua determinação etc.

Azevedo & Travassos S.A.

Em outubro de 2022, a Azevedo & Travassos S.A., companhia de capital aberto que atua como *holding* de um grupo empresarial de infraestrutura, comunicou ao mercado que, como vantagem adicional aos acionistas subscritores do aumento do capital social da Companhia, emitiram-se 7.576.823 bônus de subscrição, em uma única série. Assim, para cada três ações subscritas no aumento de capital, ordinárias ou preferenciais, atribuiu-se um bônus de subscrição, desprezando-se a frações. Cada bônus de subscrição dava ao seu titular o direito de subscrever uma ação ordinária e duas ações preferenciais da companhia, de forma indissociável, resultando em uma potencial emissão de até 22.730.469 ações, sendo 7.576.823 ações ordinárias e 15.153.646 ações preferenciais, caso a totalidade dos bônus de subscrição fosse exercida.

Como os bônus foram atribuídos como vantagem adicional aos subscritores das ações emitidas no aumento de capital, não possuíam valor de emissão. O preço para o exercício da faculdade societária foi fixado em R$ 10,51, correspondendo a uma nova ação ordinária e duas novas ações preferenciais. A companhia frisou que a operação não implicaria diluição injustificada da participação dos acionistas. Esclareceu, ademais, que fora utilizado o mesmo preço de emissão de cada ação correspondente no âmbito do aumento de capital, acrescido de 15% de reajuste, atualização correspondente ao período, considerando a taxa de juros atual e a expectativa de valorização da ação. Fixou-se como tempo para o exercício o período entre 02 de junho de 2023 e 30 de junho de 2023 (inclusive); uma segunda janela foi fixada no período entre 31 de maio de 2024 e 28 de junho de 2024 (inclusive). Destacou-se, de resto, que os bônus de subscrição que não fossem exercidos nesses períodos perderiam sua eficácia, sendo extintos de pleno direito, sem a necessidade de qualquer formalidade adicional. Enquanto não exercidos, os bônus de subscrição não dariam aos seus titulares quaisquer direitos conferidos pelas ações aos acionistas.

10
O ACIONISTA

1 Acionista

Adquirindo a ação (subscrevendo-a, tão logo emitida, ou adquirindo-a de outrem), a pessoa torna-se sujeito de direitos e deveres em relação à companhia. De qualquer sorte, o exercício, no Brasil, de qualquer dos direitos de acionista confere ao mandatário ou representante legal qualidade para receber citação judicial. O primeiro dever do acionista, viu-se, é a realização do capital social, ou seja, o pagamento do preço de emissão. Mas há deveres genéricos de respeito à função social da empresa e ao seu funcionamento. Esses deveres devem ser respeitados, sendo que a assembleia geral pode suspender o exercício dos direitos do acionista que deixar de cumprir obrigação imposta pela lei ou pelo estatuto, cessando a suspensão logo que cumprida a obrigação.

Tomando a questão por outro lado, a subscrição e a integralização de ações constituem investimento, definindo a favor do acionista uma série de direitos que podem ser classificados em patrimoniais (aqueles que têm expressividade econômica, como participar dos lucros) e instrumentais (faculdades que tocam à convivência social, como o direito de voz nas assembleias gerais). Esses direitos podem ser diferentes quando se tenha mais de uma espécie ou classe de ações, a exemplo da prerrogativa de eleger, em separado, um ou mais membros dos órgãos de administração. Contudo, ações de mesma classe devem conferir iguais direitos aos seus titulares.

Há um conjunto de direitos que são essenciais, não podendo o estatuto, nem a assembleia, privar o acionista de seu gozo:

> *Direitos essenciais do acionista*
>
> 1. Participar dos lucros sociais.
> 2. Participar do acervo da companhia, em caso de liquidação.
> 3. Fiscalizar, na forma prevista nesta Lei, a gestão dos negócios sociais.
> 4. Dar preferência para a subscrição de ações, partes beneficiárias conversíveis em ações, debêntures conversíveis em ações e bônus de subscrição, observado o disposto em lei.
> 5. Retirar-se da sociedade, com reembolso de suas ações, nas hipóteses legais.

Os meios, os processos ou as ações que a lei confere ao acionista para assegurar os seus direitos não podem ser elididos pelo estatuto ou pela assembleia geral; no entanto, o estatuto da sociedade pode estabelecer que as divergências entre os acionistas e a companhia, ou entre os acionistas controladores e os acionistas minoritários, poderão ser solucionadas mediante arbitragem, nos termos em que especificar. É fundamental, no entanto, que a previsão de arbitragem seja viabilizadora do exercício de direitos e jamais limitadora desse exercício. Não atende aos artigos 187, 421 e 422 a previsão que traduz abuso de direito, cerceando a faculdade societária. Exemplo claro é a eleição de câmara de arbitragem que exige, para a instauração de mediação e/ou arbitragem, depósito de valores que superem, e muito, o razoável, considerado, inclusive, o benefício buscado pelo acionista. Em lugar de viabilizar o exercício da faculdade, tal situação criará um obstáculo econômico intransponível ou de difícil transposição, o que não atende aos princípios jurídicos contemporâneos.

2 Direito de voto

A cada ação ordinária corresponde um voto nas deliberações da assembleia geral, mas o estatuto pode estabelecer limitação ao número de votos de cada acionista. A Lei 14.195/21 alterou a Lei de Sociedades por Ações para permitir que as companhias criassem uma classe especial de ações ordinárias que atribuiria o poder de voto plural (artigos 16, 16-A e 110-A da Lei 6.404/76). O que quer dizer isso? Habitualmente, a cada ação ordinária corresponde um voto na assembleia geral. As ações dessas classes (é admitida a criação de uma ou mais classes de ações ordinárias com atribuição de voto plural) têm um poder maior, que pode chegar a 10 votos por ação ordinária, conforme seja previsto pelo estatuto social. Quando a lei expressamente indicar quóruns com base em percentual de ações ou do capital social, sem menção ao número de votos conferidos pelas ações, o cálculo respectivo deverá desconsiderar a pluralidade de voto. Mas não será adotado o voto plural nas votações pela assembleia de acionistas que deliberarem sobre: (1) a remuneração dos administradores; e (2) a celebração de transações com partes relacionadas que atendam aos critérios de relevância a serem definidos pela Comissão de Valores Mobiliários.

Sua criação segue as regras dispostas no artigo 110-A, devendo ser aprovada por acionistas ordinaristas e preferencialistas (se a companhia os tiver), garantindo-se aos dissidentes o direito de se retirarem da companhia mediante reembolso do valor de suas ações, salvo se a criação da classe de ações ordinárias com atribuição de voto plural já estiver prevista ou autorizada pelo estatuto. Permite-se mesmo a estipulação de que o voto plural terá vigência por certo prazo, até certo termo ou certo evento (condição); se o estatuto não o fizer, aplica-se o § 7º: vigência inicial de até sete anos, prorrogável por qualquer prazo, desde que (1) se observem as regras legais para aprovação; (2) excluam-se os titulares das ações cuja classe se pretende prorrogar; e (3) assegure-se aos vencidos o direito de recesso. Aliás, o estatuto social deverá estabelecer, além do número de ações de cada espécie e classe em que se divide o capital social, no mínimo: (1) o número de votos atribuído por ação de cada classe de ações ordinárias com direito a voto; (2) o prazo de duração do voto plural, e (3) se aplicável, outras hipóteses de fim de vigência do voto plural condicionadas a evento ou a termo, além das prevista em lei.

As ações de classe com voto plural serão automaticamente convertidas em ações ordinárias sem voto plural na hipótese de (1) transferência, a qualquer título, a terceiros, exceto nos casos em que: (a) o alienante permanecer indiretamente como único titular de tais ações e no controle dos direitos políticos por elas conferidos; (b) o terceiro for titular da mesma classe de ações com voto plural a ele alienadas; ou (c) a transferência ocorrer no regime de titularidade fiduciária para fins de constituição do depósito centralizado; ou (2) o contrato ou acordo de acionistas, entre titulares de ações com voto plural e acionistas que não sejam titulares de ações com voto plural, dispor sobre exercício conjunto do direito de voto. As disposições relativas ao voto plural não se aplicam às empresas públicas, às sociedades de economia mista, às suas subsidiárias e às sociedades controladas direta ou indiretamente pelo poder público.

Como visto no capítulo anterior, o estatuto pode deixar de conferir às ações preferenciais algum ou alguns dos direitos reconhecidos às ações ordinárias, inclusive o de voto, ou conferi-lo com restrições, desde que tal supressão ou restrição não atinja os direitos essenciais do acionista. Ainda que haja supressão ou restrição ao direito de voto, as ações preferenciais adquirirão o exercício pleno desse direito se a companhia, pelo prazo previsto no estatuto, não superior a três exercícios consecutivos, deixar de pagar os dividendos fixos ou mínimos a que fizer jus, direito que conservará até o pagamento, se tais dividendos não forem cumulativos, ou até que sejam pagos os cumulativos em atraso. O estatuto pode estipular que essa regra só vigorará a partir do término da implantação do empreendimento inicial da companhia.

Na hipótese de direitos de terceiros sobre a ação, o direito de ação pode sofrer algumas mutações. O penhor da ação não impede o acionista de exercer o direito de voto; será lícito, todavia, estabelecer no contrato que o acionista não poderá, sem consentimento do credor pignoratício, votar em certas deliberações. O credor garantido por alienação fiduciária da ação não poderá exercer o direito de voto; o devedor somente poderá exercê-lo nos termos do contrato. O direito de voto da ação gravada com usufruto, se não for regulado no ato de constituição do gravame, somente poderá ser exercido mediante prévio acordo entre o proprietário e o usufrutuário.

O acionista deve exercer o direito de voto no interesse da companhia. Assim, o voto exercido com o fim de causar dano à companhia ou a outros acionistas, ou de obter, para si ou para outra pessoa, uma vantagem a que não faz jus e de que resulte, ou possa resultar, prejuízo para a companhia ou para outros acionistas, é considerado *voto abusivo*, sendo que o acionista responderá pelos danos causados pelo exercício abusivo do direito de voto, ainda que seu voto não haja prevalecido. Também é ilícito o voto em *conflito de interesses*: o acionista não poderá votar nas deliberações da assembleia geral que puderem beneficiá-lo de modo particular, ou em que tiver interesse conflitante com o da companhia. Isso inclui as deliberações relativas à aprovação de suas contas como administrador, bem como relativas ao laudo de avaliação de bens com que concorrer para a formação do capital social; nesse último caso, se todos os subscritores forem condôminos de bem com que concorreram para a formação do capital social, poderão aprovar o laudo, embora mantendo-se civilmente responsáveis perante a companhia e terceiros pelos danos que causarem por culpa ou dolo na avaliação dos bens. Acresça-se que a deliberação tomada em decorrência do voto de acionista que tem interesse conflitante com o da companhia é anulável; o acionista responderá pelos danos causados e será obrigado a transferir para a companhia as vantagens que tiver auferido.

3   Direito de retirada

Há hipóteses previstas na Lei 6.404/76 que permitem ao acionista retirar-se da sociedade, sendo reembolsado pelo valor de suas ações. Não é uma hipótese comum, mas excepcional, somente se verificando nas hipóteses previstas expressamente pela lei.

Pode retirar-se da companhia o acionista vencido em deliberação que:

1. aprove a criação de ações preferenciais ou aumento de classe de ações preferenciais existentes, sem guardar proporção com as demais classes de ações preferenciais, salvo se já previsto ou autorizado pelo estatuto;
2. aprove a alteração nas preferências, vantagens e condições de resgate ou amortização de uma ou mais classes de ações preferenciais, ou criação de nova classe mais favorecida;
3. determine a redução do dividendo obrigatório;
4. aprove a fusão da companhia, ou sua incorporação em outra;
5. aprove a participação em grupo de sociedades;
6. aprove a mudança do objeto da companhia;
7. aprove a cisão da companhia;
8. aprove a instituição de cláusula de arbitragem (artigo 136-A).

Também haverá direito de retirada (recesso), com reembolso das ações, quando, ocorrendo incorporação, fusão ou cisão, a companhia sucessora não obtiver o respectivo registro na Comissão de Valores Mobiliários e admissão de negociação das novas ações no mercado secundário, no prazo máximo de cento e vinte dias, contados da data da assembleia geral que aprovou a operação. Nas hipóteses 1 e 2, somente terá direito de retirada o titular de ações de espécie ou classe prejudicadas. Já para a aprovação de fusão da companhia, sua incorporação em outra ou sua participação em grupo de sociedades, o direito de retirada e reembolso está diretamente vinculado à efetivação da operação. Não terá direito de retirada, nessas hipóteses, o titular de ação de espécie ou classe que tenha *liquidez* e *dispersão* no mercado. Há *liquidez* quando a espécie ou classe de ação, ou certificado que a represente, integre índice geral representativo de carteira de valores mobiliários admitido à negociação no mercado de valores mobiliários, no Brasil ou no exterior, definido pela Comissão de Valores Mobiliários. Há *dispersão* quando o acionista controlador, a sociedade controladora ou outras sociedades sob seu controle detiverem menos da metade da espécie ou classe de ação. Já na cisão, somente haverá direito de retirada se houver (1) mudança do objeto social, salvo quando o patrimônio cindido for vertido para sociedade cuja atividade preponderante coincida com a decorrente do objeto social da sociedade cindida; (2) redução do dividendo obrigatório; ou (3) participação em grupo de sociedades.

fleury

Fleury S.A.

Em 18 de agosto de 2022, tanto a Fleury S.A. quanto o Instituto Hermes Pardini S.A. realizaram assembleias gerais extraordinárias (AGEs) e aprovaram uma operação para combinar suas operações no setor de exames clínicos. A maioria dos acionistas aprovou o protocolo e a justificação que previa (1) a incorporação das ações do Instituto Hermes Pardini S.A. pela Oxônia SP Participações S.A. (holding controladora da Fleury S.A.; e (2) a incorporação das Oxônia SP Participações S.A. pela Fleury S.A., condicionada à aprovação pelo Conselho Administrativo de Defesa Econômica – Cade. Essa aprovação pelo órgão de defesa da concorrência foi prevista como condição suspensiva da operação ajustada e aprovada pelas assembleias. Ocorrendo a aprovação, os acionistas do Instituto Hermes Pardini S.A. receberiam ações ordinárias da incorporadora, emitidas em razão da operação.

No comunicado conjunto ao mercado, as duas companhias reconheceram que, uma vez que as ações de emissão do Instituto Hermes Pardini S.A. não apresentam liquidez e dispersão no mercado, conforme disposto nos artigos 137, II, e 252, § 2º, ambos da Lei 6.404/76, os acionistas da companhia que votaram contra a operação teriam direito de retirada com relação às ações por eles mantidas de forma ininterrupta desde a data de divulgação do primeiro fato relevante sobre a operação (30 de junho de 2022) até a data de pagamento do direito de retirada, se manifestada expressamente sua intenção de exercer o direito de retirada no prazo de 30 dias contados da publicação da ata da aprovação da combinação de negócios. O valor do reembolso corresponderia "a R$ 6,88 por ação de emissão do Hermes Pardini, correspondente ao valor do patrimônio líquido por ação, com base nas demonstrações financeiras relativas ao exercício social encerrado em 31 de dezembro de 2021, sem prejuízo do levantamento de balanço especial, nos termos da legislação aplicável".

O direito de retirada e reembolso é inderrogável, devendo ser exercido em 30 dias, contados da publicação da ata da assembleia geral com a deliberação. Beneficia todo acionista que não tenha votado a favor da deliberação, mesmo que não tenha comparecido à assembleia, desde que a titularidade das ações seja anterior à data da primeira publicação do edital de convocação da assembleia ou à data de comunicação do fato relevante objeto da deliberação, se anterior, evitando-se, assim, os oportunistas, que compram ações apenas para pedir a retirada e, assim, obter o dinheiro do recesso. No entanto, diante dos pedidos de retirada, todavia, faculta-se à companhia retroceder na deliberação, evitando os custos do reembolso das ações.

4 Acionista controlador

Consideram-se acionista ou acionistas controladores os titulares de ações que assegurem, de modo permanente, a maioria dos votos nas deliberações da assembleia geral e o poder de eleger a maioria dos administradores da companhia, usando efetivamente esse poder para dirigir as atividades da empresa e orientar seu funcionamento. Note-se não haver necessidade de um percentual mínimo de ações. Em sociedades anônimas de capital aberto, com ações espalhadas entre vários acionistas, é possível controlar a companhia com pouco mais de 30% de ações ordinárias. A importância do acionista controlador nas sociedades por ações é enorme, devendo usar seu poder para que a companhia realize seu objeto e cumpra sua função social. A lei lhe define deveres e responsabilidades para com os demais acionistas, trabalhadores da empresa e a comunidade em que atua, independentemente das obrigações próprias do cargo de administrador ou fiscal, quando também o exerça. Nas companhias abertas, essa obrigação é ainda maior: devem informar mesmo as modificações em sua posição acionária na companhia à Comissão de Valores Mobiliários e às Bolsas de Valores onde seus títulos são negociados.

O acionista controlador responde pelos danos causados por *abuso de poder*. São modalidades de exercício abusivo de poder: (1) orientar a companhia para fim estranho ao objeto social ou lesivo ao interesse nacional, ou levá-la a favorecer outra sociedade, brasileira ou estrangeira, em prejuízo da participação dos acionistas minoritários nos lucros ou no acervo da companhia, ou da economia nacional; (2) promover a liquidação de companhia próspera, ou a transformação, incorporação, fusão ou cisão da companhia, com o fim de obter, para si ou para outrem, vantagem indevida, em prejuízo dos demais acionistas, dos que trabalham na empresa ou dos investidores em valores mobiliários emitidos pela companhia; (3) promover alteração estatutária, emissão de valores mobiliários ou adoção de políticas ou decisões que não tenham por fim o interesse da companhia e visem a causar prejuízo a acionistas minoritários, aos que trabalham na empresa ou aos investidores em valores mobiliários emitidos pela companhia; (4) eleger administrador ou fiscal que sabe inapto, moral ou tecnicamente; (5) induzir, ou tentar induzir, administrador ou fiscal a praticar ato ilegal, ou, descumprindo seus deveres definidos em lei e no estatuto, promover, contra o interesse da companhia, sua ratificação pela assembleia geral; (6) contratar com a companhia, diretamente ou através de outrem, ou de sociedade na qual tenha interesse, em condições de favorecimento ou não equitativas; (7) aprovar ou fazer aprovar contas irregulares de administradores, por favorecimento pessoal, ou deixar de apurar denúncia que saiba ou devesse saber procedente, ou que justifique fundada suspeita de irregularidade; e, (8) quando se tenha aumento de capital social por meio de emissão de novas ações, subscrevê-las com a realização em bens estranhos ao objeto social da companhia. Por todos esses atos (embora não só por eles, friso), responderá civilmente pelos danos advindos, sendo que, na hipótese de indução à prática de ato indevido, o administrador ou fiscal que praticar o ato ilegal responde solidariamente com o acionista controlador.

Richard Saigh Indústria e Comércio S.A.

Bens de Raiz Participações Ltda. ajuizou ação contra Richard Saigh Indústria e Comércio S.A. e Euro Bristol S.A. alegando, em síntese, que: a) é acionista da primeira ré, com 47,22% das ações ordinárias representativas do capital social, sendo a segunda ré a acionista controladora da companhia; b) por sucessivos exercícios, a companhia vem promovendo a retenção injustificada e reiterada de lucros, com o consequente não pagamento da totalidade dos dividendos devidos aos acionistas; c) ao final dos exercícios de 2009, 2010, 2011, 2012, 2013 e 2014, a totalidade do lucro disponível foi retida pelos controladores da companhia, sendo pago aos acionistas apenas o dividendo mínimo obrigatório; d) além da indevida retenção de lucros, os administradores da companhia propuseram o pagamento a si próprios de 10% (dez por cento) do lucro obtido, como forma enviesada de distribuir mais lucro aos acionistas controladores, e e) o capital social da companhia tem sido aumentado a cada exercício, a fim de impedir que as reservas atinjam o limite máximo permitido. A autora afirma que as práticas adotadas pelas rés violam o direito que possui, na condição de acionista, de obter lucro, garantido pelos arts. 109, I, e 202, § 6º, da Lei nº 6.404/1976, além de violar o art. 23 do Estatuto Social da companhia, que admite a retenção de lucros somente para fins de investimentos e pesquisas. A sentença não lhe foi favorável, mas o Tribunal de Justiça de São Paulo deu provimento parcial à apelação anular as deliberações tomadas na assembleia geral realizada em 12/4/2016, tanto para restringir a retenção dos lucros a 50% do montante apurado quanto para anular o aumento do capital social, reconhecendo, ainda, a ilegalidade da distribuição de parte dos lucros retidos, a título de bônus, aos membros da diretoria.

Por meio do Recurso Especial 2.128.098/SP a questão foi levada ao julgamento pelo Superior Tribunal de Justiça, novembro de 2024. A autora, Bens de Raiz Participações Ltda., alegou violação dos artigos 190, 191 e 202, § 6º, da Lei nº 6.404/1976 e 182 do Código Civil, alegando, em resumo, que a reconhecida ilegalidade das distribuições de lucros ao controlador final da companhia e seu filho, disfarçadas de "bônus à diretoria", tem como consequência legal a distribuição desses lucros aos acionistas, independentemente da formulação de pedido indenizatório, sendo também dispensável a presença dos diretores no polo passivo da demanda, que visa ao reconhecimento da invalidade de deliberação assemblear. Euro Bristol S.A. e Richard Saigh Indústria e Comércio S.A. também recorreram, indicando contrariedade ao artigo 152, *caput* e §§ 1º e 2º, da Lei nº 6.404/1976, ao argumento de que o pagamento de bônus à diretoria respeitou todas as regras legais, não configurando abuso de direito. Os ministros da Terceira Turma entenderam que assiste razão à autora (primeira recorrente), não merecendo prosperar as irresignações apresentadas pelas rés (segunda e terceira recorrentes). Para tanto, lembraram o julgamento do REsp nº 1.620.702/SP[1] no qual se reconheceu a nulidade de negócio jurídico simulado perpetrado pelos administradores da sociedade, consubstanciado na aquisição de ações da companhia (Richard Saigh Indústria e Comércio S.A.) com descumprimento a anterior acordo de acionistas, a revelar a existência de visível animosidade entre os dois núcleos familiares bem definidos que compõem o quadro social da sociedade anônima de capital fechado. Aliás, haveria diversas demandas com o mesmo objeto, mas que se referem a exercícios sociais distintos: 2011, 2012, 2013, 2014 e 2015.

Para aquela Alta Corte, "1. A controvérsia dos autos resume-se a definir se está configurado, na espécie, o exercício abusivo do poder de controle pela sócia majoritária de sociedade anônima de capital fechado e quais as consequências diretas e possíveis do eventual reconhecimento desse abuso. 2. A finalidade lucrativa é da essência das sociedades anônimas, não podendo o acionista ser alijado da mais ampla participação nos lucros sociais. 3. Desde que observada a distribuição do dividendo mínimo obrigatório, o restante do lucro líquido pode ser destinado à formação de reservas com as mais variadas finalidades, e até mesmo distribuído aos administradores da companhia na forma de bônus, devendo ser respeitada, em qualquer caso, a legislação de regência. 4. A constatação de eventual abuso do poder de controle depende da conjugação das diversas circunstâncias que permeiam o litígio e da percepção de todo o contexto no qual estão inseridas as deliberações capitaneadas pelo acionista controlador, tendo em vista que as práticas voltadas a limitar o direito do sócio à ampla participação nos lucros da sociedade estão normalmente envoltas em um aparente aspecto de legalidade e de adequação às normas estatutárias. 5. Hipótese em que a companhia, ao destinar todo o lucro disponível do exercício social à constituição de reservas estatutárias e ao pagamento de elevados bô-

---

[1] Contamos essa história na sequência deste capítulo, quando tratarmos de acordo de acionistas.

nus à Diretoria, no percentual máximo admitido e de maneira desproporcional, desde o exercício de 2009, acabou transformado o dividendo mínimo obrigatório em dividendo máximo, impedindo a acionista minoritária de obter uma maior participação nos lucros da sociedade."

Foram além os julgadores: "6. Exercício abusivo do poder de controle constatado a partir da conjugação de diversas circunstâncias, a exemplo da visível animosidade entre os acionistas, dos sucessivos aumentos de capital social e, consequentemente, da elevação do limite para permitir novas retenções, e do pagamento de bônus elevados aos administradores da companhia no percentual máximo legalmente admitido – direcionados, quase que integralmente, aos controladores diretos. 7. Pela regra da autonomia da decisão empresarial (*business judgment rule*), a companhia é quem tem melhores condições de definir a política de distribuição de dividendos e de remuneração de administradores que melhor se ajusta às suas necessidades, não havendo margem, em regra, para intromissões do Poder Judiciário, mas a legalidade desses atos jamais estará excluída da apreciação judicial, sobretudo no que diz respeito aos requisitos legalmente exigidos para a sua prática, observados, entre outros, os princípios da boa-fé e da "decisão desinteressada". 8. O bom desempenho de uma companhia não pode ser obtido às custas de abusos praticados contra os sócios minoritários, justamente porque o direito à participação nos lucros é um direito intangível do acionista. 9. A reconhecida ilegalidade na distribuição de bonificações à Diretoria, porque diretamente associada ao reconhecimento de nulidade, ainda que parcial, da respectiva deliberação assemblear, tem como consequência a distribuição desses lucros aos acionistas, sendo dispensável a presença dos diretores beneficiados no polo passivo da demanda, visto que a correspondente reparação resultará do próprio refazimento dos atos societários, podendo a sociedade, se entender necessário, buscar o ressarcimento de eventual prejuízo contra a acionista controladora."

5 Alienação do controle acionário

O controle acionário das companhias fechadas pode ser alienado de forma livre, seguindo as regras comuns de transferência de ações, salvo existência de cláusulas especiais no estatuto social, que pode impor limitações à circulação das ações, desde que devidamente reguladas, não podendo impedir a negociação, nem sujeitar o acionista ao arbítrio dos órgãos de administração da companhia ou da maioria dos demais acionistas.

Isso abre margem para o uso de instrumentos jurídicos diversos. Um exemplo é a cláusula *earn-out*: ajusta-se que parte do valor da transação está condicionada ao desempenho futuro da empresa. Assim, se a empresa efetivamente render o que o vendedor diz, o valor da alienação é maior, havendo o pagamento do *sobrepreço*. Do contrário, o valor será menor. Como facilmente se percebe, é um instrumento que exige maestria dos advogados para regrar os múltiplos aspectos envolvidos: alteração nos custos, administração, padrões contábeis etc.

Já nas companhias abertas, face ao impacto gerado sobre o mercado de valores mobiliários, a alienação, direta ou indireta,[2] do controle acionário somente poderá ser contratada sob a condição, suspensiva ou resolutiva, de que o adquirente se obrigue a fazer oferta pública de aquisição das ações com direito a voto de propriedade dos demais acionistas da companhia, de modo a lhes assegurar o preço no mínimo igual a 80% do valor pago por ação com direito a voto, integrante do bloco de controle. O mercado dá a esse direito o nome de *tag along*, em bom português: *extensão do prêmio de controle*.

Em meados de 2016, a *State Grid International Development Limited*, empresa chinesa do setor de energia, adquiriu a participação (23,6%) da Camargo Correa S/A na CPFL Energia S/A, companhia brasileira do setor de transmissão e distribuição de energia elétrica, pelo preço de R$ 25,00 por ação, totalizando aproximadamente R$ 5,85 bilhões. Em obediência aos estatutos da companhia, como as ações alienadas compunham o bloco de controle da sociedade, a oferta foi estendida para os demais membros do bloco de controle: PREVI – Caixa de Previdência dos Funcionários do Banco do Brasil (com participação de 29,4% no capital social) e Bonaire Participações S/A (15,1%), bem como a todos os acionistas minoritários, por meio de uma oferta pública de aquisição de ações (OPA). Os estatutos previam o dever de estender o prêmio de controle em 100% (e não apenas os 80% permitidos em lei). No entanto, os minoritários discordaram do valor constante da oferta e, assim, a questão foi levada para ser decidida pela Comissão de Valores Mobiliários.

São também compreendidas como operações que implicam *alienação de controle*, obrigando a oferta pública, a transferência direta ou indireta de ações do bloco de controle, ações vinculadas a acordos de acionistas e, mesmo, valores mobiliários conversíveis em ações com direito a voto, cessão de direitos de subscrição de ações e de outros títulos ou direitos relativos a valores mobiliários conversíveis em ações que venham a resultar na alienação de controle acionário da sociedade. A Comissão de Valores Mobiliários autoriza a alienação de controle desde que verifique que as condições da oferta pública atendem aos requisitos.

Para evitar o risco de desembolso de grandes somas, permite-se ao adquirente do controle acionário de companhia aberta oferecer aos acionistas minoritários a opção de permanecer na companhia, mediante o pagamento de um prêmio equivalente à diferença entre o valor de mercado das ações e o valor pago por ação integrante do bloco de controle. Em se tratando de companhia aberta que dependa de autorização estatal para fun-

---

[2] Há transferência indireta quando a alienação do controle acionário é resultado de uma outra operação; por exemplo, a transferência das quotas de uma sociedade limitada que é a titular do controle acionário da companhia.

cionar, a alienação do controle acionário exige prévia autorização do órgão competente para aprovar a alteração do seu estatuto.

A *oferta pública de aquisição de controle acionário* é uma forma alternativa de assumir uma companhia: formula-se uma oferta pública de compra de ações com direito a voto, em número suficiente para assegurar o controle da companhia. Se o ofertante já for acionista, a oferta pode limitar-se ao número de ações que falta para assumir o controle, o que será provado à Comissão de Valores Mobiliários. Também é possível fazer oferta pública de permuta de valores mobiliários com vistas à aquisição do controle acionário da companhia. A oferta é irrevogável e, em se tratando de companhia aberta, somente pode ser feita com a participação de instituição financeira que garanta seu cumprimento. Até a publicação da oferta, o ofertante, a instituição financeira intermediária e a Comissão de Valores Mobiliários devem manter sigilo sobre a oferta projetada, respondendo o infrator pelos danos que causar.

A aceitação da oferta deverá ser feita nas instituições financeiras ou no mercado de valores mobiliários indicadas no instrumento de oferta e os aceitantes deverão firmar ordens irrevogáveis de venda ou permuta, nas condições ofertadas. Se a adesão de acionistas não estiver correspondendo às expectativas, é facultado ao ofertante melhorar as condições de preço ou forma de pagamento; todavia, só poderá fazê-lo uma vez, desde que em porcentagem igual ou superior a 5% e até dez dias antes do término do prazo da oferta; as novas condições se estenderão aos acionistas que já tiverem aceito a oferta. Note-se que a existência de oferta pública em curso não impede oferta concorrente, desde que essa outra oferta obedeça aos requisitos legais. A publicação de oferta concorrente torna nulas as ordens de venda já dadas para a oferta anterior, permitindo ao acionista optar pela nova oferta. Justamente por isso, é facultado ao primeiro ofertante prorrogar o prazo de sua oferta até fazê-lo coincidir com o da oferta concorrente. Findo o prazo da oferta, a instituição financeira intermediária comunicará o resultado à Comissão de Valores Mobiliários e, mediante publicação pela imprensa, aos aceitantes. Se o número de aceitantes for inferior ao necessário para aquisição do controle, o negócio não se realizará; se ultrapassar o máximo fixado na oferta, será obrigatório o rateio, na forma prevista no instrumento da oferta.

6 Acordo de acionistas

Para além do estatuto, os sócios são livres para estabelecer entre si – todos ou apenas alguns – ajustes que os obrigam entre si. Alguns sócios, por exemplo, podem contratar entre si que se dará preferência na cessão de ações ou que votarão em conjunto nas eleições para cargos da administração. Tal ajuste é chamado de *acordo de acionista* e, desde que não desrespeite a lei e/ou o estatuto, é válido, podendo inclusive ser executado judicialmente. O acordo de acionista, mesmo que não permita o exercício do controle societário, tem relevância na vida societária, razão pela qual diversas regras específicas lhe dizem respeito. Por exemplo, em se tratando de companhia aberta, os órgãos da administração informarão à assembleia geral, no relatório anual, as disposições sobre política de reinvestimento de lucros e distribuição de dividendos, constantes de acordos de acionistas arquivados na companhia.

Quando o acordo tenha por objeto (1) a compra e venda de ações, (2) preferência para adquiri-las, (3) exercício do direito a voto ou (4) exercício do poder de controle da companhia, os acionistas poderão requerer sejam arquivados na sede da sociedade, com o que deverão ser observados pela companhia. Justamente por isso, o presidente da assembleia ou do órgão colegiado de deliberação da companhia não computará voto proferido com infração de acordo de acionistas devidamente arquivado. Aliás, o não comparecimento à assembleia ou às reuniões dos órgãos de administração da companhia, bem como as abstenções de voto de qualquer parte de acordo de acionistas ou de membros do conselho de administração eleitos nos termos de acordo de acionistas, assegura à parte prejudicada o direito de votar com as ações pertencentes ao acionista ausente ou omisso e, no caso de membro do conselho de administração, pelo conselheiro eleito com os votos da parte prejudicada. O arquivamento também impede que as ações compreendidas no acordo sejam negociadas na bolsa ou no mercado de balcão, enquanto o acordo estiver vigente.

No ato de arquivamento do acordo, será indicado um representante para comunicar-se com a companhia, prestar ou receber informações solicitadas, já que a companhia pode pedir esclarecimento sobre suas cláusulas. Mas esse representante não é mandatário para exercício dos direitos relativos às ações vinculadas pelo acordo. Será necessário haver outorga de poderes – isto é, constituição de um mandato – para que se possa proferir, em assembleia geral ou especial, voto contra ou a favor de determinada deliberação; aliás, quando se tenha estabelecimento de mandato no âmbito de acordo de acionistas, não se aplica o limite de um ano para a validade da representação, estabelecido para a constituição de procurador para o exercício dos direitos de voto em assembleia geral, limite esse que será estudado na sequência.

O acordo somente é oponível a terceiros, depois de averbado no livro de registro e nos certificados das ações, se emitidos, mas só quando verse sobre (1) a compra e venda de ações, (2) preferência para adquiri-las, (3) exercício do direito a voto ou (4) exercício do poder de controle da companhia. Quando verse sobre outra matéria, não há vinculação da companhia, nem de terceiros, mesmo se arquivado, por falta de previsão legal. Em qualquer caso, o acordo não pode ser invocado para eximir o acionista de responsabilidade no exercício do direito de voto ou do poder de controle, respondendo pelos abusos que praticar em ambas as situações. O acordo de acionistas valerá pelo prazo ajustado ou até a realização da condição estipulada; se não há tal estipulação, as partes poderão denunciá-lo, bastando notificar os demais participantes.

Nas condições previstas no acordo, os acionistas podem promover a execução específica das obrigações assumidas. Essa execução, quando se trate de ajustes que tenham por objeto a *compra e venda de ações*, a *preferência para adquiri-las*, o *exercício do direito a voto* ou do *poder de controle*, devidamente arquivados na companhia, faz-se no plano da própria sociedade, que, como visto, estará igualmente obrigada a observá-los. Quando o acordo versar sobre tema estranho a essa lista, a execução faz-se por meio judicial, utilizando-se o respectivo instrumento como título executivo extrajudicial, a partir do qual se moverá uma ação executória, mesmo que de obrigação de fazer. Para tanto, o ajuste deverá apresentar-se líquido e certo, sem o que será preciso recorrer a processo de conhecimento para a formação de um título executivo judicial.

Os acordos não são válidos se desrespeitam normas constitucionais, princípios jurídicos, normas legais e mesmo o estatuto social. Também não podem ser meio para a prática de voto abusivo, ou para descumprimento (direto ou indireto) de qualquer obrigação social, como o correto exame de contas e atos de administração. A aprovação das contas não é afirmação da vontade, mas uma declaração de verdade sobre fatos postos à deliberação. Declarações de vontade podem ser acordadas; não se pode acordar sobre a verdade: é um dever de cada acionista examinar as contas e votar, corretamente, por sua aprovação ou rejeição.

Richard Saigh Indústria e Comércio S.A. (de novo!)

Bens de Raiz Participações Ltda. ajuizou uma ação ordinária buscando fosse declarada a nulidade da venda de ações da sociedade Richard Saigh Indústria e Comércio S.A., com o cancelamento dos respectivos registros. Argumentou haver um acordo de acionistas que lhe garantia o direito de preferência na aquisição da participação societária e que o ajuste teria sido descumprido por meio de um negócio simulado que deveria ser declarado nulo, assegurando-lhe o direito de adquirir as ações pelo mesmo preço e condições, o que, aliás, preservaria o equilíbrio e a paridade familiar tradicionalmente mantidos na referida companhia. A simulação teria se operado por meio de uso de pessoa interposta para, assim, liberar o signatário do acordo de acionistas da obrigação de "abster-se da prática de atos que pudessem abalar a paridade que sempre teria existido no controle da empresa". A ação foi julgada improcedente. O juiz entendeu que o acordo foi realizado em relação a ações de titularidade de acionistas que não o subscreveram, bem como que não foi comprovada a prática de simulação na venda dos referidos papéis. A mesma posição foi adotada, por maioria, pelo Tribunal de Justiça de Justiça de São Paulo. Mas, por meio do Recurso Especial 1.620.702/SP, foi levada ao conhecimento da Terceira Turma do Superior Tribunal de Justiça, que discordou das instâncias ordinárias.

Os ministros partiram da história subjacente ao litígio: "Consta dos autos que a sociedade denominada Richard Saigh Indústria e Comércio S.A., fundada em 1927, tinha como únicos sócios os irmãos Richard e Eduardo, cada um deles detendo 50% (cinquenta por cento) do capital social. Com o falecimento de ambos, as ações foram repartidas entre os sucessores, preservada a meação das respectivas viúvas, sendo importante para o deslinde da controvérsia que cada um dos polos familiares continuou possuindo metade das ações da sociedade anônima de capital fechado, figurando como principais acionistas Raul Raphael, de um lado, e Edgard, de outro. Em acordo de acionistas celebrado em 2004 – e aqui pouco importa saber o motivo para assim haverem pactuado, se para preservar ou não a paridade do controle acionário –, ficou estabelecido que Raul cederia e transferiria à empresa Euro Bristol S.A., cujo sócio majoritário é Edgard, parte de suas ações ordinárias. Se o objetivo era ou não a mantença da paridade do controle acionário, fato é que, com a referida transferência, cada polo familiar, após o negócio entabulado, passou a deter 50% (cinquenta por cento) do capital social. Em contrapartida, a Euro Bristol S.A. se comprometia a conceder a Raul e sua mãe, Laila, o direito de preferência na aquisição das ações de titularidade de Doris e Marina, irmãs de Raul. Para melhor compreensão da controvérsia, esclarece-se que a autora (Bens de Raiz Participações Ltda.), que tem como atuais sócios Laila (mãe) e Raul (filho), teve o seu capital social integralizado mediante subscrição das ações que ambos possuíam na empresa Richard Saigh Indústria e Comércio S.A., decorrendo daí a sua legitimidade para figurar no polo ativo desta demanda".

É nessa sequência histórica que se coloca o acordo de acionistas, inserido na narrada cessão de ações: "Por força desta cessão e transferência, e consoante desejo dos signatários deste, a Euro Bristol S.A passa a ser detentora e titular de 5.209.000 ações ordinárias nominativas da Richard Saigh Indústria e Comércio S.A., representativas de cinquenta por cento (50%) do capital social. Pelo presente instrumento, a acionista Euro Bristol S.A., por si ou por qualquer de seus sucessores, concede aos acionistas Laila e Raul direito de preferência irretratável e irrevogável, para ambos em conjunto, ou cada um isoladamente, adquirir por qualquer forma as ações detidas e possuídas junto à Richard Saigh Indústria e Comércio S.A. pelas acionistas Doris e Marina, bem como por eventuais sucessores". Mas, tempos depois, as ações de Doris, irmã de Raul, foram adquiridas por Christian, filho de Edgar, sendo esse o negócio jurídico que a autora afirma ter-se realizado mediante simulação.

Nesse contexto, os Ministros passaram à solução do litígio: "Pela leitura dos acórdãos proferidos na origem, constata-se que o entendimento que prevaleceu no âmbito do Tribunal de Justiça de São Paulo, está essencialmente focado no fato de que Doris e Marina não são signatárias do mencionado acordo de acionistas, de modo que a ele não se obrigaram, podendo vender suas ações a quem bem entendessem. Nota-se, contudo, que Edgard, representando a sociedade empresária Euro Bristol S.A., obrigou-se a não efetuar a compra das ações pertencentes a elas sem antes conceder o direito de preferência a Laila e Raul, pouco ou nada importando se Doris tinha ciência da avença em questão. Vale dizer, ainda que o elemento volitivo não tenha alcançado o plano plurilateral, estava Edgard vinculado à sua manifestação de vontade que o impedia de adquirir, direta ou indiretamente, as ações pertencentes a Doris sem antes consultar quem possuía o direito de preferência. É sob tal perspectiva, portanto, que se deve avaliar se a compra das ações por Christian configurou ou não negócio jurídico simulado, considerando que o adquirente é filho de Edgard, bem como se, por efeito de eventual simulação, houve ou não descumprimento do acordo de acionistas".

E o que entendeu a Terceira Turma do Superior Tribunal de Justiça? "No caso vertente, conforme já relatado, diante da impossibilidade de aquisição das ações de Doris diretamente por Edgard, considerando que a acionista Euro Bristol S.A., por si ou por qualquer de seus sucessores, se comprometera a conceder o direito de preferência a Laila e Raul, operou-se o negócio jurídico por intermédio de

Christian, filho de Edgard". Chamou atenção a origem do capital empregado na operação; por meio de um instrumento particular de confissão de dívida, Christian recebeu de seu pai, Edgard, R$ 1.500.000,00, a serem quitados até 31 de janeiro de 2008, acrescidos de juros e correção monetária. Mesmo a minoria, no TJSP, estranhou o empréstimo, levando em conta que pai e filho "encarnavam a Euro Bristol, o bloco, ambos tinham a obrigação de conceder aos autores o privilégio na compra das ações de Doris (e seu marido). Igualmente não os recomenda a forma abrupta da notícia da compra, a posterior associação entre pai e filho". Se assim entenderam os desembargadores vencidos, na mesma direção apontaram os ministros: "No contexto examinado, portanto, não há dúvidas de que a aquisição das ações por Christian, com o dinheiro aportado pelo pai, Edgard, serviu como cortina de fumaça para encobrir o latente descumprimento do acordo de acionistas anteriormente entabulado entre os acionistas majoritários".

O acórdão trouxe mais fundamentos para atestar a simulação e o descumprimento indevido do acordo de acionistas. "Também não se pode perder de vista que a sociedade em questão, de capital fechado, sempre esteve dividida entre dois núcleos familiares muito bem definidos, sendo pouco provável que qualquer um dos sócios não soubessem das condições avençadas pelos principais acionistas. [...] O fato de Christian já exercer cargo na diretoria e não ser 'estranho à vida na empresa' não leva a outra conclusão, senão de que tinha ele plena ciência do acordo de bloqueio, a evidenciar que o ato de compra das ações de Doris não observou os princípios de probidade e boa-fé que devem nortear os negócios jurídicos em geral. Saliente-se que, em casos como o dos presentes autos, é facultado ao julgador valer-se das regras de experiência, bem como de indícios existentes no processo, porquanto inerente à simulação, muitas vezes, a total impossibilidade de juntada de uma prova cabal e absoluta para a demonstração do vício. [...] Ademais, o arquivamento do acordo de acionistas na sede da companhia impõe à própria sociedade o dever de observância quanto ao que fora pactuado, inclusive perante terceiros quando averbados nos livros de registro e nos certificados das ações, se emitidos, consoante o disposto no § 1º do art. 118 da Lei 6.404/1976".

11

ÓRGÃOS DA COMPANHIA

1 Assembleia geral

Em meados de 2020, a Stone Pagamentos S/A fez uma oferta para adquirir e incorporar outra companhia, a Linx S/A. E ofereceu mais de R$ 6 bilhões. Logo, apareceu outra empresa também interessada na compra: a Totvs S/A oferecia ainda mais: R$ 6,6 bilhões. Aceita ou não aceita? Deixa-se incorporar ou não? Stone ou Totvs? Qual delas? Quem tem poder para decidir isso é a assembleia de acionistas. A diretoria encaminhou as ofertas para o Conselho de Administração da companhia que, em outubro, manifestou-se favoravelmente à operação. Foi convocada uma assembleia geral extraordinária para deliberar sobre o assunto: em 17 de novembro, os acionistas se reuniram para votar as matérias que constavam da pauta: não só a incorporação, mas também sobre outros assuntos, como a dispensa de realização de oferta pública de aquisição de ações da Linx. Acionistas representantes de 63% do capital social (a companhia só tinha ações ordinárias) votaram a favor do negócio: R$ 6,8 bilhões, sendo que 90% desse montante deveria ser pago em dinheiro.

A assembleia geral tem poderes para decidir todos os negócios relativos ao objeto da companhia e tomar as resoluções que julgar convenientes à sua defesa e ao seu desenvolvimento, desde que convocada e instalada de acordo com a lei e o estatuto. Algumas matérias lhe são privativas, não podendo ser delegadas a qualquer órgão:

Matérias privativas da assembleia geral

1. Reformar o estatuto social.
2. Eleger ou destituir, a qualquer tempo, administradores e fiscais da companhia, ressalvada competência específica atribuída ao conselho de administração.
3. Tomar, anualmente, as contas dos administradores e deliberar sobre as demonstrações financeiras por eles apresentadas.
4. Autorizar a emissão de debêntures, salvo a faculdade do conselho de administração da companhia aberta deliberar sobre emissão de debêntures não conversíveis em ações, salvo disposição estatutária em contrário, bem como a possibilidade de o estatuto da companhia aberta autorizar o conselho de administração a, dentro dos limites do capital autorizado, deliberar sobre a emissão de debêntures conversíveis em ações.
5. Suspender o exercício dos direitos do acionista que deixar de cumprir obrigação imposta pela lei ou pelo estatuto.
6. Deliberar sobre a avaliação de bens com que o acionista concorrer para a formação do capital social.
7. Autorizar a emissão de partes beneficiárias.
8. Deliberar sobre transformação, fusão, incorporação e cisão da companhia, sua dissolução e liquidação, eleger e destituir liquidantes e julgar as suas contas.
9. Autorizar os administradores a confessar falência e pedir recuperação judicial, embora, em caso de urgência, a confissão de falência ou o pedido de recuperação judicial possa ser formulado pelos administradores, com a concordância do acionista controlador, se houver, convocando-se imediatamente a assembleia geral, para manifestar-se sobre a matéria.
10. Deliberar, quando se tratar de companhias abertas, sobre a celebração de transações com partes relacionadas, a alienação ou a contribuição para outra empresa de ativos, caso o valor da operação corresponda a mais de 50% (cinquenta por cento) do valor dos ativos totais da companhia constantes do último balanço aprovado.

A convocação da assembleia geral é de competência do conselho de administração, se houver, ou dos diretores, observado o disposto no estatuto. A assembleia geral também pode ser convocada: (1) pelo conselho fiscal, se os órgãos da administração retardarem por mais de um mês a convocação da assembleia geral ordinária; o conselho fiscal pode, ainda, convocar assembleia geral extraordinária, sempre que ocorrerem motivos graves ou urgentes, incluindo na agenda das assembleias as matérias que considerarem necessárias; (2) por qualquer acionista, quando os administradores retardarem, por mais de 60 dias, a convocação nos casos previstos em lei ou no estatuto; (3) por acionistas que representem 5%, no mínimo, do capital social, quando os administradores não atenderem, no prazo de oito dias, ao pedido de convocação que apresentarem, devidamente fundamentado, com indicação das matérias a serem tratadas; (4) por acionistas que representem 5%, no mínimo, do capital votante, ou cinco por cento, no mínimo, dos acionistas sem direito a voto, quando os administradores não atenderem, no prazo de oito dias, ao pedido de convocação de assembleia para instalação do conselho fiscal. Salvo ocorrência de motivo de força maior, a assembleia geral será realizada no edifício onde a companhia tiver a sede; quando houver de efetuar-se em outro, os anúncios indicarão, com clareza, o lugar da reunião, que em nenhum caso poderá realizar-se fora da localidade da sede.

A convocação é ato formal, ou seja, deve atender aos requisitos especificados em lei sobre onde publicar, prazo de antecedência e mesmo conteúdo indispensável. É preciso ir à Lei 6.404/76 e, em se tratando de companhia aberta, os requisitos elencados pela Comissão de Valores Mobiliários. A Terceira Turma do Superior Tribunal de Justiça, julgando o Recurso Especial 1.152.849/MG, decidiu que "da convocação para a assembleia geral ordinária deve constar a ordem do dia com a clara especificação dos assuntos a serem deliberados. A votação de matéria não publicada na ordem do dia implica nulidade apenas da deliberação, e não de toda a assembleia". A inobservância de qualquer requisito essencial da convocação torna-a imprestável e, mais que isso, caracteriza ato ilícito, dando ao acionista direito de haver, dos administradores da companhia, indenização pelos prejuízos sofridos. Entretanto, independentemente de tais formalidades, será considerada regular a assembleia geral a que comparecerem todos os acionistas.

Os acionistas sem direito de voto (em regra, os preferencialistas) têm direito a voz, ou seja, podem comparecer à assembleia geral e discutir a matéria submetida à deliberação. O acionista pode ser representado na assembleia geral por procurador constituído há menos de um ano, que seja acionista, administrador da companhia ou advogado. Para tanto, qualquer acionista, detentor de ações (com ou sem voto), que represente no mínimo 0,5% do capital social pode solicitar relação de endereços dos acionistas. Na companhia aberta, o procurador pode, ainda, ser instituição financeira, cabendo ao administrador de fundos de investimento representar os condôminos. O artigo 126, § 2º, da Lei 6.404/76, lista os requisitos para o pedido de procuração. De resto, também têm a qualidade para comparecer à assembleia os representantes legais dos acionistas.

BM&F BOVESPA
A Nova Bolsa

A história é antiga, mas segue atual e interessante. No início de maio de 2008, realizou-se a assembleia geral de criação da companhia *BM&F Bovespa S.A.*, resultado da fusão da BM&F com a Bovespa S.A. Apenas cerca de 340 acionistas estiveram presentes à assembleia, mas esse número foi suficiente para que se alcançasse o quórum de instalação (dois terços das ações). Entre os acionistas presentes estava Dona Elizabeth, uma senhora de 72 anos de idade que, apesar de ser detentora de pequeno número de ações, usou seu direito de acionista, pedindo a palavra sempre que julgava necessário, dizendo "gostar de todos os pingos nos is". Como é seu direito, questionou a afirmação de se tratar de uma companhia de controle pulverizado, já que, pelo que estava vendo ali, "quem controla as bolsas e toma as decisões são os grandes bancos e as corretoras". Não foi só. Dona Elizabeth perguntou por que o nome da companhia seria *BM&F Bovespa* e não *Bovespa BM&F*, já que a Bovespa era mais importante. Essa história foi narrada por Ana Paula Ragazzi, Adriana Cotias e Raquel Balarin, jornalistas do *Valor Econômico* que, para comparecerem à assembleia, também compraram ações da companhia e, assim, puderam votar nas diversas matérias que foram postas para a decisão dos acionistas.

As deliberações da assembleia geral, ressalvadas eventuais exceções legais, serão tomadas por maioria absoluta de votos, não se computando os votos em branco. O estatuto da companhia fechada pode aumentar o *quorum* exigido para certas deliberações, desde que especifique as matérias. No caso de empate, se o estatuto não estabelecer procedimento de arbitragem e não contiver norma diversa, a assembleia será convocada, com intervalo mínimo de dois meses, para votar a deliberação; se permanecer o empate e os acionistas não concordarem em cometer a decisão a um terceiro, caberá ao Poder Judiciário decidir, no interesse da companhia. Os trabalhos da assembleia serão dirigidos por mesa composta, salvo disposição diversa do estatuto, de presidente e secretário, escolhidos pelos acionistas presentes. Dos trabalhos e das deliberações da assembleia será lavrada, em livro próprio, ata assinada pelos membros da mesa e pelos acionistas presentes. Para validade da ata, é suficiente a assinatura de quantos bastem para constituir a maioria necessária para as deliberações tomadas na assembleia.

1.1 Assembleia geral ordinária

Anualmente, nos quatro primeiros meses seguintes ao término do exercício social, deverá se realizar uma assembleia geral ordinária para: (1) tomar as contas dos administradores, examinar, discutir e votar as demonstrações financeiras; (2) deliberar sobre a destinação do lucro líquido do exercício e a distribuição de dividendos; (3) eleger os administradores e os membros do conselho fiscal, quando for o caso. Para que tais deliberações sejam tomadas, os administradores devem comunicar, até um mês antes da data marcada para a realização da assembleia geral ordinária, que se acham à disposição dos acionistas relatórios, demonstrações e documentos pertinentes.

Essas formalidades, no entanto, conhecem duas exceções. Em primeiro lugar, a assembleia geral que reunir a totalidade dos acionistas poderá considerar sanada a falta de publicação dos anúncios ou a inobservância dos prazos referidos neste artigo; mas é obrigatória a publicação dos documentos antes da realização da assembleia. Ademais, a publicação dos anúncios é dispensada quando os documentos são publicados até um mês antes da data marcada para a realização da assembleia geral ordinária. O procedimento a ser adotado na assembleia – a ordem dos trabalhos – está previsto no artigo 134 da Lei 6.404/76.

Assembleia Geral Ordinária

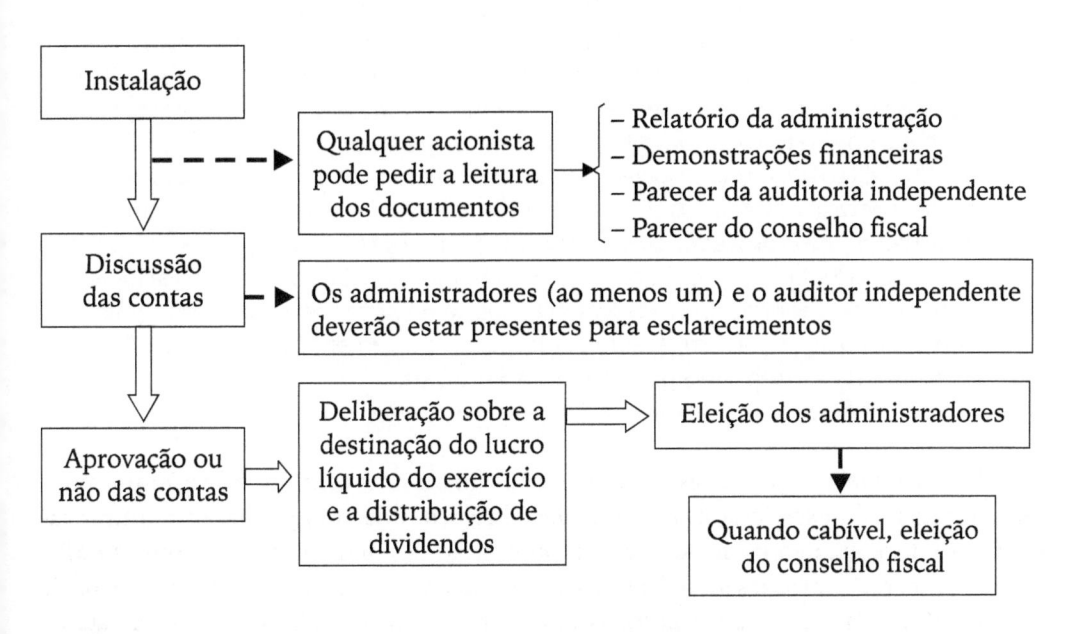

```
Instalação
   │
   ├ ─ ─ ─ ─ ▶ Qualquer acionista  ──▶  – Relatório da administração
   │           pode pedir a leitura      – Demonstrações financeiras
   ▼           dos documentos            – Parecer da auditoria independente
Discussão                                – Parecer do conselho fiscal
das contas ──▶ Os administradores (ao menos um) e o auditor independente
   │           deverão estar presentes para esclarecimentos
   ▼
Aprovação ou ──▶ Deliberação sobre a ──▶ Eleição dos administradores
não das contas    destinação do lucro              │
                  líquido do exercício             ▼
                  e a distribuição de      Quando cabível, eleição
                  dividendos                do conselho fiscal
```

Lúcia × Fazenda Rio Pardo

Lúcia, acionista da Companhia Agrícola e Pastoril Fazenda Rio Pardo, propôs ação de prestação de contas em desfavor de Antônio, diretor e administrador da sociedade, alegando que as contas foram prestadas e aprovadas pela assembleia geral, apesar de seu voto dissidente e, devido à sua condição de acionista minoritária, não pôde acionar o conselho fiscal. Disse possuir suspeitas de gestão fraudulenta da empresa, sociedade familiar de capital fechado. O juiz indeferiu a petição inicial, por considerar a autora parte ilegítima para a propositura da demanda. Ela apelou, mas o Tribunal de Justiça de São Paulo manteve a solução. Por meio do Recurso Especial 792.660/SP, a questão foi levada ao conhecimento da Terceira Turma do Superior Tribunal de Justiça, que assim se manifestou: "O acionista da sociedade anônima, individualmente, não tem legitimidade para propor ação de prestação de contas em face do administrador, mormente quando estas foram apresentadas à assembleia geral e por ela aprovadas." Em seu voto, o Ministro Castro Filho afirmou ser "indiscutível que o administrador tem o dever jurídico de prestar contas de sua gestão da sociedade. Resta saber se o acionista da sociedade anônima, individualmente, possui legitimidade para, judicialmente, exigir essa prestação". O artigo 122, inciso II, da Lei 6.404/76, estabelece, como atribuição privativa da assembleia geral ordinária *tomar, anualmente, as contas dos administradores e deliberar sobre as demonstrações financeiras por ela apresentadas.*

[...] Vê-se que, nos termos da Lei 6.404/76, a legitimidade do sócio é supletiva e subsidiária e se limita à faculdade de convocar a realização da assembleia geral; não lhe cabe exigir que as contas lhe sejam prestadas individualmente. De outro lado, não socorre a pretensão da recorrente o disposto no artigo 1.020 do novo Código Civil, segundo o qual *os administradores são obrigados a prestar aos sócios contas justificadas de sua administração, e apresentar-lhes o inventário anualmente, bem como o balanço patrimonial e o de resultado econômico*. É que esse dispositivo diz respeito à sociedade simples e não impede que a prestação de contas seja disciplinada no estatuto ou contrato social. Outrossim, o artigo 1.089 do Código Civil de 2002 estabelece que *a sociedade anônima rege-se por lei especial, aplicando-se-lhe, nos casos omissos, as disposições deste Código*. E a Lei 6.404/76 disciplinou exaustivamente o procedimento para tomada de contas do administrador, razão pela qual não é aplicável o regramento do Código Civil. Em conclusão, o acionista da sociedade anônima, individualmente, não tem legitimidade para propor ação de prestação de contas em face do administrador, mormente quando estas foram apresentadas à assembleia geral e por ela aprovadas.

Se a assembleia aprovar as demonstrações financeiras com modificação no montante do lucro do exercício ou no valor das obrigações da companhia, os administradores promoverão, dentro de 30 dias, a republicação das demonstrações, com as retificações deliberadas pela assembleia; se a destinação dos lucros proposta pelos órgãos de administração não lograr aprovação, as modificações introduzidas constarão da ata da assembleia. Em qualquer hipótese, no entanto, a ata da assembleia geral ordinária será arquivada no registro do comércio e publicada na forma da lei.

1.2 Assembleia geral extraordinária

Quando a assembleia geral tenha por objeto outras matérias que não as previstas no artigo 132 da Lei 6.404/76, acima listadas, considera-se extraordinária. A lei, contudo, permite que a assembleia geral ordinária e a assembleia geral extraordinária sejam convocadas cumulativamente e realizadas no mesmo local, data e hora, e até que sejam instrumentadas em ata única. Os documentos pertinentes à matéria a ser debatida na assembleia geral extraordinária deverão ser postos à disposição dos acionistas, na sede da companhia, por ocasião da publicação do primeiro anúncio de convocação da assembleia geral.

Assim, será extraordinária a assembleia geral que tenha por objeto a reforma do estatuto, para a qual se exige quórum específico: somente se instalará em primeira convocação com a presença de acionistas que representem 2/3, no mínimo, do capital com direito a voto, mas poderá instalar-se em segunda convocação com qualquer número. Os atos relativos a reformas do estatuto, para valerem contra terceiros, ficam sujeitos às formalidades de arquivamento e publicação na forma da lei, não podendo, todavia, a falta de cumprimento dessas formalidades ser oposta, pela companhia ou por seus acionistas, a terceiros de boa-fé. Uma vez requerido o arquivamento, cumprirá ao registro do comércio examinar se as prescrições legais foram observadas, incluindo a inexistência de cláusulas contrárias à lei, ordem pública e bons costumes, podendo negar o arquivamento, a exemplo do que se viu na constituição da companhia.

É necessária a aprovação de acionistas que representem metade, no mínimo, do total de votos conferidos pelas ações com direito a voto, se maior quórum não for exigido pelo estatuto da companhia cujas ações não estejam admitidas à negociação em bolsa ou no mercado de balcão, para deliberação sobre (1) criação de ações preferenciais ou aumento de classe de ações preferenciais existentes, sem guardar proporção com as demais classes de ações preferenciais, salvo se já previstos ou autorizados pelo estatuto; (2) alteração nas preferências, vantagens e condições de resgate ou amortização de uma ou mais classes de ações preferenciais, ou criação de nova classe mais favorecida; (3) redução do dividendo obrigatório; (4) fusão da companhia, ou sua incorporação em outra; (5) participação em grupo de sociedades; (6) mudança do objeto da companhia; (7) cessação do estado de liquidação da companhia; (8) criação de partes beneficiárias; (9) cisão da companhia; (10) dissolução da companhia. Veja-se que, em condições especiais (tratadas pelo artigo 136 da Lei 6.404/76), a Comissão de Valores Mobiliários poder autorizar a redução desse quórum mínimo, sempre com estrita atenção aos requisitos listados na lei. Também a inserção de convenção de arbitragem no estatuto social demanda quórum qualificado (artigo 136-A), sendo que os acionistas dissidentes têm o direito de retirar-se da companhia, mediante reembolso do valor de suas ações, conforme as regras da Lei 6.404/64. O mesmo direito de retirada alcança a deliberação sobre os temas de número 1 a 4, além de 9.

2 Administração

A administração da companhia está a cargo de um conselho de administração e de uma diretoria; essa composição dúplice é obrigatória nas companhias abertas e nas de capital autorizado[1], sendo lícito ao estatuto, nos demais casos, optar por atribuir a administração apenas a uma diretoria, definindo livremente sua composição e modo de atuação e funcionamento, desde que respeitadas as balizas definidas pelo legislador, como a vedação de que sejam outorgados a outro órgão, criado por lei ou pelo estatuto, as atribuições e os poderes conferidos por lei aos órgãos de administração. Também é possível criar, por meio do estatuto, quaisquer órgãos com funções técnicas ou destinados a aconselhar os administradores, aplicando-se aos seus membros as mesmas regras destinadas aos membros do conselho de administração e diretoria, que serão agora estudadas.

São inelegíveis para os cargos de administração da companhia as pessoas impedidas por lei especial, ou condenadas por crime falimentar, de prevaricação, suborno, concussão, peculato, contra a economia popular, a fé pública ou a propriedade, ou a pena criminal que vede, ainda que temporariamente, o acesso a cargos públicos. São ainda

---

[1] Nas companhias abertas, veda-se a acumulação do cargo de presidente do conselho de administração e do cargo de diretor-presidente ou de principal executivo da companhia (artigo 138, § 3º). Mas é facultado à Comissão de Valores Mobiliários editar ato normativo que excepcione as companhias de menor porte (artigos 138, § 4º, e 294-B).

inelegíveis para tais cargos, quando se tratar de companhia aberta, as pessoas declaradas inabilitadas por ato da Comissão de Valores Mobiliários. E quando a lei exigir certos requisitos para a investidura em cargo de administração da companhia, a assembleia geral somente poderá eleger quem tenha exibido os necessários comprovantes, dos quais se arquivará cópia autêntica na sede social. A ata da assembleia geral ou da reunião do conselho de administração que eleger administradores deverá conter a qualificação e o prazo de gestão de cada um dos eleitos, devendo ser arquivada no registro do comércio e publicada.

Os conselheiros e diretores serão investidos nos seus cargos mediante assinatura de termo de posse no livro de atas do conselho de administração ou da diretoria, atendendo aos requisitos do artigo 149; se esse termo não for assinado nos 30 dias seguintes à nomeação, esta se tornará sem efeito, salvo justificação aceita pelo órgão da administração para o qual tiver sido eleito. O estatuto pode estabelecer que o exercício do cargo de administrador deva ser assegurado, pelo titular ou por terceiro, mediante penhor de ações da companhia ou outra garantia. Essa garantia só será levantada após aprovação das últimas contas apresentadas pelo administrador que houver deixado o cargo.

A assembleia geral fixará o montante global ou individual da remuneração dos administradores (conselheiros e administradores), inclusive benefícios de qualquer natureza e verbas de representação. O estatuto da companhia que fixar o dividendo obrigatório em 25% (vinte e cinco por cento) ou mais do lucro líquido pode atribuir aos administradores participação no lucro da companhia, desde que o seu total não ultrapasse a remuneração anual dos administradores nem 10% dos lucros, prevalecendo o limite que for menor. No entanto, os administradores somente farão jus à participação nos lucros do exercício social em relação ao qual for atribuído aos acionistas o dividendo obrigatório.

A renúncia do administrador torna-se eficaz, em relação à companhia, desde o momento em que lhe for entregue a comunicação escrita do renunciante, e em relação a terceiros de boa-fé, após arquivamento no registro de comércio e publicação, que poderão ser promovidos pelo renunciante. Nesta ou noutra hipótese de vacância do cargo, aplicam-se as regras do artigo 150 da Lei 6.404/76 para substituição.

2.1 Conselho de administração

Uma das estruturas mais fascinantes das sociedades anônimas é o conselho de administração: um órgão que, embora compondo a administração da companhia, não se ocupa da execução dos atos cotidianos da empresa, mas discute a condução da atividade produtiva e negocial, deliberando sobre o que é melhor para a corporação. Isso é fascinante: a diretoria se ocupa dos atos executivos do dia a dia, embora contando com o apoio e a orientação de um colegiado cuja função é dar o melhor rumo à sociedade e à empresa.

Essa função é tão importante que, embora seja um órgão que é facultativo nas companhias fechadas, há situações em que, nos termos da Lei 6.404/76 e das normas regulamentares da Comissão de Valores Mobiliários, sua existência é obrigatória nas companhias abertas e nas companhias de capital autorizado (artigo 138, § 3º). Aliás, a preocupação do Estado com o mercado de valores mobiliários faz com que haja constantes alterações nas normas legais e regulamentares que estabelecem obrigatoriedades e vedações na composição do conselho de administração das companhias abertas. Essas regras estão inscritas nos artigos 138 a 142 da Lei 6.404/76. Cinco artigos que se multiplicam em parágrafos, incisos e alíneas que se desdobram em casuísmos diversos, o que demonstra o casuísmo da regência, sempre em atenção às demandas da economia e do mercado.[2]

Composto de pessoas físicas, nacionais e/ou estrangeiras, em número mínimo de três, o conselho de administração manifesta-se sempre como um colegiado, embora, sim, seja possível registrar as posições vencidas, ou seja, os votos da minoria. Quem escolhe e destitui os conselheiros é a assembleia geral da companhia, respeitadas as regras legais, regulamentares e estatutárias, nesta ordem. Podem ser escolhidos acionistas ou não acionistas, a incluir empregados e conselheiros independentes, vale dizer, pessoas que não estão ligadas a qualquer grupo de sócio, mas são escolhidas seu conhecimento.[3] O conselheiro deve ter reputação ilibada, não podendo ser eleito, salvo dispensa da assembleia geral, aquele que ocupar cargos em sociedades que possam ser consideradas concorrentes no mercado, em especial, em conselhos consultivos, de administração ou fiscal; e aquele que tiver interesse conflitante com a sociedade.

O estatuto da companhia deverá estabelecer: (1) o número de conselheiros, ou o máximo e mínimo permitidos, e o processo de escolha e substituição do presidente do conselho pela assembleia ou pelo próprio conselho; (2) o modo de substituição dos conselheiros; (3) o prazo de gestão, que não poderá ser superior a três anos, permitida a reeleição; (4) as normas sobre convocação, instalação e funcionamento do conselho, que deliberará por maioria de votos, podendo o estatuto estabelecer *quorum* qualificado para certas deliberações, desde que especifique as matérias.

Figura interessante, criada para salvaguardar os interesses de acionistas minoritários, é o chamado voto múltiplo, previsto no artigo 141 da Lei 6.404/76: na eleição dos conselheiros, é facultado aos acionistas que representem, no mínimo, 10% (dez por cento) do capital social com direito a voto, esteja ou não previsto no estatuto, requerer a adoção do processo de voto múltiplo, por meio do qual o número de votos de cada ação será multiplicado pelo número de cargos a serem preenchidos, reconhecido ao acionista o direito de cumular os votos em um só candidato ou distribuí-los entre vários.[4] Mas isso

---

[2] Por exemplo, nas companhias abertas, a acumulação do cargo de presidente do conselho de administração e do cargo de diretor-presidente ou de principal executivo da companhia (art. 138, § 3º, da Lei 6.404/76), regra que pode ser excepcionada pela Comissão de Valores Mobiliários nas companhias com menor faturamento (art. 138, § 4º, da Lei 6.404/76).

[3] "Art. 140. [...] § 1º O estatuto poderá prever a participação no conselho de representantes dos empregados, escolhidos pelo voto destes, em eleição direta, organizada pela empresa, em conjunto com as entidades sindicais que os representam. § 2º Na composição do conselho de administração das companhias abertas, é obrigatória a participação de conselheiros independentes, nos termos e nos prazos definidos pela Comissão de Valores Mobiliários. (Incluído pela Lei 14.195, de 2021)".

[4] Eis os detalhes legais do procedimento: (§ 1º) A faculdade prevista neste artigo deverá ser exercida pelos acionistas até 48 (quarenta e oito) horas antes da assembleia geral, cabendo à mesa que dirigir os trabalhos da assembleia informar previamente aos acionistas, à vista do "Livro de Presença",

não pode criar distorções, ou seja, não é possível que o uso de mecanismos como o voto múltiplo, entre outros, retire do acionista ou grupo de acionistas com mais da metade dos votos na assembleia geral o direito de manter esse poder no conselho.[5]

Compete ao conselho de administração: (1) fixar a orientação geral dos negócios da companhia; (2) eleger e destituir os diretores da companhia e fixar-lhes as atribuições, observado o que a esse respeito dispuser o estatuto; (3) fiscalizar a gestão dos diretores, examinar, a qualquer tempo, os livros e os papéis da companhia, solicitar informações sobre contratos celebrados ou em via de celebração, e quaisquer outros atos; (4) convocar a assembleia geral ordinária ou, quando julgar conveniente, extraordinária; (5) manifestar-se sobre o relatório da administração e as contas da diretoria; (6) manifestar-se previamente sobre atos ou contratos, quando o estatuto assim o exigir; (7) deliberar, quando autorizado pelo estatuto, sobre a emissão de ações ou de bônus de subscrição; (8) autorizar, se o estatuto não dispuser em contrário, a alienação de bens do ativo não circulante, a constituição de ônus reais e a prestação de garantias a obrigações de terceiros; (9) escolher e destituir os auditores independentes, se houver deliberação que poderá ser vetada pelos conselheiros eleitos pelos minoritários que representem, pelo menos, 15% do total das ações com direito a voto e pelos preferencialistas que representem, no

---

o número de votos necessários para a eleição de cada membro do conselho. (§ 2º) Os cargos que, em virtude de empate, não forem preenchidos, serão objeto de nova votação, pelo mesmo processo, observado o disposto no § 1º, *in fine*. (§ 3º) Sempre que a eleição tiver sido realizada por esse processo, a destituição de qualquer membro do conselho de administração pela assembleia geral importará destituição dos demais membros, procedendo-se a nova eleição; nos demais casos de vaga, não havendo suplente, a primeira assembleia geral procederá à nova eleição de todo o conselho. (§ 4º) Terão direito de eleger e destituir um membro e seu suplente do conselho de administração, em votação em separado na assembleia geral, excluído o acionista controlador, a maioria dos titulares, respectivamente: I – de ações de emissão de companhia aberta com direito a voto, que representem, pelo menos, 15% (quinze por cento) do total das ações com direito a voto; e (Incluído pela Lei 10.303, de 2001); II – de ações preferenciais sem direito a voto ou com voto restrito de emissão de companhia aberta, que representem, no mínimo, 10% (dez por cento) do capital social, que não houverem exercido o direito previsto no estatuto, em conformidade com o art. 18. (§ 5º) Verificando-se que nem os titulares de ações com direito a voto e nem os titulares de ações preferenciais sem direito a voto ou com voto restrito perfizeram, respectivamente, o *quorum* exigido nos incisos I e II do § 4º, ser-lhes-á facultado agregar suas ações para elegerem em conjunto um membro e seu suplente para o conselho de administração, observando-se, nessa hipótese, o *quorum* exigido pelo inciso II do § 4º. (§ 6º) Somente poderão exercer o direito previsto no § 4º os acionistas que comprovarem a titularidade ininterrupta da participação acionária ali exigida durante o período de 3 (três) meses, no mínimo, imediatamente anterior à realização da assembléia-geral. (§ 8º) A companhia deverá manter registro com a identificação dos acionistas que exercerem a prerrogativa a que se refere o § 4º.

[5] "Art. 141. [...] § 7º Sempre que, cumulativamente, a eleição do conselho de administração ocorrer pelo sistema do voto múltiplo e os titulares de ações ordinárias ou preferenciais exercerem a prerrogativa de eleger conselheiro, será assegurado a acionista ou a grupo de acionistas vinculados por acordo de votos que detenham mais de 50% (cinquenta por cento) do total de votos conferidos pelas ações com direito a voto o direito de eleger conselheiros em número igual ao dos eleitos pelos demais acionistas, mais um, independentemente do número de conselheiros que, segundo o estatuto, componha o órgão. (Redação dada pela Lei 14.195, de 2021)".

mínimo, 10% do capital social. Serão arquivadas no registro do comércio e publicadas as atas das reuniões do conselho de administração que contiverem deliberação destinada a produzir efeitos perante terceiros.

2.2 Diretoria

A Diretoria será composta por 1 (um) ou mais membros eleitos e destituíveis a qualquer tempo pelo conselho de administração ou, se inexistente, pela assembleia geral, e o estatuto estabelecerá (artigo 143): (1) o número de diretores, ou o máximo e o mínimo permitidos; (2) o modo de sua substituição; (3) o prazo de gestão, que não será superior a três anos, permitida a reeleição; (4) as atribuições e os poderes de cada diretor. Os membros do conselho de administração, até o máximo de 1/3 (um terço), poderão ser eleitos para cargos de diretores.

A representação da companhia é privativa dos diretores. No silêncio do estatuto e inexistindo deliberação do conselho de administração, competirão a qualquer diretor a representação da companhia e a prática dos atos necessários ao seu funcionamento regular; mas o estatuto pode estabelecer que determinadas decisões, de competência dos diretores, sejam tomadas em reunião da diretoria. Nos limites de suas atribuições e poderes, é lícito aos diretores constituir mandatários da companhia, devendo ser especificados no instrumento os atos ou operações que poderão praticar e a duração do mandato, que, no caso de mandato judicial, poderá ser por prazo indeterminado.

2.3 Deveres dos administradores

O administrador da companhia (membro do conselho de administração ou da diretoria) deve empregar, no exercício de suas funções, o cuidado e diligência que todo homem ativo e probo costuma empregar na administração dos seus próprios negócios. Isso implica exercer as atribuições que a lei e o estatuto lhe conferem para lograr os fins e no interesse da companhia, satisfeitas as exigências do bem público e da função social da empresa. Mesmo que o administrador seja eleito por grupo ou classe de acionistas, ele tem, para com a companhia, os mesmos deveres que os demais, não podendo, ainda que para defesa do interesse dos que o elegeram, faltar a esses deveres.

Nessa linha, não se permite aos membros do conselho administrativo e da diretoria praticarem atos de liberalidade à custa da companhia, como fazerem doações, empréstimos gratuitos etc. Note-se, porém, que o conselho de administração ou a diretoria podem autorizar a prática de atos gratuitos razoáveis em benefício dos empregados ou da comunidade de que participe a empresa, tendo em vista suas responsabilidades sociais. Não podem, ademais, tomar por empréstimo recursos ou bens da companhia, ou usar bens, serviços ou crédito da sociedade, em proveito próprio, de sociedade em que tenha interesse, ou de terceiros; somente com autorização prévia da assembleia geral, conselheiros ou diretores poderão fazer uso de tais empréstimos, bens, serviços ou créditos, sendo que, para os membros da diretoria, essa autorização pode ser dada pelo conselho de administração. Também é vedado aos administradores receber de terceiros, sem autorização estatutária ou da assembleia geral, qualquer modalidade de vantagem pessoal, direta ou indireta, em razão do exercício de seu cargo. Se recebem importâncias, desrespeitando tal vedação, os valores pertencerão à companhia, por força do artigo 154, § 3º, da Lei 6.404/76.

Some-se um dever de lealdade, ou seja, o administrador deve servir com lealdade à companhia e manter reserva sobre os seus negócios. Via de consequência, veda-se aos administradores usarem, em benefício próprio ou de outrem, as oportunidades comerciais de que tenham conhecimento em razão do exercício de seu cargo, com ou sem prejuízo para a companhia. Também rompe com o dever de lealdade aquele que se omite no exercício ou proteção de direitos da companhia ou, visando à obtenção de vantagens, para si ou para outrem, deixar de aproveitar oportunidades de negócio de interesse da companhia. Por fim, tem-se igualmente por comportamento desleal adquirir, para revender com lucro, bem ou direito que sabe necessário à companhia, ou que esta tencione adquirir. Quando se trate de companhia aberta, cumpre também aos membros do conselho de administração e da diretoria guardar sigilo sobre qualquer informação que ainda não tenha sido divulgada para conhecimento do mercado, obtida em razão do cargo e capaz de influir de modo ponderável na cotação de valores mobiliários. Justamente por isso, não poderão valer-se da informação para obter, para si ou para outrem, vantagem mediante compra ou venda de valores mobiliários, devendo zelar para que tal violação não ocorra por meio de subordinados ou terceiros de sua confiança. A pessoa prejudicada em compra e venda de valores mobiliários, diante do desrespeito a esse dever de sigilo, tem direito de haver do infrator indenização por perdas e danos, a menos que, ao contratar, já conhecesse a informação.

Nesse contexto, é preciso destacar que, embora não se possa falar de um dever de lealdade de terceiros para com a companhia, pode-se afirmar um dever de lealdade para com o mercado de valores mobiliários. Seguindo essa linha – e o princípio jurídico da boa-fé que deve orientar as relações nos mercados –, o artigo 155, § 4º, da Lei 6.404/76 veda a utilização de informação relevante ainda não divulgada, por *qualquer pessoa* que a ela tenha tido acesso, com a finalidade de auferir vantagem, para si ou para outrem, no mercado de valores mobiliários.

Outro aspecto relevante refere-se a eventuais conflitos de interesses. É vedado ao administrador intervir em qualquer operação social em que tiver interesse conflitante com o da companhia, bem como na deliberação que a esse respeito tomarem os demais administradores, cumprindo-lhe cientificá-los do seu impedimento e fazer consignar, em ata de reunião do conselho de administração ou da diretoria, a natureza e a extensão do seu interesse. Essa cientificação, por si apenas, não é suficiente; o administrador somente pode contratar com a companhia em condições razoáveis ou equitativas, idênticas às que prevalecem no mercado ou em que a companhia contrataria com terceiros. Se não o faz, o negócio celebrado com a companhia poderá ser anulado, e o administrador interessado será obrigado a transferir para a companhia as vantagens que dele tiver auferido.

Para as companhias abertas, diante da necessidade de preservação do mercado de valores mobiliários, estabelece o artigo 157 da Lei 6.404/76 um dever de o administrador informar uma série de dados, de ofício ou a pedido da assembleia geral. Para além dessas informações que, direta ou indiretamente, relacionam-se a si mesmos, os administradores da companhia aberta estão obrigados a comunicar imediatamente à bolsa de valores e a divulgar na forma da lei qualquer deliberação da assembleia geral ou dos órgãos de administração da companhia, ou fato relevante ocorrido nos negócios da empresa, que possa influir, de modo ponderável, na decisão dos investidores do mercado de vender ou comprar valores mobiliários emitidos pela companhia. Todavia, se entenderem que a revelação dessa informação porá em risco interesse legítimo da companhia, os administradores poderão recusar-se a divulgá-la, mesmo quando requerida em assembleia. Nessa hipótese, caberá à Comissão de Valores Mobiliários, a pedido dos administradores, de qualquer acionista, ou por iniciativa própria, decidir sobre a prestação de informação e responsabilizar os administradores, se for o caso. De resto, independentemente de serem questionados, os administradores da companhia aberta deverão informar imediatamente, nos termos e na forma determinados pela Comissão de Valores Mobiliários, a esta e às bolsas de valores ou entidades do mercado de balcão organizado nas quais os valores mobiliários de emissão da companhia estejam admitidos à negociação, as modificações em suas posições acionárias na companhia.

Magazine Luiza

Em novembro de 2023, o Magazine Luiza S/A divulgou fato relevante para o mercado. Após denúncias anônimas de irregularidades em sua contabilidade, houve uma apuração que identificou incorreções em alguns lançamentos contábeis, sendo determinada sua correção, o que determinou um ajuste de R$ 829,5 milhões; na mesma oportunidade, foi informado que a companhia usaria créditos fiscais de R$ 688,7 milhões para amenizar o impacto da correção sobre o patrimônio líquido da empresa, sem que houvesse alteração sobre o fluxo de caixa operacional. Ainda assim, reportou-se um lucro líquido de R$ 331,2 milhões no terceiro trimestre daquele ano. Por fim, afirmou-se a adoção de medidas de aprimoramento nos controles internos para evitar falhas futuras. Em função desses fatos, a Comissão de Valores Mobiliários instaurou um processo para investigar o ajuste contábil.

2.4 Responsabilidade dos administradores

O ato praticado pelo administrador em nome da companhia, quando não exceda os poderes outorgados pelo estatuto, nem desrespeite a lei, é ato que se interpreta como tendo sido praticado pela própria sociedade. O ato *físico* do administrador é tido como ato *jurídico* da sociedade, sendo dela a responsabilidade decorrente, já que há uma relação jurídica de representação. Dessa maneira, o administrador não é pessoalmente responsável pelas obrigações que contrair em nome da sociedade e em virtude de ato regular de gestão. No entanto, se o administrador procede com violação da lei ou do estatuto, e mesmo se, dentro de suas atribuições ou poderes, atua com culpa ou dolo, responderá civilmente pelos prejuízos que causar, devendo indenizá-los. Destaque-se, no entanto, segundo o artigo 159, § 6°, da Lei 6.404/76, que o juiz poderá reconhecer a exclusão da responsabilidade do administrador, se convencido de que este agiu de boa-fé e visando ao interesse da companhia. Se assim não for, havendo quem tenha concorrido para a prática de ato com violação da lei ou do estatuto, com o fim de obter vantagem para si ou para outrem, responderá solidariamente com o administrador pelos danos resultantes.

Em relação aos outros administradores, o administrador não é responsável por atos ilícitos por eles praticados, exceto (1) se for conivente com eles, (2) se negligenciar em descobri-los ou (3) se deixar de agir para impedir a sua prática quando tenha conhecimento do ato ilícito. Quando o ato ilícito decorra de deliberação da diretoria ou do conselho de administração, o administrador dissidente exime-se de responsabilidade se fizer consignar sua divergência em ata de reunião do órgão de administração ou, não sendo possível, dela dê ciência imediata e por escrito ao órgão da administração, no conselho fiscal, se em funcionamento, ou à assembleia geral. Diferente será a hipótese de se tratar de prejuízos causados em virtude do não cumprimento dos deveres impostos por lei para assegurar o funcionamento normal da companhia; neste caso, como se trata de obrigações legais da administração, todos os administradores são solidariamente responsáveis pelos danos, ainda que, pelo estatuto, tais deveres não caibam a todos eles. Nas companhias abertas, essa responsabilidade está restrita aos administradores que, por disposição do estatuto, tenham atribuição específica de dar cumprimento àqueles deveres. No entanto, torna-se solidariamente responsável pelos prejuízos alheios o administrador que, tendo conhecimento do não cumprimento dos deveres (1) pelo seu antecessor ou (2) pelo administrador competente para o ato, deixa de comunicar o fato à assembleia geral.

O ajuizamento da ação de responsabilidade civil contra o administrador, pelos prejuízos causados ao patrimônio da sociedade, deverá ser ajuizado pela própria companhia, a partir de prévia deliberação da assembleia geral ordinária ou extraordinária; neste último caso, se expressamente prevista na ordem do dia ou se for consequência direta de assunto nela incluído. Na mesma assembleia, serão substituídos o administrador ou administradores contra os quais deva ser proposta ação, já que se tornam impedidos de exercer suas funções a partir da deliberação. Se a ação não for proposta no prazo de três meses da deliberação da assembleia geral, qualquer acionista poderá ajuizá-la. Se a assembleia deliberar não promover a ação, poderá ela ser proposta por acionistas que representem 5%, pelo menos, do capital social. Se tais acionistas se saírem vencedores, os resultados da ação por eles promovida deferem-se à companhia, mas esta deverá indenizá-los, até o limite daqueles resultados, de todas as despesas em que tiverem incorrido, inclusive correção monetária e juros dos dispêndios realizados. Note-se, porém, que tal ação tem por objetivo a indenização da companhia, pelos prejuízos por ela sofridos; para além dessa, qualquer acionista, ou mesmo terceiros, provando-se diretamente lesados por ato ilícito praticado pelo administrador, poderá ajuizar, em nome próprio, ação para ver-se ressarcido dos prejuízos que tenha experimentado.

Importadora e Exportadora de Cereais S.A. moveu ação reparatória contra sua ex--administradora, Eunice. Ela se defendeu argumentando que o processo deveria ser extinto vez que não estavam presentes as condições para tanto, em conformidade com o artigo 159 da Lei 6.404/1976: para o ajuizamento da ação social *uti singuli* é necessária a deliberação assemblear nesse sentido, ou seja, seria preciso autorização expressa da assembleia de acionistas para que se possa mover ação de responsabilização civil contra o administrador ou ex-administrador. O Judiciário Gaúcho não acolheu tais argumentos. Nem a Terceira Turma do Superior Tribunal de Justiça, julgando o Recurso Especial 1.778.629/RS: "A ação social reparatória (*ut universi*) ajuizada pela sociedade empresária contra ex-administradores, na forma do art. 159 da Lei 6.404/76, depende de autorização da assembleia geral ordinária ou extraordinária, atendidos os requisitos legais. Precedente específico. [...] Caso concreto em que a ata da assembleia, dando conta da autorização, foi acostada aos autos, demonstrando-se a capacidade para estar em juízo e, assim, permitindo-se o prosseguimento da ação reparatória."

BNT S/A.

Sylvio, Sylvio Jr e Léa ajuizaram ação de responsabilidade civil contra Ernesto e Flávio; os autores alegaram deter aproximadamente 31% do capital social da companhia BNT S/A, da qual os réus também seriam sócios (participações de 33,8429 % e 8,3711%), ocupando os cargos de diretor-presidente e diretor-superintendente, eleitos pela Assembleia Geral. Pleiteou-se a condenação dos requeridos a indenizar a companhia pelos prejuízos decorrentes de venda de imóvel em montante substancialmente inferior ao seu efetivo potencial econômico: uma assembleia geral extraordinária aprovou a alienação do bem por trinta e seis milhões de reais, vencidos os autores, que apontaram grande potencial de valorização da região, apontando mesmo uma outra proposta, essa de quarenta e seis milhões de reais. E foram vencedores no âmbito do Judiciário Paulista: o Tribunal de Justiça condenou os requeridos, de forma solidária, ao pagamento de R$ 10.000.000,00 (dez milhões de reais), correspondente à diferença de preço entre a venda realizada e a proposta mais vantajosa. Por meio do Recurso Especial 2.095.475/SP, a questão foi analisada pela Quarta Turma do Superior Tribunal de Justiça.

De abertura, os julgadores destacaram que "o regime das invalidades aplicado às deliberações assembleares das sociedades por ações não é matéria pacífica na doutrina e jurisprudência pátrias. Contrariamente, há significativa divergência sobre a aplicabilidade estrita das normas societárias, a incidência do regime civil das invalidades ou sua regência por um regime especial, em que se complementam ambas as disciplinas. A celeuma procede da aparente incompatibilidade ou dificuldade de justaposição da regulamentação legal da invalidade no âmbito da legislação societária, notadamente o art. 286 da Lei das Sociedades Anônimas –

Lei n. 6.404/1976, e a disciplina das invalidades dos negócios jurídicos em geral, prevista no Código Civil. No que toca à regulação específica das invalidades na legislação societária, estabelece o art. 286 da Lei das Sociedades Anônimas: *A ação para anular as deliberações tomadas em assembleia-geral ou especial, irregularmente convocada ou instalada, violadoras da lei ou do estatuto, ou eivadas de erro, dolo, fraude ou simulação, prescreve em 2 (dois) anos, contados da deliberação.* [...] Uma primeira consideração é que a legislação civil nada prescreve acerca das decisões assembleares, o que tornaria inadequada a transposição irrefletida da regulação das invalidades lá prevista para o âmbito societário neste específico ponto. A aplicação do Código Civil às sociedades anônimas, todavia, pela própria dicção legal, somente ocorre quando houver omissão, é dizer, se houver regulação própria pela lei especial – Lei n. 6.404/1976 – que seja incompatível com o conteúdo normativo do Código Civil, prevalecerá a disciplina especial."

Assim, os julgadores aplicaram o *princípio da especialidade* para solucionar antinomias entre o Código Civil e a Lei 6.404/1976: prevalece a disciplina especial de determinada hipótese fática e a retira do âmbito de incidência da norma geral. No entanto, destacaram, "é preciso ter em conta que diversas são as relações jurídicas que decorrem do exercício das atividades da sociedade por ações. Com efeito, a melhor exegese da disciplina relativa à invalidade das deliberações assembleares reside em restringir, em princípio, a aplicação da legislação setorial apenas às relações intrassocietárias – relações entre os sócios ou, ainda, relações entre os sócios e a própria sociedade –, remanescendo a disciplina geral, estabelecida pela lei civil, àquelas hipóteses em que os efeitos das deliberações alcançassem a esfera jurídica de terceiros e reconhecendo se o vício de nulidade aos casos em que a própria legislação civil prevê a respectiva sanção. [...] Nesse sentido, considerando a necessidade de preservação dos múltiplos interesses que circundam a companhia, a estabilidade das relações institucionais e o dinamismo decorrente da atividade empresarial, não é possível concluir de forma diversa senão pela aplicabilidade de um regime especial de invalidade das deliberações assembleares, mas sem descurar de temperamentos próprios do regime geral de invalidades quando transplantados para a seara empresarial, a depender dos interesses violados e do espectro de possíveis atingidos pelas deliberações."

Nessa linha, disseram, "o princípio fundamental de um sistema particular de invalidades repousa na característica peculiar das sociedades anônimas, as suas imensuráveis e dinâmicas relações empresariais e a confiança que se deposita na companhia quando da tomada de decisões em observância a regras específicas. No entanto, o contexto no qual se insere a companhia e as múltiplas possibilidades de possíveis invalidades que podem ocorrer – *parte formae* (vícios da assembleia), *parte objecti* (vícios das deliberações) ou *parte subjecti* (vícios do voto) –, permite reconhecer que determinados vícios ultrapassam a esfera de interesses apenas dos sócios ou das próprias companhias, atingindo normas e valores que transcendem a existência concreta da sociedade. Não se refere aqui, tão somente, a interesses de índole econômica, mas também a preceitos gerais de boa-fé e *standards* de conduta que constituem exigências da atuação empresarial. Infere-se, portanto, que o artigo 286 da LSA, ao dispor acerca do prazo prescricional

– *rectius*, decadencial –, e prever hipóteses de anulabilidade das decisões assembleares, não afasta a possibilidade do reconhecimento de hipóteses de nulidade, em vista dos interesses abrangidos, sob pena de se perpetuarem graves vícios aos quais o ordenamento jurídico atribui esta especial sanção. [...] De fato, são vários os exemplos colhidos da doutrina, em que a adoção exclusiva de hipóteses de anulabilidade das deliberações da assembleia possibilitaria que infração a normas de ordem pública e lesão de interesses de terceiros fossem remediados pela passagem do tempo, desde infração às normas cogentes de estruturação da companhia, até a formalização de atos constitutivos por incapazes ou definição de objeto ilícito, para citar as mais irrefutáveis."

Eis a grande questão. Os julgadores afirmaram a "existência de um regime especial de invalidades, em que coexistem as normas da legislação das companhias, que preveem hipóteses de anulabilidade, e o regime geral previsto na legislação civil acerca da disciplina dos vícios dos negócios jurídicos". No regime civil, "os atos nulos, previstos nos arts. 166 e 167 do CC/2002, podem ser alegados por qualquer interessado, inclusive o Ministério Público, e ser conhecidos de ofício pelo juiz (art. 168), seu reconhecimento não se submete a prazos extintivos (decadenciais ou prescricionais), não convalescendo pelo decurso do tempo. (arts. 168 e 169 do Código Civil). A cognoscibilidade de ofício da nulidade, seja em ação ou em defesa, é o ponto fundamental que contribuirá para a solução do caso presente. A decretação da anulabilidade, contrariamente, sujeita-se a prazo extintivo, convalescendo desse modo pelo decurso do tempo (arts. 177 e 178 do CC/2002). Quanto à nulidade, costuma-se dizer que a sentença que a reconhece produz efeitos *ex tunc*, de forma a reconduzir as partes ao *status quo ante*, enquanto que a sentença que decreta a anulabilidade produz efeitos *ex nunc*. Contudo, a diferença se constata, sobretudo, na eficácia do ato eivado de vício, porquanto a sentença, seja reconhecendo a nulidade seja a anulabilidade, sempre terá o efeito de transportar as partes ao estado anterior à prática do ato ou ao entabulamento do negócio jurídico."

Mas, reiteraram, "não se pode transplantar, pura e simplesmente, para a seara empresarial, a disciplina das invalidades civis. Vale recordar que o câmbio empresarial e a necessidade de estabilidade das relações da companhia exigem que se considere, para além dos interesses tutelados pelas disposições que preveem os vícios e as respectivas sanções, uma multiplicidade de relações da companhia com terceiros, seja nas relações empresariais ou com outros agentes do mercado, bem como nas relações entre os sócios e entre estes e a própria sociedade, que se estabelecem frequentemente de forma irreversível. Reconhecer que os atos nulos não entraram no mundo jurídico, nem produziram efeitos, significa negar a realidade da dinâmica empresarial. Veja-se, por exemplo, a diferença do reconhecimento da nulidade de determinado negócio jurídico contaminado pela simulação, em que seu reconhecimento da invalidade produzirá efeitos tão somente em relação aos particulares contratantes, o mesmo se afirmando quanto à prática de um ato jurídico unilateral, como a disposição de bens por intermédio de um testamento. Na seara empresarial, contrariamente, muitos efeitos tornar-se-ão perenes. Não por outro motivo, a doutrina comercialista reconhece que a adoção do regime geral de invalidades para o âmbito específico das invalidades das deliberações assembleares exige determinados temperamentos, a fim de salvaguardar a própria companhia e os interesses de uma pluralidade de terceiros que com ela se relacionam. Significa, pois, que, ainda que seja nula a assembleia, determinada deliberação ou voto, preservam-se as relações jurídicas dela decorrentes diretamente ou originadas de contextos inaugurados, modificados ou extintos em razão do conclave."

Como se vê, reconheceu-se "a existência de um regime especial de invalidades das deliberações assembleares, em que coexistem normas da legislação especial e do regime geral previsto no direito civil, desde que haja omissão e seja substancialmente compatível com a disciplina especial, partindo-se, em princípio, da previsão de sanção de anulabilidade aos vícios e considerando-se como referência fundamental o interesse violado. Ademais, levando-se em conta as peculiaridades da atividade empresarial, da necessidade de preservação dos interesses de terceiros e da estabilidade das relações da companhia, a transposição das normas relativas à disciplina geral deve ser realizada com prudência." No caso, o Judiciário Paulista reconheceu nulidade da assembleia realizada por desrespeito ao artigo 115, § 1º, da Lei de Sociedades Anônimas, que veda ao administrador votar nas deliberações da assembleia geral relativas à aprovação de suas contas como administrador. E o fizera transferindo suas ações para uma sociedade em que eram sócios ele e a esposa, sociedade essa que compareceu à assembleia e aprovou as contas. E, lembraram os magistrados, "a proibição de o acionista votar nas deliberações da assembleia-geral relativa à aprovação de suas contas como administrador decorre do princípio de que ninguém pode ser juiz em causa própria (*nemo judex in causa propria*). [...] Embora seja um postulado do direito moderno a separação entre pessoa física e jurídica, que poderia conduzir à regularidade do voto proferido na deliberação, no caso em julgamento o contexto fático demonstra não ter existido as necessárias independência e isenção na apreciação das contas pelo sócio administrador por intermédio de *holding* familiar."

Mas restava um problema: "embora a proibição tenha significativo fundamento ético e se relacione como a probidade, a boa-fé objetiva, a confiabilidade na administração da companhia, é imperioso reconhecer que os interesses relacionados à aprovação assemblear das contas do administrador circunscrevem-se aos acionistas e à própria companhia, vale dizer, traduzem interesse econômico dos acionistas e da companhia na alienação de bem imóvel por valor superior ao que fora efetivamente praticado e que teria, por isso, lhes causado significativo prejuízo e, caso seja procedente a demanda ressarcitória, o decreto apenas os aproveitará. Inexistem, pois, interesses de coletividade ou de terceiros tutelados pelas normas em questão. Relembrando, pois, que o regime especial de invalidades das deliberações assembleares tem por referência fundamental o interesse violado, isto é, o interesse jurídico tutelado ou o interesse em jogo e isso definirá a prevalência de determinada sanção ao vício, é possível inferir que a hipótese em questão se trata, em verdade, de anulabilidade da deliberação. Assim, embora a proibição legal não possa ser desconsiderada pelas partes interessadas – notadamente sócios e a própria sociedade -, é possível sua convalidação, seja por nova deliberação assemblear livre do vício (sem o voto do sócio administrador) ou pelo transcurso do tempo necessário à ocorrência da extinção, pela decadência, do direito formativo à decretação de sua nulidade. [...] Embora tenha infringido disposição legal expressa – proibição de votar em deliberação sobre a aprovação de suas próprias contas – os efeitos do vício não atingem a esfera de terceiros que se relacionam com a companhia, o que permite concluir, a partir da adoção do regime especial de invalidades aplicado à companhia, que se cuida de hipótese de anulabilidade."

Assim, "constatado que o vício de voto decorre da infração ao artigo 115, § 1º, da LSA, motivando, por consequência, a anulabilidade da deliberação acerca da aprovação de contas, resta verificar duas questões relacionadas ao prazo decadencial para a anulação da assembleia e a aplicabilidade da condição de procedibilidade prevista no artigo 134, § 3º, da Lei n. 6.404/1976. Cuidando-se de anulabilidade, aplica-se o prazo extintivo do direito potestativo à anulação (decadencial) previsto no artigo 286 da Lei das Sociedades Anônimas, isto é, 2 (dois) anos contados da data da deliberação." Sem a anulação da assembleia, por ação ajuizada dentro do prazo decadencial, aplica-se o artigo 134, § 3º, da LSA: *A aprovação, sem reserva, das demonstrações financeiras e das contas, exonera de responsabilidade os administradores e fiscais, salvo erro, dolo, fraude ou simulação (artigo 286)*. Foi o que entendeu o Superior Tribunal de Justiça. "O dispositivo de lei exonera de responsabilidade os administradores da companhia se suas demonstrações financeiras e contas forem aprovadas sem ressalva, como ocorreu no presente caso. Isso significa que a assembleia confere um *quitus* aos administradores ao apreciar a regularidade de sua gestão, que, por constituir uma presunção *juris tantum* de legitimidade, exige sua desconstituição para abrir espaço para a possível responsabilização. Tal efeito liberatório, inexistente em outros ordenamentos, é extenso e exige o reconhecimento judicial para franquear a responsabilização dos sócios, mas constitui exigência legal que não pode ser desprezada."

Destaque-se que a base da decisão é o afastamento da nulidade e o reconhecimento da anulabilidade. Assim, "não se pode afastar a necessidade de prévia desconstituição da assembleia ou especificamente da votação, para que se autorize a responsabilização dos sócios administradores." O processo foi extinto sem o julgamento do mérito.

3 Conselho fiscal

A companhia terá, obrigatoriamente, um conselho fiscal, cuja competência está listada no artigo 163 da Lei 6.404/76; essencialmente, a fiscalização, por qualquer de seus membros, da regularidade da administração, analisando e opinando sobre relatórios, documentos e propostas, denunciando inconformidades, podendo mesmo convocar a assembleia geral de acionistas se há motivo grave para tanto. O conselho será composto de, no mínimo, três e, no máximo, cinco membros, e suplentes em igual número, acionistas ou não, eleitos pela assembleia geral. Mas cabe ao estatuto dispor se seu funcionamento será *permanente* ou *eventual*, quero dizer, se funcionará apenas nos exercícios sociais em que sua instalação for pedida pelos acionistas. O conselho fiscal, quando o funcionamento não for permanente, poderá ser formulado em qualquer assembleia geral (ordinária ou extraordinária), ainda que a matéria não conste do anúncio de convocação, bastando que o peçam que representem, no mínimo, 10% das ações com direito a voto, ou 5% das ações sem direito a voto; na mesma assembleia, seus membros serão eleitos e o conselho instalado, funcionando até a primeira assembleia geral seguinte. A assembleia geral ainda fixará a remuneração dos membros do conselho fiscal, além do reembolso, obrigatório, das despesas de locomoção e estadia necessárias ao desempenho da função; essa remuneração não poderá ser inferior, para cada membro em exercício, a 10% da que, em média, for atribuída a cada diretor, não computados benefícios, verbas de representação e participação nos lucros. A função de membro do conselho fiscal é indelegável.

Para a constituição do conselho fiscal, os titulares de ações preferenciais sem direito a voto, ou com voto restrito, terão direito de eleger, em votação em separado, um membro e respectivo suplente; igual direito terão os acionistas minoritários, desde que representem, em conjunto, 10% ou mais das ações com direito a voto; os demais acionistas com direito a voto poderão eleger os membros efetivos e suplentes que, em qualquer caso, serão em número igual àqueles outros mais um. Somente podem ser eleitos para o conselho fiscal pessoas naturais, residentes no país, diplomadas em curso de nível universitário, ou que tenham exercido, por prazo mínimo de três anos, cargo de administrador de empresa ou de conselheiro fiscal. Nas localidades em que não houver pessoas habilitadas, em número suficiente, para o exercício da função, caberá ao juiz dispensar a companhia da satisfação de tais requisitos. Atente-se para o fato de a reeleição ser legalmente permitida. São inelegíveis para os cargos do conselho fiscal, a exemplo do que também se passa com os cargos de administração da companhia, as pessoas impedidas por lei especial, ou condenadas por crime falimentar, de prevaricação, peita ou suborno, concussão, peculato, contra a economia popular, a fé pública ou a propriedade, ou a pena criminal que vede, ainda que temporariamente, o acesso a cargos públicos. Essa lista foi explicada no Capítulo 2; confira. São ainda inelegíveis membros de órgãos de administração e empregados da companhia ou de sociedade controlada ou do mesmo grupo, e o cônjuge ou parente, até terceiro grau, de administrador da companhia.

Para que o conselho fiscal possa cumprir suas atribuições, os órgãos de administração são obrigados, através de comunicação por escrito, a colocar à disposição dos membros em exercício do conselho fiscal, dentro de 10 dias, cópias das atas de suas reuniões e, dentro de 15 dias do seu recebimento, cópias dos balancetes e demais demonstrações financeiras elaboradas periodicamente e, quando houver, dos relatórios de execução de orçamentos. O conselho fiscal, a pedido de qualquer dos seus membros, tem, ainda, o poder de requerer aos órgãos de administração esclarecimentos ou informações, desde que relativas à sua função fiscalizadora, assim como a elaboração de demonstrações financeiras ou contábeis especiais. Não é só; os membros do conselho fiscal assistirão às reuniões do conselho de administração, se houver, ou da diretoria, em que se deliberar sobre os assuntos em que devam opinar. Se a companhia tiver auditores independentes, o conselho fiscal, a pedido de qualquer de seus membros, poderá solicitar-lhes esclarecimentos ou informações, e a apuração de fatos específicos. Em oposição, se a companhia não tiver auditores independentes, o conselho fiscal poderá, para melhor desempenho das suas funções, escolher contador ou firma de auditoria e fixar-lhes os honorários, dentro de níveis razoáveis, vigentes na praça e compatíveis com a dimensão econômica da companhia, os quais serão pagos por esta. Acresça-se que o conselho fiscal poderá, para apurar fato cujo esclarecimento seja necessário ao desempenho de suas funções, formular, com justificativa, questões a serem respondidas por perito e solicitar à diretoria que indique, para esse fim, no prazo máximo de trinta dias, três peritos, que podem ser pessoas físicas ou jurídicas, de notório conhecimento na área em questão, entre os quais o conselho fiscal escolherá um, cujos honorários serão pagos pela companhia.

O conselho fiscal atua a bem da companhia e dos acionistas. Assim, no âmbito das matérias de sua competência, deverá fornecer informações ao acionista, ou grupo de acionistas que representem, no mínimo, 5% do capital social, sempre que solicitadas. Nas reuniões da assembleia geral, os membros do conselho fiscal, ou ao menos um deles, deverão comparecer e responder aos pedidos de informações formulados pelos acionistas. Nesse sentido, os pareceres e as representações do conselho fiscal, ou de qualquer de seus membros, poderão ser apresentados e lidos na assembleia geral, independentemente de publicação e ainda que a matéria não conste da ordem do dia.

Os membros do conselho fiscal têm os mesmos deveres dos administradores, estudados no último item deste capítulo, respondendo pelos danos resultantes de omissão no cumprimento de seus deveres e de atos praticados com culpa ou dolo, ou com violação da lei ou do estatuto. A responsabilidade por omissão no cumprimento de seus deveres é solidária, mas dela se exime o membro dissidente que fizer consignar sua divergência em ata da reunião do órgão e a comunicar aos órgãos da administração e à assembleia geral. Aliás, o membro do conselho fiscal não é responsável pelos atos ilícitos de outros membros, salvo se com eles foi conivente, ou se concorrer para a prática do ato. Devem exercer suas funções no exclusivo interesse da companhia; considerar-se-á abusivo o exercício da função com o fim de causar dano à companhia, ou aos seus acionistas ou administradores, ou de obter, para si ou para outrem, vantagem a que não faz jus e de que resulte, ou possa resultar, prejuízo para a companhia, seus acionistas ou administradores. Nas companhias abertas, os membros do conselho fiscal devem informar imediatamente as modificações em suas posições acionárias na companhia à Comissão de Valores Mobiliários e às Bolsas de Valores ou entidades do mercado de balcão organizado nas quais os valores mobiliários de emissão da companhia estejam admitidos à negociação, nas condições e na forma determinadas pela Comissão de Valores Mobiliários.

4 Dissolução

Dissolve-se a companhia (1) de pleno direito, (2) por decisão judicial ou (3) por decisão de autoridade administrativa competente, nos casos e na forma previstos em lei especial. São hipóteses de dissolução de pleno direito (1) o término do prazo de duração, (2) a ocorrência de casos previstos no estatuto, (3) a deliberação da assembleia geral e (4) pela extinção, na forma da lei, da autorização para funcionar. Também haverá dissolução de pleno direito da companhia se sua composição societária for reduzida à existência de um único acionista, verificada em assembleia geral ordinária, se o mínimo de dois não for reconstituído até à do ano seguinte, regra que não se aplica, obviamente, às subsidiárias integrais. Por decisão judicial, a companhia se dissolve nas seguintes hipóteses, segundo o artigo 206, II, da Lei 6.404/76: quando anulada a sua constituição, em ação proposta por qualquer acionista; quando provado que não pode preencher o seu fim, em ação proposta por acionistas que representem 5% ou mais do capital social; e em caso de falência, na forma prevista na respectiva lei.

A companhia dissolvida conserva a personalidade jurídica, até a extinção, com o fim de proceder à liquidação. Essa liquidação poderá dar-se extrajudicial ou judicialmente. Nas hipóteses de dissolução de pleno direito, nada dizendo o estatuto, compete à assembleia geral determinar o modo de liquidação e nomear o liquidante e o conselho fiscal que devam funcionar durante o período de liquidação. Se a companhia tiver conselho de administração, poderá mantê-lo, competindo-lhe nomear o liquidante; o funcionamento do conselho fiscal será permanente ou a pedido de acionistas, conforme dispuser o estatuto. O liquidante nomeado pela assembleia geral ou pelo conselho de administração poderá ser destituído, a qualquer tempo, pelo órgão que o tiver nomeado.

Além dos casos de dissolução por determinação judicial, a liquidação será processada judicialmente a pedido de qualquer acionista, se os administradores ou a maioria de acionistas deixarem de promover a liquidação, ou a ela se opuserem, nas hipóteses de dissolução de pleno direito. Também haverá liquidação judicial a requerimento do Ministério Público, à vista de comunicação da autoridade competente, se a companhia, nos 30 dias subsequentes à dissolução, não iniciar a liquidação ou, se após iniciá-la, a interromper por mais de 15 dias, no caso de extinção da autorização para funcionar. Na liquidação judicial, será observado o disposto na lei processual, como estudado no Capítulo 6, item 5, devendo o liquidante ser nomeado pelo Juiz.

O liquidante deverá (1) arquivar e publicar a ata da assembleia geral, ou certidão de sentença, que tiver deliberado ou decidido a liquidação; (2) arrecadar os bens, livros e documentos da companhia, onde quer que estejam; (3) fazer levantar de imediato, em prazo não superior ao fixado pela assembleia geral ou pelo juiz, o balanço patrimonial da companhia; (4) ultimar os negócios da companhia, realizar o ativo, pagar o passivo e partilhar o remanescente entre os acionistas; (5) exigir dos acionistas, quando o ativo não bastar para a solução do passivo, a integralização de suas ações; (6) convocar a assembleia geral, nos casos previstos em lei, ou quando julgar necessário; (7) confessar a falência da companhia; (8) finda a liquidação, submeter à assembleia geral relatório dos atos e operações da liquidação e suas contas finais; e (9) arquivar e publicar a ata da assembleia geral que houver encerrado a liquidação. Ademais, compete ao liquidante representar a companhia e praticar todos os atos necessários à liquidação, inclusive alienar bens móveis ou imóveis, transigir, receber e dar quitação. Contudo, sem expressa autorização da assembleia geral o liquidante não poderá gravar bens e contrair empréstimos, salvo quando indispensáveis ao pagamento de obrigações inadiáveis, nem prosseguir, ainda que para facilitar a liquidação, na atividade social. Destaque-se, ainda, que o liquidante terá as mesmas responsabilidades do administrador, e os deveres e as responsabilidades dos administradores, fiscais e acionistas subsistirão até a extinção da companhia.

Em todos os atos ou operações, o liquidante deverá usar a denominação social seguida das palavras *em liquidação*. Ao longo de seu trabalho, a cada seis meses, convocará a assembleia geral para prestar-lhe contas dos atos e operações praticados no semestre e apresentar-lhe o relatório e o balanço do estado da liquidação, embora a assembleia geral possa fixar períodos menores ou maiores para essas prestações de contas; em qualquer caso, contudo, esses períodos não serão inferiores a três nem superiores a 12 meses. Nessas assembleias gerais promovidas ao longo da liquidação, todas as ações gozam de igual direito de voto, tornando-se ineficazes as restrições ou limitações porventura existentes em relação às ações ordinárias ou preferenciais; mas decidindo-se pelo fim da liquidação, com o restabelecimento do funcionamento da companhia, restaura-se a eficácia das restrições ou limitações relativas ao direito de voto. No curso da liquidação judicial, as assembleias gerais necessárias para deliberar sobre os interesses da liquidação serão convocadas por ordem do juiz, a quem compete presidi-las e resolver, sumariamente, as dúvidas e os litígios que forem suscitados. As atas das assembleias gerais serão, por cópias autênticas, apensadas ao processo judicial.

Com os valores que forem apurados com a alienação dos bens da companhia, o liquidante, respeitados os direitos dos credores preferenciais, pagará as dívidas sociais proporcionalmente e sem distinção entre vencidas e vincendas, mas, em relação a estas, com desconto às taxas bancárias. Se o ativo for superior ao passivo, o liquidante poderá, sob sua responsabilidade pessoal, pagar integralmente as dívidas vencidas. Nessa hipótese, de ativo superior, a assembleia geral poderá deliberar que antes de ultimada a liquidação, e depois de pagos todos os credores, se façam rateios entre os acionistas, à proporção que se forem apurando os haveres sociais. Aliás, facultado à assembleia geral aprovar, pelo voto de acionistas que representem, no mínimo, 90% dos votos conferidos pelas ações com direito a voto, depois de pagos ou garantidos os credores, condições especiais para a partilha do ativo remanescente, com a atribuição de bens aos sócios, pelo valor contábil ou outro por ela fixado (§ 1º do artigo 215 da Lei 6.404/76, com redação dada pela Lei 14.195/21). No entanto, provado pelo acionista dissidente que as condições especiais de partilha visaram a favorecer a maioria, em detrimento da parcela que lhe tocaria, se inexistissem tais condições, será a partilha suspensa, se não consumada, ou, se já consumada, os acionistas majoritários indenizarão os minoritários pelos prejuízos apurados.

Pago o passivo e rateado o ativo remanescente, o liquidante convocará a assembleia geral para a prestação final das contas. Aprovadas as contas, encerra-se a liquidação e a companhia se extingue. O acionista dissidente que discordar da aprovação das contas tem 30 dias, a contar da publicação da ata, para promover a ação que lhe couber.

Encerrada a liquidação, sobrando algum credor não satisfeito, só terá direito de exigir dos acionistas, individualmente, o pagamento de seu crédito, até o limite da soma, por eles recebida, e de propor contra o liquidante, se for o caso, ação de perdas e danos. O acionista executado terá direito de haver dos demais a parcela que lhes couber no crédito pago.

12
OUTRAS SOCIEDADES INSTITUCIONAIS

1 Sociedade em comandita por ações

Não só a sociedade anônima é institucional. A companhia (a sociedade por ações) pode adotar a estrutura de sociedade em comandita por ações, tipo societário no qual o capital está igualmente dividido em ações e que se rege pelas normas aplicáveis à sociedade anônima, tal como estudadas nos Capítulos 8 e 9 deste livro, embora com as particularidades que se verá neste item. Trata-se de tipo societário bissexto, encontrado muito raramente.

Nesse tipo societário, preserva-se a ideia própria do comanditamento: sócios que investem e sócios que administram, razão pela qual somente o acionista tem qualidade para administrar a sociedade, isto é, de ocupar a condição de diretor, cuja nomeação se fará no ato constitutivo da sociedade, sem limitação de tempo, somente havendo destituição por deliberação de acionistas que representem no mínimo dois terços do capital social. O princípio alcança mesmo a gerência social, a exigir, igualmente, nomeação pelo estatuto social e mesmo *quorum* especial para destituição. Igualmente preserva-se o princípio segundo o qual os comanditários não respondem subsidiariamente pelas obrigações sociais, mas os comanditados sim; dessa forma, diretor e/ou gerente responde subsidiária e ilimitadamente pelas obrigações da sociedade; se houver mais de um diretor, serão todos eles solidariamente responsáveis entre si, depois de esgotados os bens sociais. Mesmo o diretor destituído ou exonerado, por força do artigo 1.091 do Código Civil, continua, durante dois anos, responsável pelas obrigações sociais contraídas sob sua administração.

Justamente por tal perfil, não se admite que a assembleia geral, sem o consentimento dos diretores, mude o objeto essencial da sociedade, prorrogue-lhe o prazo de duração, aumente ou diminua o capital social, crie debêntures ou partes beneficiárias, bem como delibere a participação em grupo de sociedade. De resto, não se aplica à sociedade em comandita por ações o disposto nesta Lei sobre conselho de administração, autorização estatutária de aumento de capital e emissão de bônus de subscrição.

A sociedade em comandita por ações poderá comerciar sob firma ou razão social, da qual só farão parte os nomes dos sócios-diretores ou gerentes. Optando-se pela estrutura de firma social, deverá haver alteração no nome empresarial a cada alteração da administração ou gerência, já que ficam ilimitada e solidariamente responsáveis pelas obrigações sociais os que, por seus nomes, figurarem na firma ou razão social. De resto, a denominação ou a firma deve ser seguida das palavras *comandita por ações*, por extenso ou abreviadamente.

Ao fim de 2024, existiam 30 sociedades em comandita por ações registradas no Brasil. É um número baixo, sim; ainda assim, um tipo societário fascinante.

2 Sociedades cooperativas

As cooperativas são sociedades simples que, não obstante tenham *finalidade econômica*, não têm finalidade de *lucro*. *Lucro é a remuneração pelo capital investido*, resultado direto do valor do investimento em quotas ou ações; nas cooperativas, em oposição, as vantagens econômicas auferidas pelo cooperado são resultado direto de sua atuação pessoal e não do seu investimento em dinheiro. Regem-se pela Lei 5.764/71 e pelos artigos 1.093 a 1.096 do Código Civil, embora, nas lacunas de tais normas, apliquem-se as regras da teoria geral do Direito Societário.

A sociedade cooperativa é institucional, não obstante a Lei 5.764/71, que a regulamenta, refira-se à *celebração do contrato de sociedade cooperativa*. Trata-se de um equívoco; a lógica dos contratos não explica a constituição das cooperativas, que são instituídas e não contratadas, o que fica claro na própria Lei 5.764/71, que se refere à constituição das sociedades cooperativas a partir de deliberação tomada pelos fundadores em assembleia geral. Seu ato constitutivo, portanto, é um estatuto social, como aliás reconheceu a Terceira Turma do Superior Tribunal de Justiça, no julgamento do Recurso Especial 126.391/SP, do qual foi relator o Ministro Waldemar Zveiter: "No direito cooperativo, assentou a doutrina que os estatutos contêm as normas fundamentais sobre a organização, a atividade dos órgãos e os direitos e deveres dos associados frente à associação. São disposições que valem para todos os partícipes (cooperados), por isso que de natureza geral e abstrata, tal como a constituição reguladora da vida do estado rege o comportamento das sociedades personificadas. Tais normas não assumem uma característica contratual, mas regulamentar ou institucional."

O objeto social de uma sociedade cooperativa será um gênero de serviço, operação ou atividade, prestados diretamente a seus cooperados, hipótese em que se qualificarão como *sociedades cooperativas singulares*. Entre tais cooperados podem estar pessoas jurídicas que tenham por objeto as mesmas ou correlatas atividades econômicas das pessoas físicas ou, ainda, pessoas jurídicas sem fins lucrativos, como associações e fundações.

Três ou mais cooperativas singulares podem constituir uma *cooperativa central* ou *federação de cooperativas* com o objetivo de organizar, em comum e em maior escala, os serviços econômicos e assistenciais de interesse das filiadas, integrando e orientando suas atividades, bem como facilitando a utilização recíproca dos serviços. Permite-se, até, a constituição de cooperativa central formada por cooperativas de objetivo e finalidades diversas, desde que para a prestação de serviços de interesse comum. Por fim, três ou mais cooperativas centrais ou federações de cooperativas, da mesma modalidade ou não, podem constituir uma *confederação de cooperativas*, com o objetivo de orientar e coordenar as atividades das filiadas, nos casos em que o vulto dos empreendimentos transcender o âmbito de capacidade ou conveniência de atuação das centrais e federações. Também é possível classificar as cooperativas em função do objeto ou natureza das atividades desenvolvidas por elas ou por seus associados: (1) agrícola, (2) de consumo, (3) de crédito, (4) educacional, (5) especial, (6) habitacional, (7) de infraestrutura, (8) mineral, (9) de produção, (10) de saúde, (11) de trabalho e (12) de turismo e lazer. Pode haver, ademais, cooperativas mistas, apresentando mais de um objeto de atividades.

COOP

Coop – Cooperativa de Consumo

Em meados do século XX, eram grandes as dificuldades para a compra de produtos domésticos na Região do ABC, na Grande São Paulo. Para resolver o problema e criar um supermercado, um grupo de empregados da *Rhodia-Ster S/A* criou a *Cooperativa de Consumo dos Empregados das Companhias Rhodia, Rhodiaceta e Valisère*, seguindo o exemplo da *Cooperativa de Consumo Popular da Lapa*, criada pelos funcionários da *São Paulo Railway*. A fundação se deu em 1954 e, apesar das dificuldades, a iniciativa logo se mostrou vitoriosa. Na década de 1970, em face do amplo desejo da comunidade em geral de se beneficiar da atuação da cooperativa, uma assembleia geral dos cooperados aprovou a associação de pessoas que não fossem funcionários da *Rhodia-Ster S.A.*, o que levou a um aumento significativo do número de associados e, ademais, das unidades (supermercados) da então *Coop – Cooperativa de Consumo*, com sede em Santo André, SP. Logo se fez necessário construir um depósito central para abastecer as unidades, além de haver inaugurado lojas em São José dos Campos, Tatuí, Sorocaba e Piracicaba, chegando a um total de 22. Trabalhando sem visar ao lucro, a cooperativa já tem faturamento anual superior a R$ 1 bilhão, sendo uma das maiores cadeias de supermercado do país.

Em 2002, a cooperativa mantinha 31 unidades de supermercados com drogarias, distribuídas por toda São Paulo, 29 drogarias de rua, três postos de combustíveis: a maior cooperativa de consumo de toda América Latina.

As sociedades cooperativas ainda podem ser classificadas em sociedades limitadas, nas quais a responsabilidade dos sócios pelos compromissos da sociedade alcança apenas o valor do *capital social* (*fundo social*, a bem da precisão) subscrito e ainda não integralizado, e sociedades sem limite de responsabilidade, nas quais a responsabilidade do sócio pelos compromissos da sociedade é pessoal, solidária e não tem limite, embora submetida ao benefício de ordem, ou seja, somente se poderá invocar a responsabilidade do sócio para com terceiros, como membro da sociedade, depois de judicialmente exigida da cooperativa.

Destaque-se que o cooperativismo é um movimento mundializado, seguindo princípios internacionalmente estabelecidos. Há, portanto, regras internacionais que devem ser seguidas, sob pena de o Brasil ser excluído do movimento cooperativista internacional, que se congrega na *ACI – Aliança Cooperativa Internacional* (*ICA – The International Co-Operative Aliance*). É um movimento internacional, portanto, que define a qualidade do ato cooperativo: o ato praticado (1) entre a cooperativa e seu cooperado, (2) entre os cooperados e a cooperativa e (3) entre as cooperativas entre si, quando associadas, para a consecução dos objetivos sociais. É esse movimento internacional, com assento inclusive na *Organização das Nações Unidas* (*ONU*), que assegura que o ato cooperativo não implica operação de mercado, nem contrato de compra e venda de produto ou mercadoria. É ato jurídico de natureza própria, distinta dos atos praticados no âmbito das empresas e, mesmo, das sociedades simples. Não é, igualmente, ato de trabalho autônomo ou relação de emprego. O ato cooperativo é ato de natureza jurídica própria, caracterizado por cooperação, por operação conjunta, colaboracional, por união de esforços pelo bem comum.

Em fato, a Lei 5.764/71 teve a preocupação com tal dimensão internacionalizada do tipo societário, instituindo a Organização das Cooperativas Brasileiras (OCB), sociedade civil, com sede na Capital Federal, que funciona como órgão técnico-consultivo do Governo e a quem compete a representação do sistema cooperativista nacional junto aos movimentos internacionais. Nesse contexto, deve-se ter especial atenção para com as características essenciais do cooperativismo, com vigência e validade em todo o mundo:

Liberdade de adesão: sociedades cooperativas têm número ilimitado de cooperados; qualquer pessoa que queira aderir à cooperativa pode fazê-lo, desde que preencha os requisitos necessários para tanto. Por outro lado, ninguém pode ser obrigado a aderir, e todo cooperado tem liberdade para retirar-se quando quiser.

Variabilidade ou dispensa do capital social: o elemento essencial é a cooperação; a constituição de um fundo social (ou capital social) para tanto é elemento secundário;

havendo definição de fundo patrimonial comum, será ele variável por definição legal, não exigindo deliberação social para aumentar ou reduzir.

Limitação do número de quotas-partes do capital para cada cooperado:[1] não se admite que o fundo social da cooperativa esteja concentrado na mão de um único, ou de poucos cooperados. Nenhum associado pode subscrever mais de 1/3 do total das quotas-partes, salvo naquelas sociedades cooperativas em que a subscrição deva ser diretamente proporcional ao movimento financeiro do cooperado ou ao quantitativo dos produtos a serem comercializados, beneficiados ou transformados, ou, ainda, em relação à área cultivada ou ao número de plantas e animais em exploração; trata-se de *critério de proporcionalidade*. Também não estão sujeitas àquele limite as pessoas jurídicas de direito público que participem de cooperativas de eletrificação, irrigação e telecomunicações. De qualquer sorte, não há benefício financeiro direto ou vantagem política em titularizar mais de uma quota-parte. As cooperativas não podem distribuir qualquer espécie de benefício às quotas-partes do capital ou estabelecer outras vantagens ou privilégios, financeiros ou não, em favor de quaisquer associados ou terceiros, excetuando-se os juros até o máximo de 12% (doze por cento) ao ano que incidirão sobre a parte integralizada. Portanto, o titular de uma quota e o titular de trinta acabam tendo os mesmos direitos, fruto da condição de sócio (e a cada sócio corresponde um voto) e do trabalho desempenhado.

Cessão limitada de quota: é juridicamente impossível ceder as quotas-partes do capital a terceiros, *estranhos à sociedade*, ainda que por herança, excetuada a hipótese de o terceiro preencher as condições objetivas para se tornar um cooperado e, assim, ser admitido na sociedade.

Princípio da administração democrática: a cada cooperado corresponde um voto nas assembleias da cooperativa (singularidade), independentemente do número de quotas-partes que titularize ou do montante de seu movimento na sociedade. Quando se tratar de *cooperativas centrais, federações* e *confederações de cooperativas*, com exceção das que exerçam atividade de crédito, poder-se-á optar pelo critério da proporcionalidade.

Resultados em função das operações: os resultados da cooperativa, inclusive o retorno das sobras líquidas do exercício (o resultado do fechamento da contabilidade, observando-se ter havido recolhimento a maior do que o custo das operações realizadas), não são apurados em função do número de quotas de cada sócio cooperado, mas tendo em vista as operações por ele realizadas.

Indivisibilidade dos fundos: as cooperativas estão obrigadas a constituir (1) um *fundo de reserva*, destinado a reparar perdas e a atender ao desenvolvimento de suas atividades, formado com 10%, pelo menos, das sobras líquidas do exercício; e (2) um *fundo de assistência técnica, educacional e social*, destinado à prestação de assistência aos associados, seus familiares e, quando previsto nos estatutos, aos empregados da cooperativa, constituído de 5%, pelo menos, das sobras líquidas apuradas no exercício; e a assembleia

---

[1] Tais quotas deixam de integrar o patrimônio líquido da cooperativa quando se tornar exigível, na forma prevista no estatuto social e na legislação vigente, a restituição do capital integralizado pelo associado, em razão do seu desligamento, por demissão, exclusão ou eliminação (artigo 24, § 4º, da Lei 5.764/71, incluído pela Lei 13.097/15).

geral ainda pode criar outros. Em qualquer hipótese, na eventualidade de dissolução da cooperativa, tais fundos, por princípio, não poderão ser divididos pelos sócios, o que caracterizaria vantagem econômica não harmônica com os princípios do cooperativismo.

Neutralidade política, religiosa, racial e social: cooperativas não podem ser constituídas com objetivos sectários, nem ter tais referências como base dos critérios de admissão de seus cooperados; devem preservar a ideia de universalismo e ampla solidariedade humana.

Assistência a cooperados e empregados: é característica da cooperativa prestar assistência aos associados e, quando previsto nos estatutos, aos empregados da cooperativa, concretizando os ideais de solidariedade e colaboracionismo.

Limitação da área de admissão: a liberdade de adesão define-se em função de uma área de admissão, de uma circunscrição geográfica, definida em função das possibilidades de efetiva reunião, controle, operações e prestação de serviços. Há, portanto, uma baliza para aquela liberdade de admissão, um limite objetivo, não arbitrário e não segregador.

Admite-se que, por cláusula estatutária, a cooperativa seja dotada de legitimidade extraordinária autônoma concorrente para agir como substituta processual em defesa dos direitos coletivos de seus associados quando a causa de pedir versar sobre atos de interesse direto dos associados que tenham relação com as operações de mercado da cooperativa. Atua, assim, como um ente de representação coletiva. Mas isso, reitero, desde que haja previsão em seu estatuto e haja, de forma expressa, autorização manifestada individualmente pelo associado ou por meio de assembleia geral que delibere sobre a proposita da medida judicial.

3 Constituição da cooperativa

A sociedade cooperativa constitui-se por deliberação da assembleia geral dos fundadores, constante da respectiva ata, ou por instrumento público. O número mínimo de cooperados é aquele necessário para compor a administração da sociedade, conforme estatuto, mas nunca inferior a 20. O ato constitutivo deverá conter: (1) denominação da entidade, na qual deverá constar, obrigatoriamente, a expressão *cooperativa* (de resto, exclusiva deste tipo societário), seu objeto social e sua sede; (2) nome, nacionalidade, idade, estado civil, profissão e residência dos fundadores, que assinam o ato de constituição, bem como o valor e o número da quota-parte de cada um; (3) aprovação do estatuto da sociedade; e (4) nome, nacionalidade, estado civil, profissão e residência dos cooperados eleitos para os órgãos de administração, fiscalização e outros. Se o estatuto social não estiver transcrito no ato de constituição, deverá o respectivo instrumento ser assinado pelos fundadores, devendo conter: (1) denominação, sede, prazo de duração, área de ação, objeto da sociedade, fixação do exercício social e da data do levantamento do balanço geral; (2) direitos e deveres dos associados, natureza de suas responsabilidades e condições de admissão, demissão, eliminação e exclusão e normas para sua representação nas assembleias gerais; (3) capital mínimo, valor da quota-parte, mínimo de quotas-partes a serem subscritos pelo associado, modo de integralização das quotas-partes, bem como condições de sua retirada nos casos de demissão, eliminação ou exclusão do associado;

(4) forma de devolução das sobras registradas aos associados, ou do rateio das perdas apuradas por insuficiência de contribuição para cobertura das despesas da sociedade; (5) modo de administração e fiscalização, estabelecendo os respectivos órgãos, com definição de suas atribuições, poderes e funcionamento, a representação ativa e passiva da sociedade em juízo ou fora dele, o prazo do mandato, bem como o processo de substituição dos administradores e conselheiros fiscais; (6) formalidades de convocação das assembleias gerais e a maioria requerida para a sua instalação e validade de suas deliberações, vedado o direito de voto aos que nelas tiverem interesse particular sem privá-los da participação nos debates; (7) casos de dissolução voluntária da sociedade; (8) modo e processo de alienação ou oneração de bens imóveis da sociedade; (9) modo de reformar o estatuto; (10) número mínimo de associados; e se a cooperativa tem poderes para agir como substituta processual de seus associados, conforme faculta o artigo 88-A da Lei 5.764/71.

As sociedades cooperativas também demandam a formação de um patrimônio próprio, hábil a permitir a realização de suas atividades. O legislador fala em *capital social*; melhor seria dizer *fundo social*, face ao significado técnico do termo *capital*: valor investido para a produção de lucro, o que não há no cooperativismo. O estatuto pode estipular que o pagamento das quotas-partes para a formação desse *fundo social* se faça por meio de prestações periódicas, independentemente de chamada, por meio de contribuições ou outra forma. Aceitam-se, ademais, quando não se tratar de cooperativa de crédito, cooperativa agrícola mista com seção de crédito e cooperativa habitacional, a integralização das quotas-partes e o aumento do fundo social por meio da incorporação de bens, avaliados previamente, com posterior homologação em assembleia geral, bem como mediante retenção de determinada porcentagem do valor do movimento financeiro de cada associado. Já nas sociedades cooperativas em que a subscrição de capital seja diretamente proporcional ao movimento ou à expressão econômica de cada associado, o estatuto deverá prever sua revisão periódica para ajustamento às condições vigentes.

Para seu funcionamento, a sociedade cooperativa deverá ter um livro de matrícula, no qual os associados serão inscritos por ordem cronológica de admissão, constando (1) nome, idade, estado civil, nacionalidade, profissão e residência do associado; (2) data de sua admissão e, quando for o caso, de sua demissão a pedido, eliminação ou exclusão; e (3) conta corrente das respectivas quotas-partes do capital social. Haverá, ainda, *livro de atas das assembleias gerais, livro de atas dos órgãos de administração, livro de atas do conselho fiscal, livro de presença dos associados nas assembleias gerais*; isso independentemente de outros livros obrigatórios, fiscais e contábeis.

4   Admissão, eliminação e exclusão de cooperados

Desde que preencha as condições estabelecidas no estatuto e aceite os propósitos sociais, qualquer pessoa pode ingressar na cooperativa, em face do princípio da liberdade de adesão, embora limitado sempre que se torne tecnicamente impossível a prestação de serviços a novos cooperados, bem como seja possível estipular condições geográficas, admitindo pessoas que estejam em sua área de operação. A admissão de um cooperado principia com um pedido de ingresso formulado pelo interessado, submetido à aprovação pelo órgão de administração, complementando-se com a subscrição das quotas-partes de capital social e a sua assinatura no Livro de Matrícula. Excetuam-se as cooperativas de crédito e as agrícolas mistas com seção de crédito, regidas por normas especiais, já que atuam no Sistema Financeiro Nacional. As cooperativas não podem (1) remunerar a quem agencie novos cooperados; (2) cobrar prêmios ou ágio pela entrada de novos cooperados ainda a título de compensação das reservas; e (3) estabelecer restrições de qualquer espécie ao livre exercício dos direitos sociais, devendo tratar todos os cooperados isonomicamente. No entanto, não poderão ingressar no quadro das cooperativas os agentes de comércio e empresários que operem no mesmo campo econômico da sociedade, evitando-se, assim, a concorrência predatória, em desproveito da coletividade cooperativa.

Unimed Campinas

O Dr. Rafael, médico especialista em otorrinolaringologia, pretendeu ser admitido pela Unimed Campinas Cooperativa de Trabalho Médico, mas teve sua pretensão negada ao fundamento de que somente poderia fazê-lo por meio de aprovação em processo seletivo, quando fosse aberto. Assim, foi ao Judiciário paulista e, tanto em primeira quanto em segunda instâncias, obteve o reconhecimento de seu direito à filiação. O acórdão do Tribunal de Justiça de São Paulo fundou-se no Enunciado X do Grupo Reservado de Direito Empresarial daquela Corte: "A exigência de aprovação em processo seletivo ou de realização de curso de cooperativismo como condição de ingresso em cooperativa não tem base legal e viola o 'princípio das portas abertas'". Destacaram os desembargadores que não havia qualquer impugnação à qualificação técnica e profissional do autor para a atividade médica que se propõe, apenas se justificando a negativa na ausência de aprovação em processo seletivo.

A cooperativa recorreu ao Superior Tribunal de Justiça e o entendimento foi revisto: Agravo Interno nos Embargos Declaratórios no Recurso Especial 1.959.415/SP: "o julgado estadual está em dissonância com a jurisprudência do STJ, que firmou o entendimento de que o princípio das 'portas abertas', característico do sistema jurídico das cooperativas, comporta as duas ordens de restrições ao ingresso do interessado: a primeira, contida no artigo 4º, I, referente à própria logística de prestação de serviços pela entidade, que pode encontrar limites operacionais de ordem técnica; e a segunda, prevista no art. 29, relacionada aos propósitos sociais da cooperativa e ao preenchimento, pelo aspirante, das condições estabelecidas no estatuto, as quais podem versar, inclusive, sobre restrições a categorias de atividade ou profissão". Como Rafael havia conseguido integrar-se à cooperativa por meio de tutela de urgência, seu pronto desligamento foi determinado pelo Judiciário.

No mesmo sentido tem-se o julgamento do Recurso Especial 1.396.255/SE: (1) Segundo a disciplina da Lei 5.764/71, o princípio das "portas abertas", característico do sistema jurídico das cooperativas, comporta as duas ordens de restrições ao ingresso do interessado: a primeira, contida no artigo 4º, I, referente à própria logística de prestação de serviços pela entidade, que pode encontrar limites operacionais de ordem técnica; e a segunda, prevista no art. 29, relacionada aos propósitos sociais da cooperativa e ao preenchimento, pelo aspirante, das condições estabelecidas no estatuto, as quais podem versar, inclusive, sobre restrições a categorias de atividade ou profissão. (2) Nos termos do artigo 4º, I, da Lei 5.764/71, "atingida a capacidade máxima de prestação de serviços pela cooperativa, aferível por critérios objetivos e verossímeis, impedindo-a de cumprir sua finalidade, é admissível a recusa de novos associados" (REsp 1.901.911/SP, Rel. Min. Ricardo Villas Bôas Cueva, Terceira Turma, julgado em 24/8/2021, *DJe* 31/8/2021). (3) Diante do híbrido regime jurídico ao qual as Cooperativas de Trabalho Médico estão sujeitas (Lei 5.764/71 e Lei 9.656/98), jurídica é a limitação, de forma impessoal e objetiva, do número de médicos cooperados, tendo em vista o mercado para a especialidade e o necessário equilíbrio financeiro da cooperativa. A interpretação harmônica das duas leis de regência consolida o interesse público que permeia a atuação das cooperativas médicas e viabiliza a continuidade das suas atividades, mormente ao se considerar a responsabilidade solidária existente entre médicos cooperados e cooperativa e o possível desamparo dos beneficiários que necessitam do plano de saúde. (4) O eventual insucesso no processo de seleção realizado pela cooperativa, atendidos critérios objetivos, não impede o exercício da profissão médica em variados estabelecimentos de saúde, nem a prestação de serviço como credenciado de outras operadoras de plano de assistência à saúde.

O sócio se *retirará* da sociedade quando quiser, podendo, ademais, ser *eliminado* em virtude de infração legal ou estatutária, ou por fato especial previsto no estatuto, mediante termo firmado por quem de direito no Livro de Matrícula, com os motivos que a determinaram. A decisão de eliminação será comunicada ao cooperado em, no máximo, 30 dias, sendo possível o oferecimento de recurso à primeira assembleia geral, a quem caberá a palavra final. O artigo 35 da Lei 5.764/71 ainda fala em *exclusão* do cooperado, hipótese de cancelamento da matrícula que será feita quando houver (1) dissolução da pessoa jurídica sócia cooperada, (2) morte do cooperado, (3) incapacidade civil não suprida, ou (4) por deixar de atender aos requisitos estatutários de ingresso ou permanência na cooperativa. Note-se que, quando não se tratar de cooperativa limitada, a responsabilidade do cooperado perante terceiros, por compromissos da sociedade, perdura para os demitidos, eliminados ou excluídos até quando aprovadas as contas do exercício em que se deu o desligamento.

5 Órgãos sociais das cooperativas

A *assembleia geral* é o órgão supremo da sociedade cooperativa, com poderes para decidir sobre os negócios que digam respeito ao objeto de atuação da cooperativa, bem como tomar resoluções convenientes ao desenvolvimento e à defesa da sociedade, respeitados a legislação e o estatuto. Sua convocação se fará por meio de editais afixados em locais apropriados das dependências comumente mais frequentadas pelos associados, publicação em jornal e comunicação aos associados por intermédio de circulares, com antecedência mínima de dez dias. Podem convocá-la o presidente da cooperativa, qualquer dos órgãos de administração, conselho fiscal e, mesmo, por cooperados, em pleno gozo dos seus direitos, que totalizem 25% do total dos sócios. Suas votações – que aceitam mesmo votação à distância e realização digital (artigo 43-A) – são decididas pela maioria dos cooperados com direito de votar que estejam presentes; o que for decidido, no entanto, vincula a cooperativa e, assim, a todos os cooperados, mesmo os que estavam ausentes, os que votaram contra e os que se abstiveram. Ressalte-se, uma vez mais, que, nas cooperativas singulares, a cada cooperado presente caberá um único voto. Havendo mais de 3.000 cooperados ou filiados residindo a mais de 50 km da sede, o estatuto poderá prever a representação por delegados que tenham a qualidade de cooperados no gozo de seus direitos sociais e não exerçam cargos eletivos na sociedade. Prescreve em quatro anos a ação para anular as deliberações da assembleia geral viciadas de erro, dolo, fraude ou simulação, ou tomadas com violação da lei ou do estatuto, contado o prazo da data em que a assembleia foi realizada.

As assembleias gerais podem ser ordinárias ou extraordinárias. As ordinárias são convocadas anualmente, nos três primeiros meses após o término do exercício social, deliberando sobre: (1) prestação de contas dos órgãos de administração acompanhada de parecer do Conselho Fiscal; a aprovação do relatório, balanço e contas dos órgãos de administração desonera seus componentes de responsabilidade, ressalvados os casos de erro, dolo, fraude ou simulação, bem como de infração da lei ou do estatuto; ressalvam-se as cooperativas de crédito e das agrícolas mistas com seção de crédito; (2) destinação das sobras apuradas ou rateio das perdas decorrentes da insuficiência das contribuições para cobertura das despesas da sociedade, deduzindo-se, no primeiro caso, as parcelas para os *fundos obrigatórios*; (3) eleição dos componentes dos órgãos de administração, do conselho fiscal e de outros, quando for o caso; (4) quando prevista, a fixação do valor de honorários, gratificações e cédula de presença dos membros do *conselho de administração* ou da *diretoria* e do *conselho fiscal*; (5) quaisquer outros assuntos de interesse social, desde que não tenham por objeto matéria que seja de competência exclusiva da assembleia geral extraordinária. Já a *assembleia geral extraordinária* será convocada sempre que necessário, deliberando sobre qualquer assunto, desde que mencionado no edital de convocação; são de sua competência exclusiva: (1) reforma do estatuto; (2) fusão, incorporação ou desmembramento; (3) mudança do objeto da sociedade; (4) dissolução voluntária da sociedade e nomeação de liquidantes; e (5) aprovação das contas do liquidante. Em todos esses casos, são necessários os votos de 2/3 dos cooperados presentes, para tornar válidas as tais deliberações.

A sociedade cooperativa é administrada por uma *diretoria* ou um *conselho de administração*, conforme disponha seu estatuto, ambos compostos exclusivamente de cooperados eleitos pela assembleia geral, sendo que o associado que aceitar e estabelecer relação empregatícia com a cooperativa perde o direito de votar e ser votado, até que sejam aprovadas as contas do exercício em que ele deixou o emprego. Também são inelegíveis os condenados a pena que vede, ainda que temporariamente, o acesso a cargos públicos; ou por crime falimentar, de prevaricação, peita ou suborno, concussão, peculato, ou contra a economia popular, a fé pública ou a propriedade; como se não bastasse, não podem compor uma mesma Diretoria ou Conselho de Administração os parentes entre si até segundo grau, em linha reta ou colateral. O estatuto fixará o mandato dos administradores, nunca superior a quatro anos, bem como dirá se é lícita ou não a reeleição, embora, em se tratando de conselho de administração, seja legalmente obrigatória a renovação de, no mínimo, 1/3 de seus membros.

Os atos dos administradores eleitos – e mesmo dos gerentes técnicos ou comerciais contratados, ainda que estranhos ao quadro social –, se praticados no limite da lei e do estatuto, vinculam a cooperativa e não à sua própria pessoa. No exercício de suas funções, estão obrigados a agir com dedicação e denodo, sempre atentos aos interesses primeiros da cooperativa e da coletividade de cooperados, respondendo, perante a sociedade, pelos prejuízos resultantes de desídia, dolo ou culpa. Se o diretor ou membro do conselho de administração tem interesse oposto ao da sociedade em qualquer operação, não pode participar das respectivas deliberações, devendo confessar o impedimento. A mesma obrigação tem o mero cooperado nas assembleias gerais. Aliás, os componentes da administração e do conselho fiscal equiparam-se aos administradores das sociedades anônimas para efeito de responsabilidade criminal. No plano cível, a sociedade, por seus diretores, ou representada pelo associado escolhido em assembleia geral, terá direito de ação contra os administradores, para promover sua responsabilidade, sem prejuízo da ação que cabe ao cooperado, por prejuízos individualmente sofridos.

O *conselho fiscal* tem a função de fiscalizar a atuação dos administradores, sendo composto de três membros efetivos e três suplentes, todos cooperados, eleitos anualmente pela assembleia geral, sendo permitida apenas a reeleição de 1/3 dos seus componentes; não podem compô-lo os inelegíveis para a administração, ocupantes de órgãos de administração, seus parentes até o segundo grau, em linha reta ou colateral, bem como os parentes entre si até esse grau.

Mesmo antes do fim do mandato, poderá a assembleia geral (ordinária ou extraordinária) destituir membros dos órgãos de administração ou fiscalização. Julgando a assembleia que tal destituição poderá afetar a regularidade da administração ou fiscalização da entidade, o parágrafo único daquele mesmo artigo faculta-lhe designar administradores e conselheiros provisórios, até a posse dos novos, cuja eleição se efetuará no prazo máximo de 30 dias.

6 Dissolução e liquidação

As sociedades cooperativas se dissolvem de pleno direito nas seguintes hipóteses: (1) deliberação da assembleia geral, desde que um mínimo de 20 cooperados, nas cooperativas singulares, ou três, nas cooperativas centrais ou federações de cooperativas, não se disponham a assegurar a sua continuidade; (2) pelo decurso do prazo de duração; (3) pela consecução dos objetivos predeterminados; (4) devido à alteração de sua forma jurídica; (5) pela redução do número mínimo de cooperados ou do capital social mínimo se, até a assembleia geral subsequente, realizada em prazo não inferior a seis meses, eles não forem restabelecidos; (6) pelo cancelamento da autorização para funcionar, embora circunscrito àquelas que, pelo tipo de atividade, a exijam; (7) pela paralisação de suas atividades por mais de 120 dias.

À dissolução segue-se o procedimento de liquidação, que terminará com a extinção da personalidade e o cancelamento do registro respectivo. Essa liquidação será de responsabilidade de um ou mais liquidantes, nomeados pela assembleia geral, quando esta deliberar a dissolução; também será nomeado um conselho fiscal de três membros e três suplentes, com a finalidade de acompanhar os atos do liquidante ou liquidantes. A qualquer momento, a assembleia pode destituir os liquidantes e os membros do Conselho Fiscal, designando substitutos. Os liquidantes terão todos os poderes normais de administração, podendo praticar atos e operações necessários à realização do ativo e pagamento do passivo, mas não podem, sem autorização da assembleia, gravar de ônus os móveis e imóveis, contrair empréstimos, salvo quando indispensáveis para o pagamento de obrigações inadiáveis, nem prosseguir, embora para facilitar a liquidação, na atividade social. Durante o procedimento, a denominação da cooperativa virá seguida da expressão – *em liquidação*.

Para a preservação dos interesses da coletividade, o liquidante ou liquidantes deverão convocar a assembleia geral a cada seis meses ou sempre que necessário, apresentando-lhe relatório e balanço do estado da liquidação e prestando contas dos atos praticados durante o período anterior. Após levantamento e realização do ativo e o pagamento do passivo, havendo sobra de patrimônio (*superfluum*), reembolsarão os cooperados do valor de suas quotas-partes; a assembleia pode deliberar que se façam rateios por antecipação da partilha, à medida em que se apurem os haveres sociais, desde que já estejam pagos todos os credores. Por fim, darão destino a eventual sobra: instituição municipal, estadual ou federal de fins idênticos ou semelhantes, a Fazenda Estadual, se entidade de âmbito local, ou a Fazenda Nacional, se entidade cuja área transcenda os limites de uma Unidade da Federação; se o patrimônio ativo realizado não for suficiente para saldar os credores, os liquidantes, sendo de responsabilidade ilimitada a sociedade cooperativa, fornecerão aos credores a relação dos cooperados. Finda a liquidação, a assembleia geral será convocada para prestação final de contas; se aprovadas, encerra-se a liquidação e a sociedade se extingue, devendo a ata da assembleia ser arquivada na Junta Comercial e publicada, extinguindo-se, assim, a sociedade. Aquele cooperado que, presente a tal assembleia, discordar da aprovação das contas, terá o prazo de 30 dias, a contar da publicação da ata, para promover a ação que couber.

Unimed Foz do Iguaçu

A Dra. Deise ajuizou uma ação contra a Unimed de Foz do Iguaçu Cooperativa de Trabalho Médico pedindo, em virtude de seu desligamento da cooperativa, (1) o recebimento da quantia referente à sua quota capital e (2) de valores descontados a título de "fundo de construção", além da (3) declaração de inexigibilidade de um débito que lhe estaria sendo exigido. O juiz julgou o pedido parcialmente procedente, determinando a restituição à autora do valor da quota capital integralizada, corrigida monetariamente pela média aritmética do INPC/IGP-DI, a partir da integralização e acrescidos de juros de 1% (um por cento) ao mês, bem como do valor aportado a título de fundo de construção, corrigido monetariamente pela média aritmética do INPC/IGP-DI, a partir de cada aporte e acrescidos de juros de 1% (um por cento) ao mês, desde a citação.

O Tribunal de Justiça do Paraná, provocado por uma apelação, discordou. Os desembargadores consideraram que restou incontroversa a legalidade das contas prestadas pela Cooperativa, não havendo rediscutir a pertinência ou não do cômputo de provisionamentos entre as contingências passivas. Assim sendo, tomou-se como premissa um déficit de R$ 229.526,25. A cooperativa se constituiu sob forma de sociedade de responsabilidade limitada, mas seu estatuto previa "que as perdas e prejuízos aferidos no balancete aprovado em Assembleia Geral Ordinária, se não cobertos pela utilização do Fundo de Reserva, serão rateados proporcionalmente entre os cooperados, como se verifica no artigo 91 do mesmo Estatuto. Tal dispositivo coaduna com o disposto nos artigos 80 e 81 da Lei 8.764/71 e no artigo 1.095, parágrafo 1º do Código Civil". Assim, aqueles que pediram o seu desligamento naquele ano deveriam participar do rateio, na forma da deliberação da assembleia geral: "Restou comprovado nos autos, principalmente através da perícia realizada na fase instrutória, que, do total devido proporcionalmente pela apelada após o rateio, subtraídos os valores relativos à sua quota-capital e à sua parte no fundo de construção, o valor apurado foi de fato R$ 10.081,26 (fls. 618 e ss.). Possuindo as decisões tomadas em Assembleia Geral Ordinária caráter genérico e soberano, bem como considerando as características específicas de sociedade cooperativas, deve a apelada arcar com sua parte nos déficits patrimoniais da apelante, pois, caso contrário, estaria a prejudicar os demais cooperados."

Por meio do Recurso Especial 1.751.631/PR a questão foi levada ao conhecimento da Terceira Turma do Superior Tribunal de Justiça que, entrementes, concordou com a Dra. Deise, discordando do Tribunal de Justiça do Paraná. Aquela alta corte, antes de mais nada, posicionou a questão: "Cinge-se a controvérsia a saber se o provisionamento de dívidas, mesmo que legitimamente incluído no balanço patrimonial, pode ser considerado no rateio proporcional de prejuízos e cobrado do cooperado que se demite da sociedade". Para resolver o controverso, partiu-se de um esclarecimento: "no ordenamento infraconstitucional, naquilo que não contrariar os arts. 1.093 a 1.095 do Código Civil de 2002, as sociedades cooperativas permanecem regidas pela Lei 5.764/1971, aplicando-se, na hipótese de omissão legal, as disposições referentes à sociedade simples, a teor do disposto no art. 1.096 do mesmo Código. Disso resulta que a norma do art. 13 da Lei 5.764/1971, segundo a qual *a responsabilidade do associado para com terceiros, como membro da sociedade, somente poderá ser invocada depois de judicialmente exigida da cooperativa*', por não confrontar com nenhuma disposição do Código Civil de 2002, permanece em pleno vigor, mas não tem nenhuma pertinência para a solução da presente controvérsia, tendo em vista que não se está a tratar da responsabilidade do cooperado para com terceiros, mas da sua responsabilidade perante a própria sociedade e os demais sócios pelo prejuízo verificado nas operações sociais. Pelo mesmo motivo, também é irrelevante para a solução do litígio o fato de o Estatuto Social da Cooperativa dispor que a responsabilidade do cooperado pelas obrigações sociais assumidas com terceiro é subsidiária e somente pode ser invocada depois de judicialmente exigida da Cooperativa".

Seguiram adiante os ministros em seu raciocínio. "Quanto ao rateio de prejuízos entre cooperados, que não se confunde com o rateio das despesas gerais da sociedade, sua disciplina está prevista nos arts. 80, 81 e 89 da Lei 5.764/1971. [...] No Estatuto Social da ora recorrida há semelhante previsão normativa dispondo que '[...] *o cooperado se obriga a pagar sua parte nas perdas apuradas em balanço, na proporção das operações que houver realizado com a cooperativa, se o Fundo de Reserva Legal não for suficiente para cobri-las*' (art. 7º, VI), persistindo a responsabilidade do cooperado demitido até a data de aprovação, pela Assembleia Geral, do balanço e das contas do exercício em que ocorrer a demissão (art. 13)". No entanto, prosseguiram, "na hipótese dos autos, o valor que se pretendeu ratear entre cooperados resultou da inclusão, no balanço do exercício de 2006, de '*provisão para contingências fiscais, trabalhistas e cíveis*', conforme documento encaminhado à autora pela própria Cooperativa". E aí estaria o problema: provisões não constituem perdas efetivas, mas separação de valores para pagamentos eventuais, ou seja, para eventos futuros, ainda que de ocorrência provável. Como se estudará adiante, não são parte do passivo propriamente dito.

Daí a ponderação da Terceira Turma do Superior Tribunal de Justiça: "É preciso observar, todavia, que tanto a lei quanto o Estatuto somente admitem o rateio, entre cooperados, dos prejuízos verificados no decorrer do exercício, ou seja, das perdas apuradas em balanço relativo ao exercício findo, mas, ainda assim, restrito à hipótese de insuficiência dos recursos provenientes do Fundo de Reserva. Diante desse contexto, não poderia a assembleia impor o rateio da quantia de R$ 5.854.542,74 (cinco milhões oitocentos e cinquenta e quatro mil quinhentos e quarenta e dois reais e setenta e quatro centavos) entre os cooperados, pois não correspondente aos prejuízos verificados no decorrer do exercício, limitados a R$ 229.526,25 (duzentos e vinte e nove mil quinhentos e vinte e seis reais e vinte e cinco centavos), sobretudo porque o saldo do Fundo de Reserva (R$ 455.723,26) era suficiente para cobri-los". Arremataram: "Assim, ainda que seja obrigatório o registro de provisões no balanço patrimonial de sociedades cooperativas de serviços médicos, não apenas por determinação da Agência Nacional de Saúde Suplementar (ANS), mas também para fins de adequação às normas de contabilidade, não era possível incluir no rateio entre cooperados, sobretudo daqueles que se demitiram da sociedade, valores que não diziam respeito a prejuízos verificados no decorrer do exercício em que se deu a retirada. Nada impedia que a Assembleia Geral decidisse pela formação de um fundo para saldar as obrigações que deram ensejo às provisões realizadas, mas só poderia exigir a respectiva contrapartida financeira dos cooperados que ainda permaneciam vinculados à sociedade".

13
RELAÇÕES E METAMORFOSES SOCIETÁRIAS

1 Coligação

As pessoas jurídicas são criações humanas, vale dizer, artifícios que se constroem nos limites legais. Há um enorme espaço para a criação considerando dois limites: (1) deixar de fazer o que é proibido e (2) fazer o que é obrigatório. Quem domina a tecnologia do Direito Empresarial e do Direito Societário está capacitado a montar estruturas as mais diversas e, assim, atender às necessidades e conveniências de investidores. Por exemplo: pessoas jurídicas que são sócias de pessoas jurídicas, mudança de tipo societário, fusões ou incorporações societárias, para não falar das cisões.

Sociedades que sejam sócias de sociedades? Claro. A sociedade em nome coletivo demanda sócios que sejam pessoas naturais; nos demais tipos societários, admitem-se sócios que sejam pessoas jurídicas, embora com algumas limitações: na sociedade em comandita simples, os sócios comanditados devem ser pessoas naturais, a exemplo dos sócios-diretores na sociedade em comandita por ações. A possibilidade de haver sócios que sejam pessoas jurídicas nos coloca uma questão relevante: a titularidade de quotas ou ações de uma sociedade por outra; com efeito, uma sociedade pode ter por objeto social apenas a participação em outras sociedades, tirando justamente daí uma vantagem econômica; é a chamada *holding* ou *sociedade de participações*. Um exemplo é a *Bradespar S/A*, companhia que detém participações relevantes em outras sociedades como a *CPFL Energia* e a *Vale S/A*.

O artigo 1.097 do Código Civil refere-se à *coligação de sociedades*, afirmando considerarem-se *coligadas* as sociedades que, em suas relações de capital, são (1) controladas, (2) filiadas, ou (3) de simples participação. Há, portanto, três situações específicas, que merecem ser estudadas. No *controle societário*, uma sociedade (*sociedade controladora*) detém o poder de ditar o futuro e a administração de outra; esse controle pode ser direto ou indireto. É controlada a sociedade de cujo capital outra sociedade possua a maioria dos votos nas deliberações dos quotistas ou da assembleia geral e o poder de eleger a maioria dos administradores; há aí *controle societário direto*. Note-se que *a maioria dos votos e o poder de eleger a maioria dos administradores* não se confundem com maioria absoluta; não é necessário que a sociedade controladora tenha 50% mais uma das quotas ou ações. É preciso que, de fato, detenha a maioria suficiente para ditar a administração e as deliberações da sociedade controlada, o que, em sociedades anônimas abertas, com capital disperso no mercado de valores mobiliários, pode equivaler a 25% do capital votante, como exemplo.

O controle societário é uma situação de fato (*quaestio facti*), apurada caso a caso; sua aferição, aliás, não pode ser eventual: uma vitória em deliberação ou eleição, por si só, não caracteriza controle, razão pela qual o artigo 243, § 2º, da Lei 6.404/76 fala em *preponderância, de modo permanente, nas deliberações sociais e o poder de eleger a maioria dos administradores*. Há, ainda, o controle indireto: é controlada a sociedade cujo controle, como acima posto, esteja em poder de outra, mediante ações ou quotas possuídas por sociedades ou sociedades por esta já controladas. Assim, se a sociedade *B* decide sobre as deliberações e eleições da sociedade *C*, e a sociedade *A* decide sobre as deliberações e eleições da sociedade *B*, tem-se, por via de consequência, que a sociedade *A* é considerada controladora indireta da sociedade *C*, mesmo não tendo uma única quota ou ação desta última.

Diz-se *sociedade coligada* (em sentido estrito) ou *sociedade filiada* a sociedade de cujo capital outra sociedade participa com dez por cento ou mais do capital da outra, sem controlá-la. Por fim, há *simples participação societária* quando uma sociedade detenha menos de dez por cento do capital com direito de voto de uma outra sociedade. Nesse contexto, coloca-se o problema da participação societária (em sentido largo) recíproca: filiação ou participação simples da sociedade *A* no capital da sociedade *B* e, simultaneamente, filiação ou participação simples da sociedade *B* no capital da sociedade *A*. A participação recíproca tem por grande problema o enfraquecimento do patrimônio ativo de ambas as sociedades, podendo produzir uma descapitalização oculta de ambas as sociedades. Veja: imaginem-se duas sociedades que tenham o mesmo capital social; se há participação societária recíproca, cada qual detendo 9,5% do capital social da outra, compensando-se os direitos de ambas, esse ativo simplesmente não existirá. Justamente por isso, o artigo 1.101 do Código Civil prevê que, salvo disposição especial de lei, uma sociedade não pode participar de outra, que seja sua sócia, por montante superior ao das próprias reservas, excluída a reserva legal, segundo o balanço. Como a reserva de capital, ver-se-á no próximo capítulo, é uma sobra de capital, com a utilização desse sobrevalor (desse superávit) seria evitado que, diante da compensação dos direitos recíprocos, houvesse um enfraquecimento do ativo de ambas as sociedades. Aprovado o balanço em que se verifique ter sido excedido o limite das reservas de capital, a sociedade não poderá exercer o direito de voto correspondente às ações ou quotas em excesso, as quais devem ser alienadas nos 180 dias seguintes àquela aprovação.

Em se tratando de sociedade anônima, há regra específica, disposta no artigo 244 da Lei 6.404/76, que veda a participação recíproca entre a companhia e suas coligadas ou controladas, excetuada a hipótese em que ao menos uma das sociedades participa de outra com observância das condições em que a lei autoriza a aquisição das próprias ações, como já estudado neste livro, embora, mesmo nesse caso, a sociedade deva alienar, dentro de seis meses, as ações ou quotas que excederem o valor dos lucros ou reservas, sempre que esses sofrerem redução. Ainda assim, as ações do capital da controladora, de propriedade da controlada, terão suspenso o direito de voto. Em se tratando de companhia aberta, deverão ser ainda respeitadas as normas expedidas pela Comissão de Valores Mobiliários, que poderá, inclusive, subordiná-la a prévia autorização em cada caso.

A participação recíproca, quando ocorrer em virtude de incorporação, fusão ou cisão, operações que se estudarão nos próximos itens deste capítulo, ou até quando decorra da aquisição, pela companhia, do controle de sociedade, deverá ser mencionada nos relatórios e demonstrações financeiras de ambas as sociedades, e será eliminada no prazo máximo de um ano. No caso de coligadas, salvo acordo em contrário, deverão ser alienadas as ações ou quotas de aquisição mais recente ou, se da mesma data, que representem menor porcentagem do capital social. A aquisição de ações ou quotas de que resulte participação recíproca com violação a tais disposições importa responsabilidade civil solidária dos administradores da sociedade, equiparando-se, para efeitos penais, à compra ilegal das próprias ações, o que o artigo 177, IV, do Código Penal considera crime de fraude ou abuso na administração de sociedades por ações, com pena de reclusão de um a quatro anos, e multa, se o fato não constituir crime contra a economia popular.

broto

Plataforma Broto

Em meados de 2022, o Banco do Brasil S.A. comunicou ao mercado haver assinado um memorando de entendimentos de caráter não vinculante com a BB Mapfre Participações S.A., uma sociedade coligada indireta, por meio da BB Seguridade Participações S.A. A finalidade do memorando era a constituição, de forma conjunta, de uma nova sociedade, que teria a denominação Broto S.A., cujo objetivo seria conduzir os negócios de uma plataforma digital. A Plataforma Broto atua na cadeia produtiva do agronegócio, sendo, atualmente, desenvolvida pela Brasilseg Companhia de Seguros, uma subsidiária integral da BB Mapfre Participações S.A., sociedade que deu personalidade jurídica à combinação de operações de Banco do Brasil Seguros e a Mapfre Brasil Participações S.A. A BB Mapfre Participações S.A., segundo o balanço patrimonial de 2020, tinha um capital social de R$ 1.469.848.000 e um patrimônio líquido de R$ 2.294.376.000.

Noutras palavras, os administradores societários entendiam que o negócio (a plataforma digital) merecia ser conduzido por uma pessoa jurídica própria que, uma vez constituída, adotaria a denominação Broto S.A. A constituição efetiva da companhia, contudo, estava ainda sujeita à discussão e formalização de documentos definitivos, entre os quais o acordo de acionistas e os acordos operacionais, às aprovações nas respectivas governanças das empresas envolvidas, além da obtenção das autorizações regulatórias e governamentais aplicáveis. Mais do que isso, era necessário um acordo que regulasse os termos e as condições da oferta dos produtos nas atuais e futuras plataformas e canais da Plataforma Broto, bem como definição de valores a serem aportados pelas partes. De qualquer sorte, a participação do Banco do Brasil S.A. considerava sua reconhecida expertise e relacionamento estreito com os diversos elos da cadeia produtiva do agronegócio.

Um terno de meses depois, outro comunicado ao mercado dava notícia de que o Conselho de Administração do Banco do Brasil S.A. tinha aprovado a assinatura dos documentos societários necessários para a constituição da Broto S.A., de forma conjunta com a Brasilseg Companhia de Seguros (e não com a BB Seguridade Participações S.A., observe-se), outra empresa controlada pela *holding* BB Seguridade Participações S.A. A nova companhia, Broto S.A., passaria a conduzir os negócios da Plataforma Digital Broto. Seu capital social seria composto de ações ordinárias e preferenciais, sem o direito a voto. O Banco do Brasil S.A. subscreveu 50% do capital social, integralizados em dinheiro, recebendo toda sua participação em ações preferenciais. A Brasilseg Companhia de Seguros subscreveu a outra metade, recebendo apenas ações ordinárias, a serem integralizadas assim: uma parcela em dinheiro (formação de caixa) e outra parte por meio da transferência de bens, direitos e ativos que estejam associados à Plataforma Broto, totalizando um investimento de R$ 31,2 milhões.

Pode ficar mais divertido e mais emocionante? Claro que pode. É para isso que serve o Direito Empresarial e o Direito Societário. Então, veja: documentos societários previam que a Brasilseg Companhia de Seguros outorgava ao Banco do Brasil S.A. a opção de compra sobre a totalidade das ações de sua titularidade na Broto S.A. Esse direito seria exercível mediante pagamento da totalidade do montante aportado pela Seguradora na Broto, corrigido pelo CDI acumulado no período, no prazo de até 12 meses, contados da data de assinatura do acordo de acionistas, prorrogáveis por igual período. E tem mais. Ainda que houvesse a compra da participação societária, garantiu-se à Brasilseg Companhia de Seguros, após a alienação, o direito de acesso à Plataforma Broto para venda dos seus produtos de seguro, embora prevendo-se que a intermediação dessas operações, com exclusividade, seria da BB Corretora de Seguros e Administradora de Bens S.A., sociedade controlada pela BB Seguridade Participações S.A., a qual será intermediada, com exclusividade, pela BB Corretora.

Nem romance policial é tão fascinante. Detalhe: por trás de tudo isso estão advogados, contadores, administradores de empresa, economistas. Gente que, até bem pouco tempo, esforçava-se nos bancos de faculdade.

Os administradores não podem, em prejuízo de uma sociedade, favorecer sociedade coligada, controladora ou controlada, cumprindo-lhes zelar para que as operações entre as sociedades, se houver, observem condições estritamente comutativas, ou com pagamento compensatório adequado. Resulta o dever de responder perante a companhia pelas perdas e danos resultantes de atos praticados em desrespeito a tal obrigação.

Para além da responsabilidade pessoal dos administradores, a própria sociedade controladora será obrigada a reparar os danos que causar à companhia por atos praticados com infração aos deveres do acionista controlador. A ação para haver reparação cabe a acionistas que representem 5% ou mais do capital social; cabe, igualmente, a qualquer acionista, desde que preste caução pelas custas e honorários de advogado devidos no caso de vir a ação ser julgada improcedente. A sociedade controladora, se condenada, além de reparar o dano e arcar com as custas, pagará honorários de advogado de 20% e prêmio de 5% ao autor da ação, calculados sobre o valor da indenização.

2 Grupo de sociedades

A sociedade controladora e suas controladas podem constituir um *grupo de sociedades*. Para tanto, deverão estabelecer uma *convenção*, por meio da qual se obriguem a combinar recursos ou esforços para a realização dos respectivos objetos, ou a participar de atividades ou empreendimentos comuns. Para tanto, a sociedade controladora, ou de comando do grupo, deve ser brasileira, e exercer, direta ou indiretamente, e de modo permanente, o controle das sociedades filiadas, como titular de direitos de sócio ou acionista, ou mediante acordo com outros sócios ou acionistas. Destaque-se que a companhia que, por seu objeto, depende de autorização para funcionar somente poderá participar de grupo de sociedades após a aprovação da convenção do grupo pela autoridade competente para aprovar suas alterações estatutárias.

Será a *convenção do grupo* que estabelecerá as relações entre as sociedades, a estrutura administrativa do grupo e a coordenação ou subordinação dos administradores das sociedades filiadas. Essa convenção, aprovada pelas sociedades que componham o grupo, deverá conter:

Elementos obrigatórios da Convenção de Grupo de Sociedades:

1. a designação do grupo;
2. a indicação da sociedade de comando e das filiadas;
3. as condições de participação das diversas sociedades;
4. o prazo de duração, se houver, e as condições de extinção;

5. condições de admissão de outras sociedades e de retirada das que o componham;
6. órgãos e cargos da administração do grupo, suas atribuições e as relações entre a estrutura administrativa do grupo e as das sociedades que o componham;
7. a declaração da nacionalidade do controle do grupo; e
8. as condições para alteração da convenção.

Da denominação do grupo constarão as palavras *grupo de sociedades* ou *grupo*, expressões que são exclusivas de grupos de sociedades organizados de acordo com a Lei 6.404/76. O grupo de sociedades considera-se sob controle brasileiro se a sua sociedade de comando estiver sob o controle de pessoas naturais residentes ou domiciliadas no Brasil, pessoas jurídicas de direito público interno ou sociedade ou sociedades brasileiras que, direta ou indiretamente, estejam sob o controle de tais pessoas. A formação do grupo não equivale a uma fusão societária; cada sociedade conservará personalidade e patrimônios distintos. A convenção de grupo deve ser aprovada com observância das normas para alteração do contrato social ou do estatuto, sendo que os sócios ou acionistas dissidentes da deliberação de se associar a grupo têm direito ao reembolso de suas ações ou quotas.

Considera-se constituído o grupo a partir da data do arquivamento, no registro do comércio da sede da sociedade de comando, da convenção de constituição do grupo, das atas das assembleias gerais, ou instrumentos de alteração contratual, de todas as sociedades que tiverem aprovado a constituição do grupo e da declaração autenticada do número das ações ou quotas de que a sociedade de comando e as demais sociedades integrantes do grupo são titulares em cada sociedade filiada, ou exemplar de acordo de acionistas que assegura o controle de sociedade filiada; as certidões de arquivamento no registro do comércio serão publicadas. Quando as sociedades filiadas tiverem sede em locais diferentes, deverão ser arquivadas no registro do comércio das respectivas sedes as atas de assembleia ou alterações contratuais que tiverem aprovado a convenção, sem prejuízo do registro na sede da sociedade de comando. A partir da data do arquivamento, a sociedade de comando e as filiadas passarão a usar as respectivas denominações acrescidas da designação do grupo.

A convenção deve definir a estrutura administrativa do grupo de sociedades, podendo criar órgãos de deliberação colegiada e cargos de direção geral, sendo que a representação das sociedades perante terceiros, salvo disposição expressa na convenção do grupo, arquivada no registro do comércio e publicada, caberá exclusivamente aos administradores de cada sociedade, de acordo com os respectivos estatutos ou contratos sociais. Os administradores do grupo e os investidos em cargos de mais de uma sociedade poderão ter a sua remuneração rateada entre as diversas sociedades, e a gratificação dos administradores, se houver, poderá ser fixada com base nos resultados apurados nas demonstrações financeiras consolidadas do grupo, embora sem ultrapassar a remuneração anual dos administradores, nem 10% dos lucros, prevalecendo o limite que for menor.

Aos administradores das sociedades filiadas, sem prejuízo de suas atribuições, poderes e responsabilidades, de acordo com os respectivos estatutos ou contratos sociais, compete observar a orientação geral estabelecida e as instruções expedidas pelos administradores do grupo que não importem violação da lei ou da convenção do grupo.

3 Consórcio

As companhias e quaisquer outras sociedades, sob o mesmo controle ou não, podem constituir consórcio para executar determinado empreendimento. O consórcio não tem personalidade jurídica e as consorciadas somente se obrigam nas condições previstas no respectivo contrato, respondendo cada uma por suas obrigações, sem presunção de solidariedade. A falência de uma consorciada não se estende às demais, subsistindo o consórcio com as outras contratantes; os créditos que porventura tiver a falida serão apurados e pagos na forma prevista no contrato de consórcio.

O consórcio será constituído mediante contrato aprovado pelo órgão da sociedade competente para autorizar a alienação de bens do ativo permanente; desse contrato constam (1) designação do consórcio, se houver; (2) empreendimento que constitua o objeto do consórcio; (3) duração, endereço e foro; (4) definição das obrigações e responsabilidade de cada sociedade consorciada e das prestações específicas; (5) normas sobre recebimento de receitas e partilha de resultados; (6) normas sobre administração do consórcio, contabilização, representação das sociedades consorciadas e taxa de administração, se houver; (7) forma de deliberação sobre assuntos de interesse comum, com o número de votos que cabe a cada consorciado; e (8) contribuição de cada consorciado para as despesas comuns, se houver. O contrato de consórcio e suas alterações serão arquivados no registro do comércio do lugar da sua sede, devendo a certidão do arquivamento ser publicada.

OEC Odebrecht Engenharia & Construção

Nova Ponte

As empresas OECI S.A., Carioca Christian-Nielsen Engenharia S.A. e Goetze Lobato Engenharia S.A. se consorciaram. O ajuste foi assinado com um objetivo: participar da licitação para construir a ponte de Guaratuba, no Paraná, com quatro faixas para tráfego de veículos, a incluir a elaboração do projeto e a completa execução do projeto. Estabeleceram as cláusulas para a combinação dos esforços e deram à junção de esforços (*joint venture*) o título de *Consórcio Nova Ponte*. A proposta que apresentaram? R$ 386,939 milhões.

Quando o concurso entre as diversas proposta se concluiu e as propostas foram conhecidas, o consórcio ficou em terceiro lugar. As duas primeiras classificadas apresentaram propostas de R$ 386,799 milhões e R$ 386,803 milhões. Mas a primeira e a segunda colocadas não preencheram todos os requisitos da licitação, razão pela qual o Departamento de Estradas de Rodagem do Paraná (DER-PR) declarou novo vencedor. Sua planilha de preços e documentos de habilitação estavam de acordo com o edital.

Qual o tipo societário do *Consórcio Nova Ponte*? Nenhum. Não se trata de uma pessoa jurídica, mas de um contrato de consórcio. Quem construirá a ponte são as sociedades consorciadas: OECI S.A. (50%), Carioca Christian-Nielsen Engenharia S.A. (25%) e Goetze Lobato Engenharia S.A. (25%). E o farão de acordo com as cláusulas disposta no contrato de consórcio (*joint venture*). A ponte deve ter 1,2 quilômetro e largura útil mínima de 22,6 metros. A previsão é de que a estrutura tenha quatro faixas de 3,6 metros cada, além de duas faixas de segurança de 60 centímetros cada. Está prevista também a construção de calçadas com ciclovia dos dois lados.

É possível que uma *joint venture* tenha personalidade jurídica? Claro! Mas aí não será um (contrato de) consórcio, mas uma pessoa jurídica. Há um caso famoso: entre 1987 e 1995, a Volkswagen e a Ford resolveram atuar conjuntamente no Brasil; essa *joint venture* deu origem à Autolatina Brasil S.A. São mecanismos jurídicos diversos, tecnologias jurídicas diferentes. Para cada caso, uma solução melhor, mais adequada.

4 Transformação

As sociedades, atos jurídicos que são, podem sofrer mutações (metamorfoses) jurídicas de tipos diversos. Podem se transformar de um tipo societário em outro, podem fundir-se com outra ou outras, como, igualmente, podem cindir-se em mais de uma; as sociedades podem incorporar outras sociedades, como, em sentido oposto, ser incorporadas. São mudanças jurídicas na estrutura das sociedades, isto é, na infraestrutura jurídica que sustenta a sua existência.

Supermercados Irmãos Guzzi Ltda.

O Estado de Santa Catarina autuou e, depois, executou a sociedade *Supermercados Irmãos Guzzi Ltda.* por falta de recolhimento do Imposto sobre a Circulação de Mercadorias e Serviços (ICMS). Em sua defesa, estruturada nos embargos à execução fiscal, os *Supermercados Irmãos Guzzi Ltda.* alegaram não ter havido qualquer circulação de mercadorias que justificasse o recolhimento do imposto, já que ocorrera uma simples cisão parcial da sociedade: duas sociedades, *Irmãos Guzzi & Cia. Ltda.* e *Supermercados Guzzi Ltda.*, foram parcialmente cindidas, criando-se das partes que foram separadas a sociedade *Guzzi Comércio de Alimentos Ltda.*; o patrimônio cindido de ambas as sociedades era representado por mercadorias que, assim, não teriam circulado: houve simples separação do patrimônio para dar origem a uma nova sociedade.

A tese da defesa foi recusada pelo Juiz, em sentença confirmada pelo Tribunal catarinense. Mas o Superior Tribunal de Justiça, examinando o Recurso Especial 242.721/SC, julgou a demanda em favor da defesa, com três votos favoráveis contra dois contrários. Eis a ementa do julgado: "Transformação, incorporação, fusão e cisão constituem várias facetas de um só instituto: a transformação das sociedades. Todos eles são fenômenos de natureza civil, envolvendo apenas as sociedades objeto da metamorfose e os respectivos donos de cotas ou ações. Em todo o encadeamento da transformação não ocorre qualquer operação comercial." O voto condutor da maioria foi proferido pelo Ministro Humberto Gomes de Barros, afirmando que as sociedades podem sofrer metamorfoses: transformação em sentido estrito, incorporação, fusão e cisão; "estes quatro fenômenos constituem várias facetas de um só instituto: a transformação das sociedades. Todos eles guardam um atributo comum: a natureza civil. Todos eles se consumam envolvendo as sociedades objeto da metamorfose e os titulares (pessoas físicas ou jurídicas) das respectivas quotas ou ações. Em todo o encadeamento dos negócios não ocorre qualquer operação comercial. Os bens permanecem no círculo patrimonial da corporação. [...] A grosso modo, a pessoa jurídica corporativa (diferentemente daquela fundacional) pode ser considerada um condomínio de patrimônios. Tal como ocorre na propriedade imóvel, vários direitos de propriedade acumulam-se em um só objeto. Em tal situação, considera-se que cada um dos condôminos é dono de um quinhão, cuja identificação é impossível. Na impossibilidade de individualizar a fração de um determinado condômino, dizemos que este é dono de fração ideal". Prossegue: "Com as pessoas jurídicas corporativas (sociedades) ocorre algo semelhante: diversas pessoas concorrem com bens patrimoniais, para um empreendimento comum. A confluência de tais bens – tal como acontece no condomínio imobiliário – transforma-se em universalidade. Vale dizer: por efeito de síntese, os bens ajuntados perdem individualidade. A propriedade que sobre eles incidia desloca-se para uma entidade inefável: a fração ideal. Quando o ajuntamento de bens visa à realização de negócios, o condomínio transcende as características da simples universalidade e ganha novo *status*. Transforma-se em pessoa jurídica, inconfundível com os indivíduos que formaram seu patrimônio." Em todas as transformações (tomadas em sentido largo) há a preservação global do patrimônio societário, mas alterações corporativas, isto é, alterações dadas no plano da personalidade jurídica da corporação (da *universitates personarum*) ou em sua qualidade jurídica.

Na transformação de tipo societário, a sociedade mantém sua existência, mas altera seu ato constitutivo para assumir um novo tipo societário. Assim, uma sociedade limitada pode tornar-se sociedade anônima, como exemplo. O ato de transformação independe de dissolução ou liquidação da sociedade, e obedecerá aos preceitos reguladores da constituição e inscrição próprios do tipo em que vai converter-se. Mas depende do consentimento de todos os sócios quotistas ou acionistas, salvo se prevista no ato constitutivo. Se não há tal previsão, o sócio dissidente poderá retirar-se da sociedade, com liquidação da quota ou quotas, se sociedade contratual, ou com reembolso das ações, se sociedade por ações. Lembre-se de que o artigo 221, parágrafo único, da Lei 6.404/76, permite aos sócios renunciar, no contrato social, ao direito de retirada no caso de transformação em companhia; regra limitada, portanto, à transformação de sociedades contratuais em sociedades por ações.

A transformação não modifica nem prejudica, em qualquer caso, os direitos dos credores, que continuarão, até o pagamento integral dos seus créditos, com as mesmas garantias que o tipo anterior de sociedade lhes oferecia. Justamente por isso, a falência da sociedade transformada somente produzirá efeitos em relação aos sócios que, no tipo anterior, a eles estariam sujeitos, se o pedirem os titulares de créditos anteriores à transformação, e somente a estes beneficiará.

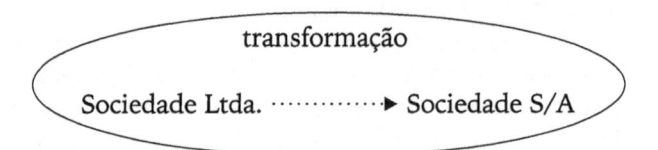

transformação
Sociedade Ltda. ·············▶ Sociedade S/A

Por fim, o Código Civil permite ao empresário admitir sócios na titularidade da empresa. Para tanto, solicitará ao Registro Público de Empresas Mercantis a transformação de seu registro de empresário para registro de sociedade empresária, observando as regras inscritas nos artigos 1.113 a 1.115 do mesmo Código Civil, agora estudados. Os sócios deverão redigir e firmar o ato constitutivo, pedindo o seu arquivamento. Deferido o arquivamento, estará criada a sociedade que passará a titularizar a empresa.

5 Procedimento comum a incorporação, fusão e cisão

A incorporação, fusão ou cisão, que se estudarão nos itens seguintes, podem ser operadas entre sociedades de tipos iguais ou diferentes e deverão ser deliberadas na forma prevista para a alteração dos respectivos estatutos ou contratos sociais. Nessas operações, sempre que houver criação de sociedade, serão observadas as normas reguladoras da constituição das sociedades do seu tipo; em se tratando de sociedade anônima, os sócios ou acionistas das sociedades incorporadas, fundidas ou cindidas receberão, diretamente da companhia emissora, as ações que lhes couberem. Por outro lado, se a incorporação, fusão ou cisão envolverem companhia aberta, as sociedades que a sucederem serão também abertas, devendo obter o respectivo registro e, se for o caso, promover a admissão de negociação das novas ações no mercado secundário, no prazo máximo de 120 dias, contados da data da assembleia geral que aprovou a operação, observando as normas pertinentes baixadas pela Comissão de Valores Mobiliários. Se houver descumprimento a essa regra, os acionistas terão o direito de retirar-se da companhia, mediante reembolso do valor das suas ações nos 30 dias seguintes ao término do prazo para a admissão das novas ações à negociação no mercado secundário. As condições da incorporação, fusão ou cisão com incorporação em sociedade existente constarão de protocolo firmado pelos órgãos de administração ou sócios das sociedades interessadas.

Devem constar do protocolo:

1. o número, espécie e classe das ações que serão atribuídas em substituição dos direitos de sócios que se extinguirão e os critérios utilizados para determinar as relações de substituição;
2. os elementos ativos e passivos que formarão cada parcela do patrimônio, no caso de cisão;
3. os critérios de avaliação do patrimônio líquido, a data a que será referida a avaliação e o tratamento das variações patrimoniais posteriores;
4. a solução a ser adotada quanto às ações ou quotas do capital de uma das sociedades possuídas por outra;
5. o valor do capital das sociedades a serem criadas ou do aumento ou redução do capital das sociedades que forem parte na operação;
6. o projeto ou projetos de estatuto, ou de alterações estatutárias, que deverão ser aprovados para efetivar a operação;
7. todas as demais condições a que estiver sujeita a operação.

Os valores que estejam sujeitos a determinação serão indicados por estimativa. Ademais, as operações de incorporação, fusão e cisão serão submetidas à deliberação da assembleia geral das companhias interessadas mediante justificação.

> *Devem constar da justificação:*
> 1. os motivos ou fins da operação e o interesse da sociedade na sua realização;
> 2. em se tratando de companhia, as ações que os acionistas preferenciais receberão e as razões para a modificação dos seus direitos, se previstas;
> 3. a composição, após a operação, do capital das sociedades; em se tratando de sociedades por ações, a justificação trará espécies e classes das ações das companhias que deverão emitir ações em substituição às que se deverão extinguir; e
> 4. o valor estimado da liquidação das quotas ou reembolso das ações a que terão direito os sócios quotistas ou acionistas dissidentes.

A função do protocolo e da justificação é orientar a deliberação dos sócios sobre a operação. Em sociedades de poucos quotistas ou acionistas, os sócios podem dispensá-las, por unanimidade, sem que com isso tornem nula a operação. A sua presença, todavia, dá maior segurança à operação, tanto para as sociedades envolvidas, quanto para seus sócios quotistas ou acionistas. Em fato, os princípios jurídicos da veracidade e da não surpresa são-lhes aplicáveis, permitindo aos prejudicados recorrerem ao Judiciário para suspender o procedimento ou para anulá-lo sempre que, diante das falhas da *justificação*, tenham incorrido em erro substancial ou tenham sido levados a errar (dolo), bem como nas hipóteses de prática de ato ilícito, o que também permitirá o pedido de indenização pelos danos econômicos e morais sofridos. Por seu turno, o protocolo, uma vez aprovado, é ato jurídico que caracteriza promessa, ou seja, assunção da obrigação de fazer, no caso, de concluir a negociação, desde que respeitadas as bases dispostas nesses documentos preliminares; se das avaliações exsurge um cenário contábil completamente distinto, estão presentes os elementos justificadores para a rescisão dos ajustes. O protocolo somente obriga quando reflita razoavelmente a situação que se apresenta após a avaliação. Como já afirmei, se os peritos chegarem a valores que se afastem – e muito – do que constava da justificação e, por via de consequência, do protocolo assinado, é direito da sociedade recusar o negócio, o que implica, portanto, o direito de cada um de seus sócios de votar contra a sua conclusão, sem que haja falar em descumprimento contratual e ato ilícito ensejador da obrigação de indenizar. Com efeito, as operações de incorporação, fusão e cisão somente poderão ser efetivadas nas condições aprovadas – constantes do protocolo e da justificação – se os peritos nomeados determinarem que o valor do patrimônio ou patrimônios líquidos a serem vertidos para a formação de capital social é, ao menos, igual ao montante do capital a realizar.

Em se tratando de sociedade anônima que tenha debenturistas, a incorporação, fusão ou cisão da companhia emissora de debêntures em circulação dependerá da prévia aprovação dos debenturistas, reunidos em assembleia especialmente convocada com esse fim. Será dispensada a aprovação pela assembleia se for assegurado aos debenturistas que o desejarem, durante o prazo mínimo de seis meses a contar da data da publicação das atas das assembleias relativas à operação, o resgate das debêntures de que forem titulares, hipótese na qual a sociedade cindida e as sociedades que absorverem parcelas do seu patrimônio responderão solidariamente pelo resgate das debêntures.

Até 60 dias depois de publicados os atos relativos à incorporação ou à fusão, o credor anterior por ela prejudicado poderá pleitear judicialmente a anulação da operação; findo o prazo, decairá do direito o credor que não o tiver exercido. Em sua defesa, a sociedade poderá consignar em pagamento a importância, prejudicando a anulação pleiteada; desejando contestar a pretensão, poderá garantir o juízo com o depósito (caução) de bens e, assim, suspender o processo de anulação. Por outro lado, se, naquele mesmo prazo de 60 dias, a sociedade incorporadora ou a nova sociedade vier à falência, qualquer credor anterior terá o direito de pedir a separação dos patrimônios, para o fim de serem os créditos pagos pelos bens das respectivas massas.

A certidão, passada pelo registro do comércio, da incorporação, fusão ou cisão, é documento hábil para a averbação, nos registros públicos competentes, da sucessão, decorrente da operação, em bens, direitos e obrigações.

6 Incorporação

Em 2014, a *Restoque Comércio e Confecção de Roupas S/A*, empresa responsável pelas grifes *Le Lis Blanc*, *Bobo* e *John John*, anunciou a incorporação da *Dudalina S/A*, companhia também dedicada ao mercado da moda.

⚜

DUDALINA

Na incorporação, uma ou várias sociedades são absorvidas por outra, que lhes sucede em todos os direitos e obrigações, devendo todas aprová-la, na forma estabelecida para os respectivos tipos. Os sócios da companhia incorporadora, se aprovarem o protocolo da operação, deverão autorizar o aumento de capital a ser subscrito e realizado pela incorporada mediante versão do seu patrimônio líquido, e nomear os peritos que o avaliarão. A sociedade a ser incorporada submeterá a operação à aprovação de seus sócios quotistas ou acionistas, que deverão aprovar as bases da operação e o projeto de reforma do ato constitutivo; a mesma reunião ou assembleia de sócios, se aprovar a incorporação, autorizará os administradores a praticar o necessário à sua concretização, inclusive a subscrição em bens pelo valor da diferença que se verificar entre o ativo e o passivo. O sócio que dissentiu da deliberação terá o direito de retirar-se da sociedade, nos 30 dias subsequentes à reunião ou assembleia que aprovar a medida; se sociedade contratual, terá direito à liquidação de sua quota ou quotas; se sociedade por ações, fará jus ao reembolso, nos termos já estudados.

Soc. A Ltda.   Soc. B S/A ··········▶   Soc. A Ltda.   Soc. B S/A ··········▶   Soc. A Ltda.

Aprovados os atos da incorporação, a incorporadora declarará extinta a incorporada, e promoverá a respectiva averbação no registro próprio. Como resultado da incorporação, todos os direitos e obrigações da sociedade incorporada passarão a ser direitos e obrigações da sociedade incorporadora.

7 Fusão

Em abril de 2016, as assembleias de acionistas da *Cetip S/A – Mercados Organizados* e da *BM&F Bovespa S/A – Bolsa de Valores, Mercadorias e Futuros* aprovaram a fusão entre as duas companhias. Como resultado dessa operação, os acionistas da *Cetip* passaram a deter pouco mais de 10% do capital da nova companhia criada a partir da fusão.

cetip

A fusão é a operação pela qual se unem duas ou mais sociedades para formar sociedade nova, que lhes sucederá em todos os direitos e obrigações, extinguindo-se as sociedades que se uniram. Deve ser decidida, na forma estabelecida para os respectivos tipos societários, pelas sociedades que pretendam unir-se. Assim, em reunião ou assembleia dos sócios de cada sociedade deverão ser aprovados o protocolo de fusão, o projeto do ato constitutivo da nova sociedade, bem como o plano de distribuição do capital social; serão, então, nomeados os peritos que avaliarão os patrimônios líquidos das demais sociedades. Apresentados os laudos, os administradores convocarão os sócios quotistas ou acionistas das sociedades para uma assembleia geral, que deles tomará conhecimento e resolverá sobre a constituição definitiva da nova sociedade, vedado aos sócios ou acionistas votar o laudo de avaliação do patrimônio líquido da sociedade de que fazem parte. Constituída a nova companhia, incumbirá aos primeiros administradores promover o arquivamento e a publicação dos atos da fusão.

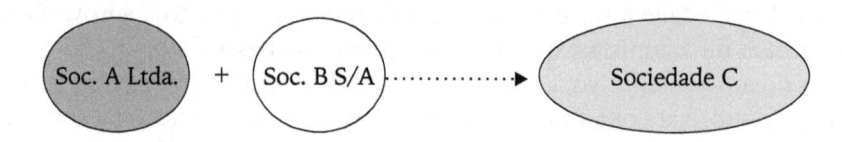

Soc. A Ltda. + Soc. B S/A ··········▶ Sociedade C

8 Cisão

A cisão é a operação pela qual uma sociedade transfere parcelas do seu patrimônio para uma ou mais sociedades, constituídas para esse fim ou já existentes. A cisão pode ser total, vertendo-se todo o patrimônio para novas sociedades e extinguindo-se da sociedade cindida, como pode ser igualmente parcial, conservando-se parte a sociedade cindida com parte de seu patrimônio original. Há, portanto, hipóteses diversas de cisão: (1) divisão da sociedade em duas ou mais sociedades que se criam como resultado da operação, extinguindo-se a sociedade cindida; (2) cisão parcial da sociedade, que se mantém – que não se extingue, apenas tem seu corpo social reduzido –, sendo criada uma ou mais novas sociedades; (3) cisão parcial da sociedade, que se mantém, sendo transferida parte de seu corpo social para outra ou outras sociedades preexistentes que, destarte, incorporam essa parte do patrimônio cindido; (4) cisão total da sociedade, que se extingue, sendo transferido seu corpo social, em partes, para outras sociedades preexistentes que incorporam tais partes do patrimônio cindido.

Para cada situação, há consequências jurídicas próprias. Assim, na cisão com versão de parcela do patrimônio em sociedade nova, a operação será deliberada pela reunião ou assembleia geral de sócios (acionistas ou quotistas) à vista de justificação; sendo aprovada, serão nomeados os peritos que avaliarão a parcela do patrimônio a ser transferida, e funcionará como assembleia de constituição da nova companhia. Pelo contrário, a cisão, com versão de parcela de patrimônio em sociedade já existente, obedecerá às disposições sobre incorporação.

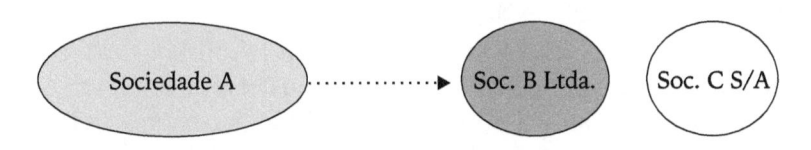

Na cisão com extinção da sociedade cindida, as sociedades que absorverem parcelas do seu patrimônio responderão solidariamente pelas obrigações da sociedade extinta. A sociedade cindida que subsistir e as que absorverem parcelas do seu patrimônio responderão solidariamente pelas obrigações da primeira anteriores à cisão. O ato de cisão parcial poderá estipular que as sociedades que absorverem parcelas do patrimônio da companhia cindida serão responsáveis apenas pelas obrigações que lhes forem transferidas, sem solidariedade entre si ou com a companhia cindida, mas, nesse caso, qualquer credor anterior poderá se opor à estipulação, em relação ao seu crédito, desde que notifique a sociedade no prazo de 90 dias a contar da data da publicação dos atos da cisão.

Efetivada a cisão com extinção da sociedade cindida, caberá aos administradores das sociedades que tiverem absorvido parcelas do seu patrimônio promover o arquivamento e a publicação dos atos da operação; na cisão com versão parcial do patrimônio, esse dever caberá aos administradores da companhia cindida e da que absorver parcela do seu patrimônio. As quotas e as ações integralizadas com parcelas de patrimônio da sociedade cindida serão atribuídas a seus titulares, em substituição às extintas, na proporção das que possuíam; a atribuição em proporção diferente requer aprovação de todos os titulares, inclusive, nas companhias, das ações sem direito a voto.

GPA
Companhia Brasileira de Distribuição

Ao final de 2020, a Companhia Brasileira de Distribuição (Grupo Pão de Açúcar – GPA) e sua subsidiária integral Sendas Distribuidora S.A. comunicaram ao mercado que seus conselhos de administração aprovaram proposta de reorganização societária visando realizar a segregação da unidade de *cash and carry* (atividade de atacado de autosserviço) explorada sob a marca Assaí pela Sendas, das demais atividades de varejo tradicional, exploradas pelo GPA. Essa operação foi depois aprovada pelas assembleias gerais extraordinárias de ambas as companhias. Uma operação milionária que tinha por objetivo transformar as lojas Assaí numa companhia em separado e com isso dar-lhe maior valor de mercado, negociando seus títulos na bolsa de valores. Aliás, entre especialistas de mercado e investidores havia a impressão de que o melhor seria separar marcas e negócios do Grupo para obter maior exposição e valor.

Primeiramente, Sendas Distribuidora S.A. obteve seu registro de companhia aberta, com suas ações admitidas à negociação na Bolsa de Valores de São Paulo. B3 S.A. – Brasil, Bolsa, Balcão ("B3"). Mais do que isso, fez-se uma cisão parcial da companhia para separar sua participação noutra companhia: a Almacenes Éxito S.A. (responsável por negócios na Colômbia (marcas fortes como Extra, Pão de Açúcar, Exito, Carulla, entre outras), bem como certos ativos operacionais que seriam usados para o Assaí. Também houve uma cisão parcial na Companhia Brasileira de Distribuição: segregou-se a totalidade da participação acionária que o GPA detinha na Sendas, visando encerrar a condição de subsidiária integral. Para isso, ações de emissão da Sendas foram entregues diretamente para os acionistas do GPA, na razão de uma ação de emissão de Sendas para cada uma ação de emissão de GPA. Veja: João tinha 100 ações da Companhia Brasileira de Distribuição, companhia que tinha Sendas Distribuidora S.A. como sua subsidiária integral. Após a operação, João passou a ter 100 ações de cada uma das companhias, finda a relação de subsidiariedade entre as companhias. E ambas as ações negociadas na Bolsa.

O comunicado esclareceu, ainda, que, após a reorganização, a Companhia Brasileira de Distribuição (junto com Almacenes Éxito S.A.) ainda seria uma das maiores plataformas diversificadas de varejo alimentar na América Latina, com mais de 1.300 lojas em 4 países da América Latina, excluindo postos e drogarias, significativa participação de mercado, marcas muito fortes no Brasil e na Colômbia, e significativas oportunidades e potencial de crescimento em *e-commerce* e serviços digitais. Mas onde entra o Assaí Atacadista nessa história? Assaí Atacadista é título de estabelecimento (e marca registrada) das lojas da Sendas Distribuidora S.A. Quem faz compras no Assaí está negociando com Sendas Distribuidora S.A. Como já vimos, uma coisa é o nome empresarial (no caso, uma denominação), outra coisa são título de estabelecimento e marca registrada; no caso, o título de estabelecimento foi registrado como marca para ter uma proteção mais ampla e mais eficaz, como será estudado adiante. A empresa, informava o comunicado, teria cerca de 185 lojas (no final de 2020) com atuação nacional e modelo de negócio bem-sucedido e marca bem reconhecida por parte de consumidores e fornecedores, com oportunidades adicionais de expansão em novas regiões e em regiões onde já está presente, seja organicamente ou via consolidação.

Quer detalhes? Claro? O propósito declarado da reorganização era liberar o pleno potencial dos negócios de *cash & carry* explorado sob a marca Assaí pela Sendas das demais atividades de varejo tradicional, exploradas pelo GPA, permitindo que operem de forma autônoma, com administração separada e foco nos seus respectivos modelos de negócios e oportunidades de mercado. Mais do que isso, permitiria a cada uma das empresas acesso direto ao mercado de capitais e a outras fontes de financiamento, possibilitando, dessa forma, priorizar necessidades de investimento de acordo com o perfil de cada companhia, criando, assim, mais valor para seus respectivos acionistas. Quer valores? Lógico! A cisão parcial de Sendas com a incorporação do acervo cindido pelo GPA teve o valor de mercado de R$ 9.179.401.918,45 (isso: mais de nove bilhões), incluindo ações da Éxito, entre outros ativos. O valor contábil da cisão parcial do GPA (Companhia Brasileira de Distribuição) era de R$ 1.215.962.963,38. Ainda se previu um aumento no capital social da Sendas: R$ 684.679.887,09, em bens, dinheiro e créditos. Ah! Você está se perguntando sobre o direito de recesso e valor de reembolso dos acionistas dissidentes. Não houve. Afinal, uma empresa era subsidiária integral da outra; houve apenas uma reorganização societária.

Em 2021, novo capítulo dessa história. Em outubro, a Companhia Brasileira de Distribuição (GPA) e a Sendas Distribuidora S.A. (Assaí), atendendo ao artigo 157 da Lei 6.404/76 e resolução da Comissão de Valores Mobiliários, divulgaram um fato relevante: uma transação envolvendo a conversão de lojas Extra Hiper, operadas pelo GPA, em *cash & carry*, operadas pelo Assaí. O negócio envolveu 71 (setenta e um) pontos comerciais localizados em diversas unidades federativas do Brasil, em imóveis próprios e locados de terceiros (incluindo a cessão dos respectivos contratos de locação), podendo também envolver aquisição pelo Assaí de certos equipamentos existentes nas lojas. A Sendas Distribuidora S.A. pagaria R$ 5.200.000.000,00, dos quais quatro bilhões em parcelas que venceriam entre dezembro de 2021 e janeiro de 2024. Sabe o que mais ajustaram as companhias?

Que alguns dos imóveis não teriam a propriedade transferida para a trespassatária, senão vendidos para um fundo imobiliário, por R$ 1.200.000.000,00, sendo locados para uso das lojas Assaí (prazo de 20 anos, renováveis por igual prazo). No entanto, se esse negócio malograsse, a Sendas Distribuidora S.A. assumia o compromisso de comprar, ela própria, tais imóveis.

Quer mais? Em agosto de 2022, a Companhia Brasileira de Distribuição comunicou ao mercado que celebraria contratos de cessão de créditos com instituições financeiras para antecipação das prestações devidas pela Sendas Distribuidora S.A., em decorrência da cessão onerosa de lojas da bandeira "Extra Hiper", a serem recebidos entre 2023 e 2024. Coisa de dois bilhões de reais, a serem antecipados em três parcelas durante o terceiro trimestre de 2022. Essa antecipação de recursos traria uma redução à alavancagem (endividamento) do GPA, incluindo o resgate antecipado da 17ª emissão de debêntures da companhia, conforme autorizado na respectiva escritura de emissão.

Você acha que acabou? Que nada! Lá para o meio de 2022, começaram a circular boatos no mercado de que a Companhia Brasileira de Distribuição teria planos para uma operação com a Almacenes Éxito S.A. Um negócio que, estimavam os analistas, poderia gerar um ganho em torno de quatro bilhões de reais. Assim, como exigem a Lei 6.404/76 e a Comissão de Valores Mobiliários, a empresa se dirigiu ao mercado para esclarecer "que está sempre avaliando projetos estratégicos para criação de valor aos seus acionistas, e, nesse contexto, estão sendo realizados estudos preliminares para segregação dos negócios de GPA e do Éxito, com o objetivo de destravar o valor de Éxito". Mas deixou claro que "a efetiva implementação de qualquer transação objetivando a segregação de Éxito depende da conclusão dos estudos preliminares, bem como da obtenção das aprovações necessárias conforme determinado por Lei e pelos órgãos reguladores aplicáveis". E avisou: "a Companhia manterá seus acionistas e o mercado informados sobre quaisquer fatos relevantes relacionados a esse assunto".

É. Muito trabalho. Haja advogados, contadores, administradores de empresa e economistas para dar conta de tantas operações e tantos milhões, quer dizer, bilhões de reais.

9 Fusão, incorporação e desmembramento de cooperativas

As sociedades cooperativas também são passíveis de experimentar metamorfoses societárias. Podem, por exemplo, fundir-se: uma ou mais cooperativas juntam-se, confundindo-se seus patrimônios e corpos sociais num único, com nova personalidade jurídica, que se absorvem – e extinguem – no processo de unificação social. Uma vez aprovada a *fusão* pelas assembleias gerais extraordinárias das cooperativas, por 2/3 dos ali presentes, cada uma indicará nomes para compor uma comissão mista que procederá aos estudos para constituição da nova sociedade, tais como o levantamento patrimonial, balanço geral, plano de distribuição de quotas-partes, destino dos fundos de reserva e outros e o projeto de estatuto. Um relatório com todos esses elementos será submetido a uma assembleia geral conjunta, que, aprovando-o, declarará extinta as sociedades originárias e criada a sociedade objeto da fusão – sucessora daquelas nos direitos e obrigações –, levando-se a arquivamento na Junta Comercial competente os respectivos documentos, em duas vias, para aquisição de personalidade jurídica. Em se tratando de cooperativas que exerçam atividades de crédito, aprovados os relatórios da comissão mista e constituída a nova sociedade em assembleia geral conjunta, a operação será submetida ao Banco Central do Brasil.

Uma sociedade cooperativa pode incorporar outra, absorvendo-lhe o patrimônio e recebendo seus cooperados; assim, a cooperativa incorporadora assumirá as obrigações da incorporada e se investirá nos seus direitos. Para tanto, serão obedecidas as mesmas formalidades estabelecidas para a fusão, limitadas as avaliações ao patrimônio da sociedade ou sociedades incorporandas. Também é possível a uma sociedade cindir-se, vale dizer, desmembrar-se em tantas quantas forem necessárias para atender aos interesses dos cooperados. Permite-se, mesmo, o desmembramento para a constituição de uma cooperativa central ou federação de cooperativas, e cooperativas singulares a ela vinculadas. A proposição de desmembramento será objeto de deliberação por assembleia geral extraordinária, devendo ser aprovada por 2/3 dos presentes. A assembleia designará uma comissão para estudar as providências necessárias à efetivação da medida, cabendo-lhe apresentar um relatório, acompanhado dos projetos de estatutos das novas cooperativas, a ser apreciado em nova assembleia especialmente convocada para esse fim. Também do relatório constará um plano de desmembramento, com previsão do rateio do ativo e passivo da sociedade desmembrada entre as novas cooperativas, atribuindo a cada qual uma parte do capital social da sociedade desmembrada em quota correspondente à participação dos cooperados que passam a integrá-la. Optando-se pela constituição de uma cooperativa central ou federação de cooperativas, prever-se-á o montante das quotas-partes que as associadas terão no capital social desta.

14
ESCRITURAÇÃO CONTÁBIL

1 Escrituração

Em muitas passagens anteriores, questões contábeis já foram mencionadas. É que o empresário e a sociedade empresária são obrigados a seguir um sistema de contabilidade, mecanizado ou não, com base na escrituração uniforme de seus livros, em correspondência com a documentação respectiva, e a levantar anualmente o balanço patrimonial e o de resultado econômico (artigo 1.179 do Código Civil). A escrituração deverá se concretizar respeitando requisitos extrínsecos e intrínsecos. No plano extrínseco, é indispensável a autenticação dos instrumentos obrigatórios de escrituração, antes de postos em uso, na Junta Comercial na qual está registrado o empresário ou a sociedade empresária. Também é possível autenticar livros não obrigatórios; em qualquer caso, desde que o titular da empresa (empresário ou sociedade empresária) esteja devidamente inscrito na Junta Comercial. Evita-se, por essa via, sejam forjados outros instrumentos de escrituração e, a partir dessa duplicidade, haja fraudes. Se a empresa possuir filial em outra unidade federativa, os instrumentos de escrituração desse estabelecimento secundário deverão ser requeridos à Junta Comercial onde estiver situado; nessa hipótese, os dados relativos aos termos de abertura e de encerramento deverão referir-se ao ato de abertura da filial na Junta Comercial da unidade federativa onde ela se localizar.

Os instrumentos de escrituração podem ser (1) livros; (2) conjunto de fichas ou folhas soltas; (3) conjunto de folhas contínuas; e (4) microfichas geradas através de microfilmagem de saída direta do computador (*computer output microfilm* – COM). Em qualquer hipótese, as folhas serão numeradas sequencialmente: numeração tipográfica para livros e conjunto de fichas ou folhas soltas; numeração impressa mecânica ou tipograficamente para folhas contínuas. Na face da primeira folha ou ficha numerada, haverá um *termo de abertura*, (1) o nome empresarial; (2) o Número de Identificação do Registro de Empresas (NIRE) e a data do arquivamento dos atos constitutivos; (3) o local da sede ou filial; (4) a finalidade a que se destina o instrumento de escrituração empresarial; (5) o número de ordem do instrumento de escrituração e a quantidade de folhas; (6) o número da inscrição no Cadastro Geral de Contribuintes do Ministério da Fazenda. No verso da última folha ou ficha, haverá um *termo de encerramento*, indicando (1) o nome empresarial; (2) o fim a que se destinou o instrumento escriturado; (3) o número de ordem do instrumento de escrituração e a quantidade de folhas escrituradas. Termos de abertura e de encerramento, ambos, serão datados e assinados pelo empresário ou pelo administrador da sociedade empresária ou representante legal e por contabilista legalmente habilitado, com indicação do número de sua inscrição no Conselho Regional de Contabilidade (CRC). Se não há um contabilista habilitado na localidade onde se situa a sede da empresa, os termos de abertura e de encerramento serão assinados, apenas, pelo titular de firma mercantil individual, administrador de sociedade mercantil ou representante legal.

É possível utilizar microficha gerada por computador, que traga titulação visível a olho nu, além de outros elementos para a sua indexação, permitindo fácil reprodução dos dados, seja para disquetes, seja para folhas impressas. A Lei 5.433/68 e os Decretos 1.799/96 e 1.800/96 permitem o uso tanto do microfilme convencional quanto o do sistema de processamento eletrônico de imagens e do sistema *computer output microfilm* (COM). Em se tratando de sociedades anônimas, permite-se a utilização das microfichas para a escrituração de todos os livros sociais: livro de registro de ações nominativas, livro de transferência de ações nominativas, livro de registro de partes beneficiárias nominativas, livro de transferência de partes beneficiárias nominativas, livro de atas das assembleias gerais, livro de presença dos acionistas, livro de atas das reuniões do conselho de administração, livro de atas das reuniões da diretoria, livro de atas e pareceres do conselho fiscal. Se a companhia tiver capital aberto, negociado em bolsas de valores, a licença para adoção de registros mecanizados ou eletrônicos alcança apenas os quatro primeiros livros citados, devendo-se observar, sobre o tema, normas que sejam expedidas pela Comissão de Valores Mobiliários. As microfichas não são alcançadas pela exigência de numeração sequencial; ademais, quando se tratar de microfichas geradas através de microfilmagem de saída direta do computador, pelo sistema COM, a autenticação se dará após efetuada a escrituração.

No plano dos requisitos intrínsecos, ou seja, pertinentes à escrituração em si, exige-se utilização da língua portuguesa e da moeda nacional para os registros contábeis;

transação em moeda estrangeira será registrada em moeda nacional, em valor convertido pela cotação oficial. Deve-se adotar forma contábil, motivo pelo qual o próprio Código Civil, em seu artigo 1.182, exige que a escrituração esteja a cargo de contabilista legalmente habilitado, excetuando-se a hipótese de não haver nenhum na localidade. Podem-se usar abreviaturas, ícones e códigos numéricos, desde que haja livro próprio, regularmente autenticado, do qual conste sua respectiva significação, garantindo uniformidade de escrituração. A escrituração será disposta em ordem cronológica de dia, mês e ano, sem intervalos em branco, nem entrelinhas, borrões, rasuras, emendas ou transportes para as margens. Havendo erro, será corrigido por meio de lançamento de estorno.

O empresário e a sociedade empresária estão obrigados a guardar e a conservar toda a escrituração já elaborada, incluindo a correspondência e demais papéis concernentes à atividade, permitindo a sua utilização como meio de prova. Essa obrigação perdura até ocorrer a prescrição ou decadência dos atos neles registrados, o que varia de caso a caso. Com efeito, a escrituração que atenda aos requisitos extrínsecos e intrínsecos constitui meio de prova dos atos nela inscritos. Prova contra o empresário ou sociedade empresária, em qualquer hipótese, embora, no Código de Processo Civil, encontre-se a previsão de que os livros empresariais provam contra seu autor, sendo lícito ao empresário, todavia, demonstrar, por todos os meios permitidos em direito, que os lançamentos não correspondem à verdade dos fatos (artigo 417). Esse entendimento harmoniza-se com o artigo 411, III, do mesmo Código, segundo o qual se considera autêntico o documento quando não houver impugnação da parte contra quem foi produzido o documento.

De outro ângulo, a escrituração prova a favor do empresário, desde que sejam mantidos com observância das formalidades legais e que os lançamentos sejam confirmados por outros subsídios, embora os lançamentos escriturais possam ser ilididos pela comprovação de falsidade ou inexatidão. Nas estipulações do Código de Processo Civil, lê-se que os livros empresariais que preencham os requisitos exigidos por lei provam a favor de seu autor no litígio entre empresários (artigo 419). Afinal, de acordo com o artigo 410 do Código de Processo Civil, considera-se autor do documento particular: (1) aquele que o fez e o assinou; (2) aquele por conta de quem ele foi feito, estando assinado; (3) aquele que, mandando compô-lo, não o firmou porque, conforme a experiência comum, não se costuma assinar, como livros empresariais e assentos domésticos.

Prevê o artigo 418 do Código de Processo Civil que os livros empresariais que preencham os requisitos exigidos por lei provam a favor de seu autor no litígio entre empresários. A norma é coerente com seu artigo 412, segundo o qual o documento particular de cuja autenticidade não se duvida prova que o seu autor fez a declaração que lhe é atribuída. No entanto, é preciso estar atento para o fato de que a escrituração contábil é indivisível, e, se dos fatos que resultam dos lançamentos, uns são favoráveis ao interesse de seu autor e outros lhe são contrários, ambos serão considerados em conjunto, como unidade (artigo 419). Mais uma vez, norma coerente com a baliza de que o documento particular admitido expressa ou tacitamente é indivisível, sendo vedado à parte que pretende utilizar-se dele aceitar os fatos que lhe são favoráveis e recusar os que são contrários ao seu interesse, salvo se provar que estes não ocorreram (artigo 412, parágrafo único).

americanas

Lojas Americanas

No começo de 2023, Sérgio Rial assumiu a Presidência de Lojas Americanas S/A, companhia dedicada ao comércio varejista, girando seus negócios sobre títulos de estabelecimento diversos: Americanas, Submarino, Shoptime, Sou Barato, como exemplos. Formado em Direito pela Universidade Federal do Rio de Janeiro, Sérgio dirigira, antes, o Banco Santander S/A, sendo remunerado com R$ 59.000.000,00 pelo trabalho ao longo de 2021. Isso mesmo: 59 milhões de reais; o executivo mais bem pago do Brasil.

O novo administrador societário, contudo, ficou apenas nove dias à frente da sociedade anônima. O motivo? Ao assumir suas funções, tomou o cuidado de principiar pelo exame da situação patrimonial da corporação, tomando conhecimento da escrituração contábil da empresa. Foi quando percebeu o que denominou de "inconsistências contábeis": havia anos, os gestores anteriores recorriam a um procedimento artificial de atrasar os pagamentos aos fornecedores e, enfim, renegociar prazos para quitação - fala-se em "risco sacado" (fortfait, confirming). Isso era feito sem que houvesse adequada escrituração contábil; assim, a contabilidade não refletia a dívida que ia ganhando corpo no patrimônio corporativo: uma bolha inflada por adiamentos sucessivos que se somavam e, enfim, teria chegado a mais de R$ 40.000.000.000,00. Pois é, esses zeros todos se leem assim: quarenta bilhões de reais.

Por se tratar de uma companhia aberta, o fato foi comunicado ao mercado. As ações que estavam cotadas a R$ 18,43, em 24 de agosto de 2022, despencaram: estavam quotadas a R$ 1,00 em 24 de agosto de 2023. A empresa ajuizou pedido de recuperação judicial (assunto que estudaremos adiante), e a Comissão de Valores Mobiliárias já havia instaurado uma dezena de procedimentos administrativos para investigar e, eventualmente, punir os envolvidos pelo desrespeito às normas contábeis e empresariais.

2 Sigilo da escrituração

Como a escrituração conta a história da atividade empresarial, seu conhecimento implica acesso a informações sobre as estratégias de cada empresa para o sucesso. Justamente por isso, a escrituração contábil está protegida por sigilo. Assim, é impossível o pedido judicial para examinar a contabilidade da empresa, mesmo para verificar se o empresário ou sociedade empresária observa as formalidades legais relativas à contabilidade empresarial. É ilegal a decisão de exibição dos livros, a não ser que haja previsão legal para tanto. Assim, somente se permite a determinação judicial de exibição integral dos instrumentos de escrituração quando, em decisão fundamentada, se demonstrar a necessidade da mesma para que se resolvam litígios: sucessão de direitos, comunhão de direitos ou interesses jurídicos, verificação da existência de sociedade (inclusive sociedade em conta de participação), pretensão de sócios e/ou acionistas, em decisão devidamente fundamentada.

Nas sociedades contratuais, qualquer sócio quotista pode examinar, a qualquer tempo, a escrituração, o estado da caixa e da carteira da sociedade, salvo estipulação que determine época própria; a recusa permite pedido de exibição judicial; some-se a ocorrência de situação excepcional a justificar o exame da totalidade da escrituração, mesmo que fora do tempo assinalado no contrato social. No que se refere às sociedades anônimas, a exibição por inteiro dos seus livros pode ser ordenada judicialmente sempre que, a requerimento de acionistas que representem, pelo menos, 5% do capital social, sejam apontados atos violadores da lei ou do estatuto, ou haja fundada suspeita de graves irregularidades praticadas por qualquer dos órgãos da companhia. Se o empresário ou sociedade empresária se recusa a apresentar os livros, diante da determinação judicial, o juiz poderá ordenar a sua apreensão judicial.

Cooperpeças

Na disputa judicial do sócio controlador da *Cooperpeças – Distribuidora de Peças Ltda.* com sua ex-esposa, o Juízo da 1ª Vara Cível da Comarca de Santo André (SP) determinou perícia na contabilidade empresarial. A sociedade empresária impetrou um mandado de segurança, dizendo-se terceiro prejudicado com a decisão, já que teria direito líquido e certo ao sigilo da sua escrituração, notadamente tendo em conta a distinção que existe entre as pessoas dos sócios e a própria sociedade, personalidade jurídica distinta daqueles. A Décima Câmara de Direito Privado do Tribunal de Justiça do Estado de São Paulo denegou a ordem, entendendo que a perícia na escrituração da impetrante não lhe causa nenhum prejuízo, pois a autora da ação anulatória é também coproprietária das quotas do ex-marido, um dos sócios da empresa, e, portanto, o sigilo que protege os documentos, enfim, resta preservado. Por meio do Recurso em Mandado de Segurança 19.541/SP, o caso foi submetido à Quarta Turma do Superior Tribunal de Justiça, que manteve aquele entendimento: "(1) A jurisprudência admite, excepcionalmente, a perícia em livros e papéis da escrituração de uma empresa (terceiro prejudicado) no interesse do requerente, ainda que civil e específico, quando necessária para o correto deslinde da controvérsia em que se vê inserida. (2) Na espécie mais se acentua essa premissa, tendo em conta o fato de que os réus (participantes do quadro social da empresa) na ação anulatória movida pela ex-mulher de um dos sócios da impetrante, por suspeita de infringência à sua meação, são, além deste último, todos seus irmãos, pertencentes, portanto, a uma mesma família e, até o término definitivo da sociedade conjugal, parentes por afinidade da autora da anulatória, vale dizer, seus cunhados e cunhadas e, ainda, pelo menos em tese, coproprietários das quotas da sociedade, dado que o regime de bens do casamento é o da comunhão universal, o que afasta o argumento de quebra de sigilo da escrituração."

Diz o artigo 420 do Código de Processo Civil que o juiz pode ordenar, a requerimento da parte, a exibição integral dos livros empresariais e dos documentos do arquivo (1) na liquidação de sociedade; (2) na sucessão por morte de sócio; e (3) quando e como determinar a lei. Essa exibição se fará perante o Judiciário, a quem os livros deverão ser confiados, podendo o magistrado ordenar que o exame se faça na presença do empresário ou de representante da sociedade empresária a que pertencem ou de pessoas por estes nomeadas.

Em contraste, na exibição parcial dos instrumentos de escrituração, preserva-se o sigilo das informações contábeis como um todo, determinando o Judiciário que seja extraída uma suma ou reprodução autenticada apenas das passagens que digam respeito ao litígio. O juiz pode, de ofício, ordenar à parte a exibição parcial dos livros e dos documentos, extraindo-se deles a suma que interessar ao litígio, bem como reproduções autenticadas (artigo 421 do Código de Processo Civil). O sigilo da escrituração, todavia, não é extensível à fiscalização tributária e previdenciária, que, no exercício da fiscalização do pagamento de tributos, pode examinar os instrumentos de escrituração.

3 Livros contábeis

É indispensável que o empresário e a sociedade empresária mantenham *Livro Diário* – ou simplesmente *Diário* –, que pode ser substituído por fichas no caso de escrituração mecanizada ou eletrônica; todavia, a adoção de fichas não dispensa o uso de livro apropriado para o lançamento do balanço patrimonial e do de resultado econômico. No *Livro Diário* são lançados, dia a dia, diretamente ou por reprodução, os atos ou operações da atividade empresarial, ou que modifiquem ou possam vir a modificar a situação patrimonial do empresário. Portanto, o Diário é um instrumento para a escrituração de todas as operações relativas ao exercício da empresa, que são ali lançadas, com individuação, clareza e caracterização do documento respectivo. Esses lançamentos se fazem seguindo rigorosamente uma ordem cronológica, concretizando-se por escrita direta ou reprodução. Cada lançamento deve esclarecer: (1) a data da operação, observando rigorosa sucessão de dia, mês e ano; (2) os títulos das contas de *débito* e de *crédito*; (3) o valor do débito e do crédito; e (4) o histórico, vale dizer, dados fundamentais sobre a operação registrada (número da nota fiscal, cheque, terceiros envolvidos etc.).[1]

Para as hipóteses de contas cujas operações sejam numerosas, a exemplo das vendas realizadas por empresas que se dedicam ao varejo, ou de operações que sejam realizadas fora da sede do estabelecimento empresarial, admite-se que a escrituração do Diário se faça de forma resumida, ou seja, por totalização de cada conta, de cada rubrica, que são lançadas num livro *Diário Geral*, desde que não se exceda o período de 30 dias; recorre-se, então, a livros auxiliares ao *Diário Geral*, nos quais se fará a escrituração minuciosa e especificada dos lançamentos. Assim, se o volume de pagamentos e recebimento no Caixa é muito grande, pode ser instituído um livro *Diário Auxiliar de Caixa*, transferindo para o *Diário Geral* apenas totalizações dos lançamentos especificados, um a um,

---

[1] IUDÍCIBUS, Sérgio de (Org.). *Contabilidade introdutória*. São Paulo: Atlas, 1998. p. 52.

no livro auxiliar. Se o volume é ainda maior, pode-se instituir um livro *Diário Auxiliar de Recebimentos* e um outro, *Diário Auxiliar de Pagamentos*, fazendo a transferência das totalizações para o *Diário Geral*.[2] Acresça-se ser fundamental preservar os documentos, a exemplo do talonário de notas fiscais, permitindo a verificação da perfeita adequação dos lançamentos realizados.

Por outro lado, quando forem adotadas fichas ou microfichas de lançamento, hábito que se amplia face às facilidades oferecidas para a contabilidade, o empresário ou sociedade empresária poderá utilizar-se de livro de *Balancetes Diários e Balanços*, em substituição ao livro *Diário*. É uma faculdade, não uma obrigação. Optando-se por ela, será necessário atender aos requisitos formais para a escrituração contábil, como termo de abertura e de encerramento, numeração sequencial das páginas etc. A escrituração do livro de *Balancetes Diários e Balanços* deverá incluir o registro da posição diária de cada uma das contas ou títulos contábeis (caixa, contas a receber, contas a pagar, clientes etc.), pelo respectivo saldo, em forma de balancetes diários. Ao final do exercício, como ocorre com o livro Diário e se estudará na sequência, registra-se o balanço patrimonial e o de resultado econômico.

Para além do Diário, a obrigação de manter outros livros dependerá de cada caso. Assim, se há emissão de duplicatas, torna-se obrigatório um livro correspondente, que deverá atender aos requisitos extrínsecos e intrínsecos dos instrumentos de escrituração. Se não há emissão de duplicatas, não é preciso manter um *Livro de Registro de Duplicatas*. Assim, para a administração de uma sociedade empresária, pode-se ter: (1) *Livro de Atas da Administração* – obrigatório para as sociedades anônimas, onde é chamado de *Livro de Atas das Reuniões da Diretoria*, podendo ser complementado por um *Livro de Atas do Conselho de Administração*, se existente tal órgão. Nas sociedades limitadas, é facultativo, exceto se há opção por constituição do administrador por ato em separado. (2) *Livro de Atas da Assembleia Geral*: obrigatório para as sociedades anônimas e para as sociedades limitadas que tenham mais de dez sócios; é facultativo para as sociedades limitadas com menos de dez sócios. As sociedades anônimas ainda terão um *livro de presença dos acionistas*. (3) *Livro de Atas e Pareceres do Conselho Fiscal*: obrigatório para as sociedades anônimas e para as sociedades limitadas cujos atos constitutivos prevejam um Conselho Fiscal. (4) *Livro de Registro de Duplicatas*: obrigatório para quem emita tais títulos de crédito.

Já as sociedades por ações, pela complexidade das operações que mantém, devem manter, para além desses livros, outros que lhe são próprios, igualmente submetidos às formalidades legais, incluindo requisitos intrínsecos e extrínsecos. Tais livros são os seguintes: *Livro de Registro de Ações Nominativas*, para inscrição, anotação ou averbação (1) do nome do acionista e do número das suas ações; (2) das entradas ou prestações de capital realizado; (3) das conversões de ações, de uma em outra espécie ou classe; (4) do resgate, reembolso e amortização das ações, ou de sua aquisição pela companhia; (5) das mutações operadas pela alienação ou transferência de ações; (6) do penhor, usufruto, fideicomisso, da alienação fiduciária em garantia ou de qualquer ônus que grave as ações

---

[2] MARION, José Carlos. *Contabilidade básica*. 6. ed. São Paulo: Atlas, 1998. p. 163.

ou obste sua negociação. *Livro de Transferência de Ações Nominativas*, para lançamento dos termos de transferência, que deverão ser assinados pelo cedente e pelo cessionário ou seus legítimos representantes. *Livro de Registro de Partes Beneficiárias Nominativas* e *Livro de Transferência de Partes Beneficiárias Nominativas*, se tiverem sido emitidas, observando-se, em ambos, no que couber, as anotações feitas para os dois primeiros livros. Nas companhias abertas, os livros *Registro de Ações Nominativas*, *Transferência de Ações Nominativas*, *Registro de Partes Beneficiárias Nominativas* e *Transferência de Partes Beneficiárias Nominativas* poderão ser substituídos por registros mecanizados ou eletrônicos, observadas as normas expedidas pela Comissão de Valores Mobiliários. Ademais, seja a companhia fechada, seja aberta, a qualquer pessoa, serão dadas certidões dos assentamentos constantes de tais livros, desde que se destinem a defesa de direitos e esclarecimento de situações de interesse pessoal ou dos acionistas ou do mercado de valores mobiliários. Por tais certidões a companhia poderá cobrar o custo do serviço, cabendo, do indeferimento do pedido por parte da companhia, recurso à Comissão de Valores Mobiliários.

Se a companhia contratar um agente emissor de certificados, tais livros poderão ser substituídos pela escrituração do agente, mantendo os registros de propriedade das ações, partes beneficiárias, debêntures e bônus de subscrição, mediante sistemas adequados, aprovados pela Comissão de Valores Mobiliários, devendo uma vez por ano preparar lista dos seus titulares, com o número dos títulos de cada um, a qual será encadernada, autenticada no registro do comércio e arquivada na companhia. Os termos de transferência de ações nominativas perante o agente emissor poderão ser lavrados em folhas soltas, à vista do certificado da ação, no qual serão averbados a transferência, o nome e a qualificação do adquirente; essas folhas soltas serão encadernadas em ordem cronológica, em livros autenticados no registro do comércio e arquivados no agente emissor. A instituição financeira depositária de ações escriturais deverá fornecer à companhia, ao menos uma vez por ano, cópia dos extratos das contas de depósito das ações e a lista dos acionistas com a quantidade das respectivas ações, que serão encadernadas em livros autenticados no registro do comércio e arquivados na instituição financeira.

Destaque-se, nesse contexto, caber à companhia, ao agente emissor de certificados e à instituição financeira depositária das ações escriturais, conforme o caso, verificar a regularidade das transferências e da constituição de direitos ou ônus sobre os valores mobiliários de sua emissão. No caso de dúvidas suscitadas entre o acionista, ou qualquer interessado, e a companhia, o agente emissor de certificados ou a instituição financeira depositária das ações escriturais, a respeito das averbações ordenadas por esta Lei, ou sobre anotações, lançamentos ou transferências de ações, partes beneficiárias, debêntures, ou bônus de subscrição, nos livros de registro ou transferência, serão dirimidas pelo juiz competente para solucionar as dúvidas levantadas pelos oficiais dos registros públicos, excetuadas as questões atinentes à substância do direito.

A companhia deverá diligenciar para que os atos de emissão e substituição de certificados, e de transferências e averbações nos livros sociais, sejam praticados no menor prazo possível, não excedente do fixado pela Comissão de Valores Mobiliários, respondendo perante acionistas e terceiros pelos prejuízos decorrentes de atrasos culposos.

Aliás, a companhia é responsável pelos prejuízos que causar aos interessados por vícios ou irregularidades verificadas nos livros *Registro de Ações Nominativas*, *Transferência de Ações Nominativas*, *Registro de Partes Beneficiárias Nominativas* e *Transferência de Partes Beneficiárias Nominativas*.

A legislação tributária também traz previsão de livros obrigatórios, conforme o caso, cabendo citar o *Livro Razão*, *Livro Registro de Inventário*, *Livro de Apuração do Lucro Real* (*Lalur*) ou *Livro Registro de Entradas* (*Compras*), entre outros. Não são exigências do Direito Empresarial, portanto, mas do Direito Tributário.

Também é possível submeter à autenticação pela Junta Comercial qualquer livro de escrituração que julgue conveniente adotar, devendo respeitar, quanto a estes, os requisitos extrínsecos e intrínsecos já examinados. Os exemplos de livros facultativos são muitos: *Livro de Fabricação* (ou *Livro da Produção*), *Livro das Ordens de Fabricação*, *Livro de Análises*, *Livro de Bancos*, *Livro de Cheques*, *Livro de Contas-Correntes*, *Livro de Despesas Extraordinárias*, *Livro de Despesas Financeiras*, *Livro de Ganhos* (*Livro de Receitas*), *Livro de Mão de obra*, *Livro de Matérias-primas*, *Livro de Vendas* etc.

4 Balanço patrimonial e de resultado econômico

No princípio de 2016, a *M. Dias Branco S/A Indústria e Comércio de Alimentos*, companhia cearense, divulgou seu balanço patrimonial: seu ativo total, ao fim do exercício de 2015, era de R$ 5.100.433.000,00, com patrimônio líquido de R$ 3.716.945.000,00. Ao longo daquele ano, a receita bruta foi de R$ 5.600.141.000,00. Após a retirada de contas a pagar, impostos, provisões diversas (fiscais, previdenciárias, trabalhistas, cíveis), além da constituição de algumas reservas contábeis (de capital, de incentivos fiscais, de lucros, legal, estatutária etc.), chegou-se a um montante de R$ 59.695.000,00 de dividendos a serem distribuídos aos acionistas. Note que, apesar do valor bruto do ativo e do valor do patrimônio líquido da companhia, o mercado estimava que a empresa valia, naquela época, R$ 7,5 bilhões.

Ao fim de cada exercício, deverá ser lançado no livro Diário o *Balanço Patrimonial*, além de demonstração de resultado econômico da empresa, que se estudará na sequência. O balanço patrimonial deve exprimir, de forma fiel e clara, a situação real da empresa, indicando, distintamente, o ativo e o passivo, conforme regulamento anotado na Lei 6.404/76; em linhas gerais, no ativo escrituram-se os direitos (bens e créditos) da sociedade, ao passo que no passivo se escrituram seus deveres (suas dívidas, obrigações). Sua validade está ainda vinculada à assinatura por *técnico em Ciências Contábeis legalmente habilitado* e pelo empresário ou representante da sociedade empresária.

Para que seja possível concretizar o balanço, torna-se indispensável realizar o inventário, ou seja, verificar o que existe no patrimônio da empresa e que, por consequência, deverá ser lançado no balanço patrimonial. Na prática do comércio, fala-se em *fechar para balanço*, quando, a bem da precisão técnica, fecha-se o estabelecimento para permitir o inventário (físico) dos bens, a partir do qual será feito o balanço patrimonial. De qualquer sorte, é no dia do término do exercício que se faz a listagem e a contagem dos bens, ou seja, listam-se os bens existentes e especifica-se a quantidade de cada bem. Para efeito do balanço, os bens são lançados por seu valor. Assim, após levantar-lhes a existência e a quantidade respectiva, por meio do inventário, deve-se atribuir-lhes valor correspondente. O artigo 1.187 do Código Civil lista regras a serem cumpridas que visam garantir que tais atos correspondam à realidade:

1. os bens destinados à exploração da atividade serão avaliados pelo custo de aquisição, devendo, na avaliação dos que se desgastam ou depreciam com o uso, pela ação do tempo ou outros fatores, atender-se à desvalorização respectiva, criando-se fundos de amortização para assegurar-lhes a substituição ou a conservação do valor;
2. os valores mobiliários, matéria-prima, bens destinados à alienação, ou que constituem produtos ou artigos da indústria ou comércio da empresa, podem ser estimados pelo custo de aquisição ou de fabricação, ou pelo preço corrente, sempre que este for inferior ao preço de custo, e quando o preço corrente ou venal estiver acima do valor do custo de aquisição, ou fabricação, e os bens forem avaliados pelo preço corrente, a diferença entre este e o preço de custo não será levada em conta para a distribuição de lucros, nem para as percentagens referentes a fundos de reserva;
3. o valor das ações e dos títulos de renda fixa pode ser determinado com base na respectiva cotação da Bolsa de Valores; os não cotados e as participações não acionárias serão considerados pelo seu valor de aquisição; e
4. os créditos serão considerados de conformidade com o presumível valor de realização, não se levando em conta os prescritos ou de difícil liquidação, salvo se houver, quanto aos últimos, previsão equivalente.

O artigo 1.187, após cuidar desses bens, prevê a possibilidade de que outros elementos sejam contabilizados como parte do ativo, sujeitando tal escrituração, contudo, à sua amortização anual. Tem-se aqui o reconhecimento de que determinadas despesas realizadas a bem da sociedade constituem ativos intangíveis, passíveis de ser escriturados no patrimônio da empresa; mas são vantagens de mercado que se desgastam com o tempo, devendo seu valor ser amortizado com os resultados favoráveis da atividade empresarial. A cada ano, portanto, será amortizada uma parte de tais valores.

Veja um exemplo: do capital de R$ 100.000,00 da sociedade empresária *Exemplo – Material Pedagógico Ltda.*, R$ 10.000,00 foram gastos com despesas pré-operacionais: pagamento de advogado para elaboração dos atos constitutivos, pagamento de contador etc. A sociedade pode lançar esse valor na coluna de ativo, no chamado *ativo diferido*, evitando uma correspondente descapitalização. Ano a ano, irá amortizar essa despesa. Uma vez concluída toda a amortização, a rubrica relativa às despesas pré-operacionais sai do balanço patrimonial. A grande vantagem, como dito, é diluir tais gastos ao longo dos exercícios, evitando que a empresa já principiasse a sua atividade com um déficit patrimonial, fruto do que se gastou antes do início das atividades.

Para além do balanço patrimonial, empresários e sociedades empresárias devem levantar o *resultado econômico* da empresa: (1) Demonstração do Resultado do Exercício (DRE); algumas sociedades estão ainda obrigadas a levantar a (2a) Demonstração de Lucros e Prejuízos Acumulados (DLPA) ou (2b) Demonstração das Mutações do Patrimônio Líquido (DMPL) e (3) Demonstração dos Fluxos de Caixa (DFC) e, nas companhias abertas, (4) a Demonstração do Valor Adicionado (DVA). Por meio da *Demonstração do Resultado do Exercício*, expressa-se um resumo ordenado das despesas e receitas da empresa durante o exercício, permitindo compreender como se formou o resultado (prejuízo ou lucro) do exercício. Na *Demonstração de Lucros e Prejuízos Acumulados* se discriminará qual era o saldo (superávit ou déficit) do início do exercício, o lucro ou prejuízo registrado no exercício e, mesmo, se houve constituição ou desconstituição de reservas de capital; permite, então, compreender a sociedade ao longo do tempo, evitando-se olhar apenas para o lucro do exercício, quando pode existir um prejuízo acumulado muito maior. A *Demonstração das Mutações do Patrimônio Líquido* é uma versão mais completa da *Demonstração de Lucros e Prejuízos Acumulados*, registrando a evolução de todas as contas do patrimônio líquido da empresa; a Comissão de Valores Mobiliários apenas a exige das companhias abertas.

A Demonstração dos fluxos de caixa indicará as alterações ocorridas, durante o exercício, no saldo de caixa e equivalentes de caixa, segregando-se essas alterações em, no mínimo, 3 (três) fluxos: (1) das operações; (2) dos financiamentos; e (3) dos investimentos. Por fim, a demonstração do valor adicionado indicará o valor da riqueza gerada pela companhia, a sua distribuição entre os elementos que contribuíram para a geração dessa riqueza, tais como empregados, financiadores, acionistas, governo e outros, bem como a parcela da riqueza não distribuída.

5 Sociedades de grande porte

A Lei 11.638/07, em seu artigo 3º, cria a figura da sociedade de grande porte: sociedade ou conjunto de sociedades sob controle comum que tenha, no exercício social anterior, ativo total superior a duzentos e quarenta milhões de reais ou receita bruta anual superior a trezentos milhões de reais. Esses parâmetros financeiros excluem a esmagadora maioria das sociedades brasileiras, apontando para um grupo seleto e reduzido de empresas cuja atuação tem elevada repercussão sobre a comunidade nacional e sua economia. Essas sociedades, ainda que não constituídas sob a forma de sociedades por ações, estão submetidas às normas inscritas na Lei 6.404/76 sobre escrituração e elaboração de demonstrações financeiras, incluindo a obrigatoriedade de auditoria independente por auditor registrado na Comissão de Valores Mobiliários (CVM).

A previsão alcança todos os tipos societários, incluindo as sociedades simples, ainda que, efetivamente, na maioria dos casos esteja-se diante de sociedades empresárias limitadas. A disposição alcançará mesmo sociedade simples que, na qualidade de sociedades de participação (*holdings*) podem, sim, titularizar ativo total superior a duzentos e quarenta milhões de reais. Dessa maneira, a obrigação legal dirige-se a todo e qualquer tipo societário, simples ou empresário, incluindo sociedades cooperativas, sociedade simples comum, sociedade em nome coletivo (simples ou empresária), sociedade em comandita simples (simples ou empresária), sociedade limitada (simples ou empresária), sociedade anônima de capital fechado e sociedade em comandita por ações com capital fechado.

Essas sociedades de grande porte estão obrigadas, ao fim de cada exercício, a elaborar o balanço patrimonial, além de Demonstração de Lucros ou Prejuízos Acumulados (DMPL), Demonstração do Resultado do Exercício (DRE), Demonstração de Fluxos de Caixa (DFC) e Demonstração de Valor Agregado (DVA). Mais do que isso, o legislador foi expresso ao exigir que as contas sejam auditadas por auditor registrado na Comissão de Valores Mobiliários. Em relação a tais aspectos grassa uma unanimidade entre os intérpretes. O grande problema está nas implicações que podem decorrer dessa obrigação. Duas correntes se definiram: a primeira pugnando por uma interpretação restritiva, limitada à elaboração e auditoria. Nada mais. A segunda pugnando por uma interpretação larga, reconhecendo que tal obrigação tem implicações maiores, a incluir o dever de publicar tais relatórios contábeis. Essa última é a minha posição.

Em fato, a expressão *as disposições sobre escrituração*, inscrita na norma, aponta para todas as regras que dizem respeito à escrituração contábil, ou seja, todas as normas que se ocupam da dimensão escritural da companhia, o que inclui a publicação de seus relatórios contábeis. Ademais, a exigência de pareceres de auditores independentes, registrados na Comissão de Valores Mobiliários, está inscrita no § 3º do artigo 177 da Lei 6.404/76, atribuída às companhias abertas, entes que, sabe-se, estão obrigados à publicação de suas demonstrações financeiras, conforme o artigo 176, § 1º. Aliás, o auditor não serve exclusivamente à pessoa jurídica (a sociedade) ou a seus sócios; serve ao mercado como um todo, serve à comunidade em geral que, como se sabe, é diretamente impactada pela atividade negocial. A norma do artigo 3º da Lei 11.638/07 interpreta-se como exigência de que as sociedades de grande porte atendam às normas escriturais aplicáveis às companhias abertas, incluindo no que se refere ao atendimento das normas que, sobre o tema, sejam expedidas pela Comissão de Valores Mobiliários (CVM).

→ Atente para o fato de que, apesar da norma legal imperativa, ora estudada, o entendimento atual do Judiciário e do Departamento Nacional de Registro Empresarial e Integração – Drei é de que é facultativo às sociedades limitadas de grande porte publicarem suas demonstrações financeiras. Em suma: é lei, mas não é obrigatório. Coisas de Brasil.

6 Lucro, reservas e dividendos

Do resultado do exercício serão deduzidos, antes de qualquer participação, os prejuízos acumulados nos exercícios anteriores e a provisão para o Imposto sobre a Renda. Se no exercício houver prejuízo, será ele obrigatoriamente absorvido pelos lucros acumulados nos exercícios anteriores (e ainda não distribuídos), pelas reservas de lucros e pela reserva legal, nessa ordem. Havendo previsão de participação dos empregados e dos administradores nos lucros, serão elas determinadas, sucessivamente e nessa ordem, com base nos lucros que remanescerem depois de deduzida a provisão para o Imposto sobre a Renda e a participação anteriormente calculada; nas sociedades anônimas em que haja partes beneficiárias, segue-se a determinação do valor que lhes é devido. *Lucro líquido do exercício* é o resultado do exercício que remanescer depois de deduzidas tais participações.

Juntamente com as demonstrações financeiras do exercício, a administração da sociedade apresentará à reunião ou assembleia geral ordinária uma proposta sobre a destinação a ser dada ao lucro líquido do exercício. Nas sociedades por ações, 5% do lucro líquido do exercício serão aplicados, antes de qualquer outra destinação, na constituição da *reserva legal*, que não excederá 20% do capital social. Essa aplicação é obrigatória, ainda que existam exceções específicas. A reserva legal tem por fim assegurar a integridade do capital social e somente poderá ser utilizada para compensar prejuízos ou aumentar o capital.

Os atos constitutivos das sociedades contratuais ou institucionais podem criar outras reservas de capital, desde que, para cada uma, (1) indique, de modo preciso e completo, a sua finalidade; (2) fixe os critérios para determinar a parcela anual dos lucros líquidos que serão destinados à sua constituição; e (3) estabeleça o limite máximo da reserva. Para além dessas reservas de capital, a reunião ou assembleia geral de sócios quotistas ou acionistas pode, por proposta dos administradores, destinar parte do lucro líquido à formação de reserva com a finalidade de compensar, em exercício futuro, a diminuição do lucro decorrente de perda julgada provável, cujo valor possa ser estimado. É o que acontece com os chamados fundos, a exemplo do fundo de depreciação de ativos; parte do superávit é mantida na empresa – e não distribuída como dividendo aos sócios – para fazer frente a despesas com a manutenção do ativo (conserto, novas máquinas etc.). Diga-se o mesmo das chamadas provisões, que são valores separados para fazer frente a despesas prováveis, como créditos de que se duvida que serão pagos (*provisão para créditos de liquidação duvidosa – PCLD* ou *provisão para devedores duvidosos – PDD*).

Também é possível que os sócios deliberem que os lucros, no todo ou em parte, fiquem retidos para posterior distribuição. O saldo das reservas de lucros, exceto as para contingências (fundos ou provisões) e de lucros a realizar (reservas de lucros a realizar, que se estudará adiante), não poderá ultrapassar o capital social; atingido esse limite, a assembleia deliberará sobre a aplicação do excesso na integralização ou no aumento do capital social, ou na distribuição de dividendos.

Provisões e Reservas

CEMIG

No fechamento do balanço contábil do segundo trimestre de 2022 da Companhia Energética de Minas Gerais – Cemig, percebeu-se uma queda forte do lucro (97,4%,), comparando com o segundo trimestre de 2021. Fora R$ 1,946 bilhão em 2021 e, em 2022, apenas R$ 49,8 milhões. Olhando o balanço, contudo, percebia-se a causa: a companhia fizera uma provisão de R$ 1,4 bilhão por conta da Lei

14.385/22, norma que disciplinou a devolução de valores de tributos recolhidos a maior pelas prestadoras do serviço público de distribuição de energia elétrica. Assim, sobre o que seria um lucro de R$ 1,5 bilhão, retirou-se contabilmente o valor que foi provisionado para ressarcir os consumidores, tão logo a Agência Nacional de Energia Elétrica – Aneel editasse norma regulando a devolução.

Já a Petróleo Brasileiro S.A. – Petrobras lançou mão de um outro recurso contábil: a formação de uma reserva. Assim, o balanço do primeiro trimestre de 2022 trazia uma "reserva de lucros" no valor de R$ 208,5 bilhões; no trimestre anterior, essa rubrica do balanço contábil fora de R$ 164 bilhões. A diferença entre os dois balanços se explica facilmente: a companhia reportou um lucro de R$ 44,5 bilhões no primeiro trimestre de 2022 e, em lugar de distribuir os valores, colocou tudo na reserva de lucros, que, assim, chegou às duas dezenas de bilhões de reais. Analisando com cautela do balanço e suas notas explicativas, descobre-se que tais valores foram retidos com finalidades diversas: a reserva legal, determinada pela Lei 6.404/76 (R$ 25,5 bilhões), uma reserva de incentivos fiscais (R$ 3,6 bilhões), para compensar eventuais prejuízos tributários, e uma reserva estatutária (R$ 8,6 bilhões) para programas de pesquisa e desenvolvimento tecnológico. Havia, ainda, uma reserva de retenção de lucros, no valor de R$ 89 bilhões, cuja função era ser empregada nos investimentos da petroleira, conforme seu orçamento anual. Somem-se R$ 48 bilhões destinados à distribuição futura aos acionistas como dividendos.

As reservas de capital somente poderão ser utilizadas para: (1) absorção de prejuízos que ultrapassarem os lucros acumulados e as reservas de lucros; (2) resgate, reembolso ou compra de ações, nas sociedades por ações; (3) resgate de partes beneficiárias, igualmente em companhias; (4) incorporação ao capital social; e, (5) nas companhias, pagamento de dividendo a ações preferenciais, quando essa vantagem lhes for assegurada. Ademais, a reserva constituída com o produto da venda de partes beneficiárias poderá ser destinada ao resgate desses títulos.

Os dividendos aos sócios quotistas ou acionistas somente podem ser pagos à conta de lucro líquido do exercício, de lucros acumulados e de reserva de lucros. Nas sociedades por ações, por outro lado, também se permite o pagamento de dividendos à conta de reserva de capital, no caso das ações preferenciais com direito a dividendo fixo. A distribuição de dividendos com inobservância dessa regra implica responsabilidade solidária dos administradores e membros do conselho fiscal, que deverão repor à caixa social a importância distribuída, sem prejuízo da ação penal que no caso couber. Note-se que os acionistas não são obrigados a restituir os dividendos que em boa-fé tenham recebido; mas presume-se a má-fé quando os dividendos forem distribuídos sem o levantamento do balanço ou em desacordo com os resultados deste.

Nas sociedades por ações, os acionistas têm direito de receber como dividendo obrigatório, em cada exercício, a parcela dos lucros disposta no estatuto; o estatuto poderá estabelecer o dividendo como porcentagem do lucro ou do capital social, ou fixar outros critérios para determiná-lo, desde que sejam regulados com precisão e minúcia e não sujeitem os acionistas minoritários ao arbítrio dos órgãos de administração ou da maioria. Se o estatuto for omisso, será importância igual à metade do lucro líquido do exercício diminuído ou acrescido da importância destinada à constituição da reserva legal e da importância destinada à formação da reserva para contingências e reversão da mesma reserva formada em exercícios anteriores. Esse pagamento poderá ser limitado ao montante do lucro líquido do exercício que tiver sido realizado, ou seja, dos valores que efetivamente ingressaram no caixa, desde que a diferença (valores que, por serem devidos, foram anotados no ativo, mas que ainda não ingressaram no caixa da empresa, por terem pagamento futuro) seja registrada como *reserva de lucros a realizar*.

Quando se realizarem os lucros inscritos nesta, ou seja, quando os créditos se transformarem em dinheiro entregue à companhia, os respectivos valores deverão ser acrescidos ao primeiro dividendo declarado após a realização, se não tiverem sido absorvidos por prejuízos em exercícios subsequentes.

Se o estatuto for omisso e a assembleia geral deliberar alterá-lo para introduzir norma sobre a matéria, o dividendo obrigatório não poderá ser inferior a 25% (vinte e cinco por cento) do lucro líquido ajustado nos termos vistos. Por outro lado, a assembleia geral pode, desde que não haja oposição de qualquer acionista presente, deliberar sobre a distribuição de dividendo inferior ao obrigatório ou sobre a retenção de todo o lucro líquido, nas companhias abertas, exclusivamente para a captação de recursos por debêntures não conversíveis em ações, e nas companhias fechadas, em qualquer hipótese, exceto nas controladas por companhias abertas, quando a deliberação estará limitada à captação de recursos por debêntures não conversíveis em ações. Também não será obrigatório o dividendo no exercício social em que for incompatível com a situação financeira da companhia; nessa hipótese, os lucros serão registrados como reserva especial e, se não absorvidos por prejuízos em exercícios subsequentes, deverão ser pagos como dividendo assim que o permitir a situação financeira da companhia.

15

DESCONSIDERAÇÃO DA PERSONALIDADE JURÍDICA

1 Ato físico e ato jurídico

Aristocles para o velho Fusca Azul, ano 1970, no estacionamento à frente da loja de embalagens. Janelas fechadas, portas trancadas, fica claro que é preciso lavar o carro: está imundo. Dá de ombros, mente para si mesmo – "Vou lavá-lo logo mais!" – e segue até o balcão, onde compra 1.000 sacolas de plástico branco, acertando o pagamento para trinta dias. Aristocles pega a caixa, já devidamente embrulhada, e a nota fiscal. De volta ao carro, apoia a caixa na perna para abrir a porta, sujando a calça nos joelhos: "Droga! Tenho que lavar isso, rápido." Coloca a caixa no banco de trás, bate a mão sobre a marca de poeira, sem conseguir melhorar muito o estado da calça; talvez um pouco de água. Entra e parte.

Pergunta: quem comprou 1.000 sacolas de plástico? No plano dos atos físicos, a resposta é muito simples: Aristocles. No plano dos atos jurídicos, a resposta não é tão simples. O comprador pode ser (1) Aristocles, pessoa natural, para si, num ato de consumo; (2) Aristocles – firma individual, empresário, para a sua empresa; (3) sociedade empresária, da qual Aristocles é um representante para a prática daquele ato jurídico. Nessa terceira hipótese, embora um ser humano tenha ido à loja e praticado o ato físico de comprar, o ato jurídico foi praticado por uma pessoa jurídica, por meio de um representante (administrador ou preposto, a quem se deu a competência e o poder para aquele ato). Veja: Aristocles é o gerente de uma das lojas da *Exemplo – Produtos Pedagógicos Ltda.*; foi ela, a sociedade empresária, quem comprou as 1.000 sacolas de plástico branco e é ela a devedora do respectivo pagamento; não se pode cobrar o pagamento de Aristocles, pois agiu em conformidade com os poderes de representação que lhe foram outorgados, razão pela qual o ato jurídico praticado não é de sua responsabilidade, mas da pessoa representada.

A pessoa jurídica é um artifício jurídico, criado ao longo da evolução jurídica da humanidade, com a finalidade de estimular e facilitar a concretização de determinadas empreitadas úteis à comunidade em geral. Essa evolução principia pela percepção de que os grupos eram realidades sociais (ou sociológicas) que superavam o mero somatório de seus membros: transcendiam-nos. Reconheceu-se na coletividade um ente distinto de suas unidades. Mas a evolução prosseguiu e hoje o Direito Brasileiro já reconhece a figura da sociedade limitada com um só sócio, uma espécie de conjunto unitário, como se vê na matemática.

As pessoas jurídicas são seres finalísticos e escriturais; finalísticos por serem constituídos para fins específicos (o objeto social), razão última do artifício jurídico de atribuir personalidade própria, distinta da personalidade de seu membro ou membros. Escriturais, em virtude de sua existência jurídica ter um lastro documental necessário: seus elementos identificadores, caracterizadores e seu funcionamento estão obrigatoriamente inscritos num ato constitutivo (contrato social ou estatuto social); sua existência jurídica principia a partir do registro jurídico válido desse ato de constituição; finalmente, seus atos são inscritos em registros contábeis próprios. Dessa maneira, se Aristocles comprou as sacolas para si, não precisará fazer mais nada do que pagá-las e usá-las. Se comprou para serem usadas em sua empresa (firma individual) ou como representante de uma sociedade, o ato terá que ser praticado em nome da firma individual ou da sociedade e, em acréscimo, deverá ser anotado na contabilidade da empresa.

2 Distinção de personalidades

Já se sabe que a personalidade jurídica da sociedade é distinta da personalidade jurídica de seus sócios. Na afirmação "A, B e C são sócios de D", há quatro pessoas distintas: A, B, C e D, todas distintas entre si, ainda que as três primeiras sejam titulares de quotas ou ações da quarta, tendo o poder de deliberar, em reunião ou assembleia, sobre o seu futuro e seus atos. Portanto, (1) há personalidade jurídica própria da sociedade, distinta da personalidade jurídica de seus sócios; (2) há um patrimônio jurídico – econômico e moral – próprio da sociedade, distinto do patrimônio jurídico de seus sócios; e (3) há uma existência jurídica própria da sociedade, distinta da existência jurídica de seus sócios, recordando-se de que a pessoa jurídica existe entre o registro e a dissolução (incluindo liquidação e baixa no registro), independentemente de seus sócios terem deixado de existir antes: sócios pessoa jurídica, pela dissolução e baixa; sócios seres humanos, pela morte.

Muito cedo, alguns perceberam que poderiam utilizar a personalidade jurídica de associações, sociedades e, mesmo, fundações para a prática de atos ilícitos (contra a lei) ou fraudatórios (em fraude à lei), lesando terceiros em benefício próprio. A tentação de fazê-lo é ainda maior nas sociedades em que se prevê uma limitação entre as obrigações da sociedade e o patrimônio dos sócios: sociedade limitada, sociedade anônima, além dos sócios comanditários, na sociedade em comandita simples, e os sócios acionistas não diretores, na sociedade em comandita por ações. A percepção dessa utilização ilícita ou fraudatória da personalidade jurídica levou ao desenvolvimento da *teoria da desconside-*

ração da personalidade jurídica, uma hipótese excepcional na qual se permite superar a distinção entre a personalidade da pessoa jurídica e a personalidade de sócios, associados ou administradores. Assim, desconsidera-se a personalidade da pessoa jurídica da companhia para identificar o ato daquele ou daqueles que, usando daquela personalidade de forma ilícita ou fraudatória, determinaram o prejuízo; a partir dessa desconsideração, será possível responsabilizá-los pessoalmente.

No entanto, é preciso redobrado cuidado com a aplicação do instituto da desconsideração da personalidade jurídica. Não basta haver uma obrigação não satisfeita pela sociedade para que se possa exigir que o sócio beneficiado pelo limite de responsabilidade ou o administrador responda por ela. A desconsideração está diretamente ligada ao mau uso da personalidade jurídica pelo sócio ou pelo administrador, não prescindindo do aferimento de dolo, abuso de direito, fraude, dissolução irregular da empresa, confusão patrimonial ou desvio de finalidade. Para aplicar o instituto, portanto, o Judiciário – atendendo ao comando do artigo 93, IX, da Constituição da República – deverá, obrigatoriamente, fundamentar seu ato, apontando fatos e provas que demonstrem estar presentes as condições para desconsiderar a personalidade jurídica. Nesse sentido, cita-se a manifestação da Terceira Turma do Superior Tribunal de Justiça quando julgou o Recurso Especial 347.524/SP: "A desconsideração da pessoa jurídica é medida excepcional que reclama o atendimento de pressupostos específicos relacionados com a fraude ou abuso de direito em prejuízo de terceiros, o que deve ser demonstrado sob o crivo do devido processo legal."

Cascol × Construtora FR

Cascol
COMBUSTÍVEIS

Cascol Combustíveis para Veículos Ltda. pretendeu a desconsideração da personalidade jurídica da Construtora FR Alvorada Ltda. Alegou que não era possível encontrar bens da sociedade devedora para penhora, sendo que teria ocorrido um encerramento irregular. Nem o juiz, nem o Tribunal de Justiça do Distrito Federal aceitaram a instauração do incidente. O TJDF, aliás, afirmou: "(1) A personalidade jurídica da sociedade empresária não se confunde com a de seus sócios ou administradores, sendo a desconsideração da personalidade jurídica medida excepcional que deve ser aplicada apenas quando atendidos os requisitos previstos no artigo 50 do Código Civil para os caso eminentemente de Direito Civil. (2) A desconsideração da personalidade jurídica, conquanto legalmente admissível (art. 50, CC), como medida excepcional, demanda comprovação de que a pessoa jurídica fora utilizada de forma abusiva, o que não pode ser presumido nem intuído em razão apenas da frustração na localização de bens a serem objeto da constrição patrimonial. O legislador pátrio condicionou a desconsideração da personalidade jurídica a comprovação cabal do abuso da personalidade. (3) Havendo apenas a demonstração do inadimplemento, do encerramento da empresa executada e da ausência de bens, sem especificação e comprovação de ato concreto de abuso da personalidade jurídica, não se verificam preenchidos os requisitos legais para se admitir a desconsideração da personalidade jurídica. Nesse sentido, admitir a instauração do incidente para depois invariavelmente negar o pedido de desconsideração iria de encontro as diretrizes norteadoras do Código de Processo Civil, ferindo o princípio da celeridade e tornado o processo mais lento e mais caro para as partes. (4) Diante da ausência de especificação objetiva e robusta da existência de fraude, abuso ou confusão patrimonial, elementos essenciais para a efetiva desconsideração da personalidade jurídica pela teoria maior, a instauração do incidente sequer deve ser admitido pelo juízo que tem o dever de indeferir pedidos inócuos em compasso com o princípio da colaboração entre as partes".

A credora não aceitou tal posição e recorreu ao Superior Tribunal de Justiça. Assim, por meio do Agravo Interno no Agravo em Recurso Especial 2.159.188/DF, sua pretensão foi examinada pela Quarta Turma. Mas não foi provida: "a teoria da desconsideração da personalidade jurídica, medida excepcional prevista no art. 50 do Código Civil, pressupõe a ocorrência de abusos da sociedade, advindos do desvio de finalidade ou da demonstração de confusão patrimonial. A mera inexistência de bens penhoráveis ou eventual encerramento irregular das atividades da empresa não enseja a desconsideração da personalidade jurídica". Aliás, o mesmo que se decidiu no Agravo Interno no Agravo em Recurso Especial 924.641/SP.

3   Direito privado

Segundo o artigo 50 do Código Civil, com a redação que lhe deu a Lei 13.874/19, em caso de abuso da personalidade jurídica, caracterizado pelo desvio de finalidade ou pela confusão patrimonial, pode o juiz, a requerimento da parte, ou do Ministério Público quando lhe couber intervir no processo, desconsiderá-la para que os efeitos de certas e determinadas relações de obrigações sejam estendidos aos bens particulares de administradores ou de sócios da pessoa jurídica beneficiados direta ou indiretamente pelo abuso.

De acordo com o § 1º do artigo 50 do Código Civil, desvio de finalidade é a utilização da pessoa jurídica com o propósito de lesar credores e para a prática de atos ilícitos de qualquer natureza. Trata-se de ato doloso. O uso da pessoa jurídica para a prática consciente de atos ilícitos não se amolda à função social do instituto. Mas é indispensável dolo. A simples prática de ato ilícito pela sociedade não é hipótese de despersonificação. Atente-se ademais para o § 1º do artigo 50 do Código Civil: não constitui desvio de finalidade a mera expansão ou a alteração da finalidade original da atividade econômica específica da pessoa jurídica. A norma previsão é curiosa. A pessoa jurídica é um *ser finalístico*: é constituída para determinada finalidade, para certo objeto, como se apura em seu ato constitutivo. Sua atuação só é regular quando respeita as normas e princípios jurídicos, incluindo o ato constitutivo. No entanto, por força da previsão legal, o ato que foge desses parâmetros não caracteriza *desvio de finalidade*, não dá margem à desconsideração da personalidade jurídica.

Estabelece o § 2º do artigo 50 do Código Civil, que se entende por confusão patrimonial a ausência de separação de fato entre os patrimônios, caracterizada por: (1) cumprimento repetitivo pela sociedade de obrigações do sócio ou do administrador ou vice-versa; (2) transferência de ativos ou de passivos sem efetivas contraprestações, exceto os de valor proporcionalmente insignificante; e (3) outros atos de descumprimento da autonomia patrimonial. Esteja-se atento para a previsão anotada no § 4º do artigo 50 do Código Civil: a mera existência de grupo econômico sem a presença dos requisitos de que trata o *caput* daquele artigo não autoriza a desconsideração da personalidade da pessoa jurídica. Se não há confusão entre direitos e obrigações, entre créditos e débitos, entre os patrimônios das sociedades que compõem o mesmo grupo econômico, não pode haver desconsideração da personalidade jurídica para fazer as obrigações de uma(s) ser suportada por outra(s). Na mão contrária, é preciso atentar para o fato de que, mesmo não havendo grupo econômico, havendo confusão patrimonial, a desconsideração da personalidade jurídica é possível para, assim, fazer com que as obrigações de uma sociedade sejam suportadas por outra sociedade.

Andrade Canellas Energia S/A.

Ruth e João Carlos não se conformaram com a decisão do Tribunal Regional da 2ª Região que, desconsiderando a personalidade jurídica da Andrade Canellas Energia S/A, determinou a responsabilização de seus administradores pelos créditos devidos ao empregado que, contra a sociedade, moveu uma reclamatória trabalhista. Argumentaram que, para a responsabilização dos administradores da sociedade, dever-se-ia atender ao artigo 50 do Código Civil que exige a comprovação de culpa ou prática de ato abusivo ou fraudulento por parte dos administradores. Segundo a decisão regional, "não há que se exigir do empregado credor a prova de eventual fraude dos sócios. Basta a inadimplência da empresa empregadora", registrando ainda que "no âmbito do Direito do Trabalho, em decorrência da desconsideração da personalidade jurídica da empresa, não há a necessidade imperiosa de comprovação de situações subjetivas (fraude, abuso de poder, má administração, atuação contra a lei e o contrato etc.), bastando a insolvência ou o descumprimento da obrigação, pela empresa, para que o sócio responda com o seu patrimônio pela dívida da sociedade". Disseram mais os desembargadores: "Em razão da hipossuficiência do trabalhador no âmbito da sua relação com a empresa empregadora, e da natureza alimentar do crédito àquele primeiro devido, pelos serviços prestados, revela-se adequada a interpretação da teoria de desconsideração da personalidade jurídica da empresa à luz de alguns parâmetros: o princípio da proteção ao empregado; o risco da atividade econômica a ser suportado exclusivamente pelo empregador, e, ainda, a similaridade com a relação jurídica consumeirista, em que se deve proteger a parte mais fraca. Não quitado o débito trabalhista, espontaneamente, ou mesmo por dificuldades financeiras, pela empresa empregadora, e não encontrados bens desta para a penhora, abre-se ao juiz a possibilidade de desconsideração da personalidade jurídica, imputando-se a responsabilidade aos sócios. Não há que se exigir do empregado credor a prova de eventual fraude dos sócios. Basta a inadimplência da empresa empregadora. Em se tratando de ex-sócios é que tal comprovação pode, em tese, ser exigida do trabalhador, o que não é o caso. Não se trata da adoção da teoria da responsabilidade irrestrita, e nem tampouco da prática de ato discricionário."

Julgando o Recurso de Revista 1000731-28.2018.5.02.0014, a Sétima Turma do Tribunal Superior do Trabalho entendeu diverso. "O caso versa sobre a possibilidade de desconsideração da personalidade jurídica de empresa anônima e a consequente responsabilização de seus administradores. Discute-se se, para a responsabilização dos administradores da sociedade anônima, deve-se adotar a teoria maior da desconsideração da personalidade jurídica prevista no art. 50 do CCB, que exige a comprovação de culpa ou prática de ato fraudulento pelos administradores, ou a teoria menor disciplinada pelo art. 28, § 5º, do CDC, que permite a desconsideração pelo simples inadimplemento ou ausência de bens suficientes para a satisfação do débito." E reafirmou-se o entendimento, já posto em outros julgados, "pela impossibilidade de se aplicar a teoria menor da desconsideração jurídica para a responsabilização de gestor de sociedade anônima (art. 28, § 5º, do CDC), bem como pela impossibilidade de se responsabilizar administrador que não integra o quadro social da empresa." Acresceu-se adiante: "De fato, considerando que as sociedades anônimas são regidas por lei especial, fica claro que, em face do disposto no art. 158 da Lei nº 6.404/76, deve incidir a teoria maior da desconsideração da personalidade jurídica para a responsabilização do gestor da sociedade anônima, devendo, assim, haver comprovação da conduta culposa ou de prática de ato ilícito." Conclusão: "a inclusão dos gestores da empresa executada (sociedade anônima) no polo passivo da execução, sem que houvesse comprovação de conduta abusiva ou fraudulenta por parte deles, resulta em afronta ao art. 5º, II, da CF, na medida em que, nessas circunstâncias, não se operam os efeitos da desconsideração da personalidade jurídica, amparada na teoria maior, para legitimar a responsabilização dos administradores".

4 Direito do consumidor

O Código de Defesa do Consumidor (Lei 8.078/90), em seu artigo 28, prevê a possibilidade de desconsideração da personalidade jurídica da sociedade fornecedora nas seguintes hipóteses: abuso de direito, excesso de poder (*ultra vires*), infração da lei, fato ou ato ilícito ou, mesmo, violação das regras que estejam dispostas no contrato social. Ainda de acordo com aquele dispositivo, poderá o juiz determinar a desconsideração da personalidade jurídica nos casos de falência ou insolvência, ou ainda nas hipóteses de encerramento da pessoa jurídica ou de sua inatividade, se provado ter havido má administração. Tais regras, por óbvio, aplicam-se somente a créditos oriundos de relações consumeristas; as demais relações jurídicas se regerão pelo direito privado. A *violação das regras que estejam dispostas no contrato social* confunde-se com o desvio de finalidade. As demais devem ser melhor estudadas.

Há *abuso de direito* quando o exercício de um direito excede manifestamente os limites impostos pelo seu fim econômico ou social, pela boa-fé ou pelos bons costumes; é ato ilícito, portanto, em função do excesso manifesto, inequívoco, flagrante. Reconhece-se, assim, a necessidade de um equilíbrio fundamental entre o interesse do titular do direito e os interesses dos demais. Por seu turno, o *excesso de poder* interpreta-se como ato que foge à atribuição de competência e poderes para atuar em nome da sociedade; a ideia de *abuso do poder econômico* também é acobertada, até por caracterizar, no mínimo, uma espécie de abuso de direito. O ato ilícito (segundo a lei, *infração da lei, fato ilícito ou ato ilícito*), por seu turno, interpreta-se restritivamente: ato ilícito na relação de fornecimento, lesando o consumidor, nesta qualidade.

O Código de Defesa do Consumidor ainda permite a desconsideração da personalidade jurídica na hipótese de *má administração*, para responsabilizar aquele ou aqueles que sejam eficazmente responsáveis, por ação ou por omissão, pela desídia ou inabilidade que determinou lesão a direito do consumidor, garantindo seu ressarcimento. É parâmetro que também alcança as infrações à ordem econômica, por força do artigo 34 da Lei 12.529/11. A desconsideração, nessa hipótese, parte da percepção de que o fornecedor deve manifestar uma profissionalidade, ou seja, uma capacidade de bem executar aquele que é – ou deveria ser – o seu mister, já que se apresenta ao mercado, oferecendo seus bens ou serviços. Finalmente, de acordo com o § 5º do artigo 28 do Código de Defesa do Consumidor, a despersonalização da sociedade também poderá ser determinada sempre que sua personalidade for, de alguma forma, obstáculo ao ressarcimento de prejuízos causados aos consumidores. A interpretação da norma tem provocado grandes discussões. Para alguns, trata-se de hipótese objetiva: sempre que o consumidor não possa ser indenizado pela sociedade fornecedora, desconsidera-se a personalidade jurídica desta para responsabilizar diretamente seus sócios e administradores. Acredito que assim não seja. O § 5º do artigo 28 não é mais que uma licença genérica para a desconsideração da personalidade jurídica fora das hipóteses de dolo, fraude, desvio de finalidade, confusão patrimonial, abuso de direito, excesso de poder, prática de ato ilícito ou má administração. Para que seja aplicado, por via de consequência, será indispensável, em primeiro lugar, a demonstração fundamentada pelo *decisum* judiciário de que o ato ou o fato identificado é motivo suficiente para permitir a desconsideração da personalidade jurídica, à míngua de tipificação legal.

Dinair × JFE 10

Dinair acionou a JFE 10 Empreendimentos Imobiliários Ltda. pretendendo o distrato de uma promessa de compra e venda imobiliária, fundando-se nas normas do Código de Defesa do Consumidor. O Judiciário do Distrito Federal deu ganho à consumidora, condenando a fornecedora em diversas verbas. Iniciou-se o procedimento de cumprimento de sentença, mas não houve pagamento, nem foram encontrados bens suficientes para penhora. Dinair, então, requereu a instauração do incidente de desconsideração de personalidade jurídica, invocando a regra inserta no artigo 28, § 5º, do Código de Defesa do

Consumidor. E o Judiciário brasiliense acolheu sua pretensão: "administradores, ainda que não sejam sócios, na aplicação da teoria menor, respondem por dívidas da pessoa jurídica decorrente da desconsideração da personalidade jurídica, com fulcro nos princípios norteadores do direito do consumidor".

A Quarta Turma do STJ conheceu da pendenga por meio do Recurso Especial 1.860.333/DF: "Cinge-se a controvérsia instaurada por meio do presente recurso especial à possibilidade ou não de, a partir da teoria menor da desconsideração da personalidade jurídica, adotado no artigo art. 28, parágrafo 5º, do Código de Defesa do Consumidor, atingir-se/responsabilizar-se o administrador não sócio. [...] Consoante cediço, o instituto da desconsideração da personalidade jurídica é originário da experiência anglo-saxônica, tradicionalmente denominada de *disregard doctrine*, e que tem por escopo superar a autonomia e separação patrimonial, a fim de responsabilizar sócios e/ou administradores por obrigações inicialmente de titularidade apenas da pessoa jurídica. No ordenamento jurídico pátrio, infere-se dois sistemas para a desconsideração: (a) aquele inserto no Código Civil, em seu artigo 50, concebido à luz da denominada *teoria maior* e (b) aquele disciplinado pelo Código de Defesa do Consumidor, em seu artigo 28, § 5º, relacionado à intitulada *teoria menor*".

Partindo da análise desses dispositivos legais, os ministros afirmaram que "o sistema contido no Código Civil prevê expressamente que, em caso de abuso da personalidade jurídica, à luz da teoria maior, há possibilidade de se estender determinadas obrigações da empresa a sócios e administradores. No particular, reclama-se, para além da demonstração do estado de insolvência, a comprovação de desvio de finalidade ou de efetiva confusão patrimonial. De outro lado, examinando-se o sistema disciplinado no Código de Defesa do Consumidor, observa-se que o *caput* se aproxima da teoria maior, ao estabelecer requisitos mais rígidos, como abuso de direito, excesso de poder, prática de ato ilícito, entre outros; todavia, o parágrafo 5º do aludido dispositivo, de modo a facilitar e ampliar as hipóteses de desconsideração, à luz da teoria menor, preceitua: *poderá ser desconsiderada a pessoa jurídica sempre que sua personalidade for, de alguma forma, obstáculo ao ressarcimento de prejuízos causados aos consumidores*. [...] Efetivamente, à aplicação da teoria menor da desconsideração da personalidade jurídica (art. 28, § 5º, do CDC), revela-se suficiente que consumidor demonstre o estado de insolvência do fornecedor ou o fato de a personalidade jurídica representar um obstáculo ao ressarcimento dos prejuízos causados".

Prosseguiram os julgadores: "A citada teoria encontra como pressuposto o fato de que o risco empresarial, inerente ao exercício da atividade econômica, deve ser suportado por aqueles que integram os quadros societários, com capacidade de gestão, e não o consumidor. Assim, *em se tratando de vínculo de índole consumerista, [é possível] a utilização da chamada Teoria Menor da desconsideração da personalidade jurídica, a qual se contenta com o estado de insolvência do fornecedor, somado à má administração da empresa, ou, ainda, com o fato de a personalidade jurídica representar um 'obstáculo ao ressarcimento de prejuízos causados aos consumidores'* (art. 28 e seu § 5º, do Código de Defesa do Consumidor) (REsp 1.111.153/RJ, relator Ministro Luis Felipe Salomão, Quarta Turma, julgado em 6/12/2012, *DJe* de 4/2/2013). Entretanto, diversamente do que ocorre com a teoria maior, prevista no Código Civil, o parágrafo 5º do artigo 28 do Código de Defesa do Consumidor não contempla a previsão específica acerca da possibilidade de extensão da responsabilidade ao administrador não sócio, isto é, àquele que, embora desempenhe as funções gerenciais, não integra o quadro societário. Oportuno destacar que, na redação original do diploma consumerista, havia alusão/menção expressa sobre o atingimento do patrimônio do administrador, ainda que não sócio, especificamente no § 1º do artigo 28. Todavia, o artigo em comento foi vetado, não havendo, portanto, no diploma em questão, previsão para desconsideração em relação àquele que não integre o quadro societário".

Portanto, os Ministros entenderam que a razão não estava com Dinair, mas com Roberto Alexandre, o administrador que teria seus bens alcançados, pela desconsideração da personalidade jurídica, para que o cumprimento de sentença se efetivasse. "Ainda que o *caput* do artigo 28 pudesse ser conjugado com a norma prevista no artigo 50 do Código Civil – pois ambos versam acerca da teoria maior –, a fim de reconhecer a possibilidade de desconsideração para estender a responsabilidade obrigacional aos administradores não integrantes do quadro societário, infere-se a inviabilidade de o fazer em relação ao disposto no parágrafo 5º do artigo 28 do Código de Defesa do Consumidor, lastreado na teoria menor. Isso porque, o dispositivo em comento, autônomo em relação ao *caput*, afigura-se mais gravoso, pois tem incidência em hipóteses mais flexíveis, exigindo menos requisitos, isto é, sem a necessidade de demonstração do abuso da personalidade jurídica, prática de ato ilícito ou de infração; aplica-se, de conseguinte, a casos de mero inadimplemento, em que se observe, por exemplo, a ausência de bens de titularidade da pessoa jurídica, hábeis a saldar o débito. Nesse contexto, dada especificidade do parágrafo em questão, e as consequências decorrentes de sua aplicação – extensão da responsabilidade obrigacional –, afigura-se inviável a adoção de uma interpretação extensiva, com a atribuição de abrangência apenas prevista no artigo 50 do Código Civil, particularmente no que concerne ao atingimento do patrimônio de administrador não sócio".

5 Precisão da obrigação e do responsável

A desconsideração da personalidade jurídica não implica o fim da sociedade; não é, portanto, um ato definitivo, a significar que a pessoa jurídica foi extinta e que os sócios e/ou administradores responderão por todas as suas obrigações. Excetuada a hipótese de se desconstituir a personalidade jurídica em processo de falência ou insolvência da sociedade, sua existência e funcionamento preservam-se. A decisão judicial de desconsideração deverá precisar qual ou quais obrigações serão beneficiadas pela medida excepcional, fundamentando as razões para a aplicação dessa figura excepcional em relação àqueles créditos específicos. Não se tem, portanto, revogação do princípio de separação patrimonial entre sócios e sociedade, nem mesmo revogação da limitação da responsabilidade do sócio ao valor do capital não integralizado, nas sociedades em que legalmente estabelecida. Há suspensão dos efeitos de tais institutos jurídicos para hipótese determinada e, sempre, em função de razões de fato e de direito que sejam satisfatoriamente demonstradas pelo Judiciário em sua decisão. Todas as demais relações jurídicas da sociedade não são afetadas pelo deferimento da desconsideração da personalidade jurídica em relação a uma ou mais obrigações.

Deve-se ter muito cuidado com a identificação de quem responderá pela obrigação. Além da precisão dos créditos não satisfeitos em relação aos quais será desconsiderada a personalidade jurídica da sociedade devedora, será preciso também determinar aquele ou aqueles, sócios ou não, que são responsáveis ativa ou omissivamente pelo mau uso da personalidade jurídica da sociedade. Serão esses que sofrerão os efeitos da medida, não a universalidade dos sócios e dos administradores, como se afere do artigo 50 do Código Civil. Não devem sofrer os efeitos da despersonalização aqueles que não contribuíram direta ou indiretamente para o ato abusivo, praticando-o ou permitindo que fosse praticado; e, para afirmar o dever de impedir a prática do ato lesivo, é fundamental aferir a existência de poder para obstá-lo, o que raramente ocorre com o sócio minoritário. Imagine-se que, diante da prática de ato ilícito por uma grande companhia de capital aberto, como a *Companhia Energética de Minas Gerais S.A.* (CEMIG), se pretendesse responsabilizar qualquer de seus acionistas, ou, em outras palavras, todos eles.

A decisão judicial, portanto, deverá apontar aquele ou aqueles que suportarão os efeitos da obrigação em face da desconsideração da personalidade jurídica, bem como apresentar as razões de fato e de direito que sustentam tal reconhecimento. A experiência mais comum de desconsideração da personalidade jurídica é a que estende os efeitos das obrigações sociais a um, alguns ou todos os sócios da pessoa jurídica. Na esmagadora maioria dos casos, trata-se justamente daquele(s) sócio(s) que pratica(m) atos de gestão. Julgando o Recurso Especial 1.250.582/MG, a Quarta Turma do Superior Tribunal de Justiça afirmou que, "para os efeitos da desconsideração da personalidade jurídica, não há fazer distinção entre os sócios da sociedade limitada. Sejam eles gerentes, administradores ou quotistas minoritários, todos serão alcançados pela referida desconsideração." Isto porque apurou-se que, apesar de não exercerem atos de gestão, os demais sócios "tinham pleno conhecimento do desvio de finalidade" perpetrado na empresa, razão pela qual a desconsideração da personalidade jurídica os alcançou. Mas a desconsideração poderá ter por efeito, igualmente, a responsabilização do administrador ou administradores da sociedade, mesmo que não sejam sócios, quando o ato lesivo que justificou a aplicação do instituto seja de sua autoria. Também é possível que a desconsideração da personalidade jurídica se faça para a responsabilização de uma empresa coligada, tomando-se *coligação* em seu sentido largo, a significar tanto as figuras de controle, filiação (ou coligação, em sentido estrito), quanto mera participação societária.

A desconsideração da personalidade jurídica pode dar-se para estender obrigação ou obrigações determinadas da sociedade para pessoa, natural ou jurídica, que não mantém relação jurídica aparente. As situações são amplas, como sociedades que sucederam, de fato, a outras sociedades, diante de manobras que pretendiam evitar a caracterização da sucessão jurídica; *empresas de fachada*, constituídas para acobertar outras sociedades; pessoas que, embora titularizando de fato as quotas ou ações de uma sociedade, não as titularizam de direito, recorrendo a pessoas interpostas, que se apresentam como sócios ou administradores, sem efetivamente sê-los, merecendo no jargão da rua a alcunha de *laranjas*. Dependerá, sempre, do caso em concreto, nunca prescindindo de fundamentação robusta, hábil a justificar a medida de exceção. No Recurso Especial 63.652/SP, como exemplo, a Quarta Turma do Superior Tribunal de Justiça afirmou que "o juiz pode julgar ineficaz a personificação societária, sempre que for usada com abuso de direito, para fraudar a lei ou prejudicar terceiros". No caso, "o pedido de falência foi apresentado contra a empresa G. R. S. Serviços Motorizados Ltda. Verificou-se, porém, que tal sociedade desaparecera, assumindo o seu lugar a ora agravante – H. L. Serviços Motorizados S/C Ltda. Citou-se o representante legal de ambas, que veio aos autos afirmar não ser mais o representante legal da G. R. S. Serviços Motorizados Ltda. Os elementos constantes do feito conduziram o Tribunal de origem à conclusão de que, não obstante duas razões sociais tenham sido utilizadas, se tratava em verdade de uma só pessoa jurídica. Estes dados são significativos, a demonstrar que a ora recorrente foi constituída com o escopo de fraudar terceiros".

De qualquer sorte, o valor que se buscará no patrimônio do(s) sujeito(s) passivo(s) da consideração não está limitado ao valor do capital social; nesse sentido, cito o julgamento do Agravo Interno no Agravo em Recurso Especial 866.305/MA: "A jurisprudência desta Corte orienta que a responsabilidade dos sócios alcançados pela desconsideração da personalidade jurídica da sociedade não se limita ao capital integralizado, sob pena de frustrar a satisfação do credor lesado pelo desvio de finalidade ou confusão patrimonial". O valor que resulta da desconsideração será determinado pela decisão que, reitero, deverá fundamentar as razões que levaram o julgador a fixá-lo nesse ou naquele montante.

Recorde-se, por último, de que o Código de Defesa do Consumidor estabelece que sociedades empresariais integrantes de um grupo de empresas são subsidiariamente responsáveis pelas obrigações de qualquer delas, fruto de direitos consumeristas; assim, se a sociedade diretamente responsável pelo pagamento não adimplir a obrigação por qualquer motivo, poderá o credor/consumidor executar judiciariamente qualquer das empresas de mesmo controle ou, ainda, a empresa controladora do grupo. Acresça-se que, de acordo com a mesma legislação, em se tratando de sociedades consorciadas, ou seja, de empresas que tenham se unido para a realização de um mesmo empreendimento, tem-se responsabilidade solidária, e não meramente subsidiária; assim, o consumidor poderá escolher se exigirá o pagamento de seu crédito de uma qualquer, algumas ou todas as empresas consorciadas ou meramente partícipes da relação de fornecimento.

6 Incidente de desconsideração da personalidade jurídica

O Código de Processo Civil regulamentou o *incidente de desconsideração da personalidade jurídica*, procedimento que será instaurado a pedido da parte ou do Ministério Público, quando lhe couber intervir no processo; isso inclui a hipótese de desconsideração inversa da personalidade jurídica, ou seja, hipóteses nas quais a desconsideração se faz para estender, à pessoa jurídica, os efeitos de obrigação devida por sócio ou administrador. Dispensa-se a instauração do incidente se a desconsideração da personalidade jurídica for requerida na petição inicial da ação dirigida contra o devedor, hipótese em que será citado o sócio ou a pessoa jurídica (artigo 134, § 2º).

O incidente de desconsideração é cabível em todas as fases do processo de conhecimento, no cumprimento de sentença e na execução fundada em título executivo extrajudicial (artigo 134). O pedido de instauração do incidente deverá observar os pressupostos previstos em lei (artigo 133), devendo demonstrar o preenchimento dos pressupostos legais específicos para desconsideração da personalidade jurídica (artigo 134, § 4º). A instauração do incidente será imediatamente comunicada ao distribuidor para as anotações devidas (artigo 134, § 1º), suspendendo o processo principal, salvo na hipótese do pedido ser formulado na própria petição inicial da ação dirigida contra o devedor (artigo 134, § 3º).

Instaurado o incidente, o sócio ou a pessoa jurídica será citado para manifestar-se e requerer as provas cabíveis no prazo de 15 dias (artigo 135). Havendo necessidade de produção de provas, o juiz iniciará a instrução. Concluída a instrução, o incidente será resolvido por decisão interlocutória (artigo 136); se o incidente for instaurado em Tribunal, sendo a decisão proferida pelo relator, cabe agravo interno.

Nos termos do artigo 790, VII, do Código de Processo Civil, são sujeitos à execução os bens do responsável, nos casos de desconsideração da personalidade jurídica. Esse responsável será determinado pela decisão do incidente. Esteja-se atento para o fato de que, nos termos do seu artigo 792, V, a alienação ou a oneração de bem é considerada fraude à execução, nos casos expressos em lei. E o artigo 137 da mesma lei prevê que, se o pedido de desconsideração for acolhido, a alienação ou a oneração de bens, havida em fraude de execução, será ineficaz em relação ao requerente. Emenda o § 3º do artigo 792, esclarecendo que, nos casos de desconsideração da personalidade jurídica, a fraude à execução verifica-se a partir da citação da parte cuja personalidade se pretende desconsiderar.

De acordo com o Superior Tribunal de Justiça, julgando o Agravo Interno no Recurso Especial 2.013.164/PR, são incabíveis honorários advocatícios em incidente de desconsideração da personalidade jurídica, por ausência de previsão legal.

Estado do Rio de Janeiro × Mobilitá Licenciamentos de Marcas e Participações Ltda.

O Estado do Rio de Janeiro moveu uma execução fiscal contra Mobilitá Licenciamentos de Marcas e Participações Ltda. Ao longo do feito, pediu que fosse incluído no polo passivo da demanda uma outra sociedade que comporia o mesmo grupo econômico. O juiz indeferiu o pedido: se a Fazenda Estadual quisesse trazer outra empresa do grupo, deveria instaurar um incidente de desconsideração da personalidade jurídica. O Estado do Rio de Janeiro agravou para o Tribunal de Justiça fluminense que, entrementes, manteve-se ao lado do juiz: nos casos de execução fiscal em que se pretende o redirecionamento da execução para pessoa jurídica que integra o mesmo grupo econômico, mas que não foi identificada no ato de lançamento, o caminho seria o incidente de desconsideração da personalidade jurídica, na forma prevista no Código de Processo Civil.

Adivinhe só o que aconteceu? Isso mesmo! O Estado do Rio de Janeiro interpôs recurso especial alegando ofensa aos arts. 124, I, e 135, III, ambos do Código Tributário Nacional, "sustentando, em síntese, que o incidente de desconsideração da personalidade jurídica é incompatível com a execução fiscal, notadamente porque o procedimento prevê a suspensão do processo e a dilação probatória sem a garantia da execução".

A Segunda Turma do STJ concordou: Agravo Interno no Agravo em Recurso Especial 2.033.750/RJ: "A jurisprudência do Superior Tribunal de Justiça é firme no sentido de que a previsão constante no art. 134, *caput*, do CPC/2015, sobre o cabimento do incidente de desconsideração da personalidade jurídica, na execução fundada em título executivo extrajudicial, não implica a incidência do incidente na execução fiscal regida pela Lei 6.830/1980, verificando-se verdadeira incompatibilidade entre o regime geral do Código de Processo Civil e a Lei de Execuções, que, diversamente da Lei geral, não comporta a apresentação de defesa sem prévia garantia do juízo, nem a automática suspensão do processo, conforme a previsão do art. 134, § 3º, do CPC/2015". Reforçou-se adiante: "Verifica-se que o acórdão recorrido encontra-se em dissonância à jurisprudência do Superior Tribunal de Justiça, a qual tem se firmado no sentido de que o incidente de desconsideração da personalidade jurídica, previsto nos arts. 133 a 137 do CPC/2015, é incompatível com a execução fiscal regida pela Lei 6.830/1980, dada a incompatibilidade, no ponto, entre os dois sistemas".

16

ESTABELECIMENTO EMPRESARIAL

1 Conceito

Considera-se estabelecimento todo complexo de bens organizado, para exercício da empresa, por empresário, ou por sociedade empresária. É o que consta do artigo 1.142 do Código Civil. Fica claro, portanto, que (1) estabelecimento e (2) empresa são conceitos distintos, que não se confundem. O estabelecimento serve ao exercício da empresa, já que é o patrimônio (conjunto de bens) organizado para permitir a concretização das atividades empresárias. A empresa, aqui, é considerada pelos bens (coisas e direitos) que a compõem. Incluem-se nesse conceito tanto bens materiais (coisas), a exemplo dos imóveis empregados na atividade empresarial, maquinário, instrumental, mercadorias destinadas à negociação, assim como bens imateriais (direitos), como marcas e patentes destinados à atividade empresarial. Daí, dizer-se que o estabelecimento define o aspecto estático da empresa e as atividades empresárias (seu aviamento) definem seu aspecto dinâmico. A Lei 14.195/21 esclareceu que o estabelecimento não se confunde com o local onde se exerce a atividade empresarial, que poderá ser físico ou virtual. Esse local é o ponto empresarial e, quando for virtual, o endereço informado para fins de registro poderá ser, conforme o caso, o do empresário individual ou o de um dos sócios da sociedade empresária. Em oposição, quando o local no qual se exerce a atividade empresarial for físico, a fixação do horário de funcionamento competirá ao Município, observada a regra geral do inciso II do *caput* do art. 3º da Lei 13.874, de 20 de setembro de 2019.

Dois aspectos merecem ser destacados: em primeiro lugar, o estabelecimento não se confunde com o patrimônio do empresário ou sociedade empresária, já que nesses podem existir bem ou bens que não estão destinados ao exercício da empresa, a exemplo de investimentos diversos (imóveis, ações, títulos do tesouro). Em segundo lugar, o estabelecimento não é apenas um somatório de bens isolados, mas uma *organização de bens*, o que pressupõe a consideração de uma lógica e intenção: os bens são definidos e organizados para o exercício da empresa. Essa organização, por si só, já remete ao conceito de aviamento, ou seja, à percepção de um *plus*, de uma busca por uma vantagem de mercado (*goodwill of trade*). Justamente por isso, tem-se o conceito – e até a prática – do estabelecimento, ou seja, da consideração dos bens inseridos dentro de um complexo, de uma organização, permitindo considerá-lo como objeto unitário de direitos, o que se estudará a seguir. No entanto, também a empresa, ou seja, o estabelecimento somado às atividades nele desempenhadas (incluindo os contratos que permitem a realização de tais atividades) pode ser objeto de direitos e, mesmo, de negócios.

BUNGE

Seara e Bunge

Novembro de 2020. A JBS S/A detém o controle societário da Seara Alimentos Ltda. Ambas as sociedades, contudo, teriam o mesmo administrador: Wesley Batista Filho. No dia 30, cumprindo suas obrigações para com o Mercado de Ações, em respeito às normas da Comissão de Valores Mobiliários, a JBS S/A comunica (fato relevante) que sua controlada, Seara, havia concluído a aquisição de três unidades produtivas da Bunge Alimentos S/A Localizados em Gaspar (SC), São Paulo (SP) e Suape (PE) – esses estabelecimentos fabris dedicavam-se à produção de margarinas e maioneses. Entre o complexo de bens organizados de tais unidades estavam mesmo as marcas *Delícia*, *Primor* e *Gradina* que, assim, passariam à titularidade da Seara Alimentos Ltda. A compra e venda teria valor superior a R$ 700 milhões.

O estabelecimento pode ser considerado como um objeto unitário de direitos, bem como de negócios jurídicos, sejam eles translativos (a exemplo da venda ou da doação) ou constitutivos (a exemplo da alienação fiduciária ou de garantia real), desde que sejam compatíveis com sua natureza. Mas é igualmente possível tomar cada bem que o compõe por sua unidade, estabelecendo uma relação jurídica que tenha por objeto apenas aquela coisa ou direito; assim, pode-se vender ou hipotecar o imóvel (onde se localiza a fábrica, como exemplo), alugar uma única máquina, ceder a marca ou o direito de exploração de uma patente.

É muito fácil compreender o estabelecimento em pequenas empresas; via de regra, toda a empresa está ali encerrada. Mas em empresas maiores, a identificação do estabelecimento torna-se mais interessante, já que pode haver vários estabelecimentos. Imagine-se a sociedade *Comercial Antônio M. Matozinhos e Cia. Ltda.*, dedicada ao comércio de frutas e verduras, com mais de 100 lojas. Cada uma dessas lojas pode ser tomada como um estabelecimento, sendo objeto de negócios jurídicos translativos ou constitutivos próprios. Mas 12 lojas atuam sob o mesmo nome, como uma rede, sob o mesmo título: *Sacolão do Zito*; é possível considerar essa rede, em sua totalidade, como um estabelecimento. Veja: é possível vender apenas a rede *Sacolão do Zito*. De outra face, poder-se-á tomar como estabelecimento o conjunto das lojas – a sua totalidade; é uma mera questão de ângulo; assim, a *Comercial Antônio M. Matozinhos e Cia. Ltda.* poderá alienar todo o seu estabelecimento para a sociedade empresária. Em qualquer das hipóteses, observe, o conceito de estabelecimento não se confunde, obrigatoriamente, com o patrimônio total do empresário ou sociedade empresária, mas apenas com o complexo de bens organizados para o exercício da empresa. Justamente por isso, pode-se tomar o estabelecimento empresarial por uma referência escritural (contábil) própria, permitindo demarcar quais bens estão sendo empregados nas relações jurídicas empresariais.

O estabelecimento também não se confunde com o local onde se exerce a atividade empresarial, que poderá ser físico ou virtual (artigo 1.142, § 1º). Quando o local onde se exerce a atividade empresarial for virtual, o endereço informado para fins de registro poderá ser, conforme o caso, o endereço do empresário individual ou o de um dos sócios da sociedade empresária. Em oposição, quando o local onde se exerce a atividade empresarial for físico, a fixação do horário de funcionamento competirá ao Município, observadas as regras da Lei de Liberdade Econômica.

2 Negócios com o estabelecimento

Como visto, o estabelecimento pode ser objeto unitário de direitos e de negócios jurídicos, translativos ou constitutivos, que sejam compatíveis com a sua natureza. O negócio com o estabelecimento não se confunde com o negócio com a sociedade; vender um estabelecimento não é o mesmo que vender quotas de uma sociedade contratual ou, mesmo, o controle acionário de uma companhia. São situações diversas em sua natureza e em seus efeitos, embora confundidas nos meios de comunicação. Interessa-nos aqui, no entanto, não os negócios que tenham por objetivo quotas ou ações de sociedades empresárias, mas os que têm por objeto estabelecimentos empresariais; por exemplo, quando a *Sociedade Jota Ltda.* vende uma cadeia de lojas para a *Sociedade Efe Ltda*. Como dito, esses negócios podem ser translativos, como a compra e venda ou a doação, ou constitutivos, como a hipoteca (se o estabelecimento inclui bem imóvel ou outro listado no artigo 1.473 do Código Civil) ou o penhor (se não inclui bem imóvel), assim como o usufruto.

O contrato que tenha por objeto a alienação, o usufruto ou o arrendamento do estabelecimento só produzirá efeitos quanto a terceiros depois de averbado à margem da inscrição do empresário, ou da sociedade empresária, no Registro Público de Empresas Mercantis, e de publicado na imprensa oficial. O mesmo se diga do penhor e da hipoteca, que, ademais, exigem inscrição, respectivamente, no Registro de Notas e no Registro Imobiliário onde o imóvel esteja inscrito. O registro e a publicação, sabe-se, tem por efeito dar a conhecer aos terceiros da existência do negócio, permitindo que seus efeitos alcancem aqueles; em sua ausência, o negócio será válido entre as partes, mas não vinculará terceiros, excetuada a hipótese de comprovação de má-fé.

A transferência onerosa – a venda – do estabelecimento empresarial é juridicamente chamada de *trespasse*. Nesse negócio, o empresário ou sociedade empresária que aliena o estabelecimento é chamado de *trespassante*, ao passo que o adquirente é chamado de *trespassatário*. O legislador tem uma grande preocupação com o trespasse, já que se trata de transferência do ativo da empresa, com o que se enfraqueceria a solvibilidade do passivo. Assim, para a proteção dos credores, o Código Civil prevê que, se ao alienante (trespassante) não restarem bens suficientes para solver o seu passivo, a eficácia da alienação (trespasse) do estabelecimento depende do pagamento de todos os credores, ou do consentimento destes, de modo expresso ou tácito, em 30 dias a partir de sua notificação. Mais do que isso, o adquirente (trespassatário) do estabelecimento responde pelo pagamento dos débitos anteriores à transferência, desde que regularmente contabilizados, continuando o devedor primitivo solidariamente obrigado pelo prazo de um ano, a partir, quanto aos créditos vencidos, da publicação, e, quanto aos outros, da data do vencimento.

Já no que se refere aos contratos estipulados para exploração do estabelecimento, salvo disposição em contrário no contrato de trespasse, a transferência importa a sub-rogação do adquirente nos contratos se não tiverem caráter pessoal, podendo os terceiros rescindir o contrato em 90 dias a contar da publicação da transferência, se ocorrer justa causa, ressalvada, neste caso, a responsabilidade do alienante. É o que se passa habitualmente com os contratos de prestação de serviços públicos: ao adquirir um estabelecimento de hospedagem (uma pousada), o trespassatário sucede o trespassante nos contratos de fornecimento de energia elétrica e fornecimento de água e captação de esgoto. O mesmo pode se passar com o fornecedor de leite etc. Obviamente, como houve apenas uma transferência de estabelecimento, essa sub-rogação implica sucessão contratual, vale dizer, que uma nova pessoa (o trespassatário) assumirá a contratação. Excetuam-se da regra os contratos que tenham caráter pessoal, ou seja, aqueles que tenham sido ajustados tendo por referência a pessoa do trespassante, a exemplo do contrato que esse mantinha com um advogado; trata-se de relação contratual de confiança, não sendo alcançada pela previsão de sub-rogação automática com o trespasse.

Se havia créditos referentes ao estabelecimento transferido, a sua cessão ao trespassatário somente produzirá efeito em relação aos respectivos devedores, desde o momento da publicação da transferência. De qualquer sorte, o devedor ficará exonerado se de boa-fé pagar ao cedente, hipótese na qual o cessionário (adquirente do estabelecimento) terá ação contra esse (alienante do estabelecimento) que, ao receber, sub-roga-se na condição de devedor do crédito, já que recebeu o que não lhe era devido.

O Código Civil estabelece, como regra geral, que o alienante do estabelecimento não pode fazer concorrência ao adquirente, nos cinco anos subsequentes à transferência, salvo havendo autorização expressa para o restabelecimento, ou seja, para que o trespassante se reestabeleça (*monte* outro estabelecimento) na mesma área empresarial, fazendo concorrência ao trespassatário. Se o negócio celebrado entre as partes foi de arrendamento ou usufruto do estabelecimento, essa proibição persistirá durante todo o prazo do contrato, igualmente se não houver no contrato licença expressa para o *restabelecimento*. Essa regra geral, como já expressou o legislador, pode ser excepcionada pelas partes, que podem contratar prazo menor para o restabelecimento; podem, igualmente, estabelecer prazo maior, desde que razoável, isto é, desde que não caracterize um abuso de direito, o que se aferirá segundo as particularidades de cada caso em concreto. Atente para o fato de que o legislador fala em *fazer concorrência*; assim, somente se veda o *restabelecimento* que implica concorrência. O trespasse de um bar no Rio de Janeiro não impede o restabelecimento no Ceará, já que não há concorrência entre as empresas; mas o trespasse de uma editora jurídica no Rio Grande do Sul impede o restabelecimento no Acre, já que são empresas de atuação nacional. Também não há vedação para que o trespassante se estabeleça em outra área, que não implique concorrência com o trespassatário.

3 Aviamento

Como visto há pouco, é possível que se ofereça pela empresa, por um ou alguns de seus estabelecimentos, valor superior ao simples somatório dos bens que o compõem, estimando, assim, a importância que se dá à organização do complexo de bens e a forma como é empregada na realização do intuito de produção de lucros. Em fato, se dermos a mesma estrutura de bens a empresários ou sociedades empresárias distintas, veremos que uma empresa produzirá mais lucros do que outra; talvez haja aquela que não consiga negócios suficientes para se manter, assim como poderá ocorrer que uma delas se torne um fenômeno, com alta lucratividade. A capacidade de produzir lucros, de bem administrar uma empresa, é uma arte técnica. Envolve, por certo, elementos de uma ciência que pode – e deve ser – estudada, como o conhecimento da contabilidade, mercadologia (*marketing*), custos, produção, operações, administração financeira, administração de recursos humanos etc. Mas jamais prescindirá da capacidade pessoal de dar à empresa uma conformação hábil a produzir mais e mais vantagens de mercado. É comum chamar essa capacidade de decisão e gerenciamento de *capital intelectual* das organizações, representado pela capacidade de seus membros de responderem aos desafios apresentados; no âmbito das empresas, o capital intelectual é a capacidade de compreender e atender ao mercado, gerando lucros maiores para o empresário ou sociedade empresária.

O Direito Empresarial não desconhece essa realidade. Dá-se o nome de aviamento a esse *algo a mais* que marca a organização do complexo de bens utilizados na empresa, a esse *jeito como as coisas são feitas*, elemento que merece a proteção jurídica, pois é definidor de um benefício – ou vantagem – de mercado (*goodwill of trade*), com reflexos econômicos inequívocos, aferíveis em diversas operações havidas no mercado. As expressões *estabelecimento* e *fundo de comércio*, infelizmente, não traduzem adequadamente essa importante dimensão humana da empresa, traduzindo mais a simples base material, os bens utilizados, como se não fizesse diferença o aviamento, essa arquitetura e engenharia dos bens jurídicos (coisas e direitos), conceitos e comportamentos necessários para o sucesso. O aviamento, portanto, é o resultado do capital intelectual investido.

Obviamente, o aviamento toma, em cada empresa, um contorno específico, de acordo com suas particularidades. Assim, sua conformação numa fábrica é bem distinta da que se apresenta numa loja, num hotel etc. Em 1908, a *Ford Motors* produzia automóveis como as demais fábricas: artesanalmente, com todos os trabalhadores atuando na totalidade da produção de um veículo; Henry Ford, sócio controlador e administrador da empresa teve a ideia de organizar a produção de uma outra forma: em *linha de produção*. Os trabalhadores ficavam em posições fixas, executando sempre as mesmas funções, enquanto os veículos iam de seção em seção, recebendo peças e ajustes, que também foram padronizados; posteriormente, dividiu a planta de produção: linhas acessórias produziam sistemas mais complexos (por exemplo, o motor), que eram levados para a linha de montagem final. Para se ter uma ideia, o tempo de montagem do chassi foi reduzido de 12 horas e 28 minutos para 1 hora e 33 minutos.[1] Essa logística de produção que se revela aviamento da *Ford Motors* não seria sequer aplicável a uma empresa de comércio de roupas no varejo ou a uma seguradora.

Também a proteção jurídica ao aviamento variará caso a caso. Note-se, como exemplos, que processos industriais não têm proteção jurídica específica, razão pela qual todas as fábricas de veículos passaram a adotar a linha de montagem; a maneira de produzir e servir lanches desenvolvida pelo McDonald's foi, igualmente, copiada por lanchonetes em todo o mundo, assim como a estrutura de oferecimento dos grandes magazines de roupas. Mas há proteção à concorrência desleal, aos segredos industriais, à identidade empresarial e até precedentes jurisprudenciais reconhecendo o direito à indenização por danos ao aviamento, a exemplo de danos à logística de produção, armazenamento ou distribuição, entre outros.

Demônios da Garoa

Sydney ajuizou ação de dissolução parcial de sociedade cumulada com apuração de haveres por contra Sérgio, Odilon Márcio, Roberto e Izael, com o objetivo de se retirar da sociedade "Demônios da Garoa Produções Artísticas e Representações Ltda", da qual detinha 20% (vinte por cento) do capital social, afirmando a quebra da *affectio societatis*. A ação foi julgada procedente para declarar a dissolução parcial da sociedade e condená-la ao pagamento de R$ 1.019.145,51 (um milhão, dezenove mil, cento e quarenta e cinco reais e cinquenta e um centavos). Por meio do Recurso Especial 1.892.139/SP a questão foi submetida ao Superior Tribunal de Justiça, argumentando os vencidos ter havido violação do artigo 966, parágrafo único, do Código Civil porque o grupo musical *Demônios da Garoa* "não possui fundo de comércio, pois se trata de prestadora de serviços de natureza personalíssima. Concluem, diante disso, que não se mostra possível afirmar que a marca do grupo musical é representada pelo fundo de comércio e nem sequer falar na inclusão do pretenso fundo para o fim de apuração de haveres."

Para os ministros, "O estabelecimento empresarial é o conjunto de bens, corpóreos e incorpóreos, que o empresário reúne e organiza para o exercício da atividade empresarial. A reunião e organização dos bens para o exercício da ativi-

---

[1] MAXIMIANO, Antonio César Amaru. *Teoria Geral da Administração*: da revolução urbana à revolução digital. 3. ed. São Paulo: Atlas, 2002. p. 164-168.

dade empresarial gera um sobrevalor ao estabelecimento, chamado aviamento, que pode ser traduzido na expectativa da obtenção de ganhos futuros. No exercício de atividade intelectual ou artística, em regra, não se faz necessário organizar um estabelecimento empresarial, pois a atividade resulta dos atributos daqueles que a exercem. É o caso do grupo musical que toca em festas de casamento, por exemplo. Diante disso, não faz sentido falar em estabelecimento empresarial ou em aviamento quando se trata de sociedade que exerce atividade intelectual ou artística. E, esse fato, repercute diretamente na apuração de haveres do sócio que se desliga da sociedade."

4 Clientela, freguesia e ponto empresarial

Um dos aspectos relevantes para o sucesso empresarial é a sua relação com o mercado consumidor, o que leva à consideração de dois elementos fundamentais do aviamento empresarial: a clientela e a freguesia, conceitos que, embora distintos, fundam-se na mesma percepção da importância que os consumidores têm para o sucesso da empresa. Habitualmente, as palavras *cliente* e *freguês* são utilizadas como sinônimos. Porém, cliente é toda pessoa que compõe, constante ou eventualmente, potencial ou concretamente, o universo dos destinatários da atividade empresarial; portanto, *é-se cliente de alguém*, traduzindo uma relação pessoal. Já o freguês é o consumidor que se define por uma posição geográfica; basta lembrar que, em Portugal, os bairros são chamados de freguesia. Os fregueses, portanto, são aqueles que passam diante do estabelecimento e, assim, podem se tornar clientes, podem negociar com o empresário ou sociedade empresária.[2] Justamente em função dessa distinção, a proteção jurídica da clientela é distinta da proteção à freguesia. A clientela é protegida pelo Direito Concorrencial e seus institutos voltados à garantia da livre concorrência leal entre as empresas; o Direito Empresarial, por seu turno, protege o nome empresarial, o título dos estabelecimentos e as marcas, como forma de evitar danos à clientela de cada empresa. São instrumentos voltados para a preservação da identidade empresária, incluindo de estabelecimentos, bens e serviços, assegurando que o bom trabalho realizado numa empresa preserve, junto ao mercado consumidor, os resultados de uma clientela cativa, que procura por determinada empresa e não é enganada por outro empresário ou sociedade empresária que tenta se beneficiar das vantagens de mercado engendrados por seu concorrente. O nome empresarial já foi estudado; a propriedade intelectual será estudada no próximo capítulo.

Já a defesa jurídica da freguesia se faz por meio da proteção jurídica do ponto empresarial, ou seja, da localização geográfica do estabelecimento e sua relevância no aviamento (na vantagem de mercado construída ou adquirida pelo empresário ou sociedade empresária). Essa proteção, ademais, alcança o aviamento não só pelo acesso ao mercado

---

[2] Essa distinção é trabalhada por Oscar Barreto Filho (apud REQUIÃO, Rubens. *Curso de Direito Comercial*. 15. ed. São Paulo: Saraiva, 1985. v. 1, p. 231).

consumidor – a contratantes em potencial –, mas igualmente por outros elementos relevantes no desenvolvimento da atividade empresarial, como acesso a fornecedores, mão de obra etc. É mais do que o simples acesso a compradores, portanto. São alcançados todos os elementos estratégicos para o bom desenvolvimento das atividades empresariais; para um depósito, mesmo sem vendas diretas, é melhor estar à margem da rodovia por onde se escoam suas mercadorias, merecendo consideração e proteção jurídica essa vantagem de mercado.

A proteção ao ponto empresarial, quando se trata de imóvel de propriedade do empresário ou da sociedade empresária, se faz não só pelas regras do Direito de Propriedade, mas igualmente pela percepção da destinação empresarial dada ao imóvel e o valor que ela agrega ao bem. Nesse sentido, o Tribunal Regional Federal da 3ª Região, julgando a Apelação Cível 93.03.042572-3/SP, sob a relatoria do Juiz Theotonio Costa, confirmou o valor devido pela desapropriação de um imóvel, tal qual apurado pelo perito, considerando que o laudo estava "apoiado em pesquisas imobiliárias confiáveis, realizadas na região do imóvel expropriado, localizado em zona industrial e comercial de padrão nobre". Assim, os julgadores consideraram ser "devida a verba a título da desvalorização pela perda de esquina, importante fato na escolha de terreno para instalação de ponto comercial, como é de notório conhecimento. A área remanescente também deve ser indenizada pois, face à redução da superfície do terreno, seu valor imobiliário tem sensível retração, por diminuir a possibilidade da fixação de indústria ou comércio de grande porte". Para além da propriedade e seu emprego empresarial, protege-se também o próprio acesso à freguesia, ou seja, o trânsito do qual se aproveita o empresário para captar consumidores para o seu estabelecimento. Se uma obra atrapalha esse movimento, criando prejuízos para o empresário, terá esse o direito de ser indenizado pelos danos sofridos.

Também o empresário que ocupa imóvel locado tem direito à proteção jurídica do seu acesso à freguesia, embora não tenha, por óbvio, garantias específicas do proprietário. Em compensação, o legislador lhe dá uma proteção peculiar à condição de locatário e de negociante, protegendo igualmente o seu trabalho de construção de valor na freguesia em que se estabeleceu. Trata-se da ação renovatória, que se estudará a seguir.

SELFRIDGES&C⁰

Antes, porém, uma observação. Nunca se pode esquecer que a criatividade jurídica e econômica é uma das marcas características do Direito Empresarial. Aliás, é, foi e será. Vou repetir: no campo compreendido entre o que a Constituição e as leis não proíbem e o que não exigem, há um amplo espaço para inovar econômica e juridicamente. Por isso, é preciso estar atento a modelos negociais excepcionais. Um exemplo é a chamada "loja dentro da loja" (*store in store*): em lojas de departamento, hipermercados e afins, as partes podem convencionar que uma parte (uma seção, divisão etc.) será explorada por outrem. O *Hipermercado Exemplo S.A.* pode contratar com *Hortifrutos Alguém Ltda.* que toda a seção de frutas, legumes, hortaliças e afins será por ela explorada: seus estoques, seus funcionários etc. Quem vai à loja de departamento *El Palacio de Hierro*, na cidade do México, ou na *Selfridges & Co*, em Londres, verá que há boxes para essa ou aquela marca, como *Pucci*, *Dolce & Gabbana*, entre outras. Lojas dentro de lojas. São contratos atípicos, reitero, e seguem as regras estipuladas pelas partes, desde que respeitados as normas e os princípios gerais do Direito que, por óbvio, regem a todos. Pode-se contratar valor fixo pelo metro quadrado e/ou participação nas vendas, entre tantas alternativas, conforme a vontade das partes.

5 Ação renovatória

Mesmo quando o estabelecimento é constituído em imóvel locado, o trabalho de formação da freguesia e para a identificação geográfica da clientela não é desconsiderado pelo legislador. Pelo contrário, muito cedo o Estado percebeu ser necessário equilibrar os interesses do locador e do empresário/locatário, evitando que o direito de propriedade fosse exercido de forma abusiva, em prejuízo dos esforços expendidos no desenvolvimento da empresa naquele local. Nesse sentido, houve uma intervenção estatal no domínio econômico privado para criar a figura da renovação compulsória do contrato de locação, limitando as faculdades próprias do direito de propriedade, exercíveis pelo locador. Assim, a Lei 8.245/91 (chamada de *Lei do Inquilinato*) dedicou toda uma seção à locação não residencial, da qual consta o direito à renovação automática do contrato nas locações de imóveis destinados a estabelecimentos empresariais. O direito à renovação compulsória do contrato, nesses casos, é norma de ordem pública, não passível de renúncia antecipada; não tem qualquer validade jurídica, portanto, a cláusula contratual por meio da qual o locatário renuncie à renovação; poderá, quando muito, deixar de exercer o direito, não renunciar a ele.

Para usufruir do direito à renovação compulsória da locação, o empresário ou sociedade empresária deverá atender a requisitos estabelecidos em lei: (1) é preciso que a locação tenha sido *contratada por escrito e por prazo determinado*, documento que deverá ser juntado com a petição inicial da ação renovatória; se a renovatória for pedida por cessionário ou sucessor da locação, por título oponível ao proprietário, tal prova deverá ser, igualmente, juntada com a exordial; (2) *prazo contratual mínimo de cinco anos*; aceita-se a soma de contratos com prazos menores (*accesio temporis*), desde que se tenha uma sequência ininterrupta de contratos escritos, perfazendo os cinco anos;[3] (3) *atividade empresarial constante por três anos*, ou seja, o locatário deverá estar explorando a mesma atividade empresarial, no imóvel cuja renovação pretende, pelo prazo mínimo e ininterrupto de três anos, indicando a formação de uma freguesia e clientela que mereçam a proteção legal; (4) ajuizamento da ação renovatória antes de terminar o contrato a ser renovado, mais especificamente, entre um ano e seis meses da data do término

---

[3] Se a locação que se pretende renovar é fruto de decisão judicial de renovação anterior, deverá o locatário apresentar o último contrato escrito havido entre as partes, acompanhado da decisão que determinou a sua renovação, demonstrando que houve prorrogação do ajuste por força de decisão judicial (MAMEDE, Gladston. *Direito empresarial brasileiro*: empresa e atuação empresarial: 8. ed. São Paulo: Atlas, 2015. v. 1, Cap. 14).

do contrato em vigor. O ajuizamento quando faltarem menos de seis meses para o fim da locação é fora de tempo, implicando decadência do direito à renovação. Ademais, o locatário deverá provar ter cumprido as obrigações contratuais, como o pagamento de despesas condominiais, tarifas de serviços públicos vinculados ao imóvel (água, luz etc.), e outras que tenham sido ajustadas, a exemplo de seguro do imóvel contra incêndio, além de impostos e taxas incidentes sobre o imóvel, e cujo pagamento lhe incumbia. A petição inicial deve ser acompanhada de proposta de renovação contratual, assinada pelo locatário, indicando o valor proposto para o aluguel, e podendo incluir outros aspectos, como índice de atualização monetária; indicará, igualmente, quem serão os fiadores do contrato renovado, com documento por eles assinado comprovando a aceitação da fiança. É lícito ao locador impugnar o fiador indicado, explicitando suas razões para tanto; acolhida a impugnação, outro fiador deverá ser apresentado.

Além do locatário, algumas outras pessoas estão legitimadas para o pedido. Em primeiro lugar, a sociedade da qual aquele é – ou era – sócio e que se manteve no imóvel por período nunca inferior a três anos. Também o cessionário da locação, ou seja, aquele a quem a locação foi transferida pelo antigo locatário, bem como o sublocatário, isto é, aquele que aluga o imóvel, no todo ou em parte, do locatário (sublocante); no primeiro caso, portanto, há uma transferência do contrato, já no segundo, há subcontratação. Em ambos, todavia, faz-se necessário provar o consentimento por escrito, sendo válida a demonstração de que foi notificado para manifestar formalmente a sua oposição em 30 dias, sem que o fizesse. Por fim, também estará legitimado o adquirente do estabelecimento empresarial que tenha sucedido ao antigo titular na locação.

Uma vez citado para a renovação do locatício, o proprietário poderá, em primeiro lugar, (1) opor-se à renovação, sob o argumento de que não foram preenchidos os requisitos para o seu exercício; (2) opor-se às condições oferecidas, designadamente em relação ao valor oferecido, aquém do valor de mercado, apresentando uma contraproposta, hipótese na qual o Judiciário fixará um aluguel provisório, não superior a 80% do valor proposto pelo locador, até que se determine o valor final na sentença. O locador também poderá (3) manejar *exceção de retomada*, pedindo o imóvel de volta para:

a) locá-lo a terceiro, que tenha oferecido melhores condições, apresentando a proposta formulada, com o valor e especificação do ramo empresarial a ser explorado, que não poderá ser o mesmo do locatário; o documento deverá estar assinado pelo ofertante e duas testemunhas; o locatário, todavia, poderá aceitar as ofertas formuladas pelo terceiro, renovando-se a locação segundo tais parâmetros;

b) reformá-lo a mando do Poder Público, provando o ato administrativo correspondente, ou reformas para melhor utilizá-lo, apresentando relatório pormenorizado ou projeto, assinados por *engenheiro devidamente habilitado*;

c) uso próprio do locador, que poderá utilizar o imóvel da forma que bem lhe aprouver, desde que não seja para explorar negócio no mesmo ramo empresarial do locatário, o que caracterizaria usurpação da freguesia construída por aquele; a retomada, portanto, exige indicação da finalidade que será dada ao imóvel; ou

d) transferência de fundo de comércio existente há mais de um ano, sendo detentor da maioria do capital o locador, seu cônjuge, ascendente ou descendente.

A exceção de retomada goza de presunção de sinceridade: presume-se que o fundamento alegado para a retomada é verdadeiro, cabendo ao locatário, se quiser impugná-lo, demonstrar e/ou provar sua insinceridade. Se o juiz deferir a retomado, o locador terá (salvo *caso fortuito* ou *motivo de força maior*) três meses para dar ao imóvel a finalidade que alegou; se não o fizer, deverá indenizar o antigo locatário pelos prejuízos e lucros cessantes sofridos com a mudança, perda do lugar e desvalorização do estabelecimento. Aliás, quando se tratar de pedido de retomada para locação a terceiro que apresentou melhor proposta, o juiz fixará previamente na sentença o valor da indenização para a hipótese de não ocorrer a contratação, nos termos da oferta, sendo devida pelo locador e o terceiro proponente, solidariamente.

Se a ação for julgada procedente, a sentença fixará o novo valor do aluguel, válido para o primeiro mês da renovação; as diferenças entre os aluguéis vencidos, pagos conforme o contrato anterior ou a estipulação de aluguéis provisórios, e os aluguéis fixados, serão executadas nos próprios autos da ação e pagas de uma só vez. Julgando-se improcedente a ação aforada pelo locatário, o juiz fixará um prazo de até seis meses para a desocupação do imóvel, a contar do trânsito em julgado da sentença.

6 Penhora

Coerente com o artigo 1.142 do Código Civil, que chama atenção para a realidade patrimonial do estabelecimento, tomado como *complexo de bens organizado, para exercício da empresa*, o Código de Processo Civil trata da possibilidade de que tal patrimônio seja penhorado e utilizado para o pagamento forçado (em execução judicial) de obrigações de seu titular. De qualquer sorte, é preciso estar atento para o fato de que a penhora de estabelecimento (um, algum ou mesmo a totalidade da empresa) é medida excepcional, que somente será determinada se não houver outro meio eficaz para a efetivação do crédito (artigo 865).

Também é possível haver, simplesmente, penhora de percentual de faturamento de empresa, ou seja, em lugar de se penhorar o bem (ou a *universitas iuris*, o bem coletivo, para ser mais preciso), penhoram-se os frutos civis: os rendimentos advindos de sua exploração. Se o executado não tiver outros bens penhoráveis ou se, tendo-os, esses forem de difícil alienação ou insuficientes para saldar o crédito executado, o juiz poderá ordenar a penhora de percentual de faturamento de empresa (artigo 866 do novo Código de Processo Civil). Nessa hipótese, o juiz fixará percentual que propicie a satisfação do crédito exequendo em tempo razoável, mas que não torne inviável o exercício da atividade empresarial. Assim, o juiz nomeará administrador-depositário, o qual submeterá à aprovação judicial a forma de sua atuação e prestará contas mensalmente, entregando em juízo as quantias recebidas, com os respectivos balancetes mensais, a fim de serem imputadas no pagamento da dívida. Ademais, na penhora de percentual de faturamento de empresa, observar-se-á, no que couber, o disposto quanto ao regime de penhora de frutos e rendimentos de coisa móvel e imóvel.

Fazenda Nacional × Valdomiro

A Fazenda Nacional moveu uma execução fiscal contra Valdomiro, um empresário individual, obtendo a penhora do imóvel onde funciona a sede da empresa individual executada, que atua no ramo de fabricação de máquinas e equipamentos industriais. Resistindo ao ato, o empresário argumentou que tratar-se de bem absolutamente impenhorável, nos termos do Código de Processo Civil, que protege livros, as máquinas, as ferramentas, os utensílios, os instrumentos ou outros bens móveis necessários ou úteis ao exercício de qualquer profissão. E a regra seria aplicável, também, aos bens imóveis, alegou. Perguntou: "Ora, se o objeto social da firma individual é a fabricação de máquinas e equipamentos industriais, o que não pode ser feito em qualquer local, necessitando de um bom espaço para tanto, e o devedor não possui mais qualquer imóvel – sua residência era alugada – como poderia prosseguir com suas atividades sem o local de sua sede?".

Valdomiro perdeu em primeira e segunda instâncias e, por meio do Recurso Especial 1.114.767/RS, levou seus argumentos para o Superior Tribunal de Justiça. Ali, foi examinado pela Corte Especial, sob a sistemática dos recursos repetitivos. De abertura, o Tribunal afastou dúvidas sobre ser possível penhorar estabelecimento empresarial, ou seja, não lhe estendeu a proteção dada à impenhorabilidade dos bens profissionais (artigo 883, V, do vigente Código de Processo Civil). Ainda assim, afirmou que o ato deve ser excepcional: "A penhora de imóvel no qual se localiza o estabelecimento da empresa é, excepcionalmente, permitida, quando inexistentes outros bens passíveis de penhora e desde que não seja servil à residência da família."

A Corte reconheceu que tal regra deve ser excepcionada quando se tratar de pequenas empresas, empresas de pequeno porte ou firma individual em que o imóvel profissional constitua instrumento necessário ou útil ao desenvolvimento da atividade, ainda que se trate de sociedade, "em observância aos princípios fundamentais constitucionais da dignidade da pessoa humana e dos valores sociais do trabalho e da livre iniciativa (artigo 1º, incisos III e IV, da CRFB/88) e do direito fundamental de propriedade limitado à sua função social (artigo 5º, incisos XXII e XXIII, da CRFB/88)", somado ao citado artigo 883, V, do vigente Código de Processo Civil. No entanto, como afirmado tanto pelo Juiz, quanto pelo Tribunal Regional, Valdomiro não conseguiu provar, naquele processo, que o bem penhorado era indispensável para o desenvolvimento de suas atividades profissionais, razão pela qual a penhora foi mantida.

17
SHOPPING E FRANCHISING

1 *Shopping centers*

ABRASCE
ASSOCIAÇÃO BRASILEIRA
DE SHOPPING CENTERS

O avanço das relações negociais implicou o surgimento de novas relações mercantis e contratuais, recolocando conceitos antigos, entre os quais o de *estabelecimento* e de *aviamento*. Dois exemplos desses avanços são os *shopping centers*, que agora serão estudados, e as franquias, que serão estudadas no próximo item. Para se ter uma ideia da importância desse fenômeno mercantil, a Associação Brasileira de Shopping Centers (ABRASCE) divulgou que o faturamento total dos *shoppings* em todo o Brasil, ao longo de 2023, foi de R$ 194,7 bilhões, com uma média de 462 milhões de visitantes mensais. Eram 639 *shoppings*, com uma área bruta locável de 17,8 milhões de metros quadrados e mais de 121.000 lojas, sem falar em 3.073 salas de cinema e mais de um milhão vagas de estacionamento.

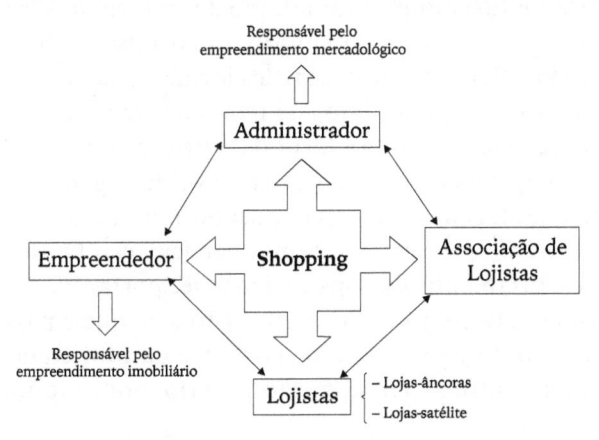

```
                    Responsável pelo
                 empreendimento mercadológico
                            ↑
                     ┌─────────────┐
                     │ Administrador│
                     └─────────────┘
                            ↕
   ┌─────────────┐    ┌──────────┐    ┌──────────────┐
   │ Empreendedor│ ↔  │ Shopping │ ↔  │ Associação de│
   └─────────────┘    └──────────┘    │   Lojistas   │
          ↓                 ↕         └──────────────┘
   Responsável pelo                    
  empreendimento imobiliário    ┌──────────┐  ─ Lojas-âncoras
                                │ Lojistas │  
                                └──────────┘  ─ Lojas-satélite
```

Criados nos Estados Unidos da América do Norte em meados do século XX, os *shopping centers* constituem uma nova estratégia mercantil: um estabelecimento empresarial destinado a estabelecimentos empresariais; não simplesmente um centro de compras, como uma feira ou uma galeria. Mas um espaço planejado, com aviamento próprio, voltado para a atração de grandes massas de consumidores, beneficiando os diversos empresários e sociedades empresárias alocados no empreendimento. Refazem-se, assim, igualmente, os conceitos de clientela e freguesia: o *shopping center* (ou *mall*) é, em si, uma localização geográfica; seus clientes são a freguesia de suas lojas. O *shopping* os atrai e, *fazendo-os* circular por seus corredores e alas, acaba por distribuí-los entre os lojistas, como os fregueses numa movimentada região comercial da cidade. Aliás, esse tipo de empreendimento acaba por otimizar o acesso ao mercado consumidor, já que transforma o cliente de um lojista em freguês (em passante, em consumidor potencial) dos demais.

Empreendimento Imobiliário	⇄ **Shopping** ⇄	Empreendimento Mercadológico

O *shopping center* é mais do que a edificação, embora não se possa desprezar o prédio em si, já que deve apresentar as virtudes necessárias para atrair, conservar e bem distribuir os consumidores, estimulando negócios. Isso se traduz, no plano físico, em estacionamento fácil, segurança, praças de alimentação, centros de entretenimento infantil, juvenil e adulto. São elementos que compõem – e devem compor – o aviamento do empreendimento: uma empresa cujos clientes imediatos são outras empresas que o contratam; somente mediatamente, o *shopping* tem no consumidor final um cliente. É, portanto, um estabelecimento empresarial voltado para a constituição de estabelecimentos empresariais, atraindo-os com a promessa de atrair consumidores. São estabelecidos e negociados como uma vantagem de mercado (*goodwill of trade*) construída, arquitetada, para criar demanda e satisfazê-la, a bem dos lojistas.

O contrato de *shopping center* é um negócio sem regulamentação legal específica. Considerado um espaço físico, tem-se um empreendimento imobiliário, havendo um proprietário-locador (usualmente, um fundo de investidores) responsável por sua construção. Sob tal ângulo, o contrato mantido com o lojista exibe-se com as qualidades das contratações locativas. A essa base física locada soma-se um *algo mais*. Sob tal ângulo, a relação entre o *shopping* e o lojista tem outra lógica. Realça-se nesse plano não a figura do empreendedor, proprietário da edificação, mas a do administrador, profissional que se compromete a exercer uma capacidade gerencial e mercadológica para assegurar uma vantagem de mercado, sendo remunerado por isso, por meio de um *aluguel percentual*, que vem a ser uma participação na receita das lojas, um percentual sobre o faturamento do lojista. Trata-se, portanto, de um prestador de serviço. Mas é remunerado como um parceiro, isto é, já que é pago com uma participação no faturamento do lojista. Empreendedor e administrador atuam segundo os ajustes estabelecidos entre si, em contrato próprio, podendo uma mesma pessoa desempenhar ambas as funções. Por fim, figuram como contratantes os lojistas, ou seja, empresários e sociedades empresárias que contratam a locação do espaço físico (da loja ou estande), bem como os serviços logísticos e mercadológicos específicos que devem ser prestados pelo empreendedor e/ou administrador, a bem do sucesso do empreendimento.

2 Aspecto imobiliário

Tomado como um empreendimento imobiliário, o *shopping center* é um imóvel no qual se locam espaços para a exploração empresarial: lojas, cinemas, lanchonetes, bancos etc. Sob tal ângulo, há um contrato de locação, por meio do qual o empresário ou sociedade empresária contratante (fala-se, genericamente, em *lojista*) paga um aluguel pelos metros quadrados que locou, conforme sua melhor ou pior localização no empreendimento. Esse pagamento é chamado de *aluguel mínimo* que, como se pode observar, nada mais é que *aluguel*, servindo o adjetivo *mínimo* apenas para afirmar a existência de uma outra remuneração, percentual, que, todavia, não tem lastro na locação do espaço, mas, sim, na utilização do aviamento do empreendimento, suas vantagens de mercado, os serviços de logística e mercadologia que oferece e pelo qual é remunerado, como parceiro, com uma participação no faturamento.

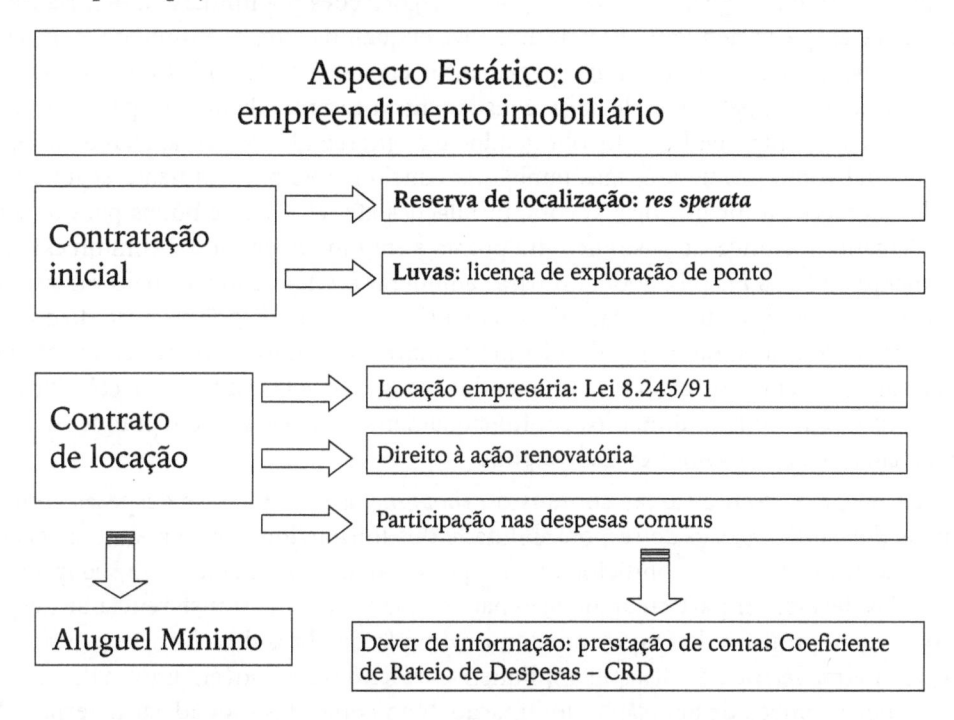

```
                    Aspecto Estático: o
                  empreendimento imobiliário

    Contratação    ⇒  Reserva de localização: res sperata
    inicial        ⇒  Luvas: licença de exploração de ponto


    Contrato       ⇒  Locação empresária: Lei 8.245/91
    de locação     ⇒  Direito à ação renovatória
                   ⇒  Participação nas despesas comuns

         ⇓                          ⇓
    Aluguel Mínimo      Dever de informação: prestação de contas Coeficiente
                        de Rateio de Despesas – CRD
```

Nesse plano específico da relação jurídica, pode-se falar com acerto num *contrato de locação em shopping center*, negócio que está submetido à Lei 8.245/91 (Lei do Inquilinato). Trata-se de locação empresarial e, assim, o ponto ocupado por cada lojista merece a mesma proteção dada ao empresário estabelecido fora de um *mall*. O lojista, portanto, poderá ajuizar ação renovatória do contrato, exercendo seu direito à manutenção do ponto empresarial, nos moldes estudados no item anterior. Por outro lado, essa submissão ao regime jurídico do inquilinato, parece-me, torna estranhas algumas figuras comumente estipuladas nos contratos que os empreendedores/administradores impõem aos interessados em ocupar lojas no empreendimento. Uma dessas figuras é o chamado *aluguel dobrado* para o mês de dezembro, pretensamente para fazer frente aos encargos com o 13º salário dos empregados do empreendimento. Trata-se, parece-me, de figura que se coloca à margem da lei, já que não há dupla utilização do espaço em dezembro. Estranha-me, igualmente, a figura do chamado *aluguel de desempenho*, uma sobrecobrança semestral (via de regra, 75% do valor do aluguel), que se pretende um mecanismo de aferição do sucesso de cada loja; essa *taxação extra*, considere-se como participação no sucesso do lojista ou forma de afastar lojistas malsucedidos, parece-me nitidamente abusiva, não se amoldando aos princípios gerais do ato jurídico e do contrato, tal como disposto no Código Civil. Em ambos os casos, há verbas sem contraprestação específica, caracterizando mera transferência de ônus próprios de uma parte para outra, o que desequilibra a relação jurídica, caracterizando abuso.

Ainda tomado pelo ângulo do empreendimento imobiliário e das relações jurídicas que daí se extraem, registram-se dois tipos de negociações preliminares à própria locação. Daqueles que pretendem reservar uma loja, enquanto o empreendimento ainda está em construção, é costumeiro exigir o pagamento pela *reserva de localização*. A vantagem oferecida ao lojista, pela qual ele paga, é justamente a garantia de que ocupará determinado espaço no empreendimento, obrigando-se o empreendedor não apenas a entregar o espaço tal como prometido, mas também a concluir o empreendimento segundo os moldes da oferta, a incluir lojas-âncora, instalações etc. Há ônus e bônus para os dois lados. Quando a edificação já se encontra pronta e em funcionamento, é comum exigir o pagamento de *luvas iniciais*, cobradas para remunerar o empreendedor pelo valor agregado do empreendimento, ou seja, pelo aviamento próprio do *shopping center*, do qual se beneficiará o lojista no momento da adesão ao empreendimento. Registre-se, no entanto, haver variações entre os diversos empreendimentos; não é comum haver cobrança de luvas iniciais em empreendimentos em funcionamento que não exibem grande sucesso, já que não transferem valor agregado algum.

As despesas com as áreas comuns do *shopping*, a exemplo das despesas condominiais dos edifícios, são de responsabilidade dos lojistas/locadores; assim, tarifas de água, energia elétrica, ar-condicionado, limpeza – material e pessoal – e segurança e afins. Mas deve-se ter particular atenção para evitar a indevida transferência de despesas que sejam próprias do empreendedor, a exemplo de obras de reforma na estrutura integral do imóvel, ou aquelas que impliquem acréscimos ao imóvel, pintura das fachadas, empenas, poços de aeração e iluminação, bem como das esquadrias externas. As despesas ratiáveis, por seu turno, são submetidas, comumente, a um cálculo (coeficiente de rateio de despesas – CRD), por meio do qual se determina a parcela devida a cada lojista. Esse procedimento, todavia, exige que os cálculos sejam claros, com critérios objetivos e que permitam a revisão pelo lojista que, de resto, poderá aforar ação de prestação de contas para exigir que o administrador demonstre gastos efetuados e a lógica e legitimidade do rateio.

Há contratos de *shopping center* estipulando, ademais, uma *taxa de administração* que seria devida a um síndico ou administrador das partes comuns. Parece-me cobrança abusiva, na medida em que há uma duplicação de remunerações pelas mesmas atividades. Não há um condomínio para que haja um síndico; sob o ponto de vista da propriedade, o *shopping* é uma propriedade una, pertencente ao empreendedor ou empreendedores. Como se não bastasse, veremos a seguir, sua administração logística e mercadológica está a cargo de um profissional ou empresa (*administradora de shopping center*) que é remunerada por meio de verba própria: o aluguel percentual.

3 Aspecto logístico e mercadológico

Tomado para além da mera locação de espaço, o contrato de *shopping center* mostra a sua especialidade no oferecimento, pelo consórcio de empreendedor e administrador, de vantagens de mercado (aviamento específico ou, preferindo-se, *goodwill of trade*). Há, assim, um serviço específico, que não se confunde com a mera locação do imóvel: a administração organizacional e mercadológica planejada, voltada para exponenciação do consumo de bens e serviços. Tecnologia complexa, detida por poucos, afirmada já na arquitetura do imóvel, passando pela definição de público-alvo, padrão de qualidade e estético, bem como pela adequada combinação de lojas diversas (moda, perfumaria, farmácia, supermercados, agência bancária, estabelecimentos de entretenimento etc.), em moldes suficientes para estimular a visitação e o consumo; essa *boa mistura mercadológica* é chamada de *tenant mix*, e é uma vantagem oferecida pelo *shopping center* aos lojistas/contratantes.

Para remunerar esses serviços mercadológicos, o contrato de *shopping center* dispensa habitualmente a definição de um valor fixo, optando-se pela constituição de um negócio de parceria por meio do qual a administração é remunerada na proporção do sucesso do empreendimento. O *aluguel percentual*, portanto, nada mais é do que o resultado de uma remuneração por meio de cláusula de sucesso, sendo definido pela incidência de determinado percentual sobre a receita do estabelecimento (tenha este lucro ou prejuízo). O mais comum é a fixação da remuneração devida ao administrador em montante que corresponda a 5% sobre o faturamento bruto (ou venda bruta mensal), havendo contratos que preveem um percentual maior; de qualquer sorte, estipulações abusivas podem ser revistas pelo Judiciário. A fidelidade dessa participação é garantida por uma obrigação acessória: a submissão do lojista à auditoria de sua contabilidade e de suas atividades, permitindo exame de caixas registradoras, recibos, talões, notas fiscais, livro de registro de estoque ou venda de mercadorias, ou, também, a qualquer outra forma de controle, diretamente, ou através de terceiros contratados. O exercício desse direito, no entanto, deve ser realizado sem atrapalhar as atividades habituais do estabelecimento, bem como respeitando o sigilo da escrituração comercial, respondendo a administração pelos danos econômicos e morais advindos de atos culposos ou dolosos que desrespeitem tais direitos.

```
┌─────────────────────────────────────────┐
│         Aspecto Dinâmico: o             │
│       empreendimento mercantil          │
└─────────────────────────────────────────┘
```

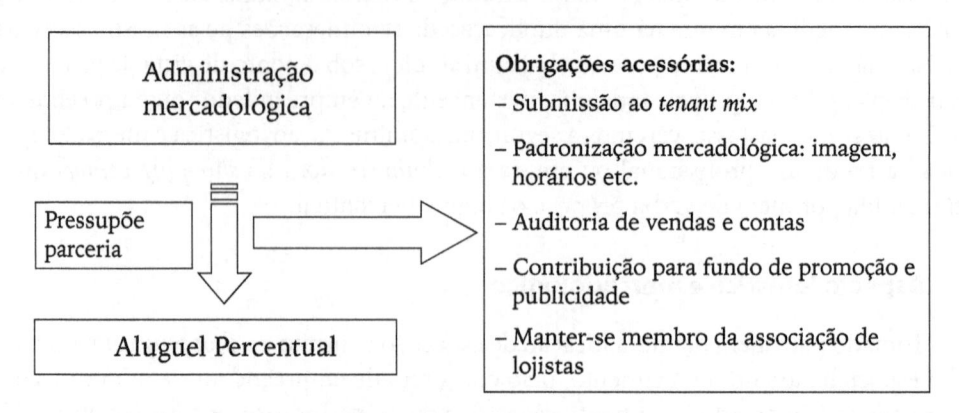

Administração mercadológica

Obrigações acessórias:
- Submissão ao *tenant mix*
- Padronização mercadológica: imagem, horários etc.
- Auditoria de vendas e contas
- Contribuição para fundo de promoção e publicidade
- Manter-se membro da associação de lojistas

Pressupõe parceria

Aluguel Percentual

Para o gerenciamento da convivência, o controle de abusos, a manutenção da coerência estética e mercadológica, a administração conta com alguns importantes instrumentos jurídicos: as normas gerais do empreendimento e o seu regimento interno. Nesses documentos podem ser previstas normas regulamentares e disciplinares, constituídas de forma razoável que tenham por finalidade o bem de todos e do empreendimento, equilibradamente. São lícitas, dessa forma, a estipulação de horários comuns de abertura e o fechamento de lojas, regras que organizem o ingresso de estoques de reposição, horário para reforma de áreas físicas etc. Esse poder de regulamentação, contudo, não é tão amplo que permita desrespeito às normas do contrato de locação estabelecido com o lojista, nem abusos que caracterizem submissão à vontade arbitrária da administração. Mais: é indispensável tratamento igualitário entre os lojistas, sem preferências.

4 Associação de lojistas

O elemento parceria empresarial está também presente, no contrato de *shopping center*, na figura da associação de lojistas: aceitando estar no empreendimento, o lojista aceita participar de sua estrutura, que inclui tal espaço de atuação comum. Não está obrigado a associar-se, desde que não queira fazer parte do *shopping*; se aceita participar do *shopping* é porque aceita compor a associação, já que há uma relação de dependência entre tais situações jurídicas. A associação é uma pessoa jurídica com personalidade jurídica própria, com estatuto próprio, sendo distinta dos lojistas, da administração e dos empreendedores; distinta, também, do *shopping center* (que não tem personalidade jurídica), embora seu objeto social seja o bom funcionamento do *mall*, atuando como vetor da unidade empresarial e mercadológica do empreendimento, congregando seus lojistas. O administrador e o empreendedor também podem compô-la, deixando claro que não tem uma função de reivindicação.

Essa associação de lojistas é comumente a destinatária das contribuições dos lojistas para um *fundo de promoção e propaganda*, no qual se alocam verbas que serão usadas nas estratégias publicitárias e mercadológicas do empreendimento, um dos fatores responsáveis pelo seu sucesso. Promoção, aliás, do empreendimento como um todo, e não de cada lojista individualmente, já que se trata de objetivos e estratégias distintas; o fundo se aplica na promoção do *shopping*, buscando atrair consumidores para o empreendimento e, assim, beneficiar a todos os lojistas, indistintamente. A administração do fundo, bem como a fiscalização desse emprego, compete à associação, sem com isso prejudicar o direito de cada lojista fiscalizá-lo isoladamente, já que a associação atua como seu representante, estando obrigada à prestação de contas.

Em alguns empreendimentos, verifica-se que o estatuto da associação de lojistas estrutura-se de forma iníqua, dando poderes extremados para empreendedor, administração e lojas-âncora e esvaziando a influência efetiva dos lojistas menores. Essas manobras estatutárias explicam o fato de que, em alguns empreendimentos, empreendedores, administradores e alguns lojistas pouco ou nada contribuem, mas assumem o poder absoluto na definição de como se aplicará o fundo de promoção e propaganda, lesando os pequenos lojistas. Tais abusos são ilegais e devem ser decotados pelo Judiciário, sempre na busca de critérios objetivos que equilibrem ônus e bônus entre as partes.

Daí Ni Seiki Alimentos e Utensílios Ltda. × Design Barra Shopping Center Ltda.

Daí Ni Seiki Alimentos e Utensílios Ltda. (Kotobuki) ajuizou de ação de obrigação de fazer e não fazer, com pedido de tutela inibitória, cumulada com pedido subsidiário de rescisão contratual e indenização por perdas e danos contra Design Barra Shopping Center Ltda. As partes firmaram contrato de locação comercial em 2001, tendo havido 3 (três) renovações, inclusive por meio de ação renovatória, o que teria desagradado à administradora/locadora que, em retaliação, permitiu fosse instalado um restaurante do mesmo ramo (*Restaurante Gurumê*) exatamente em frente ao seu. A autora ressaltou que no início da locação foi atraída pelo concessão de exclusividade na exploração da culinária japonesa, de modo que não poderia o Shopping romper esse ajuste de modo unilateral, sem uma prévia consulta; a exclusividade garantida no início teria seus efeitos prorrogados no tempo, mantendo-se durante toda a relação contratual, criando-se uma expectativa de manutenção de tal circunstância e de preservação da clientela. Alegou, ademais, que o Shopping aumentou muito o número de empreendimentos do ramo alimentício, inviabilizando tanto a sua atividade comercial quanto a de outros restaurantes, o que deu ensejo a um manifesto por parte dos lojistas.

A sentença julgou o pedido parcialmente procedente tão somente para decretar a rescisão do contrato de locação: "A parte autora sempre se refere ao direito de preferência que lhe foi outorgado; no entanto, na cláusula décima sexta, renuncia expressamente e irrevogavelmente ao direito de preferência à aquisição de parte ou totalidade do salão locado, contribuindo para que a parte ré disponibilize o local da forma como lhe aprouvesse, nos termos do contrato e por ele autorizado. Desta forma, não há qualquer violação contratual até este momento que justifique a alegação da parte autora, afastando, inclusive, a necessidade de notificação ou aviso prévio (fls. 45, cláusula décima sétima). [...] Ademais, visando o aperfeiçoamento e modernização das instalações e serviços, a pedido da parte autora às fls. 140, fora concedido direito de preferência no prazo de 60 meses, a contar de 2000 e não indefinidamente, na medida em que não consta tal previsão em contrato. Tal disposição fora cumprida pela parte ré, conforme se depreende do documento de fls. 142, ao concitar a parte autora acerca da implantação de um quiosque japonês. É bem verdade, que a inauguração do restaurante 'Gurumê' em área próxima ao restaurante autor, causou um impacto, porém, ao meu ver, não foi negativo e sim positivo, na medida em que o faturamento da parte autora aumentou, sem perquirir questão de lucro, que, como bem salientou o Perito, é outra questão, individual e casuística (fls. 803, quesito 14 e fls. 808, quesito 3). O Restaurante Gurumê foi inaugurado em 2018, e, diante do laudo pericial, que adoto como parte integrante da fundamentação desta sentença, ressalte-se que, diversamente do que quer fazer crer a parte autora, a instalação se deu próximo ao restaurante autor, por que, à época, conforme fls. 797/798, quesito 9, aquela área era a única suficiente para operação do restaurante a ser inaugurado, que contou com propaganda do Shopping e divulgação, cuja oportunidade fora dada ao autor que se quedou inerte quando solicitado material para tanto (fls. 802, quesito 12)."

Foi além a sentença: "A toda evidência, como consta nos autos e diante do laudo pericial, em relação ao 'tenant mix' do Rio Design, ocorreu um manifesto realizado pelos lojistas, sob alegação de que a mudança não teve um planejamento mercadológico, o que, de fato, não ocorreu; no entanto, a parte ré se baseia na cláusula contratual que lhe dá autonomia para mudanças unilaterais. De acordo com todo o processado, concluiu o Dr. Perito que a parte ré não adotou a 'medida ideal a fim de maximizarem os lucros e a operacionalização de um Shopping Center, uma vez que pode gerar conflitos entre os estabelecimentos e o Shopping, com possível diminuição de clientela e/ou lucro de ambos, podendo vir a configurar violação do conceito de tenant mix no presente caso'. No entanto, como verificado nos gráficos, o faturamento/lucratividade da parte autora já estava decaindo anteriormente à inauguração do restaurante Gurumê, não sendo este fato determinante e exclusivo para a diminuição de faturamento da parte autora. Some-se a isto a ausência de modernidade e implementação nos produtos da parte autora com intuito de captar clientes, que, hoje, buscam conforto e sofisticação, mormente o público da Barra da Tijuca".

Por meio do Recurso Especial 2.101.659 – RJ, a questão mereceu decisão final pela Terceira Turma do Superior Tribunal de Justiça: "3. O contrato de locação em shopping center tem índole marcadamente empresarial. Os sujeitos da relação obrigacional são empresários (pressuposto subjetivo) e seu objeto decorre da atividade empresarial por eles exercida (pressuposto objetivo), o que interfere na forma de sua interpretação, devendo prevalecer nesses ajustes, salvo situação excepcional, a autonomia da vontade e o princípio do pacta sunt servanda. 4. Nas relações entre lojistas e empreendedores de shopping center prevalecerão as condições livremente pactuadas nos contratos de locação, salvo se as cláusulas colocarem os locatários em desvantagem excessiva. 5. Na hipótese, a previsão de preferência apenas temporária não trouxe excessiva desvantagem para o locatário, seja porque a cláusula estava claramente redigida e, portanto, passível de avaliação de risco antes mesmo da instalação do restaurante, seja porque a admissão de outro restaurante do mesmo ramo no shopping trouxe aumento no faturamento do locatário. 6. A organização das lojas (tenant mix) tem como objetivo atrair o maior número possível de consumidores e incrementar as vendas. Não é possível, no entanto, garantir que o aumento do número de clientes e das vendas, como aconteceu no presente caso, resultará no incremento dos lucros dos lojistas, pois várias causas concorrem para esse fim."

5 Franquia (*franchising*)

Como visto, o estabelecimento empresarial é um complexo de bens organizado sobre certa lógica para a produção de lucro. Há mais do que uma simples reunião de bens; local (próprio ou locado), maquinário, instrumental, insumos, mercadorias, marcas, patentes estruturam-se por meio de procedimentos e rotinas, com uma certa lógica (cuja ciência – ou arte técnica – é a *logística*, parte que é da *mercadologia*). Sob a ótica jurídica, o aviamento é essa lógica de organização, voltada para a determinação de uma vantagem de mercado (*goodwill of trade*). Não é, por certo, uma fórmula fácil de acertar, razão pela qual se contabilizam mais fracassos do que sucessos no cotidiano empresarial. Pior: a excelência empresarial, condutora a lucros e sucesso expressivo, é ainda mais rara.

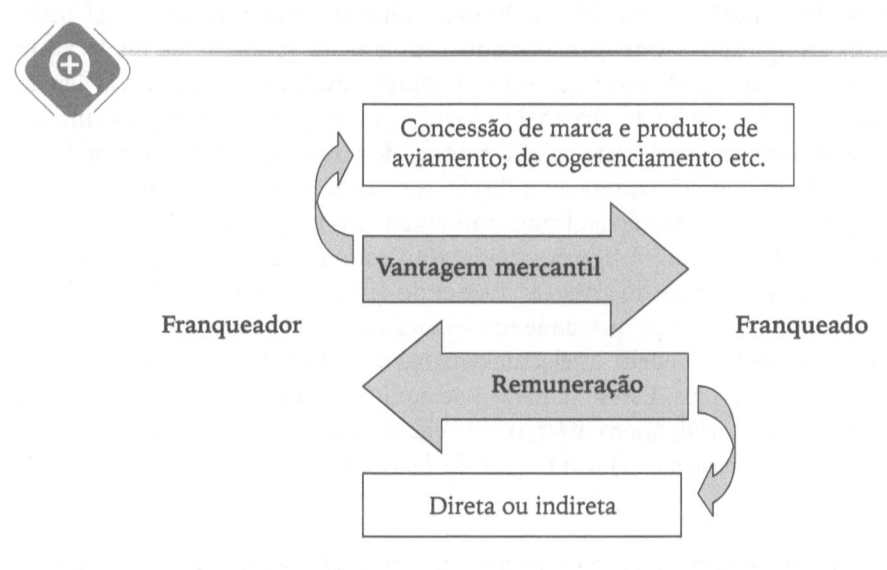

```
                    ┌─────────────────────────────────────┐
                    │  Concessão de marca e produto; de   │
                    │  aviamento; de cogerenciamento etc. │
                    └─────────────────────────────────────┘
                                    ↓
                         ┌──────────────────────┐
                         │  Vantagem mercantil  │──→
    Franqueador                                              Franqueado
                         ←──┌──────────────────┐
                            │   Remuneração    │
                            └──────────────────┘
                                    ↑
                         ┌──────────────────────┐
                         │  Direta ou indireta  │
                         └──────────────────────┘
```

Foi nesse contexto específico que se desenvolveu uma estratégia empresarial – e um negócio jurídico específico – que recolocou a questão do estabelecimento e do aviamento. Mas após a Segunda Grande Guerra, concretizou-se nos Estados Unidos, como evolução de contratos de distribuição que se disseminaram na segunda metade do século XIX, uma nova prática empresarial, a que se deu o nome de *franchising* (*franqueamento* ou *franquia*), por meio da qual o titular de um estabelecimento empresarial permitia (*franqueava*) a outros empresários ou sociedades empresárias desfrutar da tecnologia mercantil desenvolvida (a logística de operação) e do bom nome junto à sociedade, cedendo-os em troca de uma remuneração acordada em valor certo ou por meio de cláusula de sucesso, vale dizer, participação sobre o faturamento.[1]

No Brasil, segundo dados da Associação Brasileira de Franchising – ABF, o setor de franquia empresarial faturou mais de R$ 70 bilhões apenas no terceiro trimestre de 2024, totalizando, em 12 meses, um valor superior a R$ 264 bilhões. Um setor dinâmico do comércio, com 195.508 operações, num universo de 3.241 redes, gerando 1.692 empregos diretos. Isso nos mais variados setores econômicos, como alimentação, casa e construção, entretenimento, hotelaria e turismo, saúde, beleza, educação etc.

A franquia empresarial (*franchising*) é disciplinada pela Lei 13.966/19, que a define como o sistema de franquia empresarial, pelo qual um franqueador autoriza por meio de contrato um franqueado a usar marcas e outros objetos de propriedade intelectual,[2] sempre associados ao direito de produção ou distribuição exclusiva ou não exclusiva de produtos ou serviços, e também ao direito de uso de métodos e sistemas de implantação e administração de negócio ou de sistema operacional desenvolvido ou detido pelo franqueador, mediante remuneração direta ou indireta, sem caracterizar relação de consumo ou vínculo empregatício em relação ao franqueado ou a seus empregados, ainda que durante o período de treinamento. A ligação do instituto com os institutos de propriedade intelectual é forte, como se afere do artigo 8º, prevendo que a aplicação da lei deve observar o disposto na legislação de propriedade intelectual vigente no País. Contudo, não se trata de mera cessão de propriedade intelectual (marca ou patente), nem de mero direito de distribuir bens ou serviços. Esses elementos se conjugam, num contrato no qual se cede o aviamento empresarial, quero dizer, o conceito e a lógica do negócio, o que pode se dar por duas formas básicas: (1) a franquia de marca e produto (*product and trade*

---

[1] Conferir GABRICH, Frederico de Andrade. *Contrato de franquia e direito de informação*. Rio de Janeiro: Forense, 2002. p. 9-10. SIMÃO FILHO, Adalberto. *Franchising*: aspectos jurídicos e contratuais – comentários à Lei de *Franchising*, com jurisprudências. 4. ed. São Paulo: Atlas, 2000. p. 17-19. FERNANDES, Lina. *Do contrato de franquia*. Belo Horizonte: Del Rey, 2000. p. 43-49.

[2] O franqueador deve ser titular ou requerente de direitos sobre as marcas e outros objetos de propriedade intelectual negociados no âmbito do contrato de franquia, ou estar expressamente autorizado pelo titular.

name franchising), no qual o franqueador permite o uso do nome do estabelecimento e/ou marca, além de fornecedor do produto a ser negociado, não mais que isso; (2) franquia de negócio formatado (*business format franchising* – *BFF*), no qual o franqueador oferece um pacote técnico-gerencial e mercadológico mais completo, caracterizando um verdadeiro ajuste de cessão do aviamento empresarial,[3] a partir do qual se organizará o estabelecimento do franqueado. São diversas as franquias existentes no Brasil, entre lavanderias (a exemplo da *5 à séc*), escolas (exemplo: *Anglo Vestibulares*), casas de entretenimento (como o *Chopp Time*) etc.

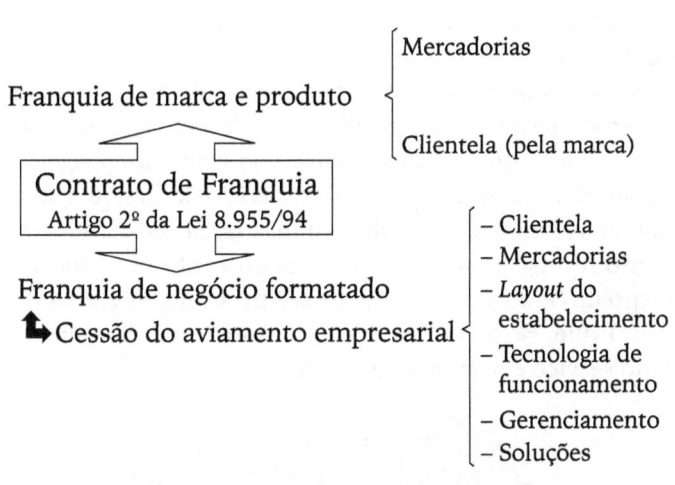

```
                                    ┌ Mercadorias
    Franquia de marca e produto    ─┤
         ⇕                          └ Clientela (pela marca)
    ┌─────────────────────────┐
    │   Contrato de Franquia  │
    │   Artigo 2º da Lei 8.955/94 │     ┌ – Clientela
    └─────────────────────────┘         │ – Mercadorias
         ⇕                               │ – *Layout* do
    Franquia de negócio formatado      ─┤   estabelecimento
    ↳ Cessão do aviamento empresarial   │ – Tecnologia de
                                        │   funcionamento
                                        │ – Gerenciamento
                                        └ – Soluções
```

Não obstante o contrato de franquia, franqueador e franqueado são pessoas e empresas diversas, independentes entre si; dessa maneira, a falência do franqueado não implica falência do franqueador ou vice-versa. Há apenas uma relação contratual de parceria, com obrigação de empenho para o sucesso mútuo. Em alguns contratos, a relação jurídica estabelecida completa-se com a presença de uma outra figura: o chamado *masterfranqueador*, determinando uma relação de subfranqueamento: uma empresa (*masterfranqueador*) concede a franquia a uma outra (*masterfranqueado*) para determinada região, autorizando-a a constituir, nesta, *subfranquias*; o *masterfranqueado*, assim, será *subfranqueador* na região que lhe for concedida, atuando como representante do *masterfranqueador*. É uma relação mais comum em contratos internacionais: uma rede internacional de franquia constitui, em determinado país, um masterfranqueado, autorizando-o a buscar subfranqueados. Aqueles que estão na posição de franqueadores (*masterfranqueador* e *subfranqueador*) estão obrigados a fornecer ao franqueado todos os elementos para o seu sucesso, incluindo assistência, além de deverem aperfeiçoar o aviamento, buscando sempre sua valorização; some-se a cessão do direito de uso de marcas (habitualmente, o título do estabelecimento), de patentes e direitos conexos, como os desenhos industriais que se empregam nas mercadorias, maquinário, embalagens, uniformes, *slogans*, material publicitário, identidade gráfica etc. Estas obrigações não se definem apenas tendo por referência cada franqueado, considerado

---

[3] PAMPLONA, Claudia. *A engenharia do* franchising. Rio de Janeiro: Qualitymark, 1999. p. 2-3, 12.

isoladamente, mas igualmente para com toda a rede de franqueados, considerada como um todo, um conjunto, sendo necessário zelar para que nenhuma das peças do sistema comprometa o seu sucesso.

O franqueado, por seu turno, deve remunerar o franqueador: um pagamento inicial (chamado de *entrada, taxa de franquia* ou *initial franchising fee*) e pagamentos periódicos (chamados de *taxa periódica de franquia* ou *royalty*) conforme assinalado no contrato. Esse pagamento periódico pode ser ajustado em quantia determinada ou corresponder a um percentual sobre o faturamento do franqueado. Podem ser estipulados outros pagamentos para finalidades específicas, desde que não abusivos; um exemplo é a contribuição para a publicidade do sistema como um todo; mas como tais recolhimentos se fazem para gastos de interesse comum, terão os franqueados direito à prestação de contas sobre seu gerenciamento e gasto. O franqueado ainda deverá fazer um *investimento inicial*, voltado para a constituição do estabelecimento, conforme orientações do franqueador: maquinário, mercadorias, embalagens etc. No exercício da franquia, deverá agir de boa-fé, buscando manter a identidade da rede franqueada, sua qualidade e boa imagem; isso implica treinamento regular de seu pessoal, respeito a rotinas e procedimentos da rede, preservação de segredos empresariais que lhe sejam confiados etc. Com efeito, o consumidor que em São Paulo, Belo Horizonte ou Salvador, procura uma lanchonete *Habib's* espera pelo mesmo serviço e pela mesma qualidade.

É possível que o contrato de franquia contenha a previsão de contratações laterais – ou subcontratações –, vale dizer, que haja contratações acessórias, próprias ao sistema, a exemplo de fornecedores de bens e de serviços. Por exemplo, os franqueados *McDonald's* servem refrigerantes da *Coca-Cola Company*, além do *Guaraná Antarctica*, da *AMBEV*. Já os franqueados *Pizza Hut* devem comprar – e revender – bebidas da AMBEV (*Pepsi-Cola*, refrigerantes *Antarctica*). O mesmo pode ocorrer em relação a prestadores de serviços, como determinada assessoria de informática. Em todos os casos, porém, não se admitem previsões abusivas, voltadas apenas para impor ao franqueado contratações injustificadamente desnecessárias, a preços não competitivos etc.

6 Contratação da franquia

A Lei 13.966/19 prevê um procedimento obrigatório para a contratação da franquia, que tem como momento inicial *necessário* a emissão pelo franqueador de uma *Circular de Oferta de Franquia* que deverá ser entregue ao candidato a franqueado, no mínimo, 10 (dez) dias antes da assinatura do contrato ou pré-contrato de franquia ou, ainda, do pagamento de qualquer tipo de taxa pelo franqueado ao franqueador ou a empresa ou a pessoa ligada a este, salvo no caso de licitação ou pré-qualificação promovida por órgão ou entidade pública, caso em que a Circular de Oferta de Franquia será divulgada logo no início do processo de seleção. Essa circular deverá ser escrita em linguagem clara e acessível, interpretando-se eventuais dúvidas em desfavor do franqueador; deverá, ademais, trazer as seguintes informações obrigatórias, conforme dispõe o art. 2º:

I – *histórico resumido do negócio franqueado;*

II – *qualificação completa do franqueador e das empresas a que esteja ligado, identificando-as com os respectivos números de inscrição no Cadastro Nacional da Pessoa Jurídica (CNPJ);*

III – *balanços e demonstrações financeiras da empresa franqueadora, relativos aos 2 (dois) últimos exercícios;*

IV – *indicação das ações judiciais relativas à franquia que questionem o sistema ou que possam comprometer a operação da franquia no País, nas quais sejam parte o franqueador, as empresas controladoras, o subfranqueador e os titulares de marcas e demais direitos de propriedade intelectual;*

V – *descrição detalhada da franquia e descrição geral do negócio e das atividades que serão desempenhadas pelo franqueado;*

VI – *perfil do franqueado ideal no que se refere a experiência anterior, escolaridade e outras características que deve ter, obrigatória ou preferencialmente;*

VII – *requisitos quanto ao envolvimento direto do franqueado na operação e na administração do negócio;*

VIII – *especificações quanto ao:*

a) *total estimado do investimento inicial necessário à aquisição, à implantação e à entrada em operação da franquia;*

b) *valor da taxa inicial de filiação ou taxa de franquia;*

c) *valor estimado das instalações, dos equipamentos e do estoque inicial e suas condições de pagamento;*

IX – *informações claras quanto a taxas periódicas e outros valores a serem pagos pelo franqueado ao franqueador ou a terceiros por este indicados, detalhando as respectivas bases de cálculo e o que elas remuneram ou o fim a que se destinam, indicando, especificamente, o seguinte:*

a) *remuneração periódica pelo uso do sistema, da marca, de outros objetos de propriedade intelectual do franqueador ou sobre os quais este detém direitos ou, ainda, pelos serviços prestados pelo franqueador ao franqueado;*

b) *aluguel de equipamentos ou ponto comercial;*

c) *taxa de publicidade ou semelhante;*

d) *seguro mínimo;*

X – *relação completa de todos os franqueados, subfranqueados ou subfranqueadores da rede e, também, dos que se desligaram nos últimos 24 (vinte quatro) meses, com os respectivos nomes, endereços e telefones;*

XI – informações relativas à política de atuação territorial, devendo ser especificado:

a) se é garantida ao franqueado a exclusividade ou a preferência sobre determinado território de atuação e, neste caso, sob que condições;

b) se há possibilidade de o franqueado realizar vendas ou prestar serviços fora de seu território ou realizar exportações;

c) se há e quais são as regras de concorrência territorial entre unidades próprias e franqueadas;

XII – informações claras e detalhadas quanto à obrigação do franqueado de adquirir quaisquer bens, serviços ou insumos necessários à implantação, operação ou administração de sua franquia apenas de fornecedores indicados e aprovados pelo franqueador, incluindo relação completa desses fornecedores;

XIII – indicação do que é oferecido ao franqueado pelo franqueador e em quais condições, no que se refere a:

a) suporte;

b) supervisão de rede;

c) serviços;

d) incorporação de inovações tecnológicas às franquias;

e) treinamento do franqueado e de seus funcionários, especificando duração, conteúdo e custos;

f) manuais de franquia;

g) auxílio na análise e na escolha do ponto onde será instalada a franquia; e

h) leiaute e padrões arquitetônicos das instalações do franqueado, incluindo arranjo físico de equipamentos e instrumentos, memorial descritivo, composição e croqui;

XIV – informações sobre a situação da marca franqueada e outros direitos de propriedade intelectual relacionados à franquia, cujo uso será autorizado em contrato pelo franqueador, incluindo a caracterização completa, com o número do registro ou do pedido protocolizado, com a classe e subclasse, nos órgãos competentes, e, no caso de cultivares, informações sobre a situação perante o Serviço Nacional de Proteção de Cultivares (SNPC);

XV – situação do franqueado, após a expiração do contrato de franquia, em relação a:

a) know-how da tecnologia de produto, de processo ou de gestão, informações confidenciais e segredos de indústria, comércio, finanças e negócios a que venha a ter acesso em função da franquia;

b) implantação de atividade concorrente à da franquia;

XVI – modelo do contrato-padrão e, se for o caso, também do pré-contrato-padrão de franquia adotado pelo franqueador, com texto completo, inclusive dos respectivos anexos, condições e prazos de validade;

XVII – indicação da existência ou não de regras de transferência ou sucessão e, caso positivo, quais são elas;

XVIII – indicação das situações em que são aplicadas penalidades, multas ou indenizações e dos respectivos valores, estabelecidos no contrato de franquia;

XIX – informações sobre a existência de cotas mínimas de compra pelo franqueado junto ao franqueador, ou a terceiros por este designados, e sobre a possibilidade e as condições para a recusa dos produtos ou serviços exigidos pelo franqueador;

XX – indicação de existência de conselho ou associação de franqueados, com as atribuições, os poderes e os mecanismos de representação perante o franqueador, e detalhamento das competências para gestão e fiscalização da aplicação dos recursos de fundos existentes;

XXI – indicação das regras de limitação à concorrência entre o franqueador e os franqueados, e entre os franqueados, durante a vigência do contrato de franquia, e detalhamento da abrangência territorial, do prazo de vigência da restrição e das penalidades em caso de descumprimento;

XXII – especificação precisa do prazo contratual e das condições de renovação, se houver;

XXIII – local, dia e hora para recebimento da documentação proposta, bem como para início da abertura dos envelopes, quando se tratar de órgão ou entidade pública.

É indispensável que a contratação se faça por escrito, correspondendo ao modelo-padrão colocado na circular, aceitando-se tanto o documento particular, assinado por duas testemunhas presentes ao ato, quanto por escritura pública. Havendo transferência de tecnologia, deverá ser providenciado o registro junto ao INPI, para validade perante terceiros, de acordo com o previsto pelo artigo 211 da Lei 9.279/96. Os contratos de franquia devem obedecer às seguintes condições (artigo 7º da Lei 13.966/19): (1) os que produzirem efeitos exclusivamente no território nacional serão escritos em língua portuguesa e regidos pela legislação brasileira; (2) os contratos de franquia internacional serão escritos originalmente em língua portuguesa ou terão tradução certificada para a língua portuguesa custeada pelo franqueador, e os contratantes poderão optar, no contrato, pelo foro de um de seus países de domicílio. Para os fins da Lei, entende-se como contrato internacional de franquia aquele que, pelos atos concernentes à sua conclusão ou execução, à situação das partes quanto à nacionalidade ou domicílio, ou à localização de seu objeto, tem liames com mais de um sistema jurídico. Caso expresso o foro de opção no contrato internacional de franquia, as partes deverão constituir e manter representante legal ou procurador devidamente qualificado e domiciliado no país do foro definido, com poderes para representá-las administrativa e judicialmente, inclusive para receber citações. Obviamente, as partes poderão eleger juízo arbitral para solução de controvérsias relacionadas ao contrato de franquia.

RMS Combustíveis Ltda. × Raízen Combustíveis S/A.

RMS Combustíveis Ltda. e Raízen Combustíveis S/A se enfrentaram no Judiciário. Na raiz de tudo, um contrato de franquia empresarial: RMS como franqueada e Raízen como franqueadora da rede de postos de combustíveis Shell.

Os franqueados insurgiam-se contra ingerências da franqueadora em seus negócios. Mas experimentaram uma sentença desfavorável, confirmada pela Tribunal de Justiça do Paraná e, enfim, pelo Superior Tribunal de Justiça: Agravo Interno no Agravo em Recurso Especial 1.343.618/PR.

O Tribunal estadual entendeu que, 'no caso em exame, apesar da irresignação da franqueada, a interferência da franqueadora se deu com intuito de melhorar o atendimento dos clientes da marca Shell (escolha de funcionários, padronização de uniformes, layout da loja, horário de atendimento e etc.). (...) Nesse contexto, o contrato celebrado encontra-se de acordo com os ditames estabelecidos pela Lei nº 8.955/94, inexistindo as apontadas abusividades. A indicação de empresa de contabilidade, a sugestão de preços a serem praticados ao consumidor, o acompanhamento da atividade comercial desenvolvida pelo franqueado por consultor e o fornecimento de sistema de informática operacional, são práticas comuns e inerentes a esse tipo de contrato." Por fim, arrematou: "Quando a atividade empresarial não alcança os resultados financeiros almejados pela contratante, não significa que o contrato por ela firmado seja nulo ou inválido."

O Superior Tribunal de Justiça foi harmônico: "é da própria natureza do contrato de franquia a interferência da franqueadora nas atividades da franqueada, a fim de garantir o fomento econômico dessas atividades. A franqueadora fornece a sua marca, o seu produto, o espaço para o desenvolvimento das atividades empresariais, bem como treinamento de pessoal e outras utilidades. De outro lado, a franqueada deve manter a franqueadora informada sobre o andamento do negócio, cumprir as metas estabelecidas no contrato, pagar as taxas e os custos das atividades, dentre outras exigências estabelecidas no contrato de franquia. Noutras palavras: a franqueada usa o nome, os produtos, o mobiliário, dentre outros recursos da franqueadora. Deve, em contrapartida, sujeitar-se à interferência da franqueadora, observados os termos do contrato e a autonomia empresarial. A relação estabelecida, nesse caso, não é de subordinação. Trata-se, na verdade, de parceria comercial, visando o desenvolvimento econômico de ambas as sociedades empresárias. De fato, conforme destacado pela Corte de origem, a indicação de empresa de contabilidade, a sugestão de preços e honorários de atendimento, o fornecimento de sistema de informática e outros, são práticas costumeiras em um contrato de franquia. Não descaracterizam a natureza do contrato. Ao contrário, reforçam a relação de parceria entre franqueadora e franqueada, buscando o fomento econômico desta. Mais especificamente, a orientação e o repasse de tecnologia apenas buscam o fomento da atividade empresarial e a proteção da marca repassada pela franqueadora. Estão abrangidas, portanto, no conceito de contrato de franquia."

18
PROPRIEDADE INTELECTUAL

1   Ativos intangíveis

Um estabelecimento não é composto apenas de coisas materiais (bens móveis e imóveis), mas pode ser composto de bens imateriais, como direitos autorais, patente, marca e outros bens imateriais, regidos por leis específicas. Logo se percebeu que a possibilidade de individualização desses direitos pessoais com expressividade patrimonial econômica cria uma situação análoga à das coisas, razão pela qual a titularidade dos mesmos poderia ser comparada à propriedade; uma verdade parcial, por certo, já que tais bens imateriais não comportam locação, nem tradição, entre outros aspectos próprios do direito de propriedade. Mas a expressão afirmou-se e foi, até, recepcionada pelo legislador, que se refere genericamente à propriedade intelectual, vale dizer, propriedade de bens criados pelo intelecto, pela mente. A principal norma reguladora desses direitos é a Lei 9.279/96 que, por seu turno, prefere a expressão *propriedade industrial*, cuja proteção é ali assegurada em razão de seu interesse social e a bem do desenvolvimento tecnológico e econômico do país. Essa proteção efetua-se por meio de (1) concessão de patentes de invenção e de modelo de utilidade, (2) concessão de registro de desenho industrial, (3) concessão de registro de marca, (4) repressão às falsas indicações geográficas e (5) repressão à concorrência desleal. A Lei também se aplica ao pedido de patente ou de registro proveniente do exterior e depositado no país por quem tenha proteção assegurada por tratado ou convenção em vigor no Brasil; igualmente a nacionais ou pessoas domiciliadas em país que assegure a brasileiros ou pessoas domiciliadas no Brasil a reciprocidade de direitos iguais ou equivalentes.

Para garantir essa proteção, há um órgão específico da Administração Pública Federal: o Instituto Nacional da Propriedade Industrial (INPI), como se verá na sequência.

2 Patentes

Aprosoja × Monsanto

No final de 2017, a Associação dos Produtores de Soja e Milho do Mato Grosso (Aprosoja-MT) ajuizou uma ação pedindo a anulação da patente que o Instituto Nacional de Propriedade Industrial (INPI) concedera à Monsanto do Brasil Ltda.: uma semente de soja que recebeu o nome de *Intacta RR2 Pro*. O argumento da Aprosoja é que não havia atividade inventiva: a semente nada mais era do que a combinação de tecnologia já conhecida: duas outras sementes que tinham sido patenteadas e cujo direito de exclusividade havia expirado, caindo em domínio público: a RR1 (resistente ao glifosato) e outra resistente a lagartas. Combinar tecnologias que já caíram em domínio público não dá direito à patente. Se vencedores na ação, os agricultores economizariam R$ 130,00 por hectare, isto é, R$ 2,6 bilhões em todo o País. Nos alvores de 2023, decisão do Ministro Nunes Marques, do Supremo Tribunal Federal, confirmou decisão do TJMT que determinara o depósito judicial de um terço dos valores em disputa; então R$ 1,3 bilhão.

A *invenção* é uma criação humana, uma descoberta. No entanto, nem toda criação ou descoberta é patenteável. Para receber a proteção legal, a invenção deverá atender aos requisitos de (1) novidade, (2) atividade inventiva e (3) aplicação industrial. *Novidade* porque nem tudo que se inventa é novo; muitos criam ou descobrem o que já é, há muito, conhecido; as feiras de ciências e os laboratórios escolares estão repletos desses eventos. Somente a originalidade, o ineditismo, dá margem à patente. Justamente por isso, não é patenteável, por não haver novidade, quando se está no *estado da técnica*; o *estado da técnica* é constituído por tudo aquilo tornado acessível ao público antes da data de depósito do pedido de patente, por descrição escrita ou oral, por uso ou qualquer outro meio, no Brasil ou no exterior, salvo a divulgação, nos 12 meses anteriores à data de depósito ou a da prioridade do pedido de patente, (1) pelo inventor, (2) pelo Instituto Nacional da Propriedade Industrial (INPI), através de publicação oficial do pedido de patente depositado sem o consentimento do inventor, baseado em informações deste obtidas ou em decorrência de atos por ele realizados, ou (3) por terceiros, com base em informações obtidas direta ou indiretamente do inventor ou em decorrência de atos por este realizados.

Não é só; exige-se atividade inventiva. Somente é patenteável o que resulta de processo de criação (de invenção). Não se admite o comportamento oportunista daquele que, tomando conhecimento de uma criação alheia que não foi registrada, pretenda obter sua patente. Ademais, somente se considera que há atividade inventiva quando, para um técnico no assunto, não decorra de maneira evidente ou óbvia do estado da técnica, ou seja, não há invenção na mera aplicação óbvia ou evidente do que já se sabe. Por fim, exige a lei que a invenção, para ser patenteável, tenha *aplicação industrial*; a razão de ser da patente, aliás, é a concessão de um privilégio na exploração empresarial da criação. Se não há proveito produtivo, não se justifica a proteção que se dá aos bens objeto de propriedade industrial.

Já no *modelo de utilidade* não se tem essa criação absolutamente inovadora, um acréscimo à cultura instrumental humana. Pelo contrário, o modelo de utilidade parte do que é conhecido, sobre o que se constrói um acréscimo inovador, melhorando a sua utilização ou fabricação. Portanto, é patenteável como modelo de utilidade o objeto de uso prático, ou parte deste, suscetível de aplicação industrial, que apresente nova forma ou disposição, envolvendo ato inventivo, que resulte em melhoria funcional no seu uso ou em sua fabricação, devendo ter aplicação industrial. Também o modelo de utilidade é dotado de ato inventivo sempre que, para um técnico no assunto, não decorra de maneira comum ou vulgar do estado da técnica e tenha efetiva aplicação industrial.

Não se consideram invenção nem modelo de utilidade: (1) descobertas, teorias científicas e métodos matemáticos; (2) concepções puramente abstratas; (3) esquemas, planos, princípios ou métodos comerciais, contábeis, financeiros, educativos, publicitários, de sorteio e de fiscalização; (4) obras literárias, arquitetônicas, artísticas e científicas ou qualquer criação estética; (5) programas de computador em si; (6) apresentação de informações; (7) regras de jogo; (8) técnicas e métodos operatórios ou cirúrgicos, bem como métodos terapêuticos ou de diagnóstico, para aplicação no corpo humano ou animal; e (9) o todo ou parte de seres vivos naturais e materiais biológicos encontrados na natureza, ou ainda que dela isolados, inclusive o genoma ou germoplasma de qualquer ser vivo natural e os processos biológicos naturais. Também não são patenteáveis: (1) o que for contrário à moral, aos bons costumes e à segurança, à ordem e à saúde públicas; (2) as substâncias, matérias, misturas, elementos ou produtos de qualquer espécie, bem como a modificação de suas propriedades físico-químicas e os respectivos processos de obtenção ou modificação, quando resultantes de transformação do núcleo atômico; e (3) o todo ou parte dos seres vivos, exceto os micro-organismos transgênicos que atendam aos três requisitos de patenteabilidade – novidade, atividade inventiva e aplicação industrial – e que não sejam mera descoberta. Para efeitos de patente, micro-organismos transgênicos são organismos, exceto o todo ou parte de plantas ou de animais, que expressem, mediante intervenção humana direta em sua composição genética, uma característica normalmente não alcançável pela espécie em condições naturais.

Nem tudo, portanto, é patenteável. Em sua fábrica de Camaçari (BA), a *Ford Motor Company do Brasil Ltda.* estabeleceu um novo processo industrial que permitiu que a capacidade máxima de produção fosse elevada de 250 para 912 veículos por dia, ou seja, um veículo a cada 80 segundos. A empresa atraiu fornecedores para dentro da fábrica, com seus empregados, trabalhando na conclusão de seus conjuntos de peças (uma porta de um veículo simples, por exemplo, forma-se de cerca de 250 peças) em meio à linha de montagem de veículos; isso os dispensou de fazer investimentos em plantas próprias, barateando os investimentos. Assim, a maioria dos trabalhadores presentes no chão de fábrica não é formada por empregados da Ford, mas dos fornecedores, trabalhando na montagem de veículos. Apesar de ser uma solução inovadora e criadora, esse processo não é passível de patente. Qualquer outra indústria pode simplesmente copiar o modelo e usá-lo em sua própria linha de produção.

Mesas e cadeiras dobráveis

Antônio criou um novo tipo de mesa dobrável e pediu a patente ao Instituto Nacional de Propriedade Industrial (INPI). Não era uma invenção, já que não há nenhuma novidade em mesas dobráveis, mas um *modelo de utilidade*. Antônio ainda criou uma cadeira dobrável, registrando-a na Escola de Belas Artes do Rio de Janeiro. Passado um tempo, descobriu que suas criações estavam sendo fabricadas e comercializadas sem que ele houvesse dado licença para tanto. Assim, propôs uma ação de indenização contra a *Metalúrgica Montefeltro Comércio e Indústria Ltda.*, fundada na indevida utilização de suas criações, pedindo que a ré parasse de fabricá-las e comercializá-las e que o indenizasse pela produção até então realizada. A sentença determinou que a metalúrgica se abstivesse de fabricar e comercializar as *mesas dobráveis* cujo modelo de utilidade fora patenteado por Antônio, fixando uma multa diária para o desrespeito a tal determinação. Mas indeferiu o pedido em relação às *cadeiras dobráveis*, já que Antônio não as tinha registrado no Instituto Nacional de Propriedade Industrial (INPI), não tendo patente das mesmas, requisito essencial para a preferência na exploração econômica da propriedade industrial, de nada valendo o registro na Escola de Belas Artes do Rio de Janeiro. O juiz também não lhe concedeu reparação por perdas e danos resultantes da confecção, sem sua licença, das mesas dobráveis, entendendo que não houve demonstração de que sofrera prejuízos que devessem ser indenizados. Essa sentença foi confirmada pelo Tribunal de Justiça de São Paulo.

Por meio do Recurso Especial 15.424/SP, a Quarta Turma do Superior Tribunal de Justiça conheceu da controvérsia. A Corte reconheceu que Antônio criara um novo sistema de articulações e travas para melhorar a utilização da cadeira dobrável, mas como ele não a registrou como modelo de utilidade, não teria direito à exclusividade na sua exploração econômica. No que diz respeito às mesas dobráveis, o Superior Tribunal de Justiça reconheceu que, comprovado que a metalúrgica estava produzindo as mesas com o inovador mecanismo no sistema de articulação e travas, protegido pela patente, a indenização seria devida, já que houve ofensa à Lei de Propriedade Industrial. "O direito à indenização foi recusado ao autor sob a alegação de que não provara a existência do dano. Acontece que, a meu juízo, o dano decorre do uso indevido do modelo patenteado, e esse fato está amplamente reconhecido. [...] Reconhecidos os fatos do registro e da utilização do modelo pela ré, na fabricação de suas mesas dobráveis, tem o titular do registro direito à indenização, pois a ofensa ao seu patrimônio constitui no desrespeito ao privilégio."

2.1 Obtenção da patente

Não basta inventar ou criar um modelo de utilidade. Para que se tenha o direito à exclusividade na exploração econômica, é preciso requerer ao Instituto Nacional de Propriedade Intelectual (INPI) a respectiva patente. Salvo prova em contrário, presume-se que quem requer a patente tem legitimidade para tanto. A patente poderá ser requerida em nome próprio, sendo que, quando se tratar de invenção ou de modelo de utilidade realizado conjuntamente por duas ou mais pessoas, a patente poderá ser requerida por todas ou qualquer delas, mediante nomeação e qualificação das demais, para ressalva dos respectivos direitos. Também podem requerer a patente os herdeiros ou sucessores do autor, ou o cessionário, isto é, aquele que adquiriu do autor o direito à invenção ou modelo de utilidade.

Sempre que a invenção ou modelo de utilidade decorra de contrato de trabalho ou de prestação de serviços, a patente será requerida por aquele a quem a lei ou o contrato estipular como titularidade dos direitos sobre a criação. Com efeito, a invenção e o modelo de utilidade pertencem exclusivamente ao empregador quando decorrerem de contrato de trabalho cuja execução ocorra no Brasil e que tenha por objeto a pesquisa ou a atividade inventiva, ou resulte esta da natureza dos serviços para os quais foi o empregado contratado. O empregado, criador do invento ou do modelo de utilidade, será remunerado com o salário contratado, salvo estipulação em contrário, embora seja lícito ao empregador, na qualidade de titular da patente que a lei lhe confere, conceder ao empregado participação nos ganhos econômicos resultantes da exploração da patente, o que não constitui verba trabalhista. Aliás, presume-se que a invenção ou o modelo de utilidade cuja patente seja requerida pelo empregado até um ano após a extinção do vínculo empregatício consideram-se desenvolvidos na vigência do contrato de trabalho e, assim, pertencem ao empregador.

Note-se, porém, que se a invenção ou o modelo de utilidade são desenvolvidos pelo empregado, fora do horário de trabalho e sem utilizar *recursos, meios, dados, materiais, instalações ou equipamentos do empregador*, a patente pertencerá exclusivamente ao trabalhador. Se o empregado não foi contratado para a pesquisa, mas utilizar de recursos, dados, meios, materiais, instalações ou equipamentos do empregador, ou contar com a contribuição deste, será dividida a titularidade da patente em partes iguais, salvo expressa disposição contratual em contrário; se forem mais de um empregado, a parte que lhes couber será dividida igualmente entre todos, salvo ajuste em contrário. O empregador terá, ademais, o direito exclusivo de licença de exploração, embora deva remunerar adequadamente o empregado.

Se dois ou mais autores tiverem realizado a mesma invenção ou modelo de utilidade, de forma independente, o direito de obter patente será assegurado àquele que provar o depósito mais antigo, independentemente das datas de invenção ou criação. No entanto, a retirada de depósito anterior sem produção de qualquer efeito dará prioridade ao depósito imediatamente posterior. Se o pedido de patente é depositado no exterior, em país que mantenha acordo com o Brasil, ou em organização internacional, que produza efeito de depósito nacional, será assegurado direito de prioridade, nos prazos estabelecidos no acordo. É um mecanismo para garantir proteção internacional às patentes; mas, como visto, há procedimentos específicos para o seu exercício. Destaque-se ser vedado o depósito no exterior de pedido de patente cujo objeto tenha sido considerado de interesse da *defesa nacional*, bem como qualquer divulgação do mesmo, salvo expressa autorização do órgão competente.

No requerimento de patente, o inventor será nomeado e qualificado, mas pode requerer a não divulgação de sua nomeação. Apresentado o pedido, será ele submetido a exame formal preliminar e, se devidamente instruído, será protocolizado, considerada a data de depósito a da sua apresentação. Durante seu processamento, o pedido de patente poderá ser cedido pelo requerente a um terceiro; a cessão da titularidade pode ser total ou parcial, mas não se pode dividir o objeto do pedido. Assim, na cessão parcial, há dois titulares do mesmo pedido, e não dois pedidos, já que o conteúdo é indivisível. Deferido o pedido e comprovado o pagamento da retribuição correspondente, a *patente* será concedida, expedindo-se a respectiva *carta-patente*. Reputa-se concedida a patente na data de publicação do respectivo ato. A patente de invenção vigora pelo prazo de 20 anos e a de modelo de utilidade pelo prazo 15 anos contados da data de depósito.

A patente que seja concedida sem o respeito às regras legais é nula; também é possível que a nulidade não incida sobre todas as reivindicações. Para essa nulidade parcial, todavia, é necessário que as reivindicações subsistentes constituam, por si mesmas, matéria patenteável. Total ou parcial, a nulidade da patente pode ser declarada administrativamente, pelo próprio INPI, ou judicialmente, por meio de ação de nulidade. O processo administrativo de nulidade poderá ser instaurado de ofício pelo próprio INPI, ou a partir de requerimento de qualquer pessoa com legítimo interesse, no prazo de seis meses contados da concessão da patente, prosseguindo mesmo se extinta a patente. Já a ação de nulidade poderá ser proposta a qualquer tempo da vigência da patente, pelo INPI ou por qualquer pessoa com legítimo interesse; também se admite que a nulidade da patente seja arguida como matéria de defesa, em qualquer tempo. A ação de nulidade de patente será ajuizada no foro da Justiça Federal e o INPI, quando não for autor, intervirá no feito, permitindo-se ao juiz, preventiva ou incidentalmente, determinar a suspensão dos efeitos da patente, atendidos os requisitos processuais próprios. Declarada a nulidade da patente, a sentença produzirá efeitos a partir da data do depósito do pedido.

Tendo havido aperfeiçoamento ou desenvolvimento introduzido no objeto da invenção, mesmo que destituído de atividade inventiva, o titular da patente poderá requerer certificado de adição para protegê-la, desde que a matéria se inclua no mesmo conceito inventivo; o mesmo direito se assegura ao depositante do pedido de patente ainda em processamento. O pedido de certificado de adição será indeferido se o seu objeto não apresentar o mesmo conceito inventivo, hipótese na qual se garante a possibilidade de transformar o pedido de certificado de adição em pedido de patente, beneficiando-se da data de depósito do pedido de certificado, mediante pagamento das retribuições cabíveis. Se deferido, o certificado de adição é acessório da patente, tem a data final de vigência desta e acompanha-a para todos os efeitos legais. Mas, havendo pedido de nulidade da patente, o titular poderá requerer que a matéria contida no certificado de adição seja analisada para se verificar a possibilidade de sua subsistência, sem prejuízo do prazo de vigência da patente.

A patente extingue-se: (1) pela expiração do prazo de vigência (invenção: 20 anos; modelo de utilidade: 15 anos, contados da data de depósito); (2) pela renúncia de seu titular, que só é admitida se não prejudicar direitos de terceiros, a exemplo daquele que está produzindo o bem, tendo contratado a licença com direito de exclusividade; (3) pela caducidade, declarada de ofício ou a requerimento de qualquer pessoa com legítimo interesse, se, decorridos dois anos da concessão da primeira licença compulsória, esse prazo não tiver sido suficiente para prevenir ou sanar o abuso ou desuso, salvo motivos justificáveis;[1] (4) pela falta de pagamento da retribuição anual a que estão sujeitos o depositante do pedido e o titular da patente, a partir do início do terceiro ano da data do depósito;[2] (5) quando o titular, sendo pessoa domiciliada no exterior, não tenha constituído e mantido procurador devidamente qualificado e domiciliado no país, com poderes para representá-la administrativa e judicialmente, inclusive para receber citações. Extinta a patente, o seu objeto cai em domínio público, ou seja, qualquer pessoa pode explorar economicamente a invenção ou o modelo de utilidade, independentemente de licença ou pagamento de *royalties*.

Julgando o Recurso Especial 1.721.711/RJ, o Superior Tribunal de Justiça destacou que "o autor do invento possui tutela legal que lhe garante impedir o uso, por terceiros, do produto ou processo referente ao requerimento depositado, além de indenização por exploração indevida de seu objeto, a partir da data da publicação do pedido (e não apenas a partir do momento em que a patente é concedida). Dessa forma, apesar da expedição tardia da carta-patente pelo INPI, a invenção do recorrente não esteve, em absoluto, desprovida de amparo jurídico durante esse lapso temporal". Mas decidiu a mesma Corte que a ação indenizatória por violação de patente só pode ser ajuizada após a sua concessão pelo INPI; ates da concessão do direito de propriedade industrial, o requerente possui mera expectativa em relação a ele, circunstância que, por si, não gera dever de indenizar. Foi o que se concluiu no julgamento do Recurso Especial 2.001.226/RS.

---

[1] A patente caducará quando, na data do requerimento da caducidade ou da instauração de ofício do respectivo processo, não tiver sido iniciada a exploração. Lembre-se de que, no processo de caducidade instaurado a requerimento, o INPI poderá prosseguir se houver desistência do requerente. O titular será intimado para o processo de caducidade; se a decisão for pela caducidade, produzirá efeitos a partir da data do requerimento ou da publicação da instauração de ofício do processo.

[2] O pedido de patente e a patente poderão ser restaurados, se o depositante ou o titular assim o requerer, dentro de três meses, contados da notificação do arquivamento do pedido ou da extinção da patente, mediante pagamento de retribuição específica.

Silimed – Indústria de Implantes Ltda × Nelson

Silimed – Indústria De Implantes Ltda ajuizou uma ação contra Nelson e contra o INPI – Instituto Nacional De Propriedade Industrial; pediu fosse declarada a nulidade do ato administrativo que concedeu a patente MU 8600958-3, um modelo de utilidade (prótese de silicone), argumentando falta do preenchimento dos requisitos legais para a sua concessão, previstos na Lei de Propriedade Industrial: ausência de ato inventivo e suficiência descritiva. Foi determinada a realização de perícia, já que a matéria era essencialmente técnica, chegando-se à conclusão de a prótese de silicone em questão não proporciona melhoria funcional em relação ao estado da técnica, considerando ser uma solução possível de acordo com as já existentes, restando forçoso reconhecer a ausência de suficiência descritiva e ato inventivo no MU 8600958-3, de titularidade de Nelson. Foi o que concluiu o Tribunal de Justiça do Rio de Janeiro, confirmando a sentença de procedência do pedido. Foram aplicados os artigos 11, 14, 15 e 24 da Lei 9.279/1996.

Nelson não se conformou e insistia que a forma da prótese proporcionar uma melhora funcional no seu uso, devendo-se atentar para seus benefícios para a questão da contratura capsular, um dos problemas visados a ser evitado por aquela prótese; consequentemente, estariam presentes os elementos para a concessão da patente de um modelo de utilidade. Argumentou ainda que o INPI teria bem esclarecido o fato de que a patente busca resolver o problema técnico através de uma nova forma, o que seria perceptível por profissional qualificado na área de produção de próteses.

O entendimento que prevaleceu foi diverso: concluiu-se que a patente MU8600958-3, relativa à *Disposição introduzida em Prótese Mamária Sintética Intracorporal ou Similar* foi concedida contrariando o estabelecido nos artigos 9º, 11, 13 e 24, da LPI, uma vez que não apresenta os requisitos de ato inventivo – pois não foi demonstrada melhoria funcional em relação às próteses do estado da técnica, tratando apenas de questão estética, eis que a paciente pode escolher entre os diferentes modelos de próteses – redondo, gota e cônico –, e também de suficiência descritiva – pelo fato de não descrever as características técnicas que permitam a um técnico no assunto reproduzir o objeto, não apresentando informações que comprovem a melhoria funcional face as próteses conhecidas do estado da técnica."

Note-se que o laudo pericial havia dito que não se respeitara o princípio da novidade, "eis que a prótese já teria sido usada pelo inventor/depositante antes do depósito do pedido junto ao INPI". Mas o Judiciário entendeu diverso, acatando a posição do INPI," no sentido de que este não restaria violado, por conta do envio do Sr. Nelson, para a Autora, de desenhos, e o retorno dos testes, com a colocação de próteses nas pacientes, na medida em que afigura-se razoável perceber que o objeto em questão – prótese mamária – necessita, de uma fase maior de testes para confirmação de sua eficiência e segurança." Mas restava o problema do ato inventivo: o modelo de utilidade pretendia ser uma evolução à patente PI 9105626- 8 (depositada em 1991 e concedida em 1998: processo de fabricação de implantes com superfícies revestidas). "O processo de fabricação de prótese patenteado através da patente PI9105626- 8 possibilita que a prótese produzida por dito processo solucione diversos problemas encontrados em cirurgias plásticas para o aumento ou correção ou reconstrução dos seios empregando-se próteses do estado da técnica, independente do tamanho ou formato do implante. Portanto, apesar da patente PI 9105626-8 reivindicar um processo de fabricação de implantes a mesma descreve em seu relatório descritivo as características das próteses obtidas pelo processo. Assim, as características técnicas da prótese do MU8600958-3 já se encontram descritas na patente PI 9105626-8 uma vez que o processo de fabricação da prótese produz próteses de qualquer tamanho ou formato, inclusive o formato de ´geometria ogivada com o perfil parabólico, onde a prótese é dotada de terminação convexa orientada para a sua base plana´, que não deixa de ser o formato ´côncavo´ já conhecido de diversas próteses do estado da técnica, diferindo apenas a forma de descrever a prótese. Portanto, o MU8600958-3, depositado em 2006, não apresenta ATO INVENTIVO face a patente PI9105626-8, depositada em 1991, pois não foi verificada nenhuma MELHORIA FUNCIONAL, uma vez que já haviam sido descritas todas as características da prótese do MU8600958-3 em um único documento. Além disso, a prótese obtida através da PI9105626-8 apresenta mais soluções que as do MU8600958-3, ou seja, o material da prótese não se desprende, não causa desconforto e não necessita de uma maior incisão cirúrgica, pois sua espessura é extremamente reduzida, ou seja, vantagens que sequer foram descritas no MU8600958-3."

Quanto à insuficiência descritiva, decidiu-se que as características técnicas da prótese do MU não descrevem a invenção, de forma a permitir a reprodução por um técnico do assunto, considerando que a descrição possibilita que este "faça uma prótese mamária de formato ogivado qualquer, sem que apresente as mesmas características da prótese mamária produzida e comercializada pela Silimed (Autora) pois a descrição da prótese no MU8600958-3 é feita de forma abrangente e imprecisa, possibilitando a existência de um grande número de soluções, já que não especifica precisamente o produto reivindicado na patente." E, ainda, "não foi demonstrado/descrito na patente MU8600958-3 como foi conseguida a simplicidade de uso da prótese mamária pelo profissional, o grau de reentrância que a prótese deveria ter em sua base, a maior praticidade e versatilidade, a técnica peculiar utilizada na produção da prótese mamária."

Tudo isso foi reanalisado pelo Superior Tribunal de Justiça quando examinou o Agravo Interno no Recurso Especial 1.926.933/RJ. A conclusão dos ministros? "A prótese de silicone em questão não proporciona melhoria funcional em relação ao estado da técnica, considerando que o formato da prótese é questão meramente estética e não de funcionalidade, não apresentando solução de problema que resulte em melhoria funcional, conforme conclusão do laudo pericial produzido na instrução probatória."

2.2 Exploração da patente

A extensão da proteção conferida pela patente será determinada pelo teor das reivindicações, interpretado com base no relatório descritivo e nos desenhos. De qualquer sorte, a patente confere ao seu titular o direito de impedir terceiro, sem o seu consentimento, de produzir, usar, colocar à venda, vender ou importar com estes propósitos produto objeto de patente ou processo ou produto obtido diretamente por processo patenteado. Ao titular da patente é assegurado ainda o direito de impedir que terceiros contribuam para que outros pratiquem tais atos. Essa proteção ao titular da patente, todavia, não se aplica a algumas hipóteses listadas no artigo 43 da Lei 9.279/96.

Afora aquelas hipóteses, se há exploração indevida do objeto da patente, o seu titular terá o direito de ser indenizado; esse direito de indenização por exploração indevida está limitado ao conteúdo do objeto da patente, inclusive em relação à exploração ocorrida entre a data da publicação do pedido e a da concessão da patente. Contudo, à pessoa de boa-fé que, antes da data de depósito ou de prioridade de pedido de patente, explorava seu objeto no país será assegurado o direito de continuar a exploração, sem ônus, na forma e condição anteriores; esse direito – excepcional que é – só poderá ser cedido juntamente com o negócio ou empresa, ou parte desta que tenha direta relação com a exploração do objeto da patente, por alienação ou arrendamento. Não se considera terceiro de boa-fé, para tais finalidades, aquele que tomou conhecimento do objeto da patente por meio de divulgação feita pelo inventor, pelo INPI ou por terceiros, com base em informações obtidas do inventor, quando o pedido de patente tenha sido depositado no prazo de um ano, contado da divulgação.

A patente pode ser cedida, total ou parcialmente, lembrando-se de que o seu conteúdo é indivisível. Assim, se há cessão parcial, haverá mais de um titular para a patente; não se pode dividir o seu objeto. A cessão será comunicada ao INPI, que fará a anotação do novo titular, produzindo efeito em relação a terceiros a partir da data de sua publicação. Também se anota e publica, para validade perante terceiros, limitação ou ônus que recaia sobre o pedido ou a patente, a exemplo do penhor ou do usufruto. Por fim, anotações das alterações de nome, sede ou endereço do depositante ou titular. Se o titular da patente ou depositante não quiserem ceder o direito a terceiros, poderão celebrar contrato de licença para exploração, devendo averbá-lo no INPI para que produza efeitos em relação a terceiros, o que ocorrerá a partir da data de publicação. A exploração e a cessão do pedido ou da patente de interesse da defesa nacional estão condicionadas à prévia autorização do órgão competente, assegurada a indenização sempre que houver restrição dos direitos do depositante ou do titular.

No contrato de licenciamento de patente, o seu titular é remunerado conforme ajustem as partes, sendo comum estipular uma participação no valor dos bens produzidos, ao que se chama, comumente, de *royalty*. O contrato ainda irá dispor se o licenciado será, ou não, investido em todos os poderes para agir em defesa da patente. Se, durante o exercício da licença, houver um aperfeiçoamento na patente licenciada, este pertencerá a quem o fizer: o titular da patente ou, mesmo, o licenciado, se a criação lhe pertine. Se não for o licenciado, mas o titular, a lei lhe assegura o direito de preferência para seu licenciamento.

Para facilitar o licenciamento de patentes, é possível ao titular da patente solicitar ao INPI que a coloque em oferta para fins de exploração; só não poderá haver oferta pública se já existir licença com caráter de exclusividade.

De outra face, o titular ficará sujeito a ter a patente licenciada compulsoriamente, por decisão administrativa ou judicial, se exercer os direitos dela decorrentes de forma abusiva, ou por meio dela praticar, comprovadamente, abuso de poder econômico. Ensejam, igualmente, licença compulsória, quando já decorridos três anos da concessão da patente: (1) a não exploração do objeto da patente no território brasileiro por falta de fabricação ou fabricação incompleta do produto, ou, ainda, a falta de uso integral do processo patenteado, ressalvados os casos de inviabilidade econômica, quando será admitida a importação; ou (2) a comercialização que não satisfizer às necessidades do mercado. Todavia, a licença compulsória não será concedida se, à data do requerimento, o titular: (1) justificar o desuso por razões legítimas; (2) comprovar a realização de sérios e efetivos preparativos para a exploração; ou (3) justificar a falta de fabricação ou comercialização por obstáculo de ordem legal. A *licença compulsória* somente poderá ser requerida por pessoa com legítimo interesse que tenha capacidade técnica e econômica para realizar a exploração eficiente do objeto da patente, que deverá destinar-se, predominantemente, ao mercado interno. No caso de a licença compulsória ser concedida em razão de abuso de poder econômico, ao licenciado, que propõe fabricação local, será garantido um prazo, limitado a um ano, para proceder à importação do objeto da licença, desde que tenha sido colocado no mercado diretamente pelo titular ou com o seu consentimento.

A licença compulsória será ainda concedida quando, cumulativamente, se verificarem as seguintes hipóteses: (1) ficar caracterizada situação de dependência de uma patente em relação a outra; considera-se patente dependente aquela cuja exploração depende obrigatoriamente da utilização do objeto de patente anterior; (2) o objeto da patente dependente constituir substancial progresso técnico em relação à patente anterior; e (3) o titular não realizar acordo com o titular da patente dependente para exploração da patente anterior. Para aferir a presença dessas condições para a licença compulsória, uma patente de processo poderá ser considerada dependente de patente do produto respectivo, bem como uma patente de produto poderá ser dependente de patente de processo. Como se só não bastasse, nos casos de emergência nacional ou interesse público, declarados em ato do Poder Executivo Federal, desde que o titular da patente ou seu licenciado não atenda a essa necessidade, poderá ser concedida, de ofício, licença compulsória, temporária e não exclusiva, para a exploração da patente, sem prejuízo dos direitos do respectivo titular.

O pedido de licença compulsória deverá ser formulado incluindo a indicação das condições oferecidas ao titular da patente, que será intimado para manifestar-se sobre o requerimento, podendo defender-se das alegações em que se fundamenta; pode, por exemplo, provar que há exploração da patente. O titular da patente pode, igualmente, contestar as condições que lhe foram oferecidas no requerimento, hipótese na qual o INPI poderá realizar as necessárias diligências, bem como designar comissão, que poderá incluir especialistas não integrantes dos quadros da autarquia, visando arbitrar a remuneração que será paga ao titular, considerando as circunstâncias de cada caso, levando-se em conta, obrigatoriamente, o valor econômico da licença concedida. As licenças compulsórias serão sempre concedidas sem exclusividade, não se admitindo o sublicenciamento; mas o licenciado fica investido de todos os poderes para agir em defesa da patente. Ademais, salvo razões legítimas, o licenciado deverá iniciar a exploração do objeto da patente no prazo de um ano da concessão da licença, admitida a interrupção por igual prazo. Após a concessão da licença compulsória, somente será admitida a sua cessão quando realizada juntamente com a cessão, alienação ou arrendamento da parte do empreendimento que a explore.

> Durante duas décadas, o laboratório *Pfizer* beneficiou-se da patente de uma estatina, uma substância para o combate do colesterol, vendida sob a marca *Lípitor*. Foi o medicamento mais vendido na história da indústria farmacêutica, rendendo bilhões de dólares, por ano, à titular da patente. Em 2011, extinguiu-se a patente, razão pela qual a estatina passou a ser produzida por diversos outros laboratórios e, assim, seu preço para o consumidor caiu à metade. Concomitantemente, diversos laboratórios, incluindo a própria *Pfizer*, lançaram-se à busca frenética por criar e patentear substâncias novas para o combate do colesterol, mais vantajosas que as estatinas, para ter acesso exclusivo a esse lucrativo mercado e seus lucros bilionários.

2.3 Topografia de circuitos integrados – chips

A Lei 11.484/07 estabeleceu as condições de proteção das topografias de circuitos integrados, ou seja, o desenho de *chips* eletrônicos, como são conhecidos. Circuito integrado, afirma o legislador, significa um produto, em forma final ou intermediária, com elementos dos quais pelo menos um seja ativo e com algumas ou todas as interconexões integralmente formadas sobre uma peça de material ou em seu interior e cuja finalidade seja desempenhar uma função eletrônica. Por seu turno, topografia de circuitos integrados significa uma série de imagens relacionadas, construídas ou codificadas sob qualquer meio ou forma, que represente a configuração tridimensional das camadas que compõem um circuito integrado, e na qual cada imagem represente, no todo ou em parte, a disposição geométrica ou arranjos da superfície do circuito integrado em qualquer estágio de sua concepção ou manufatura (artigo 26).

Ao criador da topografia de circuito integrado será assegurado o registro que lhe garanta a proteção prevista na Lei 11.484/07, proteção essa que é assegurada a brasileiros e aos estrangeiros domiciliados no País, bem como às pessoas domiciliadas em país que, em reciprocidade, conceda aos brasileiros ou pessoas domiciliadas no Brasil direitos iguais ou equivalentes (artigo 24). Também se aceitam pedidos de registro provenientes do exterior e depositados no País por quem tenha proteção assegurada por tratado em vigor no Brasil (artigo 25).

Salvo prova em contrário, presume-se criador o requerente do registro. Quando se tratar de topografia criada conjuntamente por 2 (duas) ou mais pessoas, o registro poderá ser requerido por todas ou quaisquer delas mediante nomeação e qualificação das demais para ressalva dos respectivos direitos. Ademais, a proteção poderá ser requerida em nome próprio, pelos herdeiros ou sucessores do criador, pelo cessionário ou por aquele a quem a lei ou o contrato de trabalho, de prestação de serviços ou de vínculo estatutário determinar que pertença a titularidade, dispensada a legalização consular dos documentos pertinentes (artigo 27, §§ 1º a 3º).

Não havendo estipulação em contrário, pertencerão exclusivamente ao empregador, contratante de serviços ou entidade geradora de vínculo estatutário os direitos relativos à topografia de circuito integrado desenvolvida durante a vigência de contrato de trabalho, de prestação de serviços ou de vínculo estatutário, em que a atividade criativa decorra da própria natureza dos encargos concernentes a esses vínculos ou quando houver utilização de recursos, informações tecnológicas, segredos industriais ou de negócios, materiais, instalações ou equipamentos do empregador, contratante de serviços ou entidade geradora do vínculo. Aliás, nesses casos, a compensação do trabalho ou serviço prestado limitar-se-á à remuneração convencionada, ressalvado ajuste em contrário. Por outro lado, pertencerão exclusivamente ao empregado, prestador de serviços ou servidor público os direitos relativos à topografia de circuito integrado desenvolvida sem relação com o contrato de trabalho ou de prestação de serviços e sem a utilização de recursos, informações tecnológicas, segredos industriais ou de negócios, materiais, instalações ou equipamentos do empregador, contratante de serviços ou entidade geradora de vínculo estatutário (artigo 28). Essas mesmas balizas aplicam-se a bolsistas, estagiários e assemelhados.

A proteção da Lei 11.484/07 só se aplica à topografia que seja original, no sentido de que resulte do esforço intelectual do seu criador ou criadores e que não seja comum ou vulgar para técnicos, especialistas ou fabricantes de circuitos integrados, no momento de sua criação. Uma topografia que resulte de uma combinação de elementos e interconexões comuns ou que incorpore, com a devida autorização, topografias protegidas de terceiros somente será protegida se a combinação, considerada como um todo, atender a esse parâmetro de originalidade. Mas essa proteção depende do registro, que será efetuado pelo Instituto Nacional de Propriedade Industrial (INPI), sendo conferida independentemente da fixação da topografia. Frise-se que não se confere proteção aos conceitos, processos, sistemas ou técnicas nas quais a topografia se baseie ou a qualquer informação armazenada pelo emprego da referida proteção (artigo 29).

O pedido de registro deverá referir-se a uma única topografia e atender às condições estipuladas pela Lei 11.484/07 e regulamentadas pelo INPI. A proteção da topografia será concedida por 10 (dez) anos contados da data do depósito ou da 1ª (primeira) exploração, o que tiver ocorrido primeiro (artigo 35). O registro de topografia de circuito integrado confere ao seu titular o direito exclusivo de explorá-la, sendo vedado a terceiros sem o consentimento do titular: (1) reproduzir a topografia, no todo ou em parte, por qualquer meio, inclusive incorporá-la a um circuito integrado; (2) importar, vender ou distribuir por outro modo, para fins comerciais, uma topografia protegida ou um circuito integrado no qual esteja incorporada uma topografia protegida; ou (3) importar, vender ou distribuir por outro modo, para fins comerciais, um produto que incorpore um circuito integrado no qual esteja incorporada uma topografia protegida, somente na medida em que este continue a conter uma reprodução ilícita de uma topografia. A realização de qualquer desses atos por terceiro não autorizado, entre a data do início da exploração ou do depósito do pedido de registro e a data de concessão do registro, autorizará o titular a obter, após a dita concessão, a indenização que vier a ser fixada judicialmente (artigo 36).

O registro extingue-se pelo término do prazo de vigência ou pela renúncia do seu titular, mediante documento hábil, ressalvado o direito de terceiros. Extinto o registro, o objeto da proteção cai no domínio público (artigo 38). Pode acontecer, ademais, de o registro ser judicialmente declarado nulo por ter sido concedido em desacordo com a legislação. A nulidade poderá ser total ou parcial; a nulidade parcial só ocorre quando a parte subsistente constitui matéria protegida por si mesma. A sentença declaratória produzirá efeitos a partir da data do início de proteção (previsto no artigo 35). A arguição de nulidade somente poderá ser formulada durante o prazo de vigência da proteção ou, como matéria de defesa, a qualquer tempo. É competente para as ações de nulidade a Justiça Federal com jurisdição sobre a sede do Instituto Nacional de Propriedade Industrial (INPI), o qual será parte necessária no feito (artigo 39). Declarado nulo o registro, será cancelado o respectivo certificado (artigo 40).

Os direitos sobre a topografia de circuito integrado poderão ser objeto de cessão total ou parcial, em percentual que seja expressamente indicado no respectivo instrumento. O titular do registro de topografia de circuito integrado também poderá celebrar contrato de licença para exploração, sendo que, inexistindo disposição em contrário, o licenciado ficará investido de legitimidade para agir em defesa do registro (artigo 44). O INPI averbará os contratos de licença para produzir efeitos em relação a terceiros (artigo 45). Poderão ser concedidas licenças compulsórias para assegurar a livre concorrência ou prevenir abusos de direito ou de poder econômico pelo titular do direito, inclusive o não atendimento do mercado quanto a preço, quantidade ou qualidade (artigo 48).

3 Desenho industrial

Considera-se desenho industrial a forma plástica ornamental de um objeto ou o conjunto ornamental de linhas e cores que possa ser aplicado a um produto, proporcionando resultado visual *novo e original* na sua configuração externa que possa servir de tipo de fabricação industrial. Ao seu criador assegura-se o direito de obter registro de desenho industrial que lhe confira a propriedade; também poderão pedir o registro o herdeiro, o cessionário e, ainda, o empregador, segundo as mesmas regras estudadas para a patente. Para que seja feito o registro, é preciso que o desenho industrial seja novo, isto é, que não esteja compreendido no estado da técnica, que é tudo aquilo tornado acessível ao público antes da data de depósito do pedido, no Brasil ou no exterior, por uso ou qualquer outro meio. Ademais, o desenho industrial é considerado original quando dele resulte uma configuração visual distintiva, em relação a outros objetos anteriores, embora o resultado visual original possa ser decorrente da combinação de elementos conhecidos. De qualquer sorte, não se considera desenho industrial qualquer obra de caráter puramente artístico. Os exemplos de desenho industrial são muitos: espremedores de frutas, telefones, mobiliário etc. Essencialmente, inovações estéticas capazes de distinguir o produto e criar uma atração para o público em geral. O formato de um sofá, de uma cadeira, de um frasco de vidro, de uma tampa. Observe: criando-se uma mesa dobrável que disponha de um inovador sistema de travas e articulações, tem-se um *modelo industrial*; se a mesa não apresenta qualquer sistema inovador, mas linhas estéticas novas e originais, tem-se um *desenho industrial*.

Não se pode registrar como desenho industrial o que for contrário à moral e aos bons costumes, ou que ofenda a honra ou imagem de pessoas, ou atente contra liberdade de consciência, crença, culto religioso ou ideia e sentimentos dignos de respeito e veneração; também não se registra a forma necessária comum ou vulgar do objeto ou, ainda, aquela determinada essencialmente por considerações técnicas ou funcionais. O pedido de registro deverá conter: (1) requerimento; (2) relatório descritivo, se for o caso; (3) reivindicações, se for o caso; (4) desenhos ou fotografias; (5) campo de aplicação do objeto; e (6) comprovante do pagamento da retribuição relativa ao depósito. O pedido de registro de desenho industrial terá que se referir a um único objeto, permitida uma pluralidade de variações, desde que se destinem ao mesmo propósito e guardem entre si a mesma característica distintiva preponderante, limitado cada pedido ao máximo de 20 variações. O desenho deverá representar clara e suficientemente o objeto e suas variações, se houver, de modo a possibilitar sua reprodução por técnico no assunto.

A propriedade do desenho industrial adquire-se pelo registro validamente concedido pelo INPI. O registro vigorará pelo prazo de dez anos contados da data do depósito, prorrogável por três períodos sucessivos de cinco anos cada um, sendo que o pedido de prorrogação deverá ser formulado durante o último ano de vigência do registro, instruído com o comprovante do pagamento da respectiva retribuição. Se o pedido de prorrogação não tiver sido formulado até o termo final da vigência do registro, o titular poderá fazê-lo nos 180 dias subsequentes, mediante o pagamento de retribuição adicional.

O certificado confere a seu titular o direito de impedir terceiro, sem o seu consentimento, de produzir, usar, colocar à venda, vender ou importar com estes propósitos, produto que reproduza o desenho industrial; poderá, ainda, impedir que terceiros contribuam para a prática daqueles atos. Essa regra, contudo, não se aplica: (1) a atos praticados por terceiros não autorizados, em caráter privado e sem finalidade comercial, desde que não acarretem prejuízo ao interesse econômico do titular do certificado de desenho industrial; (2) atos praticados por terceiros não autorizados, com finalidade experimental, relacionados a estudos ou pesquisas científicas ou tecnológicas ou estéticas; e (3) produto fabricado de acordo com o certificado de desenho industrial que tiver sido colocado no mercado interno diretamente pelo titular da patente ou com seu consentimento. À pessoa que, de boa-fé, antes da data do depósito ou da prioridade do pedido de registro, explorava seu objeto no país será assegurado o direito de continuar a exploração, sem ônus, na forma e condição anteriores, sendo que esse direito só poderá ser cedido juntamente com o negócio ou empresa, ou parte deste, que tenha direta relação com a exploração do objeto do registro, por alienação ou arrendamento. Mas não há boa-fé para aquele que tenha tido conhecimento do objeto do registro através de divulgação pelo seu autor, desde que o pedido tenha sido depositado no prazo de seis meses contados da divulgação.

Será nulo o registro concedido em desacordo com as disposições legais, nulidade esta que produzirá efeitos a partir da data do depósito do pedido. A nulidade do registro poderá ser declarada administrativamente, em processo instaurado de ofício ou mediante requerimento de qualquer pessoa com legítimo interesse, no prazo de cinco anos contados da concessão do registro. Poderá também ser declarada por meio de ação de nulidade, nos termos já estudados para a patente, no item 2.1 deste Capítulo. De resto, o registro extingue-se: (1) pela expiração do prazo de vigência; (2) pela renúncia de seu titular, ressalvado o direito de terceiros; (3) pela falta de pagamento da retribuição quinquenal devida ao INPI pelo titular do registro; ou (4) quando o titular, sendo pessoa domiciliada no exterior, não tenha constituído e mantido procurador devidamente qualificado e domiciliado no país, com poderes para representá-la administrativa e judicialmente, inclusive para receber citações.

Cesto com Tampa

Plasútil Indústria e Comércio de Plásticos Ltda. propôs ação contra *Jaguar Indústria e Comércio de Plásticos Ltda.*, pedindo a sua condenação ao pagamento de indenização por danos morais e materiais, já que detinha propriedade industrial do chamado *cesto com tampa*, de acordo com registro nº DI 5501461-5 Desenho Industrial e, no entanto, a ré estava fabricando e comercializando produto quase idêntico, sem autorização. Assim, alegando que tal procedimento se configurava como violação à propriedade industrial e concorrência desleal, requereu: (a) a busca e apreensão do molde utilizado pela recorrida para fabricar os cestos expostos à venda; (b) a condenação da recorrida a deixar de produzir os cestos, sob pena de multa diária; (c) a condenação da recorrida ao pagamento de indenização por danos materiais, a serem apurados, e danos morais no valor de 300 salários-mínimos. Em sua contestação, a *Jaguar Indústria e Comércio de Plásticos Ltda.* alegou, entre outras matérias, que a Plasútil não poderia mover a ação contra si, já que o registro do desenho industrial do *cesto com tampa* pertenceria a Marco, sócio da sociedade empresária, e não a ela própria. Essa questão controversa foi ter no Superior Tribunal de Justiça, onde a julgou a Terceira Turma, sendo relatora a Ministra Nancy Andrighi: "Aquele que se utiliza licitamente de desenho industrial, para fabricar e comercializar produto, detém legitimidade para propor ação indenizatória contra o contrafator, por violação à propriedade industrial ou por concorrência desleal." Em seu voto, a relatora destacou que "a controvérsia consiste em saber se a sociedade empresária fabricante de um produto, cujo registro de desenho industrial foi feito em nome do sócio majoritário, detém legitimidade ativa para pleitear indenização por danos materiais e morais contra aquele que imita ilicitamente o modelo registrado. Ensinam os doutrinadores que possui legitimidade ativa para a causa o titular do interesse em conflito. Logo, é legitimado para pleitear reparação por danos materiais e morais o prejudicado pelo ato ilícito. Em termos de propriedade industrial, a Lei 9.279/96 confere direito de propor ação indenizatória ao 'prejudicado', conceito bem mais amplo do que o de *titular do registro ou patente*. Confiram-se os dispositivos legais a respeito: *Art. 207. Independentemente da ação criminal, o prejudicado poderá intentar as ações cíveis que considerar cabíveis na forma do Código de Processo Civil. Art. 208. A indenização será determinada pelos benefícios que o prejudicado teria auferido se a violação não tivesse ocorrido. Art. 209. Fica ressalvado ao prejudicado o direito de haver perdas e danos em ressarcimento de prejuízos causados por atos de violação de direitos de propriedade industrial e atos de concorrência desleal não previstos nesta Lei, tendentes a prejudicar a reputação ou os negócios alheios, a criar confusão entre estabelecimentos comerciais, industriais ou prestadores de serviço, ou entre os produtos e serviços postos no comércio.* [...] Assim sendo, aos dispositivos citados há de se dar interpretação ampliativa, quando é evidente a intenção do legislador de proteger qualquer prejudicado pelos atos ilícitos enumerados na Lei 9.279/96. [...] Desde que o autor da ação indenizatória consiga demonstrar, através da narração do pedido e da causa de pedir, que foi realmente lesionado pela imitação ou contrafação, é de se tê-lo como parte legítima para ingressar em juízo com o intuito de obter indenização pelos prejuízos sofridos com a prática ilícita. No processo em exame, a recorrente foi efetivamente prejudicada com os atos ilícitos praticados pela recorrida, embora não detivesse o registro do desenho industrial do *cesto com tampa*. Isso porque, em seu desfavor, ocorreu desvio de clientela e perda do lucro da venda dos cestos que fabrica. Vale ressaltar que, em princípio, é o proprietário do registro do desenho industrial quem sofre com o ato do contrafator, mas isso não impede que aquele que se utiliza de forma lícita do desenho também seja prejudicado. É o que acontece no presente processo, já que se evidencia licitude na conduta da recorrente de se utilizar do modelo industrial *cesto com tampa*. Realmente, a recorrente vem fabricando e comercializando, há bastante tempo (ao menos desde 1995, quando feito o registro no INPI), o referido produto, registrado em nome do sócio majoritário. A ação indenizatória foi ajuizada com a concordância do sócio proprietário do desenho industrial, que assinou a procuração *ad judicia* (fl. 45). Dessa forma, a razão e a lógica autorizam que se considere a recorrente tacitamente autorizada a utilizar o desenho industrial registrado em nome do sócio majoritário. [...] A par disso, há outro motivo para se afastar a preliminar de ilegitimidade ativa para a causa. Lê-se da petição inicial que o pedido indenizatório também se fundamenta na prática de concorrência desleal".

4 Marca

Ninguém desconhece o poder das marcas; elas estão em todos os lugares e estimulam milhões de pessoas ao consumo de certos bens e/ou serviços, em desproveito de outros. Elas estão em todas as esquinas, em todos os estádios e ginásios, nos prédios, nas vias etc. O século XX viu a sua ascensão e consolidação. O século XXI é a grande expressão de sua força. Basta dizer que, em 2022, a Interbrand, empresa responsável pelo relatório Best Global Brands, orçou o valor da marca Apple (a mais valiosa do mundo) em US$ 482 bilhões. Não é o valor da empresa, mas apenas da marca. Em segundo lugar, a Microsoft valeria US$ 278 bilhões. A marca mais valiosa do Brasil seria Itaú, avaliada em R$ 36,39 bilhões, seguida de Bradesco, que valeria R$ 21,1 bilhões. Por que valores tão altos? Por que as pessoas querem fazer negócios em que tais marcas estejam presentes: preferem o aparelho da marca tal, o programa da marca qual, sentem-me mais seguras se operação financeira é feita com esse ou aquele banco. Marcas atraem clientes e facilitam negócios. E se marcas são desenvolvidas por profissionais de mercadologia e desenho, são registradas e defendidas por advogados: um mercado enorme por explorar.

Também a marca é uma *propriedade intelectual* ou *propriedade industrial*, tendo proteção garantida pela Lei 9.279/96, desde que devidamente registrada no Instituto Nacional de Propriedade Industrial (INPI). São suscetíveis de registro como marca os sinais distintivos visualmente perceptíveis, não compreendidos nas proibições legais. Dividem-se em:

1. *marca de produto ou serviço*: aquela usada para distinguir produto ou serviço de outro idêntico, semelhante ou afim, de origem diversa; por exemplo: *Itaú* (serviços bancários) e *Bodocó* (uma cachaça mineira);
2. *marca de certificação*: aquela usada para atestar a conformidade de um produto ou serviço com determinadas normas ou especificações técnicas, notadamente quanto à qualidade, natureza, material utilizado e metodologia empregada; exemplo: *ISO 9.000*; e
3. *marca coletiva*: aquela usada para identificar produtos ou serviços provindos de membros de uma determinada entidade; exemplo: *Associação Mineira dos Produtores de Aguardente de Qualidade* (AMPAQ).

Não são registráveis como marca: (1) brasão, armas, medalha, bandeira, emblema, distintivo e monumento oficiais, públicos, nacionais, estrangeiros ou internacionais, bem como a respectiva designação, figura ou imitação; (2) letra, algarismo e data, isoladamente, salvo quando revestidos de suficiente forma distintiva; (3) expressão, figura, desenho ou qualquer outro sinal contrário à moral e aos bons costumes ou que ofenda a honra ou imagem de pessoas ou atente contra liberdade de consciência, crença, culto religioso ou ideia e sentimento dignos de respeito e veneração; (4) designação ou sigla de entidade ou órgão público, quando não requerido o registro pela própria entidade ou órgão público; (5) reprodução ou imitação de elemento característico ou diferenciador de título de estabelecimento ou nome de empresa de terceiros, suscetível de causar confusão ou associação com estes sinais distintivos; (6) sinal de caráter genérico, necessário, comum, vulgar ou simplesmente descritivo, quando tiver relação com o produto ou serviço a distinguir, ou aquele empregado comumente para designar uma característica do produto ou serviço, quanto a natureza, nacionalidade, peso, valor, qualidade e época de produção ou de prestação do serviço, salvo quando revestidos de suficiente forma distintiva; (7) sinal ou expressão empregada apenas como meio de propaganda; (8) cores e suas denominações, salvo se dispostas ou combinadas de modo peculiar e distintivo; (9) indicação geográfica, sua imitação suscetível de causar confusão ou sinal que possa falsamente induzir indicação geográfica; (10) sinal que induza à falsa indicação quanto a origem, procedência, natureza, qualidade ou utilidade do produto ou serviço a que a marca se destina; (11) reprodução ou imitação de cunho oficial, regularmente adotada para garantia de padrão de qualquer gênero ou natureza; (12) reprodução ou imitação de sinal que tenha sido registrado como marca coletiva ou de certificação por terceiro; contudo, após cinco anos da extinção do registro da marca coletiva ou de certificação, seu registro por terceiro é admitido pelo artigo 154 da Lei 9.279/96; (13) nome, prêmio ou símbolo de evento esportivo, artístico, cultural, social, político, econômico ou técnico, oficial ou oficialmente reconhecido, bem como a imitação suscetível de criar confusão, salvo quando autorizados pela autoridade competente ou entidade promotora do evento; (14) reprodução ou imitação de título, apólice, moeda e cédula da União, dos Estados, do Distrito Federal, dos Territórios, dos Municípios, ou de país; (15) nome civil ou sua assinatura, nome de família ou patronímico e imagem de terceiros, salvo com consentimento do titular, herdeiros ou sucessores; um exemplo é a marca *Adolfo Lona*, registrada no Instituto Nacional de Propriedade Industrial (INPI), pela sociedade empresária *Vinhos e Espumantes Adolfo Lona Ltda.*, da qual é sócio o enólogo argentino, radicado no Brasil, Adolfo Lona; (16) pseudônimo ou apelido notoriamente conhecidos, nome artístico singular ou coletivo, salvo com consentimento do titular, herdeiros ou sucessores; (17) termo técnico usado na indústria, na ciência e na arte, que tenha relação com o produto ou serviço a distinguir; (18) reprodução ou imitação, no todo ou em parte, ainda que com acréscimo, de marca alheia registrada, para distinguir ou certificar produto ou serviço idêntico, semelhante ou afim, suscetível de causar confusão ou associação com marca alheia; (19) dualidade de marcas de um só titular para o mesmo produto ou serviço, salvo quando, no caso de marcas de mesma natureza, se revestirem de suficiente forma distintiva; (20) forma necessária, comum ou vulgar do produto ou de acondicionamento, ou, ainda, aquela que não possa ser dissociada de efeito técnico; (21) objeto que estiver protegido por registro de desenho industrial de terceiro; e (22) sinal que imite ou reproduza, no todo ou em parte, marca que o requerente evidentemente não poderia desconhecer em razão de sua atividade, cujo titular seja sediado ou domiciliado em território nacional ou em país com o qual o Brasil mantenha acordo, ou que assegure reciprocidade de tratamento, se a marca se destinar a distinguir produto ou serviço idêntico, semelhante ou afim, suscetível de causar confusão ou associação com aquela marca alheia.

No que diz respeito especificamente à indicação geográfica (número 9 acima), a limitação compreende tanto a *indicação de procedência*, quanto a *denominação de origem*. Considera-se *indicação de procedência* o nome geográfico de país, cidade, região ou localidade de seu território, que se tenha tornado conhecido como centro de extração, produção ou fabricação de determinado produto ou de prestação de determinado serviço; exemplo: chocolates de Gramado ou cachaça do *Norte de Minas*. Em 2002, o INPI reconheceu o *Vale dos Vinhedos* (RS) como uma indicação de procedência para vinhos. Já a *denominação de origem* é o nome geográfico de país, cidade, região ou localidade de seu território, que designe produto ou serviço cujas qualidades ou características se devam exclusiva ou essencialmente ao meio geográfico, incluídos fatores naturais e humanos. A excelência, neste caso, se deve não à qualidade das empresas ali estabelecidas, mas ao próprio meio geográfico, seus elementos naturais e humanos. É o que se passa com *Bordeaux* (França) e *Maipo* (Chile) para a produção de vinhos, *Champagne* (França) para a produção de vinhos espumantes, as Terras Altas (*High Lands*) da Escócia, para o uísque (*scotch whisky*). A proteção jurídica, nesses casos, estende-se à representação gráfica ou figurativa da indicação geográfica, bem como à representação geográfica de país, cidade, região ou localidade de seu território cujo nome seja indicação geográfica. No entanto, quando o nome geográfico se houver tornado de uso comum, designando produto ou serviço, não será considerado indicação geográfica; é o que se passa, no Brasil, com a palavra *champanhe*, para designar vinhos espumantes, ou conhaque, para designar *brandies*. O uso da indicação geográfica é restrito aos produtores e prestadores de serviço estabelecidos no local, exigindo-se, ainda, em relação às denominações de origem, o atendimento de requisitos de qualidade. De resto, o nome geográfico que não constitua indicação de procedência ou denominação de origem poderá servir de elemento característico de marca para produto ou serviço, desde que não induza falsa procedência.

Chandon

Champagne Moët & Chandon moveu uma ação contra a *Chandon Danceteria e Bar Ltda.*, que funciona em Florianópolis, Santa Catarina, pretendendo impedi-la de usar a marca Chandon, que é de sua propriedade. Pediu, ademais, para que a ré fosse condenada a pagar indenização pela violação do Direito Marcário. No entanto, o juiz catarinense, assim como o Tribunal de Justiça de Santa Catarina, julgou a ação improcedente. A empresa francesa recorreu ao Superior Tribunal de Justiça alegando que a legislação federal que cuida da propriedade intelectual fora violada. Por meio do Recurso Especial 1.209.919/SC, a Quarta Turma examinou a questão, mas concordou com as instâncias ordinárias.

Os ministros reconheceram que "as marcas de alto renome, registradas previamente no INPI como tal, gozam, nos termos do art. 125 da Lei 9.279/96, de proteção em todos os ramos de atividade", mas a Moët & Chandon não tinha tal registro. Para eles, cuida-se de marca notoriamente conhecida, que, sim, goza de "proteção internacional, independentemente de formalização de registro no Brasil, apenas em seu ramo de atividade, consoante dispõem os artigos 126 da referida lei e 6º bis, 1, da Convenção da União de Paris, ratificada pelo Decreto 75.572/75. Neste último, é plenamente aplicável o princípio da especialidade, o qual autoriza a coexistência de marcas idênticas, desde que os respectivos produtos ou serviços pertençam a ramos de atividades diversos". Destacaram os julgadores que esse "princípio visa a evitar a confusão no mercado de consumo do produto ou serviço prestado por duas ou mais marcas, de modo que, para tanto, deve ser levado em consideração o consumidor sob a perspectiva do homem médio".

No caso daquela disputa, "o uso das duas marcas não é capaz de gerar confusão aos consumidores, assim considerando o homem médio, mormente em razão da clara distinção entre as atividades realizadas por cada uma delas. Não há risco, de fato, de que o consumidor possa ser levado a pensar que a danceteria seria de propriedade (ou franqueada) da MOET CHÂNDON francesa, proprietária do famoso champanhe. Não se trata de marca de alto renome, mas de marca notoriamente conhecida e, portanto, protegida apenas no seu mesmo ramo de atividade".

A marca é registrada para determinado ramo de atividade. Assim, o registro da marca *Atlas*, para o mercado editorial, não impede o seu registro da marca Atlas para indústria e comércio de eletrodomésticos. Todavia, à marca registrada no Brasil considerada de alto renome será assegurada proteção especial, em todos os ramos de atividade. Não é só. A marca notoriamente conhecida em seu ramo de atividade goza de proteção especial, independentemente de estar previamente depositada ou registrada no Brasil. O INPI poderá indeferir de ofício pedido de registro de marca que reproduza ou imite, no todo ou em parte, marca notoriamente conhecida.

Atenção para o que foi decidido no julgamento do Recurso Especial 1.773.224/RJ, quando o Superior Tribunal de Justiça indeferiu a pretensão da American Airlines Inc. contra a America Air Taxi Aereo Ltda-ME: "(7) Tratando-se de marcas evocativas ou sugestivas, aquelas que apresentam baixo grau de distintividade, por se constituírem a partir de expressões que remetem à finalidade, natureza ou características do produto ou serviço por elas identificado, como ocorre no particular, este Tribunal tem reconhecido que a exclusividade conferida ao titular do registro comporta mitigação, devendo ele suportar o ônus da convivência com outras marcas semelhantes. Precedentes". É o caso de America, um continente em que estão várias empresas, ou Air, próprio da atividade. São fracas as marcas Engeaço, para empresa de engenharia com aço, ou qualquer marca que se refira a ingrediente, como menta, entre outras. "Em se tratando de marcas 'fracas', descritivas ou evocativas, afigura-se descabida qualquer alegação de anterioridade de registro quando o intuito da parte for o de assegurar o uso exclusivo de expressão dotada de baixo vigor inventivo. Precedente." É o que está no mesmo julgado.

Também para garantir proteção internacional às marcas, ao pedido de registro de marca depositado em país que mantenha acordo com o Brasil ou em organização internacional, que produza efeito de depósito nacional, será assegurado direito de prioridade, nos prazos estabelecidos no acordo, não sendo o depósito invalidado nem prejudicado por fatos ocorridos nesses prazos.

4.1 Registro de marca

A propriedade da marca adquire-se pelo registro validamente expedido, conforme as disposições da Lei 9.279/96, pedido, processado e decidido em conformidade com os requisitos anotados em seus artigos 155 a 164. Se deferido, assegura ao titular seu uso exclusivo em todo o território nacional. Podem requerer registro de marca as pessoas físicas ou jurídicas de direito público ou de direito privado. As pessoas de direito privado só podem requerer registro de marca relativo à atividade que exerçam efetiva e licitamente, de modo direto ou através de empresas que controlem direta ou indiretamente, declarando, no próprio requerimento, esta condição, sob as penas da lei. Já o registro de marca coletiva só poderá ser requerido por pessoa jurídica representativa de coletividade, a qual poderá exercer atividade distinta da de seus membros; por se turno, o registro da marca de certificação só poderá ser requerido por pessoa sem interesse comercial ou industrial direto no produto ou serviço atestado. Toda pessoa que, de boa-fé, na data da prioridade ou depósito, usava no país, há pelo menos seis meses, marca idêntica ou semelhante, para distinguir ou certificar produto ou serviço idêntico, semelhante ou afim, terá direito de precedência ao registro, que somente poderá ser cedido juntamente com o negócio da empresa, ou parte deste, que tenha direta relação com o uso da marca, por alienação ou arrendamento.

Brilhante

Unilever Brasil Ltda. ajuizou ação cautelar de busca e apreensão contra *Bio Brilho Química Ltda.*, alegando ser titular da marca mista "Brilhante", que utiliza, com determinado *design*, na embalagem de sabão para lavagem de roupas e louças que comercializa. Todavia, argumentou, a ré estaria comercializando o mesmo produto que a autora, com o nome "Biobrilho", sendo que a marca colocada na *embalagem desse produto pela cor, pela semelhança de letras, pelo brilho colocado sobre o "i" e por outras características consubstanciaria clara imitação da marca criada pelas autoras para o seu sabão, cuja marca é registrada pela autora.* O juiz indeferiu o pedido de apreensão dos produtos "Biobrilho" e mandou citar a ré. A ré contestou a ação argumentando que: (i) a marca "Biobrilho" foi registrada pela Ré antes de a autora registrar a marca "Brilhante"; e, (ii) não há semelhança entre as duas marcas, já que os elementos que caracterizariam a imitação são comuns e estão presentes nas embalagens de qualquer produto de limpeza (cor azul, vermelha e branca, bolhas de espuma e estrelas imitando brilho). Deu-se vista à autora, que rebateu os argumentos da defesa: afirmou que a marca "Biobrilho", registrada anteriormente à "Brilhante", é meramente nominativa; ademais, enfatizou a semelhança entre os desenhos. A demanda ainda conhecia *um tempero* extra: a autora registrara mais de um logotipo para a marca "brilhante", à medida que ela se desenvolvia no mercado. Assim, por ocasião da propositura da ação, a marca que se encontrava efetivamente registrada no INPI não era exatamente igual à que vinha sendo utilizada nos produtos linha "Brilhante". O registro da nova marca, todavia, já havia sido requerido ao INPI, mas ainda não havia sido apreciado por aquele instituto. Ademais, durante a instrução do feito, foi apresentado pela autora laudo produzido pelo perito nomeado em Juízo criminal, concluindo pela semelhança entre as embalagens dos produtos da linha "brilhante" e da linha "biobrilho".

No curso do processo cautelar, foi proposta ação de conhecimento visando a coibir a utilização da marca ora discutida. Os processos passaram a correr apensados. As ações haviam sido inicialmente propostas apenas pela *Unilever Brasil Ltda.*, que era titular da marca. No curso das discussões, porém, a *Unilever N.V.*, sociedade holandesa, ingressou no processo, já que os direitos sobre a marca "Brilhante" lhe foram transferidos. Assim, seu ingresso foi admitido pelo Juízo de Primeiro Grau na qualidade de assistente.

A sentença julgou improcedentes os pedidos formulados na ação cautelar e na ação principal, argumentando que o registro da marca *Biobrilho* é anterior ao da marca *Brilhante*; em segundo lugar, o de que "deve-se levar em conta como age o consumidor médio ou comum, e o conjunto gráfico apresentado pela *Biobrilho*, no sabão em pedra azul, não gera qualquer confusão, nota-se que a *Brilhante* tem uma estrela no 'i', já a ré tem o desenho de um brilho no 2º 'i', na embalagem desta há estrelas e daquela são formatos de espumas [...] quanto ao nome ligeiramente inclinado, vários produtos o fazem da mesma forma". Finalmente, em terceiro lugar, invocou o fundamento de que "o perfil do consumidor comum mudou muito [...] vez que hoje em dia o consumidor verifica a validade do produto, não é fiel às marcas, procura o melhor preço".

A autora e sua assistente propuseram apelação para o Tribunal de Justiça do Rio de Janeiro. Antes mesmo do julgamento desta, o INPI lhes concedeu o registro da marca *Brilhante* em sua nova configuração. Essa circunstância foi levada a conhecimento do Tribunal antes do julgamento. Não obstante, a Corte negou provimento à apelação: "a ré levou a registro sua marca antes mesmo que a autora registrasse sua marca *Brilhante*, tendo sido para ambas deferidas as mesmas especificações dos produtos, destinados que são à higiene e limpeza, vedado somente o uso pessoal e industrial. A alegação de imitação na apresentação dos produtos, com subtração dos direitos autorais da autora pela ré, não prospera à medida que os mesmos garantem somente certo logotipo e certa forma de apresentação, não sendo os outros senão alterações não cobertas pela lei de registro. Não há portanto qualquer base para que se ampare o argumento de plágio, vez que não há nem anterioridade do registro, nem semelhança daquilo que se registrou. Recurso improvido". No corpo do acórdão, lê-se: "Ainda que uma vista d'olhos descuidada passe a impressão de que se trata do mesmo produto, um olhar menos desatento demonstra que não se trata da mesma coisa, pois a fonte utilizada em ambas as marcas é diferente, as cores e formas das estrelas são diversas, bem como o fundo, onde um deles contém mais estrelas, e o outro, nuvens próximas a bolhas de sabão."

Por meio do Recurso Especial 698.855/RJ, o litígio foi submetido à Terceira Turma do Superior Tribunal de Justiça, que reformou as decisões anteriores, nos termos do voto da relatora, Ministra Nancy Andrighi. Em primeiro lugar, a magistrada destacou que não se estava a discutir a regularidade de um *registro obtido pela ré*, mas, em vez disso, a possibilidade de utilização, por ela, de marca semelhante à das autoras. A demanda, assim, gravitaria em torno ao artigo 129 da Lei 9.279/96: "A propriedade da marca adquire-se pelo registro validamente expedido, conforme as disposições desta Lei, sendo assegurado ao titular seu uso exclusivo em todo o território nacional." Nesse contexto, afirmou a julgadora: "Na hipótese dos autos, porém, é importante observar que os ora recorrentes ainda não haviam obtido *o registro* da marca mista *Brilhante* por ocasião da propositura da ação, ou mesmo da prolação da sentença. Havia somente o protocolo do pedido. A defesa de uma marca independentemente de registro somente poderia ser promovida sob o enfoque do direito concorrencial (com fundamento no artigo 21, XVI, da Lei nº 8.884/94), ou, no âmbito do direito de Propriedade Industrial, com fundamento no artigo 130, III, da LPI/96. Nenhuma dessas duas normas é abordada neste recurso, que eliminadas as matérias não prequestionadas, restringe-se à discussão sobre a violação do artigo 129 da LPI/96. Assim, a proteção pleiteada somente pode ser analisada no que diz respeito ao período posterior ao registro."

Visto isso, passou-se ao exame do fundamento nuclear do acórdão recorrido: as marcas não seriam *distintas*, mas, não obstante parecidas, o *consumidor atento* não seria enganado pela semelhança. Esse fundamento foi considerado inadequado, em face do artigo 129 da Lei 9.279/96: "Em nenhum momento a Lei exige que a semelhança entre as marcas seja grande a ponto de confundir até mesmo o observador atento. Para a Lei, basta que os produtos sejam parecidos a ponto de gerar confusão. Naturalmente, uma pessoa *atenta* percebe a diferença entre duas marcas, ainda que sejam quase idênticas. Entretanto, é necessário que se tenha em mente que não se trata de um *jogo de sete erros*. A Lei se destina, não ao consumidor atento, mas justamente ao consumidor que, por qualquer motivo, não se encontra em condições de diferenciar os produtos similares. Não se pode descurar o fato de que, muitas vezes, o consumidor não pode ler a embalagem de um produto ou, ao menos, tem dificuldade de fazê-lo, seja por seu grau de instrução, por problemas de saúde ocular ou mesmo por pressa. Nesses casos, tudo o que o consumidor distinguirá será a forma da embalagem, as características gerais do produto, as cores apresentadas e assim por diante. Ora, ao observar as fotografias dos produtos com a marca *Brilhante* e dos produtos com a marca *Bio-Brilho* que constam do processo, é nítida a possibilidade de confusão. Num olhar rápido, as embalagens são muito parecidas. Assim, é imperativo que se reconheça a imitação alegada na petição inicial."

Assim, deu-se provimento ao recurso especial nessa parte, para conferir aos recorrentes a proteção da marca no período posterior ao deferimento do registro. Assim, os produtos comercializados com a marca *Biobrilho* não mais poderiam ser comercializados com as características descritas na petição inicial, devendo haver modificação na representação gráfica da marca e nas embalagens de modo a que não possam mais ser confundidos com os produtos da marca *Brilhante*.

É nulo o registro que for concedido em desacordo com as disposições legais, nulidade essa que poderá ser total ou parcial, sendo condição para a nulidade parcial o fato de a parte subsistente poder ser considerada registrável. Essa nulidade poderá ser declarada administrativa ou judiciariamente, produzindo efeito, em ambas as hipóteses, a partir da data do depósito do pedido. Contudo, titular de uma marca registrada em país signatário de convenção internacional de proteção à propriedade industrial (a *Convenção da União de Paris*) poderá, alternativamente, reivindicar, através de ação judicial, a adjudicação do registro.

O registro da marca extingue-se pela expiração do prazo de vigência. Com efeito, o registro da marca vigorará pelo prazo de dez anos, contados da data da concessão do registro, prorrogável por períodos iguais e sucessivos, sendo que o pedido de prorrogação deverá ser formulado durante o último ano de vigência do registro, instruído com o comprovante do pagamento da respectiva retribuição. Se o pedido de prorrogação não tiver sido efetuado até o termo final da vigência do registro, o titular poderá fazê-lo nos seis meses subsequentes, mediante o pagamento de retribuição adicional. Também haverá extinção do registro da marca pela renúncia, que poderá ser total ou parcial em relação aos produtos ou serviços assinalados pela marca, ou pela caducidade. Caducará o registro, a requerimento de qualquer pessoa com legítimo interesse se, decorridos cinco anos da sua concessão, na data do requerimento, o uso da marca não tiver sido iniciado no Brasil, ou o uso da marca tiver sido interrompido por mais de cinco anos consecutivos, ou se, no mesmo prazo, a marca tiver sido usada com modificação que implique alteração de seu caráter distintivo original, tal como constante do certificado de registro. O titular será intimado para se manifestar no prazo de 60 dias, cabendo-lhe o ônus de provar o uso da marca, ou justificar seu desuso por razões legítimas, entre as quais o desuso da marca por razões legítimas. Frise-se, em acréscimo: o uso da marca deverá compreender produtos ou serviços constantes do certificado, sob pena de caducar parcialmente o registro em relação aos não semelhantes ou afins daqueles para os quais a marca foi comprovadamente usada. De qualquer sorte, não se conhecerá do requerimento de caducidade se o uso da marca tiver sido comprovado ou justificado seu desuso em processo anterior, requerido há menos de cinco anos. Também se extinguirá a marca quando o titular, sendo pessoa domiciliada no exterior, não tenha constituído e mantido procurador devidamente qualificado e domiciliado no país, com poderes para representá-lo administrativa e judicialmente, inclusive para receber citações.

Especificamente no que se refere ao registro da marca coletiva e de certificação, haverá extinção, ainda, quando a entidade deixar de existir ou a marca for utilizada em condições outras que não aquelas previstas no regulamento de utilização. De outra face, só será admitida a renúncia ao registro de marca coletiva quando requerida nos termos do contrato social ou estatuto da própria entidade, ou, ainda, conforme o regulamento de utilização. A caducidade do registro será declarada se a marca coletiva não for usada por mais de uma pessoa autorizada, observadas as regras gerais da caducidade do registro da marca, acima vistas. De qualquer sorte, a marca coletiva e a de certificação que já tenham sido usadas e cujos registros tenham sido extintos não poderão ser registradas em nome de terceiro, antes de expirado o prazo de cinco anos, contados da extinção do registro.

4.2 Uso da marca

Ao titular da marca ou ao depositante é assegurado o direito de ceder seu registro ou pedido de registro, licenciar seu uso e zelar pela sua integridade material ou reputação. Essa proteção abrange o uso da marca em papéis, impressos, propaganda e documentos relativos à atividade do titular. Note que a cessão do pedido de registro ou do registro exige que o cessionário (aquele para quem a marca é cedida) atenda aos requisitos legais para requerer tal registro. A cessão deverá compreender todos os registros ou pedidos, em nome do cedente, de marcas iguais ou semelhantes, relativas a produto ou serviço idêntico, semelhante ou afim, sob pena de cancelamento dos registros ou arquivamento dos pedidos não cedidos. O titular também pode dar a marca em penhor, ou seja, oferecê-la como garantia do pagamento de dívida sua ou de terceiro, assim como constituir, sobre ela, usufruto, entre outros negócios jurídicos.

Em contraste, o titular da marca não pode: (1) impedir que comerciantes ou distribuidores utilizem sinais distintivos que lhes são próprios, juntamente com a marca do produto, na sua promoção e comercialização; (2) impedir que fabricantes de acessórios utilizem a marca para indicar a destinação do produto, desde que obedecidas as práticas leais de concorrência; (3) impedir a livre circulação de produto colocado no mercado interno, por si ou por outrem com seu consentimento, bem como quando o produto é colocado no mercado em razão de licença compulsória de patente, como visto anteriormente; (4) impedir a citação da marca em discurso, obra científica ou literária ou qualquer outra publicação, desde que sem conotação comercial e sem prejuízo para seu caráter distintivo.

Danone × Danaly

A *Compagnie Gervais Danone*, empresa francesa fabricante de produtos alimentícios, especialmente de laticínios e mais particularmente de iogurtes, registrou no Instituto Nacional de Propriedade Industrial (INPI) pelo menos 28 marcas, em todas constando o radical *Dan*, de seu próprio nome, sendo declarada notória a marca *Danone*, merecendo destaque, para o que aqui mais interessa, essas outras marcas: *Danly's*, *Dan'up* e *Dany*, indicativas de alguns de seus produtos. *Agrovale Cooperativa Mista dos Produtores Rurais do Vale do Parnaíba Ltda.* lançou no mercado o iogurte com a marca *Danaly*, o que levou a *Compagnie Gervais Danone* a ingressar com uma ação ordinária postulando a abstenção pela *Agrovale* de todo e qualquer uso de tal marca em seus produtos, bem como modificar a combinação colorida da embalagem de seu produto, adotando outra que não se aproxime da apresentação dos seus produtos, sob pena de multa diária de R$ 5.000,00 por dia de atraso. Pediu, ainda, indenização pelos danos materiais e morais que sofrera. O Tribunal de Justiça de Goiás acolheu a tese da *Agrovale* de não haver obstáculo para a utilização do mesmo radical por outras empresas que trabalhem no mesmo ramo, haja vista que o prefixo é considerado de uso comum: "Não havendo semelhanças fonéticas nas marcas confrontadas e nem nos logotipos das respectivas embalagens dos produtos fabricados pelas empresas litigantes, não há motivo para impedir a coexistência de ambas, pois não há a possibilidade de gerar a confusão de marcas entre o público consumidor." Discordando desse entendimento, a *Compagnie Gervais Danone* recorreu ao Superior Tribunal de Justiça (Recurso Especial 510.885/GO), sendo essa a decisão da Quarta Turma: "A violação marcária se dá quando a imitação reflete na formação cognitiva do consumidor que é induzido, por erronia, a perceber identidade nos dois produtos de fabricações diferentes. O uso indevido de marca alheia sempre se presume prejudicial a quem a lei confere a titularidade." O relator, Ministro César Asfor Rocha, destacou que "a marca é o sinal ou expressão destinado a individualizar os produtos ou serviços de uma empresa, identificando-os. [...] Ainda que se possa ter por verdadeira a assertiva contida no acórdão impugnado que 'o prefixo *Dan* é a abreviatura da palavra inglesa *Danish Pastry*, que, associado a outras palavras, significa a massa de substância pastosa feita de fermento ou germe cultivado que causa fermentação e que constitui a essência de qualquer iogurte', o que, diga-se de passagem e com o maior respeito, é de aceitação duvidosa, nem por isso a utilização desse radical *Dan* pode ser deflagrada sem freios e sem medidas, pois a possibilidade de seu uso não pode ser consentida quando fere o direito de quem tem a titularidade de uma marca devidamente registrada". O magistrado destacou que "*Danone* é uma marca vistosa, notoriamente conhecida [...]. A concessão de tal justa proteção decorre das atividades permanentes e do conceito público de quem a obtém, decorrente, pelo menos em tese, de exitoso e laborioso desempenho ao longo do tempo. E um outro produto, da mesma espécie (iogurte), utilizando a marca *Danaly*, conduz o consumidor intuitivamente a imaginar tratar-se de um iogurte produzido pela *Danone*, pela confusão mental que as três marcas provocam (*Dany*, *Danly's* e *Danaly*), sendo assim manifesta a capacidade de suscitar imediata associação de ideias com a marca *Danone*. [...] Na hipótese, é evidente a semelhança das marcas tendo a recorrida imitado a marca da recorrente, por isso mesmo não sendo lícito usá-la."

O titular de registro ou o depositante de pedido de registro poderá celebrar contrato de licença para uso da marca, sem prejuízo de seu direito de exercer controle efetivo sobre as especificações, natureza e qualidade dos respectivos produtos ou serviços. O licenciado poderá ser investido pelo titular de todos os poderes para agir em defesa da marca, sem prejuízo dos seus próprios direitos. O contrato de licença deverá ser averbado no INPI para que produza efeitos em relação a terceiros, o que ocorrerá a terceiros a partir da data de sua publicação. Entre as partes, o contrato vale tão logo estipulado – salvo previsão expressa em contrário –, não necessitando sequer de registro.

Anote-se, ao final, que poderão ser apreendidos, de ofício ou a requerimento do interessado, pelas autoridades alfandegárias, no ato de conferência, os produtos assinalados com *marcas falsificadas*, alteradas ou imitadas, ou que apresentem falsa indicação de procedência. Além das diligências preliminares de busca e apreensão, o interessado poderá requerer: (1) apreensão de marca falsificada, alterada ou imitada onde for preparada ou onde quer que seja encontrada, antes de utilizada para fins criminosos; ou (2) destruição de marca falsificada nos volumes ou produtos que a contiverem, antes de serem distribuídos, ainda que fiquem destruídos os envoltórios ou os próprios produtos. No entanto, tratando-se de estabelecimentos industriais ou comerciais legalmente organizados que estejam funcionando publicamente, as diligências preliminares limitar-se-ão a vistoria e apreensão dos produtos, quando ordenadas pelo juiz, não podendo ser paralisada a sua atividade licitamente exercida. Destaque-se, nesse contexto, que aquele que requereu a diligência de busca e apreensão de má-fé, por extremado espírito de competição, mero capricho ou erro grosseiro, responderá por perdas e danos.

5 Disposições gerais sobre a propriedade industrial

Há alguns aspectos da proteção jurídica à propriedade industrial que incidem, indistintamente, sobre patentes (invenções e modelos de utilidade), desenhos industriais e marcas. Em primeiro lugar, das decisões administrativas proferidas pelo INPI, a exemplo do indeferimento do pedido de registro de patente, desenho industrial ou marca, cabe recurso, que será interposto no prazo de 60 dias. Tais recursos serão recebidos no efeito devolutivo, ou seja, ensejando uma nova oportunidade para o amplo julgamento da matéria, aplicando-se todos os dispositivos pertinentes ao primeiro exame, no que couber. Também serão recebidos no efeito suspensivo, ou seja, suspendendo os resultados da decisão recorrida. No entanto, não cabe recurso da decisão que determinar o arquivamento definitivo de pedido de patente ou de registro e da que deferir pedido de patente, de certificado de adição ou de registro de marca. Os recursos serão decididos pelo Presidente do INPI, encerrando-se o exame administrativo da matéria; o prejudicado, todavia, poderá recorrer ao Judiciário, como lhe garante a Constituição da República.

Ademais, como visto no caso *cesto com tampa*, anteriormente transcrito, independentemente da ação criminal, o prejudicado com violação aos direitos de propriedade industrial poderá intentar as ações cíveis que considerar cabíveis na forma do Código de Processo Civil. Isso inclui a ação de indenização, sendo que a reparação será determinada pelos benefícios que o prejudicado teria auferido se a violação não tivesse ocorrido. Esse direito de ação não se limita ao titular da propriedade industrial, alcançando o licenciado e mesmo o terceiro, desde que comprove ter sido prejudicado pelo ato de violação da propriedade industrial. Nesse contexto, é fundamental destacar o texto do artigo 209 da Lei 9.279/96, pois garante o direito de o prejudicado ser indenizado por prejuízos causados por atos de violação de direitos de propriedade industrial e atos de concorrência desleal tendentes a prejudicar a reputação ou os negócios alheios, a criar confusão entre estabelecimentos comerciais, industriais ou prestadores de serviço, ou entre os produtos e serviços postos no comércio, mesmo quando não tenham previsão expressa na lei. Vale dizer, independentemente de a lei ter previsto a situação, sempre que o juiz aferir a existência de um ato de violação de direitos de propriedade industrial ou de um ato de concorrência desleal, deverá condenar o responsável a ressarcir as perdas e danos decorrentes. Como se não bastasse, poderá o juiz, nos autos da própria ação, para evitar dano irreparável ou de difícil reparação, determinar liminarmente a sustação da violação ou de ato que a enseje, antes da citação do réu, mediante, caso julgue necessário, caução em dinheiro ou garantia fidejussória (fiança). Nos casos de reprodução ou de imitação flagrante de marca registrada, o juiz poderá determinar a apreensão de todas as mercadorias, produtos, objetos, embalagens, etiquetas e outros que contenham a marca falsificada ou imitada.

Quando, no ressarcimento devido ao prejudicado, houver de serem calculados lucros cessantes, determinou o legislador que fosse seguido o critério mais favorável ao prejudicado, dentre os seguintes: (1) os benefícios que o prejudicado teria auferido se a violação não tivesse ocorrido; ou (2) os benefícios que foram auferidos pelo autor da violação do direito; ou (3) a remuneração que o autor da violação teria pago ao titular do direito violado pela concessão de uma licença que lhe permitisse legalmente explorar o bem. Em qualquer hipótese, prescreve em cinco anos a ação para reparação de dano causado ao direito de propriedade industrial.

6 Software

A proteção da propriedade intelectual de programas de computador, bem como a regulamentação de sua comercialização no país, é feita pela Lei 9.609/98, que protege não só aos nacionais, mas também aos estrangeiros domiciliados no exterior, desde que o país de origem do programa conceda, aos brasileiros e estrangeiros domiciliados no Brasil, direitos equivalentes. A essas normas somam-se, subsidiariamente, a proteção conferida às obras literárias pela legislação de direitos autorais e conexos (Lei 9.610/98), embora excluídos os chamados direitos morais do autor, que não se aplicam em favor dos criadores de programa, ressalvada a possibilidade de reivindicar a paternidade do programa de computador, bem como o direito de se opor a alterações não autorizadas, quando estas impliquem deformação, mutilação ou outra modificação do programa de computador, que prejudiquem a sua honra ou a sua reputação. Protege-se, assim, os direitos da personalidade que decorrem da criação intelectual, isto é, o direito de ser reconhecido como autor do *software*.

O direito sobre programa de computador reputa-se como se fosse um bem móvel, independendo de registro. Sua proteção é assegurada por 50 anos, contados a partir de 1º de janeiro do ano subsequente ao da sua publicação ou, não havendo publicação, do ano subsequente ao da sua criação. Se o programa foi desenvolvido por empregado e/ou pessoa contratada para sua pesquisa e desenvolvimento, ou que atue em atividade na qual ou para a qual o programa foi elaborado, ou mesmo se sua criação decorra da própria natureza dos encargos do trabalhador, pertencerá ao empregador ou contratante. A regra vale mesmo para o estagiário. Mas se o programa é criado sem relação com o contrato de trabalho, prestação de serviços ou outro vínculo, e sem a utilização de recursos, informações tecnológicas, segredos industriais e de negócios, materiais, instalações ou equipamentos do empregador, da empresa ou entidade, a titularidade do programa e os direitos respectivos pertencem, com exclusividade, àquele que o desenvolveu.

A violação dos direitos sobre programa de computador é crime, sendo que maior será a pena se a violação consistir na reprodução, por qualquer meio, de programa de computador, no todo ou em parte, para fins de comércio, sem autorização expressa do autor ou de quem o represente, ou, ainda, vender, expor à venda, introduzir no país, adquirir, ocultar ou ter em depósito, para fins de comércio, original ou cópia de programa de computador, produzido com violação de direito autoral. No plano cível, o prejudicado poderá pedir judicialmente que o infrator pare com a prática ilícita, mediante cominação de pena pecuniária para o caso de transgressão do preceito, além de pedir indenização pelas perdas e danos decorrentes da infração. No entanto, não constituem ofensa aos direitos do titular de programa de computador (1) a reprodução, em um só exemplar, de cópia legitimamente adquirida, desde que se destine a cópia de salvaguarda ou armazenamento eletrônico, hipótese em que o exemplar original servirá de salvaguarda; (2) a citação parcial do programa, para fins didáticos, desde que identificados o programa e o titular dos direitos respectivos; (3) a ocorrência de semelhança de programa a outro, preexistente, quando se der por força das características funcionais de sua aplicação, da observância de preceitos normativos e técnicos, ou de limitação de forma alternativa para a sua expressão; (4) a integração de um programa, mantendo-se suas características essenciais, a um sistema aplicativo ou operacional, tecnicamente indispensável às necessidades do usuário, desde que para o uso exclusivo de quem a promoveu.

19
PREPOSTOS

1 Preposição

Já sabemos que a empresa não se confunde com o empresário, com a sociedade empresária, nem mesmo com seus sócios. A concretização da empresa se faz por meio de pessoas, entre administradores, gerentes, empregados, contratados diversos, inclusive terceirizatários. Cada uma dessas pessoas, com seus atos humanos, está tornando concreta a empresa e trabalhando para a realização de seu objeto social. Em Direito, fala-se genericamente em *preposto*, palavra que vem do verbo latino *praeponere*, dando a ideia de pôr-se à frente. Cada uma das pessoas envolvidas com a atividade empresarial, com seus atos humanos, apresenta-se, no plano da competência e do poder que lhe foi transferido, como a empresa.

Há um plano jurídico específico para as relações entre o preponente (empresário ou sociedade empresária) e o preposto (empregado ou não). Assim, o preposto deve atuar, sempre, no âmbito da competência e dos poderes que lhe foram outorgados, atuando pessoalmente; somente quando autorizado por escrito, poderá o preposto fazer-se substituir no desempenho da preposição. Se o preposto se fez substituir por uma outra pessoa, sem aquela autorização expressa do preponente, irá responder pessoalmente pelos atos do substituto e pelas obrigações por ele contraídas. Não é só. Essa atuação pessoal deve ser exclusiva. Assim, salvo autorização expressa, o preposto não pode negociar por conta própria ou de terceiro, nem participar, embora indiretamente, de operação do mesmo gênero da que lhe foi cometida. Se o faz, não só responderá por perdas e danos, como também deverá remeter ao seu preponente (empresário ou sociedade empresária) os lucros da operação.

Considera-se perfeita a entrega de papéis, bens ou valores ao preposto, encarregado pelo preponente, se os recebeu sem protesto, salvo nos casos em que haja prazo para reclamação. Ademais, segundo o artigo 242 do Código de Processo Civil, a citação será pessoal, podendo, no entanto, ser feita na pessoa do representante legal ou do procurador do réu, do executado ou do interessado; emenda o § 1º: na ausência do citando, a citação será feita na pessoa de seu mandatário, administrador, preposto ou gerente, quando a ação se originar de atos por eles praticados.

2 Responsabilidade civil por ato do preposto

Empresário e sociedade empresária são responsáveis pelos atos praticados por seus prepostos, sejam eles empregados (celetistas), trabalhadores contratados pelo regime civil, comitentes etc. Os pensadores jurídicos justificam essa responsabilidade por três ângulos diversos. Em primeiro lugar, são responsáveis pela escolha do preposto que praticou o ato (*culpa in eligendo*); em segundo lugar, são responsáveis em face de um dever de vigiar os seus prepostos (*culpa in vigilando*); por fim, como a empresa lucra com os atos dos prepostos, realizados no âmbito de suas atividades, deve igualmente assumir os riscos a ele inerentes. Com efeito, não obstante tenha sua sede em Atlanta, nos Estados Unidos, a *Coca-Cola Company* ganha com o fato de haver um caminhão de refrigerantes que percorre a estrada entre Itaguara e Crucilândia, em Minas Gerais, para vender seus produtos; um exemplo, entre milhares de outras trilhas percorridas por seus prepostos para realizar os atos que, ao final, determinam os lucros da empresa. Se lucra com tais atos, deve igualmente assumir os prejuízos correspondentes.

A responsabilidade do preponente pelos atos do preposto apura-se exclusivamente no âmbito das atividades empresárias; fora dessas, quando o preposto não age pela empresa, não há falar em responsabilidade. De acordo com o artigo 1.178 do Código Civil, quando os atos forem praticados fora do estabelecimento, somente obrigarão o preponente nos limites dos poderes conferidos por escrito, cujo instrumento pode ser suprido pela certidão ou cópia autêntica do seu teor; obviamente, é preciso separar as circunstâncias nas quais o trabalho do preposto seja realizado fora do estabelecimento, isto é, quando execute atividades externas. Daí a importância do exame do caso em concreto para aferir-se se a pessoa agia, ou não, à frente da empresa, implicando o seu patrimônio com o resultado de seus atos. Se João, motorista, abalroa um veículo durante o serviço para a *sociedade X*, será esta responsável, solidariamente, pelos danos determinados; se, após encerrar o expediente, João está retornando para casa dirigindo seu próprio veículo, quando abalroa um outro veículo, a responsabilidade é apenas sua e a *sociedade X* nada tem a ver com isso. Esse agir pela empresa, todavia, interpreta-se sempre em conformidades com as circunstâncias do caso em concreto.

O vigilante e o locutor

O vigilante era empregado da Minasguarda Vigilância Ltda, empresa que prestava serviços para a Golden Leaf Tobacco Ltda. Estava de serviço, quando matou Dirceu. Chegou mesmo a alegar que a vítima estava tentando furtar um dos veículos da empresa, mas isso não ficou provado. Foi condenado pelo Tribunal do Júri, sem excludentes de ilicitude. A esposa e os filhos da vítima, ajuizaram uma ação de indenização contra as empresas; afinal, a morte fora causada por um preposto. E o juiz deferiu o pedido: R$ 150.000,00 de danos morais que deveriam ser pagos pelas duas empresas, solidariamente. Mais do que isso, condenou-as a pagar pensões alimentícias: aos filhos, até que completassem 25 anos de idade; e à viúva, até a data em que o réu completaria 65 anos de idade. O Tribunal de Justiça de Minas Gerais aumentou o valor da indenização por danos morais: R$ 250.000,00, mas excluiu a Golden Leaf Tobacco Ltda., já que o assassino era empregado da Minasguarda Vigilância Ltda e, apenas em virtude de um contrato de terceirização, estava prestando serviços à Golden Leaf.

Por meio do Recurso Especial 2.044.948/MG, a questão foi examinada pela Terceira Turma do Superior Tribunal de Justiça que concordou com a indenização, mas fez um reparo: reafirmou a responsabilidade solidária da Golden Leaf Tobacco Ltda. "Extrai-se da interpretação conjugada dos arts. 932, III, e 933 do CC/2002 que o empregador ou comitente responde objetivamente pelos atos praticados por seus empregados e prepostos, no exercício do trabalho que lhes competir, ou em razão dele. A jurisprudência desta Corte defende o conceito extensivo de preposto e reconhece que não é preciso que exista um contrato típico de trabalho; sendo suficiente a existência de relação de dependência ou que alguém preste serviço sob o interesse e o comando de outrem. Na situação em que há a prestação de serviço de vigilância armada, com a finalidade de assegurar a segurança do estabelecimento comercial contratante, não há como descaracterizar o interesse deste na realização escorreita do serviço contratado. Ainda que a empresa terceirizada seja responsável pela admissão, demissão, transferência e comando stricto sensu de seu empregado, não se pode afastar a relação de preposição em face à tomadora do serviço, porquanto inequívoco que esta predetermina comandos essenciais ao desempenho da atividade, bem como autoriza a realização de atos pelo vigilante – possivelmente lesivos a terceiros – com o interesse de evitar a violação de seu patrimônio." Asseverou-se, assim, a "Responsabilidade solidária entre as empresas tomadora e prestadora do serviço de vigilância em face da companheira, pai e filho do de cujus, morto por empregado de terceirizada quando prestava serviços de vigilância no interior do estabelecimento tomador do serviço".

Sequer é necessário que seja um empregado para que seja considerado um preposto; basta haver prestação de serviço sob o comando e no interesse de alguém para que este possa ser condenado a indenizar os danos. Foi o que aconteceu em São Paulo. Uma conhecida rede de lojas contratou um locutor, com carro de som, para a carreata da chegada de Papai Noel. Tudo ia bem até que o motorista do carro de som ouviu uma senhora, que assistia à carreata, dizer que aquelas lojas eram uma "bela droga". O motorista contou o fato para o locutor e esse, com o microfone aberto, lascou: "– O que é isto minha senhora? Só se a senhora deu o calote na firma!" Pronto. Foi o que bastou: ofensa à honra por meio de sistema de som em via pública. A indenização foi arbitrada em R$ 4,5 mil e quem pagará será a rede de lojas.

3 Gerência

O empresário administra a empresa, fazendo uso da firma; não há falar em representação, já que há uma única personalidade jurídica: a pessoa natural que, registrada na Junta Comercial, pode *empresariar* e, para tanto, manterá um patrimônio especificado, devidamente escriturado em livros próprios, como já estudado. Quando se tratar de uma sociedade, o contrato social ou o estatuto indicará a administração – uma ou mais pessoas – regulando sua competência e poderes; essas pessoas são chamadas de *administradores* da sociedade. Nos termos do Código Civil, atos de administração são atos societários, atos de condução da vida da pessoa jurídica. O administrador societário não precisa conduzir as atividades cotidianas da empresa, ou seja, não precisa gerenciar a atividade negocial. A empresa se realiza por meio de atos praticados pelos prepostos. E o comando desses atos por meio dos quais a empresa se concretiza pode ser atribuído a um ou mais gerentes. Embora empresassem muitos casos ocorra de serem os próprios sócios a administrar e a gerir (quando não eles próprios que realizam os atos por meio dos quais se concretiza a empresa), são funções diversas (administração societária e gerência empresarial), como se afere do artigo 1.072 do Código Civil.

Gerente, portanto, é um preposto a quem incumbe o exercício permanente (ou seja, não eventual) da empresa, na sede desta – gerente de toda a empresa ou de alguma área específica (gerente de finanças, gerente de compras etc.) – ou em sucursal, filial ou agência. Exceto para as matérias que, por lei, exijam poderes especiais, considera-se o gerente autorizado a praticar todos os atos necessários ao exercício dos poderes que lhe foram outorgados. Assim, o gerente de uma loja de eletrodomésticos pode controlar os estoques, dar ordem para os empregados, eventualmente negociar descontos, aprovar vendas a prazo etc. Se para uma mesma área ou estabelecimento se constituírem mais de um gerente, presume-se que lhes foram conferidos poderes solidários, ou seja, poderes iguais que cada um pode exercer na totalidade, isoladamente. Mas é possível estipular que os poderes devem ser exercidos conjuntamente (exigindo a participação de ambos) ou sucessivamente, vale dizer, que haverá um entre eles a quem os poderes outorgados se dirigem preferencialmente e outro ou outros que somente os exercerão na falta daquele ou sob as suas ordens. As limitações contidas na outorga de poderes, para serem opostas a terceiros, dependem do arquivamento e averbação do instrumento no Registro Público de Empresas Mercantis, salvo se provado serem conhecidas da pessoa que tratou com o gerente; para o mesmo efeito, a modificação ou revogação do mandato deve ser arquivada e averbada no Registro Público de Empresas Mercantis, ressalvado, aqui também, ser conhecida do terceiro.

```
┌─────────────────────────────┐         ┌─────────────────────────────┐
│  Administração Societária   │ <────>  │   Gerência Empresarial      │
└─────────────────────────────┘         └─────────────────────────────┘
```

| Prática de atos que dizem respeito à pessoa jurídica, à sociedade; definidos em lei e/ou pelo ato constitutivo (que o nomeia ou diz como será eleito) | Condução dos atos cotidianos por meio dos quais a empresa se realiza; pode haver vários: filiais, departamentos etc. |

Nas circunstâncias em que o gerente atue nos limites dos poderes recebidos, tácita ou expressamente, inclusive por instrumento levado a registro, bem como nas hipóteses em que, por aparência juridicamente considerada justificável, terceiro de boa-fé julgou contratar com gerente que estava no exercício de poderes legitimamente outorgados, o preponente irá responder, com o gerente, pelos atos que este praticar em nome daquele, assim como pelos atos que pratique em nome próprio, mas à conta do preponente (artigos 1.074 e 1.075). De resto, o gerente pode estar em juízo em nome do preponente, pelas obrigações resultantes do exercício da sua função (artigo 1.076).

Banco Bradesco S/A × Margarida

Não é um caso de Direito Empresarial, senão de Direito do Trabalho. Mas será útil para compreender o que se está estudando. Margarida ingressou com uma reclamatória trabalhista contra o Banco Bradesco, pedindo, entre outras coisas, o pagamento por horas extras. O banco alegou que ela exercia função de gerência e, assim, exercendo um cargo de gerência, não teria direito a tais verbas. A questão chegou até o Tribunal Superior do Trabalho por meio do Agravo em Recurso de Revista 1062-77.2012.5.04.0403. E a decisão foi favorável à gerente. "O cargo de gerente de agência não possui verdadeiros poderes de gestão, estando mais aproximado daqueles destinados, dentre outros, a viabilizar o andamento dos serviços, a captação de recursos e o cumprimento das normas e procedimentos operacionais adotados pela instituição bancária. Não se enquadra, assim, na definição de "cargo de confiança" - para fins de enquadramento no art. 62, II, da CLT."

O acórdão foi mais fundo no exame da questão: "gerente é aquele que ocupa posição de superior hierárquico por atuar no exercício da empresa como auxiliar desta. Recebe seus poderes de gestão por delegação, tácita ou expressamente, diretamente conferidos pela diretoria, pelo empresário ou pelo superior hierárquico. A confiança preconizada no art. 62, II, da CLT é aquela que é depositada no empregado que exerce, por delegação, algum poder típico do empregador, se confundindo com ele em alguns atos, similar àquela conceituada no art. 1.172 do Código Civil. O principal poder do empregador é o de gerir a empresa com autonomia, bem como o de disciplinar seus empregados. Dessa forma, aquele empregado que tiver como função a de gestão de empresa, do setor ou filial, com total autonomia, é um alto empregado incluído do art. 62 da CLT e, portanto, excluído do Capítulo em estudo."

Será o caso concreto que dará linhas à relação havida entre empresário ou sociedade empresária (contratual ou estatutária) e o(s) gerente(s) que constitua. A forma mais segura de o fazer, considerado o Direito Empresarial, é por instrumento escrito que efetivamente se reflita na realidade; se esse instrumento for levado ao Registro Mercantil, gozará de ciência ficta que, como se sabe, decorre da publicação do documento.

4 Contabilidade

Em face da obrigação de manter escrituração regular de livros e conservação de documentos correspondentes, é indispensável haver prepostos capacitados e qualificados para tanto. O Código Civil denomina-os, genericamente, de *contabilistas*; como tal deve-se interpretar o profissional devidamente inscrito no Conselho Regional de Contabilidade. O responsável pela escrituração é um mandatário do empresário ou sociedade empresária no exercício das funções contábeis da empresa. Justamente por isso, os assentos lançados nos livros ou fichas do empresário ou sociedade empresária preponente, por qualquer dos prepostos encarregados de sua escrituração, produzem os mesmos efeitos como se o fossem por aquele. Eventuais erros e falhas, cometidos pelo responsável pela escrituração, são juridicamente considerados erros do empresário ou sociedade empresária, que por eles responderá civilmente. Ressalva-se, apenas, a hipótese de o contador ter agido com má-fé, ou seja, de ter conscientemente agido de forma incorreta para, assim, prejudicar o preponente.

No exercício de suas funções, os prepostos responsáveis pela escrituração são pessoalmente responsáveis, perante os preponentes, pelos atos culposos; e, perante terceiros, solidariamente com o preponente, pelos atos dolosos; mas apenas perante terceiros. O preponente que arcar com as perdas e danos resultantes do ato culposo ou doloso do preposto tem direito de regressar contra este, ou seja, de cobrar-lhe o valor desembolsado para indenizar o terceiro prejudicado, tanto quanto tem ação de reparação de danos pelos prejuízos que ele mesmo, proponente, sofreu em função de ato ilícito praticado pelo preposto.

Os contabilistas exercem atividade protegida por segredo profissional. Esse sigilo encontra suporte em diversas normas jurídicas, designadamente o artigo 404, IV, do Código de Processo Civil, prevê o direito de se recusar a exibir documentos para evitar a divulgação de fatos resguardados por segredo profissional. A previsão se reflete no artigo 197, parágrafo único, do Código Tributário Nacional. O Código de Processo Penal, em seu artigo 207, *proíbe* de depor as pessoas que, em razão de função, ministério, ofício ou profissão, devam guardar segredo, excetuada a hipótese de serem desobrigadas pela parte interessada e, ademais, queiram dar o seu testemunho. Como se não bastasse, o artigo 154 do Código Penal define como crime, punido com detenção de três meses a um ano, ou multa, "revelar alguém, sem justa causa, segredo, de que tem ciência em razão de função, ministério, ofício ou profissão, e cuja revelação possa produzir dano a outrem".

IRB (Re)
Instituto de Resseguros do Brasil

Em 2020, a Squadra Investimentos – Gestão de Recursos Ltda. denunciou a existência de inconsistências na contabilidade da IRB-Brasil Resseguros S.A., uma corporação com mais de 80 anos de existência, privatizada em 2017 e líder do mercado brasileiro de resseguros. Essa denúncia levou à descoberta de fraudes milionárias no balanço da companhia. A contabilidade estaria maquiada: incluiria avaliações excessivamente otimistas sobre sinistralidade em seus contratos e a venda de ativos que, assim, resultaram na declaração de um lucro irreal de R$ 1,7 bilhão. Segundo a denúncia, ao apontar ganhos extraordinários, incomuns no passado e improváveis no futuro, os lucros teriam sido inflados em R$ 1,5 bilhão. Como se não bastasse, apurou-se depois, os administradores teriam se apropriado indevidamente de R$ 60 milhões, sob a forma de bônus pela venda dos ativos, para não falar de uma recompra de R$ 100 milhões, acima do limite autorizado pelo Conselho de Administração.

Os fatos levaram à demissão da diretoria e a reforma estatutária para aumentar a governança da companhia. Ainda assim, as ações, que estavam cotadas a R$ 34,37, em janeiro de 2020, despencaram para R$ 5,60, em 20 de março do mesmo ano, chegando a R$ 0,66 em dezembro de 2022. Alguns acionistas iniciaram procedimentos arbitrais contra a companhia, mas perderam: a Câmara de Arbitragem reconheceu a ocorrência de atos irregulares, mas afirmou que a responsabilidade seria dos administradores, e não da companhia, vítima ela própria, que não poderia ser condenada a indenizar suas perdas. A companhia processou seus ex-executivos que, de resto, também foram alvo de processos na Comissão de Valores Mobiliários. Os balanços contábeis foram corrigidos e republicados.

5 Terceirização

Como visto, não há necessariamente uma relação de emprego entre o empresário ou sociedade empresária e os seus prepostos. Essa relação pode ter natureza jurídica diversa, sendo regida pelo Direito Civil ou Empresarial, a exemplo do que se passa com o representante comercial, como se estudará no próximo item.

Uma dessas alternativas contratuais é a transferência a um terceiro, via de regra, a outra sociedade (simples ou empresária), de fases da atividade empresária, processo conhecido como *terceirização*. Há quem pretenda ver na terceirização um contrato que está limitado às atividades acessórias da empresa, considerando-a irregular quando diga respeito às atividades-fim. Essa posição, todavia, é ultrapassada e não reflete o estágio atual das relações econômicas, em que todas as atividades de uma empresa podem ser terceirizadas, ou seja, que se tenha uma empresa sem *nenhum* empregado.

Assim, um empresário individual, trabalhando sozinho numa sala, pode organizar os métodos de produção e movimentar milhões, sem empregar uma única pessoa: contrata uma empresa especializada para desenvolver seu produto, uma fábrica para produzi-lo, um armazém para estocá-lo, uma agência de publicidade para promovê-lo, representantes comerciais para vendê-lo; emite as respectivas notas fiscais e contrata uma transportadora para realizar as entregas. Essa empresa de um homem só, com todas as fases de sua atividade terceirizadas, pode faturar milhões de reais.

Eu bebo sim...

A *Diageo do Brasil Ltda.* e a *Pernod Ricard Brasil Indústria e Comércio Ltda.* são concorrentes no mercado brasileiro de bebidas alcoólicas. A primeira, por exemplo, é responsável pelas marcas *Johnie Walker* e *Smirnoff*; a segunda, pelas marcas *Chivas* e *Orloff*. No entanto, nos primeiros anos deste século a produção da vodca *Smirnoff* estava terceirizada, pela *Diageo*, à *Pernod Ricard*, que produzia a bebida da concorrente (terceirizante) em sua unidade de Recife (PE). Por volta de 2005, a *Diageo do Brasil Ltda.* transferiu parte da produção para outra terceirizatária, a *Viti-Vinícola Cereser S/A*. Aliás, também a produção do *Rum Merino* fora terceirizada pela *Diageo do Brasil Ltda.* à *Viti-Vinícola Cereser S/A*. Note-se, porém, que a terceirização estava limitada à produção das bebidas. A distribuição e venda dos produtos continuava sendo feita pela *Diageo do Brasil Ltda.*

Na terceirização, o empresário ou sociedade empresária ocupa a posição jurídica de *terceirizante*; a pessoa natural ou jurídica que é contratada para o desempenho da função, por seu turno, ocupa a posição contratual de *terceirizatário*; por fim, tem-se a *atividade terceirizada*, que é o objeto da contratação entre as partes. Mas é fundamental que não estejam presentes os elementos caracterizadores da relação de emprego, sob pena de afirmar-se uma fraude jurídica, implicando nulidade do contrato civil e o reconhecimento da existência do contrato de trabalho, tornando devidas todas as verbas trabalhistas, descontados os pagamentos já efetuados.

Assim como a terceirização de fases do processo produtivo é uma estratégia de administração e compõe o aviamento da empresa, pode-se igualmente optar pelo movimento absolutamente contrário, que se pode chamar de *verticalização da produção*: a assunção pelo empresário ou sociedade empresária de todas ou quase todas as atividades por meio das quais se realizam seus objetos sociais. Em 2006, era o que se passava com a *Companhia de Bebidas das Américas – AmBev*: iniciando a construção de uma fábrica de garrafas no Estado do Rio de Janeiro, a sociedade pretendia aumentar sua verticalização, realizando pessoalmente quase todas as fases de sua cadeia produtiva: partindo da fabricação do malte, produção da bebida, impressão de rótulos, confecção de garrafas e de tampas metálicas, engarrafamento da bebida e mesmo sua distribuição aos revendedores.

O futuro da terceirização parece apontar para a constituição de *terceirizatários* que sejam *sistemistas*, ou seja, que se ocupem de fases inteiras da atividade empresarial, podendo até contratar *subterceirizatários*. Fala-se em *integradoras*, ou seja, em empresas terceirizatárias contratadas para se ocupar de fases inteiras da *ação negocial* da terceirizante. Por exemplo, numa montadora de veículos, uma *sistemista* (ou *integradora*) poderia assumir todo o interior: forro, carpete, bancos, painéis etc., podendo subterceirizar a colocação do painel e/ou do forro etc. Em tal relação jurídico-empresarial, a terceirizante de raiz se ocuparia da gestão de toda a operação, controlando custos, qualidades, gerenciando a relação entre as diversas sistemistas etc.

José e Cleonice × Ford Ford Motor Company Brasil Ltda.

José e Cleonice moveram uma ação de indenização contra Ford Motor Company Brasil Ltda, Sol Tour Ltda e Walter Transporte e Turismo Ltda; seu filho, empregado da Ford, morreu num acidente de trânsito havido com o ônibus que transportava trabalhadores para a empresa. A montadora de veículos, no entanto, resistiu à pretensão argumentando que o acidente ocorreu por culpa do motorista da Walter Transporte e Turismo Ltda., conduzindo veículo que não era de sua propriedade; não haveria culpa sua ou de qualquer de seus prepostos. Sua situação no sinistro seria de mera terceirizadora do serviço de transporte, sendo a responsabilidade exclusiva do terceirizatário e seu motorista (preposto), eles sim os agentes do transporte, devendo arcar com os danos do acidente, aplicados os artigos 186 e 927 do Código Civil. O Tribunal de Justiça da Bahia não concordou com a Ford: "É cediço que quando atuando em prol do interesse econômico da empresa contratante e, portanto, em não se tratando de mero contrato que visa interesse acessório, é caso patente de solidariedade entre contratante e a terceirizada. Em sendo o transporte de funcionários imprescindível para os lucros do recorrente, vez que a ausência de força laboral ocasionaria paralisação das atividades empresariais, é clarividente a situação de solidariedade estampada nos autos." Emendou: "em sendo o transporte de funcionários imprescindível para os lucros da recorrente Ford, vez que a ausência de força laboral ocasionaria paralisação das atividades, empresariais, é clarividente a situação de: responsabilidade da Ford."

A Ford recorreu ao Superior Tribunal de Justiça: apontando ofensa aos artigos 186, 884, 927, 932, 942 e 944 do Código Civil e 85 do Código de Processo Civil, além de divergência jurisprudencial, "sustentando, em síntese: (a) a impossibilidade de responsabilização da FORD pelo acidente, pois o motorista que conduzia o ônibus quando era empregado da corré WALTER TURISMO, empresa contratada para transportar seus funcionários, bem como o veículo, não pertencem à FORD; (b) a responsabilidade objetiva pelo risco (art. 927 do CC/2002) não decorre do risco da atividade, ou do proveito que dela se tira, mas do fato de que a atividade exercida pelo autor do dano é, per se, considerada de risco, de modo que, não havendo relação entre a suposta atividade de risco - transporte dos funcionários, realizado por terceiros – e a atividade comercial de fabricação e comercialização de veículos, não pode ser aplicada a teoria do risco-proveito para responsabilizar a FORD pelo acidente; (c) considerando que solidariedade não se presume, e que o motorista culpado pelo acidente possui relação de preposição exclusivamente com a corré, a FORD não pode ser responsabilizada pelo acidente com base no art. 932, III, do CC/2002; (d) o valor fixado a título de danos morais é exorbitante, devendo ser reduzido com fundamento no sistema bifásico de fixação, que leva em conta (i) o interesse jurídico lesado e o padrão indenizatório estabelecido em precedentes judiciais; e (ii) as particularidades do caso concreto, e que não foi adotado pelo acórdão, uma vez que em casos semelhantes os valores arbitrados são expressivamente menores; e (e) os honorários advocatícios devem ser arbitrados segundo o critério da equidade, a fim de evitar o enriquecimento sem causa da parte autora."

Por meio do Agravo Interno no Agravo em Recurso Especial 2.418.788/BA, a questão foi examinada pela Quarta Turma daquela Alta Corte: "o acórdão está em consonância com a jurisprudência desta Corte que entende que, nas hipóteses de subcontratação ou terceirização de serviços de transporte, a contratante dos serviços responde solidariamente por acidente de trânsito causado pelo motorista do transportador contratado." Citou o Agravo Interno no Agravo em Recurso Especial 1.976.398/PR: "Na subcontratação ou terceirização, caracteriza-se a responsabilidade solidária do transportador contratante de serviço de transporte pelo acidente de trânsito causado por motorista do transportador contratado. Precedentes." Também o (Agravo Interno no Recurso Especial 1.634.838/SP: "Caracteriza-se a responsabilidade solidária da empresa contratante de serviço de transporte por acidente causado por motorista da empresa transportadora terceirizada." Dessa maneira, concluíram, "sendo fato incontroverso que a recorrente firmou contrato de prestação de serviços de transporte com a corré, deve responder solidariamente pelos danos ocasionados aos pais da vítima falecida em razão do acidente causado por culpa do motorista da empresa contratada."

Por fim, "no tocante ao valor arbitrado a título de danos morais, o Superior Tribunal de Justiça entende que somente é admissível o exame do valor fixado em hipóteses excepcionais quando for verificada a exorbitância ou a índole irrisória da importância arbitrada, em flagrante ofensa aos princípios da razoabilidade e da proporcionalidade. No caso em exame, no entanto, o montante fixado em 300 (trezentos) salários mínimos em favor do pai e da mãe da vítima não destoa dos parâmetros frequentemente adotados por esta Corte em casos semelhantes, não se mostrando exorbitante ou desproporcional aos danos sofridos pela parte recorrida em decorrência da morte de seu filho em acidente de trânsito causado por culpa exclusiva do motorista contratado.

6 Representação comercial

Confere
Conselho Federal dos
Representantes Comerciais

Empresários e sociedades empresárias podem contratar, fora do regime da Consolidação das Leis do Trabalho, isto é, sem caracterizar relação de emprego, *representantes comerciais*, isto é, pessoas naturais ou jurídicas cuja função é mediar, de forma não eventual, a realização de negócios agenciando propostas ou pedidos e transmitindo-os à empresa. A *representação comercial* é regida pela Lei 4.886/65. Trata-se de uma hipótese de *contrato de agência e distribuição*, razão pela qual também lhe são aplicáveis os artigos 710 a 721 do Código Civil. Salvo estipulação em contrário, o representante comercial não está submetido à regra de exclusividade, podendo atuar por conta de uma ou mais pessoas. Do lado oposto, a regra geral é inversa: salvo contratação entre as partes, o representado não pode constituir mais de um representante, (1) ao mesmo tempo, (2) com idêntica incumbência, (3) para a mesma zona, da mesma forma que o representante comercial, agente que é, não pode assumir o encargo de nela tratar de negócios do mesmo gênero, à conta de outros proponentes, ou seja, representar ao mesmo tempo e na mesma área produtos (bens ou serviços) que concorram diretamente entre si.

Não podem ser representantes comerciais:

1. todos os que não podem ser comerciantes;
2. falidos não reabilitados;
3. condenados por crime infamante (falsidade, estelionato, apropriação indébita, contrabando, roubo, furto, lenocínio ou crimes também punidos com a perda de cargo público); e
4. aquele que esteja com seu registro comercial cancelado como penalidade.

Para ser um representante comercial, a pessoa natural ou jurídica deverá registrar-se no *Conselho Regional dos Representantes Comerciais*, atendendo aos requisitos estipulados pela Lei 4.886/65. Os Conselhos Federal e Regionais de Representantes Comerciais, além da representação da categoria, policiam a atuação dos inscritos, podendo puni-los por faltas disciplinares, como prejudicar, por dolo ou culpa, os interesses confiados aos seus cuidados; promover ou facilitar negócios ilícitos, bem como quaisquer transações que prejudiquem interesses da Fazenda Pública; violar o sigilo profissional; negar ao representado as competentes prestações de contas, recibos de quantias ou documentos que lhe tiverem sido entregues, para qualquer fim. "A ausência do registro do representante comercial no Conselho Regional afasta a incidência do microssistema de que trata a Lei nº 4.886/65, inclusive a indenização de que cuida o artigo 27, 'j', do referido diploma legal", decidiu o Superior Tribunal de Justiça (REsp 1.698.761/SP).

> *Elementos que devem constar do contrato de representação comercial:*
>
> 1. condições e requisitos gerais da representação;
> 2. indicação genérica ou específica dos produtos ou artigos objeto da representação;
> 3. prazo certo ou indeterminado da representação;
> 4. indicação da zona ou zonas em que será exercida a representação;
> 5. garantia ou não, parcial ou total, ou por certo prazo, da exclusividade de zona ou setor de zona;
> 6. *retribuição e época do pagamento, pelo exercício da representação, dependente da efetiva realização dos negócios, e recebimento, ou não, pelo representado, dos valores respectivos;*
> 7. *os casos em que se justifique a restrição de zona concedida com exclusividade;*
> 8. *obrigações e responsabilidades das partes contratantes;*
> 9. *exercício exclusivo ou não da representação a favor do representado; e*
> 10. previsão da indenização, devida ao representante, pela rescisão do contrato fora das hipóteses legais.

Destaque-se, em primeiro lugar, que não há contrato de representação comercial se o contratado não estiver inscrito no Conselho. Destaque-se, ainda, que a indenização prevista no contrato (número 10 no quadro acima) não poderá ser inferior a 1/12 (um doze avos) do total da retribuição auferida durante o tempo em que exerceu a representação, corrigido monetariamente. Se o contrato de representação tiver prazo certo, essa indenização deverá corresponder a, no mínimo, importância equivalente à média mensal da retribuição (corrigida monetariamente) auferida até a data da rescisão, multiplicada pela metade dos meses resultantes do prazo contratual.

Não são inválidas as contratações verbais, nem aquelas que, feitas por escrito, não contemplem todos os elementos listados pelo legislador. As lacunas interpretam-se de acordo com os princípios gerais do Direito e as regras dispostas no Código Civil e na Lei 4.886/65, que substituirão a definição contratual das *condições e requisitos gerais da representação*, bem como das *obrigações e responsabilidades das partes contratantes*. Como se não bastasse, os fatos habitualmente verificados entre as partes permitirão apurarem-se produtos (bens ou serviços) que seriam objeto da contratação, retribuição pelo exercício da representação, época do pagamento, zona ou zonas de atuação do representante.

Na ausência de estipulação expressa, presume-se não haver exclusividade na atuação do representante, embora a ela esteja obrigado o representado. A indenização rescisória, devida ao representante sempre que não haja rescisão motivada do contrato, é direito legalmente garantido, inclusive no que diz respeito ao seu patamar mínimo de 1/12 (um doze avos) do total da retribuição auferida durante o tempo em que exerceu a representação.

O representante comercial pode receber poderes apenas para intermediar negócios ou, mesmo, poderes para a representação civil plena, no plano dos negócios intermediados, incluindo a conclusão dos contratos, bem como, sempre por cláusula expressa, a representação civil junto ao Judiciário. Pode até contratar com outros representantes comerciais a execução dos serviços relacionados com a representação, desde que não haja conflitos de interesses com outras empresas. No desempenho de suas atividades, o representante deve fornecer informações detalhadas sobre o andamento dos negócios a seu cargo, segundo o contratado ou sempre que solicitadas. A representação deverá ser exercida com diligência, voltada ao sucesso dos negócios, à expansão dos negócios do representado e à promoção de seus produtos, concretizando-se segundo as instruções recebidas do proponente; deve, igualmente, atentar para as reclamações que digam respeito aos negócios intermediados e as transmitir à empresa representada e, inclusive, sugerindo as providências que possam ser estudadas ou tomadas para proteger e garantir os interesses daquela. Se não está autorizado, o represente não pode conceder abatimentos ou descontos nos preços ou pagamentos, parcelar o pagamento; se o faz sem poderes para tanto, deverá indenizar pelos prejuízos causados, além de caracterizar justa causa para a rescisão do contrato. Por todos os seus atos, o representante responde, perante o representado, segundo as normas do contrato, desde que não se verifiquem abusos em suas provisões, bem como as normas do Direito Comum. Perante terceiros, responde segundo as normas de Direito Comum.

A remuneração devida ao representante comercial é uma comissão, em percentual ajustado entre as partes, sobre o valor total dos produtos (bens ou serviços) que tenham sido negociados com a sua intermediação; valor bruto, consequentemente, que consta da respectiva nota fiscal. Trata-se de verba que remunera atuação, custos e vantagens, certo que, se não houver estipulação em contrário, o representante custeia as próprias despesas. A redução do percentual devido ao representante pressupõe adendo contratual escrito, com adesão expressa do representante comercial, desde que não se tenha, como resultado, uma diminuição na média dos resultados auferidos pelo representante nos últimos seis meses de vigência (artigo 32, § 7º, da Lei 4.886/65), hipótese na qual a redução contratada não será válida.

A comissão será devida a partir do momento em que os pedidos ou propostas forem saldados pelos compradores, sendo paga até o dia 15 do mês subsequente ao da liquidação da fatura, acompanhada das respectivas cópias das notas fiscais. Se há previsão de exclusividade para o representante em determinada área, ele terá direito a comissão por todos os negócios realizados no território definido, ainda que não os tenha intermediado. Em qualquer caso, não havendo pagamento em tempo, incidem juros legais, podendo o representante emitir título de crédito para cobrança de comissões. Se o comprador não paga ao representado pelos produtos, a comissão ficará suspensa até que ele o faça. Não se permite, todavia, estipulação de cláusula que torne o representante comercial responsável pela solvibilidade do comprador. Se o negócio for desfeito pelo comprador, a comissão também não será devida; mas se for o representado que o desfizer, a regra é outra: se o contrato de representação estipular a possibilidade de recusa das propostas ou pedidos entregues pelo representante comercial, o representado poderá fazê-lo atendendo aos prazos e aos requisitos previstos. Se não há tal previsão, a recusa deverá ser comunicada ao representante, por escrito, e fundamentadamente, já que implica desconsideração de trabalho por ele realizado. É justificável o cancelamento do negócio, com sustação da entrega da mercadoria, devido à situação comercial do comprador, capaz de comprometer ou tornar duvidoso o pagamento. De qualquer sorte, para que seja válida a recusa, a lei assinala prazos para efetivação, quais sejam:

Prazo para recusa	Hipótese
15 dias	Comprador e representado domiciliados na mesma praça.
30 dias	Comprador e representado domiciliados em praças distintas do mesmo Estado da Federação.
60 dias	Comprador e representado domiciliados em diferentes Estados da Federação.
120 dias	Comprador domiciliado no estrangeiro.

Se a recusa do negócio se efetiva fora dos prazos assinalados pela lei, sem fundamentação ou fora dos requisitos contratualmente ajustados, o representado estará obrigado a creditar a respectiva comissão a favor do representante comercial, como se o negócio houvera ocorrido.

Para a rescisão do contrato, sem que haja justa causa, a Lei 4.886/65 afirmava ser necessário notificar a parte contrária, com antecedência mínima de 30 dias, sempre que a contratação tenha vigido por mais de seis meses. Alternativamente, o representado pode pagar importância igual a 1/3 das comissões auferidas pelo representante, nos três meses anteriores. O artigo 720 do Código Civil ampliou esse prazo para 90 dias, a ele acrescentando, genericamente, a necessidade de que tenha transcorrido prazo compatível com a natureza e o vulto do investimento exigido do agente, no caso, o representante comercial, consultado o Judiciário na hipótese de discórdia entre as partes sobre tal prazo. Por ser norma posterior, aplica-se o Código Civil. As partes, todavia, poderão estipular no contrato outra garantia, alternativa ao *pré-aviso* ou ao pagamento, desde que mais rigorosa na proteção dos direitos e interesses do representante comercial. O representado, ao rescindir o contrato sem justa causa, deve pagar imediatamente todos as comissões pendentes, incluindo pedidos em carteira ou em fase de execução e recebimento, que terão vencimento antecipado para a data da rescisão. Se não o fizer, o representante tem um prazo de cinco anos para a cobrança. Ademais, a rescisão imotivada, por parte do representado, implica um dever de indenização, em montante não inferior a 1/12 do total da retribuição auferida durante o tempo em que exerceu a representação, corrigidos monetariamente, se percentual maior não tiver sido contratado. Em se tratando de contrato com prazo certo, essa indenização deverá corresponder, no mínimo, a uma importância equivalente à média mensal da retribuição (corrigida monetariamente) auferida até a data da rescisão, multiplicada pela metade dos meses resultantes do prazo contratual. Nessa hipótese, ademais, será devida indenização por perdas e danos, se demonstrada sua ocorrência.

De acordo com a Lei 4.886/65, o representado poderá rescindir justificadamente o contrato, beneficiando-se da desnecessidade de indenização, baseando-se em (1) desídia do representante no cumprimento das obrigações decorrentes do contrato, deixando de se dedicar satisfatoriamente ao sucesso dos negócios intermediados, à boa divulgação dos produtos e à busca de expansão da base comercial em sua área de atuação; (2) prática de atos que importem em descrédito comercial do representado; (3) falta de cumprimento de quaisquer obrigações inerentes ao contrato de representação comercial; (4) condenação definitiva por crime considerado infamante; e (5) por força maior. Não constitui motivo justo para a rescisão do contrato o impedimento temporário do representante comercial, quando esteja no gozo do benefício de auxílio-doença concedido pela Previdência Social. No caso de falência ou recuperação judicial do representado, as importâncias por ele devidas ao representante comercial, relacionadas com a representação, inclusive comissões vencidas e vincendas, indenização e aviso prévio, e qualquer outra verba devida ao representante oriunda da relação estabelecida com base nesta Lei, serão consideradas créditos da mesma natureza dos créditos trabalhistas para fins de inclusão no pedido de falência ou plano de recuperação judicial, como estabelece o artigo 44 da Lei 4.886/65, com a redação que lhe deu a Lei 14.195/21. A morte do representante é considerada motivo de força maior, a justificar a rescisão do contrato. Em qualquer dos casos, o representado deverá dar ciência ao representante comercial da rescisão motivada do contrato, fundamentando os motivos que justificariam sua atitude; mas rescisão motivada opera-se de imediato, a partir do recebimento do respectivo aviso, sem necessidade de se esperar o prazo de 30 dias. Se o representante tiver causado danos ao representado, poderá este reter as comissões que lhe são devidas; mas responderá, ele próprio, representado, pelos abusos que cometer no exercício deste direito, devendo judicialmente as comissões, em ação cautelar, para que fique à disposição do juízo até a solução da ação principal, na qual se apurará a efetiva existência da obrigação de reparar e o seu valor.

Por seu turno, o representante poderá rescindir motivadamente o contrato quando houver redução da esfera de sua atividade, em desacordo com as cláusulas do contrato, o que caracteriza descumprimento do ajuste, podendo pedir, ademais, indenização, se o representado, sem ter causa justa, para de atender às propostas trazidas pelo representante ou reduz seus negócios a níveis que tornem sua atuação antieconômica, inviabilizando a continuidade do contrato. Rescisão motivada igualmente na quebra, direta ou indireta, da exclusividade ou se provado ter havido fixação abusiva de preços em relação à sua zona de atuação, com o objetivo de impossibilitar-lhe a ação regular. Acrescente-se o não pagamento regular das comissões, nas épocas devidas e a ocorrência de motivo de força maior. Afora esta última hipótese, na qual não se verifica culpa do representado, nas demais será devida a indenização ao representante comercial.

As ações entre representante e representado terão curso na Justiça Comum, no foro do domicílio do representante. Trata-se de foro previsto em lei, reconhecendo o legislador a vulnerabilidade do representante. Não comporta, assim, renúncia no contrato estabelecido entre as partes. A jurisprudência do Superior Tribunal de Justiça é no sentido de que "a pretensão do representante comercial para cobrar diferenças de comissão nasce mês a mês com o seu pagamento a menor e está sujeita ao prazo quinquenal previsto no artigo 44 da Lei nº 4.886/1965", como se decidiu no Agravo Interno nos Embargos Declaratórios no Recurso Especial 1.840.797/RS, esclarecendo que "não há qualquer correlação entre a data da rescisão contratual e o momento a partir do qual o autor poderia ter vindo a juízo postular as comissões que entendia fazer jus, isto é, no intervalo máximo de 5 (cinco) anos contatos de cada recebimento a menor. " No mesmo sentido, o Recurso Especial 1.634.077/SC: "A pretensão do representante comercial autônomo para cobrar comissões nasce mês a mês com o seu não pagamento no prazo legal, pois, nos termos do art. 32, §1º, da Lei 4.886/65. Assim, a cada mês em que houve comissões pagas a menor e a cada venda feita por terceiro em sua área de exclusividade, nasce para o representante comercial o direito de obter a devida reparação." Em acréscimo, decidiu-se no (Agravo Interno nos Embargos Declaratórios no Agravo em Recurso Especial nº 2.061.580/SP:" A comissão contratada nos casos de representação comercial deverá incidir sobre o valor total das mercadorias, sem os descontos de impostos e encargos financeiros, nos termos do art. 32, § 4º, da Lei 4.886/65, com as modificações da Lei 8.420/92."

20

TEORIA GERAL DOS TÍTULOS DE CRÉDITO

1 Títulos de crédito

Há muitos séculos, estabeleceu-se entre os seres humanos o conceito e a prática dos títulos de crédito, isto é, de documentos que materializavam o direito de exigir bens ou dinheiro. José Saraiva, clássico no tema, identifica versões remotas de títulos de crédito na antiguidade: na Índia, na Assíria do séc. XII a.C., entre os hebreus, entre os gregos (Atenas, séc. V a.C.) e em Roma, a partir do fim da República, quando circulariam no mercado as *missilia*, *tesserae numariae* ou *annonariae*, e *theatrales*.[1] A vantagem da utilização de tais títulos era óbvia: grandes somas em dinheiro ou grandes quantidades de bens, como cereais, eram substituídos por um pequeno papel: a *cártula* (em latim, *charta* é papel; *chártula*, seu diminutivo). Uma pessoa poderia empreender uma grande viagem, levando consigo apenas a cártula, esse título do seu crédito, exigindo o dinheiro ou os bens no lugar de seu destino. *Título*, portanto, como documento no qual se inscreve o direito (o crédito) de alguém a algo, tornando-o titular dessa prestação.

Documentos que comprovem um direito são muitos, nem por isso são *títulos de crédito*, em sentido jurídico e estrito. O título de crédito, como prevê o artigo 887 do Código Civil, é um *documento necessário ao exercício do direito literal e autônomo nele contido*, somente produzindo efeitos se preencher os requisitos legais, como se estudará com detalhes na sequência. Portanto, em primeiro lugar, só são títulos de crédito aqueles expressamente previstos em lei; é o que se chama *princípio da tipicidade*: para dar segurança à sociedade em geral, somente se compreendem como títulos de crédito o que o legislador definir expressamente como tal, isto é, o que for *tipificado* em lei. Em segundo lugar, os títulos de crédito não apenas provam um direito: eles o representam, já que são *documentos necessários ao exercício do direito neles anotados*. Se eu compro uma geladeira para ser entregue em casa, o *pedido* que é preenchido na loja é um documento que pro-

---

[1] *A cambial*. Rio de Janeiro: José Konfino Editor, 1947. p. 20-21.

va a aquisição, mas não é um título de crédito, não só por ausência de tipificação, mas também porque posso exigir a entrega da mercadoria mesmo sem apresentá-lo: não é, portanto, um documento necessário para o exercício do direito. Ao contrário, se paguei a geladeira com um cheque (um título de crédito), o banco só entregará o dinheiro à empresa vendedora se esta depositar o título para ser compensado ou o apresentar no caixa. Se foi uma operação a prazo, a loja poderá emitir uma duplicata e me apresentar (pode mesmo me enviar) para pagar no dia combinado, como outro exemplo.

Daí falar-se que os títulos de crédito são *documentos de apresentação* ou *títulos de apresentação*: somente à vista da cártula, pode-se exigir o adimplemento do crédito; em oposição, não é inadimplente o devedor que se recusa a saldar o crédito por não lhe ter sido apresentado o título respectivo. Como se não bastasse, todos os elementos do crédito (do direito) estão anotados no título, de forma *literal*, isto é, com todos os detalhes que o compõem, e *autônoma*, vale dizer, independentemente de qualquer outra referência. Não é o que acontece, por exemplo, com os ingressos para cinemas e teatros que, não obstante sejam títulos de apresentação, não trazem expresso o *direito literal e autônomo* que se poderá exercer; o mesmo ocorre com as passagens de ônibus e as passagens aéreas: será sempre necessário recorrer a elementos estranhos ao documento para determinar-se, de forma precisa, qual é o direito em questão, já que falta literalidade e autonomia a tais títulos. Por isso, Waldirio Bulgarelli diferencia os (1) títulos de crédito dos (2) *comprovantes de legitimação* e dos (3) *títulos de legitimação*.[2] Os *comprovantes de legitimação* são apenas prova de um contrato; o direito deriva do contrato e não do comprovante; é o que se passa com o pedido, na compra da geladeira. Os *títulos de legitimação*, embora sejam *documentos de apresentação* obrigatória, não traduzem de forma *literal* e *autônoma* o crédito (o direito), exigindo uma investigação do negócio do qual se originou o título; é o que se passa com o ingresso para cinema ou teatro, passagens de ônibus etc.

Em bom Direito, a condição de título de crédito corresponderia ao atendimento a um conjunto de características mínimas, quais sejam (1) a anotação de uma obrigação unilateral, atribuível a devedor ali indicado; (2) a representação obrigatória no instrumento (o papel em que se documenta); (3) o caráter de declaração unilateral de uma obrigação que, portanto, guarda autonomia do ato ou negócio no qual se gerou; (4) a limitação do universo de suas obrigações àquelas que estão definidas na lei e àquelas que estão inscritas no instrumento, em sua literalidade; e (5) atenção a um conjunto de requisitos mínimos, a saber: (a) forma prescrita em lei, (b) data e local de emissão, (c) precisão dos direitos conferidos, (d) assinatura. Mas é preciso reconhecer que, por vezes, o próprio legislador trabalha contra tal configuração, criando exceções a essa regra geral.

2 Características

Quando se fala em títulos de crédito, é comum usarem-se expressões como *cambial* e *Direito Cambiário*, chamando atenção para uma das principais características desse instrumento jurídico: a facilidade com que se pode transferi-lo de um credor para outro,

---

[2] *Títulos de crédito.* 18. ed. São Paulo: Atlas, 2001. p. 84-85.

permitindo seu emprego nas relações comerciais. Cambiar quer dizer trocar, mudar. Veja: Gilmar recebeu uma nota promissória de Ellen, no valor de R$ 3.000,00, para vencimento em 60 dias. Precisando comprar areia, e não tendo dinheiro, Gilmar usa a nota promissória emitida por Ellen no pagamento, transferindo-a a Orozimbo, ou seja, endossando-a àquele, como se estudará na sequência. Quando vencer o prazo de 60 dias, Orozimbo irá com a nota promissória receber o dinheiro de Ellen, apresentando-lhe a nota promissória.

Fica claro, portanto, que a criação do título de crédito, com o preenchimento da cártula, e a sua emissão, quando é posto em circulação, são atos jurídicos de efeitos específicos, com regência normativa própria, composta a bem da segurança não só das partes originárias (devedor e credor), mas igualmente de todo o mercado, por onde o título poderá circular como valor autônomo em operações negociais. Essa cambiaridade, no entanto, só é possível em função do respeito a alguns princípios que devem ser cuidadosamente estudados: a *cartularidade*, a *literalidade*, a *autonomia*, a *independência* e a *abstração*. A base desses princípios é o artigo 887 do Código Civil: "*O título de crédito, documento necessário ao exercício do direito literal e autônomo nele contido, somente produz efeito quando preencha os requisitos da lei.*"

2.1 Cartularidade

A expressão *documento necessário*, disposta no artigo 887 do Código Civil, reflete o chamado *princípio da cartularidade*. Com a criação e a emissão do título de crédito, a obrigação nele anotada passa a ter seu cumprimento vinculado ao título e, somente com a sua apresentação, pode ser exigida; essa característica tem justamente por finalidade permitir a circulação do crédito, dando segurança àquele que recebe o título de que o pagamento não será feito a outro, deixando-o desguarnecido. Justamente por isso, a fotocópia do título, mesmo autenticada, não tem qualquer validade jurídica. Veja: se aquele para quem foi entregue originalmente o título – credor no negócio fundamental – apresenta-se ao devedor, exigindo o pagamento da dívida, mas sem apresentar a cártula, o devedor tem a *obrigação* jurídica de recusar-se a pagar. Afinal, o título pode ter sido entregue a outro – pode ter circulado –, sendo outro o seu credor. Se o devedor aceita pagar sem exigir a cártula, correrá o risco de uma outra pessoa, de posse do título, exigir o pagamento. Se isso acontecer, ele estará obrigado a pagar novamente, pois, como diz um velho ditado, "quem paga mal, paga duas vezes". Pagará de novo e, depois, irá cobrar do primeiro o que ele recebeu indevidamente.

Itaucard

Itaucard × Leonardo

O Tribunal de Justiça de Santa Catarina não acolheu as pretensões do Banco Itaucard S.A. contra Leonardo. Afinal, fundava-se num título de crédito, mas especificamente numa cédula de crédito bancário, e o credor não havia juntado o original do título. O banco recorreu ao Superior Tribunal de Justiça afirmando que não se tratava de uma execução de quantia certa, mas da busca e apreensão do veículo que garantia a cédula de crédito, não sendo o original do título um requisito para tanto; invocou o artigo 3º, § 6º, Decreto-Lei 911/69, o Código de Processo Civil e o artigo 29, § 1º, Lei 10.931/04. Para a busca e apreensão, alegou, bastaria a juntada de uma cópia do título. A Quarta Turma do Superior Tribunal de Justiça discordou (Agravo Interno no Recurso Especial 1.939.207/SC): "(1) Segundo o entendimento jurisprudencial adotado por este Superior Tribunal de Justiça, a cédula de crédito bancário é título de crédito com força executiva, possuindo as características gerais atinentes à literalidade, cartularidade, autonomia, abstração, independência e circulação, este último atributo expressamente consignado no art. 29, § 1º, da Lei 10.931/2004. (1.1) A juntada do original do documento representativo de crédito líquido, certo e exigível, consubstanciado em título de crédito com força executiva, é a regra, sendo requisito indispensável não só para a execução propriamente dita, mas, também, para todas as demandas nas quais a pretensão esteja amparada na referida cártula. (1.2) A dispensa da juntada do original do título somente ocorre quando há motivo plausível e justificado para tal, como exemplo, quando estiver instruindo outra demanda ou inquérito, envolver quantias vultosas, não possuir a serventia judicial local apropriado para a sua guarda, casos em que essa Corte Superior tem abrandado a regra geral, admitindo demanda fundada em fotocópias".

A regra do artigo 309 do Código Civil, considerando válido o pagamento feito de boa-fé a quem parecia ser o credor, não se aplica aos títulos de crédito, já que estão submetidos a um regime jurídico próprio. Apenas quando o título lhe é apresentado, o devedor conhece o seu credor. Quem paga a quem não está na posse do título poderá ter que pagar novamente se outro apresentar a cártula e cobrar a satisfação do crédito.

2.2 Literalidade

No título de crédito tem-se um *direito literal*, diz ainda o artigo 881 do Código Civil; todos os elementos do crédito, quando não decorram de norma jurídica expressa, podem ser lidos na cártula: encontram-se ali escritos, são literais. Literal, portanto, no sentido de que a obrigação, em todo o seu contorno, está ali expressada; o que não está expresso – e não decorre de lei obrigatória – não faz parte da relação jurídica representada pelo título de crédito. É, igualmente, uma garantia para terceiros: aquele que examina um título para ver se aceita ou não o receber como parte de um negócio sabe que todos os elementos do crédito estão – e devem estar – literalmente expressados na cártula; se não tiverem, não lhe podem ser opostos pelo devedor. São essas as bases do chamado *princípio da literalidade*.

O princípio da literalidade, no entanto, serve para a proteção das partes envolvidas com o título de crédito e, principalmente, aos terceiros de boa-fé. Não é um princípio absoluto, como decidiu a Quarta Turma do Superior Tribunal de Justiça, no Recurso Especial 204.626/RS. No caso, avalistas assinaram as notas promissórias dadas em garantia de contrato de compra e venda firmado entre a empresa credora e a devedora principal. A credora executou as notas promissórias contra os avalistas que, defendendo-se em embargos do devedor, comprovaram que parte do débito fora saldado pela devedora, em pagamentos parciais feitos através de cheques. A credora recorreu ao Superior Tribunal de Justiça, alegando que o Judiciário não poderia reconhecer a quitação parcial da dívida em face do princípio da literalidade dos títulos de crédito, já que não constou nas notas promissórias esse pagamento parcial. A Corte decidiu que, "embora o pagamento do valor da nota promissória se dê, em regra, com a apresentação do título, podendo o devedor exigir seja lançada a quitação na própria cártula, não pode o direito aquiescer com o enriquecimento indevido de uma das partes se o avalista apresentar prova inequívoca e literal de que o avalizado pagou parcela da dívida". O relator, Ministro Sálvio de Figueiredo Teixeira, destacou que, transferido o título a um terceiro, a situação seria distinta, já que o Direito Cambiário visa a assegurar a circulação do título, motivo pelo qual o devedor não poderia opor ao terceiro que se apresenta como credor defesas que dizem respeito ao negócio de base, como o pagamento parcial que não foi anotado no título; somente provando que o terceiro conhecia os vícios oriundos do negócio fundamental, seria possível alegá-los contra si. Se o credor é um terceiro que nada sabe, "o pagamento do valor do título lhe é devido exclusivamente por ser dele portador," já que não se poderia "obviamente considerar um vínculo jurídico em que não figura."

Valmir × Mário

No Mato Grosso do Sul, Valmir ajuizou uma execução contra Mário, fundada numa nota promissória no valor de R$ 14.000,00. Mário opôs embargos à execução de título, alegando haver cobrança abusiva de juros, bem como que havia pagamento parcial do débito: R$ 5.000,00 que entregara a Valmir; para provar esses argumentos, Mário pediu ao juiz que ouvisse o depoimento de algumas testemunhas. O juiz indeferiu-lhe o pedido e julgou improcedentes os embargos, salientando que o deslinde da questão dependia apenas de prova documental, até mesmo porque não haveria como se demonstrar o excesso de juros por testemunhas, sendo a prova do pagamento a própria quitação, que não foi apresentada. Mário apelou para o Tribunal de Justiça, mas não conseguiu mudar a decisão. Interpôs, então, um recurso especial para o Superior Tribunal de Justiça, alegando que lhe fora cerceado o direito de defesa. A Quarta Turma daquela Alta Corte, julgando o Recurso Especial 707.460/MS, não lhe deu razão, todavia: "(1) Por gozarem os títulos de crédito de literalidade, eventual quitação destes, no caso, da nota promissória, deve necessariamente constar no próprio contexto da cártula ou eventualmente em documento que inequivocamente possa retirar-lhe a exigibilidade, liquidez e certeza. Outrossim, qualquer questão relacionada a sua cobrança indevida deve ser demonstrada por meio documental. Sob esse prisma, *pois, descabida a produção de prova testemunhal para comprovar a quitação de parte da dívida ou a cobrança abusiva de juros. (2) Assim, ausente a quitação da dívida, conforme, inclusive, reconhecido pelas instâncias ordinárias, até mesmo porque inexistente qualquer início de prova por escrito, e sendo descabida a produção de prova testemunhal dada a literalidade do título executado, perfeitamente cabível o julgamento antecipado da lide com a extinção do processo."*

No entanto, é preciso atenção. Só quando o título é posto em circulação, indo parar nas mãos de terceiros estranhos ao negócio de base, incidem os princípios da literalidade, autonomia e abstração. Julgando o Agravo Interno no Recurso Especial 1.957.978/RJ, a Terceira Turma assim decidiu: "Na hipótese, por se tratar de nota promissória não posta em circulação, não incide o princípio da abstração, sendo possível a arguição de exceções que digam respeito ao negócio jurídico que gerou o crédito executado". No mesmo sentido, o Recurso Especial 1.175.238/RS: "A literalidade, a autonomia e a abstração são princípios norteadores dos títulos de crédito que visam conferir segurança jurídica ao tráfego comercial e tornar célere a circulação do crédito, transferindo-o a terceiros de boa-fé livre de todas as questões fundadas em direito pessoal". Assim, "nas situações em que a circulação do título de crédito não acontece e sua emissão ocorre como forma de garantia de dívida, não há desvinculação do negócio de origem, mantendo-se intacta a obrigação daqueles que se responsabilizaram pela dívida garantida pelo título".

2.3 Autonomia

Para que o crédito possa circular, é preciso que a obrigação representada pelo título seja autônoma, isto é, que o crédito representado pela cártula não dependa de nada mais do que o documento no qual se escreve literalmente, não estando vinculado ao negócio de onde se originou a cártula, chamado de *negócio fundamental* ou *negócio de base*. Dessa maneira, quando uma cártula é oferecida a alguém como parte de um contrato, por exemplo, esse terceiro sabe que não precisa investigar os fatos dos quais o título se originou; basta verificar se o documento preenche os requisitos legais de validade. Por isso, quando apresento um cheque ao caixa de um banco para recebê-lo, ele me paga, sem para tanto precisar ligar para o cliente e perguntar onde e como ele emitiu o título. Em função da autonomia, aquele a quem se oferece um título de crédito tem a segurança de que não precisa se preocupar com o negócio de base, atentando apenas para os elementos que estão – e que devem estar – presentes na cártula.

Quando o artigo 887 do Código Civil se refere a *direito autônomo* contido no título de crédito, fala tanto na *abstração* do título em relação ao negócio fundamental, quanto na *autonomia* de cada obrigação lançada no título, seja em relação ao negócio fundamental, seja em relação às demais obrigações. A autonomia, via de consequência, está inscrita no dispositivo para traduzir tanto o *princípio da autonomia*, quanto o *princípio da abstração*: abstrair o negócio que deu origem à cártula como forma de garantir-lhe a autonomia. Há, no entanto, títulos que não são abstratos, mas causais, isto é, que têm origem obrigatória num negócio jurídico; é o que se passa com a duplicata, que decorre da venda de mercadorias ou da prestação de serviços; sua validade, assim, está vinculada à assinatura do devedor, aceitando a obrigação, ou à comprovação de que o negócio de base se concretizou, o que se faz apresentando o comprovante de entrega da mercadoria ou comprovante de prestação do serviço. Fala-se, ainda, em *princípio da independência*: a obrigação inscrita no título independe de qualquer outro documento para ser válida.

Mas a regra comporta exceções: as cédulas de crédito rural, industrial ou comercial estão expressamente vinculadas a um orçamento a ela anexo. Também não haverá falar em independência ou abstração se uma das partes lançou no título observação que o vincule ao negócio fundamental.[3] Em qualquer caso, porém, a aplicação dos princípios não prescinde de boa-fé; aquele que, sabendo dos vícios do negócio de origem, recebe o título e pretende beneficiar-se de sua condição de terceiro para exigir o cumprimento da obrigação, não se beneficia dessa autonomia; é cúmplice e, assim, deverá suportar a defesa que alegue os defeitos existentes no negócio fundamental.

Fato × Abril

Fato Fomento Mercantil Ltda. executou Abril Comunicações S.A. por conta de duplicatas vencidas e não pagas, totalizando R$ 1.853.734,76. A executada alegou que não ocorrera qualquer prestação de serviços que sustentasse a emissão dos títulos, sendo que o aceite seria fraudulento. O Tribunal de Justiça de São Paulo não acolheu a tese da devedora que recorreu ao Superior Tribunal de Justiça: os títulos continham aceite, aposto por preposto da executada, tendo sido endossados a terceiro de boa-fé, aplicando-se o princípio da abstração. Por meio do Agravo Interno no Recurso Especial 1.668.590/SP, o caso foi examinado pela Quarta Turma: "(2) A duplicata mercantil, apesar de causal no momento da emissão, com o aceite e a circulação adquire abstração e autonomia, desvinculando-se do negócio jurídico subjacente, impedindo a oposição de exceções pessoais a terceiros endossatários de boa-fé. (3) Hipótese em que a transmissão das duplicatas à empresa de *factoring* operou-se por endosso translativo pela sacadora, sem possibilidade de questionamento a respeito da boa-fé da endossatária, portadora do título de crédito, ou a respeito do aceite aposto pelo preposto da devedora. (4) Aplicação das normas próprias do direito cambiário, relativas ao endosso, ao aceite e à circulação dos títulos, que são estranhas à disciplina da cessão civil de crédito".

A autonomia é uma característica que os títulos devem exibir em concreto, ou seja, em cada caso, para o que se faz necessário examinar a cártula, na qual pode haver elementos que a descaracterizem. Como se não bastasse, nas relações jurídicas havidas entre o devedor e o credor originário –, partes do negócio fundamental em que o título se originou – é lícito demonstrar que a cártula não se mostra autônoma. Esse entendimento se reflete na Súmula 258 do Superior Tribunal de Justiça: "A nota promissória vinculada a contrato de abertura de crédito não goza de autonomia em razão da iliquidez do título que a originou." Reflete-se, ainda, na decisão do Recurso Especial 111.961/RS, julgado pela Quarta Turma do Superior Tribunal de Justiça, no qual se decidiu que "a nota promissória que contenha no verso expressa vinculação ao contrato subjacente perde a característica de abstração, podendo ao endossatário ser oposta a defesa que o devedor teria em razão do contrato".

---

[3] *Títulos de crédito*. 18. ed. São Paulo: Atlas, 2001. p. 67.

Como se só não bastasse, aquela mesma Alta Corte já havia permitido ao credor criar uma dependência entre o título de crédito e o contrato do qual se originou, como se afere da Súmula 27: "Pode a execução fundar-se em mais de um título extrajudicial relativos ao mesmo negócio"; a situação mais comum é o contrato de mútuo sendo executado com uma nota promissória, produzindo efeitos práticos relevantes, como se afere da Súmula 26 do mesmo Tribunal: "O avalista do título de crédito vinculado a contrato de mútuo também responde pelas obrigações pactuadas, quando no contrato figurar como devedor solidário." Criou-se, assim, no Direito Brasileiro, uma hipótese de comunhão entre regimes jurídicos diversos, fruto da vinculação do contrato à cambial, permitindo que elementos estranhos aos títulos de crédito (comissão de permanência, multa de inadimplemento etc.) fossem trazidos para a relação cambiária, podendo ser exigidos até dos avalistas.

3 Requisitos genéricos de qualquer ato jurídico

A criação e, principalmente, a emissão válida de um título de crédito exigem respeito a *requisitos genéricos*, próprios de todos os atos jurídicos, conforme previsão anotada no artigo 104 do Código Civil: (1) agente capaz; (2) objeto lícito, possível, determinado ou determinável; e (3) forma prescrita ou não defesa em lei. É possível a criação de títulos de crédito pelo representante da pessoa natural capaz e da pessoa jurídica – procurador com poderes especiais, administrador etc. A representação deve estar bem clara na cártula, sob pena de o representante ser vinculado à sua emissão, fruto do princípio da aparência: o representante responderá pela dívida anotada no título, já que, por omissão sua – que não deixou claro ter assinado o documento como mero representante –, levou o terceiro a erro, pois encontrava na cártula motivo suficiente para supor ter sido a assinatura lançada em nome próprio, e não em nome do representado.

Assinatura por representante

Maria Domitília de Castro Canto e Melo Por procuração de Pedro de Alcântara de Bragança e Burbom

Exemplo – Serviços Pedagógicos Ltda.

Em ambos os casos, fica claro tratar-se de representação, afastando a responsabilidade do representante que assinou a cártula, desde que não tenha agido com excesso de poderes, respeitando o artigo 116 do Código Civil. Nesse sentido, tem-se o artigo 892 do Código Civil, estabelecendo que aquele que lança a sua assinatura em título de crédito, como mandatário ou representante de outrem, sem ter poderes para tanto ou excedendo os que têm, fica pessoalmente obrigado a pagar. A representação no âmbito do Direito

Cambiário, todavia, conhece limites, não se permitindo situações que caracterizem abuso jurídico. Assim, no julgamento do Recurso Especial 147.350/ES, a Quarta Turma do Superior Tribunal de Justiça afirmou que "não tem validade a cambial emitida a partir de mandato outorgado pelo devedor, no bojo do contrato de mútuo, em favor de empresa integrante do mesmo grupo financeiro do credor". Reiterou, assim, a aplicação da Súmula 60 daquela Corte: "É nula a obrigação cambial assumida por procurador do mutuário vinculado ao mutuante, no exclusivo interesse deste."

Por dois ângulos distintos se coloca a necessidade de que o objeto do ato jurídico (criação e emissão do título de crédito) seja lícito, possível e determinável. Num primeiro plano, somente é possível a criação e emissão de títulos de crédito previstos em lei (*princípio da tipicidade*). Não é juridicamente possível *inventar* um título de crédito e pretender submeter tal documento às regras do Direito Cambiário; não há uma licença legal para tanto e, ademais, tal prática criaria imensa insegurança jurídica, já que as pessoas jamais saberiam se determinado documento, não tipificado em lei, é um título de crédito ou não, destacado o regime jurídico especialíssimo das cambias (endosso, aval etc.). Ainda nesse plano, deve-se lembrar que as prestações representáveis pelos títulos são também definidas em lei; pelo cheque só se pode determinar o pagamento de dinheiro, não a entrega de mercadorias, como exemplo. Num segundo plano, essa licitude, possibilidade e determinação se apuram em cada título. Assim, não são válidos (1) títulos cujo objeto contraria lei expressa, (2) títulos que contenham prestação impossível e (3) títulos com prestação indeterminada ou indeterminável.

Por fim, estão os títulos de crédito submetidos a forma prescrita em lei, cujo desrespeito implica invalidade do documento. Como se verá no item seguinte, o legislador foi cuidadoso ao listar requisitos genéricos para os títulos em geral, além de estabelecer requisitos específicos para cada tipo de título; note-se, por exemplo, haver regulamentações específicas, como ocorre com o cheque e as duplicatas, que trazem modelos gráficos de como devem ser as cártulas. Não é ato válido, portanto, pretender *criar* um cheque num pedaço de *papel de pão*, já que há norma específica regulamentando o respectivo talonário. Mas se poderia criar uma nota promissória ou uma letra de câmbio numa folha de *papel de pão*, emitindo-a validamente. A forma prescrita em lei não afasta tal possibilidade, como se verá.

4   Requisitos genéricos dos títulos de crédito

Como se não bastasse a necessidade de atender aos requisitos de validade de qualquer ato jurídico, dispostos no artigo 104 do Código Civil, a criação e a emissão válida de títulos de crédito ainda está submetida a requisitos próprios do Direito Cambiário, aplicáveis genericamente a todos os tipos de cártulas. Esse segundo nível de exigência, contudo, não resolve a questão, já que há um terceiro nível: os requisitos específicos de cada tipo de cártula, que podem constar da respectiva legislação, a exemplo da Lei do Cheque (7.357/1985) ou da Lei das Duplicatas (5.474/1968). Segundo o artigo 889, o título de crédito deve conter (1) a data da emissão, (2) a indicação precisa dos direitos que confere e (3) a assinatura do emitente. São elementos mínimos e sua ausência implicará a invalidação do documento como título de crédito; tornar-se-á uma simples prova do negócio subjacente, não se beneficiando do regime específico do Direito Cambiário.

Requisitos mínimos de todo título de crédito
- Data de emissão
- Indicação precisa dos direitos que confere
- Assinatura do emitente

GS Alimentos Indústria e Comércio Ltda. × Calibras Equipamentos Industriais

O Tribunal de Justiça de São Paulo considerou não ser regular a execução que GS Alimentos Indústria e Comércio Ltda., sociedade que havia incorporado Fricarde S.A. Indústria e Comércio, movia contra Calibras Equipamentos Industriais Eireli: "A ação de execução ajuizada está instruída com nota promissória incompleta, à qual faltam data de vencimento, lugar e data de emissão, ou seja, requisitos imprescindíveis enumerados no art. 75 da Lei Uniforme relativa a Letras de Câmbio e Notas Promissórias. Impende salientar que a nota promissória é título abstrato e autônomo, uma promessa de pagamento que não se vincula ao negócio subjacente que lhe deu origem, motivo pelo qual os seus requisitos devem estar contidos nela própria, sendo vedado encontrá-los noutro documento. [...] O escrito em que falte a data do vencimento será considerado pagável à vista. Naquele em que falte a indicação do lugar do pagamento será considerado o lugar que constar como o do domicílio do emitente. Já a nota promissória a que falte a data da emissão não produzirá o efeito de título com força executiva, mormente porque não é possível que seja pagável à vista".

A Quarta Turma do Superior Tribunal de Justiça, por meio do Agravo Interno no Agravo em Recurso Especial 1.280.469/SP, concordou: "a nota promissória é documento formal, considerando-se válida, nos termos do art. 75 da Lei Uniforme de Genebra, quando dela constar a correta denominação, a promessa de pagar valor determinado, o nome do beneficiário, a data de emissão e a assinatura do emitente. A data de emissão da nota promissória, por conseguinte, é essencial para que se possa verificar a capacidade do emitente que assumiu a obrigação, bem assim para a escorreita contagem dos prazos de vencimento nos casos de títulos emitidos com termo certo".

O título deverá precisar quais são os direitos que confere, ou seja, qual é o crédito por ele representado, de forma precisa, determinada ou determinável (quando haja juros, correção monetária, multa – a exemplo das cédulas de crédito). Em obediência ao princípio da literalidade, todos os elementos deverão estar devidamente expressos na cártula. O que não estiver devidamente escrito não será exigível; há, a propósito, um dito segundo o qual "o que não está na cártula, não está no mundo" (*quod non est in cambio non est in mundo*).

Arremate-se com a assinatura do emitente, que poderá ser firmada por meio válido, já que a lei não faz vedações. Dessa maneira, pode-se assinar com caneta de qualquer tipo (esferográfica, tinteiro, pena, hidrocor etc.) e de qualquer cor, bem como a lápis, grafite ou de cor, embora haja o risco, para o credor, de ser apagada. Para alguns títulos, a exemplo do cheque e da duplicata, admite-se a utilização de chancela mecânica, desde que atenda às exigências regulamentares que lhe são próprias. A impressão do polegar não supre a assinatura, razão pela qual o analfabeto, para criar um título de crédito, deverá utilizar-se de procurador constituído por instrumento público.

A estipulação de tais requisitos essenciais reforça o princípio da cartularidade, ou seja, a indispensabilidade da base material, do *documento necessário*, para os títulos de crédito; o Direito Cambiário clássico não é afeto à *virtualidade*. Já estamos vivendo um Direito Cambiário que admite cártulas eletrônicas, vale dizer, títulos de existência escritural em meios eletrônicos, a exemplo da duplicata eletrônica, cédulas de crédito bancário etc.

SICOOB Tres Fronteiras × *RHL LTDA.*

Ação de execução de título extrajudicial ajuizada pela Cooperativa de Credito de Livre Admissão Três Fronteiras - SICOOB TRES FRONTEIRAS contra a devedora principal de dívida fundada em Cédula de Crédito Bancário, documentada e assinada eletronicamente pela plataforma Sisbr/Sicoob, RHL LTDA, além de seus avalistas. Os executados embargaram o feito alegando que o título continha um defeito: a assinatura eletrônica não atendia à Lei do Processo Eletrônico, não sendo validade pelo sistema de Infraestrutura de Chaves Públicas Brasileira. O Juiz de 1º Grau acolheu o argumento, indeferiu a inicial e extinguiu o processo sem resolução do mérito sob fundamento de que "a parte não demonstrou a validade da assinatura para fins processuais, em conformidade com a exigência prevista na Lei do Processo Eletrônico, não demonstrando o credenciamento da Autoridade Certificadora". A apelação, oferecida ao Tribunal de Justiça do Paraná não foi provida; entenderam os desembargadores que não seria "possível a execução de cédula de crédito bancário assinada eletronicamente por meio de plataforma privada não cadastrada no ICP – BRASIL."

Por meio do Recurso Especial 2.150.278/PR, a questão foi submetida ao Superior Tribunal de Justiça e a solução dada por sua Terceira Turma foi diametralmente oposta. Após delimitar que "o propósito recursal consiste em saber se as normas que regem o processo eletrônico exigem o uso exclusivo de certificação da Infraestrutura de Chaves Públicas Brasileira (ICP-Brasil), para fins de conferir autenticidade aos documentos produzidos e assinados eletronicamente entre as partes em momento pré-processual", os julgadores ponderaram que "a intenção do legislador foi de criar níveis diferentes de força probatória das assinaturas eletrônicas (em suas modalidades simples, avançada ou qualificada), conforme o método tecnológico de autenticação utilizado pelas partes, e – ao mesmo tempo – conferir validade jurídica a qualquer das modalidades, levando em consideração a autonomia privada e a liberdade das formas de declaração de vontades entre os particulares." Afinal, "o reconhecimento da validade jurídica e da força probante dos documentos e das assinaturas emitidos em meio eletrônico caminha em sintonia com o uso de ferramentas tecnológicas que permitem inferir (ou auditar) de forma confiável a autoria e a autenticidade da firma ou do documento."

Partindo dessa base, a Turma destacou que "o controle de autenticidade (*i.e.*, a garantia de que a pessoa quem preencheu ou assinou o documento é realmente a mesma) depende dos métodos de autenticação utilizados no momento da assinatura, incluindo o número e a natureza dos fatores de autenticação (v.g., "login", senha, códigos enviados por mensagens eletrônicas instantâneas ou gerados por aplicativos, leitura biométrica facial, papiloscópica, etc.)." Já "o controle de integridade (*i.e.*, a garantia de que a assinatura ou o conteúdo do documento não foram modificados no trajeto entre a emissão, validação, envio e recebimento pelo destinatário) é feito por uma fórmula matemática (algoritmo) que cria *uma impressão digital virtual* cuja singularidade é garantida com o uso de criptografia, sendo a função criptográfica 'hash' SHA-256 um dos padrões mais utilizados na área de segurança da informação por permitir detecção de adulteração mais eficiente, a exemplo do denominado *efeito avalanche*."

No caso submetido à Corte, "as partes – no legítimo exercício de sua autonomia privada – elegeram meio diverso de comprovação da autoria e integridade de documentos em forma eletrônica, com uso de certificado não emitido pela ICP-Brasil (Sisbr/Sicoop), tendo o Tribunal de Origem considerado a assinatura eletrônica em modalidade avançada incompatível com a exigência do uso de certificado digital no sistema ICP-Brasil para prática de atos processuais no âmbito do processo judicial eletrônico apesar de constar múltiplos fatores de autenticação, constantes do relatório de assinaturas eletrônicas gerado na emissão dos documentos em momento pré-processual. [...] A assinatura eletrônica avançada seria o equivalente à firma reconhecida por semelhança, ao passo que a assinatura eletrônica qualificada seria a firma reconhecida por autenticidade – ou seja, ambas são válidas, apenas se diferenciando no aspecto da força probatória e no grau de dificuldade na impugnação técnica de seus aspectos de integridade e autenticidade."

Colocadas tais premissas, aquela Alta Corte estabeleceu: "Negar validade jurídica a um título de crédito, emitido e assinado de forma eletrônica, simplesmente pelo fato de a autenticação da assinatura e da integridade documental ter sido feita por uma entidade sem credenciamento no sistema ICP-Brasil seria o mesmo que negar validade jurídica a um cheque emitido pelo portador e cuja firma não foi reconhecida em cartório por autenticidade, evidenciando um excessivo formalismo diante da nova realidade do mundo virtual." Afinal, "os níveis de autenticação dos documentos e assinaturas dos atos pré- processuais, praticados entre particulares em meio eletrônico, não se confundem com o nível de autenticação digital, exigido para a prática de atos processuais." Por fim, atestaram que "a Lei 14.620/2023, ao acrescentar o § 4º ao art. 784 do CPC, passou a admitir – na constituição e ateste de títulos executivos extrajudiciais em meio eletrônico – qualquer modalidade de assinatura eletrônica desde que sua integridade seja conferida pela entidade provedora desse serviço, evidenciando a ausência de exclusividade da certificação digital do sistema ICP-Brasil." O recurso especial foi conhecido e provido, determinando-se a devolução dos autos à origem a fim de que se processe a ação de execução de título extrajudicial.

5 Outros elementos qualificadores do crédito

Observe que os requisitos mínimos examinados cumprem uma função qualificadora do crédito, já que o situam no tempo (data de emissão), definem-lhe o objeto (os direitos que confere) e comprovam a identidade do emitente (assinatura). No entanto, há outros elementos genéricos que igualmente qualificam o crédito: (1) vencimento da obrigação e (2) local de emissão e de pagamento. Não são requisitos, como se verá, podendo estar ausente do título, salvo determinação em contrário de lei específica. Mas cumprem um papel importante na definição da relação cambiária.

A data de vencimento, ao contrário da data de emissão, não é um requisito essencial do título, podendo ser omitida, hipótese que caracteriza vencimento a vista, permitindo ao credor exigir, de imediato, o pagamento do crédito; o vencimento a vista pode ser, igualmente, expresso no título, seja colocando data de vencimento igual à data de emissão, seja lançando no título a expressão *vencimento à vista* ou similar. Os títulos de crédito, no entanto, comportam estipulação de vencimento futuro, se a lei específica não o vedar, como ocorre com os cheques, que são, por definição, ordens de pagamento a vista. O vencimento futuro pode ser estipulado em prazo (período de tempo) ou em termo (data certa); o vencimento em *30 dias* é um exemplo de prazo; o vencimento em *8 de julho de 2013* é um exemplo de termo.

O local de emissão e o local de pagamento são, igualmente, elementos que os títulos de crédito não precisam apresentar, segundo a teoria geral disposta no Código Civil, embora seja necessário observar se a legislação específica de um determinado tipo de título torna tal elemento essencial, como ocorre com o cheque. De acordo com o artigo 889, § 2º, do Código Civil, quando não indicado no título o lugar de emissão e de pagamento, o crédito poderá ser exigido no domicílio do emitente. No Recurso Especial 596.077/MG, do qual foi relator o Ministro Castro Filho, a Terceira Turma do Superior Tribunal de Justiça reafirmou tal entendimento: "A falta de indicação expressa do local para o pagamento da nota promissória pode ser suprida pelo lugar de emissão do título ou do domicílio do emitente." Entretanto, se a cártula traz indicação expressa do lugar de pagamento, somente ali o credor poderá exigir o crédito.

6 Título emitido com partes em branco

Se o título é emitido com partes em branco, cuidem-se ou não de requisitos essenciais para a sua validade, deverá ser preenchido por seu portador, de conformidade com os ajustes realizados, esclarecendo a Súmula 387 do Supremo Tribunal Federal que o preenchimento deverá ocorrer antes da cobrança ou do protesto. Trata-se, portanto, de um mandato de previsão legal, a favor daquele que está na titularidade da cártula com partes em branco, estabelecida a obrigação de se respeitar o que foi ajustado com o emitente. Realce-se, no entanto, que a Terceira Turma do Superior Tribunal de Justiça, julgando o Recurso Especial 157.392/RS, afirmou que, "embora admissível, em tese, seja o título firmado em branco, para preenchimento pelo portador, não se deve tolerar imposição do credor que importe ficar com a faculdade de preenchê-lo como lhe parecer adequado".

> *Eliane × Credsaúde*
>
> Eliana resistiu à pretensão da Cooperativa de Economia e Crédito Mútuo dos Profissionais da Área de Saúde da Região de São José do Rio Pardo – Rio Pardo Credsaúde. Argumentou que entregou para a credora uma nota promissória em branco, o que tiraria sua validade. A cártula apresentada em juízo teria sido preenchida posteriormente. A cooperativa reconheceu a emissão em branco, mas afirmou que o preenchimento se fizera em conformidade com o saldo devido pela devedora. A Quarta Turma do Superior Tribunal de Justiça, conhecendo da controvérsia por meio do Agravo Interno no Agravo em Recurso Especial 1.102.779/SP, resolveu a questão assim: "a jurisprudência do STJ é mansa no sentido de aplicar o entendimento da Súmula 387/STF, que dispõe que *'a cambial emitida ou aceita com omissões, ou em branco, pode ser completada pelo credor de boa-fé antes da cobrança ou do protesto'*. [...] Nessa linha, a suposta nulidade da nota promissória deveria ser demonstrada por meio da comprovação da má-fé do credor, o que não se verificou na hipótese dos autos, em que o Tribunal de origem reconheceu que não houve *imputação de má-fé, abuso ou leviandade do portador*". O título, portanto, era válido e, sim, devia ser saldado.

Embora o devedor possa defender-se daquele que preencheu abusivamente as partes em branco do título, alegando tal defeito, o parágrafo único do artigo 891 do Código Civil veda-lhe alegar essa discrepância contra terceiro de boa-fé, portanto do título. Deverá saldar o crédito e, depois, cobrar judicialmente o que pagou a mais do responsável pelo ato abusivo. É um risco que corre aquele que faz a emissão da cambial com lacunas. Trata-se de norma que reflete o *princípio da segurança cambiária*, visando a garantir sua circulação. Se o terceiro, todavia, age de má-fé ao adquirir o título, sabendo do preenchimento abusivo, não se beneficiará de tal previsão, devendo suportar contra si a defesa fundada na discrepância entre o ajustado e o que foi lançado na cártula.

7 Vedações genéricas aos títulos de crédito

O artigo 890 do Código Civil lista elementos que não devem constar dos títulos de crédito, afirmando que, se forem dispostos na cártula, serão considerados *não escritos*: (1) estipulação de juros, (2) proibição de endosso, (3) exclusão da responsabilidade pelo pagamento ou (4) por despesas, (5) dispensa de observar termos e formalidade legais, e (6) exclusão ou restrição de direitos e obrigações, para além dos limites fixados em lei. Antes de passar ao exame das hipóteses, é preciso chamar atenção para o artigo 903 do mesmo Código, ressalvando *disposição diversa em lei especial*. Assim, não só se permite à lei específica de cada tipo cambiário prever a regularidade da inscrição de tais cláusulas no título, como igualmente lhe é permitido criar outras vedações. Válida, portanto, a estipulação de juros na letra de câmbio, quando pagável a vista ou a um certo termo de vista, por força do artigo 5º do anexo I ao Decreto 57.663/66 (Lei Uniforme de Genebra para Letras de Câmbio e Notas Promissórias), lembrando-se que o artigo 77 do anexo I do Decreto estende tal previsão às notas promissórias; também comportam estipulação de juros as cédulas de crédito; são os exemplos mais eloquentes, havendo outros.

Consideram-se não escritos no título de crédito	(1) estipulação de juros
	(2) proibição de endosso
	(3) exclusão da responsabilidade pelo pagamento
	(4) exclusão da responsabilidade por despesas
	(5) dispensa de se observarem termos e formalidade legais
	(6) exclusão ou restrição de direitos e obrigações, para além dos limites fixados em lei

➪ Obs.: O artigo 903 do Código Civil ressalva a possibilidade de *disposição diversa em lei especial*.

A vedação da cláusula proibitiva de endosso justifica-se pela própria natureza dos títulos de crédito, que surgiram como instrumentos de cambiaridade, voltados para a circulação como valores negociais. Ainda assim, há legislações específicas que permitem lançar no título a cláusula *não à ordem*, que impede o endosso. É o que se passa com a letra de câmbio, nota promissória e do cheque. Já a cláusula excluindo a responsabilidade do devedor pelo pagamento do título desnaturaria a relação jurídica, tornando facultativo o adimplemento, o que não é permitido pelo legislador. A vedação, no entanto, alcança os demais participantes da relação cambial: endossatários e avalistas, que também não podem eximir-se do pagamento, sempre em conformidade com a legislação específica. A responsabilidade por despesas não diz respeito à obrigação em si (ao crédito), mas aos gastos necessários para o seu protesto e execução; não se confunde com a cláusula *sem despesa* (ou *sem protesto*), que é válida se lançada na letra de câmbio, nota promissória e cheque, tendo por efeito específico dispensar o protesto do título.

Atente-se para o fato de que a presença de tais cláusulas no título não significa nulidade da cártula; apenas nulidade da cláusula. É esse o preciso significado da expressão *consideram-se não escritas no título*, constante do artigo 890. A cláusula, mesmo tendo existência material, não terá existência jurídica. Distinta, contudo, é a dispensa de se observarem termos e formalidade legais, quando se reflitam na própria estrutura da cártula: se, em virtude da dispensa, estiver ausente algum requisito essencial, o título não será válido.

8 Efeitos da invalidação do título

Se a cártula não atende às exigências legais, estará descaracterizada como título de crédito, não servindo para instruir ação de execução, como já visto em diversos casos aqui transcritos. Essa invalidade, todavia, limita-se à relação de Direito Cambiário, ou seja, limita-se ao título de crédito, não alcançando o negócio fundamental – ou negócio de base – do qual se originou o título. O princípio da autonomia mostra aqui seu lado inverso: não só o título é autônomo em relação ao negócio de base, mas também o negócio de base é autônomo em relação ao título. Assim, a invalidade do título não impede que o credor busque o exercício de seu crédito, embora recorrendo às regras do Direito Obrigacional e Contratual, servindo a cártula como mera prova daquele fato jurídico. Tome-se, como exemplo, o caso *Waldemar × José*, aqui narrado; concluindo o Superior Tribunal de Justiça pela invalidade da nota promissória face à ausência de data de emissão, extinguiu a relação cambiária. Resta, porém, a relação obrigacional: Waldemar é credor de José e poderá ajuizar uma ação de cobrança do respectivo valor, ou mesmo uma ação monitória, utilizando-se da nota promissória invalidada não como título de crédito, mas como mera prova documental do fato jurídico. O mesmo acontecerá com o *Banestes*: deverá ajuizar uma ação de cobrança ou uma ação monitória; ao longo do processo se estabelecerá (1) se há crédito a seu favor e (2) qual é o seu valor. De qualquer sorte, há entendimentos, no Superior Tribunal de Justiça, de que basta preencher os requisitos faltantes e ajuizar uma nova execução.

9 Falsificações

Infelizmente, não se pode afastar a hipótese de o título de crédito ser objeto de falsificação, havendo que se reconhecer que, não raro, o ser humano prefere recusar as regras da sociedade e agir de forma ilícita. Resta saber a consequência da falsidade sobre as relações jurídicas derivadas do título falsificado.

Se a assinatura do emitente é falsa, não estará atendido o requisito legal. Assim, se o emitente é o credor, como na duplicata, o título será inválido; se o emitente é o devedor, como na nota promissória ou no cheque, o título não poderá ser cobrado dele, embora sirva como prova para uma ação de cobrança contra o falsário. Aquele que foi vítima direta da falsificação, ou seja, aquele que se relacionou diretamente com o agente delituoso suportará os efeitos da falsificação, não terceiro que, sem participar do fato, teve a sua assinatura falsificada. Se João recebe uma nota promissória de um falsário que forjou a assinatura de José, será ele, João, que suportará o prejuízo; José, em regra, não poderá sofrer efeitos do fato se para ele não contribuiu eficazmente com dolo, culpa ou abuso de direito. Se José transfere o título para Maria, por exemplo, ainda assim será ele, e não ela, quem suportará o prejuízo, pelas mesmas razões jurídicas.

Se o título porta assinatura verdadeira, mas foi objeto de falsificação nos demais elementos; imagine-se um cheque, preenchido à mão, no valor de *um mil reais*; o falsário transforma *Um* em *Onze*, fechando o *U* para tomar a forma de *O*, transformando a parte final do *m* em *nz* e acrescentando um *e*. Na parte relativa aos algarismos, simplesmente acrescenta o *1*: R$ 11.000,00. O medo de tal manobra, aliás, leva muitos a grafarem *Hum mil reais* nos cheques, certos de que erros de ortografia não impedem o pagamento da cártula. Falsificações como esta deverão ser suportadas, creio, pela vítima direta do falsário: aquele que dele recebeu o título adulterado. O emitente terá sua obrigação limitada ao valor que efetivamente lançou na cártula. Excetua-se a hipótese de o emitente, por ação ou omissão eficaz, ter permitido – facilitado – a falsificação, importa que responderá pelos efeitos de seu comportamento.

21

CIRCULAÇÃO DOS TÍTULOS DE CRÉDITO

1 Cambiaridade

Já ficou claro no capítulo anterior que todo o sistema do Direito Cambiário, isto é, da disciplina jurídica dos títulos de crédito, gravita em torno das vantagens econômica e jurídica de sua circulação. Ao longo da evolução econômica e jurídica da humanidade, desenvolveu-se um mecanismo mercantil e jurídico muito interessante: documentos (títulos) que representavam o dever de pagar (crédito) e que podiam ser transferidos. Isso permitia usar o crédito em operações mercantis. Imagine que o empresário recebeu uma nota promissória com vencimento em 90 dias; ele não precisa esperar esse tempo se pode transferir o título para outra pessoa. Sim, os artigos 286 a 298 do Código Civil já cuidam da cessão de créditos e direitos. Mas é um procedimento complicado, cheio de requisitos, excessivamente oneroso e demorado. Por isso, no âmbito do mercado criou-se uma alternativa simplificada e eficaz: o endosso de um título de crédito. Um mecanismo que ofereceu à humanidade, por séculos, uma forma de circulação de valores quando se desconfiava mesmo das moedas.

O Direito Empresarial encontra no endosso um mecanismo simples e eficaz, ideal para o mercado e sua demanda por agilidade. E isso sustentado nos princípios que já foram estudados: cartularidade, literalidade, autonomia, abstração e independência, cunhados diante da necessidade de dar segurança a terceiros de boa-fé aos quais o título poderá ser transferido. O segredo está em compreender que o documento (o título, a cártula) representa o título, declarando quem deve, o que deve e para quando deve. Em contraste, aceitando-se que a condição de credor é cambiável: pode mudar com facilidade. Só quando o papel (o título de crédito) é apresentado ao devedor é que ele saberá a quem deve pagar. E se paga a quem não tem o título, se não confere ali a regularidade da condição de credor, pode estar pagando a quem não é devido e, assim, ser obrigado a pagar novamente. Afinal, quem paga mal, paga duas vezes.

O funcionamento desse sistema, fica claro, depende do respeito ao princípio da cartularidade: somente estando o crédito vinculado ao título (à cártula), tem-se a segurança de não haver duplicidades: quem tem a cártula é, em regra, o credor. Assim, a transferência do crédito pressupõe a transferência do título: entrega da cártula (do papel); por outro lado, com a entrega da cártula, se não há ressalva escrita no título, pressupõe-se a transferência de todos os direitos relativos ao crédito. Por isso, o artigo 223, parágrafo único, do Código Civil afirma que a fotocópia não supre a ausência do título de crédito. Segundo a mesma lógica, o artigo 324 do Código Civil prevê que a entrega do título ao devedor firma a presunção do pagamento, e o artigo 386 dispõe que a devolução voluntária do título prova desoneração do devedor e seus coobrigados. É indiferente cuidar-se de crédito em dinheiro ou em mercadoria, como deixa claro o artigo 894, garantindo ao portador de título representativo de mercadoria o direito de transferi-lo, de conformidade com as normas que regulam a sua circulação, ou de receber aquela independentemente de quaisquer formalidades, além da entrega do título devidamente quitado.

Enquanto a cártula estiver em circulação, somente se exercem direitos sobre o crédito a partir de sua apresentação, ou seja, detendo-a fisicamente: é preciso entregar o papel para dá-lo em garantia, para constituir um procurador para cobrá-la e, até, para que se realizem medidas judiciais, como a penhora do crédito, o arresto ou o sequestro do título etc. Aliás, o título de crédito, justamente por sua cartularidade (pela base material necessária), pode ser objeto de direitos diversos; nesse sentido, cabe destacar que o Código Civil permite a constituição de usufruto sobre títulos de crédito, hipótese na qual o usufrutuário tem direito a perceber os frutos e a cobrar as respectivas dívidas, devendo aplicá-las, de acordo com o parágrafo único, de imediato, em títulos da mesma natureza, ou em títulos da dívida pública federal, com cláusula de atualização monetária segundo índices oficiais regularmente estabelecidos. Também é possível a dação em pagamento pela entrega do título, segundo o artigo 358 do Código Civil.

2 Título ao portador

Chama-se de *título ao portador* aquele que não traz escrito o nome do beneficiário; dessa forma, o credor é aquele que está com o título, ou seja, o seu portador. Há títulos, como o *conhecimento de transporte ferroviário*, que podem ser emitidos *ao portador*, vale dizer, emitidos para circulação sem identificação do credor. Mas é uma hipótese rara, já que o artigo 907 do Código Civil considera nula a emissão de título ao portador sem autorização de lei especial. O mais comum são títulos que se apresentam ao portador: o espaço destinado à identificação do beneficiário (do credor) está em branco, podendo ser preenchido com qualquer nome; enquanto esse espaço não for preenchido, a cártula circulará como título ao portador; sendo preenchido, passará a ser título à ordem, como se estudará na sequência.

Quando o título não traz a indicação do beneficiário, aquele que porta a cártula é presumido como sendo o credor dos direitos nele conferidos, bastando apresentar o documento ao devedor no vencimento e exigir o adimplemento. A criação de um título ao portador, portanto, é um ato de risco do emitente, o que fica claro da leitura do artigo

905, parágrafo único, do Código Civil, prevendo que o devedor está obrigado a adimplir a prestação cambiária mesmo quando o título entrado em circulação contra a vontade do emitente. Em fato, não se pode esquecer, a circulação é da essência do Direito Cambiário e, via de consequência, o emitente não pode se opor à sua transferência, salvo autorização expressa em lei especial para algum tipo de título de crédito.

Então, os títulos ao portador são transferidos pela simples tradição, isto é, pela simples entrega da cártula; nada mais é necessário. Aquele que recebe a cártula torna-se credor do crédito, sem que esteja por qualquer forma vinculado ao negócio fundamental, a partir do qual foi o título emitido, em face do princípio da autonomia; é a garantia anotada no artigo 906 do Código Civil: o devedor somente pode defender-se da pretensão do portador de exigir o pagamento se alegar (1) questão que o relacione diretamente com o portador (*direito pessoal*), incluindo a demonstração de que o portador tem conhecimento dos vícios do negócio subjacente, rompendo com o dever de boa-fé objetiva (e afastando a aplicação do *princípio da segurança cambiária*), ou (2) defeito de forma que se apure na própria cártula (*nulidade de sua obrigação*). Em Direito, diz-se da inoponibilidade das exceções pessoais ao terceiro de boa-fé.

Arremato lembrando que há meios que permitem àquele que alega ser o legítimo portador de um título responder às situações de perda ou extravio do título, bem como de seu desapossamento injusto (furto, roubo, apropriação indébita etc.): o Direito Processual prevê medidas judiciais, como a ação de anulação e substituição de títulos, além de medidas de urgência, como a imediata notificação ao devedor ou ao sacado do desapossamento injusto, perda ou extravio. Tais medidas, todavia, são tomáveis apenas em face do portador de má-fé, deixando claro o artigo 896 que "o título de crédito não pode ser reivindicado do portador que o adquiriu de boa-fé e na conformidade das normas que disciplinam a sua circulação".

3   Título à ordem

No *título à ordem*, a cártula traz expresso o nome do beneficiário do crédito, mas permite-se que a pessoa nomeada transfira o título para outra pessoa, o que é chamado de endosso. A possibilidade do endosso é afirmada pela expressão *à ordem*. Por exemplo: *pague por este cheque a quantia de quatro mil e novecentos reais a Joaquim José da Silva Xavier ou à sua ordem*. Se você verificar seu talão de cheque, verá essa expressão ao final da linha destinada ao nome do beneficiário do título, indicando que o cheque pode ser endossado pela pessoa nomeada na cártula a uma outra pessoa, isto é, que o beneficiário pode *ordenar* que o pagamento se faça a uma outra pessoa, indicando-a ou não. No endosso, há dois sujeitos jurídicos: (1) o *endossante*: beneficiário nomeado no título, é aquele que endossa, que cede o crédito pelo endosso; (2) o *endossatário*: aquele para quem o título é endossado.

O endosso é uma forma simples e ágil para a cessão do crédito anotado no título, bastando ao beneficiário lançá-lo na face (anverso) ou nas costas (verso) da cártula, usando expressões como *endosso, em endosso* ou qualquer que transmita a mesma ideia, e assinando:

> *Endosso a Joaquim Silvério dos Reis.*
>
> *Joaquim José da Silva Xavier*

A legislação não exige que o endosso seja datado, mas também não impede o endossante de fazê-lo. Por outro lado, é possível endossar o título sem indicar o endossatário: basta lançar a expressão *endosso* (ou similar) e assinar; faculta-se, mesmo, não lançar qualquer expressão: a assinatura nas costas do título caracteriza o endosso. Se há indicação do nome do endossatário (aquele para quem o título é transferido), tem-se o que se chama de *endosso em preto*; se não há tal indicação, tem-se o que se chama *endosso em branco*, sendo lícito a qualquer portador legítimo transformá-lo em *endosso em preto*, bastando escrever seu nome ou de terceiro sobre a assinatura, completando a lacuna. Por outro lado, o endosso pode ser cancelado, bastando rasurá-lo, hipótese em que se considera não escrito.

A ausência da indicação do endossatário produz uma situação próxima ao do título ao portador, já que será credor do título aquele que se apresentar com ele, permitindo que a transferência do crédito se faça por mera entrega da cártula. Aliás, para além da assinatura do endossante, mesmo no endosso em preto, exige-se a entrega do título, elemento que completa a transferência do crédito. Assim, para exigir o crédito, o endossatário deverá apresentar o título no qual o endosso deverá estar grafado, respeitando, assim, os princípios da cartularidade e da literalidade, simultaneamente.

Afora exceções dispostas em leis específicas, como ocorre com o cheque, é faculdade do endossatário exigir o pagamento do título, quando vencido, ou simplesmente endossá-lo novamente, em branco ou em preto. Pode formar-se, assim, uma cadeia de endossos. O devedor, quando lhe for apresentado o título, deverá verificar a regularidade da série de endossos para aferir se o portador é o legítimo possuidor da cártula. Não é preciso verificar a autenticidade das assinaturas, mas apenas a regularidade da cadeia de endossos, ininterrupta: se há a assinatura do beneficiário nomeado, bem como assinaturas de todos os beneficiários de endossos em preto. Se a cadeia, sendo regular, termina com um endosso em branco, presume-se que o portador, seja quem for, é o credor.

O título pode ser transferido a qualquer momento, mesmo após o seu vencimento, sendo que o artigo 920 do Código Civil é expresso ao prever que o endosso posterior ao vencimento produz os mesmos efeitos do anterior. Esse *endosso tardio*, posterior ao vencimento do título, quando o crédito já está em condições de ser exigido, é também chamado de *endosso póstumo*. No entanto, esteja-se atento: somente os efeitos são da cessão de crédito. Não é preciso seguir as solenidades do § 1º do artigo 654 do Código Civil, incluindo a notificação do devedor. Nesse sentido, o Recurso Especial 1.189.028/MG, julgado pelo Superior Tribunal de Justiça.

Não se aceita o endosso parcial; endossa-se o título e, com ele, a totalidade do crédito. O endosso parcial, salvo autorização em lei específica, é nulo e, assim, não possui qualquer validade: corresponde à ausência de endosso. Também não se permite o endosso condicional, ou seja, que se lance na cártula uma cláusula condicionando a transferência do título a evento futuro e incerto. A condição para a validade da transferência que seja eventualmente estipulada pelo endossante será considerada não escrita, segundo o artigo 912 do Código Civil, considerando-se o título transferido, independentemente da realização, ou não, do evento a que se pretendeu submeter o endosso.

O endossante, segundo o artigo 914 do Código Civil, não tem responsabilidade pelo cumprimento da prestação constante do título, salvo se estiver disposto o contrário no endosso lançado na cártula: *Endosso a Cláudio Manuel da Costa, responsabilizando-me pelo adimplemento* – ou expressões similares. Note-se, contudo, tratar-se de regra geral, excepcionada por legislações, a exemplo da letra de câmbio e da nota promissória (artigos 15 e 47 do anexo I do Decreto 57.663/66), do cheque (artigo 21 da Lei 7.357/85), e da duplicata (artigos 13, § 2º, e 18, II, da Lei 5.474/68), títulos nos quais o endossante é solidariamente responsável pelo pagamento da cártula, nos termos que serão estudados à frente.

O princípio da autonomia estende suas forças para alcançar e proteger o endossatário, sempre que, de boa-fé, desconheça as particularidades do negócio de base – do qual se originou o título – e, principalmente, seus vícios. Justamente por isso, diante da apresentação extrajudicial ou judicial do título para o pagamento, o devedor somente poderá se opor alegando matérias que digam respeito às relações pessoais que tenha com o portador/endossatário do título, bem como exceções relativas à forma do título e ao conteúdo literal da cártula, falsidade da própria assinatura, a defeito de capacidade ou de representação no momento da subscrição, e à falta de requisito necessário ao exercício da ação. A defesa fundada nas relações mantidas entre o devedor e os portadores precedentes somente poderá ser arguida se o endossatário tiver agido de má-fé ao adquirir o título.

Atenção: o título pode ser transferido por meio distinto do endosso; todavia, em tais hipóteses aplicar-se-ão as regras da cessão de crédito, instituto com regime jurídico mais complexo e com mais requisitos de validade. Trata-se, todavia, de situação raríssima, havendo uma ampla preferência pelo endosso, como revela a prática negocial.

Valor Empresarial × Petrópolis Industrial

Valor Empresarial Fomento Mercantil Ltda. executou cheques contra Petrópolis Industrial Produtos de Limpeza Ltda. O executado embargou a execução alegando que em operações de fomento mercantil (*factoring*) envolvendo cheques, deve ser aplicado o regime de cessão de créditos civil com perquirição da *causa debendi* e oponibilidade das exceções pessoais, sendo que, no caso, os cheques foram emitidos em garantia de pagamento de compra e venda que não se perfectibilizou. O juiz julgou procedentes os embargos e extinguiu a execução. O Tribunal de Justiça de Goiás deu provimento à apelação da exequente/embargada para julgar improcedentes os embargos à execução e, por conseguinte, determinar o regular prosseguimento da execução: "(1) Não se exige a demonstração ou a discussão da causa subjacente que deu origem aos títulos, já que o cheque é ordem de pagamento à vista e ostenta a natureza de título de crédito, portanto, é não causal, ou seja, em decorrência de sua autonomia e abstração, não comporta discussão sobre o negócio jurídico originário. (2) Independentemente da finalidade da emissão dos títulos ou da natureza do contrato de *factoring*, tendo havido a circulação dos cheques, o emitente resta impossibilitado de opor exceções pessoais, salvo se demonstrada a má-fé do portador, o que não se constata na hipótese. (3) Ainda que assim não fosse, isto é, supondo possível a discussão de *causa debendi in casu*, o resultado, ainda assim, militaria contra a Embargante/Apelada, que não conseguiria se esquivar de sua obrigação frente aos 09 (nove) cheques por si emitidos, haja vista que o contrato de compra e venda que ensejou a emissão dos cheques, em que pese inadimplido, mostra-se perfeitamente válido e eficaz, à luz do art. 104 do CC. Logo, por qualquer ângulo pelo qual se aprecie a questão posta em apreciação, a reforma da sentença é medida que se impõe". A Petrópolis Industrial Produtos de Limpeza Ltda. recorreu ao Superior Tribunal de Justiça e, por meio do Agravo Interno no Agravo em Recurso Especial 2.015.597/GO, a matéria foi submetida à Terceira Turma que, entrementes, concordou com a Corte Goiana: "A jurisprudência consolidou-se no sentido de admitir a transferência do título de crédito (na hipótese um cheque) por endosso cambial nos contratos de *factoring* com os efeitos dele decorrentes, sendo inviável opor exceções pessoais à empresa de *factoring*. Precedentes".

4 Título nominativo

Haverá título nominativo quando o nome do beneficiário do crédito representado pela cártula conste de um registro mantido pelo emitente. É o que se passa com os certificados de debêntures, já estudadas neste livro, cujos titulares constam de registro no *livro de registro de debêntures*; a letra imobiliária é outro exemplo. Ao contrário do título à ordem, que é nominal – isto é, que traz o nome do beneficiário –, o título nominativo pode ou não ser nominal, como se afere do artigo 923 do Código Civil, quando diz *caso o título original contenha o nome do primitivo proprietário*. O essencial, portanto, é o registro peculiar mantido pelo emitente.

A transferência do título nominativo se faz por meio de termo no registro do emitente, assinado pelo cedente e pelo cessionário; se a legislação específica do título permitir (ao contrário do que se passa com os certificados de debêntures), poderá haver transferência por endosso, do qual deverá conter o nome do endossatário, somente tendo eficácia perante o emitente, uma vez feita a competente averbação em seu registro. Essa averbação, aliás, pode seguir-se a uma série regular e ininterrupta de endossos. De qualquer sorte, é direito do emitente exigir do endossatário que comprove a autenticidade da assinatura do endossante; na hipótese de série de endossos, comprovará a autenticidade das assinaturas de todos os endossantes. O emitente que de boa-fé fizer a transferência seguindo tais determinações legais fica desonerado de responsabilidade pelo ato.

Após a averbação, se o título nominativo for nominal, isto é, se contiver o nome do beneficiário do crédito, o endossatário poderá obter do emitente novo título, em seu nome, devendo a emissão do novo título constar no registro do emitente. Se a legislação também o permitir, poderá pedir sua transformação em título à ordem ou ao portador, pagando as despesas de tal operação. Enquanto mantiver a forma nominativa, todavia, qualquer negócio ou medida judicial, que tenha por objeto o título, só produzirá efeitos perante o emitente ou terceiros, uma vez feita a competente averbação no registro do emitente.

> *Banco Voiter S/A × COCARI – Cooperativa Agropecuária e Industrial*
>
> O Banco Voiter S/A, na condição de endossatário, apresentou uma cédula de produto rural (CPR), que é um título nominativo, à COCARI – Cooperativa Agropecuária E Industrial, pretendendo receber o crédito constante da cártula: 19.160.000 kg de soja em grãos a granel. O título fora emitido em favor de uma empresa comercializado dos grãos (uma *trading*, diz-se por aí) que, posteriormente, endossou-a à instituição financeira. A cooperativa resistiu ao adimplemento da obrigação cambiária, alegando desrespeito aos artigos 923, § 1º, do Código Civil e 12, § 2º, da Lei n. 8.929/1994, vez que a endossatária deveria ter promovido a notificação comprobatória do endosso, averbando-a no cartório do domicílio da devedora. Aliás, a cédula estava atrelada a um contrato de compra e venda futura de soja, entre a cooperativa e a trading, que foi desfeito no meio do caminho. A tese não foi acatada pelo juiz de Direito, nem pelo Tribunal de Justiça do Paraná, reconhecendo a autonomia do título de crédito e a inoponibilidade das exceções pessoais (inclusive o desfazimento do contrato de venda futura) em face do credor/endossatário. Levada ao Superior Tribunal de Justiça, por meio do Agravo em Recurso Especial 2.113.920/PR, segui derrotada: dos artigos 923, § 1º, do Código Civil e 12, § 2º, da Lei n. 8.929/1994 não se afere o dever de notificação do endosso, nem sua averbação cartorária. Assim, é direito do credor, seja o beneficiário original, seja um endossatário, apresentar a cártula e exigir o adimplemento, protestar e, se necessário, promover a execução judicial do título.

5 Endosso-mandato

O credor pode constituir um representante (mandatário) para o exercício dos direitos conferidos pela cártula; no entanto, em face do princípio da cartularidade, o exercício dos direitos se faz à vista do título, razão pela qual o mandato pressupõe sua entrega ao mandatário. Como se trata de um título que deve ser apresentado para o exercício dos direitos nele anotados, sem a cártula o mandatário nada poderia fazer. Fala-se, então, em *endosso-mandato*: a transferência do título sem que haja cessão do crédito, mas representação do credor. O endosso será lançado no título, em branco ou em preto, por expressões como: *Em endosso-mandato, endosso para representação* etc. O Decreto 57.663/66 (Lei Uniforme de Genebra para Letras de Câmbio e Notas Promissórias) se refere, ainda, às expressões *valor a cobrar, para cobrança, por procuração*, ou qualquer outra menção similar que traduza uma simples outorga de mandato.

É importante atentar, aqui, para o princípio da literalidade: todos os elementos da relação entre o *endossante-mandante* e o *endossatário-mandatário* deverão estar dispostos na cártula, para que possam vincular terceiros, inclusive o devedor. Assim, a cláusula constitutiva de mandato, lançada no endosso, confere ao endossatário o exercício dos direitos inerentes ao título; se o endossante quer restringir essa outorga de poderes, deve expressar a restrição na cártula. O mesmo se passará se o endossante-mandante apenas assinar o título atrás, não identificando seu ato: para o devedor e o terceiro, salvo conhecimento do que efetivamente se passou, ter-se-á um endosso translatício, aquele no qual o crédito é cedido para o endossatário; somente nas relações específicas com o endossatário-mandatário, o endossante poderá provar ter havido apenas um mandato, não uma cessão do crédito. É o que se passaria com novo endosso; com efeito, o endossatário-mandatário pode transferir o título para outra pessoa, mas apenas para substabelecimento, ou seja, para ceder a essa pessoa os mesmos poderes que recebeu, tornando-a mandatária para a cobrança do título. Se não há especificação do mandato, não se poderá pretender a devolução do título por terceiro de boa-fé que o recebeu, julgando-se endossatário (cessionário) do crédito.

Apresentado o título pelo endossatário-mandatário, o devedor deverá tratá-lo como se fosse o endossante-mandante: pagando ou defendendo-se da pretensão pela alegação de matérias que digam respeito ao endossante, e não ao endossatário, pois esse é um mero representante do titular do crédito. Não mais. Mesmo a morte ou incapacidade superveniente do endossante não constitui motivo para oposição ao pagamento, já que por estipulação do artigo 917, § 2º, do Código Civil, o endosso-mandato não perde eficácia diante de tais fatos.

Cooperativa de Economia e Crédito Mútuo dos Fabricantes – Credinova × *SBF Comercio de Produtos Esportivos S.A.*

A Cooperativa de Economia e Crédito Mútuo dos Fabricantes – Credinova tornou-se ré em processo de indenização movido por SBF Comercio de Produtos Esportivos S.A. em razão dos danos morais advindos do protesto indevido de uma duplicata emitida por Criações Alex Kidd Ltda. e que não teria lastro (ou seja, não refletia uma operação mercantil efetivamente havida entre a sacadora e a sacada). Em sua defesa, argumentou tratar-se de endosso-mandato e que não "seria responsável pelos danos causados ao sacado, uma vez que no endosso-mandato o endossante constitui mandatário para que este realize a cobrança dos direitos incorporados ao título." A tese de defesa não mereceu acolhida do Tribunal de Justiça de São Paulo em face das particularidades do caso.

Os desembargadores ponderaram, de abertura, que, na hipótese de endosso-mandato, nos termos da jurisprudência do Superior Tribunal de Justiça, "o endossatário que recebe um título por endosso-mandato e o protesta, só responderá pelos danos materiais e morais causados pelo protesto se extrapolar os poderes de mandatário ou em razão de ato culposo próprio, como no caso de apontamento depois da ciência acerca do pagamento anterior ou da falta de higidez da cártula." No entanto, destacaram, "há que se anotar que a duplicata, para ser válida, está condicionada à existência e à validade do negócio subjacente. Será dispensado o exame acerca da regularidade da negociação originária somente se o título tiver o aceite do sacado. Na sua falta, só será viabilizada se, cumulativamente, for protestada e estiver acompanhada de documento hábil comprobatório da entrega e do recebimento da mercadoria ou da efetiva prestação de serviços. No caso em tela, a corré endossante Criações Alex Kidd Ltda. é revel e, por consequência, não apresentou nenhuma prova a respeito da regularidade do referido título, ônus este que lhe cabia. Assim, a cooperativa de crédito protestou a duplicata sem aceite e não apresentou comprovante de entrega da mercadoria ou da prestação de serviço, documento essencial para legitimar o protesto."

Aí está o problema; é "inadmissível que o endossatário realize protesto apenas municiado de duplicata sem aceite desprovida de qualquer provada prestação do serviço ou entrega da mercadoria. A desídia na falta de conferência do lastro e de verificação da legitimidade da cobrança configura negligência da cooperativa de crédito, que protestou o título por endosso-mandato. Diante disso, o endossatário é responsável pelos danos morais sofridos por não ter se certificado quanto à higidez da cártula. Assim, correta a sentença que reconheceu a inexigibilidade do título de crédito por ter sido sacada de forma fraudulenta. Por consequência, se houve protesto indevido, está claro que a apelante sofreu danos morais decorrentes da ofensa à honra. E não podemos esquecer que a honra é atributo de suma importância, sendo que o seu abalo atinge o sujeito de forma intensa, representando verdadeiro atentado à honra objetiva da pessoa jurídica. Importante consignar que o dano moral advindo do injusto protesto dispensa comprovação nos autos, eis que emerge de forma latente dos fatos, e pode ser legitimamente presumido. É o que a doutrina costuma denominar dano *in re ipsa*."

Por meio do Agravo Interno no Agravo em Recurso Especial 2.333.134/SP, o litígio foi examinado pela Terceira Turma do Superior Tribunal de Justiça que confirmou a decisão paulista, considerando-se, ademais, que "a indenização pelos danos morais foi arbitrada em R$ 20.000,00 (vinte mil reais), não se verifica a exorbitância que justificaria a sua revisão".

6 Endosso-penhor

O título de crédito pode ser utilizado como garantia de obrigações. Fala-se em *penhor de títulos de crédito* ou, ainda, em *caução de títulos de crédito*; para que a garantia possa ocorrer, será preciso transferir as cártulas, transferência que não se faz para a cessão do crédito representado pelo título, mas para que esse crédito garanta o pagamento de uma outra obrigação. Essa transferência se faz por um *endosso-penhor* ou *endosso pignoratício*. *Pignoratício* é o adjetivo para aquilo que diz respeito a penhor. Dessa forma, endosso pignoratício é aquele que se faz para transferir o título *em penhor* e não para a cessão do crédito. Veja um exemplo: Crasso tem uma nota promissória assinada por Pompeu, no valor de R$ 4.000,00, e, contraindo uma dívida de R$ 3.000,00 com Júlio César, entrega a nota promissória como garantia, escrevendo atrás: *Endosso a Júlio César, para garantir o pagamento de R$ 3.000 (três mil reais) em 17/03/44*. Há duas relações distintas:

1ª) Crasso é portador de uma nota promissória de R$ 4.000,00 emitida por Pompeu. Logo, nessa relação jurídica, Crasso é o credor e Pompeu é o devedor.

2ª) Crasso deve R$ 3.000,00 a Júlio César. Nessa relação, Júlio César é o credor e Crasso é o devedor. Como Júlio César exigiu uma garantia, Crasso ofereceu-lhe, como caução, a nota promissória emitida por Pompeu. Para tanto, endossou-a em penhor; Crasso assumiu, assim, o papel de *endossante-pignoratício*; Júlio César, o papel de *endossatário-pignoratício*.

Em função do princípio da cartularidade, o endosso-penhor exige a entrega do título ao endossatário-pignoratício, a quem se confere o exercício dos direitos inerentes. Há, portanto, uma situação muito próxima do endosso-mandato, embora em operações jurídicas distintas. Tanto é assim que, segundo o artigo 918, § 1º, o endossatário-pignoratício só pode endossar novamente o título na qualidade de procurador, ou seja, para constituir um endossatário-mandatário. Se o título vence, o endossatário-pignoratício deverá cobrá-lo do devedor, que deverá tratá-lo como se fosse o endossante-mandante: pagará ou se oporá ao pagamento, desde que sua defesa diga respeito ao endossante, e não ao endossatário-pignoratício, pois este apresenta o título como mero representante do titular do crédito.

O credor-pignoratício, endossatário do título, recebe a obrigação não para si, mas para o credor do título, seu devedor-pignoratício. Justamente por isso, salvo haver autorização expressa de seu devedor (o endossante), não poderá reter o valor que corresponde o seu crédito, se não está vencido. Deverá depositar o valor recebido, em sua totalidade (mesmo se maior que a dívida garantida), aguardando o vencimento de seu crédito. Se a dívida garantida já estiver vencida, será possível reter, da quantia recebida, o que lhe é devido, restituindo o restante ao devedor. Se o título dado em endosso-penhor conferia direito sobre coisa (por exemplo, uma *warrant* de 200 sacas de café), o credor-pignoratício deverá executar seu crédito, pedindo que o bem ou bens recebidos sejam penhorados como garantia da ação.[1]

---

[1] Conferir MAMEDE, Gladston. *Código Civil comentado*: penhor, hipoteca e anticrese: artigos 1.419 a 1.510. São Paulo: Atlas, 2003. v. 14.

Dow AgroSciences

Dow Agrosciences × Gerson

Dow Agrosciences Industrial Ltda. executou Gerson em razão de uma duplicata no valor de R$ 47.455,00, a si endossada (endosso-caução). Entretanto, Gerson embargou a execução: a duplicata fora emitida por Difersul Ltda., pagou-a diretamente à empresa emitente e juntou prova do pagamento e de recibo com a quitação. Assim, invocou o artigo 295 do Código Civil, argumentando que, na cessão por título oneroso, o cedente, ainda que não se responsabilize, fica responsável ao cessionário pela existência do crédito ao tempo em que lhe cedeu; a mesma responsabilidade lhe cabe nas cessões por título gratuito, se tiver procedido de má-fé. A sentença lhe foi favorável, e o Tribunal de Justiça do Paraná também entendeu que, com o pagamento realizado pelo endossante, teria por efeito tornar o título inexigível e, assim, a garantia representada pela obrigação inscrita na cártula estaria desconstituída.

Por meio do Agravo Interno em Agravo em Recuso Especial 1.635.968/PR e, como você já sabe diante do que estudamos, o entendimento daquela Alta Corte foi diametralmente oposto: "A normatização de regência busca proteger o terceiro adquirente de boa-fé para facilitar a circulação do título de crédito, pois o interesse social visa proporcionar a sua ampla circulação, constituindo a inoponibilidade das exceções fundadas em direito pessoal do devedor a mais importante afirmação do direito moderno em favor de sua negociabilidade". É certo que, "na exordial dos embargos à execução, o executado aduziu que não reconhece a higidez da duplicata que aparelha a ação principal, pois o crédito referente à relação fundamental foi quitado por ele diretamente à sacadora. Contudo, à luz do art. 903 do CC, as normas especiais que regem os títulos de crédito prevalecem, e não se pode baralhar, para a solução de questão concernente ao endosso e ao aceite, esses institutos de direito cambiário com o instituto civilista da cessão de crédito, ignorando princípios caros ao direito cambiário (autonomia, abstração, cartularidade, literalidade e inoponibilidade de exceções pessoais)".

Disseram mais os julgadores: "No tocante à operação de endosso-caução, também denominado endosso-pignoratício, o art. 19 da Lei Uniforme de Genebra (LUG) estabelece que, quando o endosso contém a menção 'valor em garantia', 'valor em penhor' ou qualquer outra menção que implique uma caução, o portador pode exercer todos os direitos emergentes da letra, mas um endosso feito por ele só vale como endosso a título de procuração. Os coobrigados não podem invocar contra o portador as exceções fundadas sobre as relações pessoais deles com o endossante, a menos que o portador, ao receber a letra, tenha procedido conscientemente em detrimento do devedor. [...] O endosso-caução tem por finalidade garantir, mediante o penhor do título, obrigação assumida pelo endossante perante o endossatário, que desse modo assume a condição de credor pignoratício do endossante. Verificado o cumprimento da obrigação por parte do endossante, o título deve ser-lhe restituído pelo endossatário, não havendo, por isso, ordinariamente, a própria transferência da titularidade do crédito. No entanto, apesar de permanecer proprietário, o endossante transmite os direitos emergentes do título, como ocorre no endosso comum, aplicando-se o princípio da inoponibilidade das exceções pessoais ao endossatário".

Por fim, restou a questão do pagamento feito diretamente ao credor, sem exigir a apresentação e o resgate do título de crédito. E a solução você já aprendeu no capítulo anterior. Eis o que disseram os ministros: "Não há insegurança para os devedores, pois não se pode ignorar que a *quitação regular de débito estampado em título de crédito é a que ocorre com o resgate da cártula – tem o devedor, pois, o poder-dever de exigir daquele que se apresenta como credor cambial a entrega do título de crédito (o art. 324 do Código Civil, inclusive, dispõe que a entrega do título ao devedor firma a presunção de pagamento)".* E nesse sentido, aliás, também já fora decidido o Recurso Especial 1.236.701/MG.

7 Substituição, anulação e reivindicação

O princípio da cartularidade deixa-nos alguns problemas, por certo: o que fazer se o título é danificado, se o credor o perde ou se é furtado? Existem, no entanto, soluções para tais casos. Comecemos pela hipótese de dano à cártula, separando duas situações: (1) danos que permitam identificar o título (manchas de óleo, tinta, rasgado etc.) e (2) danos que destruam completamente o título. No primeiro caso, o possuidor do título tem o direito de obter do emitente a sua substituição, extrajudicialmente, bastando restituir o que sobrou da cártula e pagar as despesas que o emitente tenha para substituí-la.

Se o emitente não aceita substituir o título, o que poderia fazer o portador? O Código de Processo Civil de 1973, ora revogado, previa a figura da *ação de substituição de título de crédito* (artigo 912). O novo Código não o faz, razão pela qual se deve concluir que o portador deverá mover uma ação comum (processo de conhecimento), pedindo a substituição ao magistrado. Se o título trouxer endosso, aceite e/ou aval, tais pessoas também deverão ser rés da ação, sendo chamadas para contestar ou voluntariamente lançar suas assinaturas no título substituído.

Para a hipótese de *destruição completa da cártula ou seu extravio*, bem como para a hipótese de desapossamento injusto (furto, roubo, apropriação indébita), havia a *ação de anulação e substituição de título* (artigo 908 do Código de Processo Civil de 1973). Não há mais. Mais uma vez, o portador deverá ajuizar uma ação comum (processo de conhecimento), pedindo que o magistrado determine a sua substituição. Trata-se de medida drástica, considerando a possibilidade de o título ter circulado legitimamente, ou seja, de ter havido endosso regular.

A meu ver, ainda que o novo Código de Processo Civil tenha omitido a figura da *ação de anulação e substituição de título*, tal pedido é juridicamente possível. Mais do que isso, o pedido de substituição, creio, pressupõe o pedido de anulação, declarando-se que o título originário não tem mais eficácia jurídica. Justo por isso, parece-me indispensável não apenas certeza sobre os fatos, como citação por edital de terceiros interessados. Nesse sentido, é preciso não perder de vista o artigo 259 do Código de Processo Civil, segundo o qual serão publicados editais: na ação de recuperação ou substituição de título ao portador.

Convencendo-se que efetivamente houve destruição, extravio ou desapossamento injusto, o juiz anulará o título originário e determinará ao emitente que lavre outro em substituição. Havendo aceitante, avalistas ou outros endossantes, também serão intimados a renovar suas declarações e assinaturas no título substituído. A responsabilidade pelo pagamento das despesas necessárias para que seja concretizada a substituição do título, bem como das custas judiciais, correm por conta do credor, autor do pedido, desde que não tenha havido contestação.

Se o título foi perdido, extraviado ou objeto de desapossamento injusto, mas se sabe quem o detém ilegitimamente, o portador moverá ação reivindicando a cártula, ou seja, provará ser o legítimo portador do título, demonstrando que o réu o detém ilegitimamente, ou seja, de má-fé. O título não pode ser reivindicado do portador que o adquiriu de boa-fé e na conformidade das normas que disciplinam a sua circulação. Imagine-se um título ao portador ou nominal, com endosso em branco, que foi furtado; o portador legítimo poderia reivindicá-lo judicialmente do ladrão. No entanto, se o ladrão o transfere a um terceiro de boa-fé, o legítimo portador não tem ação contra este.

22

PAGAMENTO E GARANTIA DE PAGAMENTO

1 Aval

Quando o título de crédito tem por objeto o pagamento de quantia em dinheiro, permite-se que a obrigação seja garantida por terceiros, o que se faz por meio de aval. Instituto próprio dos títulos de crédito, o aval é uma declaração unilateral de garantia, por meio da qual o avalista se compromete a saldar o débito anotado na cártula caso o avalizado não o faça. Unilateral por não demandar contrapartida, nem mesmo exigir aceitação: o avalista apenas declara que garante. O avalizado pode ser o devedor principal do título, a exemplo do emitente do cheque ou da nota promissória; mas pode ser um coobrigado: como visto, o endossante de cheque ou nota promissória ou é solidariamente responsável pelo crédito transferido, conforme previsão anotada nas leis que o regem. Assim, é possível que alguém avalize o endossante, o que é distinto do aval dado ao devedor principal, emitente do cheque ou da nota promissória.

O aval é bem distinto da fiança, que é a garantia pessoal que se oferece em contratos. Ao contrário do aval, a fiança (1) comporta *benefício de ordem* (o fiador pode exigir que primeiro se executem os bens afiançados), (2) permite *benefício de divisão* (cada fiador assume apenas parte da dívida), (3) pode ser limitada, inclusive em valor inferior ao da obrigação principal, e (4) comporta substituição do fiador insolvente ou incapaz. São apenas exemplos de distinções; outras há, como a possibilidade de o fiador antecipar-se ao credor na execução do afiançado quando o credor, sem justa causa, demorar em fazê-lo.

Banco Santander (Brasil) S/A × Walace

Avalista de um título de crédito, uma cédula de crédito bancário, Wallace resistiu à execução. Disse que o título não era líquido, certo e exigível, que haveria onerosidade excessiva, nos termos do Código de Defesa do Consumidor, e que haveria necessidade de se determinar o esgotamento das vias de satisfação do débito contra o devedor principal para, só então, permitir ao credor voltar-se contra o garantidor. A sentença não lhe foi favorável, contudo. "O art. 28 da Lei 10.931/2004 menciona expressamente a eficácia executiva do título [cédula de crédito bancário] se acompanhada da apresentação dos extratos da conta ou por meio da demonstração do saldo devedor através de planilha de cálculo. Compulsando os autos da execução, percebe-se que a exequente juntou a planilha de cálculos, com evolução do débito, assim como informou a indicação dos encargos. Não há que se falar, portanto, em nulidade."

O avalista/executado não teve melhor sorte no Tribunal de Justiça do Distrito Federal e Territórios, que não só concordou com a liquidez e certeza. "*In casu*, não houve demonstração de que a taxa do contrato (1,7% a. m.) e utilizada na planilha da execução tenha ultrapassado de forma excessiva a média de mercado divulgada pelo Banco Central e configurado juros abusivos. O pactuado pelas partes não foi acoimado de ilegal, inconstitucional ou mesmo contrário às normas que regem os contratantes. Também não há vício na cláusula contratual que prevê, para o período de inadimplência, a cumulação de juros remuneratórios, juros moratórios e multa, estando a prática em consonância com o enunciado da Súmula 379 do STJ."

Foi além o TJDFT:"1. A pessoa jurídica que realiza contrato de financiamento bancário com a finalidade de obtenção de capital de giro para implementação de sua própria atividade comercial não se enquadra no conceito de consumidor final, de modo que, consoante entendimento do C. STJ, não se mostra possível a aplicação das regras de defesa do consumidor no contrato firmado pelas partes. Precedente AgRg no AREsp n. 71.538/SP. 2. Conquanto inaplicável o CDC ao caso (pessoa jurídica que adquire insumo para o desenvolvimento da atividade empresarial) mesmo em caso de sua incidência não haveria cláusula abusiva que destoaria da praxe bancária placitada pela lei e vasta jurisprudência. 3. No caso, a onerosidade alegada não foi gerada pelo contrato, mas por circunstâncias que dizem respeito, exclusivamente, à condição pessoal do apelante, qual seja, a da redução de sua renda, fato este que não pode ser invocado para a revisão, devendo haver prevalência do contratado. Necessário que estivesse efetivamente delimitado nos autos o desequilíbrio contratual gerado ou o lucro excessivo para a intervenção judicial, o que também não é a hipótese narrada."

Por meio do Agravo Interno no Recurso Especial 2.027.935/DF, a Quarta Turma confirmou o que já fora dito pelas instâncias anteriores. Concordou mesmo com a desnecessidade de se executar; primeiro, o devedor principal: "A jurisprudência desta Corte Superior é no sentido de que o aval não se equipa à fiança para o fim de admitir o benefício de ordem, uma vez que o avalista constitui um responsável autônomo e solidário." Na mesma linha, tem-se o decidido no Agravo Interno no Recurso Especial /SP: "A apresentação de bem à penhora pelo devedor principal não exime o avalista de manter-se solvente para eventualmente adimplir a dívida, pois, no aval, não há benefício de ordem." E somamos o julgamento do Recurso Especial 1.560.576/ES pela Corte Especial do mesmo tribunal: "O aval é uma garantia pessoal, específica para títulos cambiais, do cumprimento da obrigação contida no título. Trata-se de declaração unilateral de vontade autônoma e formal. O avalista não se equipara à figura do devedor principal, nada obstante a solidariedade quanto à obrigação de pagar."

O aval é um ato unilateral e autônomo; dele se extrai apenas a declaração de que, se o avalizado não pagar, o avalista pagará, independentemente dos motivos que levaram o terceiro a oferecer a garantia. Deve ser, igualmente, um ato incondicional, não se admitindo cláusulas complexas de garantia, e total: o artigo 897, parágrafo único, do Código Civil, veda o aval parcial (de apenas parte do crédito) que, via de consequência, deve ser considerado não escrito e, assim, inexistente. Atenção: é o aval, como um todo, que deve ser considerado não escrito, e não apenas a sua limitação. Trata-se, igualmente, de uma regra geral que, na forma do artigo 903 do Código Civil, pode ser excepcionada por normas específicas, como ocorre com o cheque, em virtude do artigo 29 da respectiva lei.

O aval pode ser dado na face (anverso) ou nas costas (verso) da cártula, usando expressões como *avalizo, em aval, bom para aval* ou qualquer que transmita a mesma ideia, e assinando. Mas a assinatura na face do título, sem o acompanhamento de qualquer cláusula, também caracteriza igualmente aval. Portanto, a assinatura isolada na *face* caracteriza *aval* e nas costas (no verso) caracteriza endosso; foi o que afirmou, aliás, o Ministro Eduardo Ribeiro, quando a Terceira Turma julgou o Recurso Especial 5.544/GO: "considera-se aval a assinatura lançada no anverso [na frente] do cheque. Com tal valerá também a aposta no verso [nas costas], desde que acompanhada da expressão *por aval* ou equivalente. A firma constante do verso do cheque, sem outras explicações, corresponde a endosso." Esse entendimento, todavia, não foi o vitorioso naquela Corte; há diversos julgados, como o Agravo Regimental no Agravo de Instrumento 468.946/RJ, afirmando que "a só assinatura no verso da nota promissória caracteriza o aval". Essa posição se fundamenta na concepção de que "nos títulos de crédito, não há assinaturas inúteis". Dessa forma, se a assinatura que não acompanha cláusula explicando seu motivo é dada por quem não é beneficiário (e, assim, não seria endossante), seria de se presumir tratar-se de aval. A questão ainda é tormentosa nas Cortes e, sim, isso causa insegurança jurídica.

Se o avalista for casado em regime distinto da separação absoluta de bens, a prestação do aval exige autorização do outro cônjuge, como exige o artigo 1.647, III, do Código Civil, que poderá ser dada no mesmo momento em que o aval é lançado ou mesmo posteriormente. Se não há autorização, o cônjuge poderá pedir a anulação do aval dado, é o meu entendimento. Contudo, o Superior Tribunal de Justiça, julgando o Recurso Especial 1.644.334, emitiu posição diversa: "Aval em nota promissória sem outorga conjugal é válido, mas ineficaz com relação ao cônjuge que não o consentiu".

Julgando o Recurso Especial 1.633.399/SP, a Quarta Turma do Superior Tribunal de Justiça (STJ) decidiu que a garantia do aval em cédula de crédito comercial dispensa a outorga do cônjuge prevista no artigo 1.647, III, do Código Civil de 2002, sob o argumento de que "o aval, como qualquer obrigação cambiária, deve corresponder a ato incondicional, não podendo sua eficácia ficar subordinada a evento futuro e incerto, porque dificultaria a circulação do título de crédito, que é sua função precípua". Assim, entenderam, a regra do artigo 1.647 só alcançaria os títulos de crédito inominados. Esse julgado e seu entendimento parecem-me um grande e lamentável equívoco. A regra do artigo 1.647 do Código Civil não é norma cambiária, mas norma geral de proteção à família, refletindo a garantia constitucional inscrita no artigo 226 da Constituição da República. É norma prejudicial, portanto, às normas de Direito Cambiário, refletindo um bem que a Constituição e a lei consideram mais fundamental que as relações cambiárias. O entendimento esposado, se aplicado às demais hipóteses, implicaria que a existência de norma estranha ao Código Civil, permitiria alienar ou gravar de ônus bens imóveis, prestar fiança ou fazer doação, sem a autorização do outro cônjuge. O que o julgado fez, isso sim, foi fechar os olhos para a Constituição da República e considerar as relações cambiárias mais importantes que a família. Não me passa despercebido, ademais, que o credor, no caso, é uma instituição financeira a quem sobejam (ou deveriam sobejar) as obrigações inerentes ao exercício de seu objeto social.

Banco Bamerindus do Brasil S.A. × Alba

O *Banco Bamerindus do Brasil S.A.* moveu uma ação de execução a Sra. *Alba*, avalista de uma nota promissória. Em embargos à execução, *Alba* defendeu-se dizendo que o aval fora dado por procurador que não tinha poderes expressos e especiais para assim comprometê-la. Em seu socorro, o Bamerindus argumentou que o procurador, no caso, era o filho de Sra. *Alba*, a quem ela tinha dado procuração que, embora realmente não se referia a poderes expressos e especiais para dar o aval, permitia-lhe gerir os seus negócios e, até, vender seus bens. A Quarta Turma do Superior Tribunal de Justiça conheceu do caso ao examinar o Recurso Especial 278.650/PR, decidindo a favor da Sra. *Alba*: "A validade do aval dado em nota promissória exige que o mandatário disponha de poderes expressos para tanto, sob pena de nulidade da garantia." O Ministro Aldir Passarinho Junior, em seu voto, afirmou que "o aval é ato personalíssimo, posto que importa no comprometimento do patrimônio do garantidor, a ponto de levá-lo, em certas circunstâncias, à insolvência. Daí, inaceitável admitir-se como válido aval dado por procurador que não possuía poderes específicos para tanto, mormente em se cuidando de um estabelecimento bancário, que não pode alegar desconhecimento das regras aplicáveis aos mútuos, por serem operações corriqueiras, inerentes a sua atividade social."

Esse precedente foi usado pela Quarta Turma, duas décadas depois, para resolver o Agravo Interno no Agravo em Recurso Especial 1.255.702/SP. No entanto, a pretensão do avalista não foi acolhida. Afinal, no caso, reconheceu o Tribunal de Justiça do Paraná: "Não há vedação no ordenamento jurídico para que o aval seja prestado por procuração, sendo cediço que o instrumento de mandato deve ser expresso nesse sentido, consoante o disposto no art. 661, § 1º, do Código Civil. E, como se denota do instrumento acostado aos autos a fls. 270-272, assinado e registrado na Comarca de Jundiaí/SP, vigente desde 23-6-2008 a 31-3-2009, o embargante outorgou expressamente poderes aos subscritores (Miguel e Laércio) para avalizar os títulos em seu nome. Não obstante tal procuração mencione que o instrumento 'confere poderes para representar o outorgante junto às Agências Fazendárias e Fiscais do Estado do Mato Grosso do Sul', mais adiante é empregado o conectivo 'bem como', que acrescenta outras hipóteses do mandato, tais como 'assinar sempre em conjunto de dois procuradores, independentemente de ordem de nomeação, em representações do outorgante perante quaisquer instituições financeiras e demais instituições autorizadas a funcionar pelo Banco Central do Brasil, inclusive Banco do Brasil S.A., podendo [...] emitir, sacar, descontar, caucionar, endossar, avalizar, aceitar e assinar cheques, ordens ou demais títulos'. Não há que se falar, pois, em irregularidade de representação, sendo o embargante responsável solidariamente por todos os títulos aqui excutidos, uma vez que figurou como avalista – seja com sua assinatura ou por procuração específica – em todos eles".

Da mesma forma que o aval pode ser dado, pode ser cancelado, hipótese em que será considerado como não escrito. O cancelamento poderá ser feito pelo portador do título a qualquer momento; pelo avalista, somente até a entrega do título ao portador, não havendo previsão legal de *desistência posterior*. Já para o lançamento da assinatura, não há limite de tempo, podendo o título ser avalizado antes ou depois do vencimento, indiferentemente, com iguais efeitos.

2 Efeitos do aval

O avalista equipara-se àquele cujo nome indicar; indicando um endossatário, equipara-se a esse, como exemplo. Em se tratando de aval *em branco*, sem indicação do avalizado, pressupõe-se ter sido dado a favor do emitente ou devedor final. Havendo o inadimplemento do avalizado, torna-se concreta a obrigação do avalista, ocupando o mesmo plano daquele: daí falar-se que o avalista se equipara ao avalizado. Há solidariedade passiva entre ambos que, assim, ocupam a mesma posição diante do credor, que pode livremente escolher se processará o avalizado, o avalista (independentemente daquele) ou ambos; é sua faculdade escolher de quem exigirá a dívida inteira. O credor pode simplesmente desconhecer o devedor principal e avançar sobre o patrimônio do avalista, isoladamente, dele exigir e obter a totalidade do pagamento. Justamente por isso, o avalista pode ter o seu nome inscrito em cadastros de inadimplentes, como o Serasa e o SPC.

O aval é, a seu modo, uma declaração unilateral de vontade, como o próprio título de crédito o é. Justamente por isso, o artigo 899, § 2º, do Código Civil prevê que a responsabilidade do avalista subsiste, mesmo se a obrigação por ele garantida for nula, exceto quando se trate de vício de forma. Portanto, o aval é autônomo em relação (1) ao que se passou entre avalista e avalizado, (2) ao negócio de base e (3) à própria obrigação avalizada.

Trata-se de regra que segue o *princípio da segurança jurídica*, justificando-se pela necessidade de garantir a circulação do título: o avalista somente pode defender-se alegando matérias que se apurem no título (face aos *princípios da cartularidade* e da *literali-*

dade), como o defeito formal, ou matérias que digam respeito a relações entre ele, avalista, e o credor do título. Se o título não circulou, já não há falar em aplicação de tais regras, pois afastado o contexto que justifica a aplicação do *princípio da segurança jurídica*. Se há um vício no negócio entre emitente (devedor principal avalizado) e aquele a quem entregou o título avalizado, não pode o credor pretender que o avalista não possa trazer a questão a Juízo, o que apenas tornaria mais custosa a relação: (1º) o credor, mesmo sem razão, cobraria o título do avalista; (2º) o avalista, exercendo o direito de regresso, cobraria o valor do avalizado, devedor principal; (3º) em face do defeito do negócio de base, o devedor principal, tendo pago ao avalista, moveria ação contra o credor. Portanto, se o título não circulou, não há falar em autonomia do aval para pretender que o avalista não possa defender-se trazendo ao Judiciário problemas que, embora relativos ao negócio fundamental, afastariam a exigência do título.

Antônio Francisco, Anderson e Odilson

Antônio Francisco executou uma nota promissória, no valor de R$ 500.000,00, contra Anderson. O executado não concordou e embargou: argumentou que o valor da dívida seria, na verdade, de R$ 200.000,00, havendo prática ilícita de agiotagem. Ademais, Antônio Francisco seria devedor de uma nota promissória, na condição de avalista, no valor de R$ 295.000,00. E tal cártula fora endossada a ele, Anderson, por seu beneficiário, Odilson. Por meio do Recurso Especial 1.560.576/ES, a solução do litígio deu-se na Terceira Turma do Superior Tribunal de Justiça que, antes de mais nada, afastou a alegação de agiotagem por não ter sido comprovada. O restante da controvérsia foi toda resolvida aplicando-se os princípios do Direito Cambiário que estamos estudando.

Em primeiro lugar, considerou-se que Antônio seria credor de Anderson, na importância de R$ 500.000,00, obrigação representada por uma nota promissória emitida por Anderson e que tinha Antônio por beneficiário. Em segundo lugar, os Ministros reconheceram que Antônio Francisco era, sim, avalista de uma nota promissória no valor de R$ 295.000,00 que fora emitida em favor de Odilson, mas endossada para Anderson. Seria possível aplicar-se o artigo 368 do Código Civil e compensar as obrigações, mesmo se as dívidas a serem compensadas forem representadas por notas promissórias distintas, nas quais as partes ocupam posições diversas?

Antes de mais nada, destacou-se que "avalista e endossatário são responsáveis solidários pelo pagamento do valor contido no título". Prossegue o acórdão: "embora não seja o avalista equiparado ao emitente do título, responde da mesma maneira que o avalizado, em razão da solidariedade imposta por lei. Sobre essa questão, o art. 32 da Lei Uniforme de Genebra estabelece o seguinte: "Art. 32. O dador de aval é responsável da mesma maneira que a pessoa por ele afiançada'. A obrigação mantém-se mesmo no caso de a obrigação que ele garantiu ser nula por qualquer razão que não seja um vício de forma. Se o dador de aval paga a letra, fica sub-rogado nos direitos emergentes da letra contra a pessoa a favor de quem foi dado o aval e contra os obrigados para com esta em virtude da letra. Na posição de garante, *o avalista não assume a obrigação do avalizado, mas é responsável como ele*. Inclusive, sua obrigação é assumida de forma autônoma, ou seja, independentemente do devedor". Assim, deferiu-se a compensação pretendida.

Note-se que, mesmo se o título houver circulado, os defeitos do negócio originário poderão ser trazidos à discussão se provado que o terceiro, portador do título, age de má-fé, ou seja, que tinha conhecimento dos vícios ao receber a cártula e, assim, pretende tirar vantagens indevidas da sua condição de endossatário. O mesmo acontecerá sempre que houver na cártula elementos que quebrem com o princípio da autonomia, vinculando o título a outro documento ou a um determinado negócio, como visto no capítulo anterior. Aliás, nos termos da jurisprudência do Superior Tribunal de Justiça, esse vínculo também pode afirmar-se em desproveito do avalista. Com efeito, o avalista está, a princípio, obrigado apenas pelo pagamento anotado no título; no entanto, aplicando-se as Súmulas 26 e 27 daquela Corte, tem-se que o credor poderá executar conjuntamente a cártula e um contrato a ela vinculado, hipótese na qual o avalista poderá ser responsabilizado também pelas obrigações pactuadas no contrato, se nele constar como devedor solidário.

3 Direito de regresso

Se o avalista paga o título, no todo ou em parte, tem (1) o direito de cobrar do avalizado a totalidade do que pagou; (2) o direito de cobrar de iguais coobrigados (existindo mais de um avalista para o mesmo devedor) parte proporcional do que pagou; (3) o direito de cobrar a totalidade do que pagou dos coobrigados anteriores. Na terceira hipótese, a existência de *coobrigados anteriores* está diretamente ligada à formação de uma *cadeia de endossos*, como estudado no capítulo anterior. Imagine-se uma nota promissória, título no qual o endossante está obrigado ao pagamento do título, caso o devedor principal não o faça (artigos 15 e 47 do anexo I do Decreto 57.663/66) e, a partir dela, vamos criar um exemplo:

Uma historinha de A a G

Alfredo, avalizado por Beatriz, emitiu uma nota promissória a favor de Carlos; Carlos a endossou para Débora; Débora, avalizada por Edson (aval do endossante), a endossou para Flávio, que a endossou para Gladston, ou seja, para mim. Vencido o título, apresentei-o a Alfredo, que se recusou a pagá-lo: "– *Estou duro, cara*." Legítimo portador do título, eu posso cobrá-lo, inclusive judicialmente, de qualquer um dos participantes da cadeia: do emitente Alfredo, dos endossantes Carlos, Débora e Flávio, e dos avalistas Beatriz (avalista do emitente) e Edson (avalista da segunda endossante). Para mim, que sou o credor, todos são igualmente responsáveis; igualmente: eu posso escolher se processarei um (qualquer um), alguns (também quaisquer) ou todos.

> Entre os coobrigados, todavia, há obrigações que são anteriores e outras que são posteriores; por isso se diz que o endossante ou avalista que saldou o título tem direito de cobrar o que pagou aos *coobrigados anteriores*. Antes de todos está o devedor principal, no caso, Alfredo, que emitiu a nota promissória. Depois de todos, está o último a se obrigar, no caso, Flávio, último endossante. Os avalistas estão logo depois de seus avalizados; na historinha, usei as letras A, B, C, D, E e F para marcar as posições na cadeia de anterioridade. Assim, se Flávio pagar, poderá voltar-se contra todos os anteriores; contudo, se Carlos pagar, somente poderá cobrar o pagamento de Alfredo e Beatriz, que lhe são anteriores; não há ação contra os que lhe são posteriores: Débora, Edson e Flávio.

Na segunda hipótese, falou-se *em direito de cobrar de iguais coobrigados parte proporcional do que pagou*. A regra pressupõe duas pessoas que ocupem a mesma posição na cadeia de anterioridade e, assim, detenham igual responsabilidade. Pense-se num cheque emitido por Sófocles, avalizado por Ésquilo e Eurípides, a favor de Aristófanes. Como o cheque não foi pago, Aristófanes escolhe executar Eurípides, que paga o valor. Como suportou sozinho a obrigação, Eurípides poderá exercer direito de regresso contra o outro avalista, Ésquilo, mas apenas por metade do valor; também poderá exercer o direito de regresso contra Sófocles, o devedor principal, exigindo-lhe a totalidade do que desembolsou.

4 Pagamento do título

Como as cártulas são títulos de apresentação, o devedor cumprirá sua obrigação àquele que lhe trouxer a cártula, quando vencida. Em se tratando de título à ordem que tenha sido endossado, deverá verificar se a cadeia de endossos está completa, embora não esteja obrigado a conferir a autenticidade das assinaturas; se estiver, pagará ao último endossatário. Em se tratando de título ao portador ou título à ordem com endosso em branco, pagará ao apresentante, seja ele quem for. Ao fazê-lo, o devedor fica validamente desonerado, mesmo que tenham havido problemas na cadeia de transferência do título; para tanto, obviamente, faz-se necessário que o devedor tenha feito o pagamento de boa-fé, o que pressupõe desconhecimento do vício. Se age de má-fé, poderá ser responsabilizado pelo pagamento indevido.

Pagando o título, o devedor deve exigir do credor a entrega da cártula, evitando, assim, que ela seja posta em circulação e, assim, transferida a terceiro de boa-fé, o que implicaria o dever de pagar novamente, face aos *princípios da segurança, autonomia* e *cartularidade*. Ademais, é direito – e dever – do devedor exigir, além da entrega do título, quitação regular, ou seja, que o credor lhe dê um recibo do pagamento, na cártula ou em documento separado. Atenção: o recibo em separado, embora possa ser oposto àquele que recebeu o pagamento, não poderá ser oposto a terceiro de boa-fé; o devedor deve ter o cuidado de exigir o título de volta e, ademais, o recibo, preferencialmente lançado no próprio título, beneficiando-se do princípio da literalidade.

O pagamento deve ser feito no vencimento. O devedor não pode ser compelido a pagar antes que o título esteja vencido; igualmente, o credor não está obrigado a receber o pagamento antes do vencimento do título. Aliás, segundo o artigo 902 do Código Civil, aquele que paga o título, antes do vencimento, fica responsável pela validade do pagamento. Uma vez vencido o título, o credor não pode recusar-se a receber o pagamento, nem a dar a respectiva quitação. O credor não pode, até, recusar o pagamento parcial, que é um direito do devedor. Havendo pagamento parcial, o recibo correspondente deverá ser lançado no próprio título, o que limitará o direito conferido pela cártula, inclusive em relação a terceiros, face ao *princípio da literalidade*. Mas é um direito do devedor, que paga parcialmente, exigir não só o recibo anotado no título, mas também outro recibo, dado em documento separado.

5 Protesto

Se alguma obrigação anotada no título de crédito – o pagamento ou outra – não é devidamente cumprida, o portador da cártula poderá procurar o Tabelionato de Protestos e *protestar o título*. O protesto é o ato formal e solene pelo qual se prova a inadimplência e o descumprimento da obrigação. Não é um requisito para a execução do devedor principal e seus avalistas, embora seja lícito ao credor, mesmo nessas hipóteses, protestar o título, o que é chamado de *protesto facultativo*. Mas é requisito para acionar outros coobrigados, como endossantes e seus avalistas, bem como para o pedido de falência. Nesses casos, fala-se em *protesto necessário*.

Para títulos escriturais (por muitos chamados de eletrônicos), por força do artigo 41-A da Lei 9.492/97, com alterações introduzidas pela Lei 13.775/18, os tabeliães de protesto manterão, em âmbito nacional, uma central nacional de serviços eletrônicos compartilhados que prestará, ao menos, os seguintes serviços: (1) escrituração e emissão de duplicata sob a forma escritural, observado o disposto na legislação específica, inclusive quanto ao requisito de autorização prévia para o exercício da atividade de escrituração pelo órgão supervisor e aos demais requisitos previstos na regulamentação por ele editada; (2) recepção e distribuição de títulos e documentos de dívida para protesto, desde que escriturais; (3) consulta gratuita quanto a devedores inadimplentes e aos protestos realizados, aos dados desses protestos e dos tabelionatos aos quais foram distribuídos, ainda que os respectivos títulos e documentos de dívida não sejam escriturais; (4) confirmação da autenticidade dos instrumentos de protesto em meio eletrônico; e (5) anuência eletrônica para o cancelamento de protestos.

Recebendo o título, o tabelião examinará seus requisitos formais; só lhe é lícito apontar defeitos de forma, como falta de assinatura do emitente, data de emissão etc. Verificando a existência de tais defeitos, o tabelião devolverá o documento ao apresentante. Em oposição, se verificado que o título atende a todos os requisitos formais, o tabelião providenciará para que o devedor seja intimado do pedido de protesto, no endereço fornecido pelo apresentante do título; o fornecimento de endereço incorreto, de má-fé, é ilegalidade que implicará dever de indenizar, podendo ser penalmente punida. A Lei 14.711/23 (Marco Legal das Garantias) permite que o tabelião de protestos utilize meio eletrônico ou aplicativo multiplataforma de mensagens instantâneas e chamadas de voz para enviar as intimações, caso em que a intimação será considerada cumprida quando comprovado o seu recebimento por meio de confirmação de recebimento da plataforma eletrônica ou outro meio eletrônico equivalente (§ 3º); no entanto, se após três dias úteis, contados da remessa da intimação dessa forma, sem que haja a comprovação de recebimento, deverá ser providenciada a intimação no endereço do devedor; se, ainda assim, a intimação não for exitosa, passa-se à intimação por edital.

Da intimação do devedor, segundo o artigo 20 da Lei 9.492/97, conta-se um prazo de três dias úteis; vencido esse prazo, registra-se (*lavra-se*) o protesto. Até essa lavratura, o *apresentante* poderá retirar o título, pagando os emolumentos e demais despesas. Também é possível ao *devedor* impedir o protesto, pagando o título no cartório: valor do principal, emolumentos e demais despesas. O cartório receberá tais valores do devedor e, então, colocará o pagamento à disposição do apresentante. O protesto pode ser tirado em três hipóteses diferentes: (1) *protesto por falta de pagamento*; (2) *protesto por falta de aceite*; e (3) *protesto por falta de devolução*. Esses dois últimos são próprios da letra de câmbio e duplicata, títulos que são apresentados ao sacado para que os aceite e, assim, vincule-se à obrigação; são temas a serem estudados nos próximos capítulos. O *protesto por falta de aceite* deve ser efetuado antes do vencimento da obrigação e após o decurso do prazo legal para o aceite ou a devolução; o *protesto por falta de devolução*, quando o sacado retiver o título que lhe foi enviado para aceite, utilizando-se o credor de segunda via da letra de câmbio ou, se duplicata, optando entre *protesto por indicação* da duplicata retida ou pela apresentação de *triplicata*. A Lei 14.711/23 (Marco Legal das Garantias) criou a possibilidade de haver solução prévia ao protesto, na forma do artigo 11-A, e seus incisos, que foi incluído na Lei 9.492/97. A norma permite ao apresentante ou credor requerer que o título seja recebido com a recomendação da via negocial prévia; o apresentante define prazo de resposta (até 30 dias), podendo estipular valor ou percentual de desconto e demais condições de pagamento, se for o caso. Frustrada a via negocial, o protesto será tirado pelo valor original da dívida. Uma vez registrado o protesto, seu cancelamento pode ser requerido ao cartório por qualquer interessado, mediante apresentação do documento protestado, cuja cópia ficará arquivada, aceitando-se, se impossível apresentá-lo, a declaração de anuência, com identificação e firma reconhecida, daquele que figurou no registro de protesto como credor. Também é possível o cancelamento por determinação judicial.

Kimberly-Clark

Kimberly-Clark Kenko × Super Mini Preço

Kimberly-Clark Kenko Indústria e Comércio Ltda. levou a protesto uma duplicata emitida contra *Super Mini Preço – Supermercado Ltda.*, que não fora saldada no vencimento. Passados 24 dias do protesto, o título foi pago diretamente ao recorrido. Nem a credora, nem a devedora, entretanto, procederam ao cancelamento do protesto e, aproximadamente três anos após o ocorrido, o supermercado ajuizou ação pedindo a condenação de *Kimberly-Clark Kenko* ao pagamento de indenização por danos morais derivados de sua negligência em não proceder ao cancelamento do protesto, imediatamente após a quitação do título. Com o oferecimento do Recurso Especial 442.641/PB, o caso foi decidido pela Terceira Turma do Superior Tribunal de Justiça: "Não pago o título de crédito no vencimento, age em regular exercício de direito o credor que o aponta para protesto. Se a relação jurídica existente entre as partes não é de consumo e o protesto foi realizado em exercício regular de direito (protesto devido), o posterior pagamento do título pelo devedor, diretamente ao credor, não retira o ônus daquele [o devedor] em proceder ao cancelamento do registro junto ao cartório competente." Segundo a relatora, Ministra Nancy Andrighi, a Lei 9.492/97 não impõe ao credor o dever de proceder ao cancelamento do registro; seu artigo 26 "apenas indica o rol de legitimados a requerer o cancelamento (*qualquer interessado*). Desta norma não se pode concluir, com evidência, que o credor esteja juridicamente obrigado a promover o cancelamento do protesto. E, se não há dever jurídico na espécie, não se pode inferir, por consequência, tenha o credor, ora recorrido, agido com culpa, o que afasta a procedência do pedido deduzido pela ora recorrente. Essa é, inclusive, a solução adotada pelo Novo Código Civil, ao estatuir em seu art. 325 que as despesas com o pagamento e a quitação do débito presumem-se a cargo do devedor."

Quando o devedor for microempresário ou empresa de pequeno porte, o protesto de título, por força do artigo 73 da Lei Complementar 123/06, é sujeito às seguintes condições: (1) sobre os emolumentos do tabelião não incidirão quaisquer acréscimos a título de taxas, custas e contribuições para o Estado ou Distrito Federal, carteira de previdência, fundo de custeio de atos gratuitos, fundos especiais do Tribunal de Justiça, bem como de associação de classe, criados ou que venham a ser criados sob qualquer título ou denominação, ressalvada a cobrança do devedor das despesas de correio, condução e publicação de edital para realização da intimação; (2) para o pagamento do título em cartório, não poderá ser exigido cheque de emissão de estabelecimento bancário, mas, feito o pagamento por meio de cheque, de emissão de estabelecimento bancário ou não, a quitação dada pelo tabelionato de protesto será condicionada à efetiva liquidação do cheque; (3) o cancelamento do registro de protesto, fundado no pagamento do título, será feito independentemente de declaração de anuência do credor, salvo no caso de impossibilidade de apresentação do original protestado. Para tanto, o devedor deverá provar sua qualidade de microempresa ou de empresa de pequeno porte perante o tabelionato de protestos de títulos, mediante documento expedido pela Junta Comercial (empresário ou sociedade empresária) ou pelo Registro Civil das Pessoas Jurídicas (sociedade simples), conforme o caso. Se o pagamento do título ocorrer com cheque sem a devida provisão de fundos, serão automaticamente suspensos pelos cartórios de protesto, pelo prazo de um ano, todos os benefícios previstos para o devedor neste artigo, independentemente da lavratura e registro do respectivo protesto. Ademais, por força do artigo 73-A, vedam-se cláusulas contratuais que limitem ou busquem limitar a circulação de títulos de crédito ou direitos creditórios originados de operações de compra e venda de produtos e serviços por microempresas e empresas de pequeno porte.

A Lei 14.711/23 (Marco Legal das Garantias) incluiu um artigo 26-A na Lei 9.492/97 permitindo que, após a lavratura do protesto, o credor, o devedor e o tabelião possam propor medidas de incentivo à renegociação de dívidas protestadas e ainda não canceladas, o que se fará por intermédio da central nacional de serviços eletrônicos compartilhados dos tabeliães de protesto (artigo 41-A). O credor pode mesmo autorizar o tabelião a receber o valor da dívida já protestada, bem como indicar eventual critério de atualização desse valor, concessão de desconto ou parcelamento do débito, e ao devedor oferecer contrapropostas, por meio da central nacional de serviços eletrônicos compartilhados.

Como o protesto torna pública a inadimplência, seu registro indevido pode causar sérios danos ao protestado; basta dizer que os fornecem às entidades representativas da indústria e do comércio, bem como a serviços de proteção ao crédito (Serasa, SPC etc.), a relação diária dos protestos tirados e dos cancelamentos efetuados. O protesto indevido, portanto, cria danos ilegítimos ao protestado, pessoa natural ou jurídica, pois afeta o seu bom nome e, assim, prejudica-o negocialmente. A questão do protesto indevido coloca-se em dois planos: (1) protesto indevido ainda não feito e (2) protesto indevido já realizado. No primeiro caso, diante da intimação para o protesto, a pessoa poderá ajuizar *medida cautelar de sustação de protesto*, pedindo que o mesmo não se realize. No segundo caso, ajuizará *medida cautelar de sustação de protesto*, pedindo ao juiz que cancele o protesto indevidamente feito. A sustação ou o cancelamento cautelar do protesto, todavia, é medida excepcional, justificando-se apenas quando haja elementos de fato e de direito robustos, a fundamentar a pretensão do devedor. Se não existem, o pedido deve ser indeferido, lembrando-se que o protesto, quando presentes os elementos que o autorizam, é um direito do portador do título de crédito. Por outro lado, dependendo das circunstâncias, havendo risco de prejuízo de difícil reparação para o credor, o juiz poderá condicionar o deferimento da sustação ou cancelamento cautelar do protesto à prestação de caução; não é medida que se justifique em todo e qualquer pedido cautelar, havendo circunstâncias nas quais a exigência pode inviabilizar a prestação jurisdicional (valores excessivamente altos, por exemplo), bem como aquelas em que a tese apresentada pelo devedor mostra-se forte e bem comprovada, como demonstração clara de que o valor cobrado é muito superior ao devido, que a assinatura do devedor é claramente falsa etc. Assim, o juiz deve ter o bom senso para discernir as situações em que (1) deve deferir o pedido acautelatório, independentemente da prestação de caução; (2) deve condicionar o deferimento do pedido acautelatório à prestação de caução; (3) deve indeferir o pedido acautelatório de sustação ou cancelamento de protesto.

Seja pelo protesto indevido, seja pela indevida denúncia aos órgãos de proteção ao crédito, é preciso estar atento para inúmeras decisões que determinam o dever de indenizar os danos morais e materiais sofridos pelo devedor.

Domício × Agroquima Produtos Agropecuários Ltda.

Quando *Domício* foi ao *Banco do Brasil S.A.* para pegar um talão de cheque, o gerente lhe disse que seu nome estava inscrito no *Serasa*, pois seria devedor *de duas duplicatas já protestadas, emitidas por Agroquima Produtos Agropecuários Ltda*. Como ele nada tinha comprado da empresa, não sendo seu devedor, ajuizou ação de indenização por dano moral, já que seu bom nome fora indevidamente ofendido, causando-lhe sérios constrangimentos. A *Agroquímica Produtos Agropecuários Ltda.* contestou o pedido, alegando que não estava provada a sua culpa, nem o dano moral que o autor afirmara ter sofrido. A Terceira Turma do Superior Tribunal de Justiça conheceu o caso quando lhe foi submetido o Recurso Especial 540.336/TO, entendendo que os documentos juntados por *Domício* comprovavam satisfatoriamente que ele teve títulos emitidos em seu nome protestados, embora não tivesse mantido qualquer relação comercial com a empresa ré. Elementos suficientes, portanto, para comprovar a culpa da *Agroquima Produtos Agropecuários Ltda.*, bem como o dano moral sofrido, inerente à própria negativização do nome de *Domício*. Os danos morais foram arbitrados em R$ 24.852,60, corrigidos desde a data do protesto com juros legais e correção pelo IGP-M.

6 Prescrição do título de crédito

Como previsto pelo artigo 189 do Código Civil, violado o direito, nasce para o titular a pretensão, a qual se extingue, pela prescrição. Em se tratando de títulos de crédito, essa violação é o vencimento do título, sem o seu pronto pagamento. Sempre que não haja, em norma específica, a previsão de um prazo especial de prescrição, a regra geral é aquela anotada no artigo 206, § 3º, VIII, do Código Civil: três anos. O cheque, por exemplo, tem prazo próprio de prescrição; mas as cédulas de crédito rural não têm, aplicando-se tal regra geral de três anos. A prescrição, no entanto, é apenas do título de crédito, ou seja, da declaração unilateral. O negócio fundamental não é por ela alcançado, se o prazo de prescrição do respectivo direito é maior que o prazo de prescrição do título. Para tanto, pode o credor aforar ação de cobrança, ou manejar a ação monitória, utilizando-se do título prescrito como *prova escrita sem valor de título executivo judicial*. Mas não mais se terá uma relação de Direito Cambiário, servindo o título prescrito como mera prova documental do negócio do qual se originou; justamente por isso, não haverá falar em responsabilidade de avalistas ou endossatários, que se extinguem com a prescrição do título.

Atenção, decidindo o Agravo Interno no Agravo em Recurso Especial 2.471.475/PR, a Quarta Turma do Superior Tribunal de Justiça decidiu: "1. É inaplicável a regra de extensão da interrupção da prescrição estabelecida no art. 204, § 1º, do Código Civil à hipótese de dívida solidária, tendo em vista a especialidade da legislação de regência cambial, que dispõe que a interrupção da prescrição cambial só produz efeitos personalíssimos, não alcançando os demais devedores solidários da relação jurídica, conforme expressamente previsto no art. 71 da Lei Uniforme das Letras de Câmbio e Notas Promissórias, promulgada pelo Decreto n. 57.663/1966. 2. Afasta-se a regra civil de extensão da interrupção prescricional quando se reconhece a incidência da legislação especial cambial." No mesmo sentido, a Terceira Turma, julgando o Recurso Especial 1.835.278/PR: "Ao contrário do que ocorre no regime geral do Código Civil, a interrupção da prescrição cambial só produz efeitos personalíssimos, isto é, não atinge os demais devedores solidários da relação jurídica (art. 71 da Lei Uniforme de Genebra)."

Supre × João Alberto e Rosa Lia

Supre – Consultoria e Fomento Mercantil Ltda. moveu ação monitória contra João Alberto e Rosa Lia, fundando o pedido em dois cheques prescritos. A sentença da 7ª Vara Cível de Brasília julgou procedente o pedido para constituir, de pleno direito, o título executivo judicial, no valor de R$ 2.000,00, monetariamente corrigido desde a apresentação da respectiva cártula de cheque, e acrescido de juros legais a partir da última citação. Os réus apelaram para o Tribunal de Justiça do Distrito Federal que, por maioria, negou provimento ao recurso: "O cheque é título de crédito regido pelos princípios cambiários da autonomia, abstração e inoponibilidade das exceções pessoais, razão pela qual o seu emitente se obriga perante o portador da cártula colocada em circulação, mesmo que não tenha celebrado negócio jurídico com ele".

Os réus recorreram ao Superior Tribunal de Justiça, argumentando ter havido cerceamento do direito de defesa. Afinal, não lhes permitiram suscitar e provar a existência de fato modificativo ou extintivo do direito do autor, sendo admissível a oponibilidade de exceções pessoais pelo réu em monitória, com o fim de desconstituir a *causa debendi* das cártulas que originaram a cobrança. Noutras palavras, perdendo o cheque prescrito os seus atributos cambiários, a ação monitória admite a discussão do próprio fato gerador da obrigação, sendo possível a oposição de exceções pessoais a portadores precedentes ou mesmo ao próprio emitente do título.

Por meio dos Embargos de Divergência 1.575.781/DF, a questão foi submetida à Segunda Seção (julgamento conjunto da Terceira e da Quarta Turmas) do Superior Tribunal de Justiça, tendo a Ministra Nancy Andrighi como relatora: "Extrai-se da autonomia da cártula o relevante princípio da inoponibilidade das exceções pessoais ao terceiro de boa-fé, consagrado pelo art. 25 da Lei do Cheque (Lei 7.357/85). Nos termos do referido dispositivo legal, quem for demandado por obrigação resultante de cheque não pode opor ao portador exceções fundadas em relações pessoais com o emitente, ou com os portadores anteriores, salvo se o portador o adquiriu conscientemente em detrimento do devedor, isto é, com exceção da constatada má-fé. Quanto ao ponto, a jurisprudência desta Corte se firmou no sentido de que o devedor somente pode opor ao portador do cheque exceções fundadas em sua própria relação pessoal com este; ou, com relação ao título, em aspectos formais e materiais. Assim, nada poderia opor ao atual portador relativamente a relações pessoais com os portadores precedentes ou mesmo com o emitente do título, excetuada, por óbvio, a situação em que o portador estiver agindo sob o reprovável guante da má-fé".

Essa base conceitual, contudo, não enfrenta a questão da prescrição da cártula. "É certo que a prescrição do título traduz apenas a extinção da declaração unilateral do crédito, não alcançando o negócio fundamental, se maior for o seu prazo de prescrição. Assim, com base no negócio fundamental, pode-se cobrar o valor da obrigação que esteve incorporada à cártula, mas que, com a prescrição do título, desincorporou-se. Assim, o credor pode aforar ação de cobrança, de enriquecimento sem causa ou, ainda, manejar a ação monitória, utilizando-se do título prescrito como prova escrita sem valor de título executivo judicial (MAMEDE, Gladston. *Títulos de crédito*. 11. ed. São Paulo: Atlas, 2019, p. 119) [...] Não se pode olvidar que, em análise técnica, prescrito o cheque, não subsistem as inerentes características cambiárias, como a autonomia, a independência e a abstração. Uma prova irrefutável de tal assertiva subjaz no fato de que, em razão da prescrição do título de crédito, a nova pretensão fundar-se-á no próprio negócio jurídico subjacente, inviabilizando-se, por consequência, a propositura da ação de execução".

Segue o acórdão: "Nessa linha de intelecção, Gladston Mamede anota, ao comentar sobre a exigibilidade do cheque prescrito: 'A prescrição do cheque não implica prescrição do negócio subjacente, tomando-se o princípio da autonomia por ângulo inverso, razão pela qual é possível ao credor aforar uma ação de enriquecimento contra o emitente ou outros obrigados, que se locupletaram injustamente com o não pagamento da cártula [...]. Trata-se de ação ordinária (processo de conhecimento). *Prescrito o cheque, não há mais falar em declaração unilateral de vontade, nem nas garantias cambiais da autonomia, da independência e da abstração. A pretensão se funda no negócio subjacente, impedindo que uma parte enriqueça indevidamente à custa da outra. Não é mais o cheque, por si, o fundamento da pretensão, mas o fato jurídico no qual foi emitido.* [...] A Lei 7.357/85, contudo, se desatualizou com a criação da ação monitória, agora regulada pelos artigos 700 e seguintes no novo Código de Processo Civil. Meio processual mais eficaz, a ação monitória passou a ser preferida como meio para se evitar o enriquecimento indevido do devedor em face do cheque prescrito. Prescrito o cheque, desaparecem as relações meramente cambiais, preservando-se apenas as obrigações resultantes dos negócios subjacentes à existência da cártula. [...] Parece-me que a denominação ação de locupletamento, assim como a ação monitória, deve obrigatoriamente girar em torno do negócio jurídico fundamental, descrevendo-o; o cheque prescrito vê-se rebaixado à mera condição de uma prova do fato do qual se originara a obrigação de pagar. A causa *debendi* ganha importância, já que, com a prescrição do cheque, não mais se aplicam os princípios do Direito Cambiário. Assim, a ação para impedir o enriquecimento sem causa do emissor do cheque torna-se um amplo espaço para a rediscussão do fato gerador da obrigação' (MAMEDE, Gladston. *Títulos de crédito*. 11. ed. São Paulo: Atlas, 2019, p. 194-195 – sem destaques no original)".

A tal base conceitual, a Ministra Nancy Andrighi acresceu: "Urge asserir que, até mesmo por elementar e cartesiana noção de lógica-jurídica, o cheque, uma vez prescrito, ou, nas palavras de Pontes de Miranda, oposta a exceção que lhe encobre a pretensão e a acionalidade, não lhe remanescem as características cambiárias. Com efeito, como é possível falar em garantias cambiárias se o cheque se encontra prescrito, e, em consequência, imprestável para aparelhar o processo executivo por título extrajudicial? Assim, a pretensão se fundará, inevitavelmente, no negócio jurídico subjacente, impedindo que uma parte enriqueça de forma indevida à custa da outra. Não é mais o cheque, por si, o fundamento da pretensão, mas o fato jurídico que precedeu e motivou a sua emissão. [...] Em outras palavras, perdendo o cheque prescrito os seus atributos cambiários, dessume-se que a ação monitória, neste documento fundada, admitirá a discussão do próprio fato gerador da obrigação, sendo possível a oposição de exceções pessoais a portadores precedentes ou mesmo ao próprio emitente do título. [...] Significa dizer que, embora não seja necessário debater a origem da dívida, em ação monitória fundada em cheque prescrito, o réu poderá formular defesa lastreada em eventuais vícios ou na inexistência do negócio jurídico subjacente, mediante a apresentação de fatos impeditivos, modificativos ou extintivos do direito do autor – o que ocorreu na presente hipótese, situação reconhecida nos autos, conforme acima descrito".

E o que se aferiu no caso em concreto? Que o negócio de base foi rescindido judicialmente, pelo completo inadimplemento da parte ré, que os cheques foram depositados intempestivamente, em flagrante ofensa ao disposto na Cláusula 6ª do "Contrato Particular de Cessão de Direito", tendo a parte faltado com a verdade dos fatos, litigando de má-fé, usando o processo para conseguir objetivo ilegal. Assim, o pleito monitório foi julgado improcedente.

LETRA DE CÂMBIO E NOTA PROMISSÓRIA

1 Letra de câmbio

Letra de câmbio? Ninguém mais usa isso! – ele me disse. Vai ter dificuldades se for trabalhar no mercado financeiro, pensei. Letras de câmbio, por vezes em valores que superam – e muito! – o milhão de reais, são corriqueiramente emitidas por financeiras em operações de captação de recursos. Por isso, compõem o universo do que os financistas chamam de renda fixa; mas isso é papo para eles. Importa observar tratar-se de um título de crédito muito antigo, com regulamentação resultante de um acordo internacional (a *Lei Uniforme de Genebra*) e considerado muito seguro. Daí ser usada pelas financeiras para operações em que captam recursos junto a investidores privados; sim: elas pegam emprestado (pagando juros) para emprestar (cobrando juros maiores). Vamos estudar o título, então. Não é muito simples. Mas se fosse, não seria preciso ter advogados para cuidar do assunto; bastariam balconistas (*escriturários*, já se disse um dia) com salários bem menores, não é?

A letra de câmbio é um título de crédito no qual (1) alguém declara que (2) alguém irá pagar certa quantia a (3) alguém. Fiz questão de reiterar a palavra *alguém*, pois uma mesma pessoa pode ocupar mais de um lugar nesse título. Eu posso declarar que eu pagarei certa quantia a João, por exemplo. Por outro lado, posso declarar que João me pagará certa quantia. Fala-se em *saque* de letra de câmbio para traduzir sua emissão; o emitente, que faz a declaração unilateral do crédito, é chamado de sacador; aquele que, segundo o título, pagará a quantia, é chamado de *sacado*; o beneficiário da declaração é chamado de *tomador*. Fala-se em letra *sacada por ordem e conta de terceiro* quando sacador, sacado e tomador são pessoas diferentes; se o sacador é também o tomador, tem-se uma *letra à ordem do próprio sacador*; há, ainda, a *letra sobre o próprio sacador*, quando sacador e sacado são a mesma pessoa.

Essa estrutura foi fundamental para a evolução comercial da humanidade: o tomador, precisando viajar e não querendo levar consigo grande quantidade de moedas, procurava um *cambista*, que sacava uma letra de câmbio para que, no destino da viagem, o sacado entregasse ao tomador a quantia especificada no título. Tamanha a sua importância que, nos anos de 1930, diversos países – inclusive o Brasil – aprovaram uma Lei Uniforme, que entre nós corresponde ao Decreto 57.663/66. Supletivamente, aplicam-se as normas do Decreto 2.044/1908 que não conflitem com o vigente Código Civil ou com Lei Uniforme.

Para que uma cártula (um documento) possa ser considerada uma letra de câmbio – e, assim, esteja submetida ao regime dos títulos de crédito – deverá atender a alguns requisitos específicos, estabelecidos em lei. Entre esses requisitos estão os necessários (*requisitos essenciais*) e elementos facultativos (*requisitos não essenciais*). Listarei, em primeiro lugar, os requisitos essenciais:

ACEITE			
	Nº 1/1		Vencimento em 12 de abril de 2006
	Belo Horizonte, 2 de janeiro de 2006		R$ 5.000,00
	Aos doze dias de abril de 2006 pagar a V. Sa. por esta única via de		
	LETRA DE CÂMBIO a (Beneficiário) Caius Julius Caesar		
	CPF/CNPJ 000.000.000-00 ou a (sua) ordem em moeda corrente deste país a quantia de cinco mil reais -x-x-x-x-x-x-x-x-x-x-x-x-x-x-x-x-x-x-x-x-x-x-x-x-x-x-x-x-x-x-x-x-x-x-x-x-x-x-x-x-x		
	na praça de Belo Horizonte		
Nome / CPF/CNPJ / Endereço	Cneius Pompeius Magnus Sacado – Nome 000.000.000-00 CPF/CNPJ Endereço		Marcus Cicinius Crassus Sacador – Nome 000.000.000-00 CPF/CNPJ Endereço

Identificação do título. A palavra *letra*, ou a expressão *letra de câmbio*, deverá estar inserida no próprio texto do título e expressa na língua empregada para a redação desse título. Se a cártula contiver a frase: *A Caius Julios Cesar pagar 5 mil reais a Marcus Junius Brutus em 12 de abril de 2006*, não é uma letra de câmbio, nem um título de crédito, mesmo havendo, fora do texto, o título letra de câmbio, o que não satisfaz o requisito jurídico.

Declaração cambiária. O título trará a declaração, pura e simples, do pagamento pelo sacado. Por pura e simples há a declaração que não está submetida a qualquer condição ou encargo; a exigibilidade do pagamento pode ser submetida, apenas, a prazo ou a termo (data de vencimento), como se verá. Cuida-se de uma declaração unilateral do sacador. O sacado, sendo outra pessoa, somente estará obrigado ao pagamento do título se o aceitar.

Quantia certa. A declaração de pagamento será de uma quantia certa, em moeda nacional corrente. A utilização, no Brasil, de moeda estrangeira está vinculada às hipóteses permitidas em lei, como já estudado. Havendo indicação da quantia por extenso e em algarismos, prevalece a feita por extenso, se houver divergência entre uma e outra. Se houver mais de uma quantia feita por extenso, com valores divergentes, prevalecerá a menor; essa é uma hipótese muito rara.

Nome do sacado. O emitente (sacador) indicará o nome daquele que deve pagar, que poderá ser o próprio sacador (saque *contra si mesmo*) ou uma outra pessoa (saque *por conta de terceiro*). Não é necessário haver prova de qualquer relação jurídica entre sacador e sacado, como autorização prévia ou delegação de poderes. Veja, a seguir, o caso *BDMG S.A.* × *EMCOP Ltda.*

O tomador. A letra de câmbio é título à ordem que, assim, deverá trazer expresso o nome do beneficiário (o tomador) a quem deverá ser paga. É lícita a emissão de título *à própria ordem*, no qual o sacador indica a si mesmo como beneficiário da letra de câmbio, cabendo ao sacado aceitá-la ou não.

Local e *data de emissão* são requisitos necessários da letra de câmbio. A ausência do local de emissão, contudo, é aceita quando há designação de lugar ao lado do nome do sacador. Se não há nem designação ao lado do nome do sacador, nem em conjunto com a data de emissão, a letra é considerada inválida.

Assinatura do sacador. Por fim, o emitente assinará a letra, seja ele o próprio sacador, seja um representante com poderes para tanto, nos termos já estudados anteriormente; quem se apresenta como representante do sacador, mas age sem poderes ou com excesso de poderes (*ultra vires*), responde pessoalmente pela obrigação. O sacador é garante tanto da aceitação quanto do pagamento de letra. É permitido que o sacador se exonere da garantia da aceitação, mas não que se desonere do pagamento, razão pela qual toda e qualquer cláusula pela qual ele pretenda exonerar-se da garantia do pagamento considera-se como não escrita.

A validade da assinatura do mandatário, ainda que com poderes especiais, não é ampla, havendo que se destacar a Súmula 60 do Superior Tribunal de Justiça: "É nula a obrigação cambial assumida por procurador do mutuário vinculado ao mutuante, no exclusivo interesse deste." Tal enunciado veio para proibir uma prática que se tornava comum: quando emprestavam dinheiro (contrato de mútuo), algumas instituições financeiras (mutuantes) colhiam a assinatura do cliente (mutuário: aquele que tomou o empréstimo) numa procuração. Assim, diante do inadimplemento, a instituição financeira ou empresa a ela vinculada sacava uma letra de câmbio como representante do mutuário, o que foi considerado ilícito. Note-se, porém, que não se impede que a própria instituição financeira emita, como sacadora, a nota promissória, apresentando-se como tomadora e indicando o cliente como sacado; se ele recusa a letra, haverá protesto por falta de aceite; obviamente, se houve abuso no saque, o cliente sacado terá ação contra a instituição sacadora, pedindo a indenização pelos danos morais sofridos.

> **BDMG**
BANCO DE DESENVOLVIMENTO
DE MINAS GERAIS

BDMG S.A. × *EMCOP Ltda.*

BDMG – Banco de Desenvolvimento de Minas Gerais S.A. sacou uma letra de câmbio contra *EMCOP – Empresa de Construções e Projetos Ltda.*, declarando no título que a sacada pagaria a ele, *BDMG*, determinada importância, correspondente ao valor de um financiamento, no qual a *EMCOP* estaria inadimplente. A sacada, *EMCOP*, ajuizou ação declaratória de inexistência de obrigação e cautelar de cancelamento de protesto de letra de câmbio, voltando-se contra o fato de o banco ter sido, simultaneamente, sacador e tomador da cártula que, ademais, não continha o seu *aceite*. O Juiz de Direito julgou improcedente o pedido da autora, pois "nenhum óbice existe para que se acumule na mesma pessoa de quem dá a ordem na letra de câmbio (sacador) a figura do beneficiário da mesma ordem (tomador), como de resto óbice legal inexiste para que o réu [*BDMG*] levasse a protesto a cambial não aceita pela autora [*EMCOP*], haja vista que o protesto não se faz contra ninguém, mas sim como prova formal do inadimplemento da obrigação assumida." A *EMCOP* apelou ao Tribunal de Justiça de Minas Gerais, mas a decisão foi a mesma: "Com efeito, o brilhante arrazoado caberia na hipótese de *inexistência de débito e de impontualidade*. No caso *sub examine*, a dívida resulta de um contrato de financiamento não honrado por parte da apelante. Existindo a obrigação inadimplida, cabível é a emissão de letra de câmbio, autorizada ou não no contrato de mútuo, podendo o sacador designar-se como tomador, nos termos do art. 1º, IV, *in fine*, do Decreto 2.044/1908, cabendo o protesto para aceite, com fins de se caracterizar a impontualidade, constituindo o devedor em mora. É que, após a entrega do numerário contratado, o contrato de mútuo se transforma em unilateral, subsistindo apenas a obrigação do mutuário de quitar seu débito. Lícita, pois, a emissão guerreada, e existente a obrigação cambiária repelida." O protesto, no caso, fez-se por falta de aceite, reconhecendo os desembargadores mineiros que "a falta ou recusa do aceite prova-se pelo protesto", conforme determinação do artigo 13 do Decreto 2.044/1908. "Embora esteja o contrato de empréstimo garantido por nota promissória, é admissível o saque da letra de câmbio pelo credor, na ocorrência de inadimplemento. Pacificou-se, hoje, o entendimento de que a letra de câmbio pode ser protestada por falta de aceite, ainda quando emitida pelo beneficiário, pois o protesto é ato estritamente cambiário, consequente à falta de pagamento ou aceite, e busca documentar a recusa ou a impontualidade do devedor. A rigor, o protesto não se faz contra ninguém, mas contra a falta de pagamento ou de aceite e tem por fim documentar, de modo inequívoco e solene, que a obrigação deixou de ser cumprida a tempo e modo." A *EMCOP* interpôs o Recurso Especial 191.560/MG, mas a Quarta Turma do Superior Tribunal de Justiça não teve outro entendimento: "Admissível o saque de letra de câmbio contra o devedor impontual. Precedentes: Recurso em Mandado de Segurança 2.603-6/SP e Recurso Especial 141.941/MG. Ante a negativa de aceite, permitido é ao sacador proceder ao protesto."

Em contraste com os elementos essenciais, que devem estar obrigatoriamente presentes no título e, se não estiverem, a carta não será válida, isto é, será descaracterizada como letra de câmbio e, via de consequência, como título de crédito, há elementos que podem ser facultativamente anotados no título, como a *época do pagamento*. A letra de câmbio pode ser sacada (1) a vista; (2) a um certo termo de vista; (3) a um certo termo de data; e (4) pagável num dia fixado. (1) *Letra a vista*: pode ser apresentada de imediato, no local do pagamento. Será considerada a vista a cártula que não indicar a época do pagamento ou aquela que trouxer expressões como *a vista, vencimento a vista, pagar imediatamente a, pagar contra a apresentação* ou similar. Deverá ser apresentada ao sacado no prazo máximo de um ano, a contar da sua data de emissão, se outro prazo (menor ou maior) não for estipulado, na cártula, pelo sacador; esse prazo pode ser encurtado pelos endossantes. A Lei Uniforme, no artigo 34, permite ao sacador estipular que a letra pagável a vista não seja apresentada a pagamento antes de uma certa data, hipótese na qual o prazo para a apresentação conta-se dessa data. (2) *Letra a um certo termo de vista*: o início da contagem do prazo para o vencimento está condicionado à apresentação da cártula ao sacado; uma vez aceito o título, passa a correr o prazo para o vencimento da obrigação do aceitante. Tal estipulação permite ao sacado providenciar o dinheiro para o pagamento. Se o sacado recusa-se a aceitar o título, o prazo para vencimento será contado a partir do protesto por falta de aceite. Aplicam-se, aqui, as determinações sobre prazo de apresentação, vistas no número anterior. (3) *Letra de câmbio a certo termo de data*: o vencimento da cártula se dará em determinado prazo, assinalado na letra, contado da data de sua emissão. Ex.: *em 90 dias*. (4) *Letra de câmbio pagável num dia fixado*: a data de vencimento da letra está assinalada no título. Ex.: *23 de maio de 2045*.

Quando a letra for pagável a vista ou a um certo termo de vista, o sacador poderá estipular a incidência de juros sobre a quantia a ser paga. Trata-se de exceção válida à regra do artigo 890 do Código Civil. A taxa de juros deverá ser indicada na letra, obedecendo aos limites legais; sua ausência invalida a incidência; os juros contam-se da data da letra, se outra data não for indicada. Trata-se de um estímulo para a apresentação tardia da letra para pagamento. Nos demais casos, a estipulação de juros será considerada como não escrita.

A contagem de prazo e a aferição da data de vencimento é matéria que dá margem a muitas dúvidas, razão pela qual existem regras jurídicas para a sua determinação, quais sejam:

- *Prazo em dias*: não se conta o dia do começo; conta-se o dia do término.
- *Prazo em meses*: vence no mesmo dia do mês correspondente. Se em 11 de fevereiro fixo um prazo de dois meses, ele vencerá no dia 11 de abril. Se falta o dia no mês subsequente, a Lei Uniforme manda considerar o último dia desse mês:

três meses, contados de 31 de novembro, venceriam em 28 de fevereiro, se o ano não é bissexto. O Código Civil, todavia, prevê o vencimento no dia seguinte; no exemplo, então, seria 1º de março, fosse ou não bissexto o ano.

- *Meses e meio*: quando a letra é sacada a um ou mais meses e meio de data ou de vista, contam-se primeiro os meses inteiros.
- *Meio mês*: contam-se 15 dias.
- *Termo no princípio de um mês*: dia 1º. Se fixo o termo em *princípios de outubro*, a data será 1º de outubro.
- *Termo em meado de um mês*: dia 15. *Meados de agosto* é dia 15 de agosto.
- *Termo no final (fim) de um mês*: o último dia do mês.
- *Oito dias* ou *quinze dias* ou *trinta dias*: entendem-se não como uma ou duas semanas, ou um mês, mas como prazo em dias, contado dia a dia.
- *Calendários diferentes*: quando uma letra é pagável num dia fixo num lugar em que o calendário é diferente do lugar de emissão, a data do vencimento é considerada como fixada segundo o calendário do lugar de pagamento.
- *Vencimento em feriado*: se o vencimento cair em feriado, sábado ou no domingo, será prorrogado para o primeiro dia útil seguinte.

De qualquer sorte, é lícito ao sacador estipular regras distintas, desde que constem expressamente – e de forma clara, compreensível – do título. Mas não lhe é lícito estipular mais de um vencimento (datas diferentes ou sucessivas), sendo nulas as letras em que isso for feito. Outro elemento facultativo da letra de câmbio é o *lugar do pagamento*. A letra pode ser pagável no domicílio de terceiro, quer na localidade onde o sacado tem o seu domicílio, quer noutra localidade. É faculdade do sacador (*requisito não essencial*) indicar o lugar de pagamento, sendo que somente lá poderá o tomador exigir o cumprimento da obrigação; se não o fizer, o pagamento será feito no lugar designado ao lado do nome do sacado, presumivelmente o lugar onde operou-se o saque.

No caso de alteração do texto de uma letra, os signatários posteriores a esta alteração ficam obrigados nos termos do texto alterado; os signatários anteriores são obrigados nos termos do texto original.

2 Endosso e aval na letra de câmbio

Toda letra de câmbio, mesmo que não traga expressa a cláusula *à ordem*, é endossável. No entanto, é possível ao sacador proibir o endosso, incluindo no texto da declaração a expressão *não à ordem*, ou qualquer equivalente (*não endossável*, por exemplo); a previsão, anotada no artigo 11 do anexo I do Decreto 57.663/66, constitui uma exceção ao artigo 890 do Código Civil. Em tal caso, o crédito só poderá ser transferido pelo procedimento da cessão de crédito, anotado nos artigos 286 e seguintes do Código Civil, a implicar igual transferência de todos os acessórios da obrigação, não havendo falar em autonomia das declarações cambiárias.

Na letra de câmbio, o endosso poderá ser lançado no próprio título ou numa folha anexa (nela colada), quando falte espaço na cártula. Embora não seja possível a emissão de letra ao portador, é permitido o endosso em preto ou em branco, isto é, sem indicação do endossatário, permitindo a circulação por mera entrega da cártula. O artigo 12 da Lei Uniforme aceita o endosso até que se lance na cártula a expressão *endosso ao portador*, equivalente ao endosso em branco. Em qualquer desses casos, o endosso deverá ser puro e simples, sem submissão a condições, encargos etc., não sendo admitido o endosso parcial, que será considerado nulo. O endosso posterior ao vencimento tem os mesmos efeitos que o endosso anterior, exceto se já houver protesto por falta de pagamento ou se expirado o prazo fixado para se fazer o protesto, casos em que produz apenas os efeitos de uma cessão ordinária de créditos. De qualquer sorte, salvo prova em contrário, presume-se que um endosso sem data foi feito antes de expirado o prazo fixado para se fazer o protesto. Se o endosso for riscado, considera-se não escrito.

De resto, aplicam-se às letras de câmbio as disposições já estudadas sobre inoponibilidade das exceções pessoais, sobre endosso-mandato, sobre endosso-pignoratício e sobre a cadeia de endossos. Mas, ao contrário da regra geral posta no Código Civil, o endossante da letra de câmbio é responsável tanto pelo aceite, quanto pelo pagamento, exceto se lançar no título cláusula em contrário: *Endosso a Fulano de Tal, sem garantir o aceite ou o pagamento* [assinatura], ou qualquer texto similar. Também lhe é possível lançar na letra uma cláusula que proíba novo endosso; ela não impedirá novo endosso da cártula, mas eximirá o endossante que a lançou da responsabilidade pelo aceite e pelo pagamento do título perante novos endossatários.

Também as obrigações anotadas na letra, sejam elas do sacador, do sacado ou de qualquer dos endossatários podem ser garantidas por aval, aplicando-se, de resto, as regras estudadas no Capítulo 20. O aval será escrito na própria letra ou numa folha anexa e, se não for indicada a pessoa por quem se dá, entende-se que foi dado a favor do sacador. Atente-se para o fato de que o artigo 30 da Lei Uniforme, excepcionando a regra geral, admite o aval parcial, permitindo garantia do pagamento "no todo ou em parte"; creio tratar-se de regra específica que, à luz do artigo 903 do Código Civil, afasta a aplicação do artigo 897 do mesmo Código. De resto, como já se viu, o endossatário ou avalista que paga o título sub-roga-se nos direitos do credor e, assim, pode cobrá-lo dos coobrigados anteriores. Ao final, reitere-se que, se a letra contém assinaturas de pessoas incapazes, assinaturas falsas, assinaturas de pessoas fictícias ou assinaturas que por qualquer outra razão não poderiam obrigar as pessoas que assinaram a letra (ou em nome das quais ela foi assinada), as obrigações dos outros signatários nem por isso deixam de ser válidas: sacador, sacado (se aceitou a cártula), endossantes e avalistas.

3 Aceite da letra de câmbio

Aquele contra quem se sacou a letra de câmbio – o sacado – poderá aceitá-la ou não. Aceitando-a, obriga-se ao pagamento da quantia especificada no título. Para tanto, a letra deverá ser apresentada ao aceite do sacado, no seu domicílio; qualquer pessoa, mesmo um simples detentor, pode fazê-lo, não sendo lícito ao sacado questionar-lhe a legitimidade, exceto diante de uma ação de anulação e substituição de títulos. A apresentação se dará *até o vencimento* do título, se não houver outra estipulação na letra, já que o sacador pode estipular prazo mínimo (p. ex.: *após 45 dias*), máximo (p. ex.: *antes de 45 dias*), data certa (p. ex.: *em 19 de julho*), mínima (p. ex.: *após 19 de julho*) ou máxima (p. ex.: *até 19 de julho*). Aliás, o sacado pode, mesmo, proibir na própria letra a sua apresentação ao aceite, salvo se (1) letra pagável em domicílio de terceiro, (2) letra pagável em localidade diferente da do domicílio do sacado ou (3) letra sacada a certo termo de vista; nesta última hipótese, a letra sacada *a certo termo de vista* deve ser apresentada a aceite dentro do prazo de um ano da data de emissão, se o sacador não estipulou prazo inferior ou superior a esse, o que lhe é possível fazer. Respeitadas as determinações do sacador, todo endossante pode, igualmente, estipular que a letra deve ser apresentada ao aceite, com ou sem fixação de prazo, salvo se ela tiver sido declarada não aceitável pelo sacador.

O sacado pode pedir que a letra lhe seja apresentada uma segunda vez no dia seguinte ao da primeira apresentação. Garante-lhe a lei esse prazo para que possa avaliar adequadamente se aceitará o título ou recusará o aceite; mas o portador não está obrigado a deixar nas mãos do aceitante a letra apresentada ao aceite. Irá recolhê-la e a trará novamente no dia seguinte. Se o sacado retiver a letra, além do protesto por falta de devolução, é possível requerer judicialmente a busca e apreensão do título.

O aceite é escrito na própria letra, usando-se palavras como *aceite*, *aceito* ou similar, acompanhada da assinatura. Vale como aceite a simples assinatura do sacado, lançada na face (na frente). Se o sacado, antes da restituição da letra, riscar o aceite que tiver dado, tal aceite é considerado como recusado. Essa rasura presume-se feita antes da restituição da letra; mas é lícito ao portador provar o contrário, como, por exemplo, que a rasura se deu na ocasião do pagamento, caracterizando ato ilícito do sacado para fugir à sua obrigação. O artigo 29 da Lei Uniforme admite que o sacado informe ao portador ou a qualquer outro signatário da letra, por escrito, que a aceita. Essa comunicação o obrigará ao pagamento, mesmo que tenha recusado ou rasurado o aceite.

Não é requisito do aceite, como não o é do endosso, a expressão da data em que foi passado; basta a assinatura do sacado, nos termos estudados. Diferentes são a (1) letra pagável a certo termo de vista e (2) a letra que deva ser apresentada ao aceite dentro de um prazo determinado por estipulação especial. A data, nesses casos, é essencial e deve ser lançada pelo aceitante, podendo o portador exigir que a data seja a da apresentação, se o aceite foi dado posteriormente. Diante da recusa do sacado em dispor a data correta, o portador deverá providenciar imediato protesto do título pela falta de data, preservando seus direitos contra os endossantes e contra o sacador. Na falta de protesto, o aceite não datado entende-se, *apenas no que respeita ao aceitante*, como tendo sido dado no último dia do prazo para a apresentação ao aceite; mas essa regra não alcança a responsabilidade solidária de endossantes e sacador, bem como seus avalistas.

Também o aceite deve ser puro e simples, mas o sacado pode limitá-lo a uma parte da importância sacada: numa letra de câmbio no valor de R$ 10 mil, o sacado pode escrever: *Aceito o saque sobre R$ 5.000,00*. Estará obrigado a pagar, no vencimento, esse valor; o restante, o tomador deverá exigir do sacador. Qualquer outra modificação introduzida pelo aceite no enunciado da letra equivale a uma recusa de aceite. Se o local de pagamento indicado pelo sacador não for o domicílio do sacado, sem designar um terceiro em cujo domicílio o pagamento se deva efetuar, o sacado pode designar no ato do aceite a pessoa que deve pagar a letra. Se aceitante não indica tal pessoa, obriga-se, ele próprio, a efetuar o pagamento no lugar indicado na letra. Por fim, se a letra é pagável no domicílio do sacado, este pode, no ato do aceite, indicar, para ser efetuado o pagamento um outro domicílio no mesmo lugar.

Com o aceite, o sacado obriga-se a pagar a letra na data do vencimento. Na falta de pagamento, o portador, mesmo sendo ele o sacador, poderá protestar o título por falta de pagamento (protesto facultativo), além de executar o título judicialmente; para o exercício do direito contra os coobrigados (endossatários e seus avalistas), o protesto é indispensável. Na falta de apresentação ao aceite no prazo estipulado pelo sacador, o portador perdeu os seus direitos de ação contra sacador, endossantes e seus avalistas, tanto por falta de pagamento como por falta de aceite, a não ser que dos termos da estipulação se conclua que o sacador apenas teve em vista exonerar-se da garantia do aceite. Se a estipulação de um prazo para a apresentação constar de um endosso, somente aproveita ao respectivo endossante.

4 Pagamento da letra de câmbio

O portador de uma letra pagável em dia fixo ou a certo termo de data ou de vista deve apresentá-la a pagamento no dia em que ela é pagável ou num dos dois dias úteis seguintes. A apresentação da letra a uma câmara de compensações, quando existente, equivale à apresentação para pagamento. Também em relação à letra de câmbio, o credor não pode ser obrigado a receber o pagamento antes do vencimento e, se o sacado paga a letra antes do vencimento, fá-lo sob sua responsabilidade. O sacado deve verificar a legitimidade do portador (inclusive a sucessão dos endossos, havendo, mas não a assinatura dos endossantes), ficando validamente desobrigado se o título é pago no vencimento, salvo se da sua parte tiver havido fraude ou falta grave. Deve exigir a devolução do título, com a respectiva quitação. O portador, por seu turno, não pode recusar qualquer pagamento parcial, devendo fazer uma menção respectiva na letra, além de dar, em documento apartado, uma quitação ao sacado do valor respectivo. Em se tratando de letra em moeda estrangeira, nas hipóteses em que é lícita tal emissão, o pagamento se fará pelo câmbio oficial do dia do vencimento. Se o devedor está em atraso, o portador pode, a sua escolha, pedir que o pagamento da importância da letra seja feito na moeda do país ao câmbio do dia do vencimento ou ao câmbio do dia do pagamento.

Se a letra não for apresentada a pagamento no dia fixado (fim da contagem do prazo ou na data certa, nos termos antes estudados), ou num dos dois dias úteis seguintes, qualquer devedor (sacador, endossante ou avalista) tem a faculdade de depositar a sua importância junto à autoridade competente, à custa do portador e sob a responsabilidade deste.

Se não há pagamento voluntário, extrajudicial, o legítimo portador da letra poderá executar judicialmente a cártula contra aceitante, sacador, endossante e/ou avalistas, conforme a relação existente no título. O direito de ação surge no vencimento da cártula, com a ausência de pagamento. Para a comprovação da *recusa de pagamento*, permitindo o exercício de ação contra os coobrigados, deve ser providenciado *protesto por falta de pagamento*; o protesto por falta de pagamento de uma letra pagável em dia fixo ou a certo termo de data ou de vista deve ser feito num dos dois dias úteis seguintes àquele em que a letra é pagável. O portador perde os seus direitos de ação contra os endossantes, contra o sacador e contra os outros coobrigados, à exceção do aceitante, se perde o prazo (1) para a apresentação de uma letra a vista ou a certo termo de vista; (2) para se fazer o protesto por falta de aceite ou por falta de pagamento; e (3) para a apresentação a pagamento no caso da cláusula *sem despesas*. Não se admitem "dias de perdão" (indúcias), ou seja, tolerância de alguns dias para o pagamento da letra de câmbio; se o portador tolera tal atraso, perderá o direito de ação contra os demais coobrigados, conservando-o apenas contra o devedor principal e seu avalista.

De outra face, são previstas hipóteses nas quais o direito de ação decorrentes da letra de câmbio surgem antes do seu vencimento. São as seguintes as hipóteses de vencimento antecipado:

1. *Recusa total ou parcial de aceite*, devendo ser providenciado *protesto por falta de aceite*, nos prazos fixados para a apresentação ao aceite; se o título foi apresentado no último dia do prazo e houve pedido para nova apresentação, no dia posterior, pode fazer-se ainda o protesto no dia seguinte. O protesto por falta de aceite dispensa a apresentação a pagamento e o protesto por falta de pagamento.
2. *Falência ou insolvência civil do sacador de uma letra não aceitável*; a apresentação da sentença de declaração de falência é suficiente para que o portador da letra possa exercer o seu direito de ação.
3. *Falência ou insolvência civil do sacado*, tenha aceitado ou não do título. Também aqui, o direito exerce-se à vista da sentença de declaração de falência.
4. *Suspensão de pagamentos do sacado*. O portador só pode exercer o seu direito de ação após apresentação da letra para pagamento ao sacado e depois de feito o protesto.
5. Quando for promovida *execução, sem resultado, dos bens do sacado*, sendo necessário, também aqui, apresentar a letra ao sacado para pagamento e, recusando-se esse a tanto, depois de feito o respectivo protesto.

O portador deverá avisar da falta de aceite ou de pagamento o seu endossante e o sacador dentro dos quatro dias úteis que se seguirem ao dia do protesto; se a letra contém a cláusula sem despesas, dispensando o protesto, esse prazo se contará da apresentação. Havendo uma cadeia de endossos, cada um dos endossantes deve, por sua vez, dentro dos dois dias úteis que se seguirem ao da recepção do aviso precedente, informar o seu endossante do aviso que recebeu, indicando os nomes e endereços dos que enviaram os avisos precedentes, e assim sucessivamente até se chegar ao sacador. Quando se avisa um signatário da letra, deve avisar-se também o seu avalista dentro do mesmo prazo de tempo. Cabe àquele que avisa a prova de que respeitou tal prazo, bastando para tanto a prova de que a correspondência tenha sido postada dentro do prazo. A pessoa que não der o aviso dentro do prazo não perde os seus direitos; mas será responsável pelo prejuízo, se o houver motivado pela sua negligência, sem que a responsabilidade possa exceder a importância da letra.

O sacador, um endossante ou um avalista pode, escrevendo na letra *sem despesas* ou *sem protesto* ou cláusula equivalente, dispensar o portador de fazer um protesto por falta de aceite ou falta de pagamento, para poder exercer os seus direitos de ação. No entanto, essa cláusula não dispensa o portador da apresentação da letra dentro do prazo prescrito nem tampouco de dar os avisos acima referidos. Se a cláusula foi escrita pelo sacador, produz os seus efeitos em relação a todos os signatários da letra; se for inserida por um endossante ou por avalista, só produz efeito em relação a esse endossante ou avalista. Se, apesar da cláusula escrita pelo sacador, o portador faz o protesto, as respectivas despesas serão de conta dele. Quando a cláusula emanar de um endossante ou de um avalista, as despesas do protesto, se for feito, podem ser cobradas de todos os signatários da letra.

O portador pode executar os sacadores, aceitantes, endossantes ou avalistas de uma letra, já que são todos solidariamente responsáveis; a ação poderá ser dirigida contra um, alguns ou todos, sem ter que respeitar a ordem por que elas se obrigaram, e nela se reclamará (1) o pagamento da letra não aceita ou não paga, com juros se assim foi estipulado; (2) os juros à taxa de 6% ao ano desde a data do vencimento; e (3) as despesas do protesto, as dos avisos dados e as outras. Se a ação for interposta antes do vencimento da letra, a sua importância será reduzida, conforme a taxa bancária de desconto praticada naquele lugar. Por seu turno, se não foi o devedor principal quem pagou o título, aquele que o fez poderá, por seu turno, voltar-se contra os coobrigados anteriores, exigindo (1) a soma integral que pagou; (2) os juros da dita soma, calculados à taxa de 6% ao ano, desde a data em que a pagou; e (3) as despesas que tiver feito. Para o exercício de tal direito, quem paga a letra pode exigir que a cártula lhe seja entregue com o protesto e um recibo. Ademais, qualquer dos endossantes que tenha pagado uma letra pode riscar o seu endosso e os dos endossantes subsequentes.

No caso de ação intentada depois de um *aceite parcial*, a pessoa que pagar a importância pela qual a letra não foi aceita pode exigir que esse pagamento seja mencionado no título e que dele lhe seja dada quitação. O portador deve, além disso, entregar a essa pessoa uma cópia autenticada da cártula e o protesto, de maneira a permitir o exercício de seu direito de ação.

O *ressaque* é uma alternativa colocada à disposição daquele que pretende exercer o direito de ação contra um dos coobrigados, ou mesmo daquele que pagou e pretende regressar contra os coobrigados anteriores: emitir uma nova letra de câmbio, a vista, sacada sobre um dos coobrigados e pagável no domicílio deste. O valor da letra, no ressaque, inclui a soma integral do que se pagou, juros de 6% ao ano, despesas; o artigo 52 da Lei Uniforme fala, ainda, em direito de corretagem: se o ressaque é sacado pelo portador, a sua importância é fixada segundo a taxa para uma letra a vista, sacada do lugar onde a primitiva letra era pagável sobre o lugar do domicílio do coobrigado. Se o ressaque é sacado por um endossante, a sua importância é fixada segundo a taxa para uma letra a vista, sacada do lugar onde o sacador do ressaque tem o seu domicílio sobre o lugar do domicílio do coobrigado.

Todas as ações contra o aceitante relativas a letras prescrevem em três anos a contar do seu vencimento. Já as ações do portador contra os endossantes e contra o sacador prescrevem num ano, a contar da data do protesto feito em tempo útil ou da data do vencimento, quando se tratar de letra que contenha cláusula *sem despesas*. As ações dos endossantes uns contra os outros e contra o sacador prescrevem em seis meses a contar do dia em que o endossante pagou a letra ou em que ele próprio foi acionado. Em todos os casos, a interrupção da prescrição só produz efeito em relação a pessoa para quem a interrupção foi feita.

5 Intervenção na letra de câmbio

A letra pode ser aceita ou paga por uma pessoa que intervenha por um devedor qualquer, contra quem exista direito de ação para exigir seu pagamento. Esse interveniente pode ser um terceiro, ou mesmo o sacado, ou uma pessoa já obrigada em virtude da letra, exceto o aceitante. Esse interveniente pode ser uma pessoa indicada pelo sacador, por qualquer dos endossantes ou avalistas, para, em caso de necessidade, aceitar ou pagar o título. Mas pode ser, igualmente, um terceiro que, independentemente de indicação, apresente-se para honrar as obrigações de sacador, sacado ou endossante. Em qualquer caso, o interveniente é obrigado a comunicar, no prazo de dois dias úteis, a sua intervenção a pessoa por quem interveio; se não o faz, é responsável pelo prejuízo, se o houver, resultante da sua negligência, sem que as perdas e danos possam exceder a importância da letra.

O *aceite por intervenção* pode realizar-se em todos os casos em que portador de uma letra aceitável tem direito de ação antes do vencimento. Em fato, quando na letra se indica uma pessoa para, em caso de necessidade, a aceitar ou a pagar no lugar do pagamento, o portador não pode exercer o seu direito de ação antes do vencimento contra aquele que indicou essa pessoa e contra os signatários subsequentes, a não ser que tenha apresentado a letra à pessoa designada e que, tendo esta recusado o aceite, se tenha feito o protesto. Nos outros casos de intervenção, o portador pode recusar o aceite por intervenção. Se, porém, o admitir, perde o direito de ação antes do vencimento contra aquele por quem a aceitação foi dada e contra os signatários subsequentes. Em qualquer hipótese, o aceite por intervenção será mencionado na letra e assinado pelo interveniente, indicando a favor de quem o fez a intervenção; na falta desta indicação, presume-se que interveio pelo sacador. O aceitante por intervenção fica obrigado ao pagamento para com o portador e para com os endossantes posteriores àquele a favor de quem interveio; da mesma forma que este. Não obstante o aceite por intervenção, aquele por honra de quem ele foi feito e os seus garantes podem exigir do portador, contra o pagamento da letra, juros (remuneratórios e moratórios) e despesas de protesto, a entrega do título, do instrumento do protesto e havendo lugar de uma conta com a respectiva quitação.

O *pagamento por intervenção* pode realizar-se em todos os casos em que o portador de uma letra tem direito de ação, na data do vencimento ou antes dessa data, devendo abranger a totalidade da importância que teria a pagar àquele a favor de quem a intervenção se realizou, sendo que o portador que recusar o pagamento por intervenção perde o seu direito de ação contra aqueles que teriam ficado desonerados. O pagamento deve ser feito o mais tardar no dia seguinte ao último em que é permitido fazer o protesto por falta de pagamento, constando de recibo passado na letra, contendo a indicação da pessoa a favor de quem foi feito, sem o quê presume-se feito a favor do sacador; a letra e o instrumento do protesto, se o houve, devem ser entregues a pessoa que pagou por intervenção, já que ela ficará sub-rogada nos direitos emergentes da letra. O interveniente pode executar a letra; não pode, todavia, endossá-la novamente. Poderá, assim, voltar-se contra aquele a favor de quem pagou e contra os que são obrigados para com este em virtude da letra, embora fiquem desonerados os endossantes posteriores ao signatário a favor de quem se interveio. Justamente por isso, quando se apresentarem várias pessoas para pagar uma letra por intervenção, será preferida aquela que desonerar maior número de obrigados. Aquele que, com conhecimento de causa, intervier contrariamente a esta regra, perde os seus direitos de ação contra os que teriam sido desonerados.

Se a letra foi aceita por intervenientes tendo o seu domicílio no lugar do pagamento, ou se foram indicadas pessoas tendo o seu domicílio no mesmo lugar para, em caso de necessidade, pagarem a letra, o portador deve apresentá-la a todas essas pessoas e, se houver lugar, fazer o protesto por falta de pagamento o mais tardar no dia seguinte e ao último em que era permitido fazer o protesto. Na falta de protesto dentro deste prazo, aquele que tiver indicado pessoas para pagarem em caso de necessidade, ou por conta de quem a letra tiver sido aceita, bem como os endossantes posteriores, ficam desonerados.

6 Vias e cópias de letras de câmbio

A letra de câmbio pode ser sacada por várias vias, numeradas no próprio texto; sem tal numeração, cada via será considerada como uma letra distinta. O texto também deve indicar quando se tratar de via única; se não indica, o portador pode exigir o saque de várias vias, hipótese na qual todos os endossantes são obrigados a reproduzir os endossos nas novas vias. A multiplicação de vias, contudo, é fenômeno raro. Havendo mais de uma via da letra, o pagamento de uma delas libera o devedor de sua obrigação, mesmo que não esteja estipulado que esse pagamento anula o efeito das outras. O pagamento de uma das vias é liberatório, mesmo que não esteja estipulado que esse pagamento anula o efeito das outras. O sacado fica, porém, responsável por cada uma das vias que tenham o seu aceite e não lhe tenham sido restituídas. O endossante que transferiu vias da mesma letra a várias pessoas e os endossantes subsequentes são responsáveis por todas as vias que contenham as suas assinaturas e que não tenham sido restituídas.

Aquele que enviar ao aceite uma das vias da letra deve indicar nas outras o nome da pessoa em cujas mãos aquela se encontra. Essa pessoa é obrigada a entregar essa via ao portador legítimo doutro exemplar; recusando-se a fazê-lo, o portador só pode exercer seu direito de ação depois de ter feito constar por um protesto: (1) que a via enviada ao aceite lhe não foi restituída a seu pedido; e (2) que não foi possível conseguir o aceite ou o pagamento de uma outra via.

Por outro lado, a Lei Uniforme de Genebra permite ao portador de uma letra tirar *cópia* dela. A cópia deve reproduzir exatamente o original, com os endossos e todas as outras menções que nela figurem. Deve, ainda, haver menção de onde acaba a cópia. A cópia pode ser endossada e avalizada da mesma forma e produzindo os mesmos efeitos que o original. A cópia deve indicar a pessoa em cuja posse se encontra o título original, que está obrigada a remeter o dito título ao portador legítimo da cópia; recusando-se a fazê-lo, o portador só pode exercer o seu direito de ação contra as pessoas que tenham endossado ou avalizado a cópia, depois de ter feito constatar por um protesto que o original não lhe foi entregue a seu pedido. Se o título original, em seguida ao último endosso feito antes de tirada a cópia, contiver a cláusula: *daqui em diante só é válido o endosso na cópia* ou qualquer outra fórmula equivalente, é nulo qualquer endosso assinado ulteriormente no original.

7 Nota promissória

A mesma Lei Uniforme (anexa ao Decreto 57.663/66) que regulamenta a letra de câmbio trata igualmente da *nota promissória*, um título de crédito que marca uma relação bipolar, na qual o subscritor (devedor principal) declara que pagará uma quantia determinada a um beneficiário. Tem-se, via de consequência, uma distinção vital em relação à letra de câmbio, na qual se estabelece uma relação triangulada, com três posições distintas: sacador, sacado e tomador, embora uma mesma pessoa possa ocupar mais de uma delas.

```
Nº [        ]                          _____, de _____ de _____
                                       R$ _____

A _____
pagar _____ por esta _____ única via de NOTA PROMISSÓRIA a _____
                                ou a sua ordem _____ CPF _____
A QUANTIA DE


                                                              ou a sua ordem

Pagável em _____
Emitente _____
Endereço _____       _____, de _____ de _____
Cidade _____       Assinatura: _____
```

Para que um documento possa ser considerado uma nota promissória, será preciso preencher alguns requisitos específicos, entre os quais elementos necessários (*requisitos essenciais*), quais sejam:

Identificação. O documento deverá trazer a denominação *Nota Promissória* inserta no próprio texto do título e expressa na língua empregada para a redação do título; a ausência da denominação no próprio texto descaracteriza o título, mesmo que esteja presente em outro lugar da cártula.

Declaração cambiária. A promessa pura e simples de pagar uma quantia determinada, desmotivada e sem submissão a qualquer condição.

Quantia certa. O valor será certo, preciso e expresso em moeda corrente nacional, sendo permitidas operações com moedas estrangeiras nas hipóteses em que haja norma autorizativa. Havendo indicação da quantia por extenso e em algarismos, prevalece a feita por extenso, se houver divergência entre uma e outra. Se houver mais de uma quantia feita por extenso, com valores divergentes, prevalecerá a menor; essa é uma hipótese muito rara.

Nome do beneficiário. A nota deverá trazer o nome da pessoa a quem ou a ordem de quem deve ser paga; não se permite a sua emissão *ao portador*. Se emitida sem a designação do beneficiário, o nome desse deverá ser preenchido antes da apresentação ou execução judicial.

Data de emissão. Como já visto, a data de emissão é requisito essencial de todos os títulos de crédito, perdendo sua executividade quando ausente.

Assinatura do subscritor. É a prova da autoria, devendo ser lançada de próprio punho pelo devedor principal ou por representante com poderes especiais para tanto. Atente-se, entretanto, para a Súmula 60 do Superior Tribunal de Justiça: "É nula a obrigação cambial assumida por procurador do mutuário vinculado ao mutuante, no exclusivo interesse deste." O tema foi estudado no item 1 deste capítulo.

De outra face, a nota promissória poderá apresentar outros elementos (*requisitos não essenciais*), quais sejam:

Época do pagamento. O sacador poderá definir o prazo ou o termo (a data) para o pagamento; a nota promissória em que não se indique a época do pagamento será considerada pagável a vista; é possível lançar no título as expressões *a vista, vencimento a vista, pagar imediatamente a, pagar contra a apresentação* ou similar.

Lugar de pagamento. É faculdade do emitente indicar o lugar em que se efetuará o pagamento prometido; fazendo-o, somente ali o título poderá ser exigido. Em sua ausência, tem-se que a obrigação deverá ser saldada no lugar de emissão do título; inexistindo esse, na localidade que conste ao lado do nome do subscritor; se também não há tal indicação, no domicílio do subscritor da nota promissória.

Lugar de emissão. Indica-se o Município onde o título foi emitido; a nota promissória que não contenha indicação do lugar onde foi passada considera-se como tendo-o sido no lugar designado ao lado do nome do subscritor. Se não existe esta indicação, aceita-se o lugar do domicílio do subscritor da nota promissória.

8 Uniformidade de regime com a letra de câmbio

De acordo com o artigo 77 da Lei Uniforme de Genebra, são aplicáveis às notas promissórias diversas das disposições relativas às letras câmbio. Aplicação, obviamente, que não prescinde de atenção redobrada para a natureza específica da nota promissória, criando uma extensão normativa coerente. São essas as matérias listadas pelo legislador:

Autonomia das obrigações cambiárias. As obrigações na nota promissória são, igualmente, autônomas. Se a nota contém assinaturas falsas, de pessoas incapazes, de pessoas fictícias ou qualquer outro defeito, as obrigações dos outros signatários nem por isso deixam de ser válidas, se o portador manifesta boa-fé.

Endosso. A nota promissória é endossável (*em branco* ou *em preto*), antes ou depois do vencimento, mesmo que dela não conste, expressamente, a cláusula *à ordem*; comporta, todavia, a cláusula *não à ordem* (por essa expressão ou similar), em cuja presença, o título só poderá ser transferido por meio de cessão ordinária de créditos. São, igualmente, permitidos o endosso-mandato e endosso-pignoratício, anteriormente estudados. Também aplicáveis a norma sobre cadeia de endossos, incluindo a responsabilidade solidária dos endossantes, salvo cláusula expressa em contrário, lançada no título.

Vencimento. Também a nota promissória pode ser emitida (1) a vista; (2) a um certo termo de vista; (3) a um certo termo de data (prazo contado da data de emissão); e (4) pagável num dia fixado. Nas notas promissórias pagáveis *a certo termo de vista*, o prazo para o vencimento começa a contar da data do visto dado pelo subscritor, a quem o título deve ser apresentado no prazo fixado na emissão. A recusa do subscritor em dar o seu visto é comprovada por um protesto, cuja data serve de início ao termo de vista. Não se permite, porém, prazos ou datas diferentes ou sucessivas, cuja presença torna nulo o título. Também são aplicáveis à nota promissória as hipóteses de vencimento antecipado do título.

Juros. Notas promissórias emitidas a vista ou a um certo termo de vista podem conter a estipulação de juros, cuja taxa deverá ser indicada no título, forma pela qual se pode estimular a apresentação tardia. O Superior Tribunal de Justiça, julgando o Recurso Especial 1.396.951/PR, reconheceu serem nulas de pleno direito as estipulações usurárias, assim consideradas as que estabeleçam, nos contratos civis de mútuo, taxas de juros superiores às legalmente permitidas, caso em que deverá o juiz, se requerido, ajustá-las à medida legal, na forma do artigo 1º, *caput* e inciso I, da Medida Provisória 2.172-32/01. Assim, definiu-se pelo "aproveitamento do negócio jurídico e da nota promissória, mediante a redução dos juros ao patamar legal, com o prosseguimento da execução".

Pagamento. O subscritor de uma nota promissória é responsável da mesma forma que o aceitante de uma letra. O portador da nota promissória pagável em data ou prazo certos deve apresentá-la a pagamento no dia em que ela é pagável ou num dos dois dias úteis seguintes, estando o emitente obrigado a verificar a legitimidade do portador (inclusive a sucessão dos endossos, havendo, mas não a assinatura dos endossantes). É lícito o pagamento parcial, sem que o portador o possa recusar. A recusa em pagar será comprovada por protesto, que deverá ser feito num dos dois dias úteis seguintes àquele em que a nota é pagável, sem o quê, perde-se o direito de ação contra os endossantes e seus avalistas. Também aplicáveis as regras sobre pagamento no domicílio de terceiros ou numa localidade diversa da do domicílio do sacado, bem como a necessidade de o portador avisar da falta de pagamento o seu endossante; a falta do aviso, todavia, não implica perda do direito, mas permite a responsabilização pelo prejuízo, se o houver motivado pela sua negligência, sem que a responsabilidade possa exceder a importância da nota promissória.

Ação por falta de pagamento. A inadimplência permite ao credor – o legítimo portador da cártula – executar a nota promissória contra o emitente e seus avalistas, independentemente do protesto. O protesto tempestivo só é indispensável para permitir a execução contra endossantes e seus avalistas.

Pagamento por intervenção. A nota promissória pode ser paga por uma pessoa que intervenha por um devedor qualquer; esse interveniente pode ser um terceiro ou pessoa já obrigada em virtude da nota promissória, exceto o emitente. O pagamento deve ser feito o mais tardar no dia seguinte ao último em que é permitido fazer o protesto por falta de pagamento, constando de recibo passado na nota promissória, contendo a indicação da pessoa a favor de quem foi feito, sem o quê presume-se feito a favor do emitente. Não se admite o ressaque de nota promissória.

Cópias. Pode ser extraída cópia da nota promissória, submetendo-se às mesmas exigências e às mesmas regras que se atribuem às cópias de letras de câmbio, estudadas no capítulo anterior. Note não haver autorização para a emissão de mais de uma via de nota promissória.

Alterações. No caso de alteração do texto da nota promissória, os signatários posteriores a esta alteração ficam obrigados nos termos do texto alterado; os signatários anteriores são obrigados nos termos do texto original.

Prescrição. As ações contra o emitente e seus avalistas, relativas à nota promissória, prescrevem em três anos a contar do seu vencimento. Já as ações contra os endossantes e seus avalistas prescrevem num ano, a contar da data do protesto feito em tempo hábil ou da data do vencimento, quando se tratar de letra que contenha cláusula *sem despesas*. As ações dos endossantes uns contra os outros e contra o emitente prescrevem em seis meses a contar do dia em que o endossante pagou a letra ou em que ele próprio foi acionado. Em todos os casos, a interrupção da prescrição só produz efeito em relação a pessoa para quem a interrupção foi feita.

Atenção para a Súmula 504 do Superior Tribunal de Justiça: "O prazo para ajuizamento de ação monitória em face do emitente de nota promissória sem força executiva é quinquenal, a contar do dia seguinte ao vencimento do título."

Contagem de prazo. Veja o item 1 deste capítulo. Contudo, o emitente pode estipular regras distintas, fazendo-as constar de forma expressa, clara e compreensível do título.

Nota promissória em branco. Como todo título de crédito, as lacunas em branco na nota promissória podem ser preenchidas pelo portador, em conformidade com os ajustes havidos entre as partes. A desconformidade no preenchimento, todavia, não pode ser alegada contra terceiros de boa-fé.

Aval. As obrigações anotadas nas notas promissórias, de emitente ou endossantes, podem ser avalizadas, nos termos já estudados; por força do artigo 30 da Lei Uniforme, o aval na nota promissória poderá ser parcial, excepcionando-se do regime genérico do artigo 897 do Código Civil, que o veda. Se o aval não indicar a pessoa por quem é dado, entender-se-á ser pelo subscritor da nota promissória.

MCA × Brunno

MCA Engenharia Ltda. executou uma nota promissória contra Brunno que, por meio de exceção de pré-executividade, argumentou que a cártula seria nula por conter duas datas de vencimento; ademais, estaria prescrita. A sentença acolheu o argumento e, assim, a execução foi extinta, com resolução do mérito. O Tribunal de Justiça de Goiás reformou a decisão: "Havendo mais de uma data de vencimento da dívida na nota promissória, a solução do impasse deve perpassar pela busca da vontade presumida do emitente, de modo que, se uma das datas coincide com a data de emissão do título, deve prevalecer a data posterior, considerando que, por envolver operação de crédito, presume-se que a vontade do emitente das notas seria a de que o vencimento se desse após a emissão. Precedente: STJ – REsp 1730682/SP, *DJe* 11/05/2020. 2. Considerando que o vencimento da dívida ocorreu no dia 01/07/2012, que a ação de execução foi ajuizada no dia 05/08/2013, e que é de 3 anos o prazo para ajuizamento da ação de execução (art. 70, Lei Uniforme de Genebra), afasta-se a alegada prescrição, devendo, portanto, dar-se continuidade ao processo de execução na origem".

Por meio do Recurso Especial 1.964.321/GO, a questão foi levada para o julgamento pela Terceira Turma do Superior Tribunal de Justiça. De abertura, reconheceram os ministros que "o formalismo constitui fator preponderante para a existência dos títulos de crédito, de modo que, como regra, se faltar ao menos um dos requisitos que a lei considera essenciais, o documento não poderá desfrutar do tratamento especial a eles conferido. É, pois, o rigor formal o pressuposto que garante segurança jurídica àqueles que se utilizam dos títulos de crédito como instrumento de circulação de riquezas. Todavia, nem todos os requisitos definidos em lei são essenciais para que o documento ostente natureza de título de crédito, havendo situações em que se pode relevar a ausência de alguma informação ou suprir a presença de algum vício. Em regra, esses requisitos não essenciais e/ou defeitos sanáveis contam com previsão no próprio texto legal, como ocorre, por exemplo, com as situações constantes nos arts. 6º e 76 da Lei Uniforme de Genebra (promulgada pelo Dec. 57.663/66), relativas à existência de divergência entre as expressões do valor da dívida e à ausência de indicação da data de vencimento".

Partindo dessa base, o julgamento seguiu adiante: "A *promessa pura e simples de pagar uma quantia determinada* é requisito da nota promissória, conforme elencado no art. 75, item 2, da lei *retro* citada; todavia, é possível sanar vício concernente ao preenchimento em duplicidade do valor da dívida sem que a cártula perca seus efeitos cambiais (art. 6º, primeira parte, da LUG). O próprio diploma normativo estabelece solução objetiva para eventual ambiguidade do valor expresso no título, resolvendo, de antemão, qualquer dúvida que pudesse acometer os titulares a respeito da extensão do crédito nele contido, garantindo segurança à circulação da cártula. 10. A resposta adotada pelo legislador quanto a esse ponto específico foi a de que deveria prevalecer a expressão que indicasse com maior grau de certeza qual teria sido o conteúdo da obrigação segundo a manifestação de vontade do emitente. Elegeu, para esse fim, a indicação feita por extenso ou, na hipótese de diversas indicações discordantes, a de quantia inferior".

No que diz respeito especificamente à data do vencimento, "a época do pagamento – ainda que seja enumerada como um dos requisitos da nota promissória, conforme estabelece a Lei Uniforme de Genebra, em seu art. 75, item 3 – não constitui elemento imprescindível para validade do título. Segundo regra expressa do art. 76, segunda parte, da LUG, a omissão quanto à data de vencimento não retira a eficácia cambial da cártula, haja vista ser presumido que a intenção do emitente era de que o vencimento se desse à vista. Cumpre mencionar que a essência do entendimento de que a ausência da data de vencimento acarreta a presunção de que a dívida é exigível à vista integra, também, a teoria geral das obrigações (art. 331 do Código Civil). [...] Trata-se, portanto, de presunção segundo a qual, na nota promissória, diante da não manifestação do emitente, deve-se assumir que sua vontade era e de submeter a exigibilidade da dívida à potestade do credor, já que essa é a regra dos negócios jurídicos em geral". No entanto, ainda não se resolveu o problema da MCA com Brunno: vencimentos diferentes e sucessivos anotados no título de crédito. O julgamento prosseguiu nessa direção. Veja:

"Se, de um lado, o silêncio quanto à época do pagamento é suprível pela presunção legal de que a vontade do emitente era o vencimento à vista; de outro, sua manifestação expressa em sentido oposto aos limites formais da lei acarreta a perda da eficácia cambial do documento. De fato, segundo a Lei Uniforme de Genebra, o sacador, respeitadas as modalidades preestabelecidas, tem a liberdade de fixar a data do vencimento do título, de forma que a nota promissória somente pode ser emitida: (i) à vista; (ii) a certo termo da vista; (iii) a certo termo da data; ou, ainda, (iv) em dia certo. 21. Assim, a liberdade do emitente na fixação das modalidades de vencimento é explicitamente restringida pela LUG, que, ao dispor serem nulas notas promissórias *com vencimentos diferentes ou com vencimentos sucessivos*, estabelece a regra da perda da eficácia da cambial [...]. O art. 33 da LUG retira, portanto, a eficácia cambial do documento em que a manifestação de vontade do devedor tenha sido exprimida fora dos limites de sua atuação lícita, ou seja, que estabeleça: (i) modalidades de pagamento distintas das previstas; ou (ii) vencimentos sucessivos, que são aqueles que representem pagamentos fracionados em prestações". Isso quer dizer que Brunno tinha razão? A questão vai um pouco além, se pararmos para analisar com atenção. E os ministros do Superior Tribunal de Justiça foram além para dar uma correta tradução ao desafio jurídico.

Entrementes, viu-se que "a Lei Uniforme de Genebra, considerando o panorama até aqui traçado, tratou expressamente de três alternativas decorrentes das atitudes do devedor/emitente quanto à época do pagamento: (i) se omite, o que acarreta a presunção legal de que o pagamento deve ser feito à vista ou a critério do credor, circunstância que não retira a eficácia do título de crédito (art. 76, primeira parte); (ii) manifesta vontade de fixar uma modalidade de vencimento dentre aquelas previstas no art. 33, o que garante a eficácia da cártula; ou (iii) escolhe modalidade de vencimento diversa, situação que implicará a invalidade da nota promissória. O escopo buscado pela LUG, portanto, é o de preservar ao máximo a manifestação de vontade do emitente da cártula, ainda que essa vontade tenha sido expressa por meio do silêncio. Esse é, também, o intuito da norma do art. 6º da LUG, que considerou que divergências na expressão do valor da dívida deveriam dar ensejo à preservação da vontade presumida do emitente da cártula, estabelecida pela lei como a expressão por extenso ou a menos valiosa. Assim, embora a LUG não tenha enfrentado especificamente a hipótese de divergência entre datas de vencimento apostas na cártula, como ocorrido na espécie, afigura-se consentâneo com o espírito da lei considerar que se trata de defeito suprível – sobretudo porque a data de vencimento constitui requisito dispensável da nota promissória. Vislumbrando-se, portanto, disparidade entre a expressão numérica e a grafia por extenso da data em que a dívida se torna exigível, a interpretação sistemática da Lei Uniforme autoriza que seja preservada a vontade presumida do emitente do título no momento de sua confecção".

O raciocínio desenvolvido ao longo do acórdão, cuja relatora foi a Ministra Nancy Andrighi, é fantástico, não? "A nota promissória consiste em título de crédito próprio, de modo que, como tal, se destina à concessão de um prazo para pagamento do valor nela estampado. A vontade presumida do emitente de um título dessa espécie, então, é que seu pagamento ocorra em data futura, não fazendo sentido lógico que a data de sua emissão coincida com a data do vencimento. [...] Portanto, se a LUG não possui regra expressa acerca da disparidade de expressões da data de vencimento da dívida constantes de um mesmo título, deve prevalecer a interpretação que empreste validade à manifestação de vontade cambial de uma promessa futura de pagamento, a qual, na nota promissória, envolve, necessariamente, a concessão de um prazo para a quitação da dívida. [...] Diante disso, se, entre duas datas de vencimento, uma coincide com a data de emissão do título – não existindo, assim, como se entrever uma operação de crédito –, deve prevalecer a data posterior, uma vez que, por ser futura, autoriza a presunção de que se trata da efetiva manifestação de vontade do devedor. [...] Nesse contexto, transpondo-se o entendimento propugnado neste voto para a hipótese concreta, tem-se que a presunção que milita em favor do devedor é a de que sua vontade era adimplir as obrigações respectivas na data de vencimento aposta numericamente no cabeçalho da nota promissória, uma vez que é a única data futura inscrita no título". Assim, a Corte manteve o acórdão goiano, reconhecendo a validade do título de crédito que aparelha a demanda executiva.

24
CHEQUE

1 Requisitos caracterizadores

O cheque já foi muito mais popular do que o é atualmente. Ainda assim, o seu movimento não é desprezível. Em 2022, foram compensados mais de 200.0000.000 de cheques no Brasil. Isso mesmo: duzentos milhões de cártulas. E o valor global das operações totalizou impressionantes R$ 666.800.000.000,00. Perdeu-se em meio a tantos zeros à direita. Vamos lá: mais de seiscentos e sessenta e seis bilhões de reais, numa média de R$ 3.200,00 por cheque. Em suma: nada desprezível.

O cheque é um título de crédito por meio do qual uma pessoa (chamada *emitente* ou *sacador*) dá uma ordem a uma instituição financeira (*sacado*), na qual mantém conta bancária, para que pague, a vista, certa quantia a alguém (*beneficiário* ou *tomador*). É um título abstrato que não tem causa obrigatória, abstraindo-se por completo do negócio de base, nos moldes já estudados. Embora se tenha uma relação jurídica triangular, o cheque não admite a figura do aceite: a ordem de pagar é incondicional, bastando a apresentação do título ao caixa ou à compensação para que, havendo fundos, a ordem seja cumprida.

A existência prévia de uma conta bancária é base necessária para o título, que se emite sobre cártula impressa, disponibilizada pela instituição financeira. Portanto, ao contrário da letra de câmbio e da nota promissória, o cheque tem uma base física juridicamente precisa, em tamanho, gramatura de papel, apresentação de elementos gráficos etc., atendendo às determinações do Banco Central do Brasil. A Lei 7.357/85, que regula o cheque no Direito Brasileiro, define um rol de requisitos caracterizadores do cheque, a partir dos quais o Banco Central traçou normas reguladoras complementares. Tais requisitos são os seguintes:

```
| Banco | Agência | Número da conta | Número do cheque | R$ |
|-------|---------|-----------------|------------------|----|
| 000   | 0000    | 0000-0          | XX-0000000       |    |
```

Pague por este
cheque a quantia de _____

_____ e centavos acima

a _____ ou a sua ordem

_____, ____ de _____ de _____

BANCO FANTASIA

José da Silva

Identificação. O título trará a denominação *cheque* inscrita no contexto do título e expressa na língua em que este é redigido.

Ordem incondicional. Por meio do título, o sacador ordena que a instituição financeira sacada efetue o pagamento, sem condicioná-lo a nada: a tempo futuro, à realização de um negócio etc. Simplesmente ordena o pagamento imediato: *pague por este cheque a quantia de* tantos *reais*. Se existem cláusulas condicionadoras de pagamento (p. ex.: *Depositar apenas em 14.09.2020* ou *Bom para...* ou *Apresentar apenas quando a mercadoria for entregue* etc.) devem ser consideradas, pelo banco sacado, como não escritas, fugindo, assim, à relação cambial.

Quantia certa. O título especificará a quantia a ser paga ao beneficiário ou portador do título, em algarismos e por extenso. Se há divergência entre ambas, prevalece a quantia por extenso. Se indicada a quantia, por extenso ou por algarismos, mais de uma vez, prevalece a indicação da menor quantia, no caso de divergência.

Indicação do sacado. O cheque trará o nome do banco ou da instituição financeira que deve pagar (sacado); as normas do Banco Central determinam que tal informação venha impressa no cheque, no canto inferior esquerdo do talonário. Assim, só se pode sacar um cheque contra o Banco Rural se o sacador ali tem conta, dispondo de um talão de cheque onde estará indicado que os saques se fazem contra aquela instituição financeira.

Local de pagamento. A folha de cheque indicará o lugar onde o tomador poderá apresentá-lo para receber a importância à vista, conforme a ordem do sacador. O Banco Central exige a indicação precisa da agência ou posto de atendimento responsável pelo pagamento, com o respectivo endereço. O tomador deverá se dirigir a tal agência ou posto, mesmo que localizado em outra localidade. A Lei do Cheque prevê a possibilidade de *domiciliação* do cheque, isto é, que o sacador indique uma localidade onde ele será pago, desde que ali haja uma agência ou posto bancário para o pagamento, em condições de aceitar o título e pagá-lo. O cheque também pode ser pagável no domicílio de terceiro, quer na localidade em que o sacado tenha domicílio, quer em outra, desde que o terceiro seja banco. Basta escrever no título: *Deve ser apresentado para pagamento na agência de Flores da Cunha (RS)* ou similar; trata-se de figura de pouco uso que, ademais, implica a anuência da instituição sacada, certo que, se o tomador se dirige ao local indicado e não consegue receber o pagamento, poderá protestar o título e levá-lo à execução, além de cobrar do sacador as despesas com a apresentação infrutífera.

Lugar de emissão. O título deve trazer o Município em que foi emitido, elemento que permite determinar o prazo de apresentação, como se verá. Não indicado o lugar de emissão, considera-se emitido o cheque no lugar indicado junto ao nome do emitente. Não há vedação para utilização de abreviações, desde que permitam a compreensão do lugar: *BHte* para Belo Horizonte, *Ctba* para Curitiba etc.

Data de emissão. A data deverá ser escrita por inteiro, constando de dia, mês e ano. O dia e o ano são grafados em algarismos, ao passo que o mês é escrito por extenso. Rasuras que possam alterar os direitos decorrentes da cártula não podem ser aceitas; o grande exemplo é sobrescrever o último algarismo do ano: escreve-se erroneamente 2004, e sobrescreve-se 5 sobre o 4. Como se estudará a seguir, não é ilícito lançar data posterior àquela em que efetivamente se dá o preenchimento do cheque; isso, todavia, não obsta a apresentação imediata da cártula e, com ela, a exigência do pagamento; tem por efeito apenas ampliar o prazo de apresentação do cheque, que é contado da data escrita no espaço correspondente.

Assinatura do sacador. Por fim, o cheque trará a assinatura do emitente (sacador), ou de seu mandatário com poderes especiais (autorizado ao saque junto ao banco).

O título a que falte qualquer desses requisitos não vale como cheque. Ao lado desses requisitos legais, o Banco Central erigiu outros, regulamentares, instituindo um modelo-padrão de cheque, como o nome do correntista, a data de abertura da conta de depósitos (mês/ano), o respectivo CPF ou CNPJ, o número, o órgão expedidor e a sigla da unidade da federação referentes ao documento de identidade constante da ficha-proposta de pessoas físicas etc.

Lembre-se, como já estudado nos capítulos anteriores, de que, se o cheque é entregue com partes em branco, tem-se uma outorga de poderes para que o portador o preencha. Se é completado com inobservância do convencionado com o emitente, tal fato não pode ser oposto ao portador, a não ser que este tenha adquirido o cheque de má-fé.

2 Saque

A emissão de um cheque é também chamada de *saque*, que se faz contra a instituição financeira na qual o sacador possui uma conta ou mesmo depósito eventual para cobrir o pagamento do título. O cheque não é emitido para estabelecer um crédito de vencimento futuro, mas um crédito de pagamento imediato devido pelo banco sacado, considerando-se não escrita no cheque, para efeitos cambiários (ou seja, para o seu pagamento), qualquer estipulação de prazo, data futura ou condição, bem como juros. O pagamento se faz pelo valor indicado no título e quando de sua apresentação à instituição financeira sacada, razão pela qual o emitente deve ter, no momento da apresentação, *fundos disponíveis* em poder do sacado e deve estar autorizado a sobre eles emitir cheque, em virtude de contrato expresso ou tácito. Esses fundos disponíveis compõem-se de (1) créditos constantes de conta corrente bancária que não estejam subordinados a termo, (2) saldo exigível de conta corrente contratual e (3) soma proveniente de abertura de crédito. No entanto, se a emissão do cheque se faz sem haver fundos disponíveis ou, mesmo, sem que haja um contrato entre o emitente e o banco, a validade do título como cheque não será prejudicada; o banco recusará o pagamento, mas o beneficiário poderá executar judicialmente o emitente, exigindo o pagamento do valor do saque. Assim, se João emite um cheque de R$ 4.000,00 contra o Unibanco, sem que tenha fundos, o sacado recusará o pagamento, mas o cheque, ainda assim, será válido como título de crédito, permitindo nova apresentação ou execução judicial. Mesmo se a conta bancária de João já estiver encerrada, ou seja, mesmo que não haja mais contrato entre ele e o Unibanco, o cheque não perderá sua validade; o banco recusará o pagamento e o portador poderá levar o título a protesto e executá-lo judicialmente, exigindo o seu pagamento.

O cheque não admite aceite, considerando-se não escrita qualquer declaração com esse sentido; assim, a apresentação ao banco sacado faz-se exclusivamente para o pagamento, embora possa esse recusar-se a pagar, devendo lançar no título o motivo de sua recusa. Mas é possível apresentar o cheque para ser *visado*; vale dizer, o emitente do cheque ou mesmo o beneficiário nomeado na cártula (o cheque tem que apresentar o nome do beneficiário) pode pedir ao banco sacado para que lance no verso do cheque um certificado ou uma declaração equivalente de que a quantia indicada no título está reservada, datando-a e assinando-a; para tanto, o banco debitará a quantia indicada no cheque da conta do emitente e a reservará em benefício do portador legitimado, durante o prazo de apresentação. É o chamado *cheque visado*, figura muito apreciada pelo mercado face à segurança que traduz, já que nele se vê a afirmação não apenas de que o saldo existe, mas também de que está separado para fazer frente àquela ordem de pagamento, ou seja, para saldar aquele cheque. Vencido o prazo de apresentação sem que o cheque seja apresentado, o visto perde sua validade, retornando o valor para a conta do correntista; o mesmo ocorrerá se o cheque for entregue ao banco sacado para inutilização.

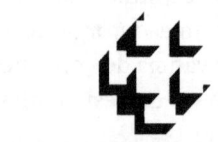

BANCO CENTRAL DO BRASIL

O saque será feito contra o banco e a favor de um beneficiário, que poderá ser nomeado ou não. O cheque pode ser emitido *ao portador*; valem como cheque ao portador o que não contém indicação do beneficiário e o emitido em favor de pessoa nomeada com a cláusula *ou ao portador*, ou expressão equivalente. Em função da Lei 8.021/90, se a emissão se der sem a nomeação do beneficiário, o nome desse deverá ser preenchido antes da apresentação, permitindo sua identificação para fins de fiscalização tributária. Diante da cláusula *ao portador*, igualmente deverá haver a indicação do beneficiário. Em contraste, o emitente pode estipular que o seu pagamento seja feito a pessoa nomeada, com ou sem cláusula expressa *à ordem*; a emissão pode indicar o próprio sacador como beneficiário, caso em que, não havendo endosso, tem-se uma operação de retirada de dinheiro da conta bancária. Pelas normas do Banco Central do Brasil, o título já traz expressa a cláusula *ou à sua ordem* que, como já visto, permite ao beneficiário nomeado no cheque endossá-lo a uma outra pessoa. É igualmente possível emitir o título a pessoa nomeada, com a cláusula *não à ordem*, ou outra equivalente; nesse caso, retira-se o cheque do regime de transferência por mero endosso. Como a cláusula à ordem já está impressa nos talonários brasileiros, em razão da norma regulamentar do Banco Central que conduz à impressão nos formulários de cheque da expressão *ou à sua ordem*, o emitente ou o terceiro deverá cortar o texto impresso e escrever, em seu lugar, *não à ordem* (ou equivalente), para, assim, impedir o endosso.

A Lei do Cheque aceita ainda a figura do *cheque por conta de terceiro*: o sacador (emitente) emite cheque para ser pago utilizando-se os fundos disponíveis na conta de um terceiro; expressa-se pela fórmula *pague por este cheque, por conta de Fulano de Tal, a quantia de tantos reais*, ou expressão equivalente. É uma figura muito rara, que exige, obviamente, prévio ajuste com o banco sacado, que deverá ter um exemplar da assinatura do sacador para conferi-la.[1] Mais comum é a figura do *cheque bancário*, também chamado de *cheque de caixa, cheque de direção, cheque comprado*, ou, ainda, de *cheque administrativo*. Nomes diversos para uma mesma situação: a emissão do cheque pelo próprio banco sacador contra si mesmo; tal emissão tem por finalidade dar segurança às transações, pressupondo o mercado que, como o cheque é emitido pelo próprio banco, sacando contra o seu próprio caixa, são menores as chances de inadimplência. O legislador exigiu que o *cheque bancário* traga, obrigatoriamente, o nome do beneficiário; não pode ser emitido ao portador. Todavia, é lícito trazer a cláusula *à ordem*, comportando endosso.

O emitente ou o portador podem cruzar o cheque, mediante a aposição de dois traços paralelos na face do título. Tem-se, assim, a figura do *cheque cruzado*. O cruzamento é geral se entre os dois traços não houver nenhuma indicação ou existir apenas a indicação *banco*, ou outra equivalente. O cruzamento é especial se entre os dois traços existir a indicação do nome do banco. O cruzamento geral pode ser convertido em especial; o oposto não é possível: o cruzamento especial não pode converter-se em geral. Também não é possível inutilizar o cruzamento ou o nome do banco; a tentativa de inutilização do cruzamento ou a do nome do banco é reputada como não existente. O cheque com cruzamento geral só pode ser pago pelo sacado a banco ou a cliente do sacado, mediante crédito em conta. O cheque com cruzamento especial só pode ser pago pelo sacado ao banco indicado, ou, se este for o sacado, a cliente seu, mediante crédito em conta. Pode, entretanto, o banco designado incumbir outro da cobrança. Não é só. Um banco só pode adquirir cheque cruzado de cliente seu ou de um outro banco; também só pode cobrá-lo por conta de tais pessoas. Se o cheque traz vários cruzamentos especiais, o banco sacado só o pode pagar no caso de dois cruzamentos, um dos quais para cobrança por câmara de compensação; isso porque, viu-se, o banco sacado pode incumbir outro da cobrança do título. Se qualquer uma dessas regras não for observada pelo banco sacado ou pelo banco portador, respondem estes pelo dano, até a concorrência do montante do cheque.

---

[1] MARTINS, Fran. *Títulos de crédito*. 13. ed. Rio de Janeiro: Forense, 2002. v. 2, p. 41.

Também é possível ao emitente ou ao portador proibir que o cheque seja pago em dinheiro mediante a inscrição transversal, na face do título, da cláusula *para ser creditado em conta*, ou outra equivalente. Nesse caso, o sacado só pode proceder a lançamento contábil (crédito em conta, transferência ou compensação), que vale como pagamento. O depósito do cheque em conta de seu beneficiário dispensa o respectivo endosso. Também aqui, a inutilização da cláusula é considerada como não existente, bem como há a responsabilidade civil do banco sacado pelo dano decorrente do desrespeito de tais disposições, até a concorrência do montante do cheque.

Excetuando o cheque ao portador, o artigo 56 da Lei 7.357/85 permite que qualquer cheque emitido em um país e pagável em outro possa ser feito em vários exemplares idênticos, que devem ser numerados no próprio texto do título, sob pena de cada exemplar ser considerado cheque distinto. O pagamento feito contra a apresentação de um exemplar é liberatório, ainda que não estipulado que o pagamento torna sem efeito os outros exemplares. De outra face, o endossante que transferir os exemplares a diferentes pessoas e os endossantes posteriores respondem por todos os exemplares que assinarem e que não forem restituídos.

3 Obrigações oriundas do cheque

As obrigações contraídas no cheque são autônomas e independentes, repetindo o princípio geral dos títulos de crédito. Justamente por isso, a assinatura de pessoa capaz cria obrigações para o signatário, mesmo que o cheque contenha assinatura de pessoas incapazes de se obrigar por cheque, ou assinaturas falsas, ou assinaturas de pessoas fictícias, ou assinaturas que, por qualquer outra razão, não poderiam obrigar as pessoas que assinaram o cheque, ou em nome das quais ele foi assinado. Assim, se Gislane avaliza um cheque que traz assinatura falsa de Rejane, embora o banco sacado não vá pagar o cheque, em razão da falsidade, nem se possa, em regra, responsabilizar Rejane pelo crédito, a obrigação de Gislane mantém-se válida, salvo situação excepcional (como o dolo do portador, que, sabendo da falsidade, induziu a avalista a errar). As obrigações contraídas no cheque são igualmente abstratas, desconsiderando-se o negócio subjacente; assim, não é possível a investigação sobre a *causa debendi*. Excetuam-se as controvérsias estabelecidas diretamente entre o emitente e o portador, por relações pessoais havidas entre si, bem como, em relação ao terceiro, quando tenha recebido o título de má-fé, ou seja, tendo conhecimento de defeito existente no negócio fundamental. No entanto, se o título circulou, sendo transferido a um terceiro de boa-fé, que não participou do negócio fundamental, nem tem conhecimento dos vícios ali verificados, quem for demandado por obrigação resultante do cheque não pode opor ao portador exceções fundadas em relações pessoais com o emitente, ou com os portadores anteriores, salvo se o portador o adquiriu conscientemente em detrimento do devedor.

Aquele que assina o cheque como representante ou mandatário, se o faz nos limites dos poderes que lhe foram conferidos para tal, e identificando sua condição, não responde pessoalmente pelo seu pagamento. No entanto, se não tem poderes suficientes para a prática do ato, se excedeu os poderes que lhe foram conferidos ou se não se identificou como mero representante ou mandatário, obriga-se pessoalmente ao assinar o cheque.

Se, em virtude desta responsabilidade, ele paga o cheque, passará a ter, contra eventuais obrigados anteriores, os mesmos direitos daquele em cujo nome assinou.

Se o texto do cheque, originalmente preenchido, sofre alterações, prevê o artigo 58 da Lei 7.357/85 que os signatários posteriores à alteração respondem nos termos do texto alterado e os signatários anteriores, nos do texto original. Não sendo possível determinar se a firma foi aposta no título antes ou depois de sua alteração, presume-se que a tenha sido antes. A regra deve ser vista com cautela, principalmente diante da possibilidade da declaração de nulidade quando se tenha adulteração fraudulenta. Mas veja-se que, havendo adulteração elevando o valor da cártula e surgindo avalista para esse valor a maior, ainda que o banco sacado recuse o pagamento em face da fraude no valor, o avalista estará obrigado a honrar a garantia dada ao maior valor.

bradesco

Aurino × Bradesco

Aurino ajuizou uma ação de indenização contra do Banco Bradesco S/A pretendendo ser ressarcido pelo fato de ter recebido cheque sem fundo emitido por um correntista da ré, a THS Fomento Mercantil Ltda. O Tribunal de Justiça de Santa Catarina, levando em consideração a situação peculiar do caso, reconheceu a responsabilidade civil do banco sacado pela emissão dos cheques sem fundos "utilizados por estelionatários para o cometimento de fraudes": "De início, frisa-se que não tem o banco sacado obrigação de ressarcir o pagamento de cheques sem provisão de fundos emitidos por seus correntistas. Em regra, os únicos obrigados ao pagamento da obrigação cambial representada pelo título serão os emitentes, avalistas e endossantes, consoante exegese do art. 47 da Lei do Cheque. [...] Quanto à sustentação de inexistência de responsabilidade por parte do banco réu, tem-se que razão não lhe assiste. E isso pelo simples fato de ter cometido ato ilícito, ao negligenciar e emitir de forma temerosa centenas de talonários a empresa com pouquíssimo tempo de clientela, indo de encontro aos limites legais e de todas as noções de cautela, o que acarretou em danos a terceiros. [...] Sob esse ângulo, é certo, o simples fornecimento de folhas de cheque ao cliente bancário assíduo não pode configurar causa adequada à emissão do título sem provisão de fundos, uma vez que a manutenção de saldo em conta para pagamento é o desdobramento normal da relação cambial, sendo, regra geral, imprevisível a intenção de inadimplemento. A situação muda completamente, todavia, quando as particularidades do caso passem a indicar a grande probabilidade do inadimplemento das cártulas e, mesmo assim, persista a instituição no fornecimento dos talonários. Quando o descumprimento, antes imprevisível ou de difícil previsão, passa a ser provável ou previsível, o fornecimento dos talonários não mais se mostra uma atitude inocente e desvinculada do dano, mas, sim, causa evitável e diretamente ligada ao prejuízo dos credores, tendo em vista que agora são visualizáveis os danos futuros. [...] Quando o descumprimento, antes imprevisível ou de difícil previsão, passa a ser provável ou previsível, o fornecimento dos talonários não mais se mostra uma atitude inocente e desvinculada do dano, mas, sim, causa evitável e diretamente ligada ao prejuízo dos credores, tendo em vista que agora são visualizáveis os danos futuros. Os fatos narrados na peça exordial, penso, se ajustam a esta última hipótese".

O litígio chegou ao conhecimento da Quarta Turma do Superior Tribunal de Justiça por meio do Agravo Interno no Recurso Especial 1.560.091/SC. E o entendimento foi contrário: "esta Corte Superior de Justiça afastou a responsabilidade da instituição bancária pela falta de pagamento em virtude da ausência de fundos. Entende-se, nessa hipótese, que não houve falha na prestação de serviço por parte da instituição bancária, uma vez que a suficiência de fundos somente será analisada quanto apresentados os cheques. Ademais, a responsabilidade por averiguar a saúde financeira do emitente da cártula é do portador, não da casa bancária". Citou-se em arrimo o julgamento do Agravo Interno nos Embargos Declaratórios no Recurso Especial 1.575.905/SC: "O portador do cheque devolvido sem provisão de fundos não pode ser equiparado a consumidor, também não pode a instituição financeira ser responsabilizada pelo prejuízo causado por essa prática se foi o próprio correntista quem emitiu o cheque e não providenciou a necessária provisão. Precedentes". Também foi citado o julgamento do Agravo Interno nos Embargos Declaratórios no Recurso Especial 1.575.289/SC: "Consoante firme jurisprudência desta Corte, a instituição bancária não é parte legítima para figurar nas ações de indenização por danos materiais suportados pelo portador de cheque sem provisão de fundos de seus correntistas, afastando-se, por consequência, a aplicação do Código de Defesa do Consumidor, sendo o emitente, o único responsável pelo pagamento da dívida na hipótese".

4 Endosso

O cheque pagável a pessoa nomeada, com ou sem cláusula expressa *à ordem*, é transmissível por via de endosso, que poderá ser feito até o protesto do título, ou declaração equivalente, ou à expiração do prazo de apresentação; o endosso posterior a tais eventos produz apenas os efeitos de cessão de crédito.

Salvo prova em contrário, o endosso sem data presume-se anterior ao protesto, ou declaração equivalente, ou à expiração do prazo de apresentação. O endosso se completa com a entrega da cártula, sendo que o endossante (aquele que transferiu o título) garante o pagamento do crédito, salvo estipulação em contrário. Pode o endossante proibir novo endosso; esta previsão, todavia, não impede efetivamente o endosso posterior, mas apenas tem o condão de afastar a sua responsabilidade sobre o pagamento a favor de quem seja o cheque posteriormente endossado. O detentor de cheque *à ordem* é considerado portador legitimado, se provar seu direito por uma série ininterrupta de endossos, mesmo que o último seja *em branco*. Para esse efeito, os endossos cancelados são considerados não escritos.

Em contraste, o cheque pagável a pessoa nomeada, com a cláusula *não à ordem*, ou outra equivalente, só é transmissível pela forma e com os efeitos de cessão. Por fim, se o cheque não traz preenchido o nome do beneficiário (*cheque ao portador*), sua transferência se faz pela mera entrega do título, embora nada impeça que o antigo portador endosse o título ao novo portador, lançando sua assinatura no anverso ou, se acompanhada da expressão *endosso* (ou equivalente), em qualquer parte do título. O endosso num cheque passado ao portador torna o endossante responsável, nos termos das disposições que regulam o direito de ação, mas nem por isso converte o título num cheque *à ordem*.

O endosso deve ser lançado no cheque ou na folha de alongamento e assinado pelo endossante, ou seu mandatário com poderes especiais; a assinatura do endossante, ou a de seu mandatário com poderes especiais, pode ser constituída, na forma de legislação específica, por chancela mecânica, ou processo equivalente. O endosso deve ser puro e simples, ou seja, deve traduzir a transferência total e incondicional do crédito representado pelo cheque. Reputa-se não escrita qualquer condição a que o endosso seja subordinado, ao passo que o endosso parcial é nulo. O portador pode endossar ao próprio emitente, ou mesmo a outro obrigado, que, por seu turno, podem endossar novamente o cheque. Somente não se admite o endosso do banco sacado, que é nulo. Em ambas as hipóteses, a nulidade do endosso traduz-se por invalidade da transferência, preservando-se a titularidade do antigo portador (o endossante) sobre o crédito nele inscrito. De resto, o endosso ao sacado vale apenas como quitação, salvo no caso de o sacado ter vários estabelecimentos e o endosso ser feito em favor de estabelecimento diverso daquele contra o qual o cheque foi emitido.

O endosso pode designar, ou não, o endossatário. Consistindo apenas na assinatura do endossante (endosso em branco), só é válido quando lançado no verso do cheque ou na folha de alongamento. Vale como *em branco* o endosso *ao portador*. Quando um endosso *em branco* for seguido de outro, entende-se que o signatário deste adquiriu o cheque pelo *endosso em branco*. O endosso, viu-se, transmite todos os direitos resultantes do cheque. Se o endosso é *em branco*, o portador pode: (1) completá-lo com o seu nome ou com o de outra pessoa, tornando o endosso *em preto*; (2) endossar novamente o cheque, *em branco* ou a outra pessoa; ou (3) transferir o cheque a um terceiro, sem completar o endosso e sem endossar. Note-se, porém, que, diante da Lei 8.021/90, aquele que apresenta o cheque deverá ser identificado na cártula, o que implica a transformação do endosso em preto para o pagamento do título.

Cite-se, ademais, a figura do *endosso-recolhimento*, que é a entrega do título ao banco, feita por seu beneficiário, apresentando-se a cártula ao caixa ou à câmara de compensação. O banco recebe a cártula e entrega o dinheiro, ou transfere o crédito da conta do sacador para a conta (no mesmo ou noutro banco) do beneficiário nomeado na cártula ou do endossatário. Esse endosso do cheque nominativo, pago pelo banco contra o qual foi sacado, prova o recebimento da respectiva importância pela pessoa a favor da qual foi emitido, e pelos endossantes subsequentes. Ademais, se o cheque indica a nota, fatura, conta cambial, imposto lançado ou declaração a cujo pagamento se destina, ou outra causa da sua emissão, o endosso pela pessoa a favor da qual foi emitido e a sua liquidação pelo banco sacado provam a extinção da obrigação indicada.

Serão observadas, nos casos de perda, extravio, furto, roubo ou apropriação indébita do cheque, as disposições legais relativas à anulação e substituição de títulos ao portador, no que for aplicável. Todavia, se alguém é desapossado de um cheque, em virtude de qualquer evento, o novo portador legitimado não está obrigado a restituí-lo, se não o adquiriu de má-fé, conforme prevê o artigo 24 da Lei 7.357/85.

O banco sacado que paga cheque *à ordem* é obrigado a verificar a regularidade da série de endossos, mas não a autenticidade das assinaturas dos endossantes. Assim, se o cheque traz a nomeação do favorecido, deve a instituição sacada verificar se há, no verso, assinatura que, ao menos formalmente, apresenta indícios de ter sido passada pelo beneficiário. Se a assinatura é legível, deve verificar se corresponde ao nome do beneficiário; em se tratando de empresa, se foi lançada sobre carimbo ou outro indicativo de que o seu representante legal o tenha cedido àquele que o apresenta para saque ou depósito. A mesma obrigação de verificar a regularidade da série de endossos, mas não a autenticidade das assinaturas dos endossantes, incumbe ao banco apresentante do cheque a câmara de compensação, obrigação igual à que, no caso, tem o banco sacado que, ademais, deverá verificar se a assinatura do correntista é verdadeira.

Lembre-se, ao final, de que também o cheque comporta endosso-mandato. Assim, quando o endosso contiver a cláusula *valor em cobrança, para cobrança, por procuração*, ou qualquer outra que implique apenas mandato, o portador pode exercer todos os direitos resultantes do cheque, mas só pode lançar no cheque endosso-mandato. Neste caso, os obrigados somente podem invocar contra o portador as exceções oponíveis ao endossante. Note-se, ademais, que o mandato contido no endosso não se extingue por morte do endossante ou por superveniência de sua incapacidade.

Afonso Distribuidora de Veículos Ltda. × *Itaú Unibanco S/A*

Afonso Distribuidora de Veículos Ltda. ajuizou ação de indenização contra o Itaú Unibanco S/A pretendendo ser ressarcida por danos advindos do fato por ter saldado um cheque irregularmente endossado. O Banco se defendeu argumentando que tratava-se de cheques endossáveis, não sendo sua função aferir a autenticidade das assinaturas por meio das quais se concretizam os endossos. O Tribunal de Justiça de São Paulo concordou: "Os títulos de crédito emitidos pela apelante não continham, expressamente, a cláusula 'não à ordem', razão pela qual, nos termos do artigo 8º da Lei 7.537/85, assume-se que o emitente do cheque permitiu que o pagamento fosse realizado à pessoa nele nomeada, ou a qualquer outro que esta apontasse como legítimo portador do título. Vale dizer, o artigo 17 do mesmo diploma legal é claro ao estabelecer que o cheque nominal, com ou sem cláusula expressa 'à ordem', é transmissível por via de endosso, que transmite todos os direitos resultantes do título (artigo 20, Lei 7.537/85). Pois bem. Não tendo à apelante consignado nos cheques a cláusula 'não à ordem', os títulos eram plenamente transmissíveis por via de endosso, transmitindo-se ao endossatário todos os direitos resultantes dos cheques. Em sendo assim, qualquer portador dos cheques emitidos pela apelante que se apresentasse perante a instituição financeira poderia sacar o valor nele consignado, que comprovada sua posse por uma série ininterrupta de endossos (artigo 22, Lei.7.537/85)".

Os desembargadores foram além em seus fundamentos: "Ao receber o cheque das mãos do portador, a instituição financeira tem o dever de verificar a regularidade da série de endossos, mas não se obriga pela verificação da autenticidade das assinaturas dos endossantes – conforme dispõe o artigo 39 da Lei 7.537/85. Vale dizer, o banco somente se responsabiliza pela regularidade formal da cadeia de endossos, pela existência de uma série ininterrupta que culmine no portador do título, mas não pode ser responsabilizado por eventual fraude nas assinaturas constantes da série de endossos. Não se vislumbrando qualquer falsificação evidente na série de endossos existente nos cheques apresentados para pagamento, não se pode imputar ao apelado qualquer responsabilidade pelos danos sofridos pela apelante".

Por meio do Agravo Interno no Recurso Especial 1.423.161/SP a questão foi submetida à Quarta Turma do Superior Tribunal de Justiça, argumentando-se ter havido negativa da vigência dos artigos 8º, 17, 20 e 39 da Lei 7.357/85. Afinal, a instituição financeira teria sido negligente ao não conferir a legitimidade do endossante, em especial porque o cheque foi emitido nominalmente ao Município. E os Ministros concordaram: "incumbe à instituição financeira constatar a impossibilidade do endosso, considerando que o cheque fora destinado à Fazenda Pública e que as despesas públicas são pagas através de empenho, nos termos do art. 58 e seguintes da Lei 4.320/64". Nesse contexto, lembrou-se o que a Terceira Turma decidiu ao julgar o Recurso Especial 1.837.461/85: "a conferência da regularidade do endosso não se limita apenas ao mero exame formal, de modo perfunctório, das assinaturas e dos nomes dos beneficiários dos títulos, de molde a formar uma cadeia ininterrupta de endossos, que conferiria legitimidade ao último signatário em favor do portador da cártula. A legitimidade também é determinada pelos poderes que o endossante detém, especialmente quando representa uma pessoa jurídica". Assim, o banco tinha o dever de verificar a irregularidade de endosso em cheque destinado à Fazenda Pública Municipal.

Não é caso único, viu? Também no julgamento do Recurso Especial 1.197.929/PR, entendeu-se que "Nos termos do art. 39 da Lei do Cheque, 7.357/85, a regularidade do endosso deve ser verificada pelo banco sacado e apresentante do título à câmara de compensação. [...] Na hipótese, cabia à instituição financeira recorrida a constatação de que, sendo os cheques cruzados, nominais à Justiça Federal e destinados a depósito judicial (consignação em juízo), não seria possível a transferência por meio de simples endosso, independentemente da autenticidade ou não da assinatura no verso da cártula".

5 Aval

Também o pagamento do cheque pode ser garantido, no todo ou em parte, por aval prestado por terceiro ou mesmo por signatário do título, como um endossante; só não se admite o aval dado pelo sacado. Frise-se que o cheque comporta o aval parcial, ou seja, garantia apenas de parte do valor do cheque; mas há submissão à regra geral no que diz respeito à necessidade de que o aval seja incondicional. Assim, se Veríssimo emite um cheque no valor de R$ 20.000,00 contra o Banco ABN-Amro Real, Robson pode garantir o pagamento de apenas R$ 10.000,00.

O aval é lançado no cheque ou na folha de alongamento. Exprime-se pelas palavras *por aval*, ou fórmula equivalente (*avalizo, garanto o pagamento* etc.), com a assinatura do avalista. Considera-se como resultante da simples assinatura do avalista, aposta na face do cheque (seu anverso), salvo quando se tratar da assinatura do emitente. O aval deve indicar quem é a pessoa avalizada; na falta dessa indicação, considera-se avalizado o emitente. De qualquer sorte, o avalista se obriga da mesma maneira que o avalizado, havendo, portanto, solidariedade entre ambos no pagamento da obrigação. No entanto, a obrigação do avalista subsiste, ainda que nula seja a obrigação por ele garantida, salvo se a nulidade resultar de vício de forma.

O avalista que paga o cheque adquire todos os direitos dele resultantes contra o avalizado e contra os obrigados para com este em virtude do cheque.

6 Apresentação e pagamento

Com o saque (a emissão do cheque), o emitente dá a ordem para que o valor do cheque seja pago ao seu legítimo portador que tem direito àquele valor, bastando para tanto apresentá-lo ao caixa ou depositá-lo em sua conta. Mesmo que o emitente morra – ou se torne civilmente incapaz – após a emissão do cheque e antes de sua apresentação, o pagamento será devido; a morte e a incapacidade civil supervenientes não invalidam os efeitos do cheque. A emissão se completa no momento do preenchimento, assinatura e colocação do cheque em circulação.

O emitente garante o pagamento, mesmo que o banco sacado se recuse a fazê-lo. Qualquer declaração pela qual o emitente se exima dessa garantia será considerada não escrita. Não é só. A emissão de cheque sobre conta que não possui adequada provisão de fundos para fazer frente à ordem de pagar é, assim como a indevida frustração do pagamento de um cheque (sustação indevida), considerada crime de estelionato, de acordo com o artigo 171, § 2º, VI, do Código Penal, desde que comprovado haver intenção de obter, para si ou para outrem, vantagem ilícita, em prejuízo alheio, utilizando-se do cheque ardilosamente.

O cheque, por definição legal, é pagável a vista, sendo que qualquer menção em contrário considera-se não escrita para efeitos cambiários; assim, se o cheque é apresentado para pagamento antes do dia indicado como data de emissão, é pagável no dia da apresentação. O chamado cheque pré-datado,[2] portanto, pode ser apresen-

---

[2] A bem da precisão, trata-se de *cheque pós-datado*, ou seja, cheque que traz data posterior àquela em que efetivamente foi emitido.

tado antes da data indicada e o banco deverá pagá-lo, se houver fundos, ou recusar o pagamento por falta de fundos. A indicação de data futura e mesmo indicações como *bom para* ou *depositar em* não impedem o pronto depósito do título. Os tribunais entendem, todavia, que essa estipulação, embora não tenha validade como negócio cambiário (isto é, sob a perspectiva das normas que regulam os títulos de crédito), vale como negócio civil: as partes ajustaram uma apresentação posterior e o beneficiário deve respeitá-la. Se desrespeita, apresentando antes o cheque, o valor deverá ser pago ou o título será devolvido por falta de fundos; mas o apresentante responderá pelas perdas e danos que causar, fruto do ilícito civil (desrespeito ao ajuste de apresentação posterior).

O cheque deve ser apresentado para pagamento no prazo de 30 dias, a contar do dia da emissão, quando emitido no lugar onde houver de ser pago. É o que ocorrerá se alguém emitir um cheque em Parintins (AM) para ser apresentado a um banco da mesma cidade. Se o cheque for emitido em outro lugar do país ou no exterior, o prazo para apresentação é de 60 dias; exemplo: alguém emite um cheque em Dourados (MS) para pagamento em Campo Grande (MS) ou Brasília (DF). Quando o cheque é emitido entre lugares com calendários diferentes, considera-se como de emissão o dia correspondente do calendário do lugar de pagamento; trata-se, porém, de hipótese rara, aplicável a emissão em país diferente. Não é preciso, porém, apresentá-lo ao caixa do banco sacado; a apresentação do cheque à câmara de compensação (por meio de depósito na conta do beneficiário) equivale à apresentação a pagamento.

Existindo saldo e não havendo qualquer empecilho, o banco sacado efetuará o pagamento, providenciando o débito do mesmo na conta do sacador. Se o cheque foi emitido em moeda estrangeira, estando o emitente autorizado a tanto, na forma da legislação pertinente, deverá ser pago, no prazo de apresentação, em moeda nacional ao câmbio do dia do pagamento, obedecida a legislação especial. Se o cheque não for pago no ato da apresentação, pode o portador optar entre o câmbio do dia da apresentação e o do dia do pagamento para efeito de conversão em moeda nacional. O pagamento se fará à medida em que forem apresentados os cheques, e se dois ou mais forem apresentados simultaneamente, sem que os fundos disponíveis bastem para o pagamento de todos, terão preferência os de emissão mais antiga e, se da mesma data, os de número inferior. O banco sacado, ao pagar o cheque, pode exigir do portador legítimo que o título lhe seja entregue quitado, bem como que o assine no verso, caracterizando assim o endosso--recolhimento, há pouco referido. A Lei também permite à instituição sacada efetuar pagamento parcial, que não poderá ser recusado pelo portador, fazendo-o constar do cheque, caso em que o portador dará ao sacado a respectiva quitação, tanto no cheque, quanto em documento à parte. O cheque ficará com o beneficiário, para que possa fazer valer seu direito sobre a parte inadimplida, e o banco conservará o recibo para fazer prova do adimplemento parcial.

Havendo algum empecilho (como falsidade) ou não existindo fundo, o banco sacado devolverá o cheque, indicando, no verso do título, qual o motivo da sua recusa em acatar a ordem de pagamento.

6.1 Revogação, sustação e cancelamento

O emitente do cheque pagável no Brasil pode revogá-lo por meio de uma *contraordem* dada por carta (*aviso epistolar*), ou por notificação judicial ou extrajudicial, com as razões motivadoras do ato. Fala-se em *revogação* ou *contraordem* justamente por se ter um comando em sentido contrário ao original: o cheque, viu-se, é uma ordem de pagamento; tem-se, em oposição, uma revogação da ordem, ou seja, uma contraordem, que só produz efeito depois de expirado o prazo de apresentação, impedindo que o cheque seja pago após o seu decurso. Se o emitente não a promove, o banco sacado pode pagar o cheque até que decorra o prazo de prescrição, que, como se verá adiante, é de seis meses, contados da expiração do prazo de apresentação. A revogação ou contraordem impede o pagamento do cheque pelo sacado, após o prazo de apresentação, mas não lhe retira a qualidade de título de crédito, permitindo ao legítimo portador exigir o pagamento do emitente, extrajudicial ou judicialmente, bem como dos demais coobrigados.

Diferente é a *sustação*, também chamada de *oposição*. Pode-se sustar o pagamento do cheque a qualquer tempo, mesmo durante o seu prazo de apresentação, desde que não tenha havido, ainda, o pagamento. Tanto o emitente quanto o legítimo portador podem sustar o cheque, manifestando a oposição fundada em relevante razão de direito, por escrito, à instituição financeira sacada. São exemplos de relevante razão de direito o roubo, o furto, o extravio, a falência do credor (exigindo que o pagamento se faça ao concurso de credores) etc. Mas não cabe à instituição sacada julgar da relevância da razão invocada pelo oponente, devendo apenas acatá-la. A discussão sobre essa relevância se fará judicialmente, em demanda envolvendo o oponente (seja ele o emitente ou o legítimo portador) e aquele que pretende o recebimento do valor do título.

A oposição do emitente e a revogação ou contraordem se excluem reciprocamente, sendo a sustação ou oposição prejudicial ao pedido de revogação ou contraordem, já que aquela opõe-se ao pagamento a qualquer tempo do cheque, ao passo que essa, somente após expirado o prazo de apresentação.

O Banco Central, por meio de resolução, criou a figura do cancelamento do talonário de cheque, que é ato por meio do qual o correntista bloqueia a utilização de uma ou mais folhas de cheque impressas pelo banco sacado, mas que não foram preenchidas e assinadas. O cancelamento, portanto, serve para quando o correntista não emitiu cheque(s), mas perdeu ou teve subtraída uma folha (ou mais) de seu talonário. Impede, assim, que o impresso seja utilizado para fraudes.

7 Execução

O portador do cheque pode mover ação de execução contra o emitente e/ou seu avalista. Pode também dirigi-la contra os endossantes e/ou seus avalistas. No entanto, para executar endossantes e seus avalistas é indispensável que o cheque seja apresentado em tempo hábil e a recusa do pagamento seja comprovada pelo protesto ou por declaração do sacado, escrita e datada sobre o cheque, com indicação do dia de apresentação, ou, ainda, por declaração escrita e datada por câmara de compensação. Tais declarações do banco sacado ou da câmara de compensação dispensam o protesto e produzem os mesmos efeitos deste; justamente por isso, as instituições signatárias das declarações respondem pelos danos causados por declarações inexatas. A execução independe do protesto ou das declarações, mesmo para operar-se contra os endossantes e seus avalistas, se a apresentação ou o pagamento do cheque são obstados pelo fato de o banco sacado ter sido submetido a intervenção, liquidação extrajudicial ou falência. Não sendo esse o caso, o protesto ou as declarações que o substituem devem fazer-se no primeiro dia útil seguinte; é possível aos devedores efetuarem o pagamento do título em cartório e, assim, evitarem o protesto. Destaque-se que a apresentação do cheque, o protesto ou a declaração equivalente só podem ser feitos ou exigidos em dia útil, durante o expediente dos estabelecimentos de crédito, câmaras de compensação e cartórios de protestos. Uma vez protestado o cheque, seu pagamento posterior implica o cancelamento do protesto, a pedido de qualquer interessado, mediante arquivamento de cópia autenticada de quitação que contenha perfeita identificação do título.

O portador deve dar aviso da falta de pagamento a seu endossante e ao emitente, nos quatro dias úteis seguintes ao do protesto ou das declarações; cada endossante, por seu turno, deve, nos dois dias úteis seguintes ao do recebimento do aviso, comunicar seu teor ao endossante precedente, indicando os nomes e endereços dos que deram os avisos anteriores,[3] e assim por diante, até o emitente, contando-se os prazos do recebimento do aviso precedente. O aviso dado a um obrigado deve estender-se, no mesmo prazo, a seu avalista. O aviso pode ser dado por qualquer forma, até pela simples devolução do cheque, sendo que aquele que estiver obrigado a aviso deverá provar que o deu no prazo estipulado, considerando-se observado o prazo se, dentro dele, houver sido posta no correio a carta de aviso. A prova da inobservância do prazo incumbe a quem alega. Note-se, todavia, que não decai do direito de regresso aquele que deixa de dar o aviso no prazo estabelecido; apenas responde pelo dano causado por sua negligência, sem que a indenização exceda o valor do cheque.

Quando disposição legal ou caso de força maior impedir a apresentação do cheque, o protesto ou a declaração equivalente nos prazos estabelecidos, consideram-se estes prorrogados, devendo o portador dar aviso imediato da ocorrência de força maior a seu endossante. Não constituem casos de força maior os fatos puramente pessoais relativos ao portador ou à pessoa por ele incumbida da apresentação do cheque, do protesto ou da obtenção da declaração equivalente. O portador fará menção do aviso dado mediante declaração datada e assinada por ele no cheque ou folha de alongamento. Cessado o impedimento, deve o portador, imediatamente, apresentar o cheque para pagamento e, se couber, promover protesto ou declaração equivalente. Se o impedimento durar por mais de 15 dias contados do dia em que o portador, mesmo antes de findo o prazo de apresentação, comunicou a ocorrência de força maior a seu endossante, poderá ser promovida a execução, sem necessidade da apresentação do protesto ou declaração equivalente.

---

[3] Se o endossante não houver indicado seu endereço, ou o tiver feito de forma ilegível, basta o aviso ao endossante que o preceder.

Frise-se que o protesto ou a declaração que o substitui são dispensáveis para a execução do próprio emitente e de seu avalista; contudo, o portador que não apresentar o cheque em tempo hábil, ou não comprovar a recusa de pagamento pela forma acima estudada, perde o direito de execução contra o emitente, se este tinha fundos disponíveis durante o prazo de apresentação e os deixou de ter, em razão de fato que não lhe seja imputável, a exemplo do congelamento dos valores disponíveis na conta, fruto de intervenção do Banco Central ou outra medida.

O emitente, o endossante e o avalista podem, pela cláusula *sem despesa, sem protesto*, ou outra equivalente, lançada no título e assinada, dispensar o portador, para promover a execução do título, do protesto ou da declaração equivalente. A cláusula lançada pelo emitente produz efeito em relação a todos os obrigados; a lançada por endossante ou por avalista produz efeito somente em relação ao que lançar. A cláusula não impede o protesto, mas se o portador, apesar dela, promove o protesto, as despesas correspondentes correm por sua conta, se quem a lançou foi o emitente. Se a cláusula é lançada por endossante ou avalista, as despesas do protesto são devidas por todos os obrigados. A cláusula *sem despesas* não dispensa o portador da apresentação do cheque no prazo estabelecido, nem dos avisos, cujo prazo se contará da apresentação.

Atendidos os requisitos ora estudados, todos os obrigados respondem solidariamente para com o portador do cheque que, assim, tem o direito de demandar a todos, individual ou coletivamente, sem estar sujeito a observar a ordem em que se obrigaram. O mesmo direito cabe ao obrigado que pagar o cheque. Não é só; a ação contra um dos obrigados não impede sejam os outros demandados, mesmo que se tenham obrigado posteriormente àquele. Em qualquer caso, as relações entre obrigados do mesmo grau regem-se pelas normas das obrigações solidárias. O portador, escolhendo contra quem dirigirá a ação, poderá exigir a importância do cheque não pago, acrescida dos juros legais desde o dia da apresentação, de correção monetária e das despesas que fez. O obrigado contra o qual se promova execução, ou que a esta esteja sujeito, pode exigir, contra pagamento, a entrega do cheque, com o instrumento de protesto ou da declaração equivalente e a conta de juros e despesas quitadas; sendo um endossante quem pagou o cheque, poderá cancelar seu endosso e os dos endossantes posteriores. Ele terá o direito de exigir dos coobrigados anteriores ou do emitente a importância integral que pagou, acrescida de juros legais, a contar do dia do pagamento, de correção monetária e das despesas que fez.

Como já visto, a ação para executar o cheque prescreve em seis meses, contados da expiração do prazo de apresentação. Se o cheque foi pago por um coobrigado, a ação de regresso contra um obrigado anterior prescreve em iguais seis meses, contados do dia em que pagou o cheque ou do dia em que foi demandado. A interrupção da prescrição produz efeito somente contra o obrigado em relação ao qual foi promovido o ato interruptivo. Se transcorrido o prazo de prescrição, o título perderá sua validade, mas o seu legítimo portador ainda poderá ajuizar uma ação de cobrança (rito ordinário) ou ação monitória, fundada no enriquecimento indevido do devedor ou outros obrigados, que se locupletaram injustamente com o não pagamento do cheque. Atenção para a Súmula 504 do Superior Tribunal de Justiça: "*O prazo para ajuizamento de ação monitória em face do emitente de cheque sem força executiva é quinquenal, a contar do dia seguinte à data de emissão estampada na cártula.*"

25
DUPLICATA

1 Emissão

Aqueles que atuam com a compra e venda de mercadorias, bem como com a prestação de serviços, têm um título de crédito extremamente útil e eficaz para representar operações que tenham pagamento combinado a prazo (uma ou mais prestações) e, mais do que isso, instrumento que pode ser negociado no mercado (endossado), permitindo uma antecipação de receita (fala-se em *recebíveis mercantis*) para tocarem adiante suas atividades negociais. Trata-se da duplicata, título que é regido pela Lei 5.474/68, podendo ser emitido eletronicamente, nos termos da Lei 13.775/18. É o que estudaremos neste capítulo.

Nos negócios mercantis (*compra e venda de mercadorias* ou *prestação de serviços*) que sejam celebrados entre partes domiciliadas no território brasileiro e com pagamento, no todo ou em parte, ajustado para prazo não inferior a 30 dias, contado da data da entrega ou despacho das mercadorias ou da prestação dos serviços, o empresário extrairá uma fatura para ser apresentada ao contratante, na qual discriminará as mercadorias vendidas ou serviços prestados; a fatura também poderá simplesmente indicar os números e os valores de notas parciais expedidas por ocasião das vendas, despachos ou entregas das mercadorias, bem como de prestação de serviços. A fatura é, portanto, uma conta, como coloquialmente se diz, indicando o valor a ser pago e o prazo para pagamento; não se confunde com a nota fiscal, podendo uma fatura indicar números e valores de várias notas fiscais, conforme se viu. Mas é uma prática corriqueira a emissão de um documento híbrido, a nota fiscal/fatura, que cumpre ambas as finalidades.

Para representar seu crédito sobre o valor devido pelas mercadorias ou pelo serviço, é possível emitir-se uma *duplicata da fatura*. Fala-se, então, em *duplicata mercantil* ou *duplicata de prestação de serviços*, sendo comum usar-se apenas a palavra *duplicata*. É o que faz o artigo 2º da Lei 5.474/68, norma que define as regras aplicáveis a esse título de crédito: "No ato da emissão da fatura, dela poderá ser extraída uma duplicata para circulação com efeito comercial, não sendo admitida qualquer outra espécie de título de crédito para documentar o saque do vendedor pela importância faturada ao comprador."

A duplicata, portanto, é um título causal, emitido pelo próprio credor, declarando existir, a seu favor, um crédito de determinado valor em moeda corrente, fruto – obrigatoriamente – de um negócio empresarial subjacente de compra e venda de mercadorias ou de prestação de serviços, cujo pagamento é devido em determinada data (termo). O emitente poderá usar a duplicata para exigir o pagamento extrajudicial ou judicial (*execução*) de seu crédito, assim como pode negociá-la com terceiros, endossando-a.

Se a venda é realizada por consignatários ou comissários, sendo as faturas emitidas em nome e por conta do consignante ou comitente, caberá àqueles cumprir os requisitos legais relativos à duplicata. Quando a mercadoria for vendida por conta do consignatário, este é obrigado, na ocasião de expedir a fatura e a duplicata, a comunicar a venda ao consignante. Por sua vez, o consignante expedirá fatura e duplicata correspondente à mesma venda, a fim de ser esta assinada pelo consignatário, mencionando-se o prazo estipulado para a liquidação do saldo da conta; todavia, fica o consignatário dispensado de emitir duplicata quando nessa comunicação declarar que o produto líquido apurado está à disposição do consignante.

Também poderão emitir duplicatas os profissionais liberais e os que prestam serviço de natureza eventual, embora não se lhes exija a manutenção de escrituração de Livro de Registro de Duplicatas, devidamente autenticada na Junta Comercial. O profissional liberal ou prestador eventual enviará ao contratante uma fatura ou conta, mencionando a natureza da prestação que foi executada e os valores correspondentes, data e local do pagamento, bem como o vínculo contratual estabelecido e que deu origem aos serviços executados. A fatura poderá ser substituída por nota fiscal-fatura, caso o prestador de serviço possua tal talonário, do qual, via de regra, consta espaço reservado para a declaração assinada do recebimento dos serviços discriminados.

2   Requisitos

A duplicata conterá: (1) a denominação *duplicata*, a data de sua emissão e o número de ordem; (2) o número da fatura; (3) a data certa do vencimento ou a declaração de ser a duplicata a vista; (4) o nome e domicílio do vendedor e do comprador; (5) a importância a pagar, em algarismos e por extenso; (6) a praça de pagamento; (7) a cláusula à ordem; (8) a declaração do reconhecimento de sua exatidão e da obrigação de pagá-la, a ser assinada pelo comprador, como aceite; e (9) a assinatura do emitente. Atente-se para que uma só duplicata não pode corresponder a mais de uma fatura. Para além desses elementos, é possível constarem outras indicações, desde que não alterem sua feição característica.

Esses títulos merecem uma padronização por parte do Conselho Monetário Nacional, que definiu três modelos, todos com altura mínima de 148 mm e máxima de 152 mm, sendo a largura mínima de 203 mm e máxima de 210 mm. Há modelos (1) para operações liquidáveis em um só pagamento (valor da duplicata idêntico ao da fatura); (2) correspondentes às operações com pagamento parcelado, mediante emissão de uma duplicata para cada parcela; e (3) correspondentes às operações com pagamento parcelado, mediante emissão de uma só duplicata discriminando as diversas parcelas e respectivos vencimentos. Veja a seguir o modelo para operações liquidáveis em um só pagamento.

Cap. 25 – Duplicata

(DADOS RELATIVOS À FIRMA EMITENTE)

(ENDEREÇO DO EMITENTE)
(MUNICÍPIO)   (ESTADO)
INSCRIÇÃO NO CNPJ Nº
INSCRIÇÃO ESTADUAL Nº

DATA DA EMISSÃO

FATURA Nº	FATURA/DUPLICATA	DUPLICATA	VENCIMENTO
	VALOR – R$	Nº DE ORDEM	

DESCONTO DE _____ ATÉ _____

CONDIÇÕES ESPECIAIS

NOME DO SACADO
ENDEREÇO
MUNICÍPIO   ESTADO
PRAÇA DO PAGAMENTO
INSCR. NO CNPJ Nº   INSCR. ESTADUAL Nº

VALOR POR EXTENSO

PARA USO DA INSTITUIÇÃO FINANCEIRA

Reconheço(cemos) a exatidão desta duplicata de VENDA MERCANTIL na importância acima que pagarei(emos) a (nome do emitente) ou à sua ordem na praça e vencimento indicados.

EM ___/___/___
DATA DO ACEITE

ASSINATURA DO SACADO

ASSINATURA DO EMITENTE

Cada duplicata traz um número de ordem que corresponderá à sua posição na sequência anotada num Livro de Registro de Duplicatas, que é obrigatório para os empresários que adotem o regime de vendas ou prestação de serviços com extração de fatura e a emissão de duplicatas, devendo atender aos requisitos extrínsecos e intrínsecos dos instrumentos de escrituração, incluindo autenticação na Junta Comercial. Nesse livro se escrituram, cronologicamente, todas as duplicatas emitidas, com o número de ordem, data e valor das faturas originárias e data de sua expedição; nome e domicílio do comprador; anotações das reformas; prorrogações e outras circunstâncias necessárias. A falsificação ou adulteração da escrituração do Livro de Registro de Duplicatas são punidas com detenção, de dois a quatro anos, e multa, por força do artigo 172, parágrafo único, do Código Penal.

A duplicata indicará sempre o valor total da fatura, mesmo se o comprador tenha direito a qualquer abatimento pelo pagamento antecipado ou qualquer outra vantagem similar. O vendedor indicará, ademais, o valor líquido que o comprador deverá reconhecer como obrigação de pagar, havendo um espaço específico para esclarecer o valor ou percentual do desconto, data até a qual é válido, bem como um espaço para condições especiais. Não se incluirão no valor total da duplicata os abatimentos de preços das mercadorias ou serviços feitos até o ato do faturamento; estes descontos constarão da fatura e o valor total será indicado na duplicata. Já nos casos de venda para pagamento em parcelas, poderá ser emitida duplicata única, em que se discriminarão todas as prestações e seus vencimentos, ou série de duplicatas, uma para cada prestação, distinguindo-se a numeração pelo acréscimo de letra do alfabeto, em sequência. Veja um exemplo desse segundo caso: a *Catalão Veículos Ltda.* emitiu uma fatura no valor de R$ 44.000,00, com pagamento ajustado para 30 e 60 dias. Para representar seu crédito, pode (1) emitir uma duplicata (exemplo: número 78.600), nela indicando o valor total de R$ 44.000,00 e todas as prestações: valor e data de vencimento. Por outro lado, pode emitir duas duplicatas: 78.600-A e 78.600-B; cada uma trará o valor total da fatura (R$ 44.000,00), especificando o valor da parcela a que corresponde (R$ 22.000,00) e a respectiva data de vencimento.

Embora não seja obrigatório emitir fatura para venda ou prestação de serviço com pagamento (1) à vista, (2) contraentrega ou (3) em prazo inferior a 30 dias, se não houve pronto pagamento, é possível fazê-lo, emitindo-se duplicata que trará a declaração de que o pagamento se fará nessas condições.

3 Aceite, endosso e aval

Emitida a duplicata, deverá o título ser apresentado ao devedor, na praça ou no lugar de seu domicílio, pelo próprio emitente ou por intermédio de representante, instituição financeira, procurador ou mesmo correspondente. Trata-se da *remessa para aceite*, cujo prazo é de 30 dias, contado da data de sua emissão. Se a remessa for feita por intermédio de representantes, instituições financeiras, procuradores ou correspondentes, estes deverão apresentar o título ao comprador dentro de 10 dias, contados da data de seu recebimento na praça de pagamento. Essa remessa tem por intuito não o pagamento, mas a assinatura pelo sacado (o devedor), que, reconhecendo a existência do débito, nos contornos em que lançados na duplicata, *aceitará o título*. Caso discorde do constante da cártula, o devedor poderá *recusar o aceite*, fazendo-o por declaração escrita e devidamente assinada. A recusa poderá ter por fundamento (1) avaria ou não recebimento das mercadorias, quando não expedidas ou não entregues por sua conta e risco, ou não correspondência da fatura com os serviços efetivamente contratados; (2) vícios, defeitos e diferenças na qualidade ou na quantidade das mercadorias, ou vícios ou defeitos na qualidade dos serviços prestados; em ambos os casos, devidamente comprovados; (3) divergência nos prazos ou nos preços ajustados. Em qualquer das duas hipóteses, aceita a duplicata ou não, o título deve ser devolvido ao credor em dez dias, contados da data de apresentação, se o vencimento não for a vista. Havendo expressa concordância da instituição financeira cobradora, o sacado poderá reter a duplicata em seu poder até a data do vencimento, desde que comunique, por escrito, à apresentante o aceite e a retenção; essa comunicação substituirá, quando necessário, no ato do protesto ou na execução judicial, a duplicata a que se refere. Assim, o credor poderá protestar a duplicata ou executá-la apresentando apenas aquela comunicação.

O endosso da duplicata submete-se ao regime geral do Código Civil, já estudado neste livro, inclusive quanto à vedação de endosso parcial ou condicional. Também a duplicata pode ser transferida por endosso-mandato, que confere ao endossatário o exercício dos direitos inerentes ao título, da mesma forma que é possível haver endosso-penhor, com os contornos jurídicos já estudados. Ao contrário do regime geral, disposto no artigo 914 do Código Civil, a regra específica para a duplicata é de que o endossante responde pelo cumprimento da prestação constante do título, sendo devedor solidário da cártula; pagando-a, tem ação de regresso contra os coobrigados anteriores.

A duplicata também pode ser avalizada, ou seja, garantida por um terceiro ao sacado ou ao endossante (o primeiro dos quais é o próprio emitente), equiparando-se o avalista àquele que indicar. O aval pode ser prestado a qualquer momento até o pagamento, mesmo após o vencimento do título, produzindo os mesmos efeitos que os prestados anteriormente àquela ocorrência. A duplicata, no entanto, não comporta aval parcial. O aval se dá por texto (*avalizo Fulano, em aval de Beltrano* ou similar) e assinatura, na face (anverso) ou no verso do título; a assinatura solitária, no verso, caracteriza por si o aval. Não havendo indicação do beneficiário da garantia, será considerado como dado a favor daquele abaixo de cuja firma o avalista lançar a sua; não havendo tal disposição no título, o aval considera-se dado a favor do devedor principal, ou seja, o comprador – se aceito o título. De resto, aplicam-se as regras gerais do aval, inclusive a necessidade de autorização do cônjuge, se o avalista for casado em regime distinto da separação absoluta de bens.

HOPE

Incopa × Hope

Incopa Importação, Exportação e Indústria de Óleos Ltda. ajuizou ação declaratória contra Hope Fomento Mercantil Ltda. e Sperafico Agroindustrial Ltda.

pretendendo o reconhecimento da inexigibilidade de duplicata mercantil no valor de R$ 1.000.000,25; em processo cautelar, pediu e obteve a sustação do protesto do título. Argumentou que o negócio subjacente ao título de crédito não foi honrado, sendo mesmo objeto de uma transação com a sacadora, conforme escritura pública de transação. A sentença julgou o pedido procedente, o que foi confirmado pelo Tribunal de Justiça do Paraná: "A duplicata é um título de crédito causal, cuja emissão fica condicionada à existência de contrato de compra e venda ou de prestação de serviços onde, na falta de aceite, é necessário para sua validade a existência de prova da entrega da mercadoria. Sem a demonstração de causa adjacente, é nula a duplicata e indevido o protesto".

Por meio do Recurso Especial 1.518.203/PR, Hope Fomento Mercantil Ltda. levou o debate para o conhecimento da Quarta Turma do Superior Tribunal de Justiça que, reformando as decisões anteriores, julgou a pendenga a seu favor. Em primeiro lugar, "os requisitos essenciais da duplicata – reconhecidos pela Corte local como devidamente supridos – estão claramente previstos no art. 2º, § 1º, da Lei das Duplicatas, que estabelece que a cártula conterá: I – a denominação 'duplicata', a data de sua emissão e o número de ordem; II – o número da fatura; III – a data certa do vencimento ou a declaração de ser a duplicata à vista; IV – o nome e domicílio do vendedor e do comprador; V – a importância a pagar, em algarismos e por extenso; VI – a praça de pagamento; VII – a cláusula à ordem; VIII – a declaração do reconhecimento de sua exatidão e da obrigação de pagá-la, a ser assinada pelo comprador, como aceite, cambial; IX – a assinatura do emitente".

Os ministros ainda frisaram o fato de que o título continha aceite emitido pelo sacado. "Por um lado, como a duplicata tem aceite, o art. 15 da Lei das Duplicatas (Lei 5.474/1968) estabelece que a cobrança judicial de duplicata ou triplicata será efetuada em conformidade com o processo aplicável aos títulos executivos extrajudiciais, não havendo necessidade de quaisquer outros documentos, além do título. O inciso II do mesmo dispositivo determina que, apenas se a duplicata ou triplicata não for aceita, é necessário, cumulativamente, que ela seja protestada e esteja acompanhada de documento hábil comprobatório da entrega e do recebimento da mercadoria. [...] Por outro lado, o art. 25 da Lei das Duplicatas esclarece que se aplicam à duplicata e à triplicata, no que couber, os dispositivos da legislação sobre emissão, circulação e pagamento das Letras de Câmbio. Como se sabe, o aceite é declaração cambial sucessiva em virtude da qual o sacado manifesta sua concordância e compromete-se a pagá-la à pessoa que se apresentar como legítima possuidora".

Prosseguiram os magistrados: "Nesse ponto, é um tanto ambígua a denominação de 'título causal' para a duplicata com aceite. A duplicata é título de crédito causal, o que significa dizer: para sua regular constituição, deve haver uma prestação de serviço. Essa causalidade, todavia, não lhe retira o caráter de abstração. Circulando o título, ao endossatário não podem ser opostas as exceções". Assim, "perquirir o negócio subjacente para admitir oposição de exceções pessoais em face do endossatário terceiro de boa-fé de duplicata aceita representaria patente e significativa mudança na jurisprudência, desde sempre pacífica acerca do tema, ferindo de morte a circulabilidade dos títulos de crédito, o princípio da abstração e o relevantíssimo instituto cambiário do aceite. [...] Uma vez aceita, o sacado vincula-se ao título como devedor principal, e a ausência de entrega da mercadoria ou de prestação de serviços, ou mesmo de quitação referente à relação fundamental ao credor originário, somente pode ser oponível ao sacador, como exceção pessoal, mas não a endossatários de boa-fé".

4 Pagamento

É lícito ao sacado (o comprador ou aquele a quem se prestou serviços) resgatar a duplicata antes de aceitá-la ou antes da data do vencimento. A prova do pagamento é o recibo, passado pelo legítimo portador ou por seu representante com poderes especiais, no verso do próprio título ou em documento, em separado, com referência expressa à duplicata. Constituirá, igualmente, prova de pagamento, total ou parcial, da duplicata a liquidação de cheque, a favor do estabelecimento endossatário, no qual conste, no verso, que seu valor se destina a amortização ou liquidação da duplicata nele caracterizada. É fundamental que o pagamento se faça à vista do título e que o devedor exija do portador que a duplicata lhe seja entregue, face ao princípio da cartularidade, já estudado.

Permite-se ao devedor, quando do pagamento da duplicata, deduzir créditos resultantes de devolução de mercadorias, diferenças de preço, enganos verificados, pagamentos por conta e outros motivos assemelhados, desde que devidamente autorizados. A regra, anotada no artigo 10 da Lei 5.474/68, pressupõe, por necessário, que o pagamento se faça diretamente ao emitente da duplicata, a seu favor, já que somente a esse o devedor pode opor tais exceções, que são pessoais, próprias do negócio subjacente; o endossatário é pessoa estranha a tais matérias.

Um instituto jurídico próprio da duplicata é a reforma ou prorrogação, ou seja, a faculdade do credor de prorrogar o prazo de vencimento do título, que se faz por meio de declaração em separado ou nela escrita, assinada pelo emitente ou endossatário, ou por representante com poderes especiais. Para manter a coobrigação dos demais intervenientes por endosso ou aval, a reforma ou prorrogação requer a anuência expressa destes.

5 Protesto

A duplicata é protestável por falta de (1) aceite, (2) devolução ou (3) pagamento. O fato de não ter sido exercida a faculdade de protestar o título, por falta de aceite ou de devolução, não elide a possibilidade de protesto por falta de pagamento. O protesto será tirado na praça de pagamento constante do título, devendo o credor apresentar a cártula respectiva, se a detém; se por acaso a duplicata se perdeu, ou se por acaso o devedor a reteve, o que é comum quando se trata de protesto por falta de devolução do título, poderá o credor providenciar a emissão de uma triplicata. Não havendo emissão de triplicata, faz-se o protesto por indicação, ou seja, sem título, mas com comunicação da qual constem os elementos que compõem a duplicata que o credor não mais possui. O portador que não tirar o protesto da duplicata, em forma regular e dentro do prazo de 30 dias, contado da data de seu vencimento, perderá o direito de regresso contra os endossantes e respectivos avalistas.

O fato de a duplicata ser emitida pelo próprio credor, que declara a existência de um crédito a seu favor, cria, por certo, a possibilidade de fraudes, quero dizer, da emissão de *duplicata simulada*, sem que haja um negócio subjacente. Tamanha é a gravidade de tal comportamento, que o artigo 172 do Código Penal define como crime emitir fatura, duplicata ou nota de venda que não corresponda à mercadoria vendida, em quantidade ou qualidade, ou ao serviço prestado, sendo punido com detenção, de dois a quatro anos, e multa. Ainda assim, não são poucos os casos de simulação: *duplicatas frias* (simuladas) que são emitidas e negociadas com endossatários. Na esmagadora maioria dos casos, tais situações envolvem instituições financeiras ou empresas de faturização (*factoring*), que recebem tais duplicatas em endosso, pagando seu valor ao emitente/endossante, descontado um percentual, que remunera a antecipação do crédito. Quando tais duplicatas são levadas a protesto e/ou quando aqueles que são indevidamente indicados como devedores são denunciados a cadastro de devedores inadimplentes (como o Serviço de Proteção ao Crédito – SPC), há uma ofensa ao seu *bom nome*, à sua credibilidade na praça, o que caracteriza dano moral passível de indenização em valor a ser arbitrado pelo Judiciário. Também são indenizáveis os danos econômicos devidamente comprovados, como os lucros cessantes.

6   Exigência judicial

A exigência judicial de duplicata ou triplicata será efetuada de conformidade com o processo aplicável aos títulos executivos extrajudiciais, segundo o Código de Processo Civil, quando se tratar de duplicata ou triplicata aceita, protestada ou não, quando a execução se dirija contra o sacado/aceitante. A ação poderá ser proposta contra um ou contra todos os coobrigados, sem observância da ordem em que figurem no título; afinal, os coobrigados da duplicata respondem solidariamente pelo aceite e pelo pagamento. O foro competente para a exigência judicial da duplicata ou da triplicata é o da praça de pagamento constante do título, ou outro de domicílio do comprador e, no caso de ação regressiva, o dos sacadores, dos endossantes e respectivos avalistas.

Pretendendo-se executar os demais coobrigados, o protesto se fará necessário. Em se tratando de duplicata ou triplicata não aceita, a possibilidade de execução exige que (1) haja sido protestada; (2) esteja acompanhada de documento hábil comprobatório da entrega e recebimento da mercadoria ou conclusão do serviço, permitida a sua comprovação por meio eletrônico; e o sacado não tenha, comprovadamente, recusado o aceite, no prazo, nas condições e pelos motivos já estudados. Processar-se-á também da mesma maneira a execução de duplicata ou triplicata não aceita e não devolvida, desde que haja sido protestada mediante indicações do credor ou do apresentante do título. De outra face, contra o sacador, os endossantes e respectivos avalistas, caberá o processo de execução, quaisquer que sejam a forma e as condições do protesto.

A pretensão à execução da duplicata prescreve (1) contra o sacado e respectivos avalistas, em três anos, contados da data do vencimento do título; (2) contra endossante e seus avalistas, em um ano, contado da data do protesto; (3) de qualquer dos coobrigados contra os demais, em um ano, contado da data em que haja sido efetuado o pagamento do título.

Se a duplicata ou triplicata não preenche os requisitos legais para a execução, pode o seu credor recorrer ao procedimento ordinário, ou seja, ao processo de conhecimento, aforando uma ação de cobrança. A mesma alternativa processual socorre o credor na hipótese de prescrição do título. De qualquer sorte, há ainda a possibilidade de manejo da ação monitória, instrumento de previsão mais recente no Direito Brasileiro.

AWP BRASIL
AWP Service × Premier

AWP Service Brasil Ltda. moveu uma ação declaratória de nulidade de duplicatas contra Premier Auto Service Locadora De Veículos Ltda., argumentando ter havido emissão de duplicatas sem lastro, bem como de cobrança de valores superiores aos correspondentes a serviços efetivamente prestados. A sentença desacolheu o pedido, e o Tribunal de Justiça não tomou posição diversa: "Em complemento aos adequados e acertados fundamentos adotados pela R. Sentença indevidamente atacada, importante observar ainda que a alegação da inconformada, conforme apresentada no sentido de que deve ser reconhecida a inexigibilidade das duplicatas de números 2057, 2059, 2060, 2070, e 2077, porque, em verdade, desprovidas de lastro, não deve vingar, uma vez que não se viram demonstrados quaisquer elementos de provas que possam comprovar que o saque das cártulas em questão se deu em desatenção aos termos da Lei 5.474/1968, pela qual se autoriza a emissão da cártula nas transações comerciais destinadas a compra e venda mercantil, ou mesmo a prestação de serviços".

Por meio do Agravo Interno no Agravo em Recurso Especial 2.081.275/SP, a questão foi submetida à Quarta Turma do Superior Tribunal de Justiça que, dando provimento ao recurso, mudou a compreensão da questão. "Consoante de extrai dos autos, a ora recorrente propôs ação declaratória de nulidade de títulos com pedido subsidiário de inexigibilidade do débito, alegando, entre outros fundamentos, que, embora tenha adimplido suas obrigações contratuais com a recorrida, foi surpreendida com o apontamento de duplicatas para protesto referentes a serviços que não foram efetivamente prestados". O Judiciário paulista, em primeiro e segundo grau, entendeu que o sacado/devedor deveria comprovar o que alegava, ou seja, que os serviços não foram efetivamente prestados. "Ocorre que, conforme entendimento firmado pelo Superior Tribunal de Justiça, uma vez negada pelo sacado a causa que autorizaria o saque da duplicata, cabe ao sacador comprovar documentalmente a entrega e o recebimento da mercadoria ou serviço. [...] Com efeito, a prova da inexistência de lastro para a emissão dos títulos protestados é prova negativa, cuja produção se revela difícil ao sacado, quando não impossível, pelo que não é razoável exigi-la da recorrente na hipótese, especialmente porque se mostra mais fácil ao sacador a prova da entrega de mercadorias ou de efetiva prestação de serviços".

O acórdão citou um precedente da mesma Turma, o Recurso Especial 763.033/PR: "Tratando-se de alegação de inexistência de relação jurídica ensejadora da emissão do título protestado, impossível impor-se o ônus de prová-la ao autor, sob pena de determinar-se prova negativa, mesmo porque basta ao réu, que protestou referida cártula, no caso duplicata, demonstrar que sua emissão funda-se em efetiva entrega de mercadoria ou serviços, cuja prova é perfeitamente viável". Quer mais? Claro. O Recurso Especial 141.322/RS: "Negada pelo sacado a causa que autorizaria o saque da duplicata, cumpre ao sacador comprovar documentalmente a entrega e o recebimento da mercadoria (artigo 15, II, b, da Lei 5.474, de 18.7.1968)".

7   Duplicata eletrônica

A desmaterialização dos títulos de crédito é uma tendência que começou a ganhar corpo no último quarto do século XX, com o avanço da eletrônica e meios de comunicação. O avanço e a modernização dos registros eletrônicos (ditos virtuais) vão colocando em cheque a figura do *papel* e, via de consequência, da *cártula*. A duplicata eletrônica, assim, passou a ser uma tendência muito forte, o que culminou com a edição da Lei 13.775/18, dispondo sobre a emissão de duplicata sob a forma escritural. Todas as dúvidas judiciárias e doutrinárias, assim, foram afastadas: a duplicata de que trata a Lei 5.474/68, pode ser emitida sob a forma escritural, para circulação como efeito comercial, observadas as disposições da Lei 13.775/18. Aliás, por força do artigo 10 da Lei 13.775/18, são nulas de pleno direito as cláusulas contratuais que vedam, limitam ou oneram, de forma direta ou indireta, a emissão ou a circulação de duplicatas emitidas sob a forma cartular ou escritural. O título foi regulamentado pelo Conselho Monetário Nacional e pelo Banco Central do Brasil, permitindo e facilitando operações de endosso eletrônico dos títulos a bem da consolidação de um mercado eletrônico de recebíveis mercantis (um mercado estimado em cerca de dez trilhões de reais ou mais).

A emissão de duplicata sob a forma escritural (duplicata eletrônica) não é tão simples como a duplicata em papel. Sua escrituração não se faz no âmbito do próprio sacador. A emissão faz-se mediante lançamento em sistema eletrônico de escrituração gerido por quaisquer das entidades que exerçam a atividade de escrituração de duplicatas escriturais (artigo 3º). Portanto, não se trata de escrituração do próprio empresário, mas de escrituração de terceiro, entidade que atua por meio de autorização de órgão ou entidade da administração federal direta ou indireta a exercer a atividade de escrituração de duplicatas. Aliás, os lançamentos no sistema eletrônico previsto na Lei 13.775/18, por força do seu artigo 9º, substituem o Livro de Registro de Duplicatas, previsto no artigo 19 da Lei de Duplicatas.

A Lei refere-se expressamente à Central Nacional de Registro de Títulos e Documentos, esclarecendo que a escrituração do título cabe ao oficial de registro do domicílio do emissor da duplicata, prestigiando a estrutura notarial existente no país. No entanto, se o oficial de registro não estiver integrado ao sistema central, a competência será transferida para a Capital da respectiva entidade federativa (artigo 3º, §§ 2º e 3º). A emissão eletrônica se fará por meio do recolhimento dos respectivos emolumentos, cobrados pela central nacional. Esse valor será fixado pelos Estados e pelo Distrito Federal, observado o valor máximo de R$ 1,00 (um real) por duplicata, limitação inscrita no § 4º do mesmo artigo 3º.

Segundo a previsão do artigo 4º da Lei 13.775/18, a emissão da duplicata virtual deverá se fazer lançando no sistema eletrônico, no mínimo, os seguintes aspectos: (1) apresentação, aceite, devolução e formalização da prova do pagamento; (2) controle e transferência da titularidade; (3) prática de atos cambiais sob a forma escritural, tais como endosso e aval; (4) inclusão de indicações, informações ou de declarações referentes à operação com base na qual a duplicata foi emitida ou ao próprio título; e (5) inclusão de informações a respeito de ônus e gravames constituídos sobre as duplicatas. Como tais elementos estão lançados no sistema eletrônico de escrituração cabe ao seu gestor realizar as comunicações ao devedor e aos demais interessados dos atos respectivos, quando praticados, a exemplo do endosso ou do aval.

Obviamente, a prática de tais atos, incluindo a previsão de comunicação aos interessados, são aspectos que desafiam a segurança das relações creditícias envolvidas. Essencialmente, importa observar os efeitos que venham a ser produzido sobre os patrimônios envolvidos ou que venham a ser envolvidos (terceiros). O legislador procurou resolver isso remetendo diversas questões para normas regulamentares. Assim, segundo o § 2º do artigo 4º, a Central Nacional de Registro de Títulos e Documentos (ou outro órgão a quem se dê igual autorização, eventualmente), poderá definir a forma e os procedimentos que deverão ser observados para a realização das referidas comunicações. Mais do que isso, o § 3º prevê que o sistema eletrônico de escrituração deve dispor de mecanismos que permitam ao sacador e ao sacado comprovarem, por quaisquer meios de prova admitidos em direito, a entrega e o recebimento das mercadorias ou a prestação do serviço, devendo a apresentação das provas ser efetuada em meio eletrônico. A redundância do "comprovarem por quaisquer meios de prova" está na lei.

Adiante, o artigo 11 prevê a possibilidade da Administração Pública Federal regulamentar outros aspectos (o que, aliás, é óbvio: para isso servem os decretos), destacando um aspecto: a forma e periodicidade do compartilhamento de registros, à fiscalização da atividade de escrituração de duplicatas escriturais, aos requisitos de funcionamento do sistema eletrônico de escrituração e às condições de emissão, de negociação, de liquidação e de escrituração da duplicata emitida sob a forma escritural.

A apresentação da duplicata escritural será efetuada por meio eletrônico, em dois dias úteis contados de sua emissão (se não houver estipulação casuística de outro prazo em norma regulamentar), por força do artigo 12, § 1º, da Lei 13.775/18. A obrigação de fornecer endereço eletrônico confiável para tanto é do credor que solicita a emissão do título. Recebendo o título, o devedor poderá, por meio eletrônico, recusar, no prazo, nas condições e pelos motivos previstos na Lei de Duplicatas, a duplicata escritural apresentada ou, no mesmo prazo acrescido de sua metade, aceitá-la (§ 2º). Para fins de protesto, a praça de pagamento das duplicatas escriturais deverá coincidir com o domicílio do devedor, segundo a regra geral do § 1º do artigo 75 e do artigo 327 do Código Civil, salvo convenção expressa entre as partes que demonstre a concordância inequívoca do devedor (artigo 12, § 3º, da Lei 13.775/18).

Prevê o artigo 5º que constituirá prova de pagamento, total ou parcial, da duplicata emitida sob a forma escritural a liquidação do pagamento em favor do legítimo credor, utilizando-se qualquer meio de pagamento existente no âmbito do Sistema de Pagamentos Brasileiro. Essa prova de pagamento deverá ser informada no sistema eletrônico de escrituração, com referência expressa à duplicata amortizada ou liquidada. A lei não afirma de quem é tal obrigação, mas resulta claro ser do credor: antes de mais nada, por que a obrigação do devedor é saldar seu débito e, ao pagar, ele o fez. Ademais, a estrutura de escrituração eletrônica serve ao credor: ele é o emissor do título, ou seja, ele remete a relação creditícia para o sistema eletrônico de escrituração e pagamento. Embora seja uma obrigação do credor, parece-me que, como não há impedimento legal, nada impede que o devedor informe o pagamento, apresentando a prova respectiva.

Os gestores dos sistemas eletrônicos de escrituração ou os depositários centrais, na hipótese de a duplicata emitida sob a forma escritural ter sido depositada de acordo com a Lei 12.810/13, expedirão, a pedido de qualquer solicitante, extrato do registro eletrônico da duplicata (artigo 6º). Desse extrato deverá constar, no mínimo: (1) a data da emissão e as informações referentes ao sistema eletrônico de escrituração no âmbito do qual a duplicata foi emitida; (2) os elementos necessários à identificação da duplicata, nos termos do art. 2º da Lei 5.474/68; (3) a cláusula de inegociabilidade, se houver; e (4) as informações acerca dos ônus e gravames, se existirem. Também constarão do extrato, por força do artigo 4º, § 4º, os endossantes e avalistas indicados pelo apresentante ou credor como garantidores do cumprimento da obrigação. Esse extrato pode ser emitido em forma eletrônica, observados requisitos de segurança que garantam a autenticidade do documento (§ 2º do artigo 6º). De qualquer sorte, o sistema eletrônico de escrituração deverá manter em seus arquivos cópia eletrônica dos extratos emitidos. Por fim, anote-se a previsão constante no parágrafo 4º, de que será gratuita a qualquer solicitante a informação, prestada por meio da rede mundial de computadores, de inadimplementos registrados em relação a determinado devedor.

A duplicata emitida sob a forma escritural e o extrato de que trata o art. 6º da Lei 13.775/18 são títulos executivos extrajudiciais, devendo-se observar, para sua cobrança judicial, o disposto na Lei de Duplicatas, conforme previsão do artigo 7º. Ademais, às duplicatas escriturais aplicam-se, de forma subsidiária, as disposições da Lei 5.474/68, segundo previsão do artigo 12 da Lei 13.775/18. Por fim, destacamos: "apesar de circularem em ambientes bancários e trazerem informações com reflexos fiscais, tanto as notas fiscais eletrônicas, quanto as duplicatas eletrônicas, não se beneficiam de sigilo (bancário ou fiscal), como decidiu a Quinta Turma do Superior Tribunal de Justiça, julgando o Agravo Regimental no Agravo em Recurso Especial 2.597.088.

26

NOTAS E CÉDULAS DE CRÉDITO

1 Conceito

Para além dos títulos de crédito anteriormente estudados, por alguns compreendidos como os mais clássicos, existem diversos outros, a grande maioria disposta como instrumentos utilizados por um ativo mercado de crédito vigente no país. São ferramentas utilizadas a bem do que se convencionou chamar de investimentos de renda fixa. É o caso dos certificados de depósito bancário (CDB), Letras de Crédito Imobiliário (LCI), Letras de Crédito do Agronegócio (LCA). O mercado de valores mobiliários é rico nesses instrumentos, podendo somar à nossa lista os Certificados de Recebíveis Imobiliários (CRI) e os Certificados de Recebíveis do Agronegócio (CRA). Neste capítulo, examinaremos as linhas gerais das Notas de Crédito e das Cédulas de Crédito.

Cédulas e notas de crédito são títulos representativos de operações de financiamento, tendo por negócio de base empréstimos concedidos por instituições financeiras ou entidade a essas equiparadas. Portanto, são títulos de crédito causais que surgem de negócio jurídico necessário e que têm ambiente negocial próprio: o sistema financeiro. Em boa técnica, a diferença essencial entre cédulas de crédito e notas de crédito seria a existência, nas primeiras, de garantia real, indicada na própria cártula. As notas não gozariam de garantia real. Então teríamos (1) cédula hipotecária – quando a garantia é a hipoteca constituída sobre um imóvel; (2) cédula pignoratícia – quando a garantia é o penhor sobre determinados bens móveis; (3) cédula fiduciária – quando a garantia é a alienação fiduciária de bens adquiridos com o financiamento ou mesmo bens do próprio patrimônio do devedor. O legislador, no entanto, acabou embolando tudo. Os títulos também podem ser classificados pela finalidade da operação de financiamento: rural, industrial, comercial, de exportação, bancária e imobiliária.

A emissão de cédulas e notas de crédito faz-se por escrito, em tantas vias quantas forem as partes que nela intervierem, sendo assinadas pelo emitente e pelo terceiro garantidor, se houver, ou por seus respectivos mandatários. Detalhe: apresentam estrutura formal de contratos bancários, sendo compostas por cláusulas. São contratos com natureza jurídica de títulos de crédito, por expressa disposição legal, combinando princípios e regras do Direito Contratual e do Direito Cambial. Assim, apesar de serem inequivocamente títulos executivos, comportam revisão judiciária, mormente por serem suas cláusulas previamente elaboradas pela instituição bancária, caracterizando um contrato de adesão. Não se exigem assinaturas de testemunhas e mesmo a assinatura do credor é considerada despicienda, pois o título, por si e por seu registro na respectiva contabilidade, prova a vinculação da instituição financeira ao documento elaborado por seus prepostos. Em acréscimo, manifestando uma vez mais sua característica contratual, a cédula e a nota de crédito podem ser aditadas, retificadas ou ratificadas mediante documento escrito, datado e assinado pelo devedor, pelo terceiro garantidor, se houver, ou por seus respectivos mandatários, devendo cada parte receber uma via.

Como se aplicam a tais títulos as regras do Direito Cambiário, o prazo para a execução é de três anos, contados da data do vencimento; detalhe importante: "o vencimento antecipado das prestações não altera o termo inicial do prazo trienal de prescrição para a execução", decidiu a Quarta Turma no Agravo Interno no Agravo em Recurso Especial 2.529.643/SP; o prazo "é contado do vencimento da última parcela". Prescrita a execução, há a possibilidade de ação de cobrança; decidindo o Agravo Interno no Agravo em Recurso Especial 2.613.746/MT, a Terceira Turma do Superior Tribunal de Justiça afirmou que "a cédula de crédito bancário representa promessa de pagamento em dinheiro, decorrente de operação de crédito, de qualquer modalidade, tratando-se de dívida líquida certa e exigível, trata-se de dívida líquida, constante de instrumento particular, motivo pelo qual a pretensão de sua cobrança prescreve em 5 (cinco) anos, nos termos do artigo 206, § 5º, I, do Código Civil. Para a ação monitória, "a jurisprudência do Superior Tribunal de Justiça orienta que o prazo de prescrição da ação monitória é de 5 (cinco) anos, contado a partir do vencimento da obrigação, na forma do art. 206, § 5º, inciso I, do Código Civil", foi o que decidiu Terceira Turma do Superior Tribunal de Justiça julgando o Agravo Interno no Recurso Especial 1.939.890/TO.

2 Requisitos

Não obstante a cédula e a nota de crédito encontrem variações nas diversas normas que se encarregaram de prevê-las, bem como de definir-lhes o regime específico, há um conjunto de elementos comuns que definem requisitos mínimos que devem ser apresentados em todos os títulos, requisitos facultativos e, finalmente, requisitos que sejam próprios de determinados títulos. Há requisitos comuns, obrigatórios ou facultativos, deixando para o tratamento específico dos títulos os requisitos que lhe sejam exclusivos:

1. denominação;
2. promessa de adimplemento;
3. forma de pagamento;
4. indicação do credor;
5. valor do crédito;

6. finalidade do financiamento;
7. definição da garantia real;
8. encargos financeiros;
9. praça de pagamento;
10. data, local e assinatura.

Entre esses elementos, há os que se aplicam a todos e outros que não, bem como elementos necessários e outros alternativos, o que determina a necessidade de estudo cuidadoso de cada um. De qualquer sorte, é fundamental ter em mente que as cédulas e as notas de crédito, por se apresentarem e se estruturarem como contratos, comportam a estipulação de outras cláusulas, desde que essas não desrespeitem os requisitos mínimos estipulados em lei, não desnaturem a caracterização jurídica do instituto, nem desrespeitem normas e princípios de Direito.

A denominação do título disposta na cártula de forma visível é requisito elementar para o Direito Cambiário, que tem por finalidade garantir que o emitente não se engane sobre a natureza de seu ato: ao firmar o instrumento, está criando um título; ao entregá-lo ao credor, está emitindo-o. Serve aos princípios da literalidade, da aparência e da segurança, elementares para que a relação jurídica obrigacional seja retirada do âmbito genérico do Direito Comum e adequadamente disposta no âmbito do regime específico do Direito dos Títulos de Crédito; é mecanismo que evita o risco de erros e enganos e, por tal via, que o devedor se veja surpreendido no universo cambial.

Cédulas e notas de crédito constituem promessa de pagamento ou entrega de coisa certa (no caso específico da cédula de produto rural). Na criação, o devedor emitente promete adimplir (pagar o valor ou entregar os bens) o crédito, conforme estipulado no título. Essa promessa não se dá de forma *pura e simples*, vez que as cédulas e as notas trazem um conjunto de cláusulas que definem os contornos da obrigação por ela representada. E o que é devido pode demandar cálculos aritméticos, respeitados os encargos financeiros contratados. As cédulas e as notas de crédito são títulos que comportam cláusula de juros remuneratórios. Como se não bastasse, são lícitas as estipulações de outras verbas que igualmente incidirão sobre o valor financiado, conforme autorização do Banco Central. Não há falar em limitação legal de juros, em face da disciplina da Lei 4.595/64, embora seja lícito ao judiciário examinar eventual abusividade nos juros cobrados, superando a taxa média de mercado. Ainda assim, liquidez e certeza são requisitos indispensáveis para a execução do título. O valor total do débito deve ser apurável de forma simples, por meros cálculos aritméticos. Não se esqueça, por fim, que as cédulas de crédito comportam anatocismo, isto é, contagem de juros sobre juros, também chamada de capitalização mensal de juros.

Também as formas e as condições de pagamento deverão estar expressas de forma clara e inequívoca no instrumento. Não se exige, nas cédulas e nas notas de crédito, um pagamento único, feito em data precisa. É lícito estipular pagamento em prestações periódicas e, até, prorrogações de vencimento. Ademais, deverão indicar o nome do credor, que é a instituição financiadora da operação. Em se tratando de cédulas temáticas (rural, industrial, comercial e de exportação), deverá ser indicada a razão do financiamento: a que se destina o financiamento concedido e a forma de sua utilização. A regra não se aplica à Cédula de Crédito Bancário, já que seu objeto é amplo, não se aproveitando a fim específico. Também não se aplica à Cédula de Produto Rural, pois se presume nessas que o valor será empregado justamente na produção dos bens que, ao final, deverão ser entregues ao credor.

Havendo garantia, deverá ser especificada, por igual. Em se tratando de penhor, deverão ser descritos os bens empenhados, indicando-lhes espécie, qualidade, quantidade, marca ou período de produção, se for o caso (dispensa-se qualquer alusão à data, à forma e às condições de aquisição dos bens apenhados). Em se tratando de alienação fiduciária em garantia, igualmente se indicarão espécie, qualidade, quantidade e marca, se houver. Em ambos os casos, serão indicados o local ou o depósito em que esses bens se encontrarem. No caso de hipoteca, serão indicados situação, dimensões, confrontações, benfeitorias, título e data de aquisição do imóvel e anotações (número, livro e folha) do registro imobiliário. A descrição dos bens vinculados à garantia poderá ser feita em documento à parte, em duas vias, assinadas pelo emitente e autenticadas pelo credor, fazendo-se, na cédula, menção a essa circunstância.

As cédulas de crédito industrial, comercial, à exportação, bem como as cédulas de crédito bancário e as cédulas de produto rural comportam garantia por meio de alienação fiduciária. Assim, para garantir o cumprimento da obrigação, transfere-se ao credor o domínio resolúvel e a posse indireta de uma coisa, que pode ser algo que já pertence ao patrimônio do devedor, bem como coisa que foi adquirida usando o capital objeto do financiamento cuja obrigação incorporou-se à cédula. Propriedade resolúvel, friso: extingue-se, em favor do alienante fiduciário (dador da garantia), quando haja o adimplemento da obrigação garantida. Essa transferência prescinde de tradição efetiva do bem, ficando o alienante ou o devedor na condição de possuidor direto e, ademais, de depositário com todas as responsabilidades e encargos que lhe incumbem de acordo com a lei civil e penal. No caso de inadimplemento da obrigação garantida, o proprietário fiduciário poderá vender a coisa a terceiros e aplicar o preço da venda no pagamento do seu crédito e das despesas decorrentes da cobrança, entregando ao devedor o saldo porventura apurado, se houver. Se o preço da venda da coisa não bastar para pagar o crédito do proprietário fiduciário e as despesas, o devedor continuará pessoalmente obrigado a pagar o saldo devedor apurado. De outra face, entende-se por nula a cláusula que autoriza o proprietário fiduciário a ficar com a coisa alienada em garantia, se a dívida não for paga no seu vencimento.

3 Cédula de crédito bancário

A cédula de crédito bancário é título de crédito emitido, por pessoa física ou jurídica, em favor de instituição financeira ou de entidade a esta equiparada, representando promessa de pagamento em dinheiro, decorrente de operação de crédito, de qualquer modalidade, segundo a definição do artigo 26 da Lei 10.931/04. Portanto, é um título causal, emitido para representar um financiamento bancário, podendo ter ou não garantia (real ou fidejussória), a exemplo de hipoteca ou aval; essa garantia segue as regras da própria Lei 10.931/04 e, subsidiariamente, da legislação comum.

É um título que pode ser emitido em papel ou sob forma escritural, lançada em sistema eletrônico mantido pela instituição financeira, a partir de autorização e controle do Banco Central do Brasil. Seu aspecto externo foge àquele dos títulos de crédito próprios: não é simplificado, mas apresenta-se como um contrato em que os ajustes da operação bancária estão explicitados em diversas cláusulas. Sua assinatura pode ser física ou eletrônica, desde que garantida a identificação inequívoca de seu signatário. Sua validade e eficácia não dependem de registro, mas as garantias reais, por ela constituídas, ficam sujeitas, para valer contra terceiros, aos registros ou averbações previstos na legislação.

Por ser um título que se insere no plano das operações que compõem o Sistema Financeiro, a Lei 10.931/04, nos artigos 27 a 29, traz inúmeras disposições que assumem o aspecto de uma verdadeira regulamentação bancária, fugindo, também aqui, à simplicidade corriqueira dos títulos de crédito próprios que, como visto, são documentos de percepção fácil, quase intuitiva, resultado de uma evolução que se estendeu ao longo dos séculos. A norma principia por listar as funções do Banco Central em tais operações, passando pelas instituições responsáveis pelo sistema eletrônico de escrituração, avançando mesmo sobre as cláusulas facultativas que o documento pode ter: definição de elementos mínimos, que são poucos, e de amplas possibilidades de pactos acessórios que, no fim das contas, resultam em contratos de algumas laudas.

Não se engane, contudo. Como deixa claro o artigo 28 da Lei 10.931/04, apesar de seu aspecto contratual, a Cédula de Crédito Bancário é título executivo extrajudicial e representa dívida em dinheiro, certa, líquida e exigível, embora o valor não seja de imediata visualização, senão resulta de um cálculo: o saldo devedor demonstrado em planilha de cálculo, ou nos extratos da conta-corrente, sempre respeitados os requisitos da norma que, reitero, desdobra-se em detalhes, como os regulamentos e circulares bancárias. Essencialmente, atribui-se ao credor a função de listar o conjunto das operações havidas entre banco e cliente/devedor, deixando claro como se chegou ao valor final que é executado. Por exemplo, valor principal (o que foi emprestado ao cliente), juros e outros encargos, correção monetária, multas, despesas etc. Se há cobrança judicial de valor em desacordo com o título, o credor fica obrigado a pagar ao devedor o dobro do cobrado a maior, que poderá ser compensado na própria ação, sem prejuízo da responsabilidade por perdas e danos (artigo 28, § 3º).

Título de crédito que é, a cédula de crédito bancário pode ser endossada em preto (artigo 29, § 1º), permitindo ao cessionário exercer todos os direitos por ela conferidos, inclusive cobrar os juros e demais encargos na forma pactuada na cédula. O endossatário do certificado, ainda que não seja instituição financeira ou entidade a ela equiparada, fará jus a todos os direitos nele previstos, incluídos a cobrança de juros e os demais encargos (artigo 43, § 6º). De resto, aplica-se às cédulas de crédito bancário, no que não contrariar o disposto na Lei 10.931/04, a legislação cambial, dispensado o protesto para garantir o direito de cobrança contra endossantes, seus avalistas e terceiros garantidores.

Sobre juros, a Quarta Turma do Superior Tribunal de Justiça entendeu que "não há obstáculo legal à estipulação dos encargos financeiros em contratos bancários com base no índice flutuante CDI, acrescido de juros remuneratórios, sendo desimportante o nome atribuído a tal encargo (juros, correção monetária, *correção remuneratória*), cumprindo apenas verificar se a somatória dos encargos contratados não se revela abusiva, devendo eventual abuso ser observado caso a caso, em cotejo com as taxas médias de mercado regularmente divulgadas pelo Banco Central do Brasil para as operações de mesma espécie." Foi no julgamento do Agravo Interno no Recurso Especial 2.132.588/PR. Já com a cédula de crédito rural, entendeu-se, a situação é diversa. "As cédulas de crédito rural, industrial e comercial submetem-se a regramento próprio. Assim, nos termos do art. 5º, do Decreto-Lei 167/67, determinou-se que as importâncias fornecidas pelo financiador da cédula de crédito rural vencerão juros as taxas que o Conselho Monetário Nacional fixar. Esta determinação tem por objetivo evitar a fixação de taxas abusivas por parte das instituições financeiras e, simultaneamente, permitir certa flexibilidade, uma vez que o limite pode ser constantemente alterado pelo CMN. Uma vez que não houve manifestação do Conselho Monetário Nacional quanto ao tema, prevalece na jurisprudência deste STJ a adoção da limitação de 12% ao ano, prevista no Decreto 22.626/1933. Destaca-se que o CMN, por meio do item 1 do MCR 6-3, autorizou que as partes, em cédulas de crédito rural com recursos não controlados, pactuem livremente as taxas de juros, mas permaneceu omisso quanto à fixação de um limite, como determina o art. 5º do Decreto-Lei 167/1967, de modo que, pela falta desta determinação, as taxas acordadas entre as partes não podem ultrapassar 12% ao ano, naquilo previsto pelo Decreto 22.626/1933, até a superveniência da manifestação do Conselho Monetário Nacional sobre o assunto. Diante do exposto, depreende-se que a mera indexação da CDI em cédulas de crédito rural, não configura abusividade, haja vista que o consignado nesta Corte Superior é que a limitação deve ser de 12% ao ano. Logo, se no período de vigência da cédula de crédito rural, não foi superado este percentual anual, não há que se falar em abusividade, uma vez que este é o limite determinado superior". Foi o que se decidiu no julgamento do Recurso Especial 1.978.445/RS.

Jefferson × Itaú Unibanco

Não é incomum que a cédula de crédito bancária seja a sustentação de um contrato de trato sucessivo entre uma sociedade empresária e a instituição financeira, sendo garantido por seus sócios. Assim, quem se retira da sociedade, enfrenta o desafio de, a partir de então, deixar de ser garante das futuras operações bancárias. Veja o caso de Jefferson que foi executado pelo Itaú Unibanco por ser devedor solidário de uma cédula de crédito bancário; ele avalizou o título quando era sócio e, ao se retirar da sociedade, notificou o banco desse fato. Assim, pretendeu estar exonerado de sua obrigação solidária. Não foi o que entendeu o Tribunal de Justiça do Paraná: "a notificação enviada, acostada no mov. 1.5 dos autos de origem, se prestou a informar tão somente a transferência de titularidade da empresa, inexistindo qualquer requerimento relativo à exoneração de garantias pessoais prestadas".

Jefferson recorreu ao Superior Tribunal de Justiça: Agravo Interno no Agravo em Recurso Especial 2.408.488/PR, julgado pela Quarta Turma, argumentando que "a notificação enviada pelo agravante deve ser considerada suficiente para exonerá-lo das obrigações assumidas enquanto sócio, incluindo o aval prestado"; aliás, completou: e "o silêncio do banco após o recebimento da notificação, sem qualquer contranotificação ou manifestação contrária, viola o princípio da boa-fé objetiva". Mas os argumentos não foram acolhidos por aquela Alta Corte: "a jurisprudência desta Corte Superior tem entendimento consolidado no sentido de que a retirada dos sócios, por si só, não implica a exoneração automática das garantias por si prestadas, exigindo-se, além da comunicação da alteração do quadro societário, formulação de pedido de exoneração daquelas."

27
INSOLVÊNCIA EMPRESÁRIA

1 Empresas com problemas

Investir numa empresa não é a certeza de lucros pela eternidade. Empresas enfrentam crises, podendo registrar prejuízos em lugar de lucros. Esses prejuízos podem conduzir a uma situação de insolvência, ou seja, a um quadro de incapacidade patrimonial de pagar (solver) todas as suas obrigações. Obviamente, não só empresas experimentam crises econômico-financeiras. Outros entes também podem se tornar insolventes: trabalhadores, associações, fundações, sociedades simples etc. A insolvência do empresário ou da sociedade empresária, contudo, tem particularidades. Antes de mais nada, a atuação no mercado, enfrentando os riscos a ele inerentes, torna essas crises mais comuns: há uma potencialização das relações de crédito e de débito. Por estar no mercado, o empresário ou sociedade empresária mantém relações jurídicas com muitas pessoas: é maior o número de credores e de devedores. Como se só não bastasse, a função social da empresa recomenda um tratamento específico para tais crises: a Lei 11.101/05.

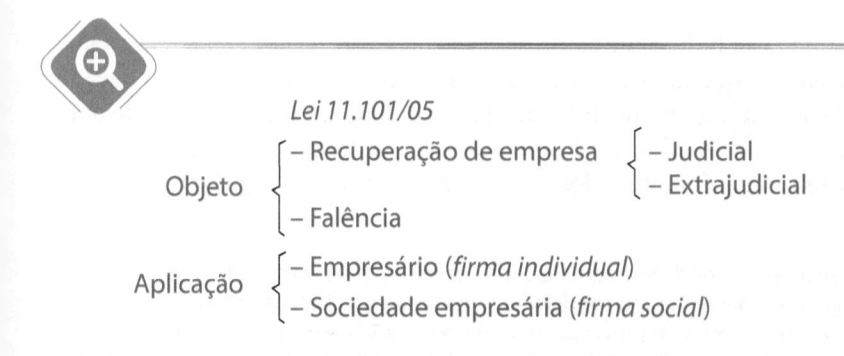

Lei 11.101/05

Objeto
- Recuperação de empresa
  - Judicial
  - Extrajudicial
- Falência

Aplicação
- Empresário (*firma individual*)
- Sociedade empresária (*firma social*)

Falência e recuperação judicial são procedimentos aplicáveis especificamente aos empresários (*firma individual*) e sociedades empresárias. Não se aplicam às pessoas naturais não registradas como empresários, às sociedades simples (inclusive cooperativas), associações ou fundações; a essas pessoas aplica-se o procedimento da insolvência civil[1]. Como se só não bastasse, no âmbito específico das sociedades empresárias há aquelas às quais não se aplica a Lei 11.101/05: (1) empresa pública e (2) sociedade de economia mista, que, junto com as demais pessoas jurídicas de direito público, estão submetidas ao Direito Administrativo; (3) instituição financeira pública ou privada; (4) cooperativa de crédito; (5) consórcio; (6) entidades de previdência complementar, que estão sujeitas ao controle do Banco Central do Brasil, que lhes pode determinar a intervenção ou liquidação extrajudicial; (7) sociedade operadora de plano de assistência à saúde, que está submetida à Agência Nacional de Saúde Complementar; (8) sociedade seguradora e (9) sociedades de capitalização, que estão submetidas à Superintendência de Seguros Privados (SUSEP), finalmente, outras entidades legalmente equiparadas às anteriores.

Afora tais casos, é função do Poder Judiciário homologar o plano de recuperação extrajudicial, deferir a recuperação judicial ou decretar a falência do empresário, sociedade empresária ou de filial de empresa que tenha sede fora do Brasil. A competência para tanto é do juízo da localidade onde se encontra o principal estabelecimento do empresário ou sociedade empresária. Note-se que o legislador não se referiu ao domicílio do empresário (firma individual) ou à sede da sociedade empresária, mas ao *principal estabelecimento*. Assim, evitam-se fraudes ou distorções. Portanto, a competência não é definida pela sede, nem pelo maior estabelecimento, nem pelo local da administração ou da produção. É preciso identificar o estabelecimento no qual haja predominância das atividades da empresa, com um maior volume de relações jurídicas, facilitando a participação dos credores. Havendo mais de uma vara no âmbito do juízo em que se localiza o principal estabelecimento, estará prevento aquela para a qual for distribuído primeiro pedido de falência ou de recuperação judicial. Qualquer outro pedido de recuperação judicial ou de falência, relativo ao mesmo devedor deverá ser distribuído por dependência para aquele juízo. Garante-se, assim, uniformidade no exame da crise empresária.

2 Créditos submetidos ao juízo universal

Falência e recuperação judicial de empresas são chamadas de *procedimentos concursais* ou *ações concursais*, já que são feitos para os quais concorrem o empresário devedor ou sociedade empresária devedora, de um lado, e a totalidade de seus credores, de outro (concurso de credores). Essa *totalidade de credores*, aliás, justifica serem falência e recuperação judicial de empresas denominados como *juízos universais* (ou *juízos concursais*).

---

[1] Recentemente, noticiaram-se decisões judiciárias que, partindo da afirmação de que associações, fundações, sociedades simples e mesmo cooperativas, por tocarem atividades negociais que seriam *empresas de fato*, teriam o direito ao processamento da pretensão de recuperação judicial. A jurisprudência sobre o tema ainda é vacilante; defere-se o pedido em alguns casos, recusa-se em outros. Infelizmente, esse é um movimento que se constrói à revelia de norma jurídica positiva. Em suma, será preciso esperar para ver em que termos se consolidará (se houver consolidação).

Essa força ou poder de atração das ações de falência e recuperação de empresas é fator essencial de sua eficácia, permitindo efetivamente harmonizar o interesse do devedor (falido ou em recuperação) e de seus credores. Não é "cada um por si". Não é "salve-se quem puder" ou "farinha pouca, meu pirão primeiro". Todos são trazidos para um único feito judiciário e a crise resolve-se ali, seguindo as regras especificadas para tanto.

Essa regra geral de submissão ao juízo universal conhece, no entanto, exceções. Dois grandes grupos: (1) obrigações que não são exigíveis do devedor, na hipótese de recuperação judicial ou de falência; e (2) obrigações que não são atraídas pelo juízo universal. No primeiro grupo, listam-se as despesas que os credores fizeram para tomar parte na recuperação judicial ou na falência, salvo as custas judiciais decorrentes de litígio com o devedor, além das obrigações a título gratuito, como tal compreendidas as prestações às quais não correspondam, direta e reciprocamente, contraprestações, a exemplo da doação de coisas ou cessão gratuita de direitos, além da prestação gratuita de serviços.

Obrigações que não se submetem ao juízo universal
- Obrigações inexigíveis
  - Obrigações a título gratuito
  - Despesas para tomar parte no juízo universal**
- Obrigações não atraídas
  - Créditos fiscais
  - Titulares de direito de propriedade

** Excetuam-se as custas judiciais decorrentes de litígio com o empresário ou sociedade empresária.

Para além das obrigações que não são atraídas para o juízo universal, há dois outros tipos de obrigações. Em primeiro lugar, o artigo 187 do Código Tributário Nacional, com a redação que lhe deu a Lei Complementar 118/05, estabelece que a cobrança judicial do crédito tributário não é sujeita a concurso de credores, excluindo, portanto, sua submissão ao juízo da falência e da recuperação judicial de empresas. Em segundo lugar, não estão sujeitos aqueles titulares de obrigações inseridas em relações jurídicas nas quais ocupam a posição de proprietários de bem jurídico. Veja a relação no quadro a seguir:

Não se submete aos efeitos da recuperação judicial o credor titular da posição de:

1. proprietário fiduciário de bens móveis ou imóveis;
2. de arrendador mercantil;
3. proprietário ou promitente vendedor de imóvel cujos respectivos contratos contenham cláusula de irrevogabilidade ou irretratabilidade, inclusive em incorporações imobiliárias;
4. proprietário em contrato de venda com reserva de domínio.

De acordo com o artigo 49, § 3º, da Lei 11.101/05, tais créditos não se submeterão aos efeitos da recuperação judicial e prevalecerão os direitos de propriedade sobre a coisa e as condições contratuais, observada a legislação respectiva. Apenas não se permite a venda ou a retirada do estabelecimento do devedor dos bens de capital essenciais a sua atividade empresarial, durante o prazo de suspensão das ações contra o empresário ou sociedade empresária que teve deferido o processamento do pedido de recuperação judicial. Esse prazo é de 180 dias.

Nicoli Agro Ltda. × Oscar e outros

No âmbito de recuperação judicial de Alessandro, Alessandra e Nicoli Agro Ltda., o Juízo de Direito da 2ª Vara Cível da Comarca de Sinop, sobre a retomada, em geral, do curso das execuções, assinalou que "o decurso do prazo estabelecido no art. 6º, § 4º, da Lei n. 11.101/2005, por si só, não autoriza a retomada das demandas movidas contra o devedor", sendo que "verificada a indispensabilidade à atividade produtiva da recuperanda, não se permite a venda ou retirada do estabelecimento do devedor dos bens de capital essenciais a sua atividade." Oscar, Ivoni Aparecida e Temístocles, ajuizaram uma execução em Colíder, outra comarca de Mato Grosso, dizendo-se credores de crédito extraconcursal, R$ 11.089.862,00, resultado do inadimplemento de contrato de compra e venda de imóveis rurais com cláusula de irrevogabilidade e de irretratabilidade, requerendo seu prosseguimento em razão do término do *stay period* (período de suspensão das ações). O Juízo da 1ª Vara Cível da Comarca de Colíder determinou a penhora on-line de R$ 13.887.861,17. Executado e recuperando, Alessandro, impugnou a penhora junto ao Juízo da recuperação judicial, alegando, em resumo, que a aludida constrição teria o condão de inviabilizar o processo recuperacional. O juiz acatou o argumento: "o bloqueio e a penhora de ativos financeiros dos recuperandos inviabilizará seu soerguimento, o que vai de encontro aos objetivos fixados na Lei n. 11.101/2005. [...] Isto porque o levantamento de valores visa especificamente a reestruturação e o soerguimento econômico-financeiro dos recuperandos. E não a quitação de débitos de credores específicos, em detrimento a todos os demais credores. Oficie-se imediatamente ao r. Juízo dando conhecimento da presente decisão."

Houve recurso para o Tribunal de Justiça do Mato Grosso do Sul, que reformou a decisão: "A Lei 14.112/2020, que acrescentou o § 7º-A ao art. 6º da Lei 11.101/2005, estabelece que a suspensão das Execuções e atos de constrição judicial ou extrajudicial não se aplica aos créditos indicados nos §§ 3º e 4º do art. 49, e admite a competência do juízo da Recuperação Judicial para suspender atos de constrição sobre bens de capital essenciais à manutenção da atividade empresarial somente durante o prazo de blindagem previsto no § 4º do art. 6º. O crédito do credor titular da posição de proprietário fiduciário de bens móveis ou imóveis, de arrendador mercantil, de proprietário ou promitente vendedor de imóvel cujos respectivos contratos contenham cláusula de irrevogabilidade ou irretratabilidade, inclusive em incorporações imobiliárias, ou de proprietário em contrato de venda com reserva de domínio, não se submeterá aos efeitos da RJ e prevalecerão os direitos de propriedade sobre a coisa e as condições contratuais, observada a legislação respectiva. Contudo, é vedada, durante o prazo de suspensão a que se refere o § 4º do art. 6º, a venda ou a retirada do estabelecimento do devedor dos bens de capital essenciais à sua atividade empresarial (§ 3º do art. 49 da Lei 11.101/2005). Na Recuperação Judicial, as suspensões e a proibição de que tratam os incisos I, II e III do *caput* do artigo 49 da Lei 11.101/2005 perdurarão pelo prazo de 180 dias, contado a partir do deferimento do processamento da RJ, prorrogável por igual período, uma única vez, em caráter excepcional, desde que o devedor não haja concorrido com a superação do lapso temporal (§ 4º do art. 6º da Lei 11.101/2005). Escoado o prazo de suspensão de que trata o § 4º, do art. 6º da Lei nº 11.101/05 (*stay period*), as medidas de expropriação pelo credor titular de propriedade fiduciária de bens móveis ou imóveis, de arrendador mercantil, de proprietário ou promitente vendedor, poderão ser retomadas, ainda que os bens a serem excutidos sejam essenciais à atividade empresarial (Enunciado n. III do Grupo de Câmaras Reservadas de Direito Empresarial do TJSP)".

Por meio do Recurso Especial 1.991.103/MT a questão foi parar no Superior Tribunal de Justiça e a Terceira Turma deu razão aos credores: de abertura, os recuperandos pretenderam que o crédito titularizado seria concursal, ainda que apesar do § 3º do art. 49 da LRF; a razão? Eles o teriam incluído na lista de credores alcançados pela recuperação e não houve, no prazo indicado no art. 8º da LRF, a apresentação de impugnação. Os ministros entenderam que "a subordinação ou não de determinado crédito aos efeitos da recuperação judicial decorre de expressa determinação legal (ut art. 49 da Lei n. 11.101/2005) – norma cogente –, cujos termos não comportam modificação pela vontade das partes. [...] A inclusão indevida de crédito extraconcursal na lista de credores (concursais) elaborada pelo administrador judicial, a partir dos documentos apresentados pela recuperanda, tal como se deu na hipótese, não tem o condão de transmudar a sua natureza, não se exigindo de seu titular o manejo de nenhuma providência no âmbito da recuperação judicial, cujos efeitos, por expressa disposição legal, não lhe alcançam." Sim, poderiam impugnar; mas "tal providência em nada repercute na esfera de seus direitos, sobretudo no tocante à subsistência do privilégio de seu crédito, estabelecido em lei. Aliás, de todo inconcebível supor que a recuperanda possa se beneficiar, em detrimento de outrem, de seu próprio equívoco. [...] Assim, reconhecida pelo próprio Juízo recuperacional a natureza extraconcusal do crédito em exame, absolutamente despiciendo o manejo de impugnação a crédito indevidamente incluído na lista de credores, a toda evidência."

Melhor sorte não tiveram os credores com a pretensão de evitar a penhora, estendendo o período de suspensão das ações: "(3) Especificamente sobre o *stay period*, a Lei n. 14.112/2020, sem se afastar da preocupação de que este período de esforços e de sacrifícios impostos [por lei] aos credores não pode subsistir indefinidamente, sob o risco de gerar manifesta iniquidade, estabeleceu que o sobrestamento das execuções de créditos ou obrigações sujeitos à recuperação judicial (com vedação dos correlatos atos constritivos) perdurará pelo 'prazo de 180 (cento e oitenta) dias, contado do deferimento do processamento da recuperação, prorrogável por igual período, uma única vez, em caráter excepcional, desde que o devedor não haja concorrido com a superação do lapso temporal'. (3.1) A lei, em termos resolutivos (uma vez mais), estabelece a possibilidade de o período de suspensão perdurar por até 360 (trezentos e sessenta) dias. É importante registrar, no ponto, que todos os prazos que gravitam em torno do *stay period*, para a consecução dos respectivos atos processuais foram mantidos tal como originariamente previstos, ou seja, passíveis de serem realizados – não havendo nenhum evento extraordinário – dentro dos 180 (cento e oitenta) dias incialmente estipulados. (3.2) O disposto no inciso I do § 4º-A do art. 6º da LRF é claro em acentuar que as suspensões das execuções dos créditos submetidos à recuperação judicial e dos prazos prescricionais e a proibição dos correlatos atos constritivos 'não serão aplicáveis caso os credores não apresentem plano alternativo no prazo de 30 (trinta) dias, contado do final do prazo referido no § 4º deste artigo ou no § 4º do art. 56 desta Lei'. Por consequência, o inciso II do § 4º-A assinala que o sobrestamento das execuções dos créditos submetidos à recuperação judicial, bem como dos correlatos atos constritivos, persiste durante esse prazo de 30 (trinta dias), dentro do qual o plano de recuperação judicial dos credores deve ser apresentado, caso em que este período de blindagem subsistirá pelo prazo de 180 dias, contados do término do prazo de 180 dias iniciais ou de sua prorrogação, caso não tenha ocorrido a deliberação do plano pela assembleia de credores; ou contados da própria deliberação que rejeitou o plano apresentado pelo devedor."

Prosseguiram: "(3.3) O novo regramento ofertado pela Lei n. 14.112/2020, de modo expresso e peremptório, veda a prorrogação do *stay period*, após a fluência desse período máximo de blindagem (de até 360 dias), estabelecendo uma única exceção: a critério exclusivo dos credores, poderão, findo este prazo sem a deliberação do plano de recuperação judicial apresentado pelo devedor; ou, por ocasião da rejeição do plano de recuperação judicial, deliberar, segundo o quórum legal estabelecido no § 5º do art. 56, a concessão do prazo de 30 (trinta) dias para que seja apresentado um plano de recuperação judicial de sua autoria. (3.4) Diante dessa inequívoca *mens legis* – qual seja, de atribuir aos credores, com exclusividade, findo o prazo máximo de blindagem (de até 360 dias), a decisão de estender ou não o *stay period* (com todos os efeitos jurídicos daí advindos) – qualquer leitura extensiva à exceção legal (interpretação que sempre deve ser vista com reservas) não pode dispensar a expressa autorização dos credores a esse propósito."

Em conclusão, afirmaram: "a partir da nova sistemática implementada pela Lei n. 14.112/2020, a extensão do *stay period*, para além da prorrogação estabelecida no § 4º do art. 6º da LRF, somente se afigurará possível se houver, necessariamente, a deliberação prévia e favorável da assembleia geral dos credores a esse respeito, seja com vistas à apresentação do plano de recuperação judicial, seja por reputarem conveniente e necessário, segundo seus interesses, para se chegar a um denominador comum no que alude às negociações em trâmite. Ausente a deliberação prévia e favorável da assembleia geral dos credores para autorizar a extensão do *stay period*, seu deferimento configura indevida ingerência judicial, apartando-se das disposições legais que, como demonstrado, são expressas nesse sentido." Arrematou-se: " Com o advento da Lei n. 14.112/2020, tem-se não mais haver espaço – diante de seus termos resolutivos – para a interpretação que confere ao Juízo da recuperação judicial o status de competente universal para deliberar sobre toda e qualquer constrição judicial efetivada no âmbito das execuções de crédito extraconcursal, a pretexto de sua essencialidade ao desenvolvimento de sua atividade, exercida, inclusive, depois do decurso do *stay period*. A partir da vigência da Lei n. 14.112/2020, com aplicação imediata aos processos em trâmite (afinal se trata de regra processual que cuida de questão afeta à própria competência), o Juízo da recuperação judicial tem a competência específica para determinar o sobrestamento dos atos de constrição exarados no bojo de execução de crédito extraconcursal que recaíam sobre bens de capital essenciais à manutenção da atividade empresarial durante o período de blindagem. Em se tratando de execuções fiscais, a competência do Juízo recuperacional restringe-se a substituir os atos de constrição que recaíam sobre bens de capital essenciais à manutenção da atividade empresarial até o encerramento da recuperação judicial."

3 Efeitos da constituição do juízo universal

A decretação da falência ou o deferimento do processamento da recuperação judicial implica: (i) suspensão do curso da prescrição das obrigações do devedor sujeitas ao regime da Lei 11.101/05; (ii) suspensão das execuções ajuizadas contra o devedor, inclusive daquelas dos credores particulares do sócio solidário, relativas a créditos ou obrigações sujeitos à recuperação judicial ou à falência; e (iii) proibição de qualquer forma de retenção, arresto, penhora, sequestro, busca e apreensão e constrição judicial ou extrajudicial sobre os bens do devedor, oriunda de demandas judiciais ou extrajudiciais cujos créditos ou obrigações sujeitem-se à recuperação judicial ou à falência (artigo 6º). Excepcionam-se execuções fiscais, além de algumas relações jurídicas específicas: credor titular da posição de proprietário fiduciário de bens móveis ou imóveis, de arrendador mercantil, de proprietário ou promitente vendedor de imóvel cujos respectivos contratos contenham cláusula de irrevogabilidade ou irretratabilidade, inclusive em incorporações imobiliárias, ou de proprietário em contrato de venda com reserva de domínio. Há regras específicas para que sejam resolvidos tais direitos em relação à massa.

Essas medidas têm por objetivo garantir a eficácia da intervenção judicial na empresa, seja para garantir a sua efetiva recuperação, seja para, na falência, garantir que todos os credores tenham igual acesso aos bens do empresário ou da sociedade empresária, evitando que alguns, por estarem com processos mais adiantados ou por terem demandas tramitando de forma mais célere, possam satisfazer-se plenamente em seus créditos, deixando menos patrimônio para os que *chegam* depois. Com a suspensão, torna-se viável a elaboração de um quadro geral de credores, identificando cada crédito, sua natureza, seus elementos essenciais e acessórios e disciplinando o pagamento – ou não – das obrigações; afinal, a intervenção judicial, para processar a recuperação da empresa ou para cuidar do procedimento de execução coletiva de todos os seus créditos, implica a constituição de um juízo universal, ou seja, de um juízo único. Terá prosseguimento no juízo no qual estiver se processando a *ação que demandar quantia ilíquida*, ou seja, ações nas quais se discute a existência ou não de um direito ou crédito contra o devedor, bem como aquelas em que se busca dar liquidez a esse direito ou crédito, ou seja, em que se busca definir a sua exata extensão, sua qualidade e quantidade. É o que se dá com uma ação pedindo indenização por acidente de trânsito; se julgada procedente, o autor habilitará o seu crédito – reconhecido pela sentença – no juízo universal da falência ou da recuperação judicial; mas, até então, a ação terá curso no seu respectivo juízo. O mesmo se diga das reclamatórias trabalhistas, que preservarão seu curso na Justiça do Trabalho.

Tenha-se em vista o que decidiu a Terceira Turma do Superior Tribunal de Justiça em face do Recurso Especial 2.055.190/BA, cujo propósito era "definir o juízo competente para apurar crédito habilitado na recuperação judicial da devedora, mas sobre o qual existe controvérsia instaurada no âmbito de execuções individuais." Afirmaram os ministros: "(3) a interpretação conjunta das normas dos artigos 8º, 13 e 15 da Lei 11.01/05 conduz às conclusões (i) de que compete ao juízo da recuperação judicial a apreciação da impugnação de crédito apresentada pela devedora e (ii) que não há qualquer impedimento legal à produção de prova pericial no curso de tal incidente. (4) Dispõe o art. 6º, II, da Lei 11.101/05 que o deferimento do processamento da recuperação judicial implica suspensão das execuções ajuizadas contra o devedor, inclusive daquelas dos credores particulares do sócio solidário, relativas a créditos ou obrigações sujeitos à recuperação judicial. (5) A regra do art. 6º, § 1º, da Lei 11.101/05, que autoriza a continuidade da tramitação dos processos movidos contra a recuperanda, é de aplicação restrita (conforme enunciado expressamente pela própria norma) às ações que demandam quantia ilíquida. Não se aplica, portanto, aos processos de execução, haja vista que a liquidez é um de seus pressupostos (art. 786 do CPC/15)."

De outra face, na recuperação judicial, tal suspensão em hipótese nenhuma excederá o prazo improrrogável de 180 dias contado do deferimento do processamento da recuperação, restabelecendo-se, após o decurso do prazo, o direito dos credores de iniciar ou continuar suas ações e execuções, independentemente de pronunciamento judicial. Esses 180 dias constituem prazo material e não processual, razão pela qual se contam dias corridos e não dias úteis, como prevê o Código de Processo Civil. Se um plano de recuperação não for aprovado nesse prazo, mas um plano alternativo for apresentado pelos credores em 30 dias, prorrogam-se as suspensões e proibições por mais 180 dias (artigo 6º, § 4º e § 4º-A).

```
                    Suspensão da prescrição
                    favorável ao devedor
                              ↑
                    ┌─────────────────────┐
                    │ Efeitos da constituição │
                    │ do juízo universal      │
                    └─────────────────────┘
                              ↓
                    Suspensão das ações e      → Prazo máximo, na recuperação judicial: 180 dias
                    execuções contra o devedor → Exceção: ações demandando quantia ilíquida:
                                                 prosseguem no respectivo juízo (comum, federal
                                                 ou trabalhista)
                                               → Exceção: execuções fiscais
```

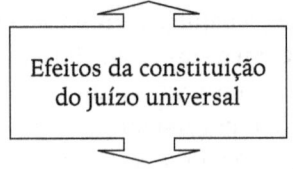

O juiz competente para as ações em que se demandam quantias ilíquidas, seja na Justiça Comum, seja em Justiça Federal (exemplo: uma ação de indenização contra o devedor, por ter abalroado um veículo da União), seja na Justiça do Trabalho, poderá determinar a reserva da importância que estimar devida na recuperação judicial ou na falência, e, uma vez reconhecido líquido o direito, será o crédito incluído na classe própria.

Apesar da suspensão, é permitido pleitear, perante o administrador judicial, habilitação, exclusão ou modificação de créditos derivados da relação de trabalho, mas não ações de natureza trabalhista, inclusive nas impugnações aos créditos que pretenderam sua habilitação no juízo universal. Essas pretensões serão processadas perante a justiça especializada até a apuração do respectivo crédito, que será inscrito no quadro geral de credores pelo valor determinado em sentença, respeitando-se, assim, a divisão de competências judiciárias inscrita na Constituição da República. A regra do pleito perante o administrador judicial aplica-se à recuperação judicial durante o período de suspensão (180 dias corridos) das ações e execuções contra o devedor; mas, após o fim da suspensão, as execuções trabalhistas poderão ser normalmente concluídas, ainda que o crédito já esteja inscrito no quadro geral de credores.

Por fim, atente-se para o fato de que, mesmo havendo pretensão de desconsideração da personalidade jurídica em qualquer feito, a competência para o seu conhecimento, processamento e julgamento também é do juízo universal. Afinal, diz o artigo 82-A que é vedada a extensão da falência ou de seus efeitos, no todo ou em parte, aos sócios de responsabilidade limitada, aos controladores e aos administradores da sociedade falida, admitida, contudo, a desconsideração da personalidade jurídica. Assim, a desconsideração da personalidade jurídica da sociedade falida, para fins de responsabilização de terceiros, grupo, sócio ou administrador por obrigação desta, somente pode ser decretada pelo juízo falimentar com a observância do art. 50 da Lei 10.406, de 10 de janeiro de 2002 (Código Civil) e dos arts. 133 a 137 da Lei 13.105, de 16 de março de 2015 (Código de Processo Civil), não aplicada a suspensão de que trata o § 3º do art. 134 da Lei 13.105, de 16 de março de 2015 (Código de Processo Civil).

No entanto, é preciso atentar para o julgamento do Agravo Interno nos Embargos Declaratórios no Conflito de Competência 200.484/GO, julgado pela Segunda Seção do Superior Tribunal de Justiça. Esclareceu-se ali que, "(1) nos termos da iterativa jurisprudência desta Corte, a Justiça do Trabalho tem competência para decidir acerca da desconsideração da personalidade jurídica da sociedade falida, bem como para, em consequência, incluir coobrigado no polo passivo da execução, pois tal mister não é atribuído com exclusividade a um determinado Juízo ou ramo da Justiça. (2) Esse entendimento foi recentemente consolidado em julgamento da Eg. Segunda Seção desta Corte, que esclareceu que o art. 82-A da Lei 11.101/2005, introduzido pela Lei 14.112/2020, não estabeleceu competência exclusiva ao Juízo da Falência para julgar o IDPJ para fins de responsabilização de terceiros, pois o propósito da Lei 'não é o de conferir ao Juízo da falência competência exclusiva para determinar a desconsideração, mas estabelecer que a personalidade jurídica da sociedade falida somente poderá ser decretada com a observância dos requisitos do art. 50 do CC/2002 e dos arts. 133 e seguintes do CPC/2015' (CC n. 200.775/SP, relator para acórdão Ministro Antonio Carlos Ferreira, Segunda Seção).

(3) Incidência à espécie da Súmula 480 desta Corte: "O juízo da recuperação judicial não é competente para decidir sobre a constrição de bens não abrangidos pelo plano de recuperação da empresa."

4 Verificação e habilitação de créditos

Com a decretação da falência ou o deferimento do processamento da recuperação judicial forma-se um juízo universal de credores: todas as diversas pretensões de receber créditos contra o devedor, empresário ou sociedade empresária estarão submetidas a um único juízo e, neste, a um único processo. A adesão a este procedimento comum faz-se por um procedimento chamado *habilitação de crédito*, que agora se estudará. Sem habilitar o seu crédito no procedimento coletivo, o credor não poderá exercer os direitos respectivos. Essa habilitação pressupõe a verificação da adequação do crédito para o procedimento, sendo descartadas as pretensões que não atendam aos requisitos legais. Trata-se de um procedimento de vital importância, mas que pode ser extremamente complexo, dependendo da empresa; por exemplo, na falência das *Fazendas Reunidas Boi Gordo*, decretada em abril de 2004, chegou-se a cerca de 35 mil credores, compondo um passivo estimado em R$ 1.000.000.000,00.

A verificação de créditos é ato realizado pelo administrador judicial, podendo contar com o auxílio de profissionais ou empresas especializadas, tomando por base os livros contábeis e documentos comerciais e fiscais do devedor e os documentos que lhe forem apresentados pelos credores, bem como a relação de credores apresentada pelo devedor. Essa relação constará do edital que dá publicidade à constituição do juízo universal, ou seja, que noticia que o processamento do pedido de recuperação judicial foi deferido (artigo 52, *caput*, da Lei 11.101/05) ou que a falência foi decretada (artigo 99 da Lei 11.101/05). Publicado tal edital, os credores podem apresentar ao administrador judicial suas habilitações ou suas divergências quanto aos créditos relacionados. Não observado esse prazo, as habilitações de crédito serão recebidas como retardatárias.

Na recuperação judicial, os titulares de créditos retardatários, excetuados os titulares de créditos derivados da relação de trabalho, não terão direito a voto nas deliberações da assembleia geral de credores. O mesmo se dará na falência, salvo se, na data da realização da assembleia geral, já houver sido homologado o quadro geral de credores contendo o crédito retardatário. Ademais, também na falência, os créditos retardatários perderão o direito a rateios eventualmente realizados (embora o credor possa requerer a reserva de valor para satisfação de seu crédito) e ficarão sujeitos ao pagamento de custas, não se computando os acessórios compreendidos entre o término do prazo e a data do pedido de habilitação. De acordo com o artigo 9º da Lei 11.101/05, a habilitação de crédito deverá ser instruída com os seguintes documentos:

Requisitos do Pedido de Habilitação de Crédito

1. O nome, o endereço do credor e o endereço em que receberá comunicação de qualquer ato do processo.

2. O valor do crédito, atualizado até a data da decretação da falência ou do pedido de recuperação judicial, sua origem e classificação.
3. Os documentos comprobatórios do crédito e a indicação das demais provas a serem produzidas; os títulos e documentos que legitimam os créditos deverão ser exibidos no original ou por cópias autenticadas se estiverem juntados em outro processo.
4. A indicação da garantia prestada pelo devedor, se houver, e o respectivo instrumento.
5. A especificação do objeto da garantia que estiver na posse do credor.

O administrador judicial, com base nas verificações e habilitações de crédito, completará ou alterará a relação de credores e créditos, devendo publicá-la por edital, em 45 dias, contados do fim do prazo para habilitação de crédito ou divergências. Nesse edital, além da nova relação de credores, serão indicados o local, o horário e o prazo comum em que o comitê de credores, qualquer credor, o devedor ou seus sócios ou o Ministério Público terão acesso aos documentos que fundamentaram a elaboração dessa relação. A partir da publicação dessa relação de créditos verificados e habilitados, abre-se um prazo de 10 dias para eventual apresentação de impugnação ou impugnações aos créditos listados. Caso não haja impugnações, o juiz homologará, como quadro geral de credores, a relação dos credores constante do edital anterior (relação de créditos verificados e habilitados), dispensada nova publicação.

Verificação e Habilitação de Créditos

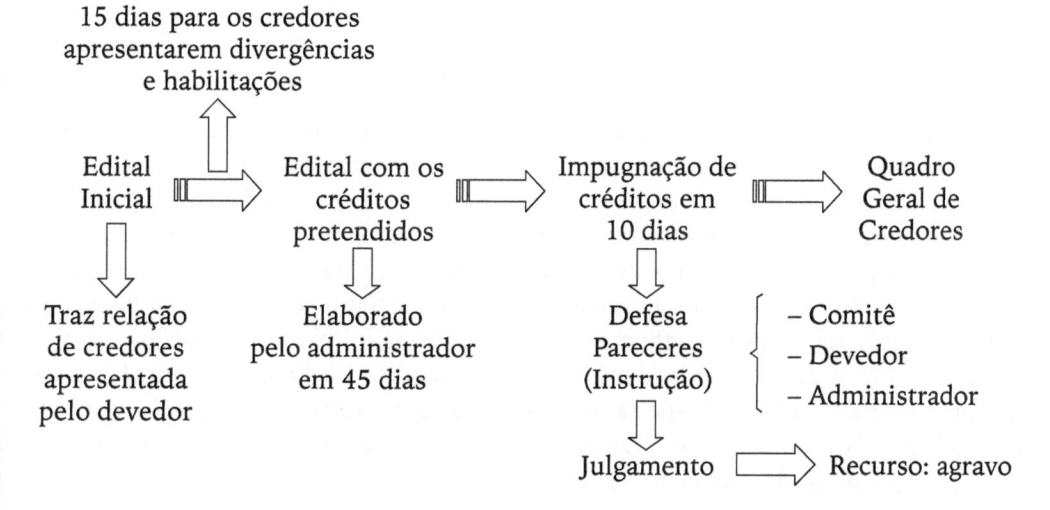

15 dias para os credores apresentarem divergências e habilitações

Edital Inicial ⇒ Edital com os créditos pretendidos ⇒ Impugnação de créditos em 10 dias ⇒ Quadro Geral de Credores

Traz relação de credores apresentada pelo devedor

Elaborado pelo administrador em 45 dias

Defesa Pareceres (Instrução)

– Comitê
– Devedor
– Administrador

Julgamento ⇒ Recurso: agravo

As habilitações dos credores particulares do sócio ilimitadamente responsável processar-se-ão de acordo com esses mesmos procedimentos.

4.1 Impugnação de créditos

No prazo de 10 dias, contado da publicação da relação de créditos verificados e habilitados, o comitê, qualquer credor, o devedor ou seus sócios ou o Ministério Público podem apresentar ao juiz impugnação contra a relação de credores, apontando a ausência de qualquer crédito ou manifestando-se contra a legitimidade, importância ou classificação de crédito relacionado. As impugnações serão dirigidas ao juiz por meio de petição, instruída com os documentos que tiver o impugnante, o qual indicará as provas consideradas necessárias. Cada impugnação será autuada em separado, com os documentos a ela relativos, mas terão uma só autuação as diversas impugnações versando sobre o mesmo crédito.

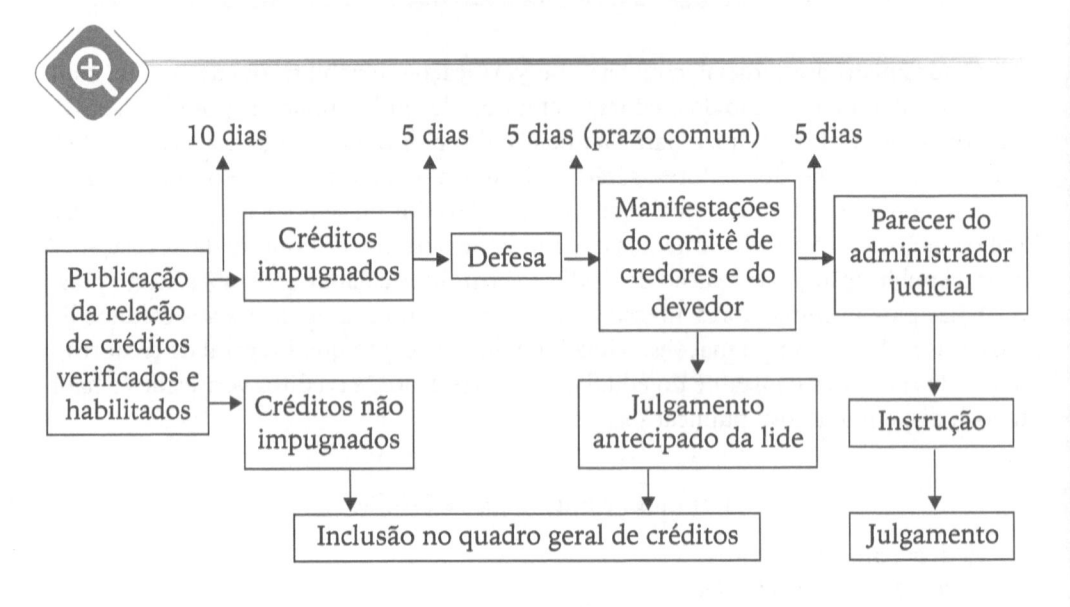

```
                10 dias           5 dias      5 dias (prazo comum)    5 dias
                                                                        
                              ┌──────────┐   ┌──────────────┐    ┌──────────────┐
                         ┌───▶│ Créditos │──▶│Manifestações │───▶│  Parecer do  │
┌──────────────┐         │    │impugnados│   │do comitê de  │    │administrador │
│  Publicação  │         │    └──────────┘   │credores e do │    │   judicial   │
│  da relação  │─────────┤                   │   devedor    │    └──────┬───────┘
│  de créditos │         │                   └──────┬───────┘           │
│verificados e │         │                          │                   ▼
│  habilitados │         │                   ┌──────▼───────┐    ┌──────────────┐
└──────────────┘         │    ┌──────────┐   │  Julgamento  │    │   Instrução  │
                         └───▶│ Créditos │   │antecipado da │    └──────┬───────┘
                              │   não    │   │     lide     │           │
                              │impugnados│   └──────┬───────┘           ▼
                              └────┬─────┘          │             ┌──────────┐
                                   │                │             │Julgamento│
                                   ▼                ▼             └──────────┘
                              ┌────────────────────────────┐
                              │Inclusão no quadro geral de │
                              │          créditos          │
                              └────────────────────────────┘
```

Os credores cujos créditos forem impugnados serão intimados para contestar a impugnação, no prazo de cinco dias, juntando os documentos que tiverem e indicando outras provas que reputem necessárias. Transcorrido esse prazo, haja ou não apresentação da contestação, o juiz mandará intimar o devedor (empresário ou administrador de sociedade empresária) e o comitê de credores, se houver, para que, no prazo comum de cinco dias, manifestem-se sobre a impugnação e a defesa. Findo esse prazo, vindo ou não as manifestações aos autos, o administrador judicial será intimado pelo juiz para emitir parecer, no prazo de cinco dias, devendo juntar à sua manifestação o laudo elaborado pelo profissional ou empresa especializada, se for o caso, e todas as informações existentes nos livros fiscais e demais documentos do devedor acerca do crédito, constantes ou não da relação de credores, objeto da impugnação.

Os autos serão então conclusos ao juiz que: (1) determinará a inclusão no quadro geral de credores das habilitações de créditos não impugnadas, no valor constante da relação de créditos verificados e habilitados; (2) julgará as impugnações que entender suficientemente esclarecidas pelas alegações e provas apresentadas pelas partes, mencionando, de cada crédito, o valor e a classificação; (3) fixará, em cada uma das restantes impugnações, os aspectos controvertidos e decidirá as questões processuais pendentes; e (4) determinará as provas a serem produzidas, designando audiência de instrução e julgamento, se necessário. Respondendo ao Agravo Interno no Recurso Especial 2.086.962/SP, a Terceira Turma destacou que "há cerceamento de defesa quando, julgada antecipadamente a lide sem a produção das provas requeridas pela parte, a sentença ou o acórdão fundamenta-se na ausência de comprovação do direito alegado pelo vencido." No caso, apesar do julgamento antecipado, sem a produção de provas, o Tribunal de Justiça de São Paulo concluiu pela ausência de comprovação de que os créditos cuja habilitação se pretendia eram, de fato, de titularidade dos agravados.

Para fins de rateio na falência, deverá ser formado quadro geral de credores, composto pelos créditos não impugnados, pelo julgamento de todas as impugnações apresentadas no prazo legal e pelo julgamento realizado até então das habilitações de crédito recebidas como retardatárias. As habilitações retardatárias não julgadas acarretarão a reserva do valor controvertido, mas não impedirão o pagamento da parte incontroversa. Ainda que o quadro-geral de credores não esteja formado, o rateio de pagamentos na falência poderá ser realizado desde que a classe de credores a ser satisfeita já tenha tido todas as impugnações judiciais apresentadas, ressalvada a reserva dos créditos controvertidos em função das habilitações retardatárias de créditos distribuídas até então e ainda não julgadas (artigo 16).

Por previsão do artigo 17 da Lei 11.101/05, "da decisão judicial sobre a impugnação caberá agravo". O recurso deverá ser dirigido diretamente ao tribunal competente, através de petição, na qual serão expostos os fatos e o direito, as razões do pedido de reforma da decisão e o nome e o endereço completo dos advogados, constantes do processo. No que diz respeito ao instrumento, parece-nos que deverá ser formado com cópia de todas as peças, isto é, todas as folhas dos autos, excetuadas, eventualmente, repetições indevidas, devidamente certificadas pela serventia judiciária. Recebido o agravo de instrumento no tribunal, será distribuído *incontinenti*, sendo que o relator, conforme se lê do parágrafo único do artigo 17 da Lei 11.101/05, poderá conceder efeito suspensivo à decisão que reconhece o crédito ou determinar a inscrição ou modificação do seu valor ou classificação no *quadro geral de credores*, para fins de exercício de direito de voto em assembleia geral.

Amapari x Zamin

Amapari Energia S/A apresentou habilitação de crédito na recuperação judicial de Zamin Amapá Mineração S/A – Em Recuperação Judicial: R$ 71.751.468,35 na classe dos credores quirografários. Como o juízo recuperacional suspendeu seu pedido, interpôs-se agravo de instrumento para o Tribunal de Justiça do Estado de São Paulo. Mas a decisão foi mantida: a credora alegava que o crédito era certo e líquido, porque depende unicamente de cálculos aritméticos, sendo controvertida apenas a parte relativa à incidência ou não de ICMS. No entanto, havia no contrato uma cláusula arbitral, e, assim, a determinação do crédito dever ser feito pelo juízo arbitral e não pelo Poder Judiciário, "sendo irrelevante o estado de crise e o procedimento de recuperação judicial".

Por meio do Recurso Especial 1.774.649/SP, a questão foi submetida à Terceira Turma do Superior Tribunal de Justiça. Antes de mais nada, os ministros posicionaram questões de base: "A Segunda Seção desta Corte, fixou entendimento no tema repetitivo 1.051, considerando a data do fato gerador do crédito, como marco para se estabelecer a sua concursalidade na recuperação judicial. (REsp 1.843.332/RS, Relator Ministro Ricardo Villas Bôas Cueva, Segunda Seção, julgado em 9/12/2020, DJe de 17/12/2020) No mencionado precedente, o em. Ministro Relator Ricardo Villas Bôas Cueva esclareceu que os créditos ilíquidos decorrentes de responsabilidade civil, das relações de trabalho e de prestação de serviços, entre outros, dão ensejo a duas interpretações quanto ao momento de sua existência, que podem ser assim resumidas: (i) a existência do crédito depende de provimento judicial que o declare (com trânsito em julgado) e (ii) a constituição do crédito ocorre no momento do fato gerador, pressupondo a existência de um vínculo jurídico entre as partes, o qual não depende de decisão judicial que o declare – sem destaque no original. Na ocasião, firmou-se a posição de que a segunda linha interpretativa melhor se amoldaria aos princípios e finalidades do procedimento de recuperação judicial, harmonizando os direitos dos credores em relação ao propósito de soerguimento da empresa recuperanda, assegurando tratamento paritário entre os envolvidos, na medida em que, se a existência do crédito dependesse de um provimento jurisdicional que o declarasse, a tramitação de tais procedimentos, poderia colocar pessoas que estivessem em mesma situação fática (a exemplo de vítimas de um evento danoso) submetidas aos efeitos da recuperação judicial, enquanto outras, não".

Partindo dessa base, evoluíram os julgadores para a hipótese que lhes era submetida: "No caso, conforme alegações de AMAPARI, os fatos geradores dos créditos decorreram de contrato de prestação de serviços de energia elétrica estabelecida com ZAMIN nos anos de 2013 e 2014, anteriores, portanto, ao pedido de recuperação judicial que data de 28/8/2015 (e-STJ, fls. 111/112), razão pela qual, tais créditos, se existentes, se submeteriam aos efeitos da recuperação judicial. O TJSP, contudo, soberano na análise fática-probatória, assentou que, os documentos acostados à Habilitação de Crédito ora impugnada não fazem prova do crédito, entendendo pela necessidade de discussão em Juízo arbitral, ante a existência de cláusula compromissória nesse sentido, a fim de apurar a própria existência do crédito e respectivos valores. O STJ já se posicionou, acerca da irrelevância da concursalidade ou extraconcursalidade para fins de definição de competência do Juízo recuperacional, uma vez que essa se estabelece apenas quanto a prática ou o controle de atos de execução de créditos individuais promovidos contra empresas falidas ou em recuperação judicial, cabendo ao Juízo cognitivo (seja ele arbitral ou judicial) a apreciação da existência, eficácia ou validade da relação jurídica estabelecida entre as partes".

Alfim, arremataram os membros da Terceira Turma: "Assim, verifica-se que a discussão sobre a existência do débito e seus valores, por si só, não afastam a competência do Juízo recuperacional quanto a análise dos atos de execução de créditos, até porque nem sequer influem na competência cognitiva considerada que, na hipótese dos autos, pertencente ao Juízo arbitral. Por isso mesmo, o TJSP decidiu pela suspensão do pedido de habilitação de crédito formulado por AMAPARI, enquanto se resolve a controvérsia relativa a própria existência do crédito reclamado e respectivos valores, se o caso, em observância a cláusula compromissória estabelecida entre as partes. Da mesma forma, no tocante ao indeferimento do exercício de voto de AMAPARI na assembleia geral de credores, a Corte Estadual entendeu pela necessidade de comprovação da probabilidade do direito, no Juízo arbitral. [...] Nada impede que, eventualmente requerido pela parte, o Juízo recuperacional, com espeque no art. 6º, § 3º, da Lei 11.101/05, defina reserva de numerário para garantia de crédito discutido perante o Juízo arbitral, já que possui essa faculdade, condicionada à análise da certeza, liquidez e estimativa de valores, conforme o caso".

5 Quadro geral de credores

O administrador judicial será responsável pela consolidação do quadro geral de credores, a ser homologado pelo juiz, tomando por base a relação dos credores, conforme verificações e habilitações, fazendo as alterações que forem determinadas nas decisões proferidas nas impugnações oferecidas. O quadro geral, assinado pelo juiz e pelo administrador judicial, mencionará a importância e a classificação de cada crédito na data do requerimento da recuperação judicial ou da decretação da falência, será juntado aos autos e publicado no órgão oficial, no prazo de cinco dias, contado da data da sentença que houver julgado as impugnações. Essa previsão, anotada no artigo 18, parágrafo único, da Lei 11.101/05 é, no mínimo, estranha, pois fala em sentença, quando antes se falou em decisão e, mais, em agravo de instrumento. Parece-nos, assim, que essa publicação se fará após as decisões que derem julgamento antecipado às impugnações que o juiz entender suficientemente esclarecidas pelas alegações e provas apresentadas pelas partes.

Consoante orientação do Superior Tribunal de Justiça, "não há como reabrir discussões acerca de títulos judiciais transitados em julgado na impugnação de crédito, sendo possível apenas a constatação do valor devido a partir dos parâmetros estabelecidos no título. A fase de habilitação/impugnação de crédito precede a incidência das cláusulas inseridas no plano de recuperação judicial, mesmo na hipótese em que seu julgamento se estende até após a homologação do plano, de forma que não há falar em soberania da assembleia de credores, deliberação majoritária, novação e paridade entre credores no julgamento do incidente (Súmula nº 284/STF)". Foi o que se decidiu no Recurso Especial 2.155.341/RJ, bem como no Agravo Interno nos Embargos de Declaração no Agravo em Recurso Especial 2.426.858/RJ.

O prazo para habilitação de créditos, viu-se, é de 15 dias contados da publicação do edital que abre o juízo universal e convoca os credores para tanto (após o deferimento do processamento do pedido de recuperação judicial ou após a decretação da falência). Os credores que percam tal prazo e não apresentem, tempestivamente, seu pedido, todavia, não perdem o direito à habilitação, nem ao recebimento de seus créditos. Há procedimentos específicos para cuidar da *habilitação retardatária de créditos*.

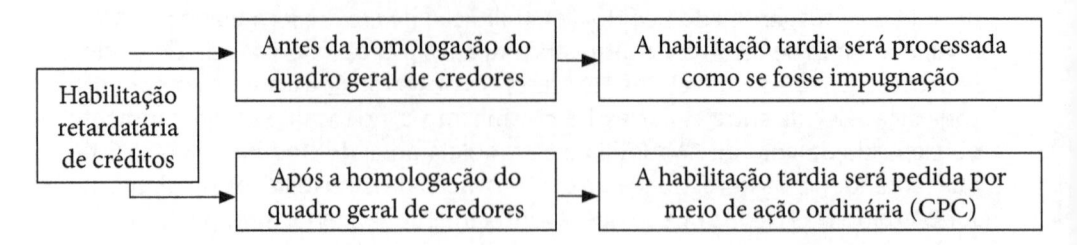

Habilitação retardatária de créditos	Antes da homologação do quadro geral de credores	A habilitação tardia será processada como se fosse impugnação
	Após a homologação do quadro geral de credores	A habilitação tardia será pedida por meio de ação ordinária (CPC)

As habilitações de crédito retardatárias, se apresentadas antes da homologação do quadro geral de credores, serão recebidas como impugnação e processadas como tal. Após a homologação do quadro geral de credores, aqueles que não habilitaram seu crédito poderão, observado, no que couber, o procedimento ordinário previsto no Código de Processo Civil, requerer ao juízo da falência ou da recuperação judicial a retificação do quadro geral para inclusão do respectivo crédito. Tem-se, portanto, uma ação que segue o processo de conhecimento, na qual o autor, alegando-se credor, pedirá ao juiz sentença que: (1) declare a existência de seu crédito; ou (2) condene o devedor em importância que, destarte, constituirá crédito a habilitar; a ação terá, como pedido subsidiário, o requerimento de retificação do quadro geral para inclusão do respectivo crédito.

Por fim, destaque-se que, por previsão do artigo 19 da Lei 11.101/05, o administrador judicial, o comitê de credores, qualquer credor ou o representante do Ministério Público poderá, até o encerramento da recuperação judicial ou da falência, observado, no que couber, o procedimento ordinário previsto no Código de Processo Civil, pedir a exclusão, outra classificação ou a retificação de qualquer crédito, nos casos de descoberta de falsidade, dolo, simulação, fraude, erro essencial ou, ainda, documentos ignorados na época do julgamento do crédito ou da inclusão no quadro geral de credores. Essa norma é absurda por desconhecer a distinção entre: (1) créditos reconhecidos por sentença; e (2) créditos não reconhecidos por sentença, ou seja, aqueles cujo pedido de habilitação não foi impugnado e, destarte, não foram objeto de sentença judicial transitada em julgado. Se o crédito foi reconhecido por sentença, respeitando o artigo 5º, XXXVI, da Constituição da República, a forma técnica de a enfrentar é por meio de ação rescisória. Se o crédito de que se pede exclusão, outra classificação ou a retificação não foi objeto de sentença judicial transitada em julgado, torna-se possível aplicar a solução simplificada inscrita no artigo 19 da mesma lei: ação pelo rito ordinário previsto no Código de Processo Civil – vale dizer, ação de conhecimento –, tendo por *fundamento* necessário a descoberta de falsidade, dolo, simulação, fraude, erro essencial ou, ainda, documentos ignorados na época da inclusão no quadro geral de credores e tendo por *pedido* necessário a exclusão, outra classificação ou a retificação do crédito.

Proposta ação pedindo a exclusão, outra classificação ou a retificação de qualquer crédito, nos casos de descoberta de falsidade, dolo, simulação, fraude, erro essencial ou, ainda, documentos ignorados na época do julgamento do crédito ou da inclusão no quadro geral de credores, o pagamento ao titular do crédito atingido somente poderá ser realizado mediante a prestação de caução no mesmo valor do crédito questionado.

6 Aspectos penais

A partir da sentença que decreta a falência, concede a recuperação judicial ou concede a recuperação extrajudicial, abre-se a oportunidade para investigar se o empresário, sócios, diretores, gerentes, administradores e conselheiros, de fato ou de direito, bem como o administrador judicial, praticaram atos definidos como crime pela Lei de Falências. Realce-se que tal sentença é condição objetiva de punibilidade das infrações penais descritas naquela Lei; são elas:

Fraude a Credores: praticar, antes ou depois da sentença que decretar a falência, conceder a recuperação judicial ou homologar a recuperação extrajudicial, ato fraudulento de que resulte ou possa resultar prejuízo aos credores, com o fim de obter ou assegurar vantagem indevida para si ou para outrem. Pena: reclusão, de 3 (três) a 6 (seis) anos, e multa. A pena aumenta-se de um sexto a um terço, se o agente: (1) elabora escrituração contábil ou balanço com dados inexatos; (2) omite, na escrituração contábil ou no balanço, lançamento que deles deveria constar, ou altera escrituração ou balanço verdadeiros; (3) destrói, apaga ou corrompe dados contábeis ou negociais armazenados em computador ou sistema informatizado; (4) simula a composição do capital social; (5) destrói, oculta ou inutiliza, total ou parcialmente, os documentos de escrituração contábil obrigatórios.

Contabilidade paralela e distribuição de lucros ou dividendos a sócios e acionistas até a aprovação do plano de recuperação judicial. A pena é aumentada de 1/3 (um terço) até metade se o devedor manteve ou movimentou recursos ou valores paralelamente à contabilidade exigida pela legislação, inclusive na hipótese de violação do disposto no art. 6º-A da Lei 11.101/05, distribuindo lucros ou dividendos no período em que é defeso fazê-lo.

Violação de sigilo empresarial: violar, explorar ou divulgar, sem justa causa, sigilo empresarial ou dados confidenciais sobre operações ou serviços, contribuindo para a condução do devedor a estado de inviabilidade econômica ou financeira. Pena: de dois a quatro anos, e multa.

Divulgação de informações falsas: divulgar ou propalar, por qualquer meio, informação falsa sobre devedor em recuperação judicial, com o fim de levá-lo à falência ou de obter vantagem. Pena: reclusão, de dois a quatro anos, e multa.

Indução a erro: sonegar ou omitir informações ou prestar informações falsas no processo de falência, de recuperação judicial ou de recuperação extrajudicial, com o fim de induzir a erro o juiz, o Ministério Público, os credores, a assembleia geral de credores, o comitê ou o administrador judicial. Pena: reclusão, de dois a quatro anos, e multa.

Favorecimento de credores: Praticar, antes ou depois da sentença que decretar a falência, conceder a recuperação judicial ou homologar plano de recuperação extrajudicial, ato de disposição ou oneração patrimonial ou gerador de obrigação, destinado a favorecer um ou mais credores em prejuízo dos demais. Pena: reclusão, de dois a cinco anos, e multa. Nas mesmas penas incorre o credor que, em conluio, possa beneficiar-se de tal ato.

Desvio, ocultação ou apropriação de bens: apropriar-se, desviar ou ocultar bens pertencentes ao devedor sob recuperação judicial ou à massa falida, inclusive por meio da aquisição por interposta pessoa. Pena: reclusão, de dois a quatro anos, e multa.

Aquisição, recebimento ou uso ilegal de bens: adquirir, receber, usar, ilicitamente, bem que sabe pertencer à massa falida ou influir para que terceiro, de boa-fé, o adquira, receba ou use. Pena: reclusão, de dois a quatro anos, e multa.

Habilitação ilegal de crédito: apresentar, em falência, recuperação judicial ou recuperação extrajudicial, relação de créditos, habilitação de créditos ou reclamação falsas, ou juntar a elas título falso ou simulado. Pena: reclusão, de dois a quatro anos, e multa.

Exercício ilegal de atividade: exercer atividade para a qual foi inabilitado ou incapacitado por decisão judicial, nos termos da Lei de Falências. Pena: reclusão, de um a quatro anos, e multa.

Violação de impedimento: adquirir o juiz, o representante do Ministério Público, o administrador judicial, o gestor judicial, o perito, o avaliador, o escrivão, o oficial de justiça ou o leiloeiro, por si ou por interposta pessoa, bens de massa falida ou de devedor em recuperação judicial, ou, em relação a estes, entrar em alguma especulação de lucro, quando tenham atuado nos respectivos processos. Pena: reclusão, de dois a quatro anos, e multa.

Omissão dos documentos contábeis obrigatórios: deixar de elaborar, escriturar ou autenticar, antes ou depois da sentença que decretar a falência, conceder a recuperação judicial ou homologar o plano de recuperação extrajudicial, os documentos de escrituração contábil obrigatórios. Pena: detenção, de um a dois anos, e multa, se o fato não constitui crime mais grave.

Nos casos de fraude a credores, os contadores, técnicos contábeis, auditores e outros profissionais que, de qualquer modo, concorrerem para as condutas criminosas, incidirão nas mesmas penas, na medida de sua culpabilidade. Tratando-se de falência de microempresa ou de empresa de pequeno porte, e não se constatando prática habitual de condutas fraudulentas por parte do falido, poderá o juiz reduzir a pena de reclusão de um terço a dois terços, ou substituí-la por penas: (1) restritivas de direitos; (2) de perda de bens e valores; ou (3) de prestação de serviços à comunidade ou a entidades públicas.

São efeitos da condenação por crime previsto na Lei de Falências: (1) a inabilitação para o exercício de atividade empresarial; (2) o impedimento para o exercício de cargo ou função em conselho de administração, diretoria ou gerência das sociedades sujeitas a esta Lei; (3) a impossibilidade de gerir empresa por mandato ou por gestão de negócio. Tais efeitos não são automáticos, devendo ser motivadamente declarados na sentença, e perdurarão até cinco anos após a extinção da punibilidade, podendo, contudo, cessar antes pela reabilitação penal. Transitada em julgado a sentença penal condenatória, será notificado o Registro Público de Empresas para que tome as medidas necessárias para impedir novo registro em nome dos inabilitados.

No que diz respeito à prescrição, aplicam-se as regras gerais, inscritas no Código Penal, começando a correr do dia da decretação da falência, da concessão da recuperação judicial ou da homologação do plano de recuperação extrajudicial. A decretação da falência do devedor interrompe a prescrição cuja contagem tenha iniciado com a concessão da recuperação judicial ou com a homologação do plano de recuperação extrajudicial.

28
SUJEITOS DO JUÍZO UNIVERSAL

1 Atores processuais

O juízo universal – falência ou recuperação judicial de empresa – forma-se a partir de um pedido formulado por parte legítima, como se estudará na sequência. A relação processual que se constitui terá, em seu comando (presidência), o juiz competente, merecendo, ademais, a intervenção do Ministério Público nas hipóteses contempladas pela Lei 11.101/05. Seja na falência, seja na recuperação judicial, as partes envolvidas na demanda são, de um lado, o devedor (empresário ou sociedade empresária) e, de outro, os credores cujos créditos sejam alcançados pelo juízo universal e/ou por ele exigíveis. Ademais, para auxiliá-lo no desenvolvimento de todos os atos próprios do processo de falência ou de recuperação judicial, o juízo contará com três órgãos auxiliares específicos, quais sejam: (1) o *administrador judicial*, pessoa de sua confiança que conduz os atos não jurisdicionais do processo; (2) a *assembleia de credores*, órgão que congrega a totalidade dos titulares de créditos submetidos ao juízo universal e por ele exigíveis; e (3) o *comitê de credores*, ente que atua, no dia a dia do processo, na proteção dos interesses da assembleia de credores (e, portanto, a coletividade dos credores). Tanto a assembleia de credores, quanto o comitê de credores, têm seus poderes definidos em lei, não caracterizando, em sentido estrito, representação civil de cada um dos credores.

Neste grupo estão listados sujeitos distintos, a exemplo do órgão do Poder Judiciário (*juízo*), a quem cabe não só a presidência do feito, mas igualmente o poder de decisão (*poder jurisdicional*), ou o Ministério Público, que é órgão a quem cumpre a defesa da lei, dos direitos e interesses públicos e/ou difusos.

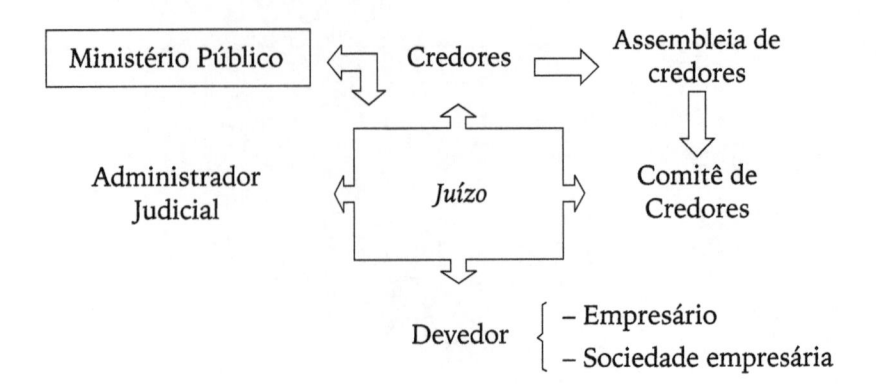

```
           ┌──────────────────┐        ┌──── Assembleia de
           │ Ministério Público│ ⇐  Credores ⇒    credores
           └──────────────────┘        │          ⇓
                           ┌──────────────┐
           Administrador ⇔ │    Juízo     │ ⇒   Comitê de
             Judicial      │              │      Credores
                           └──────────────┘
                                  ⇓
                              Devedor  ┌ – Empresário
                                       └ – Sociedade empresária
```

O administrador judicial é órgão de condução e/ou supervisão dos atos executórios do processo de falência ou de recuperação judicial. Partes do processo de falência ou de recuperação, em sentido estrito, são duas:

Partes do juízo universal ┌ – Devedor: empresário ou sociedade empresária
                          │   ┌ – atuando individualmente
                          └ – Credores: └ – atuando coletivamente: assembleia

Tomados isoladamente, os credores defendem seus próprios interesses. A Lei 11.101/05, todavia, obrigou-os a se manifestarem, por meio de voto, numa assembleia de credores. Nessa assembleia, o voto é exercido pelo credor no seu interesse e de acordo com o seu juízo de conveniência e poderá ser declarado nulo por abusividade somente quando manifestamente exercido para obter vantagem ilícita para si ou para outrem (artigo 39, § 6º). Como a sua reunião é custosa, por envolver múltiplas pessoas, foi criado um comitê de credores, que tem por finalidade fazer o acompanhamento mais cotidiano do processo. Estudaremos, nos próximos itens, os órgãos especiais do juízo universal, quais sejam, o administrador judicial, a assembleia de credores e o comitê de credores.

Examinando o Recurso Especial 1.852.165/MG, a Quarta Turma do Superior Tribunal de Justiça posicionou que "(6) Não se pode recusar, outrossim, a legitimidade da falida ainda na fase cognitiva ou pré-falimentar. Com efeito, se a lei confere determinados direitos à massa falida no que tange à fiscalização da administração da massa e ao zelo pela conservação de seus direitos e bens arrecadados, com muito mais razão pode opor-se à própria decretação da falência, momento em que o Poder Judiciário se volta a verificar o estado patrimonial do devedor e a constatação da insolvência. (7) Diversos efeitos jurídicos da quebra em relação aos acionistas ex-administradores e controladores revelam interesse jurídico em intervir no feito e impugnar a decretação da falência. Doutrina e precedentes do STJ. (8) A falência constitui processo em que se relacionam múltiplos interesses que circundam a companhia e mesmo o interesse público de tutela do crédito e do saneamento do mercado em contraposição ao interesse da própria falida, muitas vezes colidente com o destino liquidatório, permitindo-se qualificá-la como processo estrutural, multifacetado e policêntrico, com interesses plurais e setoriais que demandam um desencadeamento decisório especial que contemple os diversos atores e perfis envolvidos. Nesse contexto, é imperioso reconhecer a legitimidade dos sócios e, sobretudo, dos administradores, para acompanhar o procedimento e conduzir seus interesses para que sejam sopesados na arena decisional."

2 Ministério Público

Entre os sujeitos que participam do juízo universal está o Ministério Público, por seus representantes. Sempre houve uma discussão sobre a indispensabilidade dessa presença e dessa atuação. Duas correntes se colocavam: sua presença seria obrigatória em todos os atos ou seria facultativa, não advindo nulidade de eventual omissão neste ou naquele ato. A dúvida não era meramente doutrinária: nos processos em concreto, era comum ver representantes do órgão ora alegar indispensabilidade, ora alegar ser atuação meramente facultativa, criando grande confusão prática.

A Lei 11.101/05, com alterações posteriores, adotou uma solução interessante: lista em normas positivadas, dispostas ao longo do diploma, em quais oportunidades o representante do Ministério Público deve ser intimado. A indispensabilidade está limitada a esses casos. Mas fica claro que em todos os outros atos e momentos processuais, sua participação é possível, embora meramente facultativa. Se quiser intervir, peticionar, recorrer, o Promotor de Justiça poderá fazê-lo. No entanto, em tais casos não haverá falar em nulidade por não ter sido intimado pessoalmente do ato.

3 Administrador judicial

A falência e a recuperação judicial de empresa não são apenas procedimentos judiciais nos quais se antagonizam as pretensões jurídicas do devedor (empresário ou sociedade empresária) e seus credores, exigindo do juiz que sejam tomadas decisões diversas. Para além dessa atuação decisória, é necessária a prática de incontáveis atos, como levantamento de documentos, elaboração de cálculos, planilhas (a exemplo do quadro geral de credores, no qual se lista cada uma das dívidas, seu valor, sua natureza, seu titular etc.). É um trabalho muito custoso para o qual o juiz nomeará um administrador judicial na sentença que decretar a falência ou na decisão que deferir o processamento do pedido de recuperação judicial. O administrador é escolhido livremente pelo juiz, mas deverá ser profissional idôneo, preferencialmente advogado, economista, administrador de empresas ou contador, embora também se aceite a figura da pessoa jurídica especializada. O nomeado será intimado pessoalmente para, em 48 horas, assinar, na sede do juízo, o termo de compromisso de bem e fielmente desempenhar o cargo e assumir todas as responsabilidades a ele inerentes. Se a nomeação do administrador judicial desobedeceu aos parâmetros legais, o empresário, o administrador da sociedade empresária, qualquer credor ou o Ministério Público poderá requerer ao juiz a sua substituição, como facultado pelo artigo 30, § 2º, da Lei 11.101/05. Recebendo o requerimento, o juiz o decidirá, fundamentadamente, no prazo de 24 horas.

Pedido	Substituição do administrador judicial
Fundamento	Desatenção aos requisitos legais para nomeação.
Legitimidade	O empresário, o administrador da sociedade empresária, qualquer credor ou o Ministério Público.
Momento	A lei não define prazo para o pedido de substituição.
Decisão	Deverá ser proferida em 24 horas; excetua-se a hipótese de ser pedida a produção de provas por cognição sumária (*sumario cognitio*).
Forma	A nomeação não exige fundamentação; a decisão à impugnação exige, pois resolve questão controversa.

Ademais, durante o desempenho da administração judicial, o juiz poderá, de ofício ou a requerimento fundamentado de qualquer interessado, determinar a *destituição do administrador judicial*, bastando para tanto verificar desobediência aos preceitos da Lei de Falência e Recuperação de Empresas, descumprimento de deveres, omissão, negligência ou prática de ato lesivo às atividades do devedor ou a terceiros.

Pedido	Destituição do administrador judicial
Fundamento	Desobediência aos preceitos da Lei de Falência e Recuperação de Empresas, descumprimento de deveres, omissão, negligência ou prática de ato lesivo às atividades do devedor ou a terceiros.
Legitimidade	O empresário, o administrador da sociedade empresária, qualquer credor ou o Ministério Público.
Momento	A qualquer tempo.
Decisão	Não há prazo para que o juiz decida o pedido.
Forma	A destituição exige decisão fundamentada, principalmente pelos efeitos que provoca sobre o administrador.

Havendo substituição ou destituição do administrador judicial, no mesmo ato o juiz nomeará um novo administrador judicial. A *decisão que indefere o pedido* de substituição ou de destituição poderá ser objeto de agravo pelo devedor (empresário ou sociedade empresária), por qualquer credor ou pelo Ministério Público. Não poderão, todavia, recorrer da *decisão que defere o pedido*, já que ninguém tem legitimidade para pedir a manutenção do administrador judicial, que é – e deve ser – pessoa da confiança do juiz. Nem o administrador judicial substituído ou destituído poderá recorrer dessa decisão para pedir a sua manutenção na função. No entanto, o substituído ou destituído poderá, eventualmente, impetrar mandado de segurança contra os fundamentos da substituição ou destituição, uma vez que o artigo 30 da Lei 11.101/05 veda o exercício das funções de administrador judicial a quem, nos últimos cinco anos, no exercício do cargo, foi destituído, deixou de prestar contas dentro dos prazos legais ou teve a prestação de contas desaprovada. O mandado de segurança terá por pedido, apenas, o afastamento da peja, da fundamentação desabonadora, tornando a *destituição imotivada* e, assim, afastando a limitação para nomeações em outros processos. Se a destituição se deu em processo de falência, o administrador judicial substituído prestará contas no prazo de 10 dias. Essas contas serão prestadas como se o processo houvesse sido concluído.

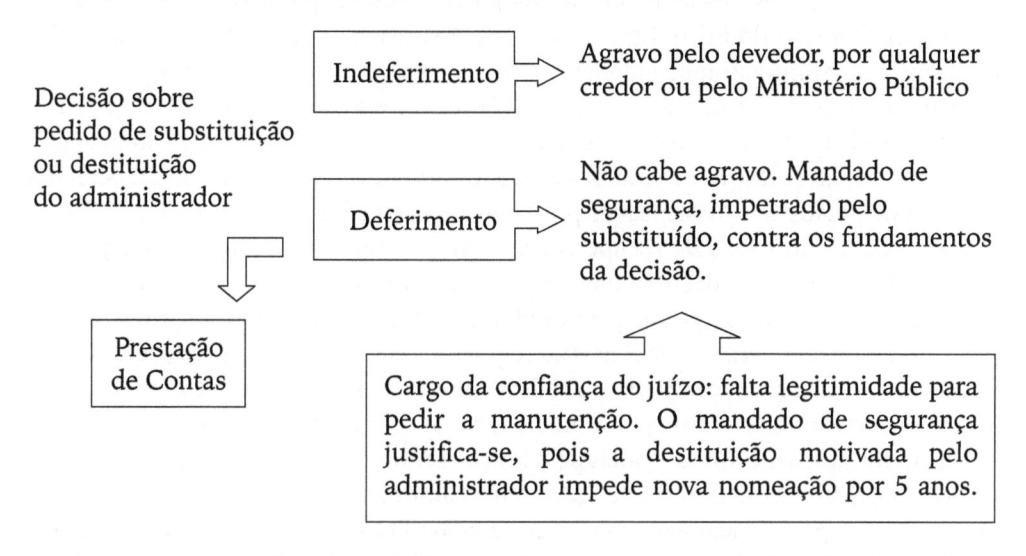

Decisão sobre pedido de substituição ou destituição do administrador
- Indeferimento → Agravo pelo devedor, por qualquer credor ou pelo Ministério Público
- Deferimento → Não cabe agravo. Mandado de segurança, impetrado pelo substituído, contra os fundamentos da decisão.
- Prestação de Contas

Cargo da confiança do juízo: falta legitimidade para pedir a manutenção. O mandado de segurança justifica-se, pois a destituição motivada pelo administrador impede nova nomeação por 5 anos.

Para se ter uma ideia do trabalho que deve ser desempenhado pelo administrador judicial, é da sua competência, na recuperação judicial e na falência: (1) enviar correspondência aos credores listados pelo devedor, comunicando a data do pedido de recuperação judicial ou da decretação da falência, a natureza, o valor e a classificação dada ao crédito; (2) fornecer, com presteza, todas as informações pedidas pelos credores interessados; (3) dar extratos dos livros do devedor, que merecerão fé de ofício, a fim de servirem de fundamento nas habilitações e impugnações de créditos; (4) exigir dos credores, do devedor ou seus administradores quaisquer informações, sendo que, se recusarem, requererá ao juiz que os intime para comparecerem à sede do juízo, sob pena de desobediência, para serem interrogados, na presença do administrador judicial, tomando seus depoimentos por escrito; (5) elaborar a relação de credores; (6) consolidar o quadro geral de credores;

(7) requerer ao juiz convocação da assembleia geral de credores; (8) contratar, mediante autorização judicial, profissionais ou empresas especializadas para, quando necessário, auxiliá-lo no exercício de suas funções, cujas remunerações serão fixadas pelo juiz, considerando a complexidade dos trabalhos a serem executados e os valores praticados no mercado para o desempenho de atividades semelhantes; e (9) manifestar-se sobre o andamento do processo e sobre questões incidentais.

A Lei 14.112/20 acresceu quatro outras obrigações a esse rol: (10) estimular, sempre que possível, a conciliação, a mediação e outros métodos alternativos de solução de conflitos relacionados à recuperação judicial e à falência, respeitados os direitos de terceiros, na forma do Código de Processo Civil; (11) manter endereço eletrônico na internet, com informações atualizadas sobre os processos de falência e de recuperação judicial, com a opção de consulta às peças principais do processo, salvo decisão judicial em sentido contrário; (12) manter endereço eletrônico específico para o recebimento de pedidos de habilitação ou a apresentação de divergências, ambos em âmbito administrativo, com modelos que poderão ser utilizados pelos credores, salvo decisão judicial em sentido contrário; e (13) providenciar, no prazo máximo de 15 (quinze) dias, as respostas aos ofícios e às solicitações enviadas por outros juízos e órgãos públicos, sem necessidade de prévia deliberação do juízo. Especificamente nos casos de recuperação judicial, é de competência do administrador judicial: (1) fiscalizar as atividades do devedor e o cumprimento do plano de recuperação judicial; (2) requerer a falência no caso de descumprimento de obrigação assumida no plano de recuperação; (3) apresentar ao juiz, para juntada aos autos, relatório mensal das atividades do devedor, fiscalizando a veracidade e a conformidade das informações prestadas pelo devedor; e (4) apresentar relatório sobre a execução do plano de recuperação. Aqui, também, houve acréscimos pela Lei 14.112/20: (5) fiscalizar o decurso das tratativas e a regularidade das negociações entre devedor e credores; (6) assegurar que devedor e credores não adotem expedientes dilatórios, inúteis ou, em geral, prejudiciais ao regular andamento das negociações; (7) assegurar que as negociações realizadas entre devedor e credores sejam regidas pelos termos convencionados entre os interessados ou, na falta de acordo, pelas regras propostas pelo administrador judicial e homologadas pelo juiz, observado o princípio da boa-fé para solução construtiva de consensos, que acarretem maior efetividade econômico-financeira e proveito social para os agentes econômicos envolvidos; e, por fim, (8) apresentar, para juntada aos autos, e publicar no endereço eletrônico específico relatório mensal das atividades do devedor e relatório sobre o plano de recuperação judicial, no prazo de até 15 dias contado da apresentação do plano, fiscalizando a veracidade e a conformidade das informações prestadas pelo devedor, além de informar eventual ocorrência das condutas previstas no art. 64 da Lei 11.101/05. Também há competências do administrador judicial que são específicas da falência, quais sejam: (1) avisar, pelo órgão oficial, o lugar e hora em que, diariamente, os credores terão à sua disposição os livros e documentos do falido; (2) examinar a escrituração do devedor; (3) relacionar os processos e assumir a representação judicial e extrajudicial, incluídos os processos arbitrais, da massa falida; (4) receber e abrir a correspondência dirigida ao devedor, entregando a ele o que não for assunto de interesse da massa; (5) apresentar, no prazo de 40 dias, contado da assinatura do termo de compromisso, relatório sobre as causas e circunstâncias que conduziram à situação de falência, no qual apontará a responsabilidade civil e penal dos envolvidos; esse prazo é prorrogável por igual período; se o relatório apontar responsabilidade penal de qualquer dos envolvidos, o Ministério Público será intimado para tomar conhecimento de seu teor; (6) arrecadar os bens e documentos do devedor e elaborar o auto de arrecadação; (7) avaliar os bens arrecadados; (8) contratar avaliadores, de preferência oficiais, mediante autorização judicial, para a avaliação dos bens caso entenda não ter condições técnicas para a tarefa; (9) praticar os atos necessários à realização do ativo e ao pagamento dos credores; (10) proceder à venda de todos os bens da massa falida no prazo máximo de 180 dias, contado da data da juntada do auto de arrecadação, sob pena de destituição, salvo por impossibilidade fundamentada, reconhecida por decisão judicial; (11) praticar todos os atos conservatórios de direitos e ações, diligenciar a cobrança de dívidas e dar a respectiva quitação; (12) remir, em benefício da massa e mediante autorização judicial, bens apenhados, penhorados ou legalmente retidos; (13) representar a massa falida em juízo, contratando, se necessário, advogado, cujos honorários serão previamente ajustados e aprovados pelo comitê de credores; (14) requerer todas as medidas e diligências que forem necessárias para o cumprimento da Lei de Falências, a proteção da massa ou a eficiência da administração; (15) apresentar ao juiz para juntada aos autos, até o 10º (décimo) dia do mês seguinte ao vencido, conta demonstrativa da administração, que especifique com clareza a receita e a despesa; (16) entregar ao seu substituto todos os bens e documentos da massa em seu poder, sob pena de responsabilidade; (17) prestar contas ao final do processo, quando for substituído, destituído ou renunciar ao cargo; e (18) arrecadar os valores dos depósitos realizados em processos administrativos ou judiciais nos quais o falido figure como parte, oriundos de penhoras, de bloqueios, de apreensões, de leilões, de alienação judicial e de outras hipóteses de constrição judicial.[1]

A simples leitura desta relação deixa claro o amplo leque das responsabilidades do administrador judicial, bem como o papel fundamental que desempenha nos processos de falência e de recuperação judicial da empresa. Na recuperação judicial da empresa, embora ele não assuma a frente do processo, é dele a responsabilidade de garantir a lisura do processo, fiscalizando não só o cumprimento do plano de recuperação, mas também a própria atuação do recuperando, relatando ao juiz o que se passa. Na falência, por seu turno, o administrador judicial toma a frente da massa falida, ou seja, do conjunto que tem, de um lado, os bens e créditos do falido e, de outro, as suas dívidas. Será ele que organizará as contas, reunirá bens, avaliará quanto se pode obter por eles e cuidará de sua alienação, cuidará das ações movidas em nome da massa falida e contra ela, representando-a. É um trabalho complexo, sem dúvida. Na falência da *Encol S/A – Engenharia, Comércio e Indústria*, então a maior incorporadora e construtora do Brasil, o administrador judicial se viu à volta com mais de 40.000 famílias prejudicadas com a insolvência da empresa. Segundo a revista *Isto é Dinheiro*, em julho de 2002 o administrador judicial da falência contratou, por R$ 1.200.000,00, a agência internacional de investigações Kroll,

---

[1] Ressalva-se o disposto nas Leis 9.703, de 17 de novembro de 1998, e 12.099, de 27 de novembro de 2009, e na Lei Complementar 151, de 5 de agosto de 2015.

cujos especialistas pesquisaram, durante dois anos, quatro galpões repletos de documentos, buscando comprovar, ou não, as alegações de desvio de R$ 2.500.000.000,00, naquela que foi chamada de a falência da maior empresa não bancária da América do Sul. Em fevereiro de 2003, a revista *Veja on line* noticiou que o administrador entregara ao juiz da falência, com curso em Goiânia (GO), um relatório com cerca de 5.000 páginas, elaborado a partir de tais investigações; esse relatório foi juntado ao processo de falência, que já contava com aproximadamente 75.000 folhas; colocadas lado a lado, essas folhas produziriam uma linha de 22 quilômetros de papel.

Seus poderes, obviamente, não são ilimitados, trabalhando sob as ordens do juiz e sob a fiscalização do devedor e dos credores. Por exemplo, na falência, o administrador judicial não pode, sem autorização judicial, após ouvidos o comitê de credores e o devedor, transigir sobre obrigações e direitos da massa falida, nem conceder abatimento de dívidas, ainda que sejam consideradas de difícil recebimento. Não é só. O administrador judicial que não apresentar, no prazo estabelecido, suas contas ou qualquer dos relatórios previstos na Lei de Falências será intimado pessoalmente a fazê-lo no prazo de cinco dias, sob pena de desobediência. Se não atende a esse prazo, o juiz o destituirá e nomeará substituto para elaborar relatórios ou organizar as contas, explicitando as responsabilidades de seu antecessor.

O trabalho realizado pelo administrador será remunerado, cabendo ao juiz fixar o valor e a forma de pagamento dessa remuneração, observados a capacidade de pagamento do devedor, o grau de complexidade do trabalho e os valores praticados no mercado para o desempenho de atividades semelhantes, não podendo exceder 5% do valor devido aos credores submetidos à recuperação judicial ou do valor de venda dos bens na falência (artigo 24 da Lei 11.101/05). No caso de microempresas e empresas de pequeno porte, além de pequeno produtor rural, a remuneração do administrador judicial fica reduzida ao limite de 2%, por força do § 5º do artigo 24 da Lei 11.101/05.

Do montante devido ao administrador judicial, 40% será reservado para pagamento após a apresentação e julgamento de suas contas, bem como do relatório final. Em se tratando de recuperação de empresa, caberá ao devedor arcar com as despesas relativas à remuneração do administrador judicial e das pessoas eventualmente contratadas para auxiliá-lo; na falência, a massa falida arcará com tais pagamentos.

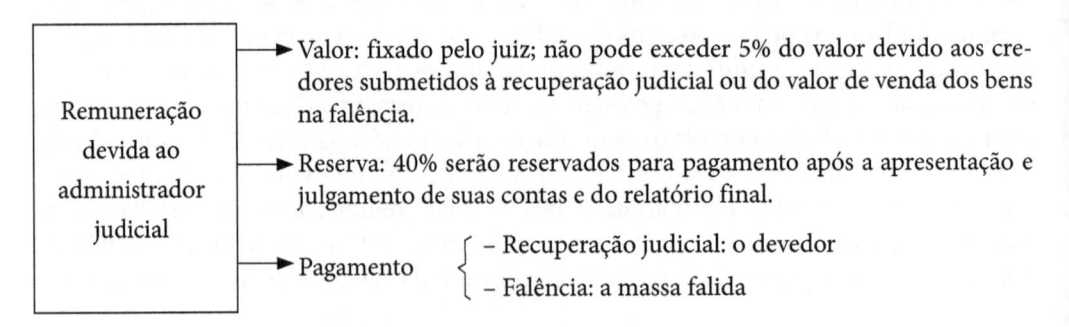

Remuneração devida ao administrador judicial
- **Valor:** fixado pelo juiz; não pode exceder 5% do valor devido aos credores submetidos à recuperação judicial ou do valor de venda dos bens na falência.
- **Reserva:** 40% serão reservados para pagamento após a apresentação e julgamento de suas contas e do relatório final.
- **Pagamento**
  - Recuperação judicial: o devedor
  - Falência: a massa falida

O administrador judicial substituído será remunerado proporcionalmente ao trabalho realizado. No entanto, o artigo 24, § 3º, da Lei 11.101/05, cria ressalvas a esse direito à remuneração proporcional: se o administrador judicial renunciar sem relevante razão ou for destituído de suas funções por desídia, culpa, dolo ou descumprimento das obrigações fixadas na Lei de Falência e Recuperação de Empresas, hipóteses em que não terá direito à remuneração. Também não terá direito à remuneração o administrador que tiver suas contas desaprovadas.

ECOVIX

Ecovix Construções Oceânicas S/A × Banco do Brasil S.A

Apresentado o quadro geral de credores pelo administrador judicial da recuperação judicial de ECOVIX Construções Oceânicas S/A – em Recuperação Judicial, o Banco do Brasil S.A. o impugnou. Alegou que, em função das garantias contratuais estabelecidas em seu favor, a totalidade de seu crédito deveria ser considerada como extraconcursal. O juiz julgou improcedente a impugnação e fixou honorários sucumbenciais em favor dos advogados da recuperanda, bem como do administrador judicial. O Tribunal de Justiça do Rio Grande do Sul concordou: "Arbitramento de honorários em favor do administrador judicial. Possibilidade, mormente quando o administrador judicial vinculado à recuperação judicial atua em defesa do interesse da recuperanda, exato caso dos autos, consoante se verifica das peças processuais apresentadas em ambos graus de jurisdição".

O que fez o Banco do Brasil? Claro! Recorreu ao Superior Tribunal de Justiça: Recurso Especial 1.917.159/RS, a questão foi conhecida pela Terceira Turma que, para malgrado do administrador judicial, concordou com o Banco do Brasil: "Não se discute sobre o cabimento de condenação em honorários advocatícios de sucumbência quando, em recuperação judicial ou em seus incidentes, há resistência contra a pretensão deduzida. Contudo, nos termos do art. 85 do NCPC, tal verba deve ser paga pela parte vencida, exclusivamente ao profissional que tenha atuado como advogado da parte vencedora. No presente caso, ao que se denota, os honorários sucumbenciais foram destinados também ao administrador judicial, o que não pode prevalecer. É que o síndico, assim como seu sucedâneo – administrador judicial – não exerce profissão. Suas atividades possuem natureza jurídica de órgão auxiliar do Juízo, cumprindo verdadeiro múnus público, não se limitando a representar o falido ou mesmo seus credores. Cabe-lhe, desse modo, efetivamente, colaborar com a administração da Justiça (REsp 1.032.960/PR, relator Ministro Massami Uyeda, Terceira Turma, julgado em 1/6/2010, DJe de 21/6/2010). [...] Dessa forma, porque não se pode considerar o administrador judicial como parte integrante de um dos polos da recuperação ou da falência, tampouco mandatário de uma das partes ou dos credores sujeitos aos respectivos processos, não faz ele jus ao recebimento de honorários sucumbenciais pois o trabalho que realiza deve ser remunerado de forma própria, pela recuperanda, após fixação judicial, mas desde que observados os ditames previstos no art. 24 da Lei 11.101/05".

4 Assembleia geral de credores

Os credores do falido ou da empresa em recuperação judicial se reunirão em assembleia geral. Na recuperação judicial, essa assembleia tem por atribuições deliberar sobre: (1) aprovação, rejeição ou modificação do plano de recuperação judicial apresentado pelo devedor; (2) a constituição de um comitê de credores, a escolha de seus membros e sua substituição; (3) o pedido de desistência do pedido de recuperação judicial formulado pelo devedor, quando o processamento da recuperação já houver sido deferido pelo juiz; (4) o nome do gestor judicial, quando do afastamento do devedor; (5) qualquer outra matéria que possa afetar os interesses dos credores; e (6) alienação de bens ou direitos do ativo não circulante do devedor, não prevista no plano de recuperação judicial. Na falência, a assembleia geral de credores deliberará sobre: (1) a constituição do comitê de credores, a escolha de seus membros e sua substituição; (2) as modalidades de realização do ativo; e (3) qualquer outra matéria que possa afetar os interesses dos credores.

Veja que as deliberações da assembleia geral não precisam resultar de reuniões presenciais. O § 4º do artigo 39 aceita que sejam substituídas, com idênticos efeitos, por: (1) termo de adesão firmado por tantos credores quantos satisfaçam o quórum de aprovação específico; (2) votação realizada por meio de sistema eletrônico que reproduza as condições de tomada de voto da assembleia-geral de credores; ou (3) outro mecanismo reputado suficientemente seguro pelo juiz. Essencialmente, importa a convenção, a tomada de votos, não a presença física simultânea. Claro, é preciso que seja um procedimento regular e, para tanto, o § 5º determina que tais deliberações sejam fiscalizadas pelo administrador judicial, que emitirá parecer sobre sua regularidade, previamente à sua homologação judicial, independentemente da concessão ou não da recuperação judicial.

A convocação da assembleia geral poderá ser feita pelo juiz, de ofício, ou a requerimento do administrador judicial (artigo 22, I, *g*, daquela mesma lei), do comitê de credores (artigo 27, I, *e*, da mesma lei) ou por credores que representem no mínimo 25% do valor total dos créditos de uma determinada classe (artigo 36, § 2º, da mesma lei). Deferido o processamento da recuperação judicial, qualquer credor poderá requerer, a qualquer tempo, a convocação de assembleia geral para a constituição do comitê de credores, segundo o artigo 52, § 2º, da Lei 11.101/05. De outra face, a própria Lei de Falências e Recuperação de Empresas prevê hipóteses em que é obrigatória a convocação da assembleia de credores, quais sejam: (1) na recuperação judicial de empresa, segundo o artigo 56 da Lei 11.101/05, havendo objeção de qualquer credor ao plano de recuperação judicial, sendo convocada a assembleia geral de credores para deliberar sobre o plano proposto; (2) na recuperação judicial de empresa, *ex vi* do artigo 65, *caput*, da Lei 11.101/05, quando do afastamento do empresário ou do administrador societário das atividades, nas hipóteses previstas no artigo 64 da Lei 11.101/05, convocando-se a assembleia geral para deliberar sobre o nome do gestor judicial que assumirá a administração das atividades do devedor; (3) ainda na recuperação, por força do § 2º do mesmo artigo 65, citado no caso anterior, quando o gestor indicado pela assembleia geral de credores recusar ou estiver impedido de aceitar o encargo para gerir os negócios do devedor, sendo nova assembleia geral chamada para escolher outro gestor; e (4) na falência, pela sentença que a decretar, atendendo ao artigo 99, XII, da Lei 11.101/05, para a constituição de comitê de credores, podendo ainda autorizar a manutenção do comitê eventualmente em funcionamento na recuperação judicial quando da decretação da falência.

A assembleia instalar-se-á, em primeira convocação, com a presença de credores titulares de mais da metade dos créditos de cada classe, computados pelo valor, e, em segunda convocação, com qualquer número, sendo presidida, segundo determina o artigo 37 da Lei 11.101/05, pelo administrador judicial, que designará um secretário dentre os credores presentes. No entanto, em se tratando de deliberação sobre o afastamento do administrador judicial ou noutras em que haja incompatibilidade deste, a assembleia será presidida pelo credor presente que seja titular do maior crédito. A rigor, a assembleia deverá se realizar na sede da empresa. Situações diversas podem alterar essa localização, a principiar da mais simples: falta de espaço, a recomendar que se recorra a um auditório, salão ou espaço afim, ainda que na mesma localidade. Excepcionalmente, se indispensável, pode-se recorrer a espaço em outra localidade, conforme decisão do juiz, passível de agravo. Também é lícito recorrer a meios eletrônicos, incluindo a outorga de procuração a quem, presente no local, represente os votos comandando a distância (internet, telefone etc.).

Do ocorrido na assembleia, lavrar-se-á ata que conterá o nome dos presentes e as assinaturas do presidente, do devedor e de membros de cada uma das classes votantes, e que será entregue ao juiz, juntamente com a lista de presença, no prazo de 48 horas. Atenção: para participar da assembleia, cada credor deverá assinar a lista de presença, que será encerrada no momento da instalação (artigo 37, § 3º, da Lei 11.101/05). Os retardatários podem assistir a assembleia, mas não têm direito de voz ou de voto.

O credor poderá ser representado na assembleia geral por mandatário ou representante legal, diz o artigo 37, § 4º, da Lei 11.101/05, desde que entregue ao administrador judicial, até 24 horas antes da data prevista no aviso de convocação, documento hábil que comprove seus poderes ou a indicação das folhas dos autos do processo em que se encontre o documento. Os sindicatos de trabalhadores poderão representar seus associados titulares de créditos derivados da legislação do trabalho ou decorrentes de acidente de trabalho que não comparecerem, pessoalmente ou por procurador, à assembleia. Para exercer essa prerrogativa, inscrita no artigo 37, § 5º, da Lei 11.101/05, o sindicato deverá apresentar ao administrador judicial, até 10 dias antes da assembleia, a relação dos associados que pretende representar, e o trabalhador que conste da relação de mais de um sindicato deverá esclarecer, até 24 horas antes da assembleia, qual sindicato o representa, sob pena de não ser representado em assembleia por nenhum deles. Diferente é a situação em que haja cessão do crédito habilitado, na qual o cessionário vota como credor. Aliás, a cessão ou a promessa de cessão do crédito habilitado deve ser imediatamente comunicada ao juízo da recuperação judicial (artigo 39, § 7º).

Na assembleia geral, o voto será exercido pelo credor no seu interesse e de acordo com o seu juízo de conveniência e poderá ser declarado nulo por abusividade somente quando manifestamente exercido para obter vantagem ilícita para si ou para outrem (artigo 39, § 6º; incluído pela Lei 14.112/20). O voto de cada credor será proporcional ao valor de seu crédito. Assim, se os créditos dos credores quirografários totalizam hipotéticos R$ 100.000,00, o credor de R$ 20.000,00 vota com peso 20 e o credor de R$ 500,00 vota com peso 0,5. Esses valores são definidos conforme o estado do juízo universal naquele momento: o que se tem, conforme os elementos e os cálculos até então possíveis, por (1) valor total do passivo; (2) valor total dos créditos em cada categoria; e (3) valor de cada crédito específico. O artigo 38, parágrafo único, da Lei 11.101/05 prevê que, na recuperação judicial, o crédito em moeda estrangeira, para fins exclusivos de votação em assembleia geral, será convertido para moeda nacional pelo câmbio da véspera da data de realização da assembleia; via de consequência, conforme o câmbio daquele dia, o respectivo credor terá voto com peso maior ou menor nas deliberações. Note-se, porém, que na assembleia geral que discute a aprovação, ou não, do plano de recuperação da empresa, os titulares de créditos derivados da legislação do trabalho ou decorrentes de acidentes de trabalho, bem como os titulares de créditos enquadrados como microempresa ou empresa de pequeno porte, votam por cabeça, independentemente do valor de seu crédito (artigo 45, § 2º, da Lei 11.101/05, com redação dada pela Lei Complementar 147/14).

Terão direito a voto na assembleia geral de credores, pelo que estabelece o artigo 39 da Lei 11.101/05, as pessoas arroladas: (1) no quadro geral de credores ou, na sua falta, (2) na relação de credores apresentada pelo administrador judicial, formulada com base nos livros contábeis e documentos comerciais e fiscais do devedor, nos documentos e informações que lhe forem apresentados pelos credores; se essa ainda não existir, (3) as pessoas constantes da relação apresentada pelo próprio devedor (a) na petição inicial de recuperação judicial (artigo 51, III e IV, da Lei 11.101/05); (b) na relação nominal de credores apresentada pelo devedor em atenção à determinação constante da sentença que decretar a sua falência (artigo 99, III, da Lei 11.101/05); ou (c) na relação nominal de credores apresentada pelo devedor em crise econômico-financeira, acompanhando o pedido de autofalência (artigo 105, II, da Lei 11.101/05). Nas três hipóteses, esse rol será acrescido, também por determinação do já citado artigo 39, das pessoas que estejam habilitadas na data da realização da assembleia ou que tenham créditos admitidos ou alterados por decisão judicial, inclusive as que tenham obtido reserva de importâncias, em virtude de pedidos retardatários de habilitação de créditos, observados os §§ 1º e 2º do artigo 10 da Lei de Falência e Recuperação de Empresas. Com efeito, segundo tais parágrafos, na recuperação judicial, aplicado o artigo 10 da Lei 11.101/05, os titulares de créditos retardatários, excetuados os titulares de créditos derivados da relação de trabalho, não terão direito a voto nas deliberações da assembleia geral de credores, regra que também se aplica ao processo de falência, salvo se, na data da realização da assembleia geral, já houver sido homologado o quadro geral de credores contendo o crédito retardatário.

Prevê o artigo 40 da Lei 11.101/05 que não será deferido provimento liminar, de caráter cautelar ou antecipatório dos efeitos da tutela, para a suspensão ou adiamento da assembleia geral de credores em razão de pendência de discussão acerca da existência, da quantificação ou da classificação de créditos. Ademais, o artigo 39, § 2º, da Lei 11.101/05, estabelece que as deliberações da assembleia geral não serão invalidadas em razão de posterior decisão judicial acerca da existência, quantificação ou classificação de créditos.

Convocação da Assembleia Geral de Credores (Hipóteses)	⇨ De ofício, pelo juiz. ⇨ Requerimento por: administrador judicial, comitê de credores ou credores representantes de 25% dos créditos de uma classe. ⇨ Requerimento de qualquer credor, para constituição do comitê de credores na recuperação judicial de empresa. ⇨ Para discutir o plano de recuperação da empresa impugnado. ⇨ Para escolher o gestor, se afastado empresário ou administrador societário, ou se o gestor escolhido recusar a nomeação. ⇨ Pela sentença que decretar a falência.

A assembleia geral será composta por quatro *classes de credores*, segundo estipulação do artigo 41 da Lei 11.101/05: (1) titulares de créditos derivados da legislação do trabalho ou decorrentes de acidentes de trabalho; (2) titulares de créditos com garantia real; (3) titulares de créditos quirografários, com privilégio especial, com privilégio geral ou subordinados; e (4) titulares de créditos enquadrados como microempresa ou empresa de pequeno porte (Incluído pela Lei Complementar 147, de 2014). Atente-se para o fato de que os titulares de créditos com garantia real votam com essa classe (número 2) até o limite do valor do bem gravado; se o seu crédito supera o valor do bem gravado, votarão com a classe dos quirografários pelo restante do valor de seu crédito.

Direito de voto na assembleia geral de credores ⇨ Titulares dos créditos arrolados no quadro geral de credores

↓ Ainda não existindo quadro geral de credores

↓ Aqueles que constam da lista provisória de credores (fruto da verificação pelo administrador e habilitação de créditos)

↓ Ainda não existindo essa relação provisória

↓ Aqueles que constam da relação de credores apresentada pelo próprio devedor (falido ou autor do pedido de recuperação judicial)

Nas deliberações da assembleia geral, será considerada aprovada a que obtiver votos favoráveis de credores que representem mais da metade do valor total dos créditos presentes à assembleia geral, segundo estipulação do artigo 42 da Lei 11.101/05. Excepcionam-se dessa regra: (1) a composição do comitê de credores, pois, por força do artigo 44 daquela lei, na escolha dos representantes de cada classe no comitê de credores, somente os respectivos membros poderão votar; vencerá quem obtiver a maioria dos votos; (2) a deliberação sobre forma alternativa de realização do ativo, como permite o artigo 145 da Lei de Falência e Recuperação de Empresas, cuja aprovação dependerá do voto favorável de credores que representem 2/3 dos créditos presentes à assembleia; e (3) a aprovação, rejeição ou modificação do plano de recuperação judicial apresentado pelo devedor, no qual todas as classes de credores deverão aprovar a proposta. Essa exigência está escrita no artigo 45 da Lei 11.101/05, estatuindo que nas classes de credores quirografários e de credores com garantia real, em cada uma, a proposta deverá ser aprovada por credores que representem mais da metade do valor total dos créditos presentes à assembleia e, cumulativamente, pela maioria simples dos credores presentes. Na classe dos créditos advindos da legislação do trabalho e de acidentes do trabalho, a proposta deverá ser aprovada pela maioria simples dos credores presentes, independentemente do valor de seu crédito. De qualquer sorte, por força do § 3º do artigo 45 da Lei 11.101/05, o credor não terá direito a voto e não será considerado para fins de verificação de quórum de deliberação se o plano de recuperação judicial não alterar o valor ou as condições originais de pagamento de seu crédito.

Poderão participar da assembleia geral de credores, sem ter direito a voto e não sendo considerados para fins de verificação do quórum de instalação e de deliberação: (1) os sócios da sociedade empresária devedora; (2) representantes das sociedades coligadas, controladoras, controladas, por tais entes; (3) representantes das sociedades que tenham sócio ou acionista com participação superior a 10% do capital social da sociedade empresária devedora; (4) representantes das sociedades em que a sociedade empresária devedora, ou algum de seus sócios, detenham participação superior a 10% do capital social; (5) cônjuge ou parente, consanguíneo ou afim, colateral até o 2º grau, ascendente ou descendente do empresário devedor, do administrador societário, do sócio controlador, de membro dos conselhos consultivo, fiscal ou semelhantes da sociedade devedora e à sociedade em que quaisquer dessas pessoas exerçam essas funções.

Aprovação de matérias na assembleia geral de credores

Hipótese	Quórum de aprovação
Eleição de membro do comitê de credores	Votação em separado em cada classe, vencendo aquele que obtiver a maioria dos créditos presentes à assembleia geral.
Deliberação sobre forma alternativa de realização do ativo (artigo 145)	Voto favorável de credores que representem 2/3 dos créditos presentes à assembleia.

Hipótese	Quórum de aprovação
Aprovação, rejeição ou modificação do plano de recuperação judicial	Votação em separado em cada classe. Nas classes de credores quirografários e de credores com garantia real, em cada uma, a proposta deverá ser aprovada por credores que representem mais da metade do valor total dos créditos presentes à assembleia e, cumulativamente, pela maioria simples dos credores presentes. Na classe dos créditos advindos da legislação do trabalho e de acidentes do trabalho, a proposta deverá ser aprovada pela maioria simples dos credores presentes, independentemente do valor de seu crédito.
Demais hipóteses (regra geral)	Maioria simples dos créditos presentes à assembleia geral.

A Lei 14.112/20 acrescentou o artigo 45-A a estabelecer que as deliberações da assembleia geral de credores poderão ser substituídas pela comprovação da adesão de credores que representem mais da metade do valor dos créditos sujeitos à recuperação judicial, observadas as exceções legais. Mesmo as deliberações sobre o plano de recuperação judicial poderão ser substituídas por documento que comprove o cumprimento dos requisitos respectivos. O mesmo pode ocorrer com as deliberações sobre a constituição do Comitê de Credores e sobre forma alternativa de realização do ativo na falência (artigo 145), em todos os casos com a fiscalização do administrador judicial, que emitirá parecer sobre sua regularidade, com oitiva do Ministério Público, previamente à sua homologação judicial.

Almeida Marin Construções e Comércio Ltda. × Banco do Brasil S.A

O Judiciário Paulista, em primeira e segunda instâncias, considerou regular a convocação de nova Assembleia Geral de Credores no processo de recuperação judicial de Almeida Marin Construções e Comércio Ltda. - em Recuperação Judicial. Afinal, a deliberação para nova assembleia foi aprovada pelos credores, acompanhada pelo Ministério Público, administrador judicial e deferida pelo Juízo recuperacional, ante a constatação da mudança do quadro fático e da existência de novos elementos para elaboração do plano de recuperação judicial: "Deliberou-se pela instalação de nova assembleia de modo que, todos os presentes, bem como, outros credores, pudessem votar quanto às alterações trazidas com o novo plano (fl. 33-36). Ademais, em contraminuta, a recuperanda suscita abuso do direito de voto pelo credor agravante". Afinal, disseram os desembargadores,

"Enquanto suspenso o primeiro conclave, foram apresentados novos elementos e novo Plano de Recuperação".

O Banco do Brasil S.A discordou. Disse que isso ofenderia o artigo 39 da Lei 11.101/05. E a questão foi parar no colo da Quarta Turma do Superior Tribunal de Justiça: Agravo Interno no Agravo em Recurso Especial 1.059.178/SP. Mas não logrou sucesso: "verifica-se que a necessidade de instalação de nova assembleia decorreu da mudança do quadro fático e da existência de novos elementos para elaboração de um plano de recuperação judicial efetivamente viável, o qual foi aprovado pelos credores, acompanhado pelo Ministério Público, administrador judicial e deferido pelo Juízo recuperacional, estando tal deliberação inserida na liberdade negocial inerente à natureza jurídica do plano, inexistindo qualquer ilegalidade apta a permitir a intervenção do Poder Judiciário". Afinal, "nos termos da jurisprudência firmada nesta Corte Superior, 'o juiz está autorizado a realizar o controle de legalidade do plano de recuperação judicial, sem adentrar no aspecto da sua viabilidade econômica, a qual constitui mérito da soberana vontade da assembleia geral de credores' (REsp 1.660.195/PR, Rel. Ministra Nancy Andrighi, Terceira Turma, julgado em 4/4/2017, DJe de 10/4/2017)".

5 Comitê de credores

O comitê de credores é composto (artigo 26 da Lei 11.101/05) por um representante indicado pela classe de credores trabalhistas, um representante indicado pela classe de credores com direitos reais de garantia ou privilégios especiais, um representante indicado pela classe de credores quirografários e com privilégios gerais, bem como um representante indicado pela classe de credores representantes de microempresas e empresas de pequeno porte (incluído pela Lei Complementar 147, de 2014). Em cada uma das classes, cada representante terá dois suplentes, tendo um presidente escolhido por seus três membros titulares, entre si.

A falta de indicação de representante por quaisquer das classes não prejudicará a constituição do comitê, que poderá funcionar com número inferior a esse. Todavia, mediante requerimento subscrito por credores que representem a maioria dos créditos de uma classe, independentemente da realização de assembleia, o juiz determinará: (1) a nomeação do representante e dos suplentes da respectiva classe ainda não representada no comitê; ou (2) a substituição do representante ou dos suplentes da respectiva classe. Uma vez nomeados para o comitê, os representantes serão intimados pessoalmente para, em 48 horas, assinar, na sede do juízo, o termo de compromisso de bem e fielmente desempenhar o cargo e assumir todas as responsabilidades a ele inerentes, conforme estipulação anotada no artigo 33 da Lei 11.101/05.

Os membros do comitê não terão sua remuneração custeada pelo devedor ou pela massa falida, mas as despesas com a realização de ato previsto na Lei de Falências, se devidamente comprovadas e com a autorização do juiz, serão ressarcidas atendendo às disponibilidades de caixa. As atribuições do comitê de credores estão definidas pelo artigo 27 da Lei 11.101/05, divididas em dois grandes grupos: atribuições na recuperação judicial e na falência e atribuições específicas na recuperação judicial.

5.1 Competência do comitê de credores na recuperação judicial e na falência

a) fiscalizar as atividades e examinar as contas do administrador judicial;

b) zelar pelo bom andamento do processo e pelo cumprimento da lei;

c) comunicar ao juiz, caso detecte violação dos direitos ou prejuízo aos interesses dos credores;

d) apurar e emitir parecer sobre quaisquer reclamações dos interessados;

e) requerer ao juiz a convocação da assembleia geral de credores;

f) manifestar-se nas hipóteses previstas na Lei 11.101/05.

5.2 Competência do comitê de credores, específica na recuperação judicial

a) fiscalizar a administração das atividades do devedor, apresentando, a cada 30 dias, relatório de sua situação;

b) fiscalizar a execução do plano de recuperação judicial;

c) submeter à autorização do juiz, quando ocorrer o afastamento do devedor nas hipóteses previstas na Lei de Falências, a alienação de bens do ativo permanente, a constituição de ônus reais e outras garantias, bem como atos de endividamento necessários à continuação da atividade empresarial durante o período que antecede a aprovação do plano de recuperação judicial.

As decisões do comitê, tomadas por maioria, serão consignadas em livro de atas, rubricado pelo juízo, que ficará à disposição do administrador judicial, dos credores e do devedor. Caso não seja possível a obtenção de maioria em deliberação do comitê, o impasse será resolvido pelo administrador judicial ou, na incompatibilidade deste, pelo juiz.

6 Disposições comuns ao administrador judicial e ao comitê de credores

Há disposições, inscritas nos artigos 30 a 33 da Lei 11.101/05, que são comuns ao administrador judicial e aos membros do comitê de credores: definição dos impedimentos (não poderá integrar o comitê ou exercer as funções de administrador judicial quem, nos últimos cinco anos, no exercício do cargo de administrador judicial ou de membro do comitê em falência ou recuperação judicial anterior, foi destituído, deixou de prestar contas dentro dos prazos legais ou teve a prestação de contas desaprovada). Ficará também impedido de integrar o comitê ou exercer a função de administrador judicial quem tiver relação de parentesco ou afinidade até o terceiro grau com o devedor, seus administradores, controladores ou representantes legais ou deles for amigo, inimigo ou dependente. O devedor, qualquer credor ou o Ministério Público poderá requerer ao juiz a substituição do administrador judicial ou dos membros do comitê nomeados em desobediência a tais preceitos, devendo o juiz decidir sobre esse requerimento no prazo de 24 horas. Outra regra comum ao administrador judicial e ao comitê de credores é a faculdade outorgada ao juiz, pelo artigo 31 da Lei 11.101/05, de destituí-los, nomeando novo administrador judicial ou convocando os suplentes para recompor o comitê de credores. Em se tratando de falência, o administrador judicial substituído prestará contas no prazo de 10 dias.

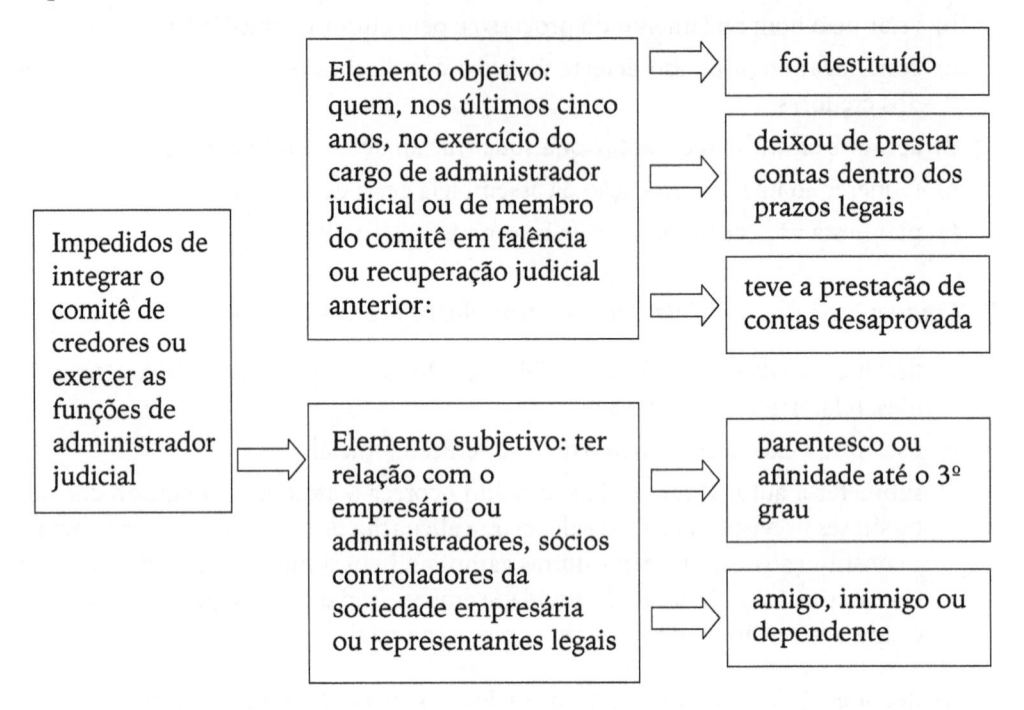

Impedidos de integrar o comitê de credores ou exercer as funções de administrador judicial	Elemento objetivo: quem, nos últimos cinco anos, no exercício do cargo de administrador judicial ou de membro do comitê em falência ou recuperação judicial anterior:	foi destituído
		deixou de prestar contas dentro dos prazos legais
		teve a prestação de contas desaprovada
	Elemento subjetivo: ter relação com o empresário ou administradores, sócios controladores da sociedade empresária ou representantes legais	parentesco ou afinidade até o 3º grau
		amigo, inimigo ou dependente

O administrador judicial e os membros do comitê responderão pelos prejuízos causados à massa falida, ao devedor ou aos credores por dolo ou culpa, devendo o dissidente em deliberação do comitê consignar sua discordância em ata para se eximir da responsabilidade.

29 RECUPERAÇÃO DE EMPRESAS

1 Função social da empresa

Em agosto de 2023, a 123 Viagens e Turismo Ltda., Art Viagens e Turismo Ltda. e Novum Investimentos Participações S.A. ingressaram com um pedido de recuperação judicial no foro de Belo Horizonte, Minas Gerais, cidade em que se centralizavam suas atividades empresariais. A petição inicial narrou seu histórico e atividades desenvolvidas, bem como as situações que as levaram a uma crise econômico-financeira que se traduzia num passivo de R$ 2.308.724.726,25 (dois bilhões, trezentos e oito milhões, setecentos e vinte e quatro mil, setecentos e vinte e seis reais e vinte e cinco centavos) e, segundo estimativas, cerca de 700.000 credores, a maioria composta por consumidores. O juízo da 1ª Vara Empresarial da Capital deferiu o pedido, deferindo a suspensão das ações executivas por 180 dias, até a apresentação de um plano de recuperação a ser submetido à assembleia geral de credores.

123 milhas

A intervenção do Judiciário para permitir a recuperação da empresa, evitando sua falência – se possível –, faz-se em reconhecimento da função social que as empresas desempenham. São instituições voltadas para o exercício de atividade econômica organizada, atuando para a produção e circulação de riqueza, pela produção e circulação de bens e/ou pela prestação de serviços. Essa riqueza, por certo, beneficia o empresário e os sócios da sociedade empresária, por meio da distribuição dos lucros. Mas beneficia igualmente todos aqueles que estão direta e indiretamente envolvidos: não só os empregados, mas os fornecedores (e seus empregados, que têm trabalho), os clientes (outras empresas ou consumidores, que têm bens e serviços à sua disposição), o próprio mercado, que ganha com a concorrência entre as diversas empresas, bem como com a complexidade dos produtos – bens e serviços – que o compõem, o Estado, com os impostos, a região em que a empresa atua, com os benefícios decorrentes da circulação de valores etc.

O *princípio da função social da empresa* reflete-se, por certo, no *princípio da preservação da empresa*, que dele é decorrente; tal princípio compreende a continuidade das atividades de produção de riquezas como um valor que deve ser protegido, sempre que possível, reconhecendo, em oposição, os efeitos deletérios da extinção das atividades empresariais, que não só prejudica o empresário ou sociedade empresária, prejudica todos os demais: trabalhadores, fornecedores, consumidores, parceiros negociais e o Estado. O exemplo da Riachuelo é apenas um, entre vários.

Justamente por isso, o legislador estabeleceu um procedimento especial para a recuperação da empresa. De acordo com o artigo 47 da Lei 11.101/05, a recuperação judicial tem por objetivo viabilizar a superação da situação de crise econômico-financeira do devedor, a fim de permitir a manutenção da fonte produtora, do emprego dos trabalhadores e dos interesses dos credores, promovendo, assim, a preservação da empresa, sua função social e o estímulo à atividade econômica. A previsão, mais do que norma meramente programática, é norma *principiológica*, pois não só valora os interesses postos em conflito (em primeiro lugar, a manutenção da fonte produtora, ou seja, a preservação da empresa, em segundo lugar, a manutenção do emprego dos trabalhadores e, em terceiro lugar, a preservação dos interesses dos credores.

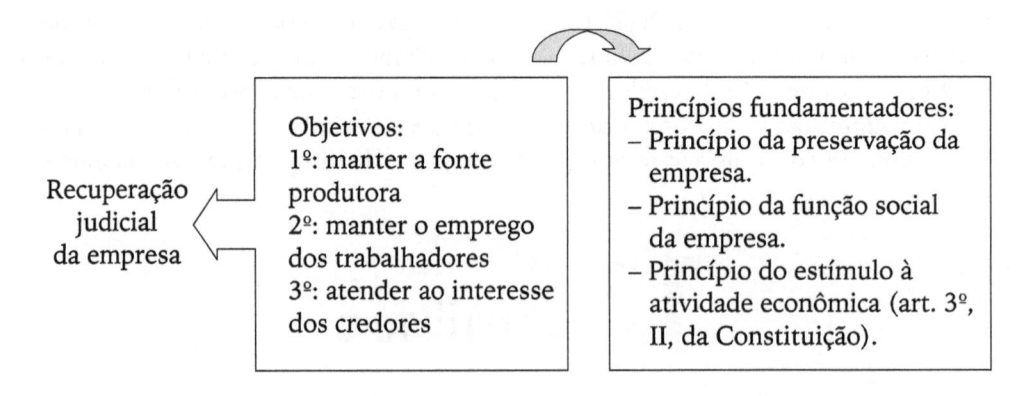

Recuperação judicial da empresa	Objetivos: 1º: manter a fonte produtora 2º: manter o emprego dos trabalhadores 3º: atender ao interesse dos credores	Princípios fundamentadores: – Princípio da preservação da empresa. – Princípio da função social da empresa. – Princípio do estímulo à atividade econômica (art. 3º, II, da Constituição).

Note-se, porém, que se fala em preservação da empresa por sua função social; fala-se, igualmente, em preservação da fonte produtora. Não se fala em preservação do empresário ou sociedade empresária, nem em proteção aos interesses econômicos desses. A recuperação judicial, portanto, não é a institucionalização da moratória ou, como preferem alguns, do calote; o seu resultado pode, sim, ser contrário aos interesses econômicos do empresário ou sociedade empresária, enfim, do devedor que, assim, não tem no procedimento nenhum tipo de salvo-conduto para suas dívidas.

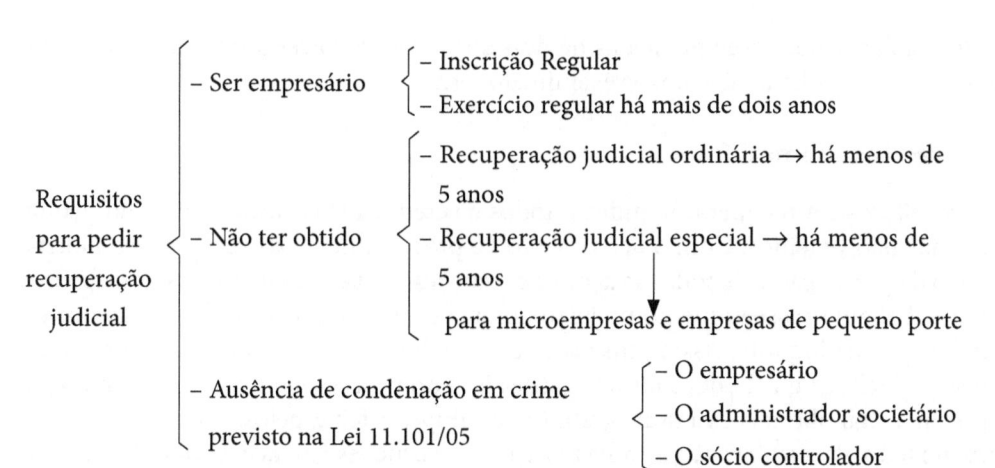

Requisitos para pedir recuperação judicial
- Ser empresário
  - Inscrição Regular
  - Exercício regular há mais de dois anos
- Não ter obtido
  - Recuperação judicial ordinária → há menos de 5 anos
  - Recuperação judicial especial → há menos de 5 anos para microempresas e empresas de pequeno porte
- Ausência de condenação em crime previsto na Lei 11.101/05
  - O empresário
  - O administrador societário
  - O sócio controlador

Poderá requerer recuperação judicial o devedor que, no momento do pedido, exerça regularmente suas atividades há mais de dois anos e que atenda aos seguintes requisitos, cumulativamente: (1) não ser falido e, se o foi, estejam declaradas extintas, por sentença transitada em julgado, as responsabilidades daí decorrentes; (2) não ter, há menos de cinco anos, obtido concessão de recuperação judicial ou, há menos de cinco anos, obtido concessão de recuperação judicial com base no plano especial para microempresas ou empresas de pequeno porte (redação dada pela Lei Complementar 147/14); e (3) não ter sido condenado ou não ter, como administrador ou sócio controlador, pessoa condenada por qualquer dos crimes previstos na Lei 11.101/05.

A Lei 14.112/20, entre as alterações produzidas na Lei 11.101/05, procurou facilitar a recuperação judicial pelo produtor rural. Assim, no caso de exercício de atividade rural por pessoa jurídica, admite-se a comprovação do prazo de dois anos no exercício empresarial por meio da Escrituração Contábil Fiscal (ECF), ou por meio de obrigação legal de registros contábeis que venha a substituir a ECF, entregue tempestivamente. Já o cálculo do período de exercício de atividade rural por pessoa física é feito com base no Livro Caixa Digital do Produtor Rural (LCDPR), ou por meio de obrigação legal de registros contábeis que venha a substituir o LCDPR, e pela Declaração do Imposto sobre a Renda da Pessoa Física (DIRPF) e balanço patrimonial, todos entregues tempestivamente. Detalhe: no que diz respeito ao período em que não for exigível a entrega do LCDPR, admite-se a entrega do livro-caixa utilizado para a elaboração da DIRPF. Por fim, as informações contábeis relativas a receitas, a bens, a despesas, a custos e a dívidas devem estar organizadas de acordo com a legislação e com o padrão contábil da legislação correlata vigente, bem como guardar obediência ao regime de competência e de elaboração de balanço patrimonial por contador habilitado.

Na hipótese de morte do empresário, a recuperação judicial também poderá ser requerida pelo cônjuge sobrevivente, herdeiros do devedor ou inventariante; se morreu o sócio majoritário, poderá requerê-la o sócio remanescente (artigo 48, § 1º, da Lei 11.101/05). Mas será necessário que estejam presentes os requisitos citados, em relação ao empresário ou sócio falecido; por exemplo, as atividades empresárias deverão estar sendo regularmente desempenhadas há dois anos, deverá haver ausência de concessão de recuperação judicial nos prazos examinados etc.

2 Créditos submetidos

Sujeitam-se à recuperação judicial todos os créditos existentes na data do pedido, ainda que não vencidos. Com o deferimento do processamento da recuperação judicial, o curso da prescrição e de todas as ações e execuções em face do devedor são suspensos, embora tenham prosseguimento no juízo no qual estiver se processando a ação que demandar quantia ilíquida. Assim, instalado o procedimento de recuperação da empresa, não se poderão exigir do devedor obrigações fora do processo judicial, assim como não se podem exigir obrigações a título gratuito e as despesas feitas pelos credores para tomar parte no feito. Essa suspensão de todas as ações e execuções em face do devedor tem por objetivo garantir a eficácia da intervenção judicial na empresa, tornando viável a formação de um juízo universal (um juízo único), ao qual estão submetidos todos os credores, salvo alguns casos especiais que serão estudados na sequência.

As obrigações anteriores à recuperação judicial observarão as condições originalmente contratadas ou definidas em lei, inclusive no que diz respeito aos encargos, salvo se de modo diverso ficar estabelecido no plano de recuperação judicial. Assim, se o devedor estava em atraso com uma obrigação sobre a qual incidiram, por previsão contratual, encargos como multa e juros moratórios, o valor do crédito a ser considerado para a recuperação é o somatório do principal mais aqueles acessórios; o legislador, porém, permitiu que o plano de recuperação judicial, como se estudará logo a seguir, dispusesse de forma contrária. Nos créditos em moeda estrangeira, a variação cambial será conservada como parâmetro de indexação da correspondente obrigação e só poderá ser afastada se o credor titular do respectivo crédito aprovar expressamente previsão diversa no plano de recuperação judicial.

Leia-se a Terceira Turma do Superior Tribunal de Justiça por ocasião do julgamento do Recurso Especial 2.129.985/SP, no qual se discutiu "(i) se a execução movida contra o garantidor deve ser suspensa em razão da recuperação judicial do devedor principal e (ii) se o avalista da recuperanda responde pela integralidade da dívida garantida ou se deve ser considerado o deságio do crédito relacionado no quadro-geral de credores." O que se decidiu: "(3) A recuperação judicial do devedor principal não impede o prosseguimento das ações e execuções ajuizadas contra terceiros devedores solidários ou coobrigados em geral, por garantia cambial, real ou fidejussória (Súmula 581/STJ). (4) 'O aval é uma garantia pessoal, específica para títulos cambiais, do cumprimento da obrigação contida no título. Trata-se de declaração unilateral de vontade autônoma e formal. O avalista não se equipara à figura do devedor principal, nada obstante a solidariedade quanto à obrigação de pagar' (REsp 1.560.576/ES, Terceira Turma, *DJe* 23/8/2016). (5) Mediante a prestação do aval, o avalista contrai obrigação, de natureza solidária e autônoma, de efetuar o pagamento de valor materializado em título de crédito devido pelo avalizado. Em razão de sua autonomia, a existência, a validade e a eficácia do aval não estão ligadas à da obrigação avalizada. Assim, ainda que por algum motivo o credor esteja impedido de exercer sua pretensão em face do avalizado, a obrigação do avalista não será afetada. Da autonomia também decorre que eventuais situações que beneficiem o avalizado não se estendem ao avalista. (6) A Lei de Falência e Recuperação de Empresas prevê, de modo expresso, que os 'Os credores do devedor em recuperação judicial conservam seus direitos e privilégios contra os coobrigados, fiadores e obrigados de regresso' (art. 49, § 1º). Já o art. 49, caput, do mesmo diploma legal estabelece que, sem prejuízo das garantias, o plano de recuperação judicial implica novação dos créditos anteriores ao pedido. (7) Assim, não sendo os garantidores da dívida destinatários da novação operada a partir da homologação do plano de soerguimento do devedor principal, permanecem eles obrigados ao pagamento da integralidade da dívida, se e quando forem acionados pelo credor. Doutrina. Precedente."

Como dito há pouco, existem créditos que não são alcançados pelo procedimento da recuperação judicial. É o caso do credor titular da posição de proprietário fiduciário de bens móveis ou imóveis; a alienação fiduciária em garantia é figura comum em contratos de consórcio, ficando o alienante com a propriedade fiduciária, transferindo a posse do bem ao devedor. Atenção para o Agravo Interno no Recurso Especial 2.088.513/SP, julgado pela Terceira Turma do Superior Tribunal de Justiça: "(1) A jurisprudência do STJ entende que não localizados os bens dados em garantia fiduciária e, tampouco, arrecadados na falência, o proprietário fiduciário passa a deter um crédito meramente quirografário, regendo-se a controvérsia pela legislação falimentar. (2) O crédito fiduciário é garantido extraconcursalmente até as forças de sua efetiva arrecadação, após a consolidação da propriedade, avaliação e alienação, pelo credor fiduciário."

Também excluído está o arrendador mercantil, ou seja, aquele que entregou o bem em arrendamento mercantil (*leasing*) ao devedor, bem como o proprietário ou promitente vendedor de imóvel cujos respectivos contratos contenham cláusula de irrevogabilidade ou irretratabilidade, inclusive em incorporações imobiliárias, ou de proprietário em contrato de venda com reserva de domínio. O crédito de todos eles não se submeterá aos efeitos da recuperação judicial e prevalecerão os direitos de propriedade sobre a coisa e as condições contratuais, observada a legislação respectiva, não se permitindo, contudo, durante o prazo de suspensão da prescrição e das ações e execuções, a venda ou a retirada do estabelecimento do devedor dos bens de capital essenciais a sua atividade empresarial. Também não se sujeita aos efeitos da recuperação judicial a importância entregue ao devedor, em moeda corrente nacional, decorrente de adiantamento a contrato de câmbio para exportação, desde que o prazo total da operação, inclusive eventuais prorrogações, não exceda o previsto nas normas específicas da autoridade competente; tais valores serão restituídos, em dinheiro, ao respectivo credor.

Tratando-se de crédito garantido por penhor sobre títulos de crédito, direitos creditórios, aplicações financeiras ou valores mobiliários, poderão ser substituídas ou renovadas as garantias liquidadas ou vencidas durante a recuperação judicial e, enquanto não renovadas ou substituídas, o valor eventualmente recebido em pagamento das garantias permanecerá em conta vinculada durante o período de suspensão da prescrição, bem como das ações e execuções contra o devedor. Por força do artigo 11 da Lei 8.929, ainda não se sujeitarão aos efeitos da recuperação judicial os créditos e as garantias cedulares vinculados à cédula de produto rural (CPR) com liquidação física, em caso de antecipação parcial ou integral do preço, ou, ainda, representativa de operação de troca por insumos (*barter*), subsistindo ao credor o direito à restituição de tais bens que se encontrarem em poder do emitente da cédula ou de qualquer terceiro, salvo motivo de caso fortuito ou força maior que comprovadamente impeça o cumprimento parcial ou total da entrega do produto.

Atente-se para o julgamento do Agravo Interno no Conflito de Competência 207.657/PE pelo Superior Tribunal de Justiça: "A Segunda Seção desta Corte possui entendimento firmado no sentido de que eventuais questões concernentes à ação de despejo movida pelo proprietário em face de sociedade empresária em recuperação judicial não se inserem na esfera de competência do juízo da recuperação judicial." Completaram: "Ademais, cabe salientar, apenas para registro, que esta Corte Superior de Justiça já decidiu que 'os bens cuja essencialidade deve ser apreciada pelo juízo da recuperação são os integrantes do patrimônio da empresa e não imóvel de terceiro' (AgInt no REsp 1.715.416/SP, Terceira Turma, *DJe* 30/8/2023)". Deveras, "o credor proprietário de imóvel, quanto à retomada do bem, não está sujeito aos efeitos da recuperação judicial, (Lei 11.101/2005, art. 49, § 3º)" (CC 122.440/SP, Segunda Seção, *DJe* 15/10/2014). Nesse sentido, ainda: AgInt nos EDcl no REsp 1.925.508/RJ, Quarta Turma, *DJe* 10/3/2023; AgInt no CC 181.436/SP, Segunda Seção, *DJe* 6/5/2022; CC 170.421/PR, Segunda Seção, *DJe* 14/10/2020.

3 Pedido de recuperação judicial

A petição inicial da ação requerendo a recuperação judicial atenderá aos requisitos genéricos de toda petição inicial, segundo disposição constante do artigo 319 do novo Código de Processo Civil, como o juízo a que é dirigida, o nome do autor do pedido (empresário ou da sociedade empresária) e sua qualificação, o fato (a alegação de que a empresa enfrenta uma crise econômico-financeira), o pedido de concessão da recuperação judicial e o valor da causa. Ademais, por determinação do artigo 51 da Lei 11.101/05, com os seguintes documentos:

1. a exposição das causas concretas da situação patrimonial do devedor e das razões da crise econômico-financeira;
2. as demonstrações contábeis relativas aos três últimos exercícios sociais e as levantadas especialmente para instruir o pedido, confeccionadas com estrita observância da legislação societária aplicável e compostas obrigatoriamente de:

    a) balanço patrimonial; na hipótese de o ajuizamento da recuperação judicial ocorrer antes da data final de entrega do balanço correspondente ao exercício anterior, o devedor apresentará balanço prévio e juntará o balanço definitivo no prazo da lei societária aplicável;

    b) demonstração de resultados acumulados (vale dizer, a *demonstração do resultado do exercício* (DRE), relatório contábil que está disciplinado no artigo 187 da Lei 6.404/76);

    c) demonstração do resultado desde o último exercício social (uma demonstração *parcial* do resultado do exercício);

    d) relatório gerencial de fluxo de caixa e de sua projeção;

    e) descrição das sociedades de grupo societário, de fato ou de direito.

3. a relação nominal completa dos credores, sujeitos ou não à recuperação judicial, inclusive aqueles por obrigação de fazer ou de dar, com a indicação do endereço físico e eletrônico de cada um, a natureza, conforme estabelecido nos arts. 83 e 84 da Lei, e o valor atualizado do crédito, com a discriminação de sua origem, e o regime dos vencimentos;
4. a relação integral dos empregados, em que constem as respectivas funções, salários, indenizações e outras parcelas a que têm direito, com o correspondente mês de competência e a discriminação dos valores pendentes de pagamento;
5. certidão de regularidade do devedor no Registro Público de Empresas, no ato constitutivo atualizado e nas atas de nomeação dos atuais administradores;
6. a relação dos bens particulares dos sócios controladores e dos administradores do devedor;
7. os extratos atualizados das contas bancárias do devedor e de suas eventuais aplicações financeiras de qualquer modalidade, inclusive em fundos de investimento ou em bolsas de valores, emitidos pelas respectivas instituições financeiras;
8. certidões dos cartórios de protestos situados na comarca do domicílio ou sede do devedor e naquelas onde possui filial;
9. a relação, subscrita pelo devedor, de todas as ações judiciais e procedimentos arbitrais em que este figure como parte, inclusive as de natureza trabalhista, com a estimativa dos respectivos valores demandados;
10. o relatório detalhado do passivo fiscal; e
11. a relação de bens e direitos integrantes do ativo não circulante, incluídos aqueles não sujeitos à recuperação judicial, acompanhada dos negócios jurídicos celebrados com os credores titulares de posição de proprietário fiduciário de bens móveis ou imóveis, de arrendador mercantil, de proprietário ou promitente vendedor de imóvel cujos respectivos contratos contenham cláusula de irrevogabilidade ou irretratabilidade, inclusive em incorporações imobiliárias, ou de proprietário em contrato de venda com reserva de domínio.

Se a petição inicial e os documentos que a instruem corresponderem à exigência legal, nos termos já examinados, o juiz deferirá o processamento da recuperação judicial. Após a distribuição do pedido de recuperação judicial, se o juiz reputar necessário, pode nomear profissional de sua confiança, com capacidade técnica e idoneidade, para promover a constatação exclusivamente das reais condições de funcionamento da requerente e da regularidade e da completude da documentação apresentada com a petição inicial (artigo 51-A). Em cinco dias, ele apresentará laudo de constatação das reais condições de funcionamento do devedor e da regularidade documental. Note que tal constatação prévia será determinada sem que seja ouvida a outra parte e sem apresentação de quesitos por qualquer das partes, com a possibilidade de o juiz determinar a realização da diligência sem a prévia ciência do devedor, quando entender que esta poderá frustrar os seus objetivos. A constatação prévia consistirá, objetivamente, na verificação das reais condições de funcionamento da empresa e da regularidade documental, vedado o indeferimento do processamento da recuperação judicial baseado na análise de viabilidade econômica do devedor. Mas caso a constatação prévia detecte indícios contundentes de utilização fraudulenta da ação de recuperação judicial, o juiz poderá indeferir a petição inicial, sem prejuízo de oficiar ao Ministério Público para tomada das providências criminais eventualmente cabíveis. O devedor será intimado do resultado da constatação prévia concomitantemente à sua intimação da decisão que deferir ou indeferir o processamento da recuperação judicial, ou que determinar a emenda da petição inicial, e poderá impugná-la mediante interposição do recurso cabível. Caso a constatação prévia demonstre que o principal estabelecimento do devedor não se situa na área de competência do juízo, o juiz deverá determinar a remessa dos autos, com urgência, ao juízo competente.

Se deferir o processamento da recuperação, o juiz, no mesmo ato:

1. nomeará o administrador judicial, que será um profissional idôneo, preferencialmente advogado, economista, administrador de empresas ou contador, ou pessoa jurídica especializada;
2. determinará a dispensa da apresentação de certidões negativas para que o devedor exerça suas atividades (deverá, para tanto, observar o disposto no § 3º do art. 195 da Constituição Federal e no art. 69 da Lei 11.101/05);
3. ordenará a suspensão de todas as ações ou execuções contra o devedor, inclusive aquelas dos credores particulares do sócio solidário, embora possam ter prosseguimento no juízo no qual estiver se processando a ação que demandar quantia ilíquida; essa suspensão em hipótese nenhuma excederá o prazo improrrogável de 180 dias (corridos) contado do deferimento do processamento da recuperação, restabelecendo-se, após o decurso do prazo, o direito dos credores de iniciar ou continuar suas ações e execuções, independentemente de pronunciamento judicial; durante esse período, os respectivos autos permanecerão no juízo onde se processam; cabe ao devedor comunicar a suspensão das ações e execuções aos juízos competentes, segundo o artigo 52, § 3º, da Lei 11.101/05;
4. determinará ao devedor a apresentação de contas demonstrativas mensais enquanto perdurar a recuperação judicial, sob pena de destituição de seus administradores;
5. ordenará a intimação eletrônica do Ministério Público e das Fazendas Públicas federal e de todos os Estados, Distrito Federal e Municípios em que o devedor tiver estabelecimento, a fim de que tomem conhecimento da recuperação judicial e informem eventuais créditos perante o devedor, para divulgação aos demais interessados.

Ademais, o juiz ordenará a expedição de edital, para publicação no órgão oficial, que conterá:

1. o resumo do pedido do devedor e da decisão que defere o processamento da recuperação judicial;
2. a relação nominal de credores, em que se discrimine o valor atualizado e a classificação de cada crédito;

3. a advertência acerca dos prazos para habilitação dos créditos, bem como para que os credores apresentem objeção ao plano de recuperação judicial apresentado pelo devedor.

Uma vez deferido o processamento da recuperação judicial, os credores poderão, a qualquer tempo, requerer a convocação de assembleia geral para a constituição do Comitê de Credores ou substituição de seus membros. Não é só. Também a partir do deferimento, o devedor não poderá desistir do pedido de recuperação judicial sem que para tanto logre aprovação da desistência pela assembleia geral de credores.

E o prazo? Como se conta o prazo?

Ao deferir o pedido de recuperação judicial de Fertilizantes Aliança Ltda., o Juízo de Direito da 1ª Vara Cível da Comarca de Aparecida de Goiânia/GO determinou a suspensão de todas as execuções ou cumprimento de sentença contra a recuperanda por 180 (cento e oitenta) dias úteis, inclusive as execuções em trâmite na Justiça do Trabalho, que versem sobre créditos sujeitos à presente recuperação judicial, restando também suspensa a prescrição. No que se referia às ações em fase de conhecimento ou liquidação, cíveis ou trabalhistas, deveriam prosseguimento normal no juízo em que tramitarem. Por fim, o juiz estabeleceu que não ficariam suspensas as execuções de natureza fiscal contra a empresa em recuperação, embora os atos de expropriação de bens se submetessem àquele juízo universal, consoante exegese do Superior Tribunal de Justiça. Concluiu: "Também deixo de suspender as ações dos credores a que se refere o § 3º e 4º do art. 49 da LRF, observado, porém, o princípio da preservação da empresa".

Por meio do Recurso Especial 1.698.283/GO, o Superior Tribunal de Justiça concordou: o prazo do *stay period* deve ser de 180 dias úteis, o que, mais tarde, foi expressamente reconhecido pela Lei 11.101/05, com as alterações incluídas pela Lei 14.112/20. "Nesse período de blindagem legal, devedor e credores realizam, no âmbito do processo recuperacional, uma série de atos voltados à consecução da assembleia geral de credores, a fim de propiciar a votação e aprovação do plano de recuperação apresentado pelo devedor, com posterior homologação judicial. Esses atos, em específico, ainda que desenvolvidos no bojo do processo recuperacional, referem-se diretamente à relação material de liquidação, constituindo verdadeiro exercício de direitos (atrelados à relação creditícia subjacente), destinado a equacionar os interesses contrapostos decorrente do inadimplemento das obrigações estabelecidas, individualmente, entre a devedora e cada um de seus credores".

A situação mudou um pouco no julgamento do Agravo Interno no Recurso Especial 1.830.738/RS. Esse recurso foi interposto no âmbito da recuperação judicial de Transportadora BLZ Ltda. – em recuperação judicial. No caso, reconheceu-se a intempestividade da impugnação de crédito oferecida por Itaú Unibanco S.A. que, desgostoso com a decisão, dela recorreu, alegando que, "pela leitura conjugada do art. 8º da Lei 11.101/2005 e art. 219 e parágrafo único do CPC/15, é possível perceber que o prazo de 10 dias para impugnar a classificação do crédito é contado em dias úteis"; de resto, argumentou, "todas as ações tomadas dentro do *stay period* possuem cunho material, justificando, portanto, que a contagem dos prazos seja realizada por dias corridos" porém "o prazo para impugnação à relação de credores (art. 8º da Lei 11.101/2005), indubitavelmente, por se revestir de natureza processual, deve se contar em dias úteis".

O Superior Tribunal de Justiça assim não entendeu: "o prazo de 10 (dez) dias, previsto no art. 8º da Lei 11.101/2005, para apresentar impugnação à habilitação de crédito, deve ser contado em dias corridos". Afinal: "A Lei de Recuperação e Falência (Lei 11.101/2005) prevê um microssistema próprio em que a celeridade e a efetividade se impõem, com prazos próprios e específicos, que, via de regra, devem ser breves, peremptórios, inadiáveis e, dessa forma, contados de forma contínua. [...] Tal entendimento se estende não apenas aos lapsos relacionados ao *stay period* de que trata o art. 6º, § 4º, da Lei 11.101/2005, mas também aos demais prazos, tendo em vista a lógica temporal estabelecida pela lei especial de recuperação judicial".

4 Plano de recuperação judicial

O plano de recuperação será apresentado pelo devedor em juízo no prazo improrrogável de 60 dias da publicação da decisão que deferir o processamento da recuperação judicial, sob pena de convolação em falência, e deverá conter: (1) discriminação pormenorizada dos meios de recuperação a ser empregados e seu resumo; (2) demonstração de sua viabilidade econômica; e (3) laudo econômico-financeiro e de avaliação dos bens e ativos do devedor, subscrito por profissional legalmente habilitado ou empresa especializada.

Elementos do Plano de Recuperação Judicial:
- Discriminação pormenorizada dos meios de recuperação a serem empregados e seu resumo
- Demonstração de sua viabilidade econômica
- Laudo econômico-financeiro e de avaliação dos bens e ativos do devedor

Quando o artigo 53 da Lei 11.101/05 exige a discriminação pormenorizada dos meios de recuperação, remete para o seu artigo 50, em que são apresentadas diversas sugestões para tanto. Sugestões, destaco, já que o dispositivo diz que as medidas listadas em seus incisos constituem meios de recuperação judicial, *dentre outros*. Portanto, observada a legislação pertinente a cada caso, podem-se adotar estratégias as mais diversas para a recuperação da empresa, inclusive:

Meios sugeridos pelo artigo 50 da Lei 11.101/05 para recuperação da empresa:

1. concessão de prazos e condições especiais para pagamento das obrigações vencidas ou vincendas;
2. cisão, incorporação, fusão ou transformação de sociedade, constituição de subsidiária integral ou cessão de cotas ou ações, respeitados os direitos dos sócios, nos termos da legislação vigente;
3. alteração do controle societário;
4. substituição total ou parcial dos administradores do devedor ou modificação de seus órgãos administrativos;
5. concessão aos credores de direito de eleição em separado de administradores e de poder de veto em relação às matérias que o plano especificar;
6. aumento de capital social;
7. trespasse ou arrendamento de estabelecimento, inclusive à sociedade constituída pelos próprios empregados;
8. redução salarial, compensação de horários e redução da jornada, mediante acordo ou convenção coletiva;
9. dação em pagamento ou novação de dívidas do passivo, com ou sem constituição de garantia própria ou de terceiro;
10. constituição de sociedade de credores;
11. venda parcial dos bens;
12. equalização de encargos financeiros relativos a débitos de qualquer natureza, tendo como termo inicial a data da distribuição do pedido de recuperação judicial, aplicando-se inclusive aos contratos de crédito rural, sem prejuízo do disposto em legislação específica;
13. usufruto da empresa;
14. administração compartilhada;
15. emissão de valores mobiliários;
16. constituição de sociedade de propósito específico para adjudicar, em pagamento dos créditos, os ativos do devedor;

17. conversão de dívida em capital social;
18. venda integral da devedora, desde que garantidas aos credores não submetidos ou não aderentes condições, no mínimo, equivalentes àquelas que teriam na falência, hipótese em que será, para todos os fins, considerada unidade produtiva isolada.

Não haverá sucessão ou responsabilidade por dívidas de qualquer natureza a terceiro credor, investidor ou novo administrador em decorrência, respectivamente, da mera conversão de dívida em capital, de aporte de novos recursos na devedora ou de substituição dos administradores desta (artigo 50, § 3º). O mesmo acontecerá se houver alienação: o objeto da alienação estará livre de qualquer ônus e não haverá sucessão do arrematante nas obrigações do devedor de qualquer natureza, incluídas, mas não exclusivamente, as de natureza ambiental, regulatória, administrativa, penal, anticorrupção, tributária e trabalhista, observado o disposto no § 1º do artigo 141 da Lei 11.101/05. Há, todavia, algumas limitações ao plano de recuperação judicial: (1) na alienação de bem objeto de garantia real, a supressão da garantia ou sua substituição somente serão admitidas mediante aprovação expressa do credor titular da respectiva garantia; (2) nos créditos em moeda estrangeira, a variação cambial será conservada como parâmetro de indexação da correspondente obrigação e só poderá ser afastada se o credor titular do respectivo crédito aprovar expressamente previsão diversa no plano de recuperação judicial; (3) o plano de recuperação judicial não poderá prever prazo superior a um ano para pagamento dos créditos derivados da legislação do trabalho ou decorrentes de acidentes de trabalho vencidos até a data do pedido de recuperação judicial; (4) O plano não poderá, ainda, prever prazo superior a 30 (trinta) dias para o pagamento, até o limite de cinco salários-mínimos por trabalhador, dos créditos de natureza estritamente salarial vencidos nos três meses anteriores ao pedido de recuperação judicial.

Recebendo o plano de recuperação judicial, o juiz ordenará a publicação de edital contendo aviso aos credores sobre tal recebimento e fixando o prazo para a manifestação de eventuais objeções, como se estudará no próximo item.

4.1 Aprovação, alteração ou rejeição do plano de recuperação judicial

O juiz ordenará a publicação de edital contendo aviso aos credores sobre o recebimento do plano de recuperação e fixando o prazo de 30 dias para a manifestação de eventuais objeções. Havendo objeção de qualquer credor ao plano de recuperação judicial, o juiz convocará a assembleia geral de credores para deliberar sobre o plano de recuperação, prevê o artigo 56 da Lei 11.101/05. Até cinco dias antes da data de realização da assembleia geral de credores convocada para deliberar sobre o plano, o devedor poderá comprovar a aprovação dos credores por meio de termo de adesão, observado o quórum legal (artigo 45), e requerer a sua homologação judicial (artigo 56-A). Importa é o acordo de vontades que atende ao mínimo de votos favoráveis estabelecido em lei e não a presença física simultânea dos atores processuais. Justo por isso a assembleia geral será imediatamente dispensada e o juiz intimará os credores para apresentarem eventuais oposições, no prazo de dez dias (esse prazo substitui o prazo inicialmente estipulado nos termos do artigo 55);

e tais oposições somente poderão versar sobre: (1) não preenchimento do quórum legal de aprovação; (2) descumprimento do procedimento disciplinado na Lei; (3) irregularidades do termo de adesão ao plano de recuperação; ou (4) irregularidades e ilegalidades do plano de recuperação. Outras matérias simplesmente não serão conhecidas pelo juiz.

Na assembleia geral de credores, o plano será submetido a votações em separado em cada classe de credores, devendo em cada uma delas obter a maioria dos votos. Na classe dos credores com garantia real e na classe dos credores quirografários e com privilégios gerais, a proposta deverá ser aprovada por credores que representem mais da metade do valor total dos créditos presentes à assembleia e, cumulativamente, pela maioria simples dos credores presentes. Já na classe de credores trabalhistas, a proposta deverá ser aprovada pela maioria simples dos credores presentes, independentemente do valor de seu crédito. Note-se que o plano de recuperação judicial poderá sofrer alterações na assembleia geral, desde que haja expressa concordância do devedor e em termos que não impliquem diminuição dos direitos exclusivamente dos credores ausentes. Na hipótese de suspensão da assembleia geral de credores convocada para fins de votação do plano de recuperação judicial, a assembleia deverá ser encerrada no prazo de até 90 dias, contado da data de sua instalação (artigo 56, § 9º). Aprovado o plano de recuperação judicial sem alterações ou com alterações, a recuperação será concedida pelo Judiciário. Atente-se para o fato de ser lícito ao juiz ou ao Tribunal, em grau de recurso, reconhecer a existência de inconstitucionalidade ou ilegalidade, inclusive por abuso de direito, no conteúdo aprovado, julgando inválido o plano e devolvendo a questão para a assembleia de credores.

Se o plano for rejeitado, o administrador judicial submeterá à votação da assembleia geral de credores, no ato, a concessão de prazo de 30 (trinta) dias para que seja apresentado plano de recuperação judicial pelos credores, medida que deverá ser aprovada por credores que representem mais da metade dos créditos presentes à assembleia-geral (artigo 56, §§ 4º e 5º). Esse plano poderá prever a capitalização dos créditos, inclusive com a consequente alteração do controle da sociedade devedora, permitido o exercício do direito de retirada pelo sócio do devedor.[1] A alternativa para a não aprovação de qualquer

---

[1] Art. 56. [...]

[...]

§ 6º O plano de recuperação judicial proposto pelos credores somente será posto em votação caso satisfeitas, cumulativamente, as seguintes condições:

I – não preenchimento dos requisitos previstos no § 1º do art. 58 desta Lei;

II – preenchimento dos requisitos previstos nos incisos I, II e III do *caput* do art. 53 desta Lei;

III – apoio por escrito de credores que representem, alternativamente:

a) mais de 25% (vinte e cinco por cento) dos créditos totais sujeitos à recuperação judicial; ou

b) mais de 35% (trinta e cinco por cento) dos créditos dos credores presentes à assembleia-geral a que se refere o § 4º deste artigo;

IV – não imputação de obrigações novas, não previstas em lei ou em contratos anteriormente celebrados, aos sócios do devedor;

V – previsão de isenção das garantias pessoais prestadas por pessoas naturais em relação aos créditos a serem novados e que sejam de titularidade dos credores mencionados no inciso III deste plano de recuperação judicial, o original e/ou dos credores, é a convolação da recuperação judicial em falência (artigo 56, § 8º).

O artigo 58, § 1º, da Lei 11.101/05, no entanto, permite ao juiz conceder a recuperação judicial com base em plano que não obteve aprovação, desde que, na mesma assembleia, tenha sido obtido, de forma cumulativa: (1) o voto favorável de credores que representem mais da metade do valor de todos os créditos presentes à assembleia, independentemente de classes; (2) a aprovação de três das classes de credores ou, caso haja somente três classes com credores votantes, a aprovação de pelo menos duas das classes ou, caso haja somente duas classes com credores votantes, a aprovação de pelo menos uma delas (sempre nos termos do art. 45 da Lei 11.101/05); e (3) na classe que o houver rejeitado, o voto favorável de mais de um terço dos credores, considerado o valor dos créditos presentes e a maioria simples dos credores presentes, em se tratando da classe de credores com garantia real ou da classe de credores quirografários e com privilégios gerais, ou, em se tratando de credores trabalhistas, considerados os credores presentes, independentemente do valor de seu crédito. No entanto, a concessão por essa via exige que o plano não implique tratamento diferenciado entre os credores da classe que o houver rejeitado.

Após a juntada aos autos do plano aprovado pela assembleia geral de credores ou decorrido o prazo sem objeção de credores, o devedor apresentará certidões negativas de débitos tributários nos termos dos arts. 151, 205, 206 do Código Tributário Nacional. O juiz, então, concederá a recuperação judicial do devedor. Da decisão que conceder a recuperação judicial serão intimados eletronicamente o Ministério Público e as Fazendas Públicas federal e de todos os Estados, Distrito Federal e Municípios em que o devedor tiver estabelecimento. O juiz poderá determinar a manutenção do devedor em recuperação judicial até que sejam cumpridas todas as obrigações previstas no plano que vencerem até, no máximo, dois anos depois da concessão da recuperação judicial, independentemente do eventual período de carência.

Auto Peças e Ferragens São Cristóvão ME

Na recuperação judicial de Auto Peças e Ferragens São Cristóvão ME – em recuperação judicial, a sentença que homologou o plano aprovado pela assembleia de credores declarou a ineficácia da previsão de liberação dos coobrigados/garantidores que não tenham consentido com tal disposição. A recuperanda e alguns credores agravaram para o Tribunal de Justiça do Mato Grosso, argumentando, em síntese, que a supressão das garantias, conforme aprovada em assembleia, estende-se a todos os credores da recuperanda, indistintamente. Portanto, deveria ser considerada válida. Mas o Tribunal mato-grossense não deu provimento ao

---

parágrafo ou daqueles que votarem favoravelmente ao plano de recuperação judicial apresentado pelos credores, não permitidas ressalvas de voto; e

VI – não imposição ao devedor ou aos seus sócios de sacrifício maior do que aquele que decorreria da liquidação na falência.

agravo de instrumento, mantendo a declaração de ineficácia: só os credores que concordaram expressamente com a supressão de garantias reais e fidejussórias dos créditos arrolados seriam alcançados pela medida. Os que não anuíram, manteriam suas garantias: "torna-se imperioso o controle de legalidade neste ponto do plano de recuperação judicial, isso porque a Lei 11.101/05 prevê expressamente, em seu art. 49, § 1º, que os credores conservarão seus direitos contra os coobrigados e fiadores, bem como o art. 59, caput, prevê a manutenção das garantias dadas antes da novação".

Foram todos para o Superior Tribunal de Justiça: Agravo Interno no Recurso Especial 1.962.651/MT, julgado pela Quarta Turma, pugnando pela prevalência da vontade majoritária dos credores, afirmada na assembleia. Mas não lograram êxito: "Segunda Seção do STJ pacificou o entendimento de que a anuência do titular de garantia, real ou fidejussória, é indispensável para que o plano de recuperação judicial possa estabelecer sua supressão ou substituição (REsp 1.794.209/SP, DJe 29/6/2021). Para o colegiado, a cláusula supressiva apenas gera efeitos aos credores que aprovaram o plano de recuperação sem ressalvas quanto a ela, não sendo eficaz, portanto, em relação àqueles que não participaram da assembleia, que se abstiveram de votar ou que se posicionaram contra tal disposição. Ademais, como salientado anteriormente, a jurisprudência desta Corte também é firme no sentido de que a recuperação judicial do devedor principal não impede o prosseguimento das execuções nem induz suspensão ou extinção de ações ajuizadas contra terceiros devedores solidários ou coobrigados em geral, por garantia cambial, real ou fidejussória, pois não se lhes aplicam a suspensão prevista nos arts. 6º, *caput*, e 52, inciso III, ou a novação a que se refere o art. 59, caput, por força do que dispõe o art. 49, § 1º, todos da Lei 11.101/2005".

5   Efeitos da decisão concessiva da recuperação judicial

A decisão concessiva da recuperação judicial constitui uma situação jurídica nova, em conformidade com o que constou do plano de recuperação que foi aprovado pela assembleia geral de credores. Justamente por isso, diz o artigo 59 da Lei 11.101/05, o plano de recuperação judicial implica novação dos créditos anteriores ao pedido, e obriga o devedor e todos os credores a ele sujeitos, lembrando-se que, na alienação de bem objeto de garantia real, a supressão da garantia ou sua substituição somente serão admitidas mediante aprovação expressa do credor titular da respectiva garantia. O título representativo dessa novação é a decisão judicial que concede a recuperação judicial que constitui título executivo judicial. Não é só. A partir da concessão da recuperação judicial, em todos os atos, contratos e documentos firmados pelo empresário ou sociedade empresária merecedora da benesse o nome empresarial virá acrescido, ao final, da expressão "em Recuperação Judicial", por determinação do artigo 69, *caput*, da Lei 11.101/05. Ademais, o juiz determinará ao Registro Público de Empresas a anotação da recuperação judicial no registro correspondente.

Se o plano de recuperação judicial aprovado envolver alienação judicial de filiais ou de unidades produtivas isoladas do devedor, será feita por uma das seguintes modalidade (1) leilão eletrônico, presencial ou híbrido; (2) processo competitivo organizado promovido por agente especializado e de reputação ilibada, cujo procedimento deverá ser detalhado em relatório anexo ao plano de realização do ativo ou ao plano de recuperação judicial, conforme o caso; (3) qualquer outra modalidade, desde que aprovada nos termos da Lei (artigo 142). A unidade produtiva isolada poderá abranger bens, direitos ou ativos de qualquer natureza, tangíveis ou intangíveis, isolados ou em conjunto, incluídas participações dos sócios, sendo que objeto da alienação estará livre de qualquer ônus e não haverá sucessão do arrematante nas obrigações do devedor, inclusive as de natureza tributária. Essa regra, no entanto, não se aplica quando o arrematante for: (1) sócio da sociedade falida, ou sociedade controlada pelo falido; (2) parente, em linha reta ou colateral até o 4º grau, consanguíneo ou afim, do falido ou de sócio da sociedade falida; ou aquele que atue como agente do falido com o objetivo de fraudar a sucessão.

Após a distribuição do pedido de recuperação judicial, prevê o artigo 66 da Lei 11.101/05, o devedor não poderá distribuir lucros ou dividendos a sócios e acionistas, salvo se o plano de recuperação vier a prevê-lo. Também não poderá alienar ou onerar bens ou direitos de seu ativo não circulante, inclusive para pagamento de créditos extraconcursais, salvo autorização do juiz, depois de ouvido o Comitê de Credores, se houver, com exceção daqueles previamente autorizados no plano de recuperação judicial. Com efeito, os créditos decorrentes de obrigações contraídas pelo devedor durante a recuperação judicial, inclusive aqueles relativos a despesas com fornecedores de bens ou serviços e contratos de mútuo, serão considerados extraconcursais, em caso de decretação de falência. A alienação de bens ou a garantia outorgada pelo devedor a adquirente ou a financiador de boa-fé, desde que realizada mediante autorização judicial expressa ou prevista em plano de recuperação judicial ou extrajudicial aprovado, não poderá ser anulada ou tornada ineficaz após a consumação do negócio jurídico com o recebimento dos recursos correspondentes pelo devedor.

5.1 Administração da empresa recuperanda

Durante o procedimento de recuperação judicial, o devedor ou seus administradores serão mantidos na condução da atividade empresarial, sob fiscalização do comitê, se houver, e do administrador judicial, salvo se: qualquer deles (1) houver sido condenado em sentença penal transitada em julgado por crime cometido em recuperação judicial ou falência anteriores ou por crime contra o patrimônio, a economia popular ou a ordem econômica previstos na legislação vigente; (2) houver indícios veementes de ter cometido crime previsto na Lei de Falência; (3) houver agido com dolo, simulação ou fraude contra os interesses de seus credores; (4) houver praticado qualquer das seguintes condutas: (a) efetuar gastos pessoais manifestamente excessivos em relação a sua situação patrimonial; (b) efetuar despesas injustificáveis por sua natureza ou vulto, em relação ao capital ou gênero do negócio, ao movimento das operações e a outras circunstâncias análogas; (c) descapitalizar injustificadamente a empresa ou realizar operações prejudiciais ao seu funcionamento regular; e (d) simular ou omitir créditos ao apresentar a relação de credores, sem relevante razão de direito ou amparo de decisão judicial; (5) negar-se a prestar informações solicitadas pelo administrador judicial ou pelos demais membros do comitê de credores; e (6) tiver seu afastamento previsto no plano de recuperação judicial.

Verificada qualquer uma dessas hipóteses, o juiz destituirá o administrador, que será substituído na forma prevista nos atos constitutivos do devedor ou do plano de recuperação judicial. Ademais, quando do afastamento do devedor nesses casos, o juiz convocará a assembleia geral de credores para deliberar sobre o nome do gestor judicial que assumirá a administração das atividades do devedor, aplicando-se-lhe, no que couber, todas as normas sobre deveres, impedimentos e remuneração do administrador judicial.

Hipóteses de afastamento da administração da empresa

Com sentença transitada em julgado

1. Condenação criminal anterior
   - crime falimentar em processo anterior
   - crime contra o patrimônio
   - crime contra a economia popular
   - crime contra a ordem econômica

2. Indícios veementes de crime falimentar

3. Agir contra os interesses dos credores com
   - dolo
   - simulação
   - fraude

4. Realizar
   - gastos pessoais manifestamente excessivos
   - despesas injustificáveis por sua natureza ou vulto
   - descapitalização injustificada da empresa
   - operações prejudiciais ao funcionamento da empresa
   - créditos omitidos ou simulados na relação de credores

5. Negar informações ao administrador judicial ou comitê de credores

6. Tiver seu afastamento previsto no plano de recuperação judicial

Enquanto a assembleia geral não deliberar sobre a escolha desse gestor, o administrador judicial exercerá as funções deste. Na hipótese de o gestor indicado pela assembleia geral de credores recusar ou estiver impedido de aceitar o encargo para gerir os negócios do devedor, o juiz convocará, no prazo de 72 horas, contado da recusa ou da declaração do impedimento nos autos, nova assembleia geral, para escolher uma outra pessoa para o cargo, mantendo-se o administrador no exercício provisório da função.

OSX BRASIL

OSX × Acciona

Na ação de recuperação judicial das sociedades empresárias OSX Brasil S/A, OSX Construção Naval S/A e OSX Serviços Operacionais Ltda., o juízo autorizou a alienação de bens integrantes do ativo permanente das recuperandas, nos seguintes termos: "Tendo as recuperandas justificado urgência na alienação de bens integrantes de seu ativo permanente mencionados às fls. 10198/10218, inexistindo oposição de interessados, bem como do Administrador Judicial e do Ministério Público, conforme fl. 10224/10226, 10248/10249 e 10251/10252, autorizo a venda do material nos termos da proposta recebida à fl. 10202. Expeça-se alvará se necessário". Acciona Infraestructuras S/A discordou: estariam sendo desrespeitados os artigos 60, 66, 142, *caput* e § 1º, da Lei 11.101/05 e o 870 do Código de Processo Civil, pois se deixou de observar a normativa legal que impõe a realização de prévia avaliação judicial, publicação de edital e certame público, na forma do artigo 142. O Tribunal de Justiça do Rio de Janeiro não concordou.

Com a interposição do Recurso Especial 1.819.057/RJ, a controvérsia foi examinada pela Terceira Turma do Superior Tribunal de Justiça que, ela própria, não concordou com os argumentos de Acciona Infraestructuras S/A Antes de mais nada, os ministros posicionaram a controvérsia: "O propósito recursal é definir se, uma vez reconhecida a utilidade e a urgência na alienação de bens integrantes do ativo permanente de empresa em recuperação judicial, o juiz deve observar a sistemática prevista no art. 142 da Lei 11.101/05. Conforme se depreende do acórdão recorrido, no curso do procedimento de recuperação judicial das empresas do Grupo OSX, e por solicitação destas, o juiz condutor da ação autorizou a venda de bens de titularidade das recuperandas, consistentes em equipamentos usados na operação do Porto de Açu (cabeços, correntes e defensas completas e incompletas) e estruturas metálicas integrantes de um galpão que fora utilizado para montagem e pintura de peças de embarcações. A alienação de tais bens, integrantes do ativo permanente das recorridas, representaria, segundo o aresto impugnado, o ingresso de aproximadamente R$ 2.456.000,00 (dois milhões quatrocentos e cinquenta e seis mil reais) no caixa das sociedades empresárias. Diante desse quadro, entenderam os juízos de origem que a venda deveria ser levada a efeito, sobretudo diante da anuência da administradora judicial e do Ministério Público acerca de seus benefícios para a consecução dos objetivos traçados no plano de recuperação. [...] Vale registrar que o inconformismo manifestado nas razões do recurso especial não se dá em relação à possibilidade de alienação dos bens retro identificados, mas sim – e tão somente – quanto às formalidades a serem seguidas para efetivação do negócio".

Em face desse cenário, o que decidiram? "O texto normativo da Lei 11.101/05 prevê, em seu art. 66, a possibilidade de alienação de bens integrantes do ativo permanente de sociedade em recuperação judicial, desde que o juiz responsável pela condução do processo de soerguimento a autorize, caso reconheça a existência de evidente utilidade na adoção de tal medida. [...] Convém sublinhar que a necessidade de oitiva do Comitê de Credores, exigida pela norma em questão, não tem aplicabilidade na espécie em exame, seja porque esse órgão, dada sua natureza facultativa, não foi constituído no particular, seja porque a possibilidade de alienação de bens do ativo permanente está prevista no próprio plano de soerguimento (e-STJ fl. 57). Destaque-se, também, que a norma em comento não exige qualquer formalidade específica para fins de se alcançar o valor dos bens a serem alienados, tampouco explicita de que modo deverá ser procedida a venda, deixando, portanto, a critério do juiz aceitar ou não o preço enunciado e a forma como será feita a alienação. Este Superior Tribunal de Justiça, vale lembrar, ao examinar o conteúdo do art. 66 da LFRE, já decidiu que, tratando-se de norma que impõe limitações à atividade do devedor – atividade que, como regra geral, não lhe é tolhida durante o trâmite do processo de recuperação judicial –, sua interpretação há de ser feita de forma restritiva, sob pena de violação dos princípios da preservação da atividade econômica e da manutenção dos postos de trabalho, estampados no art. 47 da lei mencionada (REsp 1.783.068/SP, Terceira Turma, *DJe* 8/2/2019)".

Posicionado assim as implicações jurídicas do debate, a regularidade da alienação, pela forma deferida pelo juízo da recuperação judicial, foi reconhecida, nomeadamente reconhecendo os mecanismos de fiscalização previstos na lei. "Gize-se que a própria Lei 11.101/05 contém mecanismos de fiscalização e controle dos negócios praticados pelo devedor, a fim de que não sejam frustrados os interesses dos credores. Uma vez deferido o processamento da recuperação judicial, as atividades da sociedade passam a ser rigorosamente fiscalizadas pelo administrador judicial e, quando houver, pelo comitê de credores (arts. 22 e 27), sendo certo que todos eles, juntamente com o devedor, respondem pela prática de atos incompatíveis com o bom andamento da ação recuperacional, de acordo com o previsto, a título exemplificativo, em seus arts. 23, 31, 32, 34 e 64".

Restou o desafio oferecido pelo artigo 142 da Lei 11.101/05 e as formas de alienação ali previstas. Para o Superior Tribunal de Justiça, "o art. 142 da LFRE, por seu turno, cuida de matéria afeta, exclusivamente, a processos de falência, regulando de que forma será efetuada a realização do ativo da sociedade falida. [...] Já no que concerne ao art. 6º do diploma falimentar, muito embora contenha determinação ao juiz condutor do processo no sentido de que seja observado o disposto na norma supracitada (art. 142), verifica-se que suas hipóteses de incidência são bastante restritas, versando tão somente sobre planos de soerguimento que envolvam alienação judicial de filiais ou de unidades produtivas isoladas do devedor, circunstâncias distintas, portanto, daquela que ora se examina. [...] A Lei 11.101/05, cuidando-se da situação prevista em seu art. 66, não exige qualquer formalidade específica para avaliação dos ativos a serem alienados, incumbindo ao juiz verificar as circunstâncias específicas de cada caso e adotar as providências que entender cabíveis para alcançar o melhor resultado, tanto para a empresa quanto para os credores e demais interessados. Acolher a pretensão da recorrente, nesse contexto, contribuiria para solapar a construção legislativa, sistemática e racional, das normas que regem os procedimentos de recuperação de empresas e de falência".

6 Financiamento do devedor durante a recuperação

A Lei 14.112/20 alterou o parágrafo único do artigo 67, esclarecendo que o plano de recuperação judicial pode prever tratamento diferenciado aos créditos sujeitos à recuperação judicial pertencentes a fornecedores de bens ou serviços que continuarem a provê-los normalmente após o pedido de recuperação judicial, desde que tais bens ou serviços sejam necessários para a manutenção das atividades e que o tratamento diferenciado seja adequado e razoável no que concerne à relação comercial futura. Outra novidade foi a regulamentação do financiamento do devedor e do grupo devedor durante a recuperação judicial, que passou a ser tratada pelos artigos 69-A a 69-F. Durante a recuperação judicial, o juiz poderá, depois de ouvido o Comitê de Credores, autorizar a celebração de contratos de financiamento com o devedor, garantidos pela oneração ou pela alienação fiduciária de bens e direitos, seus ou de terceiros, pertencentes ao ativo não circulante, para financiar as suas atividades e as despesas de reestruturação ou de preservação do valor de ativos, o que se fará em conformidade com as disposições anotadas nos artigos 66 e 67 da Lei 11.101/05, como diz o artigo 69-A.

Não se trata de norma que tenha por destinatário apenas os integrantes do Sistema Financeiro Nacional. Tal financiamento pode ser realizado por qualquer pessoa, inclusive credores, sujeitos ou não à recuperação judicial, familiares, sócios e integrantes do grupo do devedor (artigo 69-E). Aliás, a regra não está restrita à pessoa que financia, mas alcança mesmo a garantia que a operação terá, esclarece o artigo 69-F: qualquer pessoa ou entidade pode garantir o financiamento de que trata esta Seção mediante a oneração ou a alienação fiduciária de bens e direitos, inclusive o próprio devedor e os demais integrantes do seu grupo, estejam ou não em recuperação judicial. Ainda no que se refere à garantia, permite-se mesmo ao magistrado autorizar a constituição de garantia subordinada sobre um ou mais ativos do devedor em favor do financiador de devedor em recuperação judicial, dispensando a anuência do detentor da garantia original (artigo 69-C); isso quer dizer que a garantia que se dará àquele que financia o recuperando está limitada ao eventual excesso resultante da alienação do ativo objeto da garantia original (§ 1º). Aliena-se o bem dado em garantia e, com o produto da venda, paga-se primeiro ao detentor da garantia original e, havendo sobra, paga-se ao detentor da garantia subordinada. Justo por isso, essa regra não se aplica a qualquer modalidade de alienação fiduciária ou de cessão fiduciária (§ 2º), já que submetidas à regência de suas próprias normas.

Dessa autorização cabe agravo de instrumento. Contudo, o acórdão que reforma a decisão não pode alterar a natureza extraconcursal (nos termos do artigo 84 da Lei

11.101/05) dos valores já transferidos para financiamento ou das garantias outorgadas pelo devedor em favor do financiador de boa-fé (artigo 69-B); obviamente, a regra só se aplica quando o desembolso dos recursos já tenha sido efetivado, imbróglio que pode ser evitado se o tribunal, considerando provável a modificação, concede efeito suspensivo para o agravo interposto. Outra situação relevante é a recuperação judicial ser convolada em falência; se nenhum valor foi entregue, o contrato será considerado automaticamente rescindido. Se houve entrega em parte, também será considerado automaticamente rescindido, embora preservando a natureza extraconcursal dos valores aportados e mesmo das respectivas garantias (artigo 69-D); se houve aporte integral do valor do financiamento, o contrato foi completado, merecendo a proteção integral acima estudada. Noutras palavras, como diz o parágrafo único deste artigo 69-D, as garantias constituídas e as preferências serão conservadas até o limite dos valores efetivamente entregues ao devedor antes da data da sentença que convolar a recuperação judicial em falência.

7 Microempresas e empresas de pequeno porte

Há um conjunto de normas específicas – os artigos 70 e 72 da Lei de Falências – para a recuperação judicial de empresários e sociedades empresárias qualificados como *microempresas* ou *empresas de pequeno porte*. Tais devedores poderão apresentar plano especial de recuperação judicial, desde que afirmem sua intenção de fazê-lo na petição inicial, sendo que os credores não atingidos pelo plano especial não terão seus créditos habilitados na recuperação judicial.

O plano especial de recuperação judicial será apresentado no prazo improrrogável de 60 dias da publicação da decisão que deferir o processamento da recuperação judicial, mas irá se limitar às seguintes condições: (1) abrangerá todos os créditos existentes na data do pedido, ainda que não vencidos, excetuados os decorrentes de repasse de recursos oficiais, os fiscais e os previstos nos §§ 3º e 4º do artigo 49 (de que tratarei abaixo); (2) preverá parcelamento em até 36 (trinta e seis) parcelas mensais, iguais e sucessivas, acrescidas de juros equivalentes à taxa Sistema Especial de Liquidação e de Custódia – SELIC, podendo conter ainda a proposta de abatimento do valor das dívidas (números 1 e 2, com redação dada pela Lei Complementar 147/14 ao artigo 71); (3) preverá o pagamento da primeira parcela no prazo máximo de 180 dias (dias corridos, já que é prazo material e não processual, não havendo falar em aplicação do artigo 219 do Código de Processo Civil), contado da distribuição do pedido de recuperação judicial; e (4) estabelecerá a necessidade de autorização do juiz, após ouvido o administrador judicial e o Comitê de Credores, para o devedor aumentar despesas ou contratar empregados.

No alusivo à exceção anotada no número 1, quais sejam os créditos previstos nos §§ 3º e 4º do artigo 49, estarão excluídos, em razão da disposição, os créditos decorrentes de repasse de recursos oficiais e os credores titulares de posição de proprietário fiduciário de bens móveis ou imóveis, de arrendador mercantil, de proprietário ou promitente vendedor de imóvel cujos respectivos contratos contenham cláusula de irrevogabilidade ou irretratabilidade, inclusive em incorporações imobiliárias, ou de proprietário em contrato de venda com reserva de domínio; afinal, tais créditos não se submetem aos efeitos da recuperação judicial, prevalecendo os direitos de propriedade sobre a coisa e as condições contratuais, observada a legislação respectiva; também serão excetuados os credores de importância entregue ao devedor, em moeda corrente nacional, decorrente de adiantamento a contrato de câmbio para exportação, desde que o prazo total da operação, inclusive eventuais prorrogações, não exceda o previsto nas normas específicas da autoridade competente, já que a eles se garante o direito à restituição dos valores, não se sujeitando, portanto, aos efeitos da recuperação judicial.

O pedido de recuperação judicial com base em plano especial formulado por microempresa ou empresa de pequeno porte não acarreta a suspensão do curso da prescrição nem das ações e execuções por créditos não abrangidos pelo plano. Não é a única particularidade. Também não será convocada assembleia geral de credores para deliberar sobre o plano, e o juiz concederá a recuperação judicial se atendidas as demais exigências da Lei de Falências. No entanto, o juiz julgará improcedente o pedido de recuperação judicial e decretará a falência do devedor se houver objeções de credores titulares de mais da metade de qualquer uma das classes de créditos (que estão previstas no artigo 83), computados os votos em conformidade com o artigo 45, sempre da Lei 11.101/05. É o que prevê o artigo 72, parágrafo único (com redação dada pela Lei Complementar 147/14).

8 Convolação da recuperação judicial em falência

O juiz decretará a falência durante o processo de recuperação judicial nas seguintes hipóteses: (1) por deliberação da assembleia geral de credores, em deliberação que obtiver votos favoráveis de credores que representem mais da metade do valor total dos créditos presentes à assembleia geral; (2) pela não apresentação, pelo devedor, do plano de recuperação no prazo de 60 dias, contado da publicação da decisão que deferir o processamento da recuperação judicial, prazo esse que é improrrogável; (3) quando houver sido rejeitado o plano de recuperação pela assembleia geral de credores, seja o apresentado pelo devedor, seja o plano alternativo pelos credores; (4) por descumprimento de qualquer obrigação assumida no plano de recuperação; (5) por descumprimento de parcelamentos tributária ou transação fiscal; (6) quando identificado o esvaziamento patrimonial da devedora que implique liquidação substancial da empresa, em prejuízo de credores não sujeitos à recuperação judicial, inclusive as Fazendas Públicas. Como se só não bastasse, ainda é possível a decretação da falência por inadimplemento de obrigação não sujeita à recuperação judicial, assim como por prática de atos indicativos do estado de falibilidade, como se estudará.

Convolação da recuperação em falência
- Deliberação da assembleia geral de credores
- Não apresentação tempestiva do plano de recuperação
- Rejeição do plano de recuperação judicial (apresentado pelo devedor ou plano alternativo de credores)
- Descumprimento de obrigação assumida no plano de recuperação aprovado

Trata-se, é preciso frisar, de hipóteses de convolação da recuperação em falência. Nada impede que, durante a recuperação judicial da empresa, sua falência seja decretada por inadimplemento de obrigação não sujeita à recuperação judicial, aplicadas as regras genéricas para o pedido de falência, que serão estudadas adiante. Na convolação da recuperação em falência, os atos de administração, endividamento, oneração ou alienação praticados durante a recuperação judicial presumem-se válidos, desde que realizados na forma desta Lei. Ademais, por força do artigo 80 da Lei 11.101/05, considerar-se-ão habilitados na falência todos os créditos remanescentes da recuperação judicial, quando definitivamente incluídos no quadro geral de credores, tendo prosseguimento as habilitações que estejam em curso. No entanto, lembre-se de que na hipótese de convolação da recuperação judicial em falência os credores terão reconstituídos seus direitos e garantias nas condições originalmente contratadas, deduzidos os valores eventualmente pagos e ressalvados os atos validamente praticados no âmbito da recuperação judicial.

9 Recuperação extrajudicial de empresas

O empresário ou sociedade empresária que preencha os requisitos para o pedido de recuperação judicial da empresa poderá propor e negociar com credores plano de recuperação extrajudicial. Estão sujeitos à recuperação extrajudicial todos os créditos existentes na data do pedido, exceto os de natureza tributária, o credor titular da posição de proprietário fiduciário de bens móveis ou imóveis; arrendador mercantil, bem como o proprietário ou promitente vendedor de imóvel cujos respectivos contratos contenham cláusula de irrevogabilidade ou irretratabilidade, inclusive em incorporações imobiliárias, ou de proprietário em contrato de venda com reserva de domínio. A sujeição dos créditos de natureza trabalhista e por acidentes de trabalho exige negociação coletiva com o sindicato da respectiva categoria profissional.

O plano de recuperação extrajudicial da empresa não poderá contemplar o pagamento antecipado de dívidas nem tratamento desfavorável aos credores que a ele não estejam sujeitos. Atendidos tais requisitos, o devedor poderá requerer a homologação em juízo do plano de recuperação extrajudicial, juntando sua justificativa e o documento que contenha seus termos e condições, com as assinaturas dos credores que a ele aderiram, sendo que, após a distribuição do pedido de homologação, os credores não poderão desistir da adesão ao plano, salvo com a anuência expressa dos demais signatários.

O devedor poderá também requerer a homologação de plano de recuperação extrajudicial que obriga todos os credores por ele abrangidos, desde que assinado por credores que representem mais da metade dos créditos de cada espécie abrangidos pelo plano de recuperação extrajudicial, devendo, para tanto, juntar ao seu pedido, além dos documentos já referidos: (1) exposição de sua situação patrimonial; (2) demonstrações contábeis relativas ao último exercício social e as levantadas especialmente para instruir o pedido; e (3) os documentos que comprovem os poderes dos subscritores para novar ou transigir relação nominal completa dos credores, com a indicação do endereço de cada um, a natureza, a classificação e o valor atualizado do crédito, discriminando sua origem, o regime dos respectivos vencimentos e a indicação dos registros contábeis de cada transação pendente. Tal plano poderá abranger a totalidade de uma ou mais espécies dos seguintes créditos: (1) créditos com garantia real (hipoteca ou penhor); (2) créditos com privilégio especial; (3) créditos com privilégio geral; (4) créditos quirografários; e (5) créditos subordinados, conforme se estudará no Capítulo 31. Poderá também abranger grupo de credores de mesma natureza e sujeito a semelhantes condições de pagamento, e, uma vez homologado, obriga todos os credores das espécies por ele abrangidas, exclusivamente em relação aos créditos constituídos até a data do pedido de homologação. De qualquer sorte, não são considerados para fins de apuração do percentual de três quintos os créditos não incluídos no plano de recuperação extrajudicial, os quais não poderão ter seu valor ou condições originais de pagamento alteradas. Aliás, para fins exclusivos de apuração desse percentual: (1) o crédito em moeda estrangeira será convertido para moeda nacional pelo câmbio da véspera da data de assinatura do plano (a variação cambial só será afastada se o respectivo credor aprovar expressamente tal previsão); e (2) não serão computados os créditos detidos pelos sócios do devedor, bem como pelas sociedades coligadas, controladoras, controladas ou as que tenham sócio ou acionista com participação superior a 10% do capital social do devedor ou em que o devedor ou algum de seus sócios detenha participação superior a 10% do capital social. Se o plano previr a alienação de bem objeto de garantia real, a supressão da garantia ou sua substituição, tais medidas somente serão admitidas mediante a aprovação expressa do credor titular da respectiva garantia.

O pedido de homologação do plano de recuperação extrajudicial da empresa não será possível se estiver pendente pedido de recuperação judicial ou se houver obtido recuperação judicial ou homologação de outro plano de recuperação extrajudicial há menos de dois anos. Note-se que o pedido de homologação do plano de recuperação extrajudicial não acarretará suspensão de direitos, ações ou execuções, nem a impossibilidade do pedido de decretação de falência pelos credores não sujeitos ao plano de recuperação extrajudicial. Mas, no que diz respeito aos que aderiram ao plano, a sentença que o homologa constituirá título executivo judicial. O pedido poderá ser apresentado com comprovação da anuência de credores que representem pelo menos um terço de todos os créditos de cada espécie por ele abrangidos e com o compromisso de, no prazo improrrogável de 90 dias, contado da data do pedido, atingir o quórum previsto no *caput* do artigo 163, por meio de adesão expressa, facultada a conversão do procedimento em recuperação judicial a pedido do devedor.

Recebido o pedido de homologação do plano de recuperação extrajudicial, o juiz ordenará a publicação de edital convocando todos os credores do devedor para apresentação de suas impugnações ao plano. No prazo do edital, deverá o devedor comprovar o envio de carta a todos os credores sujeitos ao plano, domiciliados ou sediados no país, informando a distribuição do pedido, as condições do plano e prazo para impugnação. Os credores terão prazo de 30 dias, contado da publicação do edital, para impugnarem o plano, juntando a prova de seu crédito. Para opor-se, em sua manifestação, à homologação do plano, os credores somente poderão alegar: (1) não preenchimento do percentual mínimo de três quintos; (2) prática de qualquer dos atos que fazem pressupor a falência, como se estudará no Capítulo 31, ou descumprimento de requisito previsto na Lei de Falências; (3) descumprimento de qualquer outra exigência legal.

Sendo apresentada impugnação, será aberto prazo de cinco dias para que o devedor sobre ela se manifeste, depois do que os autos serão conclusos imediatamente ao juiz para apreciação de eventuais impugnações e decidirá, no prazo de cinco dias, acerca do plano de recuperação extrajudicial, homologando-o por sentença se entender que não implica prática de atos cujo objetivo é prejudicar credores, bem como verificando não haver outras irregularidades que recomendem sua rejeição. Igualmente será indeferida a homologação havendo prova de simulação de créditos ou vício de representação dos credores que subscreverem o plano. Da sentença que defere, ou não, o pedido de homologação cabe apelação sem efeito suspensivo. De qualquer sorte, na hipótese de não homologação do plano o devedor poderá, cumpridas as formalidades, apresentar novo pedido de homologação de plano de recuperação extrajudicial.

O plano de recuperação extrajudicial produz efeitos após sua homologação judicial. É lícito, contudo, que o plano estabeleça a produção de efeitos anteriores à homologação, desde que exclusivamente em relação à modificação do valor ou da forma de pagamento dos credores signatários, hipótese na qual, caso o plano seja posteriormente rejeitado pelo juiz, devolve-se aos credores signatários o direito de exigir seus créditos nas condições originais, deduzidos os valores efetivamente pagos. Acrescente-se que, se o plano de recuperação extrajudicial homologado envolver alienação judicial de filiais ou de unidades produtivas isoladas do devedor, o juiz ordenará a sua realização, observando, no que couber, as regras para a realização do ativo na falência, a serem estudadas na sequência.

Destaque-se, alfim, que a figura da recuperação extrajudicial de empresas não implica impossibilidade de realização de outras modalidades de acordo privado entre o devedor e seus credores.

30
FALÊNCIA: FASE COGNITIVA

1 Falência

Quando não é possível manter a empresa, pois o seu passivo (as suas dívidas) supera – e muito, normalmente – o seu ativo (os seus bens e créditos), coloca-se um problema: com o pouco que se tem, em contraste com o volume do que se deve, o que fazer? O problema de haver mais dívidas do que dinheiro para pagar traz outros desafios específicos decorrem dessa desproporção. Não se poderia permitir que os que fossem mais ágeis na cobrança recebessem tudo e os que fossem mais lentos não recebessem nada; se assim fosse, quem tem créditos vencidos levaria vantagem sobre quem tem créditos por vencer ou que ainda precisa ver seus direitos reconhecidos pelo Judiciário. Por outro lado, questiona-se se todos os credores têm igual direito ao pouco de dinheiro que existe disponível. Por exemplo: há o trabalhador que, num acidente na empresa, ficou tetraplégico e ao qual o Judiciário reconheceu o direito de receber uma pensão mensal para, assim, garantir sua sobrevivência. Esse crédito deve ser pago com preferência aos demais, já que é dinheiro essencial para garantir a sobrevivência de pessoa cujo estado foi causado pela própria atividade empresarial.

A falência é o procedimento atual para enfrentar todos esses desafios. Em primeiro lugar, com a decretação da falência, todas as relações jurídicas do devedor são reunidas num único feito judicial, impedindo diferenças no curso das ações, julgamentos distintos etc. Forma-se o que se chama de juízo universal, competente para examinar todas as pretensões de crédito contra o devedor. A falência resolve-se pelo afastamento do devedor de suas atividades, permitindo ao Judiciário decidir como, seguindo a lei, irá aproveitar os bens que existem para satisfazer, o quanto for possível e da melhor forma, as dívidas existentes.

2 Liquidação coletiva

Com a decretação da falência, forma-se um juízo universal, indivisível e competente para conhecer todas as ações sobre bens, interesses e negócios do falido, ressalvando-se as causas trabalhistas, fiscais e aquelas não reguladas na Lei 11.101/05 em que o falido figurar como autor ou litisconsorte ativo; por exemplo, ação de nunciação de obra nova etc. Todas as ações, inclusive essas que foram excetuadas, terão prosseguimento com o administrador judicial, que deverá ser intimado para representar a massa falida, sob pena de nulidade do processo. Por assim ser, as ações que devam ser propostas no juízo da falência estão sujeitas a distribuição por dependência.

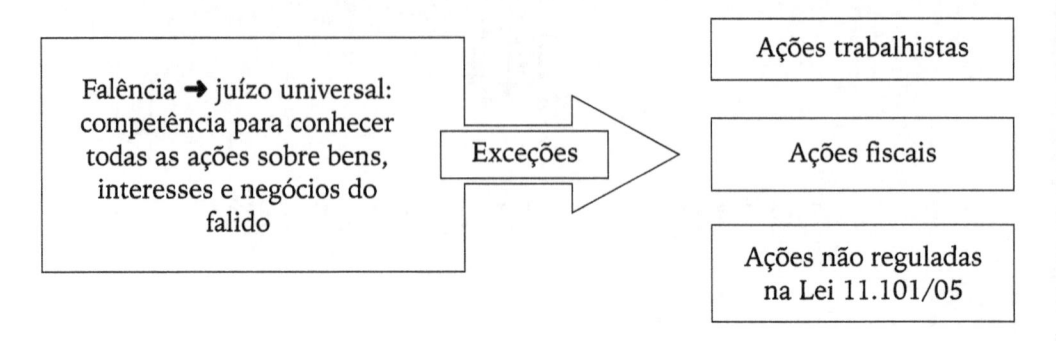

```
┌─────────────────────────────┐                    ┌──────────────────────┐
│ Falência ➜ juízo universal: │                    │  Ações trabalhistas  │
│ competência para conhecer   │                    └──────────────────────┘
│ todas as ações sobre bens,  │──Exceções─▷        ┌──────────────────────┐
│  interesses e negócios do   │                    │    Ações fiscais     │
│          falido             │                    └──────────────────────┘
└─────────────────────────────┘                    ┌──────────────────────┐
                                                   │  Ações não reguladas │
                                                   │   na Lei 11.101/05   │
                                                   └──────────────────────┘
```

No entanto, a falência no Brasil não é um mero ato de vender bens e pagar, no que for possível, os credores. Embora mantenha a ideia de execução coletiva, ou seja, de execução unificada de todos os credores sobre o devedor, implicando a realização do patrimônio deste para buscar satisfazer o passivo, ainda que apenas em parte, a Lei de Falências compreende o procedimento como uma oportunidade para promover o afastamento do devedor de suas atividades, visando a (1) preservar e a otimizar a utilização produtiva dos bens, dos ativos e dos recursos produtivos, inclusive os intangíveis, da empresa; (2) permitir a liquidação célere das empresas inviáveis, com vistas à realocação eficiente de recursos na economia; e (3) fomentar o empreendedorismo, inclusive por meio da viabilização do retorno célere do empreendedor falido à atividade econômica. Fica claro, portanto, que ao Judiciário não cumpre apenas compreender a empresa falida como uma massa de bens incapaz de fazer frente às obrigações correspondentes, ou seja, uma mera *massa falida*. Pelo contrário, é preciso estar atento à função social da empresa, compreendida como um todo, de seus estabelecimentos – suas partes –, de seus bens. Por exemplo, em 2023, o Tribunal de Justiça de Alagoas posicionou-se favoravelmente à manutenção do arrendamento da Usina Uruba, pertencente à massa falida da Laginha Agro Industrial S/A, para a Cooperativa Agrícola do Vale do Satuba – Copervales, por um período de 12 anos. Assim, o Judiciário sustentou a manutenção de 5.000 empregos (2.000 empregos diretos), com impacto direto na economia local (município de Atalaia, Vale do Satuba); destacaram-se, ademais, os benefícios para a conservação do patrimônio, contrastando com o estado em que se encontravam duas outras usinas – Laginha e Guaxuma –, então fechadas.

Justamente por isso, na condução do processo de falência, o juiz deverá atender aos princípios da celeridade e da economia processual, sem prejuízo do contraditório, da ampla defesa e dos demais princípios processuais, sempre atento ao princípio de que a falência é mecanismo de preservação de benefícios econômicos e sociais decorrentes da atividade empresarial, por meio da liquidação imediata do devedor e da rápida realocação útil de ativos na economia.

Os pedidos de falência estão sujeitos à distribuição obrigatória, respeitada a ordem de apresentação, sendo que as ações que devam ser propostas no juízo da falência estão sujeitas à distribuição por dependência. Em fato, com a decretação da falência, forma-se um juízo universal, isto porque o juízo da falência é indivisível e competente para conhecer todas as ações sobre bens, interesses e negócios do falido, ressalvadas as causas trabalhistas, fiscais e aquelas não reguladas nesta Lei em que o falido figurar como autor ou litisconsorte ativo. No entanto, em todas as ações, mesmo nessas exceções, o administrador judicial deverá ser intimado para representar a massa falida, sob pena de nulidade do processo.

3 Hipóteses de falência

Exceto na hipótese em que o próprio devedor, ou seja, o empresário ou a sociedade empresária, peça a decretação da falência, a questão de saber quem está falido, ou não, é tormentosa. Em fato, não há como saber a exata situação financeira de uma empresa, já que a escrituração empresarial está protegida por sigilo, medida que tem por finalidade evitar a concorrência predatória entre as empresas, protegendo suas estratégias mercantis lícitas. O pedido de falência, portanto, não exige a demonstração inequívoca de que o devedor não tem condições de pagar por suas dívidas. O legislador estabeleceu uma série de situações que legitimam o credor a pedir a falência, permitindo a constituição de um processo no qual o Judiciário averiguará se está, ou não, diante da hipótese da medida, estabelecendo a execução coletiva contra o empresário ou sociedade empresária.

Na listagem que se examinará a seguir, é relevante observar que o legislador não se limitou a arrolar fatos diretamente relacionados com a gestão financeira da empresa, como o não pagamento de dívidas. Isso seria extremamente arriscado, pois permitiria um agravamento do quadro, como as *bolas de neve* nos desenhos animados: o devedor contrairia mais dívidas para ir pagando dívidas, enquanto poderia, em acréscimo, agir contra o conjunto de credores, transferindo o seu patrimônio a terceiros ou até beneficiando alguns, em detrimento de outros. Justamente por isso, as hipóteses nas quais se permite a decretação da falência foram pensadas de forma ampla. São as seguintes as hipóteses de decretação de falência:

Inadimplência injustificada: será decreta a falência do devedor que, sem relevante razão de direito, não paga, no vencimento, obrigação líquida materializada em título ou títulos executivos protestados cuja soma ultrapasse o equivalente a 40 salários-mínimos na data do pedido de falência. Permite-se que credores diversos se reúnam em litisconsórcio a fim de perfazer tal limite mínimo. Lembre-se o que o Superior Tribunal de Justiça decidiu quando examinou o Agravo Regimental no Recurso Especial 1.124.763/PR:

"Para decretação da falência, é imperioso que todos os títulos executivos não pagos sejam protestados ou, pelo menos, caso o protesto se refira a apenas alguns desse títulos, que perfaçam o valor de 40 (quarenta) salários-mínimos, conforme expressa disposição legal." No entanto, vício em título protestado não impede falência se demais títulos alcançam valor mínimo legal, como se decidiu no Recurso Especial 2.028.234/SC.

Execução frustrada: o empresário ou sociedade empresária que, executado por qualquer quantia líquida, não paga, não deposita e não nomeia à penhora bens suficientes dentro do prazo legal, terá sua falência decretada.

Atos de falência: há um rol de atos que, se forem praticados pelo devedor empresário, exceto se fizerem parte de plano de recuperação judicial, dão margem ao pedido de falência; são eles: (1) proceder à liquidação precipitada de seus ativos ou lançar mão de meio ruinoso ou fraudulento para realizar pagamentos; (2) realizar ou, por atos inequívocos, tentar realizar, com o objetivo de retardar pagamentos ou fraudar credores, negócio simulado ou alienação de parte ou da totalidade de seu ativo a terceiro, credor ou não; (3) transferir estabelecimento a terceiro, credor ou não, sem o consentimento de todos os credores e sem ficar com bens suficientes para solver seu passivo; (4) simular a transferência de seu principal estabelecimento com o objetivo de burlar a legislação ou a fiscalização ou para prejudicar credor; (5) dar ou reforçar garantia a credor por dívida contraída anteriormente sem ficar com bens livres e desembaraçados suficientes para saldar seu passivo; (6) ausentar-se sem deixar representante habilitado e com recursos suficientes para pagar os credores, abandonar estabelecimento ou tentar ocultar-se de seu domicílio, do local de sua sede ou de seu principal estabelecimento; (7) deixar de cumprir, no prazo estabelecido, obrigação assumida no plano de recuperação judicial.

Acacia Engenharia S.A.

Acacia Engenharia S.A. – em Recuperação Judicial agravou ao Tribunal de Justiça. Recorria da decisão que convolava sua recuperação judicial em falência em face da "confessada impossibilidade de prosseguir no cumprimento do plano de soerguimento". O Tribunal de Justiça gaúcho não deu provimento ao agravo: encerrado os dois anos do período de observação, não houve encerramento da fase judicial da recuperação judicial, ainda que a recuperanda tenha cumprido todas as disposições do plano de recuperação. "Cabe ressaltar que em momento algum no curso da lide a recuperanda demonstrou interesse em encerrar a fase judicial da recuperação. Ao contrário, a parte tentou inclusive prorrogar mais ainda o concurso de observação, além do prazo já relativizado pelo Magistrado a quo". Cinco anos depois da aprovação do plano, a empresa tornou a relatar estar enfrentando dificuldades financeiras e noticiou que não conseguiria cumprir com o acordado no plano recuperatório, requerendo a convocação da Assembleia Geral de Credores para propor alterações na forma de quitação de suas obrigações. "Portanto, em tendo a parte se valido das prerrogativas da recuperação judicial por tanto tempo, bem como por não ter perseguido o encerramento da fase judicial, a fim de manter os benefícios do instituto, neste momento deve arcar, da mesma forma, com todos os ônus existentes. Assim, após longo período em recuperação judicial, em tendo a parte noticiado não ter condições de arcar com as obrigações acordadas com os credores, descabida a convocação de nova Assembleia Geral para alterações do plano, sendo obrigatória a convolação em falência por imposição legal, conforme estabelece o art. 61, §1º, da Lei 11.101/05. A esse respeito, como já destacada, uma vez que relativizado o prazo bienal do precitado dispositivo para os bônus, imperiosa sua relativização para os ônus, devendo ser convolada a recuperação em falência. Negado seguimento ao agravo de instrumento".

Mas o entendimento da Terceira Turma do Superior Tribunal de Justiça foi outro. É o que se lê no acórdão que julgou o Recurso Especial 1.707.468/RS: "A concessão da recuperação judicial, a seu turno, com homologação do respectivo plano, será efetuada pelo juiz, a requerimento do devedor (empresário ou sociedade empresária), se cumpridos os pressupostos legais, podendo 'determinar a manutenção do devedor em recuperação judicial até que sejam cumpridas todas as obrigações previstas no plano que vencerem até, no máximo, 2 (dois) anos depois da concessão da recuperação judicial, independentemente do eventual período de carência' (art. 61 da Lei 11.101/2005). Esse período máximo pelo qual deve perdurar o estado recuperacional do devedor representa o limite pelo qual o cumprimento das obrigações do plano se sujeitará à supervisão judicial, inexistindo óbice de previsão, no plano, de obrigações excedentes a esse prazo, após o qual se transfere esse encargo aos credores. [...] Disso decorre que a finalização exitosa da recuperação pressupõe a prolação de sentença judicial, não se operando automaticamente, com o implemento do segundo aniversário de concessão e homologação do plano de soerguimento, de forma a perdurar o estado de supervisão judicial, enquanto não proferida a respectiva decisão jurisdicional de ultimação do estado recuperacional (art. 63 da Lei 11.101/2005)".

Ainda que a recuperação judicial não finalize apenas com o decurso do biênio, estabelece-se uma situação especial. "Amparada em tal acepção, a Quarta Turma do STJ concluiu ser possível a modificação do plano após o lapso temporal bienal, haja vista a inexistência da sentença de encerramento da recuperação (REsp 1.302.735/SP, relator Ministro Luis Felipe Salomão, DJe de 5/4/2016)"; destacou o acórdão que, na sequência, chama atenção para a gravidade dos efeitos decorrentes da decretação da falência e, em face de tal gravidade, destacando o cuidado do legislador ao definir as hipóteses para a decretação da quebra.

"Na hipótese, o Juízo da recuperação convolou a recuperação da recorrente em falência, com base nos arts. 61, § 1º, e 73, IV, da Lei 11.101/2005, considerando como situação caracterizadora do descumprimento das obrigações do plano a confissão da recuperanda de impossibilidade de continuar adimplindo o plano aprovado e homologado, na oportunidade em que a sociedade devedora requereu àquele Juízo a realização de nova assembleia com o propósito de modificação do plano vigente. Tal situação, contudo, não configura o real descumprimento das obrigações do plano ensejador da convolação em falência, mas uma mera conjectura, que pode, inclusive, nem ocorrer, a ampliar indevidamente o alcance do texto legal. Não cabe ao Juízo da recuperação, nesse contexto, antecipar-se no decreto falimentar, antevendo uma possível (mas incerta) inexecução das obrigações constantes do plano, a pretexto de incidência do art. 61, § 1º, e, por conseguinte, do art. 73, IV, ambos da Lei 11.101/2005, sem que efetivamente tenha ocorrido o descumprimento, pois tal proceder caracteriza uma ampliação indevida do alcance da norma, conferindo interpretação extensiva a dispositivo legal que só comporta interpretação restritiva". E não havia nos autos prova de qualquer inadimplemento, razão pela qual não seria possível decretar a falência.

4 Decretação da falência

Podem requerer a falência do devedor: (1) ele próprio; (2) o cônjuge sobrevivente, qualquer herdeiro do devedor ou o inventariante; (3) o cotista ou o acionista do devedor na forma da lei ou do ato constitutivo da sociedade; e (4) qualquer credor; em se tratando de empresário ou sociedade empresária, apresentará certidão do Registro Público de Empresas que comprove a regularidade de suas atividades. Se o autor do pedido não tiver domicílio no Brasil, deverá prestar caução relativa às custas e ao pagamento da indenização por pedido abusivo, para eventualidade de ser condenado a tanto.

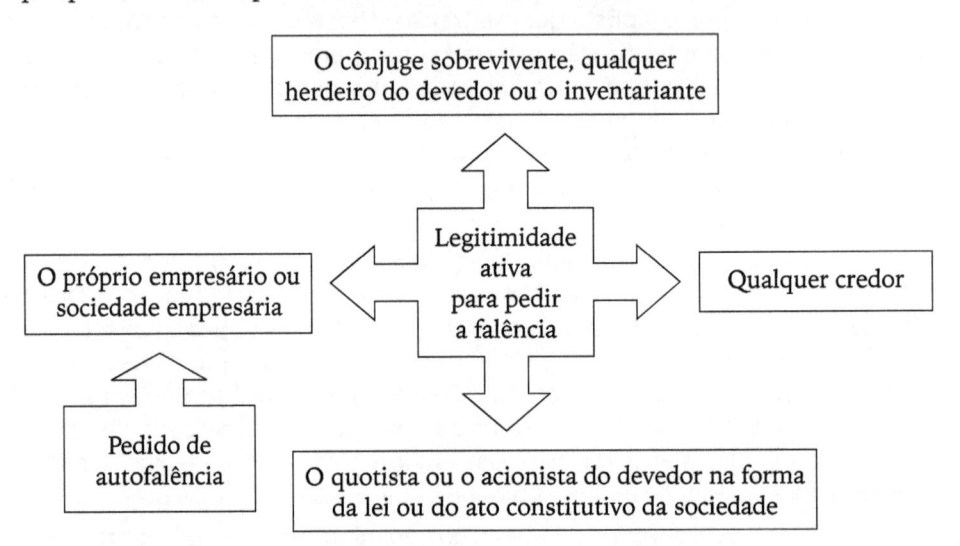

Quando o pedido se fundar em inadimplência injustificada, será instruído com os títulos executivos, exibidos no original ou por cópias autenticadas se estiverem juntados em outro processo, acompanhados, em qualquer caso, dos respectivos instrumentos de *protesto para fim falimentar*, que nada mais é do que o protesto ordinário que se aproveitará para a finalidade de se pedir a falência. De qualquer sorte, por força da Súmula 361/STJ, "a notificação do protesto, para requerimento de falência da empresa devedora, exige a identificação da pessoa que a recebeu".

Lembre-se de que, mesmo líquidos, não legitimam o pedido de falência os créditos que nela não se possam reclamar; é o que se passa, por exemplo, com obrigações a título gratuito que não podem ser exigidas na falência e na recuperação judicial de empresas; é o que se passa, por exemplo, com o beneficiário de uma doação. Já na execução frustrada, o pedido de falência será instruído com certidão expedida pelo juízo em que se processa a execução. Por fim, quando o pedido tenha por base a prática de atos de falência, o credor deverá descrever os fatos que a caracterizam, juntando-se as provas que houver e especificando-se as que serão produzidas.

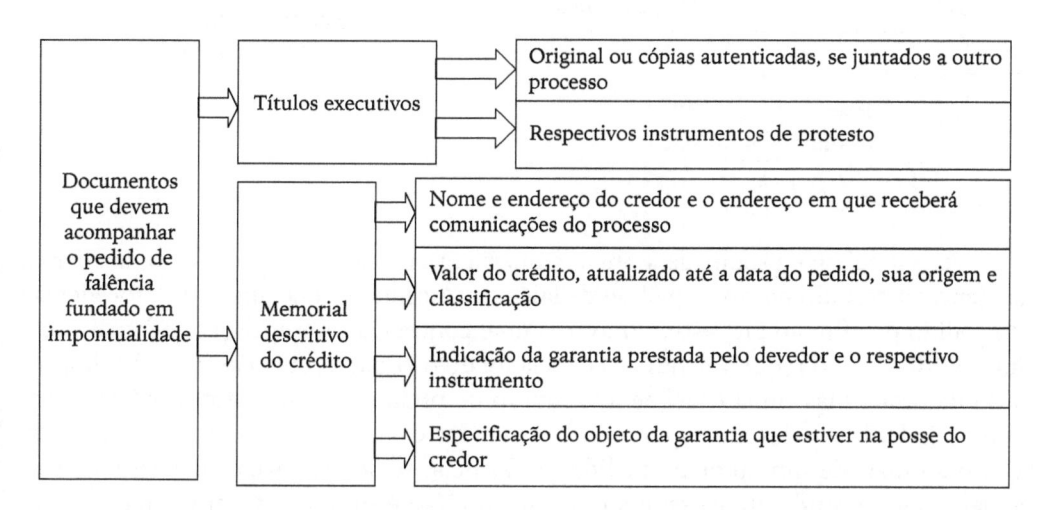

Documentos que devem acompanhar o pedido de falência fundado em impontualidade	Títulos executivos	Original ou cópias autenticadas, se juntados a outro processo
		Respectivos instrumentos de protesto
	Memorial descritivo do crédito	Nome e endereço do credor e o endereço em que receberá comunicações do processo
		Valor do crédito, atualizado até a data do pedido, sua origem e classificação
		Indicação da garantia prestada pelo devedor e o respectivo instrumento
		Especificação do objeto da garantia que estiver na posse do credor

Citado, o devedor poderá apresentar contestação no prazo de dez dias, durante o qual poderá, igualmente, pleitear sua recuperação judicial. Nos pedidos baseados em inadimplência injustificada ou execução frustrada, o devedor poderá, no prazo da contestação, depositar o valor correspondente ao total do crédito, acrescido de correção monetária, juros e honorários advocatícios, hipótese em que a falência não será decretada e, caso julgado procedente o pedido de falência, o juiz ordenará o levantamento do valor pelo autor. Se não pagar, nem pedir a recuperação judicial, o devedor poderá defender-se. Se a falência foi pedida por inadimplência injustificada, ele poderá evitá-la se provar: (1) a falsidade de título; (2) a ocorrência de prescrição; (3) a nulidade de obrigação ou de título; (4) o pagamento da dívida; (5) qualquer outro fato que extinga ou suspenda obrigação ou não legitime a cobrança de título; (6) vício em protesto ou em seu instrumento; (7) cessação das atividades empresariais mais de dois anos antes do pedido de falência, comprovada por documento hábil do Registro Público de Empresas, o qual não prevalecerá contra prova de exercício posterior ao ato registrado; e (8) falta de legitimidade da cobrança. Ressalte-se que, nas defesas baseadas nos números 1 a 4, a falência será decretada se, ao final, restarem obrigações não atingidas pela alegação, em montante que supere o limite de 40 salários-mínimos. Por outro lado, em se tratando de sociedade anônima, não será decretada sua falência após liquidado e partilhado seu ativo; também não se decretará a falência do espólio após um ano da morte do empresário.

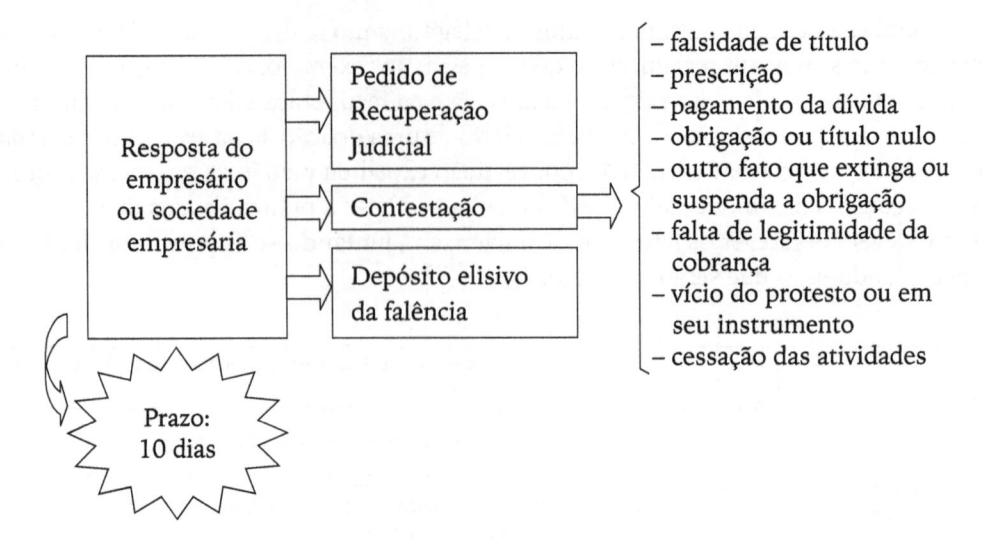

```
┌─────────────┐     ┌──────────────┐      ┌─ falsidade de título
│             │ ──▶ │ Pedido de    │      │─ prescrição
│ Resposta do │     │ Recuperação  │      │─ pagamento da dívida
│ empresário  │     │ Judicial     │      │─ obrigação ou título nulo
│ ou sociedade│ ──▶ │ Contestação  │ ═══▶ │─ outro fato que extinga ou
│ empresária  │     │              │      │  suspenda a obrigação
│             │ ──▶ │ Depósito     │      │─ falta de legitimidade da
└─────────────┘     │ elisivo da   │      │  cobrança
      │             │ falência     │      │─ vício do protesto ou em
      │             └──────────────┘      │  seu instrumento
      │                                   └─ cessação das atividades
      ▼
  ╱╲╱╲╱╲╱╲
  │ Prazo: │
  │ 10 dias│
  ╲╱╲╱╲╱╲╱
```

Feita a defesa e produzida a prova requerida por autor e réu na ação, o juiz dará a sentença, deferindo ou não o pedido de falência. A sentença que julga a improcedência do pedido põe fim ao processo, razão pela qual contra ela cabe apelação. Ademais, se o juiz verificar que o requerimento de falência foi doloso, isto é, que não só estava desprovido de razão, mas tinha o deliberado intuito de prejudicar o devedor, condenará seu autor a indenizar o devedor, apurando-se as perdas e danos em liquidação de sentença. Havendo mais de um autor do pedido de falência, serão solidariamente responsáveis aqueles que se conduziram assim abusivamente. Não é só. Por ação própria, o terceiro prejudicado também pode reclamar indenização dos responsáveis.

A falência pode ser requerida pelo próprio devedor, quando, devedor em crise econômico-financeira, julgue não atender aos requisitos para pleitear sua recuperação judicial. Em seu pedido, ele deverá expor as razões da impossibilidade de prosseguimento da atividade empresarial, acompanhadas dos seguintes documentos: (1) demonstrações contábeis referentes aos três últimos exercícios sociais e as levantadas especialmente para instruir o pedido, confeccionadas com estrita observância da legislação societária aplicável e compostas obrigatoriamente de: balanço patrimonial, demonstração de resultados acumulados, demonstração do resultado desde o último exercício social e relatório do fluxo de caixa; (2) relação nominal dos credores, indicando endereço, importância, natureza e classificação dos respectivos créditos; (3) relação dos bens e direitos que compõem o ativo, com a respectiva estimativa de valor e documentos comprobatórios de propriedade; (4) prova da condição de empresário, contrato social ou estatuto em vigor ou, se não houver, a indicação de todos os sócios, seus endereços e a relação de seus bens pessoais; (5) os livros obrigatórios e documentos contábeis que lhe forem exigidos por lei; (6) relação de seus administradores nos últimos cinco anos, com os respectivos endereços, suas funções e participação societária. Não estando o pedido regularmente instruído, o juiz determinará que seja emendado.

Se o juiz julgar o pedido procedente, o processo de falência terá seu curso, razão pela qual cabe agravo de tal decisão. A sentença que decretar a falência do devedor, entre outras determinações: (1) conterá a síntese do pedido, a identificação do falido e os nomes dos que forem a esse tempo seus administradores; (2) fixará o termo legal da falência, sem poder retrotraí-lo por mais de 90 dias contados do pedido de falência, do pedido de recuperação judicial ou do primeiro protesto por falta de pagamento, excluindo-se, para esta finalidade, os protestos que tenham sido cancelados; (3) ordenará ao falido que apresente, no prazo máximo de cinco dias, relação nominal dos credores, indicando endereço, importância, natureza e classificação dos respectivos créditos, se esta já não se encontrar nos autos, sob pena de desobediência; (4) explicitará o prazo para as habilitações de crédito; (5) ordenará a suspensão de todas as ações ou execuções contra o falido, na forma já estudada; (6) proibirá a prática de qualquer ato de disposição ou oneração de bens do falido, submetendo-os preliminarmente à autorização judicial e do comitê, se houver, ressalvados os bens cuja venda faça parte das atividades normais do devedor se autorizada a continuação provisória de suas atividades; (7) determinará as diligências necessárias para salvaguardar os interesses das partes envolvidas, podendo ordenar a prisão preventiva do falido ou de seus administradores quando requerida com fundamento em provas da prática de crime definido na Lei de Falências; (8) ordenará ao Registro Público de Empresas e à Secretaria Especial da Receita Federal do Brasil que procedam à anotação da falência no registro do devedor, para que dele constem a expressão "falido", a data da decretação da falência e sua inabilitação para empresariar (artigo 102); (9) nomeará o administrador judicial; (10) determinará a expedição de ofícios aos órgãos e repartições públicas e outras entidades para que informem a existência de bens e direitos do falido; (11) pronunciar-se-á a respeito da continuação provisória das atividades do falido ou da lacração dos estabelecimentos; (12) determinará, quando entender conveniente, a convocação da assembleia geral de credores para a constituição de comitê de credores, podendo ainda autorizar a manutenção do comitê eventualmente em funcionamento na recuperação judicial quando da decretação da falência; e (13) ordenará a intimação eletrônica, nos termos da legislação vigente e respeitadas as prerrogativas funcionais, respectivamente, do Ministério Público e das Fazendas Públicas federal e de todos os Estados, Distrito Federal e Municípios em que o devedor tiver estabelecimento, para que tomem conhecimento da falência. Ademais, o juiz ordenará a publicação de edital eletrônico com a íntegra da decisão que decreta a falência e a relação de credores apresentada pelo falido.

O falido fica inabilitado para exercer qualquer atividade empresarial a partir da decretação da falência e até a sentença que extingue suas obrigações. Findo o período de inabilitação, o falido poderá requerer ao juiz da falência que proceda à respectiva anotação em seu registro. Ademais, desde a decretação da falência, o devedor perde o direito de administrar os seus bens ou deles dispor; também perderá esse direito se o juiz, cautelarmente, decretar o sequestro de seus bens. O falido poderá, contudo, fiscalizar a administração da falência, requerer as providências necessárias para a conservação de seus direitos ou dos bens arrecadados e intervir nos processos em que a massa falida seja parte ou interessada, requerendo o que for de direito e interpondo os recursos cabíveis. Lembre-se, bem a propósito, de que as sociedades falidas serão representadas na falência por seus administradores ou liquidantes, os quais terão os mesmos direitos e, sob as mesmas penas, ficarão sujeitos às obrigações que cabem ao falido.

A decretação da falência impõe ao falido o dever de: (1) assinar nos autos, desde que intimado da decisão, termo de comparecimento, diretamente ao administrador judicial, em dia, local e hora por ele designados; (2) entregar ao administrador judicial os seus livros obrigatórios e os demais instrumentos de escrituração pertinentes, que os encerrará por termo; (3) não se ausentar do lugar onde se processa a falência sem motivo justo e comunicação expressa ao juiz, e sem deixar procurador bastante, sob as penas cominadas na lei; (4) comparecer a todos os atos da falência, podendo ser representado por procurador, quando não for indispensável sua presença; (5) entregar ao administrador judicial, para arrecadação, todos os bens, papéis, documentos e senhas de acesso a sistemas contábeis, financeiros e bancários, bem como indicar aqueles que porventura estejam em poder de terceiros; (6) prestar as informações reclamadas pelo juiz, administrador judicial, credor ou Ministério Público sobre circunstâncias e fatos que interessem à falência; (7) auxiliar o administrador judicial com zelo e presteza; (8) examinar as habilitações de crédito apresentadas; (9) assistir ao levantamento, à verificação do balanço e ao exame dos livros; (10) manifestar-se sempre que for determinado pelo juiz; (11) apresentar ao administrador judicial a relação de seus credores, em arquivo eletrônico; (12) examinar e dar parecer sobre as contas do administrador judicial. Faltando ao cumprimento de quaisquer dos deveres que esta Lei lhe impõe, após intimado pelo juiz a fazê-lo, responderá o falido por crime de desobediência. Eis os elementos do termo de comparecimento:

- Indicação do nome, da nacionalidade, do estado civil e do endereço completo do domicílio.
- As causas determinantes da sua falência, quando requerida pelos credores.
- Tratando-se de sociedade, os nomes e endereços de todos os sócios, acionistas controladores, diretores ou administradores, apresentando o contrato ou estatuto social e a prova do respectivo registro, bem como suas alterações.
- O nome do contador encarregado da escrituração dos livros obrigatórios.
- Os mandatos (procurações) que porventura tenha outorgado, indicando seu objeto, nome e endereço do mandatário.
- Seus bens imóveis e os móveis que não se encontram no estabelecimento.
- Se faz parte de outras sociedades, exibindo do respectivo contrato.
- Suas contas bancárias, aplicações, títulos em cobrança e processos em andamento em que for autor ou réu.

A decretação da falência determina o vencimento antecipado das dívidas do devedor e dos sócios ilimitada e solidariamente responsáveis, com o abatimento proporcional dos juros, e converte todos os créditos em moeda estrangeira para a moeda do país, pelo câmbio do dia da decisão judicial, para todos os efeitos da Lei de Falências. Assim, todos os credores – mesmo quando seus créditos tiverem vencimento futuro – estarão em condições de participar da execução coletiva. As cláusulas penais dos contratos unilaterais não serão atendidas se as obrigações neles estipuladas se vencerem em virtude da falência.

A decisão que decreta a falência da sociedade com sócios ilimitadamente responsáveis também acarreta a falência destes, que ficam sujeitos aos mesmos efeitos jurídicos produzidos em relação à sociedade falida e, por isso, deverão ser citados para apresentar contestação, se assim o desejarem. Essa regra aplica-se mesmo ao sócio que tenha se retirado voluntariamente ou que tenha sido excluído da sociedade, há menos de dois anos, quanto às dívidas existentes na data do arquivamento da alteração do contrato, no caso de não terem sido solvidas até a data da decretação da falência. A responsabilidade pessoal dos sócios de responsabilidade limitada, dos controladores e dos administradores da sociedade falida, a exemplo do pedido de desconsideração da personalidade jurídica, será apurada no próprio juízo da falência, independentemente da realização do ativo e da prova da sua insuficiência para cobrir o passivo. Essa ação de responsabilização prescreverá em dois anos, contados do trânsito em julgado da sentença de encerramento da falência. Para garantir tal responsabilização, o juiz poderá, de ofício ou mediante requerimento das partes interessadas, ordenar a indisponibilidade de bens particulares dos réus, em quantidade compatível com o dano provocado, até o julgamento da ação.

Esteja-se atento ao artigo 82-A, que expressamente veda a extensão da falência ou de seus efeitos, no todo ou em parte, aos sócios de responsabilidade limitada, aos controladores e aos administradores da sociedade falida. A norma, contudo, admite a desconsideração da personalidade jurídica para fins de responsabilização de terceiros, grupo, sócio ou administrador por obrigação da sociedade falida. Mas, para tanto, restringe a competência jurisdicional: a desconsideração somente pode ser decretada pelo juízo falimentar, com a observância do artigo 50 do Código Civil e das normas que regulamentam o procedimento no Código de Processo Civil.

Julgando o Recurso Especial 1.713.101/SP, Quarta Turma do Superior Tribunal de Justiça decidiu que "o processo de falência divide-se numa fase pré-falimentar, marcada pela presunção relativa do estado de insolvência da parte requerida, e noutra falimentar, que se inaugura se e quando acolhido o pleito inaugural e decretada a quebra. A sentença de quebra constitui novo estado jurídico de certeza da situação de insolvência e inaugura um regime jurídico específico, revestido de interesse público. Uma vez que produz coisa julgada material, a desconstituição da sentença falimentar deve ser feita pela via da ação rescisória."

5 Efeitos sobre as obrigações do devedor

A decretação da falência sujeita todos os credores, que somente poderão exercer os seus direitos sobre os bens do falido e do sócio ilimitadamente responsável na forma prescrita pela Lei de Falências. A decretação ainda suspende o exercício do direito de retenção sobre os bens sujeitos à arrecadação, os quais deverão ser entregues ao administrador judicial, além do exercício do direito de retirada ou de recebimento do valor de suas quotas ou ações, por parte dos sócios da sociedade falida. No que toca aos contratos bilaterais, não se resolvem pela falência e podem ser cumpridos pelo administrador judicial se o cumprimento reduzir ou evitar o aumento do passivo da massa falida ou for necessário à manutenção e preservação de seus ativos, mediante autorização do comitê.

Para evitar dúvidas de qualquer sorte, o contratante pode interpelar o administrador judicial, no prazo de até 90 dias, contado da assinatura do termo de sua nomeação, para que, dentro de dez dias, declare se cumpre ou não o contrato. A declaração negativa ou o silêncio do administrador judicial confere ao contraente o direito à indenização, cujo valor, apurado em processo ordinário, constituirá crédito quirografário. Por outro lado, o administrador judicial, mediante autorização do comitê, poderá dar cumprimento a contrato unilateral se esse fato reduzir ou evitar o aumento do passivo da massa falida ou for necessário à manutenção e preservação de seus ativos, realizando o pagamento da prestação pela qual está obrigada. O contrato unilateral é aquele que só gera obrigações para uma das partes, embora exija o consentimento da outra, a exemplo da doação e do comodato. Por fim, há situações jurídicas que são objeto de previsões específicas por parte da Lei de Falências. Veja:

- *Compra para revenda*: o vendedor (fornecedor do falido) não pode obstar a entrega das coisas expedidas ao devedor (o falido) e ainda em trânsito, se o comprador, antes do requerimento da falência, as tiver revendido, sem fraude, à vista das faturas e conhecimentos de transporte, entregues ou remetidos pelo vendedor.

- *Venda de coisas compostas*: na venda de coisas compostas, pelo falido, se o administrador judicial resolver não continuar a execução do contrato, poderá o comprador pôr à disposição da massa falida as coisas já recebidas, pedindo perdas e danos; exemplo seria a venda de uma frota de veículos, contratada a entrega de duas unidades por mês, durante 20 meses.

- *Venda ou prestação de serviço*: não tendo o devedor entregue coisa móvel ou prestado serviço que vendera ou contratara a prestações, e resolvendo o administrador judicial não executar o contrato, o crédito relativo ao valor pago será habilitado na classe própria.

- *Venda com reserva de domínio*: o administrador judicial, ouvido o comitê, restituirá a coisa móvel comprada pelo devedor com reserva de domínio do vendedor se resolver não continuar a execução do contrato, exigindo a devolução, nos termos do contrato, dos valores pagos.

- *Venda a termo*: tratando-se de coisas vendidas a termo, que tenham cotação em bolsa ou mercado, e não se executando o contrato pela efetiva entrega daquelas e pagamento do preço, prestar-se-á a diferença entre a cotação do dia do contrato e a da época da liquidação em bolsa ou mercado. Chama-se de venda a termo aquela que tem prestação futura, de qualquer das partes ou de ambas: (1) pagamento no futuro; (2) entrega do bem no futuro; ou (3) pagamento e entrega do bem no futuro.

- *Promessa de compra e venda de imóveis*: aplica-se a legislação respectiva.

- *Locação*: a falência do locador não resolve o contrato de locação e, na falência do locatário, o administrador judicial pode, a qualquer tempo, denunciar o contrato.

- *Contratos bancários*: caso haja acordo para compensação e liquidação de obrigações no âmbito do sistema financeiro nacional, nos termos da legislação vigente, a parte não falida poderá considerar o contrato vencido antecipadamente, hipótese em que será liquidado na forma estabelecida em regulamento, admitindo-se a compensação de eventual crédito que venha a ser apurado em favor do falido com créditos detidos pelo contratante.

- *Contas bancárias*: as contas correntes com o devedor consideram-se encerradas no momento de decretação da falência, verificando-se o respectivo saldo.
- *Patrimônios de afetação*: os patrimônios de afetação, constituídos para cumprimento de destinação específica, obedecerão ao disposto na legislação respectiva, permanecendo seus bens, direitos e obrigações separados dos do falido até o advento do respectivo termo ou até o cumprimento de sua finalidade, ocasião em que o administrador judicial arrecadará o saldo a favor da massa falida ou inscreverá na classe própria o crédito que contra ela remanescer. É o que se passará com os contratos de incorporação imobiliária (a exemplo da construção de prédios, com venda de apartamentos na planta), quando haja afetação, na forma da Lei 10.931/04.
- *Mandato*: se conferido pelo devedor, antes da falência, para a realização de negócios, cessará seus efeitos com a decretação da falência, cabendo ao mandatário prestar contas de sua gestão. No que diz respeito ao mandato conferido a advogado para representação judicial do devedor, continua em vigor até que seja expressamente revogado pelo administrador judicial. No que diz respeito ao mandato ou à comissão conferida ao falido antes da falência, cessará com a decretação da falência, salvo os que versem sobre matéria estranha à atividade empresarial. Imagine-se, por exemplo, que o empresário que teve sua falência decretada fosse representante de uma associação de amparo a crianças carentes; esse mandato não seria atingido pela decretação da falência.
- *Compensações*: por vezes, o empresário ou sociedade empresária mantém relações jurídicas com terceiros, das quais resultam créditos e débitos mútuos. Compensam-se, com preferência sobre todos os demais credores, as dívidas do devedor vencidas até o dia da decretação da falência, provenha o vencimento da sentença de falência ou não, obedecidos os requisitos da legislação civil. No entanto, não se compensam: (1) os créditos transferidos após a decretação da falência, salvo em caso de sucessão por fusão, incorporação, cisão ou morte; ou (2) os créditos, ainda que vencidos anteriormente, transferidos quando já conhecido o estado de crise econômico-financeira do devedor ou cuja transferência se operou com fraude ou dolo.
- *Sociedades*: se o falido fizer parte de alguma sociedade como sócio comanditário ou cotista, para a massa falida entrarão somente os haveres que na sociedade ele possuir e forem apurados na forma estabelecida no contrato ou estatuto social. Se o contrato ou o estatuto social nada disciplinar a respeito, a apuração far-se--á judicialmente, salvo se, por lei, pelo contrato ou estatuto, a sociedade tiver de liquidar-se, caso em que os haveres do falido, somente após o pagamento de todo o passivo da sociedade, entrarão para a massa falida.

- *Condomínio*: nos casos de condomínio indivisível de que participe o falido, o bem será vendido e deduzir-se-á do valor arrecadado o que for devido aos demais condôminos, facultada a estes a compra da quota-parte do falido nos termos da melhor proposta obtida.
- *Juros*: contra a massa falida não são exigíveis juros vencidos após a decretação da falência, previstos em lei ou em contrato; a data da prolação da sentença, e não sua publicação (Recurso Especial 1660198/SP). Se o ativo apurado não bastar para o pagamento dos credores subordinados; se bastar, o volume de bens restantes na massa será utilizado para o seu pagamento, na medida do possível. Excetuam-se desta disposição os juros das debêntures e dos créditos com garantia real, mas por eles responde, exclusivamente, o produto dos bens que constituem a garantia.
- *Espólio*: pedida a falência do devedor morto, o processo de inventário ficará suspenso, cabendo ao administrador judicial a realização de atos pendentes em relação aos direitos e obrigações da massa falida.
- *Concessão de serviços públicos*: a decretação da falência das concessionárias de serviços públicos implica extinção da concessão, na forma da lei.

De resto, nas relações patrimoniais não reguladas expressamente pela Lei de Falências, o juiz decidirá o caso atendendo à unidade, à universalidade do concurso e à igualdade de tratamento dos credores, sempre atento ao dever de preservar e otimizar a utilização produtiva dos bens, ativos e recursos produtivos, inclusive os intangíveis, da empresa.

Sakai × Telefônica

Sakai Ind. e Com. de Móveis Ltda. – massa falida ajuizou ação de cobrança contra Telefônica Brasil S.A., pedindo o recebimento de aluguéis que não teriam sido pagos pela ré. A sentença extinguiu o processo reconhecendo a prescrição do direito. A massa falida recorreu ao Tribunal de Justiça de São Paulo, argumentando haver causa para interrupção do prazo prescricional: nos autos do processo falimentar da autora ora apelada foi devidamente intimada para quitar sua obrigação, de modo que a prescrição havia sido interrompida nos autos da falência. A apelação não foi provida: "o artigo 6º da Lei de Falências dispõe que a suspensão da prescrição só ocorre por força da decretação da falência (e não do pedido de falência)". Por meio do Agravo Interno no Agravo em Recurso Especial 1.833.657/SP, a Quarta Turma do Superior Tribunal de Justiça concordou; e acresceu: "O eg. TJ-SP, com arrimo nas provas dos autos, assentou que não houve mora do judiciário que respaldasse a incidência do § 1º do art. 240 do CPC/2015, bem como consignou que eventual demora decorrera de inércia do próprio agravante".

31

FALÊNCIA: LIQUIDAÇÃO PATRIMONIAL

1   Ineficácia e revogação de atos anteriores à falência

São ineficazes em relação à massa falida, tenha ou não o contratante conhecimento do estado de crise econômico-financeira do devedor, seja ou não intenção deste fraudar credores (artigo 129 da Lei 11.101/05): (1) o pagamento de dívidas não vencidas realizado pelo devedor dentro do termo legal, por qualquer meio extintivo do direito de crédito, ainda que pelo desconto do próprio título; (2) o pagamento de dívidas vencidas e exigíveis realizado dentro do termo legal, por qualquer forma que não seja a prevista pelo contrato; (3) a constituição de direito real de garantia, inclusive a retenção, dentro do termo legal, tratando-se de dívida contraída anteriormente; se os bens dados em hipoteca forem objeto de outras posteriores, a massa falida receberá a parte que devia caber ao credor da hipoteca revogada; (4) a prática de atos a título gratuito, desde dois anos antes da decretação da falência; (5) a renúncia à herança ou a legado, até dois anos antes da decretação da falência; (6) a venda ou transferência de estabelecimento feita sem o consentimento expresso ou o pagamento de todos os credores, a esse tempo existentes, não tendo restado ao devedor bens suficientes para solver o seu passivo, salvo se, no prazo de 30 dias, não houver oposição dos credores, após serem devidamente notificados, judicialmente ou pelo oficial do registro de títulos e documentos; (7) os registros de direitos reais e de transferência de propriedade entre vivos, por título oneroso ou gratuito, ou a averbação relativa a imóveis realizada após a decretação da falência, salvo se tiver havido prenotação anterior.

No Recurso Especial 1.600.433 – MT, o Superior Tribunal de Justiça examinou a pretensão de credores que pretendiam que o termo legal da falência fosse fixado no 90º dia anterior à data do primeiro protesto por falta de pagamento. O Judiciário do Mato Grosso, em oposição, fixara no 90º dia antes da data do protocolo do pedido de recuperação judicial, embora a parte agravante alegue existir prova cabal da existência de títulos protestados, outras provas há, que apontam a existência de vários outros protestos sem a devida certificação que demonstre a maneira como os devedores foram intimados, quem recebeu a intimação e suas respectivas respostas. "A partir disso, concluiu que a situação dos autos não poderia retroagir à data do primeiro protesto, porque inválido, devendo ser equiparado a protesto cancelado. Concluiu, portanto, que, no caso concreto, o termo legal da falência deveria ser o 90º dia anterior à data de distribuição do pedido de recuperação judicial." A Quarta Turma não discordou: "Registre-se que o termo legal da falência corresponde ao período dentro do qual todos os atos praticados pelo devedor, agora falido, são considerados ineficazes perante a massa falida. Essa definição é corroborada pelo disposto no art. 99, II, da Lei n. 11.101/2005, segundo o qual o termo legal deve ser fixado na sentença que decretar a falência, não podendo retroceder por mais de 90 dias. Esse prazo deve ser contado da seguinte forma: do pedido de falência, do pedido de recuperação judicial ou do primeiro protesto por falta de pagamento, excluindo-se, para essa finalidade, os protestos que tenham sido cancelados." E ementou: "As hipóteses previstas no art. 99, II, da Lei n. 11.101/2005 são taxativas, não se admitindo interpretação extensiva do texto legal."

A ineficácia poderá ser declarada de ofício pelo juiz, alegada em defesa ou pleiteada mediante ação própria ou incidentalmente no curso do processo. Por seu turno, são revogáveis (artigo 130) os atos praticados com a intenção de prejudicar credores, provando-se o conluio fraudulento entre o devedor e o terceiro que com ele contratar e o efetivo prejuízo sofrido pela massa falida. No entanto, não serão declarados ineficazes ou revogados os atos referidos nos números 1, 2, 3 e 6, se forem previstos e realizados na forma definida no plano de recuperação judicial ou extrajudicial. Aliás, afora tais hipóteses, o ato pode ser declarado ineficaz ou revogado, ainda que praticado com base em decisão judicial, hipótese na qual, revogado o ato ou declarada sua ineficácia, ficará rescindida a sentença que o motivou.

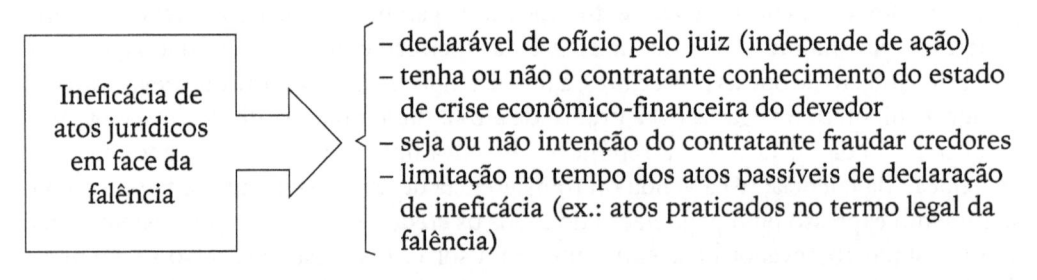

Ineficácia de atos jurídicos em face da falência:
- declarável de ofício pelo juiz (independe de ação)
- tenha ou não o contratante conhecimento do estado de crise econômico-financeira do devedor
- seja ou não intenção do contratante fraudar credores
- limitação no tempo dos atos passíveis de declaração de ineficácia (ex.: atos praticados no termo legal da falência)

Para a revogação de atos praticados com a intenção de prejudicar credores, usa-se da *ação revocatória*, que deverá ser proposta pelo administrador judicial, por qualquer credor ou pelo Ministério Público no prazo de três anos contado da decretação da falência. Tal ação pode ser promovida: (1) contra todos os que figuraram no ato ou que por efeito dele foram pagos, garantidos ou beneficiados; (2) contra os terceiros adquirentes, se tiveram conhecimento, ao se criar o direito, da intenção do devedor de prejudicar os credores; (3) contra os herdeiros ou legatários dessas pessoas. A ação revocatória correrá perante o juízo da falência e obedecerá ao procedimento ordinário previsto no Código de Processo Civil, sendo que o juiz poderá, a requerimento do autor da ação revocatória, ordenar, como medida preventiva, na forma da lei processual civil, o sequestro dos bens retirados do patrimônio do devedor que estejam em poder de terceiros. A sentença que a julgar procedente determinará o retorno dos bens à massa falida em espécie, com todos os acessórios, ou o valor de mercado, acrescido das perdas e danos. Essa sentença, julgue procedente ou não o pedido, pode ser impugnada por apelação.

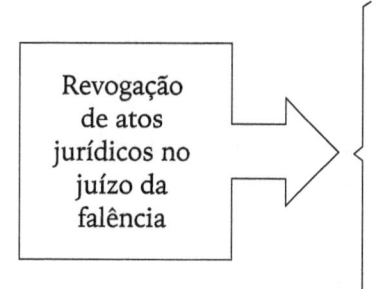

Revogação de atos jurídicos no juízo da falência ⇒
- realizável por meio de ação revocatória
- alcança atos que foram praticados com a intenção de prejudicar credores
- deve-se provar conluio fraudulento entre o devedor e o contratante, além do efetivo prejuízo da massa falida
- não há limitação no tempo dos atos passíveis de revogação; aplicam-se os prazos comuns de prescrição ou decadência

Reconhecida a ineficácia ou julgada procedente a ação revocatória, as partes retornarão ao estado anterior, e o contratante de boa-fé terá direito à restituição dos bens ou valores entregues ao devedor. Também é garantido ao terceiro de boa-fé, a qualquer tempo, propor ação por perdas e danos contra o devedor ou seus garantes. De outra face, na hipótese de securitização de créditos do devedor, não será declarada a ineficácia ou revogado o ato de cessão em prejuízo dos direitos dos portadores de valores mobiliários emitidos pelo securitizador.

Massa Falida de Morelli Alimentos Ltda. × Daniel

A Massa Falida de Morelli Alimentos Ltda. ajuizou ação revocatória contra Daniel pedindo que se tornasse sem efeito a alienação, pela falida, dentro do termo legal da falência, de dois imóveis. O Judiciário catarinense, em primeira e segunda instância, julgou procedentes os pedidos exordiais. Por meio do Recurso Especial 1.597.084/SC, a questão foi examinada pela Terceira Turma do Superior Tribunal de Justiça. Daniel argumentou ter havido violação dos artigos 129 e 133, II, da Lei nº 11.101/2005; afinal, apesar da alienação dos imóveis ter ocorrido durante o termo legal da falência, não pode ser anulada na hipótese em que o adquirente está de boa-fé. Afirmou que não conhecia a situação financeira da empresa, nem tampouco teve a intenção de prejudicar credores.

O acórdão transcreveu as disposições do artigo 129 da Lei 11.101/05 e concluiu que "a situação retratada nos autos, porém, não se encaixa em nenhuma das hipóteses do mencionado dispositivo legal. Com efeito, o ato do falido que é considerado ineficaz pelo artigo 129, VI, da Lei de Recuperação e Falência é o registro de transferência de propriedade após a decretação da quebra. No caso dos autos, conforme se depreende do acórdão recorrido, [...] apesar de o registro da transferência de propriedade ter se dado dentro do termo legal da falência, ocorreu antes da decretação da quebra, não sendo a hipótese de aplicação do artigo 129, VII, da LRF ao caso, isto é, fica afasta a possibilidade de se declarar a ineficácia do registro sem a comprovação do conluio fraudulento".

Adiante, emendaram os Ministros: "Ao lado das hipóteses de declaração de ineficácia objetiva, a Lei nº 11.101/2005 prevê no artigo 130 a possibilidade de revogação (na realidade declaração de ineficácia) de atos praticados pela falida com a intenção de lesar credores. Nessa situação se mostra imprescindível a comprovação do conluio fraudulento, além da ocorrência de prejuízo. No caso em debate, verifica-se que a ação revocatória foi proposta com fundamento no artigo 130 da Lei nº 11.101/2005. [...] Nesse contexto, tendo o Juízo de primeiro grau entendido que a situação dos autos se enquadrava em uma das hipóteses do artigo 129 da LRF, não adentrou no exame da alegação da existência de fraude. [...] Diante disso, mostra-se indispensável o retorno dos autos à origem para que se examine as alegações feitas na inicial relativas à ocorrência de fraude".

2   Habilitação dos créditos

Com a decretação da falência, aplicar-se-ão os procedimentos de habilitação de créditos. Considerar-se-ão habilitados os créditos remanescentes da recuperação judicial, quando definitivamente incluídos no quadro geral de credores, tendo prosseguimento as habilitações que estejam em curso. Como visto, com a habilitação do crédito o credor não fica impedido de exercer seu direito de ação contra coobrigados, fiadores e obrigados de regresso. Estes, então, deverão pagar àquele conforme sua obrigação, habilitando-se, depois, na falência pelo valor que desembolsaram. No entanto, se o credor de tais obrigações não se habilitar no prazo legal, garante-se aos coobrigados solventes e aos garantes do devedor ou dos sócios ilimitadamente responsáveis o direito de habilitar o crédito correspondente às quantias pagas ou mesmo devidas, evitando serem prejudicados por eventuais rateios.

Havendo credor de coobrigados solidários cujas falências sejam decretadas, terá ele o direito de concorrer, em cada uma delas, pela totalidade do seu crédito, até recebê-lo por inteiro, quando então comunicará ao juízo, salvo se as obrigações de algum dos falidos tiverem sido extintas por sentença, como se estudará adiante. Se o credor ficar integralmente pago por uma ou por diversas massas coobrigadas, as que pagaram terão direito regressivo contra as demais, em proporção à parte que pagaram e àquela que cada uma tinha a seu cargo. De outra face, se a soma dos valores pagos ao credor em todas as massas coobrigadas exceder o total do crédito, o valor será devolvido às massas na mesma proporção: à parte que pagaram e àquela que cada uma tinha a seu cargo. Aliás, se os coobrigados eram garantes uns dos outros, tal excesso pertencerá, conforme a ordem das obrigações, às massas dos coobrigados que tiverem o direito de ser garantidas.

3   Classificação dos créditos

Reconhece o legislador (artigo 83 da Lei 11.101/05) que os créditos não são iguais entre si, ou seja, que há créditos que devem ser preferidos a outros, por sua natureza, tratando de forma igual os iguais e, em contraste, de forma desigual os desiguais. A classificação dos créditos na falência obedece à seguinte ordem:

1º) créditos derivados da legislação trabalhista, limitados a 150 salários mínimos por credor, e os decorrentes de acidentes de trabalho (estes, sem qualquer limitação);

2º) créditos gravados com direito real de garantia até o limite do valor do bem gravado;

3º) créditos tributários, independentemente da sua natureza e do tempo de constituição, exceto os créditos extraconcursais e as multas tributárias;

4º) créditos quirografários, a exemplo de saldos dos créditos não cobertos pelo produto da alienação dos bens vinculados ao seu pagamento e saldos dos créditos derivados da legislação do trabalho que excederem o limite de 150 salários mínimos por credor;

5º) as multas contratuais e as penas pecuniárias por infração das leis penais ou administrativas, incluídas as multas tributárias; e

6º) créditos subordinados.

Os créditos cedidos a qualquer título manterão sua natureza e classificação. Ademais, há créditos que são considerados extraconcursais e, portanto, são pagos com precedência sobre os constantes da lista acima. O artigo 84 lista tais créditos, percebendo-se nitidamente que o legislador neles percebeu uma prejudicialidade em relação aos demais pagamentos; por exemplo: valor efetivamente entregue ao devedor em recuperação judicial por financiador, créditos em dinheiro objeto de restituição, obrigações resultantes de atos jurídicos válidos praticados durante a recuperação judicial, quantias fornecidas à massa falida pelos credores, às despesas com arrecadação, administração, realização do ativo, distribuição do seu produto e custas do processo de falência, remunerações devidas ao administrador judicial e aos seus auxiliares, reembolsos devidos a membros do Comitê de Credores, e créditos derivados da legislação trabalhista ou decorrentes de acidentes de trabalho relativos a serviços prestados após a decretação da falência; entre outros.

Condomínio Nobile × Inpar Projeto 86 SPE Ltda.

No Recurso Especial 2.002.590/SP, a Terceira Turma do Superior Tribunal de Justiça enfrentou uma questão interessante. Na recuperação judicial de Inpar Projeto 86 SPE LTDA e Viver Incorporadora e Construtora S.A, um dos credores, o Condominio Nobile, que as despesas condominiais inadimplida pela recuperanda (no caso, Sociedade de Propósito Específico, que atua na atividade de incorporação imobiliária), deveria ser considerado crédito extraconcursal, independentemente da observância do marco temporal estabelecido no artigo 49, caput, da Lei n. 11.101/2005; isso, considerando o que está disposto no artigo 84, III, da mesma norma. O argumento de defesa era no sentido de que o aludido dispositivo legal teria aplicação unicamente ao processo falimentar, como compreendeu a sentença e, depois, o Tribunal de Justiça de São Paulo. Note que o Superior Tribunal de Justiça, especificamente no âmbito de processos falimentares, entende que "os débitos condominiais estão compreendidos no conceito de despesas da massa, necessárias à administração do ativo, enquadrando-se como crédito extraconcursal".

Os ministros, contudo, diferenciaram as hipóteses: "(3) Não se concebe, por qualquer método hermenêutico que se adote, importar, simplesmente, a definição de créditos extraconcursais estabelecida para o processo falimentar (art. 84 da LRF) ao da recuperação judicial, ignorando sua disciplina específica (art. 49), sem prejuízo às finalidades e à coerência do sistema legal em exame. (4) Na falência, os créditos extraconcursais são aqueles originados, em regra, após a decretação da quebra, relacionados, de um modo geral, às despesas do processo falimentar (referentes à arrecadação, liquidação dos ativos da massa e pagamentos de credores desse período). Os titulares desse crédito são, portanto, credores da massa falida, e não do empresário ou da sociedade empresarial falida, razão pela qual devem receber precedentemente aos credores destes (do falido), elencados, em ordem de recebimento, no art. 83. Também entram nessa categoria (de créditos extraconcursais) os créditos originados após o ajuizamento da recuperação judicial e que, posteriormente, tenha sido convolada em falência. A lei, ao assim dispor, teve o claro objetivo de conferir àqueles que se dispuseram a conceder financiamentos ao empresário em situação declarada de crise financeira, viabilizando a manutenção da fonte produtora (arts. 69-A a 69-F), ou aos que estabeleceram relações contratuais com a recuperanda, permitindo a manutenção do fornecimento de bens e serviços, a prerrogativa, em caso de convolação de falência, de receber antes dos credores do falido. (4.1) Em todas as situações estabelecidas no art. 84 da LRF, a prioridade de pagamento decorre de uma razão objetiva: tais créditos existem justamente em razão da falência. Sobressai clara, desse modo, a impropriedade conceitual de se considerar o débito condominial de empresa em recuperação judicial como encargo da massa, se ausente o decreto falencial. Logo, somente podem ser compreendidas como encargos da massa as despesas condominiais posteriores ao pedido de recuperação judicial que veio a ser convolada em falência, do que não se cogita na hipótese retratada nos autos."

Os ministros foram além: "(5) Na recuperação judicial, as razões e as finalidades que levaram o legislador a estabelecer quais créditos não se submeteriam ao processo recuperacional não guardam nenhum paralelo com os eleitos no processo falimentar. Nos termos do art. 49, *caput*, da Lei n. 11.101/2005, estão sujeitos à recuperação judicial todos os créditos existentes na data do pedido, ainda que não vencidos. Trata-se, pois, de um critério puramente objetivo que não comporta flexibilização por parte do intérprete. Dessa disposição legal sobressaem dois aspectos essenciais à concretude da finalidade precípua do instituto da recuperação judicial, que é propiciar, a um só tempo, o soerguimento da empresa em crise, bem como a satisfação dos créditos. (5.1) A par do critério temporal, a Lei n. 11.101/2005 elegeu, ainda, o critério material, para, em relação a específicos e determinados créditos (art. 6º, § 7º-B; art. 49, §§ 3º, 4º, 6º, 7º 8º e 9º; e art. 199, §§ 1º e 2º), independentemente da cronologia de sua constituição, afastá-los dos efeitos da recuperação judicial. Nesse rol legal (incluídas, aí, as previsões em leis especiais), o qual também não comporta ampliação pelo intérprete, não se insere o crédito titularizado por condomínio, advindo das despesas condominiais inadimplidas pela empresa em recuperação judicial (ainda que considerada a sua natureza *propter rem*)."

Em suma, determinou-se que "a submissão ou não à recuperação judicial do crédito titularizado pelo condomínio recorrente, advindo de despesas condominiais inadimplidas pela recuperanda, será definida com base, unicamente, no corte temporal estabelecido no art. 49, *caput*, da Lei n. 11.101/2005. Os créditos atinentes às despesas condominiais anteriores ao pedido de recuperação judicial são concursais e, como tal, haverão de ser pagos nos exatos termos definidos no plano de recuperação judicial, aprovado pela assembleia de credores e homologado judicialmente. A execução individual de crédito concursal eventualmente ajuizada deve ser suspensa durante o *stay period* e, uma vez concedida a recuperação judicial, a operar a novação da obrigação representada no título executivo, deve ser extinta. Por sua vez, os créditos atinentes às despesas condominiais posteriores ao pedido de recuperação judicial são, estes sim, extraconcursais, razão pela qual a correlata execução individual deve prosseguir normalmente em direção à satisfação do direito creditício titularizado pelo condomínio recorrente." Assim, "a linha de entendimento ora propugnada, como não poderia deixar de ser, se adequa, detidamente, à tese jurídica vinculante firmada pela Segunda Seção do Superior Tribunal de Justiça no Tema 1.051: *Para o fim de submissão aos efeitos da recuperação judicial, considera-se que a existência do crédito é determinada pela data em que ocorreu o seu fato gerador.*"

4 Arrecadação e custódia dos bens

Ato contínuo à assinatura do termo de compromisso, o administrador judicial efetuará a arrecadação dos bens e documentos e a avaliação dos bens, separadamente ou em bloco (ainda que haja avaliação em bloco, o bem objeto de garantia real será também avaliado separadamente, para definição do limite do privilégio do respectivo crédito, como estudado há pouco). O administrador deverá, no prazo de até 60 dias, contado do termo de nomeação, apresentar, para apreciação do juiz, plano detalhado de realização dos ativos, inclusive com a estimativa de tempo não superior a 180 dias a partir da juntada de cada auto de arrecadação.

Os bens serão arrecadados e avaliados no local em que se encontrem, requerendo-se ao juiz, para esses fins, as medidas necessárias; o falido poderá acompanhar a arrecadação e a avaliação. Não serão arrecadados os bens absolutamente impenhoráveis, a exemplo do *bem de família*. O auto de arrecadação, composto pelo inventário e pelo respectivo laudo de avaliação dos bens, será assinado pelo administrador judicial, pelo falido ou seus representantes e por outras pessoas que auxiliarem ou presenciarem o ato. Não sendo possível a avaliação dos bens no ato da arrecadação, o administrador judicial requererá ao juiz a concessão de prazo para apresentação do laudo de avaliação, que não poderá exceder 30 dias, contados da apresentação do auto de arrecadação. Também entrará para a massa o produto dos bens penhorados ou por outra forma apreendidos em outros processos, cumprindo ao juiz deprecar, a requerimento do administrador judicial, às autoridades competentes, determinando sua entrega.

Serão referidos no inventário que compõe o auto de arrecadação: (1) os livros obrigatórios e os auxiliares ou facultativos do devedor, designando-se o estado em que se acham, número e denominação de cada um, páginas escrituradas, data do início da escrituração e do último lançamento, e se os livros obrigatórios estão revestidos das formalidades legais; (2) dinheiro, papéis, títulos de crédito, documentos e outros bens da massa falida; (3) os bens da massa falida em poder de terceiro, a título de guarda, depósito, penhor ou retenção; quando possível, tais bens serão individualizados; (4) os bens indicados como propriedade de terceiros ou reclamados por estes, mencionando-se essa circunstância. Em relação aos bens imóveis, o administrador judicial, no prazo de 15 dias após a sua arrecadação, exibirá as certidões de registro, extraídas posteriormente à decretação da falência, com todas as indicações que nele constarem.

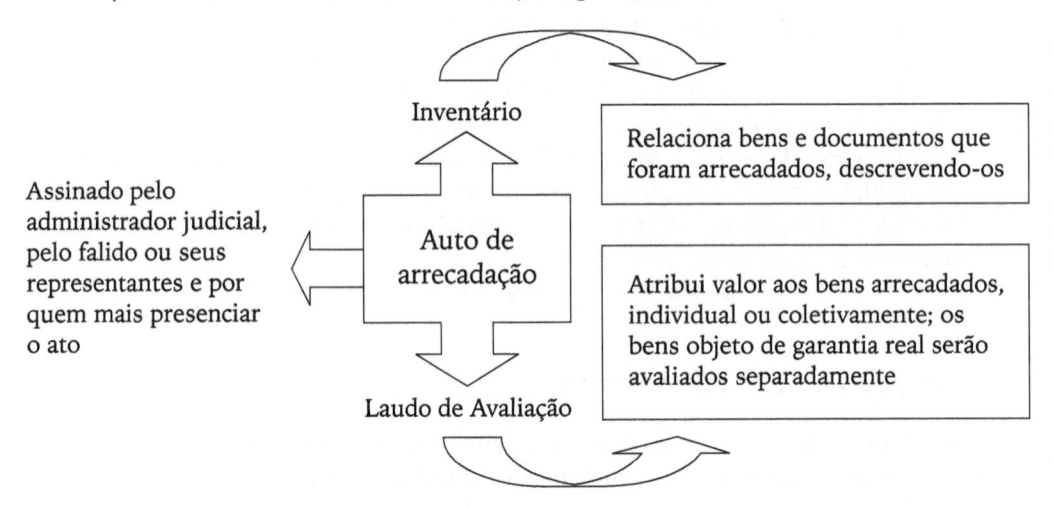

```
                           Inventário
                              ↕
Assinado pelo                                   Relaciona bens e documentos que
administrador judicial,                         foram arrecadados, descrevendo-os
pelo falido ou seus          Auto de
representantes e por   ←    arrecadação   →
quem mais presenciar                            Atribui valor aos bens arrecadados,
o ato                                           individual ou coletivamente; os
                              ↕                 bens objeto de garantia real serão
                        Laudo de Avaliação      avaliados separadamente
```

Os bens arrecadados ficarão sob a guarda do administrador judicial ou de pessoa por ele escolhida, sob responsabilidade daquele, podendo o falido ou qualquer de seus representantes ser nomeado depositário dos bens. Sempre que houver risco para a execução da etapa de arrecadação ou para a preservação dos bens da massa falida ou dos interesses dos credores, o estabelecimento empresarial será lacrado. Se houver necessidade de melhor guarda e conservação, os arrecadados poderão ser removidos, hipótese em que permanecerão em depósito sob responsabilidade do administrador judicial, mediante compromisso. Em se tratando de bens perecíveis, deterioráveis, sujeitos à considerável desvalorização ou que sejam de conservação arriscada ou dispendiosa, poderão ser vendidos antecipadamente, após a arrecadação e a avaliação, mediante autorização judicial, ouvidos o comitê e o falido no prazo de 48 horas.

O administrador judicial poderá alugar ou celebrar outro contrato referente aos bens da massa falida, com o objetivo de produzir renda para ela, mediante autorização do comitê. Tal contrato não gera direito de preferência na compra e não pode importar disposição total ou parcial dos bens e, ademais, o bem objeto da contratação poderá ser alienado a qualquer tempo, independentemente do prazo contratado, rescindindo-se, sem direito a multa, o contrato realizado, salvo se houver anuência do adquirente.

4.1 Pedido de restituição

O proprietário de bem arrecadado no processo de falência ou que se encontre em poder do devedor na data da decretação da falência poderá pedir sua restituição. Também pode ser pedida a restituição de coisa vendida a crédito e entregue ao devedor nos 15 dias anteriores ao requerimento de sua falência, se ainda não alienada. O pedido de restituição, que suspende a disponibilidade da coisa até o trânsito em julgado da decisão que o examinar, deverá ser fundamentado, descrevendo a coisa reclamada. O juiz o mandará autuar em separado, com os documentos que o instruírem, e determinará a intimação do falido, do comitê, dos credores e do administrador judicial para que, no prazo de cinco dias sucessivos, se manifestem, valendo como contestação a manifestação contrária à restituição. Contestado o pedido e deferidas as provas porventura requeridas, o juiz designará audiência de instrução e julgamento, se necessária. Não havendo provas a realizar, os autos serão conclusos para sentença. O autor do pedido de restituição que pretender receber o bem ou a quantia reclamada antes do trânsito em julgado da sentença prestará caução.

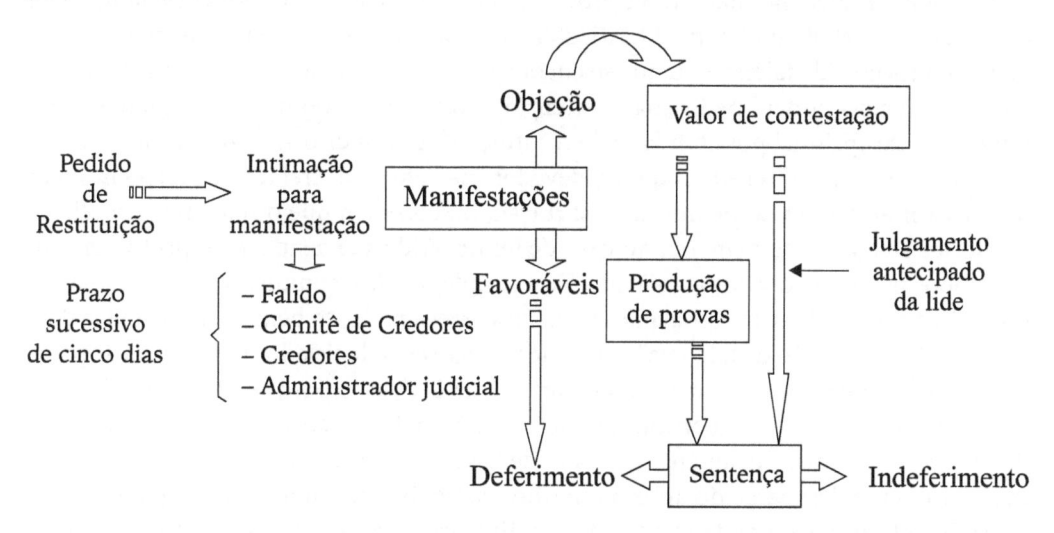

A sentença que reconhecer o direito do requerente determinará a entrega da coisa no prazo de 48 horas, sendo que, caso não haja contestação, a massa não será condenada ao pagamento de honorários advocatícios. De outra face, a sentença que negar a restituição, quando for o caso, incluirá o requerente no quadro geral de credores, na classificação que lhe couber, na forma da Lei de Falências. Em ambos os casos, da sentença que julgar o pedido de restituição caberá apelação sem efeito suspensivo. Lembre-se, ainda, de que nos casos em que não couber pedido de restituição, fica resguardado o direito dos credores de propor embargos de terceiros, observada a legislação processual civil.

Proceder-se-á à restituição em dinheiro: (1) se a coisa não mais existir ao tempo do pedido de restituição, hipótese em que o requerente receberá o valor da avaliação do bem, ou, no caso de ter ocorrido sua venda, o respectivo preço, em ambos os casos no valor atualizado; (2) da importância entregue ao devedor, em moeda corrente nacional, decorrente de adiantamento a contrato de câmbio para exportação, desde que o prazo total da operação, inclusive eventuais prorrogações, não exceda o previsto nas normas específicas da autoridade competente; (3) dos valores entregues ao devedor pelo contratante de boa-fé na hipótese de revogação ou ineficácia do contrato; e (4) às Fazendas Públicas, relativamente a tributos passíveis de retenção na fonte, de descontos de terceiros ou de sub-rogação e a valores recebidos pelos agentes arrecadadores e não recolhidos aos cofres públicos. Quando diversos requerentes houverem de ser satisfeitos em dinheiro e não existir saldo suficiente para o pagamento integral, far-se-á rateio proporcional entre eles. O requerente que tiver obtido êxito no seu pedido ressarcirá a massa falida ou quem tiver suportado as despesas de conservação da coisa reclamada.

No Agravo Interno no Agravo em Recurso Especial 2.484.947/SP, o autor do pedido de restituição alegava que "o bem se encontrava em poder do falido, conforme contratos juntados e isso basta para a viabilidade de seu pedido de restituição que, caso não seja possível para devolução da coisa, pode ser convertido em dinheiro, como lhe assegura a lei." No entanto, entendeu a Corte, no caso focado, o bem não foi arrecadado no processo de falência e não houve prova de que se encontrava em poder do falido. Diz o acórdão: "O art. 85 da Lei n.º 11.101/2005, dispõe que o proprietário de bem arrecadado no processo de falência ou que se encontre em poder do devedor na data da decretação da falência poderá pedir sua restituição. E o art. 86, I, do mesmo Diploma Legal refere-se à excepcional possibilidade de restituição em dinheiro se a coisa (que foi devidamente "arrecadada" ou em poder do devedor "na data da decretação da falência") não mais existir ao tempo do pedido de restituição, hipótese em que o requerente receberá o valor da avaliação do bem, ou, no caso de ter ocorrido sua venda, o respectivo preço, em ambos os casos no valor atualizado. Pela simples análise conjunta dos mencionados dispositivos legais, já se percebe que a menção à arrecadação do bem ou à existência dele "na data da decretação da falência" não é mera alegoria do legislador para servir de pressuposto para o pedido de restituição do art. 85 da LRF. Isso porque, referida exigência legal equivale à verdadeira constatação de que o bem de terceiro foi incluído na Massa Falida objetiva e que, exatamente por isso, deve ser responsabilizada pela devolução: a) *in natura*, ou se desaparecido após o referido marco; b) em dinheiro ao proprietário. A possibilidade excepcional da restituição em dinheiro, sem concorrência com os demais credores, se dá porque o referido capital nunca pertenceu a empresa falida e nunca foi concursal."

5 Realização do ativo

Ao fim de 2023, o Judiciário Paulista anunciou o leilão de 23 marcas registradas pertencentes à PAN Produtos Alimentícios Nacionais S/A, cuja falência fora decretada, empresa que ficara famosa tanto pelas moedas de chocolate, quando por chocolates em formato de cigarros; a perícia fixou o valor de base (lance inicial) em R$ 27.583.262,00, considerando sua penetração mercadológica. Um pouco antes, a Cacau Show (Chocoarte Comércio de Chocolates Ltda.) havia arrematado, por R$ 71.000.000,00, a fábrica em São Caetano/SP: imóvel e maquinário.

CacauShow

A alienação de bens do falido dar-se-á por uma das seguintes modalidades (artigo 142): (1) leilão eletrônico, presencial ou híbrido; (2) processo competitivo organizado promovido por agente especializado e de reputação ilibada, cujo procedimento deverá ser detalhado em relatório anexo ao plano de realização do ativo ou ao plano de recuperação judicial, conforme o caso; (3) qualquer outra modalidade, desde que aprovada nos termos da Lei. E se dará (1) independentemente de a conjuntura do mercado no momento da venda ser favorável ou desfavorável, dado o caráter forçado da venda; (2) independentemente da consolidação do quadro-geral de credores; (3) poderá contar com serviços de terceiros como consultores, corretores e leiloeiros; (4) deverá ocorrer no prazo máximo de 180 dias, contado da data da lavratura do auto de arrecadação, no caso de falência; (5) não estará sujeita à aplicação do conceito de preço vil. Aliás, por força do § 3º do artigo 66, desde que a alienação seja realizada com observância do disposto no § 1º do artigo 141 e no artigo 142 da Lei 11.101/05, o objeto da alienação estará livre de qualquer ônus e não haverá sucessão do adquirente nas obrigações do devedor, incluídas, mas não exclusivamente, as de natureza ambiental, regulatória, administrativa, penal, anticorrupção, tributária e trabalhista.

Alienações em forma alternativa ao leilão eletrônico, presencial ou híbrido, demandam (1) ser aprovada pela assembleia geral de credores; (2) decorrer de disposição de plano de recuperação judicial aprovado; ou (3) ser aprovada pelo juiz, considerada a manifestação do administrador judicial e do Comitê de Credores, se existente. Em qualquer modalidade de alienação, o Ministério Público e as Fazendas Públicas serão intimados por meio eletrônico, nos termos da legislação vigente e respeitadas as respectivas prerrogativas funcionais, sob pena de nulidade. Como se não bastasse, todas as formas de alienação de bens realizadas de acordo com esta Lei serão consideradas, para todos os fins e efeitos, alienações judiciais. Isso quer dizer que não há uma venda do devedor (em recuperação ou falido) para o adquirente; há uma desapropriação judicial do bem (ou conjunto de bens, incluindo unidades produtivas autônomas ou a totalidade da empresa) para o arrematante, com efeitos jurídicos de aquisição originária de direito. Sem sucessão subjetiva, portanto.

Em qualquer das modalidades de alienação, poderão ser apresentadas impugnações por quaisquer credores, pelo devedor ou pelo Ministério Público, em 48 horas da arrematação, devendo ser decididas em cinco dias (artigo 143). Busca-se eficiência e celeridade processual. Impugnações baseadas no valor de venda do bem somente serão recebidas se acompanhadas de oferta firme do impugnante ou de terceiro para a aquisição do bem, respeitados os termos do edital, por valor presente superior ao valor de venda, e de depósito caucionário equivalente a 10% do valor oferecido; essa oferta vincula o impugnante e, havendo, o terceiro ofertante como se arrematantes fossem. Se houver mais de uma impugnação baseada no valor de venda do bem, somente terá seguimento aquela que tiver o maior valor presente entre elas. A suscitação infundada de vício na alienação pelo impugnante será considerada ato atentatório à dignidade da justiça e sujeitará o suscitante à reparação dos prejuízos causados e às penas previstas no Código de Processo Civil.

Frustrada a tentativa de venda dos bens da massa falida e não havendo proposta concreta dos credores para assumi-los, os bens poderão ser considerados sem valor de mercado e destinados à doação. Se não houver interessados na doação, os bens serão devolvidos ao falido (artigo 144-A).

As quantias recebidas a qualquer título serão imediatamente depositadas em conta remunerada de instituição financeira, atendidos os requisitos da lei ou das normas de organização judiciária. Ademais, o administrador judicial a fará constar na conta demonstrativa da administração que deve apresentar ao juiz, para juntada, aos autos, até o décimo dia do mês seguinte ao vencido, na qual deve especificar com clareza a receita e a despesa do período, explicitando a forma de distribuição dos recursos entre os credores.

6   Pagamento aos credores

Realizadas as restituições, pagos os créditos extraconcursais e consolidado o quadro geral de credores, as importâncias recebidas com a realização do ativo serão destinadas ao pagamento dos credores, atendendo à classificação prevista na Lei de Falências, respeitados os seus demais dispositivos e as decisões judiciais que determinam reserva de importâncias, que ficarão depositadas até o julgamento definitivo do crédito e, no caso de não ser este finalmente reconhecido, no todo ou em parte, os recursos serão objeto de rateio suplementar entre os credores remanescentes. Os credores que não procederem, no prazo fixado pelo juiz, ao levantamento dos valores que lhes couberam em rateio serão intimados a fazê-lo no prazo de 60 dias, após o qual os recursos serão objeto de rateio suplementar entre os credores remanescentes. Os credores restituirão em dobro as quantias recebidas, acrescidas dos juros legais, se ficar evidenciado dolo ou má-fé na constituição do crédito ou da garantia.

As despesas cujo pagamento antecipado seja indispensável à administração da falência, inclusive na hipótese de continuação provisória das atividades, serão pagas pelo administrador judicial com os recursos disponíveis em caixa. Também serão pagos tão logo haja disponibilidade em caixa os créditos trabalhistas de natureza estritamente salarial vencidos nos três meses anteriores à decretação da falência, até o limite de cinco salários-mínimos por trabalhador.

Pagos todos os credores, o saldo, se houver, será entregue ao falido.

7 Encerramento da falência e extinção das obrigações do falido

Concluída a realização de todo o ativo, e distribuído o produto entre os credores, o administrador judicial apresentará suas contas ao juiz no prazo de 30 dias. Tais contas, acompanhadas dos documentos comprobatórios, serão prestadas em autos apartados que, ao final, serão apensados aos autos da falência. O juiz ordenará a publicação de aviso de que as contas foram entregues e se encontram à disposição dos interessados, que poderão impugná-las no prazo de dez dias. Decorrido o prazo do aviso e realizadas as diligências necessárias à apuração dos fatos, o juiz intimará o Ministério Público para manifestar-se no prazo de cinco dias, findo o qual o administrador judicial será ouvido se houver impugnação ou parecer contrário do Ministério Público, após o que o juiz julgará as contas por sentença. Se a sentença rejeitar as contas do administrador judicial, fixará suas responsabilidades, podendo determinar a indisponibilidade ou o sequestro de seus bens, servindo como título executivo para indenização da massa. Em qualquer hipótese, dessa sentença cabe apelação.

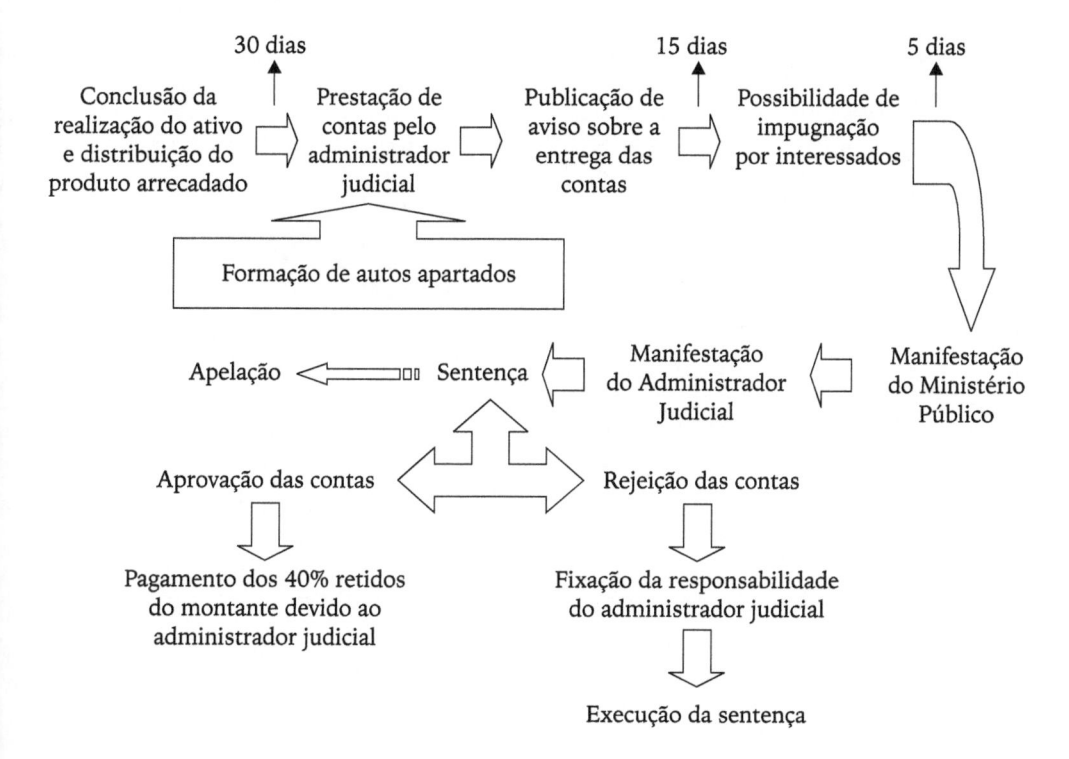

```
                30 dias                       15 dias              5 dias
    Conclusão da      Prestação de     Publicação de     Possibilidade de
   realização do ativo  contas pelo    aviso sobre a      impugnação
   e distribuição do   administrador   entrega das        por interessados
   produto arrecadado    judicial         contas

              Formação de autos apartados

                                        Manifestação      Manifestação
   Apelação  ⇐  Sentença                do Administrador  do Ministério
                                        Judicial          Público

     Aprovação das contas      Rejeição das contas

   Pagamento dos 40% retidos   Fixação da responsabilidade
   do montante devido ao       do administrador judicial
   administrador judicial
                                Execução da sentença
```

Julgadas as contas do administrador judicial, ele apresentará o relatório final da falência no prazo de dez dias, indicando o valor do ativo e o do produto de sua realização, o valor do passivo e o dos pagamentos feitos aos credores, e especificará justificadamente as responsabilidades com que continuará o falido. Apresentado o relatório final, o juiz encerrará a falência por sentença. A sentença de encerramento será publicada por edital e dela caberá apelação.

A última questão a ser tratada é a extinção das obrigações do falido, tema que experimenta variação legislativa profícua e casuística. Atualmente, seu tratamento encontra-se no artigo 158 da Lei 11.101/05, com a redação que lhe deu a Lei 14.112/20. Segundo a norma, extingue as obrigações do falido: (1) o pagamento de todos os créditos; (2) o pagamento, após realizado todo o ativo, de mais de 25% dos créditos quirografários, facultado ao falido o depósito da quantia necessária para atingir a referida porcentagem se para isso não tiver sido suficiente a integral liquidação do ativo; (3) o decurso do prazo de três anos, contado da decretação da falência, ressalvada a utilização dos bens arrecadados anteriormente, que serão destinados à liquidação para a satisfação dos credores habilitados ou com pedido de reserva realizado; e (4) o encerramento da falência (conferir artigos 114-A e 156 da Lei 11.101/05). Configurada qualquer dessas hipóteses, o falido poderá requerer ao juízo da falência que suas obrigações sejam declaradas extintas por sentença.

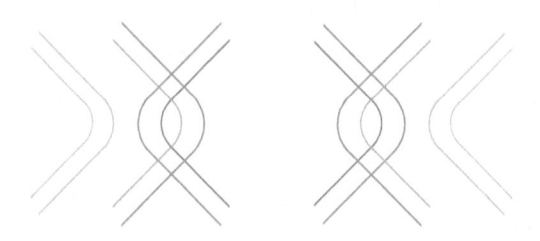

REFERÊNCIAS BIBLIOGRÁFICAS

ACADEMIA BRASILEIRA DE LETRAS JURÍDICAS. *Dicionário jurídico*. 4. ed. Rio de Janeiro: Forense Universitária, 1997.

ALMEIDA, Napoleão Mendes de. *Gramática metódica da língua portuguesa*. 43. ed. São Paulo: Saraiva, 1999.

BARBOSA FILHO, Marcelo Fortes. *Sociedade anônima atual*: comentários e anotações às inovações trazidas pela Lei 10.303/01 ao texto da Lei 6.404/76. São Paulo: Atlas, 2004.

BULGARELLI, Waldirio. *Contratos e títulos empresariais*: as novas perspectivas. São Paulo: Atlas, 2001.

BULGARELLI, Waldirio. *Contratos mercantis*. 14. ed. São Paulo: Atlas, 2001.

BULGARELLI, Waldirio. *Manual das sociedades anônimas*. 13. ed. São Paulo: Atlas, 2001.

BULGARELLI, Waldirio. *Títulos de crédito*. 18. ed. São Paulo: Atlas, 2001.

CALDAS AULETE (Org.). *Dicionário contemporâneo da língua portuguesa*. 4. ed. Rio de Janeiro: Delta, 1958.

CÂNDIDO, Marlúcio. A eficiência da aplicabilidade do balanced scorecard *na gestão da controladoria*: um estudo comparativo de casos em *shopping centers* da modalidade comunitária. 2004. Dissertação (Mestrado) – Fundação Pedro Leopoldo, Pedro Leopoldo, MG.

CÂNDIDO, Marlúcio. *Direito comercial*. 16. ed. São Paulo: Atlas, 2001.

CARLETTI, Amilcare. *Dicionário de latim forense*. 6. ed. São Paulo: Leud, 1995.

CARVALHOSA, Modesto. *Comentários à Lei de Sociedades Anônimas*. São Paulo: Saraiva, 2002.

CARVALHOSA, Modesto. *Comentários ao Código Civil*. São Paulo: Saraiva, 2003. v. 13.

CATEB, Salomão de Araújo. *Direito das sucessões*. São Paulo: Atlas, 2003.

CORRÊA-LIMA, Osmar Brina. *Sociedade anônima*. 2. ed. Belo Horizonte: Del Rey, 2003.

FABBRINI, Isidoro. *Assessoria contábil para advogados das áreas comercial e empresarial*. São Paulo: Atlas, 2003.

FABRETTI, Láudio Camargo. *Direito de empresa no novo Código Civil*. São Paulo: Atlas, 2003.

FABRETTI, Láudio Camargo. *Incorporação, fusão, cisão e outros eventos societários*: tratamento jurídico, tributário e contábil. São Paulo: Atlas, 2001.

FARIA, Ernesto. *Dicionário escolar latino-português*. Rio de Janeiro: FAE, 1988.

FAZZIO JÚNIOR, Waldo. *Manual de direito comercial*. 3. ed. São Paulo: Atlas, 2003.

FERNANDES, Lina. *Do contrato de franquia*. Belo Horizonte: Del Rey, 2000.

FERREIRA, Aurélio Buarque de Holanda. *Novo dicionário da língua portuguesa*. 2. ed. Rio de Janeiro: Nova Fronteira, 1997.

FIGUEIREDO, Ronise de Magalhães. *Dicionário prático de cooperativismo*. Belo Horizonte: Mandamentos, 2000.

FIÚZA, Ricardo (Org.). *Código Civil*: parecer final às emendas do Senado Federal feitas ao projeto de lei da Câmara nº 118, de 1984, que institui o Código Civil. Brasília: Centro de Documentação e Informação, 2000.

FONSECA, Priscila M. P. Côrrea da. *Dissolução parcial, retirada e exclusão de sócio*. São Paulo: Atlas, 2002.

FRASÃO, Stanley Martins. *A responsabilidade civil do administrador da sociedade limitada*. 2003. Dissertação (Mestrado em Direito Empresarial) – Faculdade de Direito Milton Campos, Belo Horizonte.

FREITAS, Augusto Teixeira de. *Esboço do Código Civil*. Brasília: Ministério da Justiça: Fundação Universidade de Brasília, 1983.

FREITAS, Elizabeth Cristina Campos Martins de. *Desconsideração da personalidade jurídica*: análise à luz do código de defesa do consumidor e do novo Código Civil. São Paulo: Atlas, 2002.

FUNDAÇÃO INSTITUTO DE PESQUISAS CONTÁBEIS, ATUARIAIS E FINANCEIRAS – FIPECAFI. *Manual de contabilidade das sociedades por ações*: aplicável às demais sociedades. 5. ed. São Paulo: Atlas, 2000.

FURTADO, Jorge Henrique Pinto. *Curso de direito das sociedades*. 4. ed. Coimbra: Almedina, 2001.

GABRICH, Frederico de Andrade. *Contrato de franquia e direito de informação*. Rio de Janeiro: Forense, 2002.

GALVÃO, Fernando. *Responsabilidade penal da pessoa jurídica*. 2. ed. Belo Horizonte: Del Rey, 2003.

GALVÃO, Ramiz. *Vocabulário etimológico, ortográfico e prosódico das palavras portuguesas derivadas da língua grega*. Rio de Janeiro, Belo Horizonte: Garnier, 1994. (Edição fac-símile.)

GONÇALVES, Luís da Cunha. Breve estudo sobre a personalidade das sociedades comerciais. *Revista de Direito Civil, Comercial e Criminal*, Rio de Janeiro, v. 15, p. 18-27, 1910.

HERRMANN JUNIOR, Frederico. *Análise de balanços para administração financeira*: análise econômica e financeira do capital das empresas. 9. ed. São Paulo: Atlas, 1972.

HERRMANN JUNIOR, Frederico. *Contabilidade superior*: teoria econômica da contabilidade. 10. ed. São Paulo: Atlas, 1978.

HERRMANN JUNIOR, Frederico. *Custos industriais*: organização administrativa e contábil das empresas industriais. 7. ed. São Paulo: Atlas, 1974.

HOUAISS, Antônio; VILLAR, Mauro Salles. *Dicionário Houaiss da língua portuguesa*. Rio de Janeiro: Objetiva, 2001.

IUDÍCIBUS, Sérgio de (Org.). *Contabilidade introdutória*. São Paulo: Atlas, 1998.

IUDÍCIBUS, Sérgio de; MARION, José Carlos. *Dicionário de termos de contabilidade*: breves definições, conceitos e palavras-chave de contabilidade e áreas correlatas. São Paulo: Atlas, 2001.

JUSTINIANUS, Flavius Petrus Sabbatus. *Institutas do Imperador Justiniano*: manual didático para uso dos estudantes de direito de Constantinopla, elaborado por ordem do Imperador Justiniano, no ano de 533 d.C. Tradução de José Cretella Júnior e Agnes Cretella. São Paulo: Revista dos Tribunais, 2000.

LOBO, Jorge (Coord.). *A reforma da Lei das S.A*. São Paulo: Atlas, 1998.

LOBO, Thomaz Thedim. *Introdução à nova Lei de Propriedade Industrial*. São Paulo: Atlas, 1997.

MAMEDE, Gladston. *A advocacia e a Ordem dos Advogados do Brasil*. 6. ed. São Paulo: Atlas, 2014.

MAMEDE, Gladston. *Código Civil comentado*: penhor, hipoteca e anticrese: artigos 1.419 a 1.510, volume XIV. São Paulo: Atlas, 2003. (Coleção coordenada por Álvaro Villaça Azevedo.)

MAMEDE, Gladston. *Direito empresarial brasileiro*: Teoria Geral da Empresa e Títulos de Crédito. 14. ed. Barueri: Atlas, 2022. v. 1.

MAMEDE, Gladston. *Direito empresarial brasileiro*: direito societário: sociedades simples e empresárias. 14. ed. Barueri: Atlas, 2022. v. 2.

MAMEDE, Gladston. *Direito empresarial brasileiro*: falência e recuperação de empresas. 13. ed. Barureri: Atlas, 2022. v. 3.

MAMEDE, Gladston. *Semiologia do direito*: tópicos para um debate referenciado pela animalidade e pela cultura. 3. ed. São Paulo: Atlas, 2009.

MAMEDE, Gladston; MAMEDE, Eduarda Cotta. *Blindagem patrimonial e planejamento jurídico*. 4. ed. São Paulo: Atlas, 2014.

MAMEDE, Gladston; MAMEDE, Eduarda Cotta. *Empresas familiares*: o papel do advogado na administração, sucessão e prevenção de conflitos entre sócios. 2. ed. São Paulo: Atlas, 2014.

MAMEDE, Gladston; MAMEDE, Eduarda Cotta; MAMEDE, Roberta Cotta. Holding *familiar e suas vantagens*. 17. ed. Barueri: Atlas, 2025.

MAMEDE, Gladston; MAMEDE, Eduarda Cotta; MAMEDE, Roberta Cotta. *Manual de redação de contratos sociais, estatutos e acordos de sócios*. 8. ed. Barueri: Atlas, 2024.

MARCONDES, Sylvio. *Questões de direito mercantil*. São Paulo: Saraiva, 1977.

MARION, José Carlos. *Contabilidade básica*. 6. ed. São Paulo: Atlas, 1998.

MARION, José Carlos. *Contabilidade empresarial*. 10. ed. São Paulo: Atlas, 2003.

MARTINS, Fran. *Títulos de crédito*. 13. ed. Rio de Janeiro: Forense, 2002.

MAXIMIANO, Antonio Cesar Amaru. *Teoria geral da administração*: da revolução urbana à revolução digital. 3. ed. São Paulo: Atlas, 2002.

MENDONÇA, José Xavier Carvalho de. *Tratado de direito comercial*. 5. ed. Rio de Janeiro, São Paulo: Freitas Bastos, 1953.

MIRANDA, Pontes de. *Tratado de direito cambiário*. Campinas: Bookseller, 2001.

MORAES, Alexandre de. *Constituição do Brasil interpretada e legislação constitucional*. São Paulo: Atlas, 2002.

MOREIRA, Júlio César Tavares; PASQUALE, Perrotti Pietrangelo; DUBNER, Alan Gilbert. *Dicionário de termos de marketing*: definições, conceitos e palavras-chaves de marketing, propaganda, pesquisa, comercialização, comunicação e outras áreas correlatas a estas atividades. 3. ed. São Paulo: Atlas, 1999.

NAPOLITANO, Carlo José. *A liberdade de iniciativa e os empreendedores estrangeiros na Constituição Federal*: uma análise do direito fundamental à propriedade à luz das emendas constitucionais. Bauru: Instituição Toledo, 2003.

NAPOLITANO, Carlo José. *Direito constitucional*. 11. ed. São Paulo: Atlas, 2002.

NEGRÃO, Theotonio; GOUVEA, José Roberto Ferreira. *Código de Processo Civil e legislação processual em vigor*. 35. ed. São Paulo: Saraiva, 2003.

NUNES, Gilson; HAIGH, David. *Marca*: valor do intangível, medindo e gerenciando seu valor econômico. São Paulo: Atlas, 2003.

NUNES, Pedro. *Dicionário de tecnologia jurídica*. 13. ed. Rio de Janeiro: Renovar, 1999.

OLIVEIRA, Amanda Flávia. *O direito da concorrência e o poder judiciário*. Rio de Janeiro: Forense, 2002.

PAES, P. R. Tavares. *Responsabilidade dos administradores de sociedades*. 3. ed. São Paulo: Atlas, 1999.

PAMPLONA, Claudia. *A engenharia do* franchising. Rio de Janeiro: Qualitymark, 1999.

PARIZATTO, João Roberto. *Protesto de títulos de crédito*. 2. ed. Ouro Fino: Edipa, 1999.

PEREIRA, Caio Mário da Silva. *Código de obrigações*. *Revista Forense*, Rio de Janeiro, v. 211, ano 62, p. 21-26, jul./set. 1965.

PINHEIRO, Juliano Lima. *Mercado de capitais*: fundamentos e técnicas. 2. ed. São Paulo: Atlas, 2002.

POLONIO, Wilson Alves. *Manual das sociedades cooperativas*. 3. ed. São Paulo: Atlas, 2001.

REQUIÃO, Rubens. *Curso de direito comercial*. 15. ed. São Paulo: Saraiva, 1985.

RODRIGUES, Silvio. *Direito civil*. 32. ed. São Paulo: Saraiva, 2002.

RODRIGUES JUNIOR, Otavio Luiz. *Revisão judicial dos contratos*: autonomia da vontade e teoria da imprevisão. São Paulo: Atlas, 2002.

SÁ, A. Lopes de. *Contabilidade e o novo Código Civil de 2002*. Belo Horizonte: UNA, 2002.

SÁ, A. Lopes de. *Princípios fundamentais de contabilidade*. 3. ed. São Paulo: Atlas, 2000.

SÁ, A. Lopes de. *Teoria da contabilidade*. 3. ed. São Paulo: Atlas, 2002.

SÁ, A. Lopes de; SÁ, Ana M. Lopes de. *Dicionário de contabilidade*. 9. ed. São Paulo: Atlas, 1995.

SANTOS, J. M. de Carvalho. *Repertório enciclopédico do direito brasileiro*. Rio de Janeiro: Borsoi, 1947.

SANTOS, Jurandir. *Lei de sociedades anônimas anotada*. São Paulo: Juarez de Oliveira, 2003.

SARAIVA, F. R. dos Santos. *Dicionário latino-português*. 11. ed. Rio de Janeiro, Belo Horizonte: Garnier, 2000.

SARAIVA, José A. *A cambial*. Rio de Janeiro: José Konfino Editor, 1947.

SCHMIDT, Paulo; SANTOS, José Luiz dos. *Avaliação de ativos intangíveis*. São Paulo: Atlas, 2002.

SCHMIDT, Paulo. *Contabilidade societária*. São Paulo: Atlas, 2002.

SENA, Adriana Goulart de. *A nova caracterização da sucessão trabalhista*. São Paulo: LTr, 2000.

SILVA, De Plácido e. *Vocabulário jurídico*. 10. ed. Rio de Janeiro: Forense, 1987.

SILVA FILHO, Cícero Virgulino da. *Cooperativas de trabalho*. São Paulo: Atlas, 2002.

SIMÃO FILHO, Adalberto. *Franchising*: aspectos jurídicos e contratuais – comentários à lei de *franchising*, com jurisprudências. 4. ed. São Paulo: Atlas, 2000.

SOARES, Rinaldo Campos. *Empresariedade e ética*: o exercício da cidadania corporativa. São Paulo: Atlas, 2002.

STAJN, Rachel. *Teoria jurídica da empresa*: atividade empresária e mercados. São Paulo: Atlas, 2004.

TORRES, Antônio Eugênio Magarinos. *Nota promissória*: estudos da lei, da doutrina e da jurisprudência cambial brasileira. 4. ed. São Paulo: Saraiva, 1935.

VALVERDE, Trajano Miranda. *Sociedades por ações*. Rio de Janeiro: Forense, 1953.

VENOSA, Sílvio de Salvo. *Direito civil*. 4. ed. São Paulo: Atlas, 2004.

VENOSA, Sílvio de Salvo. *Novo Código Civil*: texto comparado. São Paulo: Atlas, 2002.

VENOSA, Sílvio de Salvo. *Lei do Inquilinato comentada*. 5. ed. São Paulo: Atlas, 2001.

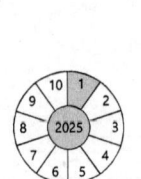